INVESTMENT VALUATION

Tools and Techniques for Determining the Value of Any Asset

投资估价

评估任何资产价值的工具和技术

（第三版·下册）

［美］ 阿斯沃斯·达摩达兰 　　著　　［加］ 林 谦 安 卫 译
（ASWATH DAMODARAN）　　　　　　　林祖安 黄亚钧 审校

清华大学出版社
北京

Aswath Damodaran

Investment Valuation：Tools and Techniques for Determining the Value of Any Asset，3e
EISBN：978-1-118-01152-2

Copyright © 2012 by Aswath Damodaran.

Original language published by John Wiley & Sons，Inc. All Rights reserved.
本书原版由 John Wiley & Sons，Inc. 出版。版权所有，盗印必究。

Tsinghua University Press is authorized by John Wiley & Sons，Inc. to publish and distribute exclusively this Simplified Chinese edition. This edition is authorized for sale in the People's Republic of China only (excluding Hong Kong，Macao SAR and Taiwan). Unauthorized export of this edition is a violation of the Copyright Act. No part of this publication may be reproduced or distributed by any means，or stored in a database or retrieval system，without the prior written permission of the publisher.
本中文简体字翻译版由 John Wiley & Sons，Inc. 授权清华大学出版社独家出版发行。此版本仅限在中华人民共和国境内(不包括中国香港、澳门特别行政区及中国台湾地区)销售。未经授权的本书出口将被视为违反版权法的行为。未经出版者预先书面许可，不得以任何方式复制或发行本书的任何部分。

北京市版权局著作权合同登记号 图字：01-2013-7448

本书封面贴有 Wiley 公司防伪标签，无标签者不得销售。

版权所有，侵权必究。举报：010-62782989，beiqinquan@tup.tsinghua.edu.cn。

图书在版编目(CIP)数据

投资估价：评估任何资产价值的工具和技术：第 3 版. 下/(美)达摩达兰(Damodaran，A.)著；(加)林谦，安卫译. —北京：清华大学出版社，2014(2025.11重印)
书名原文：Investment valuation：Tools and techniques for determining the value of any asset
ISBN 978-7-302-36213-5

Ⅰ.①投… Ⅱ.①达… ②林… ③安… Ⅲ.①资产评估 Ⅳ.①F20

中国版本图书馆 CIP 数据核字(2014)第 076294 号

责任编辑：梁云慈
封面设计：汉风唐韵
责任校对：宋玉莲
责任印制：沈　露

出版发行：清华大学出版社
　　　　网　　　址：https://www.tup.com.cn，https://www.wqxuetang.com
　　　　地　　　址：北京清华大学学研大厦 A 座　　　　　邮　　编：100084
　　　　社 总 机：010-83470000　　　　　　　　　　　邮　　购：010-62786544
　　　　投稿与读者服务：010-62776969，c-service@tup.tsinghua.edu.cn
　　　　质量反馈：010-62772015，zhiliang@tup.tsinghua.edu.cn
印 装 者：三河市龙大印装有限公司
经　　销：全国新华书店
开　　本：185mm×260mm　　　　印　张：28.75　　　　字　数：620 千字
版　　次：2014 年 7 月第 1 版　　　　　　　　　印　次：2025 年11月第12次印刷
定　　价：69.00 元

产品编号：050467-02

物换星移，尘埃难定。历经全球经济又一个风云翻腾的十年，时值阿斯沃斯·达摩达兰(Aswath Damodaran)教授对本书作出修订以及译者对它再译之际，读者或与我们一样，对于英国文豪王尔德(O. Wilde)"知道所有东西的价格，但不知道任何东西的价值"之语更添体验。伟大的 I. 牛顿(I. Newton)曾因其金融投资体验而感叹，"我能够计算天体运行的轨迹，但却无法计算人类的疯狂"。先哲们的在天之灵或与我们一道在询问，上帝的下一个苹果何时垂临?!

在现代金融——当今社会最具挑战性的领域之一，仅仅局限于人们想象力的投资产品可谓层出不穷，而力图把握和评估它们的经验法则和理论模型亦不胜枚举，恰如"矛"与"盾"之互孕而生，相克以成。因此，根据科学综合的要求，以清晰的逻辑思路和紧致的表述方式，把这些色彩斑斓、形态各异的板块恰当地嵌入一个整体框架中，由点及线，由线及面，由面而及整体，这样一项工作对于资产估价(或曰"估值")和投资决策问题的涉足者、管理者和研究者而言无疑意义重大。

美国纽约大学斯德恩商学院教授阿斯沃斯·达摩达兰的《投资估价：评估任何资产价值的工具和技术》一书，本身就是一项资产，一项体现了知识力量的资产。集工具书、参考书和教科书之三位于一体，无疑可将它视为应时之作、一本"正经"。

从方法论角度看，以"所有资产都可获得估价"为理念，在资产估价的总体画面中，它从大处着眼，勾勒了贴现现金流估价法、相对估价法以及相机索取权估价法这三条主线，分别阐述了它们的理论渊源、基本模型及其各种变型和派生；它从细节入手，针对不同的行业、公司和情形，围绕"如何选择恰当的估价模型"这一主题，运用比较方法，结合实际案例，具体地进行分析，合理地作出判断。我们知道，集见解与方法，融理论与实践，是为任何一门科学得以发展之前提。译者以为，估价问题，当以"求真求实"为本，既领森林之广，又察叶木之细。这一点正是本书在方法论意义上的最大特色。无疑，它为我们提供了一种样本与诸多启迪。

从技术角度看，尤值注意的是：

1. 以实用性和广泛性为特色，本书涵盖了可用于确定任何一种资产所具价值的(传统的和新型的)工具和技术，包括有形和常规资产，诸如股票、债券、期货、期权和房地产；以及尤其重要的，它阐述了各种无形或非常规资产的估价问题，诸如专利、专有技术、商标和商誉、特许经营权、研发和并购。

2. 以诸多著名公司案例和通俗金融/财务理论为题材，夹叙夹议，兼论兼证地论述了成熟、年轻、初创、私营、上市、电子商务和金融服务等各类公司的估价问题。

3. 以最新的估价概念和技术为工具，诸如国家风险、经济增加值、投资现金流收入、价值增进关系链以及实物期权理论，论述了它们对于投资"风险-报酬"关系的估价、公司发展战略的意义，指出了它们在整个资产估价领域中的相应位置、独到之处、适用范围和发展前景。

4. 以相关网站为辅助，体现估价方法和现实数据的持续更新，有助于读者把握投资估价理论和实践两个方面的最新进展。

5. 以上述数点为内容，本书可为证券分析、房地产估价、财务管理、项目规划、投资决策、首次公开发行(IPO)、企业并购与重组、公司价值增进以及发展战略制定等方面的定性、定量分析及其论证提供指南。

投资问题，一如任何其他社会经济问题，是一个取决于各种已知和未知变量且须满足各种约束条件的复杂问题。不确定性将永远与它形影相随！因此，在混沌中寻觅秩序，在不确定性中把握确定性，尽力求取收益的最大化，这就是投资估价之鹄的。

"决策的失误是最大的失误，规划的浪费是最大的浪费"，此说虽为老生常谈，但却是屡屡发生、令人扼腕之情形。即便今日，也不在少。海内外投资市场波涌浪推，潮起潮落，来去匆匆，不乏其例。然而，往日已逝，来日可追！

把握科学的理论是为实施合理的实践之前提。译者以为，使用本书的最好方式或在于，首先从有关投资估价问题的这一扛鼎之作中获得某种(些)启迪，再把它(们)灵活机动地运用于我们的实践空间。译者相信，本书能够为读者在微观、中观以及宏观投资决策问题研究与管理的理性化、科学化方面提供净效益。

有幸与清华大学出版社合作，原书第二版之译本出版于 2004 年仲春。在此，谨就读者们十年来对于《投资估价》(第二版)译本给予的所有估价深表感谢！

值此新的译本付梓之际，深谢无锡市能源研究所林祖安高级工程师、无锡水泵厂梁浣华高级工程师、复旦大学证券研究所所长黄亚钧教授、清华大学出版社经管分社社长徐学军和责任编辑梁云慈等诸位老师为此译的问世而付出的所有辛劳！复旦大学中国风险投资研究中心主任张陆洋教授、光大银行证券投资部执行董事曹晓飞博士也对拙译提出了有益的见解，在此一并致谢！

本书仍分作上、下两册；上册包括 1～17 章，下册涵盖 18～34 章。

欢迎读者的指正！译者的电子信箱是 linqian2000@gmail.com。

谨将此译再呈，
    我的祖国，
    我的父母！

林　谦

识于 2004 年仲春，北京西山

再识于 2014 年仲春，上海虹口

关于注册估值分析师(CVA)认证考试

CVA 考试简介

注册估值分析师(Chartered Valuation Analyst，CVA)认证考试是由注册估值分析师协会(CVA Institute)组织考核并提供资质认证的一门考试,旨在提高投融资和并购估值领域从业人员的实际分析与操作技能。本门考试对专业实务及实际估值建模等专业知识和岗位技能进行考核,主要涉及企业价值评估及项目投资决策。考试分为实务基础知识和 Excel 案例建模两个科目,内容包括:会计与财务分析、公司金融、企业估值方法、并购分析、项目投资决策、信用分析、财务估值建模七个部分。考生可通过针对各科重点、难点内容的专题培训课程,掌握中外机构普遍使用的财务分析和企业估值方法,演练企业财务预测与估值建模、项目投资决策建模、上市公司估值建模、并购与股权投资估值建模等实际分析操作案例,快速掌握投资估值基础知识和高效规范的建模技巧。

- **实务基础知识科目**——是专业综合知识考试,主要考查投融资及并购估值领域的理论与实践知识及岗位综合能力,考试范围包括会计与财务分析、公司金融、企业估值方法、并购分析、项目投资决策、信用分析这 6 部分内容。本科目由 120 道单项选择题组成,考试时长为 3 小时。

- **Excel 案例建模科目**——是财务估值建模与分析考试,要求考生根据实际案例中企业历史财务数据和假设条件,运用 Excel 搭建出标准、可靠、实用、高效的财务模型,完成企业未来财务报表预测,企业估值和相应的敏感性分析。本科目为 Excel 财务建模形式,考试时长为 3 小时。

职业发展方向

CVA 资格获得者具备企业并购、项目投资决策等投资岗位实务知识、技能和高效规范的建模技巧,能够掌握中外机构普遍使用的财务分析和企业估值方法,并可以熟练进行企业财务预测与估值建模、项目投资决策建模、上市公司估值建模、并购与股权投资估值建模等实际分析操作。

CVA 注册估值分析师的持证人可胜任企业集团投资发展部、并购基金、产业投资基金、私募股权投资、财务顾问、券商投行部门、银行信贷审批等金融投资相关机构的核心岗位工作。

证书优势

岗位实操分析能力优势——CVA考试内容紧密联系实际案例，侧重于提高从业人员的实务技能并迅速应用到实际工作中，使CVA持证人达到高效、系统和专业的职业水平。

标准规范化的职业素质优势——CVA资格认证旨在推动投融资估值行业的标准化与规范化，提高执业人员的从业水平。CVA持证人在工作流程与方法中能够遵循标准化体系，提高效率与正确率。

国际同步知识体系优势——CVA考试采用的教材均为CVA协会精选并引进出版的国外最实用的优秀教材。CVA持证人将国际先进的知识体系与国内实践应用相结合，推行高效标准的建模方法。

配套专业实务型课程——CVA协会联合国内一流金融教育机构开展注册估值分析师的培训课程，邀请行业内资深专家进行现场或视频授课。课程内容侧重行业实务和技能实操，结合当前典型案例，选用CVA协会引进的国外优秀教材，帮助学员快速实现职业化、专业化和国际化，满足中国企业"走出去"进行海外并购的人才急需。

企业内训

CVA协会致力于协助企业系统培养国际型投资专业人才，掌握专业、实务、有效的专业知识。CVA企业内训及考试内容紧密联系实际案例，侧重于提高从业人员的实务技能并迅速应用到实际工作中，使企业人才具备高效专业的职业素养和优秀系统的分析能力。

- 以客户为导向的人性化培训体验，独一无二的特别定制课程体系
- 专业化投融资及并购估值方法相关的优质教学内容，行业经验丰富的超强师资
- 课程采用国外优秀教材，完善科学的培训测评与运作体系

考试专业内容

会计与财务分析

财务报表分析，是通过收集、整理企业财务会计报告中的有关数据，并结合其他有关补充信息，对企业的财务状况、经营成果和现金流量情况进行综合比较和评价，为财务会计报告使用者提供管理决策和控制依据的一项管理工作。本部分主要考核如何通过对企业会计报表的定量分析来判断企业的偿债能力、营运能力、盈利能力及其他方面的状况，内容涵盖利润的质量分析、资产的质量分析和现金流量表分析等。会计与财务分析能力是估值与并购专业人员的重要的基本执业技能之一。

公司金融

公司金融用于考察公司如何有效地利用各种融资渠道，获得最低成本的资金来源，形成最佳资本结构，还包括企业投资、利润分配、运营资金管理及财务分析等方面。本部分

主要考查如何利用各种分析工具来管理公司的财务,例如使用现金流折现法(DCF)来为投资计划作出评估,同时考察有关资本成本、资本资产定价模型等基本知识。

企业估值方法

企业的资产及其获利能力决定了企业的内在价值,因此企业估值是投融资、并购交易的重要前提,也是非常专业而复杂的问题。本部分主要考核企业估值中最常用的估值方法及不同估值方法的综合应用,诸如 P/E,EV/EBITDA 等估值乘数的实际应用,以及可比公司、可比交易、现金流折现模型等估值方法的应用。

并购分析

并购与股权投资中的定量分析技术在财务结构设计、目标企业估值、风险收益评估的应用已经愈加成为并购以及股权专业投资人员必须掌握的核心技术,同时也是各类投资者解读并购交易及分析并购双方企业价值所必须掌握的分析技能。本部分主要考核企业并购的基本分析方法,独立完成企业并购分析,如合并报表假设模拟、可变价格分析、贡献率分析、相对 PE 分析、所有权分析、信用分析、增厚/稀释分析等常见并购分析方法。

项目投资决策

项目投资决策是企业所有决策中最为关键、最为重要的决策,就是企业对某一项目(包括有形、无形资产,技术,经营权等)投资前进行的分析、研究和方案选择。本部分主要考查项目投资决策的程序、影响因素和投资评价指标。投资评价指标是指考虑时间价值因素的指标,主要包括净现值、动态投资回收期、内部收益率等。

信用分析

信用分析是对债务人的道德品格、资本实力、还款能力、担保及环境条件等进行系统分析,以确定是否给与贷款及相应的贷款条件。本部分主要考查常用信用分析的基本方法及常用的信用比率。

财务估值建模

本部分主要在 Excel 案例建模科目考试中进行考查。包括涉及 EXCEL 常用函数及建模最佳惯例,使用现金流折现方法的 EXCEL 财务模型构建,要求考生根据企业历史财务数据,对企业未来财务数据进行预测,计算自由现金流、资本成本、企业价值及股权价值,掌握敏感性分析的使用方法;并需要考生掌握利润表、资产负债表、现金流量表、流动资金估算表、折旧计算表、贷款偿还表等有关科目及报表勾稽关系。

考试安排

CVA 考试每年于 4 月、11 月的第三个周日举行,具体考试时间安排及考试报名,请访问 CVA 协会官方网站 www.CVAinstitute.org

CVA 协会简介

注册估值分析师协会(Chartered Valuation Analyst Institute)是全球性及非营利性

的专业机构,总部设于香港,致力于建立全球金融投资估值的行业标准,负责在亚太地区主理 CVA 考试资格认证、企业人才内训、第三方估值服务、研究出版年度行业估值报告以及进行 CVA 协会事务运营和会员管理。

联系方式

官方网站：http://www.cvainstitute.org

电话：4006-777-630

E-mail：contactus@cvainstitute.org

新浪微博：注册估值分析师协会

协会官网二维码　　　　　　　微信平台二维码

目 录

CHAPTER

第**18**章

盈利的各种乘数

盈利乘数仍然是一种使用最广的相对价值尺度。本章首先详细考察市盈率,然后转而考虑该乘数的一些变形,包括 PEG 率和相对 PE 率。我们还将探究各种价值乘数,尤其是在后一部分的"企业价值-EBITDA"乘数。我们将使用第 17 章所述四步骤过程考察其中每一个乘数。

18.1 "价格-盈利"乘数(市盈率)

在所有乘数中,"价格-盈利"乘数或称"市盈率"是使用最广而误用也最严重的乘数。简洁性使得它在实际运用中成为一种颇具吸引力的选项,从首次公开募股(IPO)到判断相对价值等。但是,它与公司基本财务因素之间的关系却时常被忽视,造成了应用过程中的诸多谬误。针对决定市盈率的各种因素,以及在估价中如何最为恰当地使用这一比率,本章将提出一些见解。

18.1.1 市盈率的定义

"市盈率"是股价与每股盈利的比率:

$$PE 率 = 股价/每股盈利$$

PE 率的定义具备一致性,因为它的分子是每股的价值,而分母衡量的是每股的盈利,因而属于衡量股权盈利的尺度。事关 PE 率的一个最大问题是,在计算该乘数时,可以使用不同形式的每股盈利。在第 17 章,我们已经看到,为了计算 PE 率,可以使用当期每股盈利、滚动每股盈利、前瞻每股盈利、充分稀释的每股盈利以及原始每股盈利。

尤其重要的是,就高增长(以及高风险)公司而言,由于所用每股盈利的形式不同,PE率将会出现很大的变化。这一点可以由下列两个因素予以解释。

1. 这些公司每股盈利的波动性。前瞻每股盈利可以大大高于(或低于)滚动每股盈利,而后者又有可能与当期每股盈利相去甚远。

2. 管理层期权。由于高增长公司通常具有更多的有待实施的员工期权,从股票数目角度考察,充分稀释的每股盈利与初始每股盈利通常差别很大。

如果比较各家公司的市盈率,出于下列原因,我们无法确定它们的每股盈利是否都是按照相同的方式估算得出。

- 公司时常通过收购其他公司增长,但却是按照不同的方式予以确认。虽然所有的公司都使用采购会计法,并且将商誉确认为资产,但处理过程的随意性很大,足以使得所报告的盈利大相径庭。进一步地,这些差异又会导致衡量每股盈利的方式以及 PE 率相去甚远。
- 为了估算 PE 率而使用稀释的每股盈利,这种做法可能会把管理层期权所涵盖的股票代入乘数,而且会把具备很大实值的期权与略具实值的期权同样对待。
- 在把某些会计条目确认为支出还是实施资本化方面,公司具有很大的随意性,至少从财务报告角度而言是这样。把资本性支出确认为支出的做法使得公司可以将盈利作跨期结转,但却不利于那些再投资金额较大的公司。

18.1.2 PE 率的截面分布

使用 PE 率的一个关键步骤是,把握截面乘数在行业内和市场上各公司间的分布状况。在本节,我们考察 PE 率在整个市场上的分布问题。

市场分布

图 18.1 显示了美国股票的 PE 率在 2011 年 1 月间的分布。当期 PE 率、滚动 PE 率和前瞻 PE 率均得到了体现。

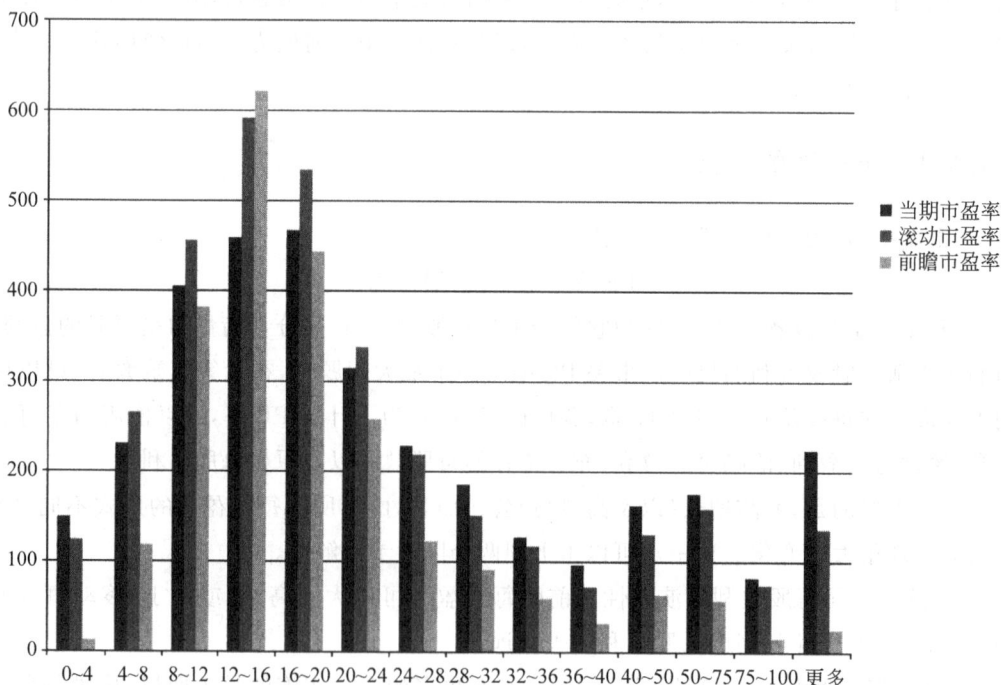

图 18.1　美国各公司的 PE 率:2011 年 1 月

表 18.1 展示了关于这三种 PE 率尺度的统计值,从均值和中位值开始,包括第 25%
和第 75% 的数值在内。在计算这些数字时,为了消除过大的极端值对概况性统计指标造
成的影响,如果 PE 率大于 200,那就假设它等于 200。[1]

这三种 PE 率尺度的均值都高于中位值。这一点表明,PE 率可以取值很大但不能为
负。这种分布的不对称体现为偏度(skewness)数值。当期 PE 率高于滚动 PE 率,而后者
又高于前瞻 PE 率。这就表明,期望的前瞻盈利要高于滚动盈利。

表 18.1　美国各公司的 PE 率分布:2011 年 1 月

	当期 PE 率	滚动 PE 率	前瞻 PE 率
均值	49.82	38.19	21.40
中位值	19.50	17.79	16.16
第 25%	12.38	11.99	12.44
第 75%	33.44	28.02	22.13
最小值	0.01	0	1.82
最大值	11 270	6 680.7	717
数目	3 316	3 374	2 310
样本规模	5 928	5 928	5 928

🌐 *pedata.xls*:这一网上的数据集概述了美国各行业组在最近一年的市盈率和基本
因素。

18.1.3　决定 PE 率的因素

在第 17 章,我们使用贴现现金流模型提取了决定乘数的各种基本因素,即,运用股
息贴现模型之类的股权模型,提取了股权乘数,而运用公司价值模型,提取了公司乘数。
作为股权乘数,市盈率可以通过股权估价模型获得分析。在本节,我们考察决定高增长公
司市盈率的各种基本因素。

从贴现现金流模型角度考察 PE 率

在第 17 章,我们根据稳定增长的股息贴现模型推导出了 PE 率:

$$\frac{P_0}{\text{EPS}_0} = \text{PE} = \frac{\text{股息支付率} \times (1 + g_n)}{k_e - g_n}$$

若以下一时期的期望盈利表示 PE 率,上式可简化为

$$\frac{P_0}{\text{EPS}_0} = \text{前瞻 PE} = \frac{\text{股息支付率}}{k_e - g_n}$$

PE 率是公司股息支付率和增长率的递增函数,以及风险程度的递减函数。事实上,我们
可以将股息支付率表述为预期增长率和股权报酬率的函数:

$$股息支付率 = 1 - 预期增长率 / 股权报酬率 = 1 - g_n / \text{ROE}_n$$

---

[1]　均值和标准差都属于最有可能受到这些极端值影响的概括性统计指标。

将它代入前面第一个等式，则有

$$\frac{P_0}{\text{EPS}_0} = \text{前瞻 PE} = \frac{1 - g_n / \text{ROE}_n}{k_e - g_n}$$

我们还可以将高增长公司的市盈率与各种基本因素相联系。如果采用两阶段股息贴现模型，就能够大大简化这种关系。如果预计公司在未来 n 年间为高增长期，然后是稳定增长期，可将股息贴现模型表示为

$$P_0 = \frac{\text{EPS}_0 \times \text{股息支付率} \times (1+g) \times \left[1 - \frac{(1+g)^n}{(1+k_{e,hg})^n}\right]}{k_{e,hg} - g} +$$

$$\frac{\text{EPS}_0 \times \text{股息支付率}_n \times (1+g)^n \times (1+g_n)}{(k_{e,st} - g_n)(1+k_{e,hg})^n}$$

其中，$\text{EPS}_0 =$ 在第 0 年（当前年份）的每股盈利

$\quad g =$ 最初 n 年间的增长率

$\quad k_{e,hg} =$ 高增长期的股权成本

$\quad k_{e,st} =$ 稳定增长期的股权成本

$\quad$ 股息支付率 $=$ 最初 n 年间的股息支付率

$\quad g_n =$ 第 n 年后的永久性增长率（稳定增长率）

$\quad$ 股息支付率$_n =$ 第 n 年后稳定公司的股息支付率

将 EPS_0 提到等式的左边，则有

$$\frac{P_0}{\text{EPS}_0} = \frac{\text{股息支付率} \times (1+g) \times \left[1 - \frac{(1+g)^n}{(1+k_{e,hg})^n}\right]}{k_{e,hg} - g} +$$

$$\frac{\text{股息支付率}_n \times (1+g)^n \times (1+g_n)}{(k_{e,st} - g_n)(1+k_{e,hg})^n}$$

同样也可在基本公式中用 ROE 代替股息支付率，由此得到

$$\frac{P_0}{\text{EPS}_0} = \frac{\left[1 - \frac{g}{\text{ROE}_{hg}}\right] \times (1+g) \times \left[1 - \frac{(1+g)^n}{(1+k_{e,hg})^n}\right]}{k_{e,hg} - g} +$$

$$\frac{\left[1 - \frac{g}{\text{ROE}_{st}}\right] \times (1+g)^n \times (1+g_n)}{(k_{e,st} - g_n)(1+k_{e,hg})^n}$$

其中，ROE_{hg} 是高增长期的股权报酬率，而 ROE_{st} 是稳定增长期的股权报酬率。

等式的左边是市盈率，它取决于下列几个因素：

- 高增长期和稳定增长期的股息支付率（以及，股权报酬率）。在任何一种增长率下，PE 率都会随着股息支付率的提高而提高。表述这个命题的另一种方式是，针对任何既定的增长率，PE 率将随着股权报酬率的提高而上升；反之亦然。

- 风险程度（通过贴现率起作用）。PE 率将会随着风险的加大而下降。换言之，与其他各方面相似但增长率不太稳定的公司相比，增长率稳定而可预测的公司将具

有更高的 PE 率。

- 高增长和稳定增长两个阶段的期望盈利增长率。如果 ROE 大于股权成本,PE 率将会随着增长率的提高而上升。

这一公式适用于所有的公司,甚至包括那些目前没有支付股息的公司。实质上,如果公司所付股息大大低于所能支付的水平,我们可以采用"FCFE-盈利"比率取代股息支付率。

案例 18.1　运用两阶段模型估算高增长公司的 PE 率

假设我们需要估算具有下列特点的某家公司:

高增长期长度=五年

最初五年的增长率=25%	最初五年的股息支付率=20%
五年之后的增长率=8%	五年之后的股息支付率=50%
β 值=1.0	无风险利率=国债利率=6%
股权成本=6%+1(5.5%)=11.5%①	风险溢价=5.5%

$$PE = \frac{0.2 \times (1.25) \times \left[1 - \frac{(1.25)^5}{(1.115)^5}\right]}{0.115 - 0.25} + \frac{0.5 \times (1.25)^5 \times (1.08)}{(0.115 - 0.08)(1.115)^5} = 28.75$$

因此,估算得出该公司的 PE 率等于 28.75。请注意,蕴含在上述数据中的股权报酬率可计算如下:

最初五年的股权报酬率=增长率/(1-股息支付率)=0.25/0.8=31.25%

稳定增长期的股权报酬率=0.08/0.5=16%

案例 18.2　估算内在的 PE 率:2011 年 5 月的宝洁公司

在第 13 章中,我们运用两阶段股息贴现模型对宝洁公司实施了估价。现在再次列出估价所用数据如下:

	高增长期	稳定增长期
增长期长度	5 年	第 5 年后
预期增长率	10.00%	3.00%
股息支付率	50.00%	75.00%
股权成本	8.00%	8.50%

请注意,根据稳定增长率和稳定增长期的 ROE,可以推算得出下列稳定增长期的股息支付率:

稳定的股息支付率=1-3%/12%=75%

把这些数值代入两阶段 PE 率等式,则有

---

① 出于简便,在估算 β 值和股权成本时,我们采用了相同的高增长期和稳定增长期,但是它们原本不应相同。

$$PE = \frac{(0.50)(1.10)\left(1 - \frac{(1.10)^5}{(1.08)^5}\right)}{(0.08 - 0.10)} + \frac{(0.75)(1.10)^5(1.03)}{(0.085 - 0.03)(1.08)^5} = 18.04$$

根据它的各种基本因素,可以预计宝洁公司股票交易价是盈利的 18.04 倍。毋庸惊讶,若将这一内在的 PE 率值乘上等于 3.82 美元的当期 EPS,就可得到等于 68.90 美元的股价。它与第 13 章使用两阶段股息贴现模型所估算的结果相同。

PE 率和预期超常增长率

高增长公司的 PE 率取决于预期超常增长率(expected extraordinary growth);即,公司的预期增长率越高,PE 率也就越高。例如,在案例 18.1 中,根据 25% 的增长率所估算的 PE 率等于 28.75;PE 率将随着预期增长率的变化而变化。图 18.2 描绘了作为预期增长率之函数的 PE 率在高增长期的情形。随着公司预期增长率在最初五年之后由 25% 下跌到 5%,公司 PE 率也相应地从 28.75 下降到仅只略高于 10。

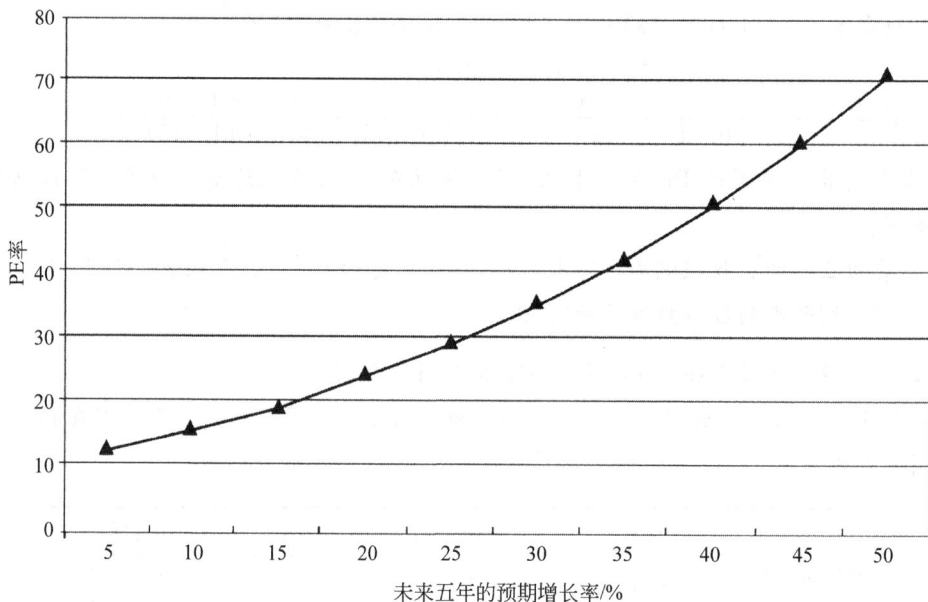

图 18.2   市盈率和增长率

预期增长率变化的影响程度取决于利率水平。在图 18.3 中,针对不同的预期增长率估算了 PE 率,相应的四种无风险利率分别为 4%、6%、8% 和 10%。

与利率较高时相比,PE 率在利率较低时对于预期增长率的变化更加敏感。个中缘由并不复杂。公司的增长将会在未来产生现金流。如果利率提高,这些现金流的现值就会降低,故而增长率的变化对现值的影响也会降低。

这种现象可能还与市场对于高增长公司盈利冲击的反应存在着一定的关系。如果公司所报盈利大大高于(正向冲击)或者低于预期(负向冲击),投资者对公司预期增长率的看法也会相应地改变,从而形成价值效应。可以预计,针对既定的盈利冲击,与高利率情

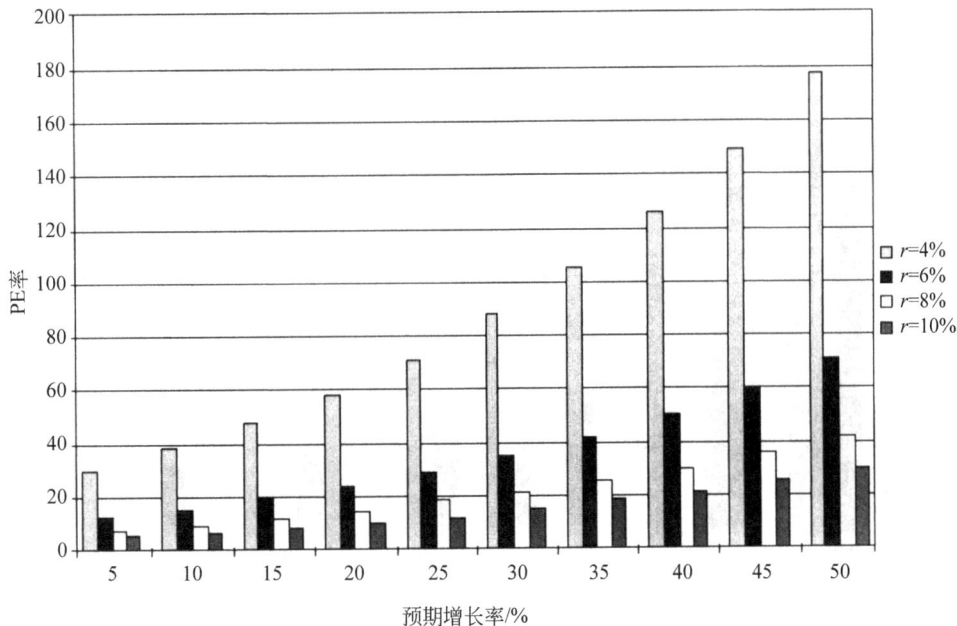

图 18.3　市盈率和预期增长率：不同的利率情形

形相比，利率较低时的价格反应将会大得多。

PE 率和风险

PE 率取决于市场对于公司风险的看法，这一点体现在股权成本上。与其他方面相似但股权成本较低的公司相比，股权成本较高者将以较低的乘数获得交易。

同样，也可采用案例 18.1 的公司情形说明风险加大对于 PE 率的影响。回顾一下该公司的情形，它在未来五年间的年度预期增长率为 25%，随后则是 8%；如果假设其 β 值等于 1，估算得到的 PE 率等于 28.75。

$$\text{PE} = \frac{(0.2)(1.25)\left(1 - \frac{(1.25)^5}{(1.115)^5}\right)}{(0.115 - 0.25)} + \frac{(0.5)(1.25)^5(1.08)}{(0.115 - 0.08)(1.115)^5} = 28.75$$

如果假设其 β 值等于 1.5，股权成本将提高到 14.25%，使得 PE 率等于 14.87：

$$\text{PE} = \frac{(0.2)(1.25)\left(1 - \frac{(1.25)^5}{(1.1425)^5}\right)}{(0.1425 - 0.25)} + \frac{(0.5)(1.25)^5(1.08)}{(0.1425 - 0.08)(1.425)^5} = 14.87$$

股权成本的提高将会减少由预期增长率所创造的价值。

从图 18.4 中可以看出，在未来五年间的四种高增长情形中，即增长率分别为 8%、15%、20% 和 25% 时 β 值的变化对于市盈率的影响。

随着 β 值的提高，PE 在上述四种情形中都会降低。然而，在 β 值很高时，四种不同增长率情形中的 PE 率差异较小，但是这种差异会随着 β 值的降低而加大。这就表明，对于高风险的公司来说，随着风险的降低，其 PE 率的增幅有可能超过增长率的增幅。因此，

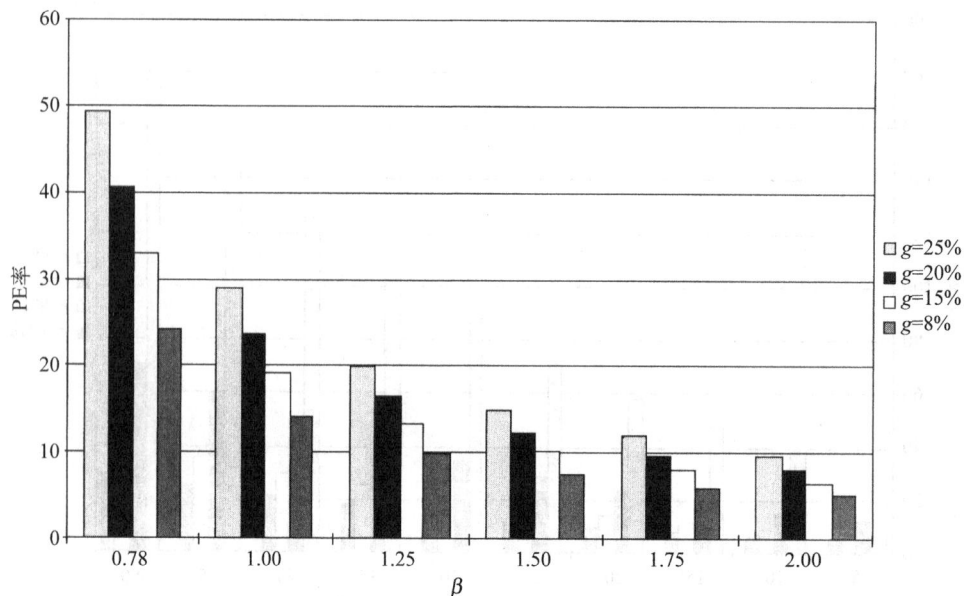

图 18.4　PE 率和 β 值：不同增长率的情形

单就那些据信风险很大但颇具增长潜力的公司而言,降低风险所能创造的价值将远远超出提高增长率所能创造的价值。

> *eqmult. xls*：这一电子表格使我们可以估算稳定增长或高增长公司的市盈率,假定基本因素不变。

18.1.4　运用 PE 率进行比较

我们已经给出了 PE 率的定义,考察了它的截面分布情形,分析了决定该乘数的各种基本因素,现在就可使用 PE 率作出价值判断。本小节首先考察如何最为恰当地比较同一市场在不同时间的 PE 率,然后再比较不同市场的 PE 率。最后,将运用 PE 率分析同属一个行业的不同公司,然后再将这种分析推广到整个市场。在这类操作过程中,需要注意的是,PE 率将会因为时间、市场、行业和公司的不同而变化。由于基本因素存在着差异,较高的增长、较低的风险和较高的股息支付率通常会导致较高的 PE 率。因此,在进行比较时,我们必须注意控制各公司在风险、增长率和股息支付率方面存在的差异。

同一市场 PE 率在不同时间的比较

分析者和市场战略制定者经常把某个市场的 PE 率同它的历史均值相对照,据以判断市场是被过高还是过低估价。如果市场根据大大高于正常水平的 PE 率对其股票实施交易,就可视为公司被估价过高,而以低于历史常态的比率获得交易则被认为估价过低。

在金融市场上,虽然时常会重现历史水平,我们却不应该借助这类比较而作出武断的判断。由于各种基本因素(利率、风险溢价、预期增长率和股息支付率)都会因时而变,PE

率也同样如此。例如,假设其他不变,可以预计:

- 利率的上升将导致市场股权成本上涨和 PE 率下降。
- 如果投资者们承担风险的意愿增强,就会造成股权风险溢价下降,进而造成所有股票的 PE 率得以提高。
- 各公司盈利预期增长率的提高将造成市场 PE 率的提高。
- 针对任何既定增长率[即,$g=(1-$股息支付率$)\times ROE$],各公司股权报酬率的提高将使得股息支付率提高,进而造成所有公司的 PE 率得以提高。

换言之,如果不对这些基本因素进行分析,那就无法对 PE 率作出判断。因此,更加恰当的方式不在于比较不同时间的 PE 率,而是将实际 PE 率与根据当期基本因素所预测的 PE 率进行比较。

案例 18.3　不同时间的 PE 率

针对同样一个股市,下表概述了两个时期的经济统计指标。在第一个时期的利率大大高于第二个时期。

	时期 1	时期 2
国债利率	11.00%	6.00%
市场溢价	5.50%	5.50%
预期通胀率	5.00%	4.00%
实际 GNP 预期增长率	3.00%	2.50%
支付率均值	50%	50%
期望 PE 率	$(0.5\times1.08)/(0.165-0.08)=6.35$	$(0.5\times1.065)/(0.115-0.65)=10.65$

可以看出,第二个时期的 PE 率大大高于前期,主要是因为真实利率(名义利率减去预期通胀率)的下跌。

案例 18.4　S&P 500 指数在不同时间的 PE 率

图 18.5 概述了 1960—2010 年间各个年末的 S&P 500 指数 PE 率和长期国债利率。两者之间存在着强烈的正向关系,因为它们的相关系数等于 0.665。此外,还有证据表明,利率的期限结构(term structure)也会影响 PE 率。在下列回归式中,使用 1960—2010 年间的数据,将 EP 率针对国债利率水平和收益率差额(国债券利率减去国库券利率)实施回归,可以得到下列结果:

$$EP=0.026\,1+0.686\,9\times 国债券利率-0.365\,5(国债券利率-国库券利率)$$

$$[3.28]\quad[6.41]\quad\quad\quad[1.50]$$

$$R^2=0.478$$

假设其他不变,上式表明:

- 国债券利率每上涨 1% 将会使得 PE 率提高 0.686 9%。这一结论本身并无新奇之处,但它确实对利率上涨的 PE 率效应实施了量化。

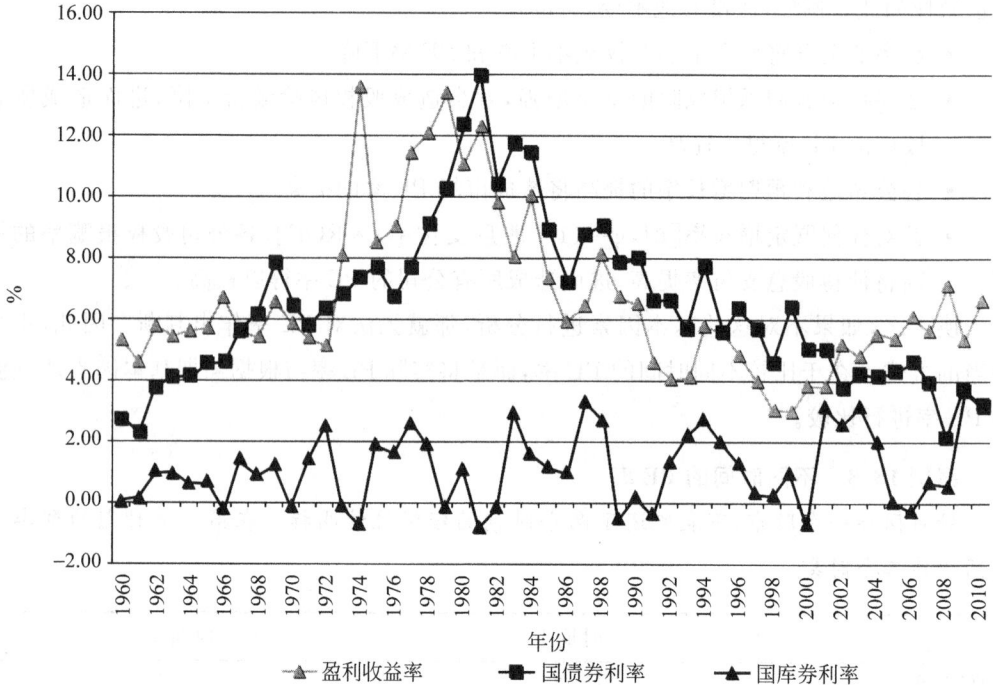

图 18.5　EP 率和利率: 1960—2010 年

- 国债券和国库券之间的利率差额每增加 1%,可以使得 PE 率提高 0.3655%。比较平坦的或者斜率为负的期限收益率曲线(term yield curve)显然对应着较低的 PE 率,而向上倾斜的收益率曲线则对应着较高的 PE 率。这一点初一看来有些异常,但是收益曲线的斜率,至少在美国,一直是经济增长的先导性指标。曲线的上倾幅度越大,增长率通常也越高。

根据这一回归式,以及 0.13% 的国库券利率和 3.29% 的国债券利率,2011 年初的 EP 预测值原本应该是

$$EP_{2000} = 0.026 + 0.6869(0.0329) - 0.3655(0.0013) = 0.0481$$

$$PE_{2000} = 1/EP_{2000} = 1/0.0481 = 20.77$$

鉴于 S&P 500 指数在 2011 年上半年的实际交易价位是盈利的 15 倍,上述结果意味着整个市场被低估了。然而,我们还能够进一步充实这一回归式,即添加其他应该与市盈率相关的变量作为自变量,诸如国民总产值(GNP)、预期增长率和股息支付率。

事实上,可以认为,S&P 500 指数在过去二十年间引入了科技股,美国公司股权报酬率在同期的增加,以及风险溢价的降低,这些都可以解释 PE 率在那一时期为何能够提高。

不同国家的 PE 率比较

人们通常还会对不同国家的 PE 率进行比较,旨在找出那些被估价过低或者过高的

市场。PE 率较低的市场被认为估价过低,反之亦然。鉴于各国在基本因素方面普遍存在着差异,这些结论均带有误导性。例如,假设其他不变,我们或许可以预计:

- 真实利率较高国家的 PE 率应该低于真实利率较低者。
- 期望真实增长率较高国家的 PE 率应该高于期望真实增长率较低者。
- 风险较大(进而风险溢价较高)国家的 PE 率应该低于较安全者。
- 公司投资效率较高(并获得较高的投资报酬)的国家应该根据较高的 PE 率实施交易。

案例 18.5　基本因素不同之国家的 PE 率

下面是有关两个国家股市的经济指标概况,即国家 A 和国家 B。它们之间的一个关键差别是,国家 A 的利率大大高于国家 B。

	国家 A	国家 B
国债利率	10.00%	5.00%
市场溢价	4.00%	5.50%
期望通胀率	4.00%	4.00%
期望真实 GNP 增长率	2.00%	3.00%
平均股息支付率	50%	50%
期望 PE 率	$(0.5 \times 1.06)/(0.14-0.06)=6.625$	$(0.5 \times 1.07)/(0.105-0.07)=15.29$

在此情形中,国家 B 的期望 PE 率大大高于国家 A,但是我们可以根据基本金融因素的差异予以调整。(请注意,名义增长率＝真实增长率＋预期通胀率。)

案例 18.6　不同市场的 PE 率比较:2000 年 7 月

我们可将上述原则推广到对于不同国家 PE 率的比较。下表概述了各发达市场在 2000 年 7 月的 PE 率、股息收益率以及(短期和长期)利率。

国　　家	PE 率	股息收益率	2 年期利率	10 年期利率	10 年期利率－2 年期利率
英国	22.02	2.59%	5.93%	5.85%	−0.08%
德国	26.33	1.88%	5.06%	5.32%	0.26%
法国	29.04	1.34%	5.11%	5.48%	0.37%
瑞士	19.60	1.42%	3.62%	3.83%	0.21%
比利时	14.74	2.66%	5.15%	5.70%	0.55%
意大利	28.23	1.76%	5.27%	5.70%	0.43%
瑞典	32.39	1.11%	4.67%	5.26%	0.59%
荷兰	21.10	2.07%	5.10%	5.47%	0.37%
澳大利亚	21.69	3.12%	6.29%	6.25%	−0.04%
日本	52.25	0.71%	0.58%	1.85%	1.27%
美国	25.14	1.10%	6.05%	5.85%	−0.20%
加拿大	26.14	0.99%	5.70%	5.77%	0.07%

直接比较 PE 率就可看出,市盈率为 52.25 的日本股票被估价过高,而市盈率为 14.74 的

比利时股票则被估价过低。然而,在这些PE率和10年期利率之间显示了强烈的负相关性(-0.73),在这些PE率与长短期利率差额之间则表现出强烈的正相关性(0.70)。将PE率针对利率和预期增长率进行截面回归,可得结果如下:

$$PE = 42.62 - 360.9 \times 10 \text{年期利率} + 846.61(10 \text{年期利率} - 2 \text{年期利率})$$
$$[2.78] \quad [1.41] \qquad\qquad [1.08]$$
$$R^2 = 59\%$$

因为样本规模较小,这些系数只具备临界的统计意义。根据这一回归式,我们可对各国的PE率作如下预测:

国　　家	实际PE率	预测的PE率	低估或高估/%
英国	22.02	20.08	5.71
德国	26.33	25.62	2.76
法国	29.04	25.98	11.80
瑞士	19.60	30.58	-35.90
比利时	14.74	26.71	-44.81
意大利	28.23	25.69	9.89
瑞典	32.39	28.63	13.12
荷兰	21.10	26.01	-18.88
澳大利亚	21.69	19.73	9.96
日本	52.25	46.70	11.89
美国	25.14	19.81	26.88
加拿大	26.14	22.39	16.75

根据这种比较,比利时和瑞士的股票是被低估最严重的,而美国股票则是被高估最严重的。

案例18.7　各新兴市场的PE率比较:2000年末

这一例子还可以推广到对于各新兴市场在2000年末的PE率比较。在下表中,国家风险因素由《经济学人》杂志(Economist)所估算,程度由0(最安全)到100(风险最大)描绘。

国　　家	PE率	利率/%	真实GDP增长率/%	国家风险
阿根廷	14	18.00	2.50	45
巴西	21	14.00	4.80	35
智利	25	9.50	5.50	15
中国香港	20	8.00	6.00	15
印度	17	11.48	4.20	25
印度尼西亚	15	21.00	4.00	50
马来西亚	14	5.67	3.00	40
墨西哥	19	11.50	5.50	30
巴基斯坦	14	19.00	3.00	45

国　家	PE 率	利率/%	真实 GDP 增长率/%	国家风险
秘鲁	15	18.00	4.90	50
菲律宾	15	17.00	3.80	45
新加坡	24	6.50	5.20	5
韩国	21	10.00	4.80	25
泰国	21	12.75	5.50	25
土耳其	12	25.00	2.00	35
委内瑞拉	20	15.00	3.50	45

PE 率针对这些变量的回归式如下：

$$PE = 16.16 - 7.94 \times 利率 + 154.40 \times 真实增长率 - 0.112 \times 国家风险$$
$$[2.78]\quad[0.52]\qquad\quad[2.38]\qquad\qquad\qquad[1.78]$$
$$R^2 = 74\%$$

真实增长率较高而国家风险较低的国家具有较高的 PE 率,而利率水平看来只有临界意义。因此,可用这一回归式预测土耳其的市盈率：

预测的土耳其 PE 率 $= 16.16 - 7.94(0.25) + 154.40(0.02) - 0.112(35) = 13.354$

给定等于 12 的市盈率,可以认为该市场被略微低估了。

业内各公司的 PE 率比较

估算公司 PE 率的一种最普遍方法是,选择一组可比公司,计算它们的平均 PE 率,然后针对估价对象与可比公司之间的差异进行主观调整。但是,这种方法存在着几个问题。第一,有关"可比公司"的定义基本上属于主观的。将同业公司作为可比公司组通常也无法解决问题,因为它们在业务结构、风险和增长方面仍然可能差异甚大,而且同样极易造成偏差。在这方面,一个很显然的例子是公司并购,它打算使用其他已经被并购公司组的 PE 率。如果设立该样本组原本就在于提供有关 PE 率和其他乘数的偏高估计值,那就完全能够印证目标公司所具备的高 PE 率。第二,即便能够构建一个合理的可比公司组,估价对象与可比公司组之间的差异也依然存在,对于这种差异不易实施主观的调整。因此,如果公司的增长率远远高于可比公司,我们能够知道该公司的 PE 率应该比较高,但是依然无法解决它究竟应该高出多少的问题。

相对于主观调整法而言,另外一种可选方法是,针对回归过程中的业内各公司在 PE 率方面的差异,明确地调整一两个据信比较重要的变量;然后,运用回归式估算业内各公司的 PE 率预测值,把它与实际 PE 率进行对照,以此判断股票是被高估还是低估。

案例 18.8　比较全球各电信公司的 PE 率：2000 年 9 月

针对具有美国有价证券存托凭证(ADRs)而且在美国上市的全球各电信公司,下表概述了它们在 2000 年 9 月的滚动 PE 率。鉴于此处所用每股盈利数据都是根据美国公认的会计原则估算得出,它们应该比这些公司在本国市场所报告的盈利具有更大的可比性。

公司名称	PE率	增长率/%	新兴市场的虚拟变量
APT Satellite Holdings ADR	31.00	33.00	1
Asia Satellite Telecom Holdings ADR	19.60	16.00	1
British Telecommunications PLC ADR	25.70	7.00	0
Cable & Wireless PLC ADR	29.80	14.00	0
Deutsche Telekom AG ADR	24.60	11.00	0
France Telecom SA ADR	45.20	19.00	0
Gilat Communications	22.70	31.00	1
Hellenic Telecommunication Organization SA ADR	12.80	12.00	1
Korea Telecom ADR	71.30	44.00	1
Matav RT ADR	21.50	22.00	1
Nippon Telegraph & Telephone ADR	44.30	20.00	0
Portugal Telecom SA ADR	20.80	13.00	0
PT Indosat ADR	7.80	6.00	1
Royal KPN NV ADR	35.70	13.00	0
Swisscom AG ADR	18.30	11.00	0
Tele Danmark AS ADR	27.00	9.00	0
Telebras ADR	8.90	7.50	1
Telecom Argentina ADR B	12.50	8.00	1
Telecom Corporation of New Zealand ADR	11.20	11.00	0
Telecom Italia SPA ADR	42.20	14.00	0
Telecomunicaciones de Chile ADR	16.60	8.00	1
Telefonica SA ADR	32.50	18.00	0
Telefonos de Mexico ADR L	21.10	14.00	1
Telekomunikasi Indonesia ADR	28.40	32.00	1
Telstra ADR	21.70	12.00	0

其中的每股盈利为滚动盈利,各公司的市盈率显示在第二列,随后一列是分析者对每股盈利在未来五年预期增长率的估算值;最后一列引入了一个虚拟变量,用于表示相关公司是来自新兴市场还是发达市场。毋庸惊讶,诸如 Telebras 和 PT Indosat 等具有最低 PE 率的公司均来自于新兴市场。

用行业的 PE 率对预期增长率和新兴市场虚拟变量进行回归,可以得到下列结果:

$$PE = 13.12 + 121.22 \times 预期增长率 - 13.85 \times 新兴市场虚拟变量$$

[3.78] [6.29] [3.84]

$$R^2 = 66\%$$

高增长公司的市盈率大大高于预期增长率较低的公司。此外,上式表明,与发达市场的各电信公司相比,新兴市场电信公司的股票应根据低得多的 PE 率获得交易。运用该式进行预测,可以得到

公 司 名 称	PE 率	预测的 PE 率	低估或高估/%
APT Satellite Holdings ADR	31.00	39.27	−21.05
Asia Satellite Telecom Holdings ADR	19.60	18.66	5.05
British Telecommunications PLC ADR	25.70	21.60	18.98
Cable & Wireless PLC ADR	29.80	30.09	−0.95
Deutsche Telekom AG ADR	24.60	26.45	−6.99
France Telecom SA ADR	45.20	36.15	25.04
Gilat Communications	22.70	36.84	−38.38
Hellenic Telecommunication Organization SA ADR	12.80	13.81	−7.31
Korea Telecom ADR	71.30	52.60	35.55
Matav RT ADR	21.50	25.93	−17.09
Nippon Telegraph & Telephone ADR	44.30	37.36	18.58
Portugal Telecom SA ADR	20.80	28.87	−27.96
PT Indosat ADR	7.80	6.54	19.35
Royal KPN NV ADR	35.70	28.87	23.64
Swisscom AG ADR	18.30	26.45	−30.81
Tele Danmark AS ADR	27.00	24.03	12.38
Telebras ADR	8.90	8.35	6.54
Telecom Argentina ADR B	12.50	8.96	39.51
Telecom Corporation of New Zealand ADR	11.20	26.45	−57.66
Telecom Italia SPA ADR	42.20	30.09	40.26
Telecomunicaciones de Chile ADR	16.60	8.96	85.27
Telefonica SA ADR	32.50	34.94	−6.97
Telefonos de Mexico ADR L	21.10	16.23	29.98
Telekomunikasi Indonesia ADR	28.40	38.05	−25.37
Telstra ADR	21.70	27.66	−21.55

根据预测的 PE 率,在这一组中,被低估最严重的是新西兰的 Telecom Corporation 公司, 而被高估程度最严重的则是智利的 Telecom Unicaciones de Chile 公司。

同一市场中各公司的 PE 率比较

在前一部分内容中,我们把"可比公司"狭隘地定义为从事相同业务的其他公司。在此所要考虑的是,通过观察整个行业甚而整个市场而增加可比公司数目的可用方式。这样做有两个优点。第一,估算值可以随着可比公司数目的增加而变得更加准确;第二,针对业内或市场上的其他公司,它使我们能够确定某一子样本组中的公司何时被高估或者低估。如果放宽可比者的定义,各公司之间的差异就会加大。因此,我们需要调整这些差异,而最简单的方式就是使用乘数回归法,即,把 PE 率作为因变量,而将关于风险、增长率和股息支付率的代理变量设为自变量。

以往的研究　将 PE 率针对整个市场的基本因素实施回归分析,最早由 Kisor 和 Whitbeck 在 1963 年所做出。运用从纽约银行获得的截至 1962 年 6 月的数据,他们得到了下列回归式:

$$PE率 = 8.2 + 1.5 \times 盈利增长率 + 6.7 \times 股息支付率$$
$$- 0.2 \times EPS变化的标准差$$

随后，Cragg 和 Malkiel 估算了 1961—1965 年间的市盈率对增长率、股息支付率和股票 β 值的回归系数。

年份	方程	R^2 系数
1961	$PE = 4.73 + 3.28g + 2.05\pi - 0.85\beta$	0.70
1962	$PE = 11.06 + 1.75g + 0.78\pi - 1.61\beta$	0.70
1963	$PE = 2.94 + 2.55g + 7.62\pi - 0.27\beta$	0.75
1964	$PE = 6.71 + 2.05g + 5.23\pi - 0.89\beta$	0.75
1965	$PE = 0.96 + 2.74g + 5.01\pi - 0.35\beta$	0.85

其中，PE＝年初的市盈率；

g＝盈利增长率；

π＝年初的盈利支付率；

β＝股票的 β 值。

他们的结论是，这类模型虽然有助于解释 PE 率的形成，但在预测其变化方面却功效甚微。在上述两项研究中，所用三个变量股息支付率、风险和增长率体现了在前一小节所述决定 PE 率的三个因素。

在本书第一版中，运用更为广泛的样本，我们曾将这些回归式针对 1987—1991 年间进行了更新，[①]大致结果如下：

年份	方程	R^2 系数值
1987	$PE = 7.1839 + 13.05 \times 股息支付率 - 0.6259\beta + 6.5659EGR$	0.9287
1988	$PE = 2.5848 + 29.91 \times 股息支付率 - 4.5157\beta + 19.9143EGR$	0.9465
1989	$PE = 4.6122 + 59.74 \times 股息支付率 - 0.7546\beta + 9.0072EGR$	0.5613
1990	$PE = 3.5955 + 10.88 \times 股息支付率 - 0.2801\beta + 5.4573EGR$	0.3497
1991	$PE = 2.7711 + 22.89 \times 股息支付率 - 0.1326\beta + 13.8653EGR$	0.3217

其中，EGR 是每股盈利的以往增长率。需要注意的是，R^2 系数值随着时间推移所出现的波动，以及各自变量系数的变化。例如，在列出的各个回归式中，R^2 系数值从 1987 年的 0.93 下跌到了 1991 年的 0.32，而其他系数随着时间的推移同样也是变化很大。部分原因在于盈利的波动性较大，而市盈率所体现的正是这一点。1991 年回归式的低 R^2 系数值，可以归因于当年的经济衰退对盈利所造成的影响。无疑，这些回归关系并不稳定，而且各个预测值都有可能包含了噪声。

经过更新的市场回归式　相比上述较早的研究工作，我们现在更便于获得实施市场回归所需要的数据，这里呈现了两个回归过程的结果。第一个是在 2011 年 1 月进行的，

---

① 这些回归式考察了 Compuatat 数据库列出的所有股票。在前面五年的增长率被作为预期增长率，β 值则是根据 CRSP 行情记录估算得出。

我们将所有公司的 PE 率针对股息支付率、β 值和预期增长率实施回归，[1]结果如下：

$$PE = -6.37 + 83.56 \times 预期增长率 + 5.06 \times \beta 值 + 5.83 股息支付率$$

　　　　[5.85]　[16.93]　　　　　　[8.18]　　[4.29]

　　$R^2 = 19.8\%$　　　　　　　观察值数目 = 1 608

鉴于样本规模大约包含了 1 600 家公司，这个方程可以广泛地衡量相对价值。

　　这一方程的 R^2 系数值很低，但它更多体现的是 PE 率的噪声而不是回归方法本身的问题。如同后文所述，与关于 PE 率的回归式相比，市账率和市销率针对市场的回归通常运行得更好，而 R^2 系数值也更高。然而，还有一种令人不安的情形是，各个变量系数的符号并不总是符合我们的预期。例如，风险较高的（β 值较高）股票同样也具有较高的 PE 率，但是基本因素分析却会使我们形成截然相反的预期。

　　有关市场如何给各股票之间的增长率差异定价这一问题，回归式的预期增长率系数能够提供一些线索。在下表中，我们报告了从 2000 年 1 月到 2011 年 1 月的各年数值，加上在第 7 章所计算的隐含股权风险溢价（作为风险的价格）。

时期	增长率增加 1% 的公司价值	股权风险溢价/%
2011 年 1 月	0.836	5.20
2010 年 1 月	0.550	4.36
2009 年 1 月	0.780	6.43
2008 年 1 月	1.427	4.37
2007 年 1 月	1.178	4.16
2006 年 1 月	1.131	4.07
2005 年 1 月	0.914	3.65
2004 年 1 月	0.812	3.69
2003 年 1 月	2.621	4.10
2002 年 1 月	1.003	3.62
2001 年 1 月	1.457	2.75
2000 年 1 月	2.105	2.05

表 18.2　各个自变量之间的相关性

	PE 率	增长率	β 系数	股息支付率
PE 率	1.000			
增长率	0.268	1.000		
β 系数	0.102	0.140*	1.000	
股息支付率	-0.024	-0.241*	-0.174*	1.000

* 在 1% 的统计水平上具有意义。

　　在 2000 年 1 月，时值各网络公司处在巅峰之际，市场对其增长率支付了很高的价格，但对风险却没有收费。毋庸惊讶，那些高增长、高风险公司的股票交易乃是根据犹如天价

---

[1]　t 统计值显示在各系数下方的括弧中。

的 PE 率而进行。到了 2002 年 1 月,风向出现了逆转,增长率的价格下跌了一半以上,而风险的价格则增加了近 80%。2009 年 1 月,银行危机刚过,风险的市场价格达到了 6.43%(为 30 年来的最高水平),支付给增长率的价格则很低,故而美国公司的 PE 率中位值不到两位数。

回归方法存在的问题 回归方法属于一种简单的方法,可将大量数据提炼成为单个方程,意在把握 PE 率与各个基本财务因素之间的关系。但是,它同样也带有局限性。第一,各个自变量之间相互关联。[①] 例如,高增长公司通常具有高风险和低支付率,从表 18.2 可看出此点,它概述了所有美国公司在 β 值、增长率和支付率之间的相关程度。需要注意的是支付率与增长率之间的负相关性,以及 β 值和增长率之间的正相关性。这种多重共线性使得回归系数不甚可靠[加大了标准误差(standard error)],并且可用于解释系数符号的错误(诸如 β 值具有为正的相关系数)以及这些系数跨期变化很大的问题。第二,回归过程是以 PE 率同各基本因素之间的线性关系为根据,这一点未必确切。有关回归式的残值分析表明,对自变量实施(平方或对数)转换能够更好地解释 PE 率。第三,PE 率和金融变量之间的基本关系本身也未必稳定。因为它会随着时间的推移而改变,由回归式所作出的针对各个拓展时期的预测或许并不可靠。基于这些理由,虽然回归方法的确具备一定的用处,但却只能将它作为探寻真实价值的工具之一。

案例 18.9 运用市场回归法评估宝洁公司

在前述案例中,我们根据宝洁公司的各种基本因素估算了它的 PE 率。为了运用更具普遍意义的回归方法评估宝洁,我们首先估算得出其中的自变量,

$$宝洁的 \beta 值 = 0.90$$
$$宝洁的股息支付率 = 50.00\%$$
$$宝洁的预期增长率 = 10.00\%$$

请注意,这些变量的定义均同前面回归式中的变量具备一致性。因此,我们使用未来五年的增长率、过去五年的 β 值和最近四个季度的股息支付率进行预测。将市盈率针对市场上所有股票的回归过程,可得到下列结果:

$$预测的 PE_{宝洁} = 6.37 + 83.56 \times 增长率 + 16.44 \times \beta 值 + 5.83 \times 支付率$$
$$= 6.37 + 83.56(0.10) + 5.83(0.90) + 5.06(0.50)$$
$$= 22.50$$

根据这一回归式,我们预计宝洁股票将以 25 倍于盈利的价格获得交易。鉴于其实际 PE 率为 19,该股票相对于整个市场而言被低估了。

🌐 *Mreg.htm*:这一网上的电子表格报告了 PE 率针对各基本因素的最新回归结果,使用市场上所有的公司数据。

---

① 在实施多重回归时,各个自变量应该相互独立。

针对 PE 率的盈利标准化

由于与当期的盈利相关,PE 率尤其容易逐年发生波动,这同样也是公司所报盈利具备的特征。因此,在进行比较时,一种更能说明问题的方式是使用标准化盈利。对盈利实施标准化的方式很多,最为常用的是对不同时间的盈利实施平均化。针对周期性公司,我们将它在整个周期内的每股盈利予以平均化。如果打算对估价对象盈利实施标准化,一致性的原则要求我们还需要对样本所包括的各家可比公司实施标准化。

18.2   PEG 率

为了确定被低估和被高估的股票,资产组合经理和分析者们有时会将 PE 率与公司预期增长率加以比较。根据这种方法的最简单形式,PE 率低于预期增长率的公司视为被低估者。根据更为一般的形式,我们使用 PE 率与预期增长率两者的比率(PEG)衡量相对价值,较低的价值表明公司被低估了。对于许多分析者来说,尤其是那些跟踪处在高增长行业的公司的分析者,这些方法提供了一条很有希望的途径,即,在调整各公司增长率差异的同时,还能保持乘数固有的简洁性。

18.2.1   PEG 率的定义

PEG 率的定义是,市盈率除以每股盈利的预期增长率:

$$PEG 率 = PE 率 / 预期增长率$$

例如,公司的市盈率若为 20 而增长率为 10%,则可估得它的 PEG 率等于 2。一致性的要求是,用于这一估算值的增长率是每股盈利增长率而不是经营性收入增长率,因为 PEG 率属于股权乘数。

面对有关 PE 的诸多定义,在估算 PEG 率时应该采用哪一个呢?答案取决于计算得出的预期增长率。如果每股盈利的预期增长率是根据最近年份的盈利(当期盈利)计算得出,应该使用的是当期 PE 率;如果每股盈利的预期增长率是根据滚动盈利计算得出,则应使用滚动 PE 率。在计算过程中,我们不会使用前瞻 PE 率,因为它可能会造成重复计算。为说明个中缘由,假设公司当期的股价为 30 美元而每股盈利为 1.50 美元;预计它在下一年度可将每股盈利增加一倍(即,前瞻每股盈利为 3.00 美元),并且在随后四年间可使盈利每年增长 5%。以当期每股盈利为基数,分析者对该公司每股盈利增长率的估算值就会等于 19.44%。

$$期望盈利增长率 = [(1 + 增长率_{第1年})(1 + 增长率_{第2\sim5年})^4]^{1/5} - 1$$
$$= [2.00(1.05)^4]^{1/5} - 1 = 0.194\,4$$

如果使用前瞻 PE 率和这一盈利增长率估算值估算 PEG 率,则会得到

$$根据前瞻 PE 率的 PEG 率 = 前瞻 PE 率 / 预期增长率_{未来五年}$$

$$=（价格／前瞻\ EPS）／预期增长率_{未来五年}$$
$$=（30/3）/19.44 = 0.51$$

根据 PEG 率判断,该公司股票显得比较便宜。但需注意的是,第 1 年的增长率被计算了两次。正是因为这一点导致前瞻盈利很高,造成前瞻 PE 率偏低,而增长率也同样因此而偏高。有关 PEG 率的一致性估计要求我们使用当期的 PE 率和未来五年间的预期增长率。

$$采用当期\ PE\ 率的\ PEG\ 率 =（价格／当期\ EPS）／预期增长率_{未来五年}$$
$$=（30/1.50）/19.44 = 1.03$$

另一方面,根据前瞻每股盈利和第 2～5 年的增长率,可以计算 PEG 率如下:

$$采用前瞻\ PE\ 率的\ PEG\ 率 =（价格／前瞻\ EPS）／预期增长率_{第2～5年}$$
$$=（30/3）/5 = 2.0$$

如果采用这种方法,还需运用前瞻 PE 率和第 2～5 年的预期增长率,针对所有其他可比公司统一估算 PEG 率。根据统一性原则,为了估算 PEG 率,应该针对样本中所有的公司使用相同的增长率估计值。例如,不应针对某些公司使用 5 年期的增长率,而对其他公司却使用 1 年期的增长率。

确保统一性的方式是,针对组内所有的公司均使用相同出处的盈利增长率估算值。例如,对于美国大多数公司在未来五年每股盈利增长率,许多金融数据服务公司都提供了分析者们的共识性估算值。另一方面,我们还可以估算组内每一公司的预期增长率。

18.2.2   PEG 率的截面分布

在对 PEG 率作出定义后,图 18.6 考察的是所有美国公司的 PEG 率截面分布状况。在估算这些 PEG 率时,我们使用了未来五年的每股盈利增长率估计值,加上各当期 PE 率。市场的 PEG 率分布状况与 PE 率虽然很接近,但是还需注意一个重要的问题,即 PEG 率的计算只能是针对具有盈利预期增长率的公司而进行。因为这种增长率通常由分析者们所提供,那些未被他们跟踪的公司就不会具有 PEG 率（至少对于我们的样本来说是这样）。由于小型、年轻公司通常不会受到分析者们的关注,这就造成了略为复杂的样本选择偏向问题。

PEG 率在高科技公司分析中的运用最为广泛。同样也是运用增长率估算值而得到 PEG 率,图 18.7 比较了科技股和市场其他股票的 PEG 率分布状况。

最后,表 18.3 涵盖了有关科技股和非科技股 PEG 率的几个统计指标。[1] 科技股的平均 PEG 率远低于非科技股的平均 PEG 率。此外,这种均值在两个组中都大大高于中位值。

---

① PEG 率的上限设为 10。

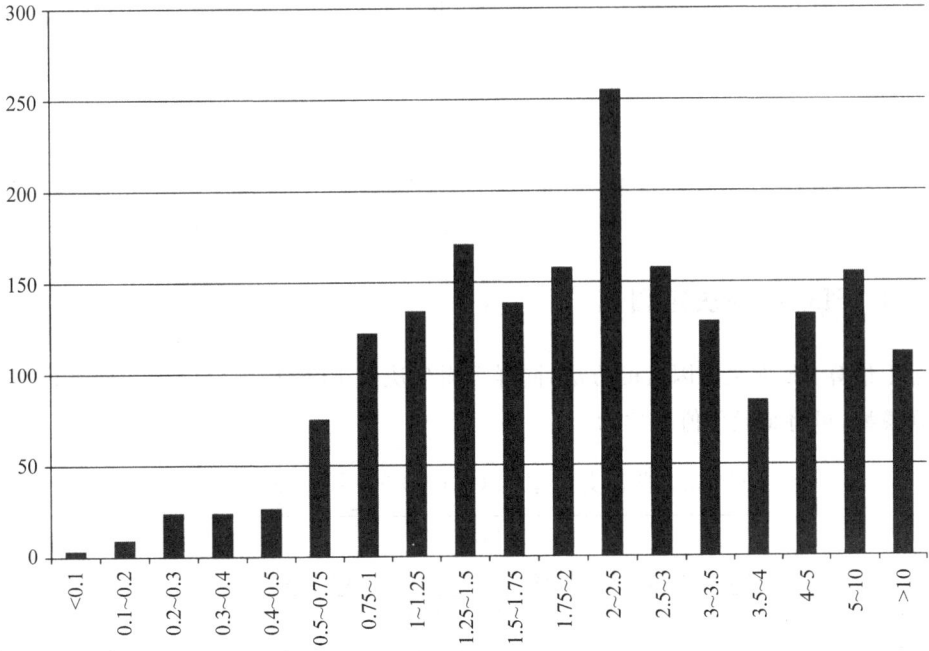

图 18.6 美国各公司的 PEG 率：2011 年 1 月

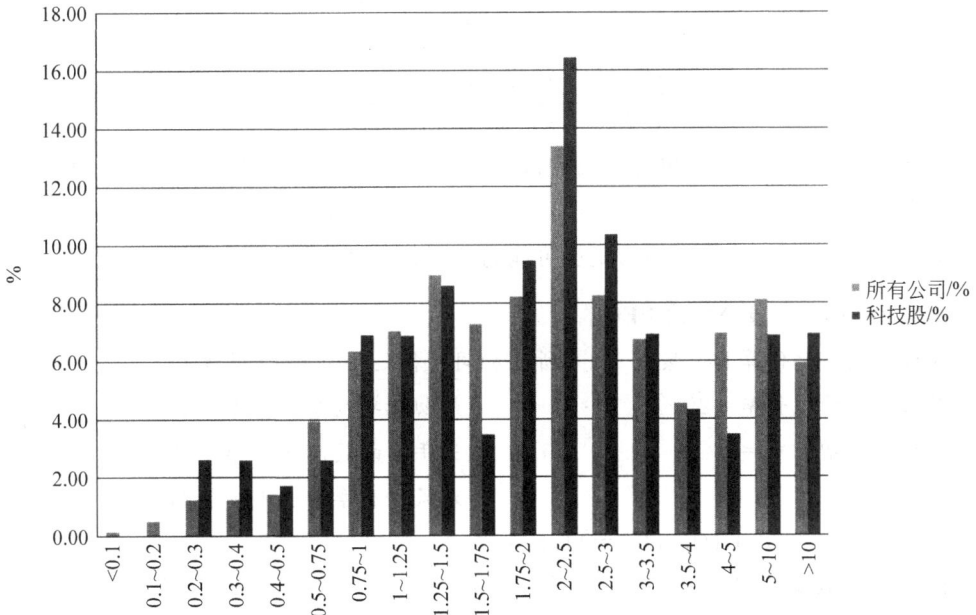

图 18.7 2011 年 1 月的美国各公司 PEG 率：市场与科技股的比较

表 18.3　PEG 率分布：科技股与非科技股的比较

	市　　场	高科技公司
公司数目	1 914	116
平均数	6.82	4.68
中位值	2.13	2.06
标准差	73.21	12.8

🌐 *pedata.htm*：这一电子表格报告了美国各行业组公司的 PEG 率。

18.2.3　PEG 率的决定因素

运用估算 PE 率决定因素的方法，同样可得出决定 PEG 的各个因素。根据两阶段股息贴现模型，可将每股价值表述为

$$P_0 = \frac{\text{EPS}_0 \times \text{股息支付率} \times (1+g) \times \left[1 - \frac{(1+g)^n}{(1+k_{e,hg})^n}\right]}{k_{e,hg} - g} +$$

$$\frac{\text{EPS}_0 \times \text{股息支付率} \times (1+g)^n \times (1+g_n)}{(k_{e,st} - g_n)(1+k_{e,hg})^n}$$

将上式两边先除以每股盈利（EPS_0），再除以高增长期的预期增长率（g），就可估算 PEG 率如下：

$$P_0 = \frac{\text{股息支付率} \times (1+g) \times \left[1 - \frac{(1+g)^n}{(1+k_{e,hg})^n}\right]}{g(k_{e,hg} - g)} +$$

$$\frac{\text{股息支付率} \times (1+g)^n \times (1+g_n)}{g(k_{e,st} - g_n)(1+k_{e,hg})^n}$$

即便大致浏览一下这一方程也可看出，所谓"使用 PEG 率可以降低增长率的作用"这种看法是错误的。增长率不仅没有消失，反倒是更加深入地渗透到乘数之中。其实，增长率的提高对于 PEG 率的影响既可能为正也可能为负，而净效应则取决于增长率的水平。

案例 18.10　估算公司的 PEG

假设我们需要估算具有案例 18.1 所述相同特征之公司的 PEG 率：

最初五年的增长率＝25％　　　　最初五年股息支付率＝20％

五年后的增长率＝8％　　　　　　五年后的股息支付率＝50％

β 值＝1.0　　　　　　　　　　　无风险利率＝长期国债利率＝6％

合意报酬率＝6％＋1(5.5％)＝11.5％

PEG 率可估算如下：

$$P_0 = \frac{0.2 \times (1.25) \times \left[1 - \frac{(1.25)^5}{(1.115)^5}\right]}{0.25(0.115 - 0.25)} + \frac{0.5 \times (1.25)^5 \times (1.08)}{0.25(0.115 - 0.08)(1.115)^5} = 1.15$$

根据基本因素，该公司的 PEG 率为 1.15。

考察与基本因素之间的关系

首先考虑高增长期(后续五年)增长率从 25% 开始变化所造成的影响。图 18.8 把 PEG 率表示为预期增长率的函数。随着增长率的提高,PEG 率最初会下降,然后又再度上升。PEG 率与预期增长率之间的这种"U"形关系表明,由于各公司的增长率普遍存在着差异,我们不易直接比较 PEG 率。

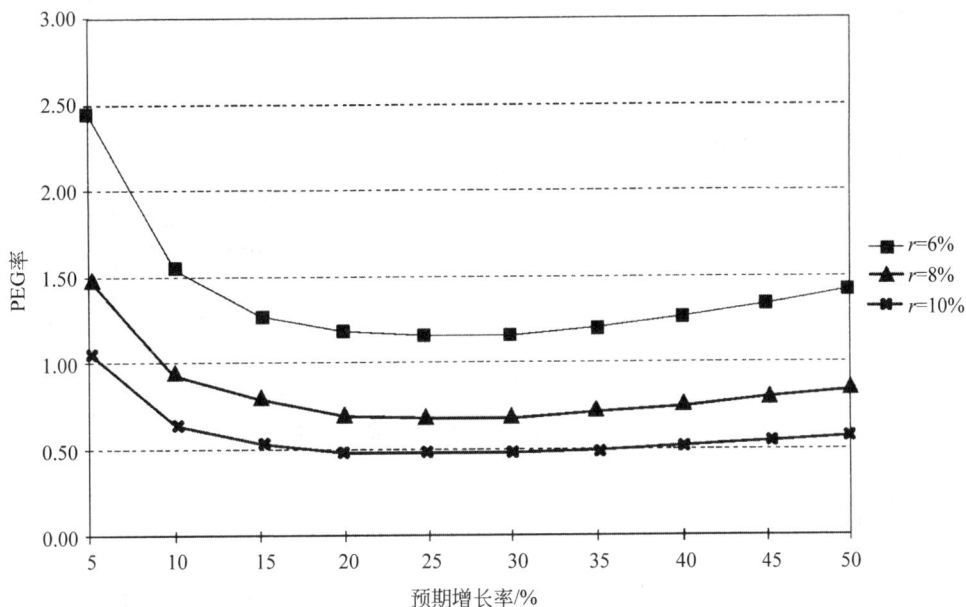

图 18.8 PEG 率、预期增长率和利率

接着,考虑该公司风险程度(β值)变化对于 PEG 率的影响。图 18.9 将 PEG 率表示成 β值的函数。此处的关系相当明确,即,公司 PEG 率将随着风险的加大而降低。如果比较风险程度不同的各公司,即便属于同一行业,风险较高者的 PEG 率应该低于较安全者。

最后,各公司增长率的形成过程也未必相同。从增长质量而言,若能每年增长 20% 而且将 50% 的盈利支付给股东,公司就胜过那些增长率相同但是需将全部盈利用于再投资的公司。因此,针对既定的增长率,PEG 率应该随着股息支付率的增加而上升,正如图 18.10 所示。

增长率和股息支付率通过公司的股权报酬率相互关联。事实上,公司的预期增长率可表述为

$$预期增长率 = 股权报酬率(1 - 股息支付率)$$

因此,针对既定的增长率,PEG 率较高的公司应该具有较高的股权报酬率。

- *eqmult.xls*:假定基本因素不变,这一电子表格使我们可以估算稳定增长或高增长公司的 PEG 率。

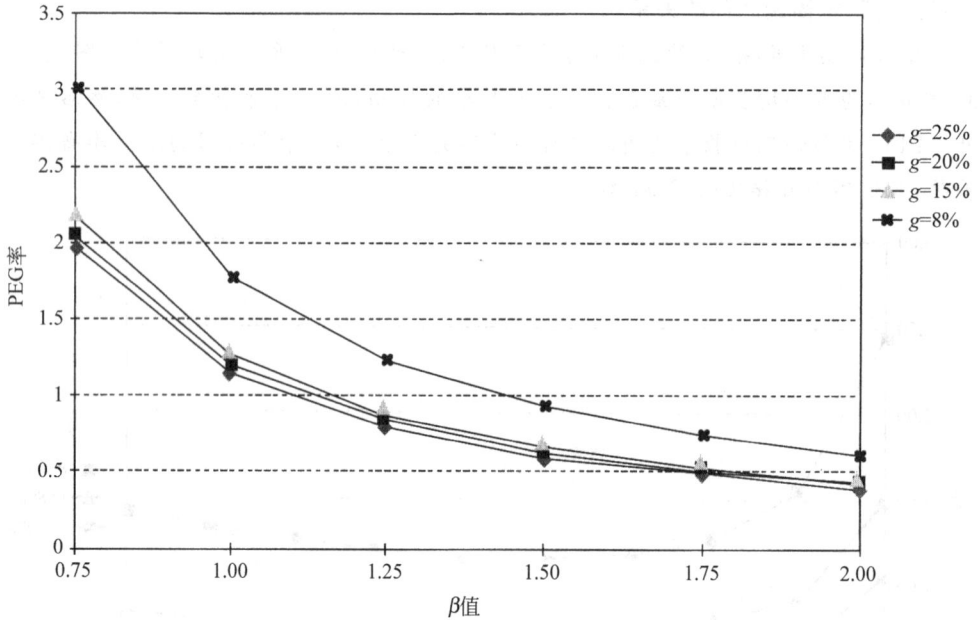

图 18.9　PEG 率和 β 值：不同的增长率

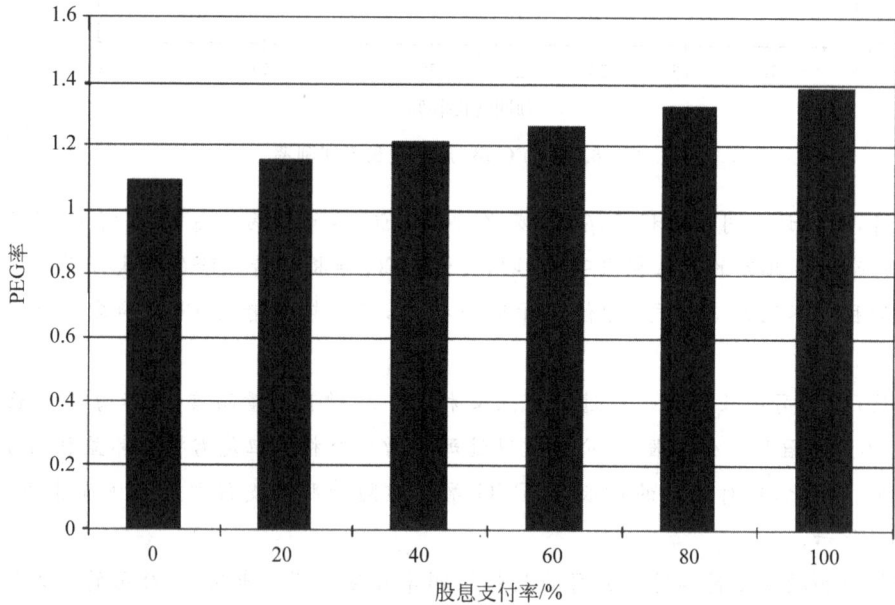

图 18.10　PEG 率和股息支付率

18.2.4　PEG 率的比较

　　如同 PE 率一样，PEG 率也可用于比较同业公司的估价。正如前一小节所述，PEG 率是公司风险、增长率和股息支付率的函数。本小节考察使用 PEG 率的各种方法，探讨在比较各公司 PEG 率时出现的一些问题。

直接比较

在使用 PEG 率时,大多数分析者针对同业各公司(或可比公司组)进行计算和比较。该比率较低者通常被视为估价偏低,即便各公司的增长率有所不同。这种方法依据的是一种错误的观念,即,PEG 率能够把握各公司在增长率方面的差异。其实,只有在各公司的增长潜力、风险和支付率(或股权报酬率)都很接近时,我们才能直接比较 PEG 率。但是,果真如此的话,比较各公司的 PE 率却又更加便利。

如果各公司具有不同的风险、增长率和支付率的特征,若要比较 PEG 率并据此作出估价判断,我们通常应该注意下列几点:

- 增长率和 PEG 率之间的关系变化很大。最初,随着增长率的提高,PEG 率会下降;但在某个时点,这种关系会出现逆转。换言之,如果公司的增长率很低或很高,它的 PEG 率将会高于那些增长率处在中等水平公司的 PE 率(参见图 18.8)。
- 风险较高的公司具有较低的 PEG 率,而被低估的程度看来会超过风险较低的公司,因为 PEG 率通常会随着公司风险的加大而降低(参见图 18.9)。
- 股权报酬率较低(或股息支付率较低)的公司将具有较低的 PEG 率,而被低估程度看来会超过股权报酬率和股息支付率较高的公司(参见图 18.10)。

总之,就那些通过直接比较 PEG 率而看似被低估的公司而言,因其风险较高或股权报酬率较低,对于它们的估价也许并无不当。

经过调整的比较

比较各公司的 PEG 率时,重要的在于把握风险、增长率和股息支付率方面的差异。我们可以作出主观性调整,但却不易把握 PEG 率与这些基本因素之间的复杂关系。一种很有希望的途径是,使用前面针对 PE 率所提出的回归法,将所比较各公司的 PEG 率与风险、增长潜力和支付率方面的指标相联系。

如同对待 PE 率那样,"可比公司"的定义既可以比较狭隘(与评估对象非常相似的公司),也可以更加广泛(同业公司或市场上所有的公司)。在实施回归时,前述有关 PE 率回归法的所有说明依然适用。各个自变量仍然彼此相关,而且这种关系并不稳定并且带有非线性特征。其实,在图 18.11 中,有关美国所有股票在 2011 年 1 月[*]的 PEG 率针对增长率的散点图已经体现了非线性的程度。

实施回归时,尤其当各样本公司的增长率差异极大时,我们可以转换增长率而使之更加接近于线性。例如,PEG 率针对预期增长率自然对数的散点图就可以呈现出更加明显的线性关系,如图 18.12 所示。

在此,对于 2011 年 1 月的整个市场,PEG 率针对 ln(预期增长率)、β 系数和股息支付率的回归结果是

---

[*]　原文此处为"July 2000"。——译者注

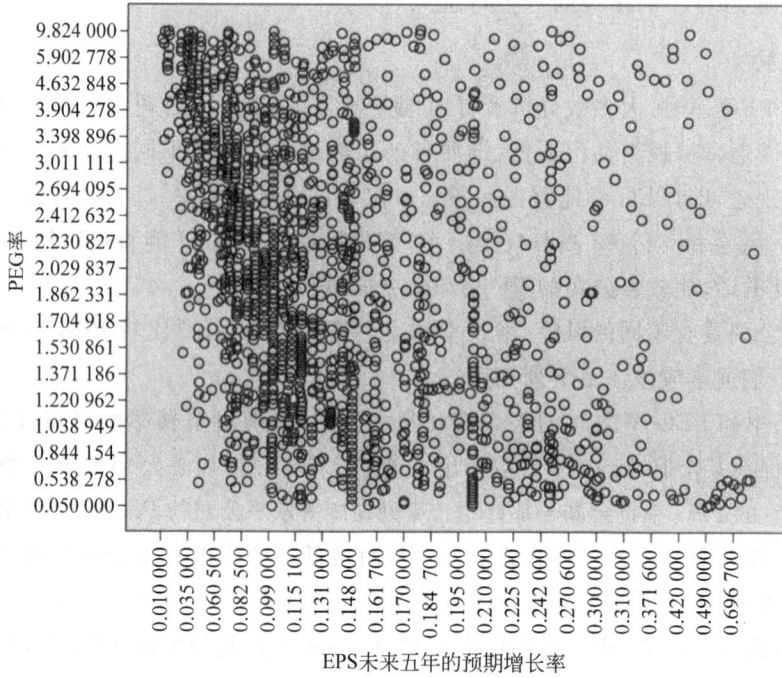

图 18.11   PEG 率与预期增长率的对照：2011 年 1 月

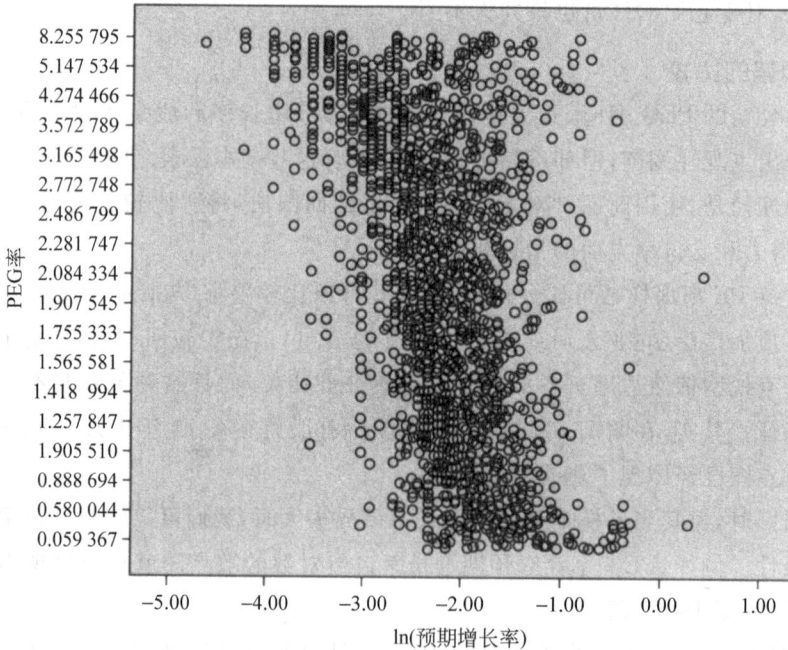

图 18.12   PEG 率与 ln（预期增长率）的对照：2011 年 1 月

$$PEG\ 率 = -1.07 - 1.18 \times \ln(增长率) + 0.57 \times (\beta 值) + 0.54 \times (支付率)$$
$$[6.53][18.51] \qquad [8.55] \qquad [3.57]$$

$R^2 = 25.1\%$　　　　　公司数目＝1 608

较低的 R^2 值表明,这一乘数存在着一定的问题,若用它比较各公司将会遇到麻烦。

案例 18.11　再谈 2001 年间的软性饮料业公司：PEG 率

在第 17 章,通过考察软性饮料行业各公司的 PE 率,我们对 Andres Wine 公司股票是否过于便宜作了估计,因为它获得交易的 PE 率较低。鉴于业内各公司的期望增长率差异甚大,我们计算了它们的 PEG 率,并与过去两年间的股价年化标准差一道列出。

公 司 名 称	滚动 PE 率	预期增长率/%	标准差/%	PEG 率
Coca-Cola Bottling	29.18	9.50	20.58	3.07
Molson Inc. Ltd. "A"	43.65	15.50	21.88	2.82
Anheuser-Busch	24.31	11.00	22.92	2.21
Corby Distilleries Ltd.	16.24	7.50	23.66	2.16
Chalone Wine Group	21.76	14.00	24.08	1.55
Andres Wines Ltd. "A"	8.96	3.50	24.70	2.56
Todhunter int'l	8.94	3.00	25.74	2.98
Brown-Forman "B"	10.07	11.50	29.43	0.88
Coors(Adolph)"B"	23.02	10.00	29.52	2.30
PepsiCo, Inc.	33.00	10.50	31.35	3.14
Coco-Cola	44.33	19.00	35.51	2.33
Boston Beer "A"	10.59	17.13	39.58	0.62
Whitman Corp.	25.19	11.50	44.26	2.19
Mondavi(Robert)"A"	16.47	14.00	45.84	1.18
Coca-Cola Enterprises	37.14	27.00	51.34	1.38
Hansen Natural Corp.	9.70	17.00	62.45	0.57
均值	22.66	13.00	0.33	2.00

请注意,若将 Andres Wine 公司的 PEG 率与均值进行比较,其股票就不再显得便宜,因为它的低增长率已被转换为较高的 PEG 率;Hansen Natural 公司股票仍会显得便宜,因为它是根据等于 0.57 的 PEG 率获得交易,大大低于部门均值。

Hansen 的风险依然很大(其标准差约为部门均值的两倍)且增长率高于业内其他公司。这两种因素都使得它的 PEG 率较低。现在,将业内各公司的 PEG 率进行回归,我们得到下列结果：

$$\text{PEG 率} = 3.61 - 2.86 \times \text{预期增长率} - 3.38 \times \text{标准差}$$
$$[6.86]\quad[0.75]\quad\quad\quad[2.04]$$

运用这一回归式预测 Hansen Natural 公司的价值,可得到

$$\text{PEG}_{\text{Hansen}} = 3.61 - 2.86 \times 0.170\,0 - 3.38 \times 0.624\,5 = 1.01$$

可以看出,即便处在等于 0.57 的 PEG 率上,该公司仍然被严重低估了。

　　🌐 *Mreg. htm*：这一电子表格概述了美国股票的 PEG 率针对基本因素进行回归的最新结果。

使用哪个增长率？

计算 PEG 率时，时常会遇到应使用哪个增长率的问题。若样本公司较少，我们可自行估算每家公司的预期增长率。若公司数目较大，那就别无选择而只能使用其他分析者关于各公司预期增长率的估算值。这样做是否会使我们遇到这些估算值包含的所有偏差呢？并不一定。如果偏差是均匀分布的，例如，即使分析者们对业内所有公司都估价过高，我们仍然能够对各公司的 PEG 率进行比较，从而得出合理的结论。

18.3　PE 率的其他变形

虽然 PE 率和 PEG 率都属于运用最广的盈利乘数，另外还有一些为分析者们使用的股权盈利乘数。在本节，我们考虑三种乘数变形。第一种是相对 PE 率，第二种是在未来某年（例如，从现在算起的第 5 年或第 10 年）的市盈率，而第三种则是在扣除研发性支出之前的市盈率（主要用于高科技公司）。

18.3.1　相对 PE 率

相对市盈率衡量的是公司相对于市场均值的市盈率。将公司当期 PE 率除以市场均值便可得出

$$相对 PE 率 = 当期 PE 率_{公司} / 当期 PE 率_{市场}$$

毋庸惊讶，相对 PE 率的分布与实际 PE 率的分布相当接近；两者之间的差别是，相对 PE 率的均值等于 1。

为了分析相对 PE 率，我们使用分析高增长公司 PE 率时所用模型，但是依然沿用估算市场 PE 率的模型。把两者相结合，可得到下列结果：

$$相对 PE 率 = \cfrac{\dfrac{支付率_j \times (1+g_j) \times \left[1 - \dfrac{(1+g_j)^n}{(1+r_j)^n}\right]}{r_j - g_j} + \dfrac{支付率_{j,n} \times (1+g_j)^n \times (1+g_{j,n})}{(r_j - g_{j,n})(1+r_j)^n}}{\dfrac{支付率_m \times (1+g_m) \times \left[1 - \dfrac{(1+g_m)^n}{(1+r_m)^n}\right]}{r_m - g_m} + \dfrac{支付率_{m,n} \times (1+g_m)^n \times (1+g_{m,n})}{(r_m - g_{m,n})(1+r_m)^n}}$$

其中，j 表示公司，m 表示市场。

请注意，相对 PE 率取决于决定 PE 率的所有变量，即预期增长率、公司风险和股息支付率，但是需要根据它们相对于市场的水平进行表述。因此，公司的相对 PE 率取决于每股盈利的相对增长率（增长率_{公司}/增长率_{市场}）、相对股权成本（股权成本_{公司}/股权成本_{市场}）以及相对股权报酬率（股权报酬率_{公司}/股权报酬率_{市场}）。若是相对增长率较高、相对股权成本较低以及相对股权报酬较高，公司股票就应该以较高的相对 PE 率获得交易。

在估价中，可以根据两种方式使用相对 PE 率。一种方式是将公司相对 PE 率与其以

往正常水平进行比较。例如,可以认为福特公司被估价过低,因为它在目前的相对 PE 率只有 0.24,低于它在过去的相对 PE 率。另一种方式是比较不同市场上的公司相对 PE率;如果各市场上的 PE 率差别很大,就可使用这一比率进行比较。例如,为了估算案例18.8 中各电信公司的相对 PE 率,可将它们各自的 PE 率除以公司所处市场的 PE 率,再对所得结果实施比较。

案例 18.12 相对 PEG 率:2011 年 5 月的汽车制造商股票

下表列出了在 2011 年 5 月间市值超过 100 亿美元的各家汽车制造商。鉴于这些公司在不同的市场挂牌上市,我们把各公司的 PE 率除以它们所处一级市场的总体 PE 率。

公　　司	PE 率	一级市场	市场 PE 率	相对 PE 率
SAIC Motor Corporation	9.69	中国	20.66	0.47
Dongfeng Motor Group Co.	9.01	中国	20.66	0.44
Renault SA	3.25	法国	15.86	0.21
Volkswagen AG	6.71	德国	16.82	0.40
Daimler AG	10.37	德国	16.82	0.62
BMW Group	9.29	德国	16.82	0.55
Porsche Automobile Holding SE	2.81	德国	16.82	0.17
Audi AG	10.32	德国	16.82	0.61
Astra International tbk PT	15.63	印度尼西亚	21.82	0.72
Fiat S. p. A	14.64	意大利	15.02	0.97
Honda Motor Co. ,Ltd.	10.55	日本	17.5	0.60
Toyota Motor Corp.	26.10	日本	17.5	1.49
Nissan Motor Co. Ltd.	10.63	日本	17.5	0.61
Suzuki Motor Corp.	22.42	日本	17.5	1.28
Hyundai Motor Co.	8.50	韩国	16.98	0.50
Kia Motors Corp.	11.64	韩国	16.98	0.69
General Motors Co.	5.65	美国	19.16	0.30
Ford Motor CO.	7.87	美国	19.16	0.41

根据相对 PE 率,保时捷(Porsche)和雷诺(Renault)两家公司是最便宜的;根据 PE 率和相对 PE 率,丰田(Toyota)和铃木(Suzuki)两家公司是最昂贵的。实际上,不同市场的PE 率差异并不太大,这就使得根据相对 PE 率与根据 PE 率作出的排序相当的接近。但是,十年前的情况却并非如此;是时,日本股票的 PE 率远远地高出其他市场上的公司。

过去四十年间,福特公司(相对于美国市场)的平均相对 PE 率是 0.50。根据其 0.41的当期相对 PE 率,福特股票显得比较便宜。如果进行类似的比较,通用汽车(GM)股票也是如此。但是,在 2011 年之后,在经历了一段濒临消亡的时期之后,通用汽车与以往数十年的情形已相去甚远。

18.3.2 "价格-未来盈利"比率

如果公司每股盈利为负数,那就无法计算其市盈率。虽然还可针对这些公司估算诸如市销率等其他乘数,许多分析者却倾向于继续采用自己所熟悉的 PE 率。为了将 PE 率运用于这些公司,对它进行调整的一条途径是,在计算 PE 率时使用未来某一年的期望每股盈利。不妨假设公司目前的每股盈利为－2.00 美元,但预计它在五年后的每股盈利为 1.50 美元,因此,我们就应该将今天的股价除以五年后的期望每股盈利而得到 PE 率。

如何使用这种 PE 率呢? 我们还需运用未来五年的期望每股盈利估算所有可比公司的 PE 率,再将由此得到的各公司结果加以比较。假设,五年之后,所有样本公司都具有相同的风险、增长率和支付率特征,"价格-未来盈利"比率较低的公司就可视为估价偏低。另一种方法是,估算负盈利公司在五年后的目标股价;先用它除以那一年的盈利,再将这种 PE 率与可比公司的当期 PE 率进行比较。

这种经过调整的 PE 率拓宽了 PE 率的变化范围,可以涵盖当期盈利为负的众多公司,但却无法把握估价对象与可比公司之间的差异,因为所比较的各公司分别处在不同的时点上。

相对 PE 率与市场增长率

随着市场预期增长率的提高,各公司的 PE 率也会分道扬镳,进而扩大相对 PE 率的变化范围。这一点不难理解,不妨考虑一下增长率只有市场增长率一半时的公司相对 PE 率。如果市场增长率为 4%,公司股票的 PE 率约为市场 PE 率的 80%;如果市场增长率上升到 10%,公司股票的 PE 率大约是市场 PE 率的 60%。

这一点会给使用相对 PE 率的分析者们造成几种后果。如果盈利增长率比市场增长率低出许多,在市场增长率很高时,公司的股票通常会显得比较便宜,而在市场增长率很低时则显得比较昂贵。

18.3.3　扣除研发性支出之前的市盈率

在第 4 章讨论现金流和资本支出时,我们曾经提出,应该对研发性支出实施资本化,因为它们代表了着眼于未来的投资。鉴于会计标准要求将 R&D 费用确认为支出而不是通过资本化途径入账,对于具有大量 R&D 支出的高增长公司来说,其盈利就有可能被低估,而 PE 率则有可能被高估。这一点对于高科技公司尤为突出,因为它们的 R&D 支出很大,而非科技公司的这种支出大多为零。即便只是对不同的科技股进行比较,相对于业内那些 R&D 支出较低的公司来说,R&D 支出较高而增长较快者最终也只能获得较低的盈利和较高的 PE 率。因此,某些分析者提出,应该使用扣除 R&D 支出之前的盈利估算 PE 率,即

$$PE_{扣除 R\&D 支出之前} = 股权市值 /(净收入 + R\&D 支出)$$

如此计算得出的 PE 率可能大大低于根据常规的每股盈利估算得到的 PE 率。

这种方法的逻辑依据没有问题,把 R&D 支出加回到盈利上也只是属于局部调整。为了完成调整,我们还需对 R&D 支出实施资本化,并且计算 R&D 支出的摊销额,正如在

第 9 章中所为。因此,经过调整的 PE 率将是

$$PE 率 = 股权市值 /(净收入 + R\&D 支出 - R\&D 支出摊销额)$$

然后就可计算各样本公司这种经过调整的 PE 率。

对于 PE 率的这种调整,虽然解决了 R\&D 支出的问题,但与 PE 率相关的其他一些问题依然存在。盈利仍然会波动而且受制于会计方法的选择,增长率、风险和现金流等特征差异也仍然会造成各公司的 PE 率出现差异。此外,由于无法得到分析者们在这方面的共识性估算值,我们还必须自行估算(扣除 R\&D 支出之前的)期望盈利增长率。

案例 18.13 前瞻 PEG 率:2011 年 5 月的 Amylin 制药公司

2011 年 5 月,已有数十家生物技术公司在美国各股票交易所挂牌交易,但是其中许多都报告了亏损,因为尚无商品可以提供,或者盈利远远低于高额的 R\&D 支出。不妨考虑其中一家公司——Amylin 制药公司,它的股票在 2011 年 5 月的交易价为 13.28 美元。在我们估价过程所包含的滚动 12 个月期间,据它报告,每股亏损额为 -1.05 美元;另据分析者们预测,它在 2011 和 2012 两年间的亏损额约为每股 90 美分。

虽然无法运用负盈利估算其常规 PE 率,借助于两种方法,我们可以采用 PE 率对 Amylin 公司进行分析。

1. 前瞻 PE 率。分析者们预计,该公司的产品从 2013 年起能够产生高额利润,到 2016 年则可生成 1.25 美元的每股盈利。若将当期股价除以 2016 年的期望每股盈利,结果等于 10.62:

$$前瞻 PE 率 = 目前的股价 / 2016 年的 EPS = 13.28 / 1.25 = 10.62$$

请注意,我们无法将这一 PE 率与其他上市公司在目前的 PE 率进行比较。例如,不能认为 Amylin 股票之所以便宜是因为其前瞻 PE 率(10.62)低于安进公司的当期 PE 率(12.42),因为安进的盈利是在 2010 年而非 2016 年。因此,如果使用前瞻 PE 率,就需要预测业内各公司的 EPS,并且计算各自的前瞻 PE 率。(例如,根据所预测的 2016 年 EPS,安进的 PE 率为 7.45。)

2. 扣除 R\&D 支出之前的 PE 率。Amylin 公司出现亏损的一个重要原因是,公司承担了高额 R\&D 支出。若将 R\&D 支出加回到所报净亏损额上而计算每股价值,就会得出约等于 0.15 美元的扣除 R\&D 支出前的每股盈利。使用每股盈利的这一估算值,可以得到其市盈率如下:

$$股价 / 扣除 R\&D 支出前的 EPS = 13.28 / 0.15 = 88.53$$

在此,同样需要注意保持一致性,即,根据扣除 R\&D 支出之前的每股盈利,计算业内所有公司的 PE 率。

18.4 "企业价值-EBITDA"乘数

与本章已经论述的其他盈利乘数不同,"企业价值-EBITDA"乘数(又称企业价值倍数)属于公司价值乘数。出于多种原因,在过去二十年间,该乘数在分析者群体中获得了

许多拥趸者。第一,EBITDA 为负的公司远远少于每股盈利为负的公司,故而分析者不大可能遗漏这些公司。第二,不同公司在折旧方法上的差异,有些使用直线法而有些使用加速法,虽然会造成经营性收入或净收入的差异,但是不会影响 EBITDA。第三,在各公司之间,可以便利地将这一乘数与其他盈利乘数进行比较,无论它们的财务杠杆水平如何(分子是企业价值,而分母是偿债之前的盈利)。基于这些理由,如果公司处在需要大量基础性投资而且孕育期很长的行业,这一乘数尤其有用;常见的例子包括电信公司,以及投资于机场或者收费公路建设的公司。

18.4.1　定义

"企业价值-EBITDA"乘数是将扣除现金之后的公司总市值与它在扣除利息、税款、折旧和摊销之前的盈利相联系:

$$EV/EBITDA =(股权市值＋债务市值－现金)/EBITDA$$

为何要将现金从计算中扣除呢?因为现金的利息收入未列入 EBITDA,若不予以扣除,就会夸大"企业价值-EBITDA"乘数。

对于那些相互持有股份的公司,我们不易估算"企业价值-EBITDA"乘数。原因在于,相互持有又被分为多数主动型、少数主动型或少数被动型持有。如果股份持有被算作少数持有,公司的经营性收入就不会体现这种持有的收入。另一方面,该乘数的分子包括了股权市值,所以应该包括少数持有的价值。由此,这些公司的"企业价值-EBITDA"乘数将会过高,使得不经意的观察者以为它们被估价过高。若是股份持有被算作多数持有,则又会出现另一个问题,即 EBITDA 包括了由股权所得到的100%的 EBITDA,但分母却只体现出属于公司的那部分股份持有。因此,"价值-EBITDA"乘数将会过低,使得股票被认为估价过低。

若是在私营企业中持有股份,针对相互持有的调整会变得繁杂和困难。针对少数持有,可在分子中减去股份持有估算值,或将子公司的 EBITDA 部分加到分母上。针对合并后公司的股份持有,可在分子中减去股份价值的相应比例,并且从分母中减去股份持有的全部 EBITDA。

案例 18.14　估算相互持有的"价值-EBITDA"乘数

在案例 16.6 中,我们估算了 Segovia 公司的贴现现金流价值。它持有两类股份:在 Seville Television 中持有51%的股份,在唱片光碟公司 LatinWorks 中持有15%的股份。第一种持有被算作多型主动持有(造成两家公司的合并),第二种持有被列为少数型被动持有。在此,我们打算估算 Seville 公司的"企业价值-EBITDA"乘数,所用信息如下:

- Segovia 公司的股权价值为1 529 百万美元,合并后公司的未偿债务为500 百万美元。在整合的财务报表中,所报告的 EBITDA 为500 百万美元。EBITDA(180 百万美元)和未偿债务(150 百万美元)两者的一部分均出自 Segovia 公司在 Seville Television 中的股份持有。

- Seville Television 公司为上市公司,股权市值为 459 百万美元。
- LatinWorks 为私营企业,其 EBITDA 为 120 百万美元,当年间的投入资本为 250 百万美元;公司的未偿债务为 100 百万美元。
- 这些公司的现金余额都不大。

如果使用整合的财务报表估算 Segovia 公司的"企业价值-EBITDA"乘数,可以得到下列结果:

$$EV/EBITDA = (股权市值 + 债务值 - 现金)/EBITDA$$
$$= (1\,529 + 500 - 0)/500 = 4.06$$

这一乘数包含了相互股份持有的成分,并有几种方法可予以调整。第一种方法是,从 Segovia 的股权市值中减去所持有的股权价值,再从 Segovia 的债务中减去合并后所持有的债务,然后只除以母公司的价值。为此,首先需要估算私营企业 LatinWorks 的股权市值,它已在案例 16.6 中得出

LatinWorks 的股权市值 = 370.25 百万美元

$$EV/EBITDA_{没有持有} = \frac{(1\,529 - 0.51 \times 459 - 0.51 \times 370.25) + (500 - 150)}{500 - 180} = 5.70$$

由此产生了只是针对母公司的 EV/EBITDA 乘数。第一种方式是,只调整分母以便与分子保持一致。换言之,若在其他公司中具备多数型主动持有,公司的 EBITDA 就只应包括对方 EBITDA 的 51%,再应加上具有少数型持有的其他对方公司 EBITDA 的 15%:

$$EV/EBITDA_{持有} = \frac{1529 + 500 - 150}{500 - 0.49 \times 180 + 0.15 \times 120} = 4.37$$

根据第三种方法,我们需要估算合并后的"企业价值-EBITDA"乘数,而只对少数型持有进行调整。为此,需在分子中加上已经合并的子公司股权估算值(因为母公司的股权市值只体现了在子公司中的 51%权益),并从这一价值中减去在 LatinWorks 的少数型持有的股权估算值。分母可以保持不变,因为它已包括了被兼并子公司的全部 EBITDA。这一点同样适用于 Segvoia 的现金和债务项:

$$EV/EBITDA_{合并} = \frac{1529 + 0.49 \times 459 + 500 - 150}{500} = 4.21$$

请注意,Seville 公司 49%的股权市值被加回到分子中,这样就能与根据市场条件衡量的股权价值保持一致。但是,在实际操作中,许多分析者或许会使用 Segovia 资产负债表上的少数型权益,它等于 Seville 公司账面价值的 49%,以便得到企业价值。这种做法可能比较方便,但会使得估算值出现不一致。

鉴于不同的方法会给出不同的乘数值,或许有人会问,究竟哪一个是正确的呢?鉴于计算该乘数的唯一目的是把它与相似公司的乘数实施比较,答案取决于所要实施的比较。假如三家公司分属不同行业,最好是使用第一种方法,分别得到每家公司的 EV/EBITDA 乘数,再将它们与各自业内其他公司进行比较。从少数型和多数型持有角度而言,若能找到与 Segovia 公司相似的整合公司,可使用第二种方法。若是 Segovia 和 Seville 同属一个行业,则可使用第三种方法,因为我们可将经过整合的乘数值与业内其他股票获得交易时

的乘数值进行比较。

18.4.2 描述

图 18.13 大致描述了美国各公司在 2011 年 1 月的"企业价值-EBITDA"乘数。与市盈率一样,其分布显示出严重的偏向。美国各公司在 2011 年 1 月的 EV/EBITDA 平均值是 54.8,中位值则接近于 10。为了表明此类分布特征并非美国公司所独具,图 18.14 对 EV/EBITDA 进行了全球性比较。欧洲、新兴市场和日本的公司分布都带有偏向性,而为正的各个极端值使得平均值大大高出中位值。

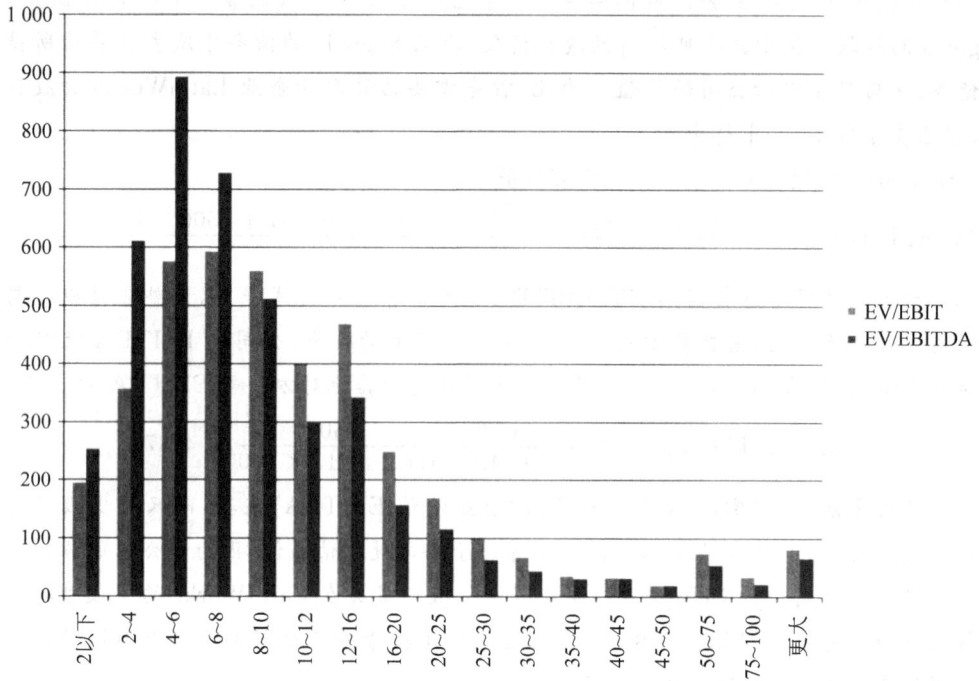

图 18.13　EV/EBITDA 乘数:2011 年 1 月的美国各公司

18.4.3 分析

为了分析决定 EV/EBITDA 乘数的各个因素,我们再折回到在第 15 章所建立的公司自由现金流估价模型。尤其重要的是,我们已经估算了公司的经营性资产(或企业价值):

	平均值	中位值	第 25%	第 75%
澳大利亚、新西兰和加拿大	26.94	10.17	6.07	18.45
发达欧洲国家	37.25	10.28	6.08	19.26
新兴市场	40.59	10.04	6.12	18.54
日本	26.54	9.93	6.02	19.04
美国	54.80	10.04	6.22	19.29

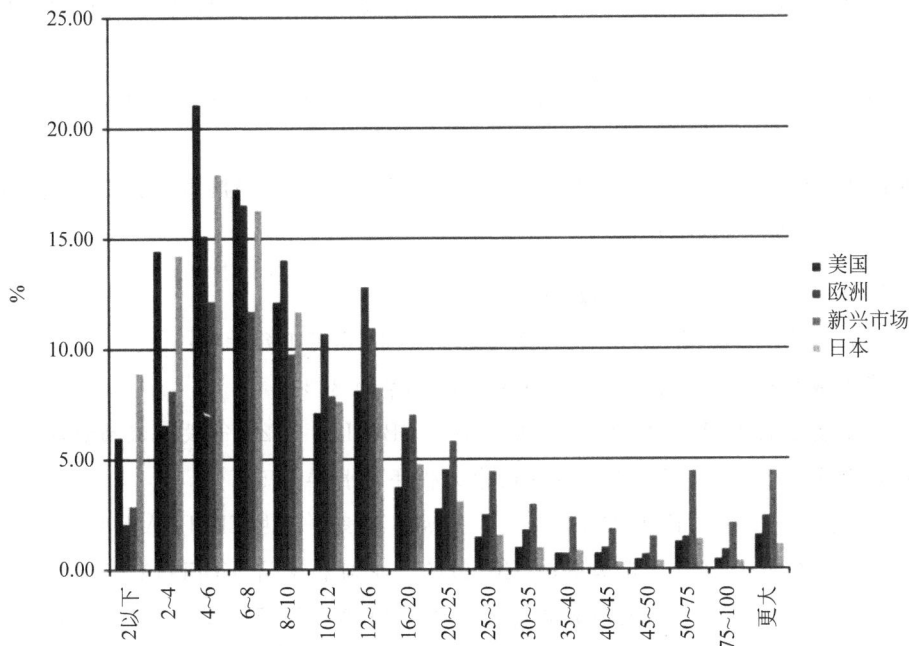

图 18.14 EV/EBITDA 乘数：2011 年 1 月的全球性比较

$$EV = \frac{FCFF_1}{WACC - g}$$

可以根据 EBITDA 表示公司自由现金流如下：

$$FCFF = EBIT(1-t)[资本支出-（折旧和摊销）+流动资本变化量]$$

$$= (EBITDA-折旧)(1-t)-[资本支出-（折旧和摊销）+流动资本变化量]$$

$$= EBITDA(1-t)-（折旧和摊销）(1-t)-再投资率$$

把它代回到前一等式中，则可得到

$$EV = \frac{EBITDA_1(1-t)（折旧和分摊）_1(1-t)-再投资_1}{WACC-g}$$

将其两边同除以"企业价值-EBITDA"乘数，可以产生下列结果：

$$\frac{EV}{EBITDA} = \frac{(1-t)-\dfrac{折旧和分摊}{EBITDA}(1-t)-\dfrac{再投资}{EBITDA}}{WACC-g}$$

从上式中，可以看出决定"企业价值-EBITDA"乘数的五个因素分别是

1. 税率。假设其他不变，相比其他方面相似但税率较高的公司，税率较低的公司应该具有更高的"企业价值-EBITDA"乘数。

2. 折旧和摊销。假设其他不变，相比其他方面相似的公司，从折旧和摊销项获得的 EBITDA 部分越大，公司的 EBITDA 乘数就越低。

3. 再投资需要。假设其他不变，为达到预期增长率所需再投资率的 EBITDA 部分越大，"企业价值-EBITDA"乘数就越低。

4. 资本成本。假设其他不变,资本成本较低的公司应该根据较高的 EBITDA 乘数获得交易。

5. 预期增长率。假设其他不变,预期增长率较高的公司应根据高出许多的 EBITDA 乘数获得交易。

我们可以将上述各点推广到处于高增长期的公司。这些变量本身并无变化,但是需要针对每一增长期予以估算。

案例 18.15 分析"价值-EBITDA"乘数

Castillo Cable 公司是一家有线和无线电视公司,具有下列特征:

- 资本成本为 10%,其经营性收入面临的税率为 36%。
- 资本支出占 EBITDA 的 45%,折旧额占 BBITDA 的 20%,没有流动资本需要。
- 在稳定增长期,公司经营性收入的永久性年增长率是 5%。

为了估算"企业价值-EBITDA"乘数,首先估算再投资所占 EBITDA 的比重:

再投资/EBITDA=资本支出/EBITDA−折旧和摊销/EBITDA+

$$流动资本变化量/EBITDA=0.45-0.20-0=0.25$$

$$\frac{EV}{EBITDA}=\frac{(1-0.36)-(0.2)(1-0.36)-0.25}{0.10-0.05}=5.24$$

正如图 18.15 所示,这一乘数对于税率相当地敏感;如图 18.16 所示,它对于再投资率(表示为所占 EBITDA 的百分比)同样也很敏感。然而,改变再投资率而保持增长率不变,这就相当于改变资本报酬率。根据现行的再投资率和增长率,我们其实假设资本报酬率等于 10.24%:

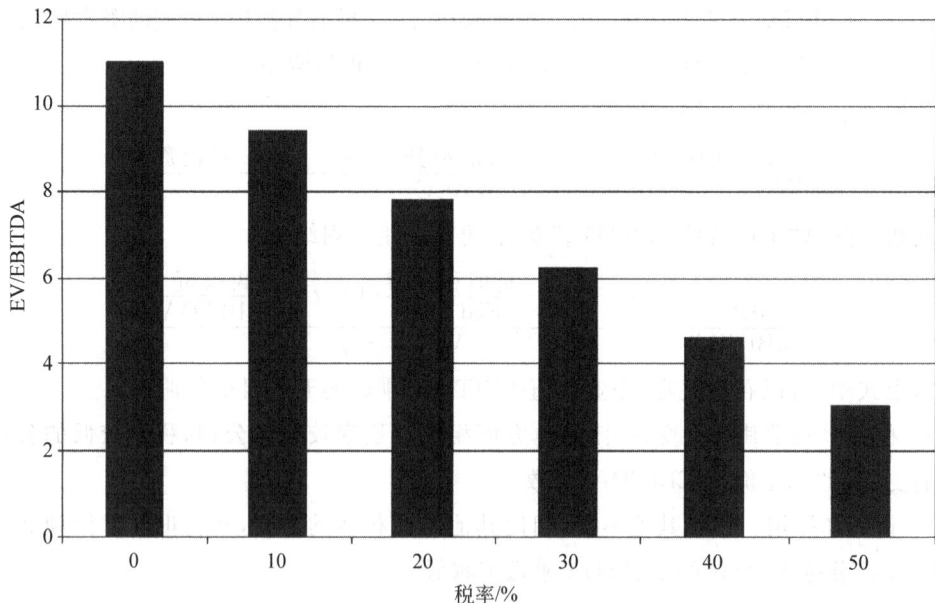

图 18.15 EV/EBITDA 乘数和税率

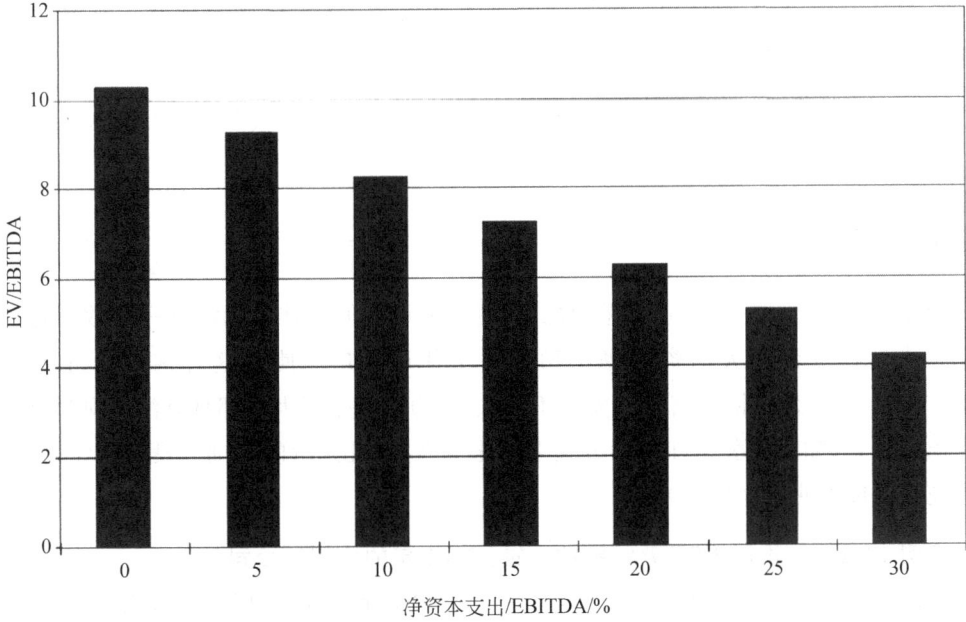

图 18.16　EV/EBITDA 乘数和净资本支出率

$$g = \text{ROC} \times \text{再投资率}$$

$$0.5 = \text{ROC} \times \text{净资本支出}/\text{EBIT}(1-t)$$

$$= \text{ROC} \times (0.45 - 0.20)/[(1-0.2)(1-0.36)]$$

　　根据上式求解资本报酬率，可得到它等于 10.24%。图 18.17 考察了作为资本报酬率的函数的"企业价值-EBITDA"乘数。

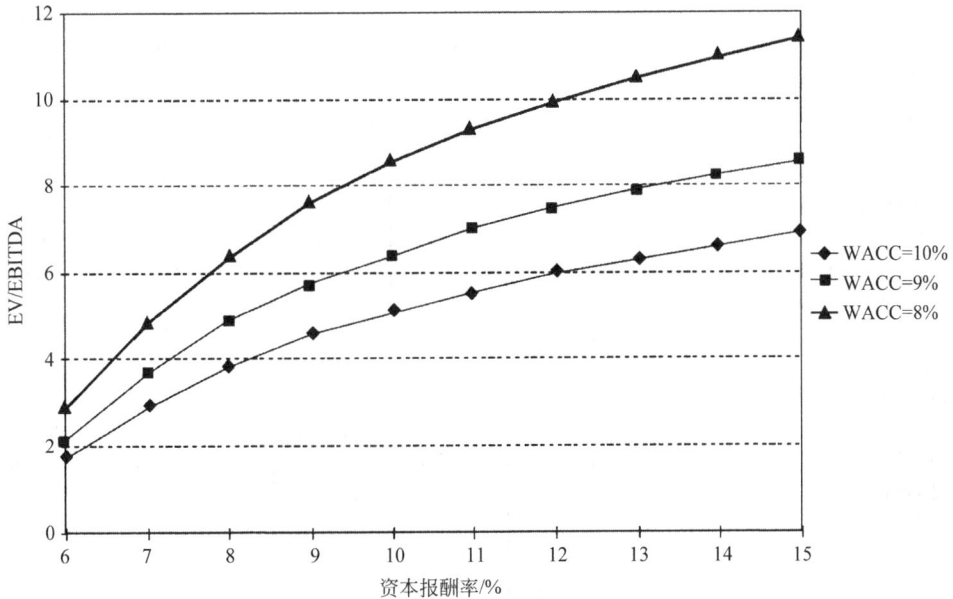

图 18.17　EV/EBITDA 乘数和资本报酬率

简单地说,如果资本报酬率较低而再投资率较高,公司的股票就应该根据较低的EBITDA乘数获得交易。

🌐 *firmmult.xls*：假定其基本因素不变,这一电子表格使我们可以估算稳定增长或高增长公司的公司价值乘数。

18.4.4 应用

确定了"企业价值-EBITDA"乘数之后,就可探讨如何最佳地运用这一乘数。它在所需基本建设投资额很大的资本密集型公司中使用最广。使用这种乘数的理由(即,EBITDA是公司经营性现金流)其实并不成立,因为这类公司大多都具有消耗现金流的资本支出。但是,如果各公司在折旧方式上变化很大,而且大量的基础性投资已经完成,那就有充足的理由使用这种乘数。

案例18.16 "价值-EBITDA"乘数比较：2001年的各钢铁公司

下表概述了美国各钢铁公司在2001年3月的"企业价值-EBITDA"乘数。

公司名称	EV/EBITDA	税率/%	ROC/%	净资本支出/EBITDA/%	折旧和摊销/EBITDA/%
Ampco-Pittsburgh	2.74	26.21	12.15	15.72	20.05
Bayou Steel	5.21	0.00	5.95	12.90	41.01
Birmingham Steel	5.60	0.00	6.89	−28.64	51.92
Carpenter Technology	5.05	33.29	9.16	15.51	28.87
Castle(A. M.)& Co.	9.26	0.00	8.92	9.44	27.22
Cleveland-cliffs	5.14	0.00	7.65	51.84	26.33
Commercial Metals	2.40	36.86	16.60	1.19	26.44
Harris Steel	4.26	37.18	15.00	3.23	4.92
Huntco Inc.	5.40	0.00	4.82	−48.84	53.02
IPSCO Inc.	5.06	23.87	9.22	50.57	16.88
Kentucky Elec. Steel Inc.	1.72	37.26	6.75	−25.51	38.78
National Steel	2.30	0.00	8.46	68.49	53.84
NN Inc.	6.00	34.35	15.73	−15.04	24.80
Northwest Pipe Co.	5.14	39.47	9.05	8.73	17.22
Nucor Corp.	3.88	35.00	18.48	15.66	26.04
Olympic Steel Inc.	4.46	37.93	5.80	−3.75	26.62
Oregon Steel Mills	5.32	0.00	7.23	−31.77	49.57
Quanex Corp.	2.90	34.39	16.38	−3.45	29.50
Ryerson Tull	7.73	0.00	5.10	3.50	38.36
Samuel Manu-Tech Inc.	3.13	31.88	14.90	−2.91	21.27
Schnitzer Steel Inds. "A"	4.60	8.70	7.78	−16.21	38.74
Slater STL Inc.	4.48	26.00	11.25	0.80	27.96
Steel Dynamics	5.83	36.33	10.09	33.13	23.14
Steel Technologies	3.75	36.87	9.22	11.95	27.69
Steel-General	4.14	38.37	9.80	21.69	28.75
Unvl. Stainless & Alloy Prods.	4.28	37.52	14.51	12.73	15.15
Worthington Inds	4.80	37.50	12.54	0.16	22.79

"企业价值-EBITDA"乘数在这些公司之间变化很大,其中许多公司都具有为负的净资本支出(折旧额大于资本支出),部分体现了这一行业的成熟,而部分则是因为再投资率起伏较大。许多公司处于亏损状态而没有缴税。将 EV/EBITDA 乘数针对税率以及折旧额所占 EBITDA 的百分比进行回归:

$$EV/EBITDA = 8.65 - 7.20 \times 税率 - 8.08 \times \left(\frac{折旧和分摊}{EBITDA}\right) \quad R^2 = 30\%$$

我们并没有把预期增长率或者资本成本用作自变量,因为它们在各公司之间都很接近。运用这一回归式,我们所预测的 Birmingham Steel 公司 EV/EBITDA 乘数将是

$$预测的\ EV/EBITDA_{Birmingham\ Steel} = 8.65 - 7.20 \times (0.00 - 8.08 \times 0.519\,2) = 4.45$$

处在 5.6 倍于 EBITDA 的水平上,该公司显然被估价过高。

🌐 *Mreg.htm*:这一电子表格概述了美国股票的 PEG 率针对基本因素进行回归的最新结果。

价值乘数:各种变形

虽然"企业价值-EBITDA"或许是一种使用最广的价值乘数,分析者们有时还使用其他几个近似的变形:价值/EBIT、价值/税后 EBIT 和价值/FCFF。它们全都取决于与"EV/EBITDA"乘数相同的决定变量,但实际关系略有不同。尤其值得注意的是,对于稳定增长型公司而言,这些乘数可以分别表述为

价值/FCFF = 1/(资本成本 - 预期增长率)

价值/EBIT(1 - t) = (1 - RIR)/(资本成本 - 预期增长率)

价值/EBIT = (1 - t)(1 - RIR)/(资本成本 - 预期增长率)

其中,RIR 是再投资率,t 是税率。

换言之,资本成本的提高和预期增长率的降低将使这些乘数减小;再投资率的提高会降低后面两个乘数,但对 FCFF 乘数没有影响(因为 FCFF 已经扣除了再投资);而税率的提高只会影响上述最后一个乘数,因为前面两个乘数考察的是税后盈利。

18.5　总结

虽然市盈率和其他盈利乘数在估价中得到了广泛的运用,但同样也有可能被误用。最终决定这些乘数的因素与贴现现金流模型中的公司价值决定因素相同,即预期增长率、风险和现金流潜力。假设其他不变,相对于其他公司而言,具备较高增长率、较低风险和较高股息支付率的公司应该根据高出许多的乘数获得交易。鉴于各国、各公司的基本因素有别,乘数也会不同,如果不对这些基本因素差异加以调整,径直比较乘数的做法将会导致错误的结论。

在实施估价时,我们使用乘数的方法有几种。一种方法是,在定义狭隘的可比公司组

中比较盈利乘数,并且对增长率、风险和现金流的差异进行主观调整;另一种方法是,把可比公司的定义拓宽到整个行业(诸如高科技行业)或者市场,运用统计技术调整基本因素方面的差异。

在前一节中,我们把视线从股权乘数转到了经营性收入乘数和现金流乘数。就像 PE 率一样,这些乘数也取决于(经营性收入)增长率、再投资率和风险。

18.6　问题和简答题

在下列问题中,若无特别说明,假设股权风险溢价为 5.5%。

1. National City Corporation 是一家银行控股公司,在 1993 年所报每股盈利为 2.40 美元,而且针对每股支付了股息 1.06 美元。在前面五年间,盈利每年增长 7.5%,并且预计(从 1994 年开始)长期的年增长率为 6%。其股票的 β 值为 1.05,股价是每股盈利的 10 倍,长期国债利率为 7%,风险溢价则是 5.5%。

　　a. 估算 National City Corporation 的 PE 率。

　　b. 该公司当期 PE 率所蕴含的长期增长率是多少?

2. 1994 年 3 月 11 日,纽约综合股票指数根据 16.9 倍于盈利的价位进行交易,交易所的平均股息收益率为 2.5%,而当天的长期国债利率为 6.95%。根据真实条件,预计整个经济长期的年增长率为 2.5%,长期通胀率的共识性估算值是 3.5%。(市场风险溢价为 5.5%。)

　　a. 根据这些数据,估算该交易所的恰当 PE 率。

　　b. 哪种股息/盈利增长率可以印证在 1994 年 3 月 11 日的 PE 率?

　　c. 这种较高增长率出自于较高通胀率或者出自于较高真实增长率,这一点是否重要?

3. 国际香精香料公司(International Flavors and Fragrances)是调味品和香料行业的一家主要公司,在 1992 年凭借每股盈利 1.64 美元支付了 0.91 美元的股息。预计它在 1993—1997 年间的股权报酬率将是 20%,随后公司将步入每年增长率为 6% 的稳定增长期(预计股权报酬率在稳定增长阶段下跌到 15%)。预计 1993—1997 年间的股息支付率将保持在当前水平。它的股票 β 值等于 1.10 并且预计不会有变。长期国债利率为 7%,风险溢价为 5.5%。

　　a. 根据上述基本因素估算国际香精香料公司的 PE 率。

　　b. 估算这种 PE 率中有多大比重可归因于公司盈利在 1993—1997 年期间的预期超常增长。

4. Cracker Barrel 公司从事于餐馆和礼品店业务。它在 1983—1992 年间报告了盈利和销售额的大幅度增长。在此期间,每股盈利从 1983 年的 0.08 美元增长到了 1993 年的 0.78 美元。1993 年的股息支付只有每股 0.02 美元。预计每股盈利的年增长率在

1994—1998 年间下降到 15%,然后则是 6%。预计股息支付率在 1994—1998 年间增加到 10%,然后则是 50%。其股票 β 值是 1.55,但是预计在 1994—1998 年间下降到 1.25,然后则是 1.10。(长期国债利率为 7%,风险溢价为 5.5%。)

a. 估算 Cracker Barrel 公司的 PE 率。

b. 若它能够保持公布的 1983—1993 年间的盈利增长率,估算其 PE 率。(假设股息支付率不受影响。)

c. 现在假设,在今后一段时间内,不尽如人意的盈利报告会把 1994—1998 年间的预期增长率减少到 10%。估算 PE 率。(再次假设股息支付率不受影响。)

5. 1993 年 12 月 31 日,S&P 500 指数以 21.2 倍于盈利的价位获得交易。同日内,该指数的股息收益率为 2.74%,长期国债利率是 6%。GNP 的真实增长率是 2.5%。

a. 假设 S&P 500 指数的定价无误,PE 率蕴含的通胀率是多少?(假设当时处在增长稳定期,风险溢价为 5.5%。)

b. 1994 年 2 月,长期国债利率上调到 7%。若股息支付率和预期增长率保持不变,这种变化对于 PE 率有何影响?

6. 下表是航天和国防产品部门的各公司在 1993 年末的 PE 率、预期增长率和风险。

公　　司	PE 率	预期增长率/%	β 值	股息支付率/%
Boeing	17.3	3.5	1.10	28
General Dynamics	15.5	11.5	1.25	40
General Motors—Hughes	16.5	13.0	0.85	41
Grumman	11.4	10.5	0.80	37
Lockheed Corporation	10.2	9.5	0.85	37
Logicon	12.4	14.0	0.85	11
Loral Corporation	13.3	16.5	0.75	23
Martin Marietta	11.0	8.0	0.85	22
McDonnell Douglas	22.6	13.0	1.15	37
Northrop	9.5	9.0	1.05	47
Raytheon	12.1	9.5	0.75	28
Rockwell	13.9	11.5	1.00	38
Thiokol	8.7	5.5	0.95	15
United INdustrial	10.4	4.5	0.70	50

a. 估算 PE 率的平均值和中位值。这些数值*可以说明什么问题?

b. 某位分析者认为,Thiokol 公司被低估了,因为其 PE 率低于行业均值。这种说法得以成立的条件是什么? 在此,是否应该同意这种说法?

c. 使用回归方法,调整各公司在风险、增长率和股息支付率方面的差异,说明应该如何使用这一回归式确定被低估或高估的股票。这种方法的局限性是什么?

————————
　　* 此处原文为"averages"。——译者注

7. 下面是价值线数据库(Value Line Database)所含股票在 1993 年 4 月的 PE 率针对增长率、β 系数和股息支付率的回归结果：

$$PE = 18.69 + 0.0695 \times 增长率 - 0.5082 \times \beta 值 - 0.4262 \times 支付率 \quad R^2 = 0.35$$

现在,我们打算评估一家具有下列特征的私营企业：

- 其净利润为 1000 万美元。在最近一年,它没有支付股息,而且享有 500 万美元的折旧优惠和 1200 万美元的资本支出。对其流动资本需要可忽略不计。

- 在过去五年间,盈利增长了 25%,并且预计在未来五年仍将以相同的比率增长。

- 业内上市公司的平均 β 值为 1.15,平均债务/股权比率为 25%。(税率是 40%)这家私营企业全部以股权融资而没有债务。

a. 使用回归法估算该私营企业的 PE 率。

b. 若在估价中使用这一回归式,需要考虑哪些问题？

第19章

账面价值的各种乘数

价格与账面价值之间的关系总是会引起投资者们的关注。股价严重低于股权账面价值的股票通常被认为估价过低,而股价高于股权账面价值者则被看作估价过高。本章首先更详细地考察"价格-账面价值"比率(PBV,"市账率")的含义、它的各种决定因素,以及如何最佳地评估或者估算这一比率。

在本章后一部分,我们把注意力转到市账率的各种变形,尤其专注于"价值-账面价值"比率和托宾 Q 系数——资产市值与其重置成本的比率。

19.1 市账率

公司股权的市值体现了市场对于公司盈利能力和现金流的预期。股权的账面价值等于资产账面价值与负债账面价值之间的差额,主要取决于会计常规。在美国,资产的账面价值等于最初所支付的资产价格减去合理的资产折旧额。因此,资产的价值通常会随着其年份的增加而降低。负债账面价值体现的是债务的发行价值;资产账面价值体现的则是其最初的成本,如果资产的盈利能力在购置之后变化很大,它就可能会与市场价值相去甚远。

19.1.1 分析者使用账面价值的理由和缺陷

出于几个缘由,投资者相信市账率有助于投资分析。第一,账面价值提供了相对稳定而直观的价值尺度,可将它与市场价值进行比较。有些投资者本能地怀疑根据贴现现金流估法所估算的价值结果;他们认为,账面价值是一个简单得多的参照标准。第二,如果各公司的会计标准基本一致,就可对它们的市账率进行比较,以此判断对公司的估价是过高还是过低。第三,即使因为公司盈利为负而无法运用市盈率实施估价,我们依然能够采用市账率进行估价,因为账面价值为负的公司毕竟远远少于盈利为负的公司。

但是,衡量和使用市账率的方法存在着几点不足之处。第一,与盈利一样,账面价值受制于有关折旧和其他变量的会计决策。如果各公司在会计标准方面差异很大,它们的市账率可能就缺乏可比性。针对会计标准不同的各国市账率的比较问题,也可作出类似的判断。第二,对于那些并未持有大量有形资产的服务公司或高科技公司来说,账面价值可能并没有多少意义。第三,如果公司持续地报告负盈利,其股权的账面价值就有可能为负,进而造成为负的市账率。

19.1.2　定义

市账率的计算方法是将每股价格除以当期每股账面价值。

$$市账率 = PBV = \frac{每股价格}{每股账面价值}$$

虽然这一乘数大体上具备一致性,即分子和分母都是股权价值;但是若在计算每股账面价值时不够细致,同样也有可能造成不一,尤其是:

- 如果公司具有不同级别的股票,股价就会因为这一点而相异。目前还不甚清楚的是,如何把账面股权价值分摊在这些股票上。
- 计算股权账面价值时,不应涉及属于优先股的那部分股权,因为股权账面价值仅仅指的是普通股。

如果在计算市账率时使用总的股权市值和账面价值,上述问题可以得到缓解。

$$市账率 = PBV = \frac{股权市场价值}{股权账面价值}$$

如果存在多个级别的股票,衡量这一比率的最稳妥方法是,在分子中使用所有级别普通股的综合市值,在分母中使用股权的综合账面价值,但在计算时仍需排除优先股。为了计算这一乘数,还需解决两个测度方面的问题。第一个问题事关股权的账面价值,而它属于时常更新的会计尺度。美国公司在每季度而欧洲公司在每年予以调整。大多数分析者使用的是最近的股权账面价值,也有一些使用前一年的均值,或者最近财务年末的股权账面价值。为了保持一致,我们需要针对各个样本公司使用相同的股权价值尺度。第二个更加棘手的问题则事关流通期权的价值。从技术角度而言,在计算市账率之前,首先需要估算管理层期权和可转换(为债券和优先股)期权的市值,然后把它们添加到股权的市值上。[①] 如果我们具有一小组可比公司,期权所占股权价值的比重很大而且各有不同,那就应该采用这种方法。随着样本的扩大和期权重要性的下降,就可沿用常规的股权市值尺度。

会计标准也会影响股权账面价值和市账率,使得公司之间的比较出现偏差。例如,假设我们打算比较分处两个市场的高科技公司市账率,其中一家可以对研发性支出实施资本化而另一家则不可。可以预计,前者的市账率会比较低,因为涵盖了研发性资产的股权账面价值将会增加。

---

① 如果不作这种处理,直接比较流通期权数目差异甚大的各公司市账率,就会错误地将流通期权更多的公司视为估价过低者,即这些公司的普通股市值将因为待实施期权的存在而降低。

针对股票回购、公司收购调整股权账面价值

近年来,美国愈来愈多的公司开始以股票回购的方式将现金返还股东。因此,公司的股权账面价值就会减少,其幅度等于回购金额。虽然在公司采用现金支付股息时也有可能出现这种情形,但是因为回购金额通常要大大超出常规的股息,对于账面股权的影响更大。为说明起见,假设某公司的股权账面价值为 5 000 万美元而市账率为2.00。若它借款 2 500 万美元以回购股票,其股权账面价值将减少到 2 500 万美元,股权市值将下跌到 7 500 万美元,故而市账率等于 3。

取决于记账方式,公司收购对于市账率的影响变化极大。现在,在将收购价格分摊在目标公司的资产时,所有公司都必须将"商誉"显示为一项资产。在把收购价格分摊于目标公司的各种资产方面,公司具有某种决断权。再者,如果目标公司的价值在收购之后出现下降,那就必须在后续年间重新考察和修订"商誉"条目。无疑,两种做法都会影响股权账面价值和市账率。

假如某些公司回购股票而另一些却并未如此,或者它们在收购金额和记账方式上存在差异,那就不宜直接比较这些公司的市账率。调整这些差异的一种方法是,从收购中扣除"商誉",再把回购股票的市值加到股权账面价值上,由此得出经过调整的股权账面价值,然后用它计算市账率。

19.1.3 描述

为了把握较高、较低或平均市账率的含义,我们计算了美国各上市公司的这一比率,图 19.1 概述了它在 2011 年 1 月间的分布状况。值得注意的是,它显现了严重的偏斜;其证据在于,公司市账率的均值为 4.59,而中位值则是低出许多的 1.79。

关于市账率,还需指出的是,由于持续亏损,一些公司的股权账面价值为负数,故而无法计算市账率。在这个涵盖了 5 928 个公司的样本中,有 843 个属于此列;相形之下,2 512 个公司的盈利为负数,故而无法计算其市盈率。

🌐 *pbvdata.xls*:该网上的数据集概述了美国各行业组在最近年间的市账率和基本因素。

19.1.4 分析

我们可以将市账率与决定贴现现金流价值的各基本因素相联系。因为前者属于股权乘数,我们运用股权贴现现金流模型——股息贴现模型考察这些因素。根据稳定增长的股息贴现模型,可将股权价值表示为

$$P_0 = \frac{\mathrm{DPS}_1}{k_e - g_n}$$

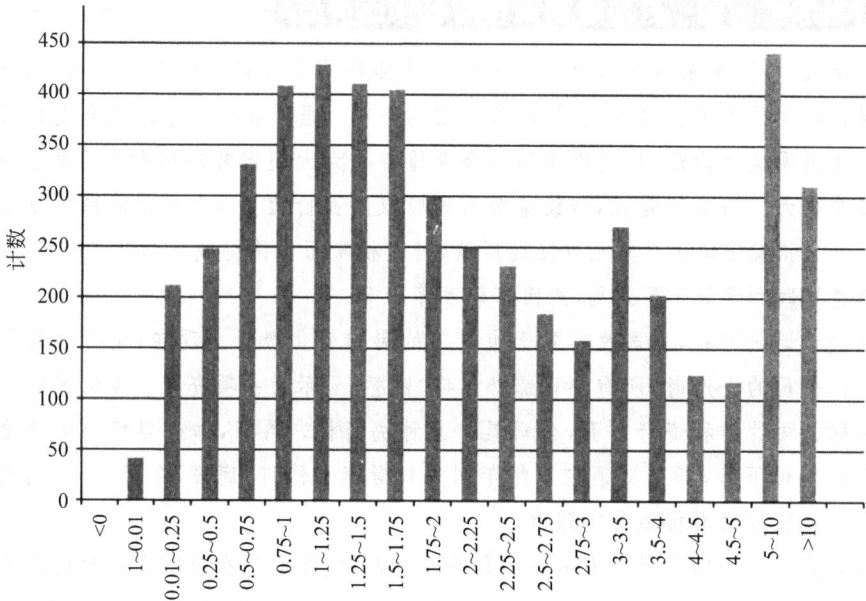

图 19.1　市账率：2011 年 1 月的美国各家公司

其中，$P_0 =$ 当期每股价值

$\quad$ $DPS_1 =$ 下一年度的期望每股股息

$\quad$ $k_e =$ 股权成本

$\quad$ $g_n =$（永久性）股息增长率

代入 $DPS_1 = EPS_1$（股息支付率），可将股权价值表示为

$$P_0 = \frac{EPS_1 \times 股息支付率}{k_e - g_n}$$

把股权报酬率（ROE）定义为"$EPS_1 /$ 股权账面价值$_0$"，可将股权价值表示为

$$P_0 = \frac{BV_0 \times ROE \times 股息支付率}{k_e - g_n}$$

根据 PBV 比率作重新表述，可以得到

$$\frac{P_0}{BV_0} = PBV = \frac{ROE \times 股息支付率}{k_e - g_n}$$

PBV 率是股权报酬率、股息支付率和增长率的递增函数，以及公司风险程度的递减函数。

$\quad$通过将增长率与股权报酬率相联系，可进一步简化上式而得到

$$g = (1 - 股息支付率) \times ROE$$

将它代回到前面关于市账率的式子中，可以得到

$$\frac{P}{BV} = \frac{ROE - g_n}{k_e - g_n}$$

因而，稳定公司的市账率取决于股权报酬率与股权成本的差额。若前者大于后者，股价将高于股权账面价值；反之，股价将低于股权账面价值。

案例 19.1　估算内在的市账率：支付股息的稳定增长公司

在第 13 章，我们运用 H 模型对沃达丰(Vodafone)公司作了估价。在那里，我们假设增长率在最初比较高，然后以线性增量方式下降到稳定增长率。在本案例中，假设沃达丰已经处在稳定增长期，我们需要估算它的市账率。在 2010 年，沃达丰净收入的账面价值为 7 968 百万英镑，所付股息为 4 468 百万英镑，因而股息支付率为 55.82%。

$$股息支付率 = 股息/净收入 = 4\,468/7\,968 = 55.82\%$$

根据它在 2009 年末等于 90 810 百万英镑的股权账面价值进行计算，公司在 2010 年形成的股权报酬率为 8.77%，即

$$股权报酬率 = \frac{净收入_{2010}}{股权账面价值_{2009}} = \frac{7\,968}{90\,810} = 8.77\%$$

保持股息支付率和股权报酬率不变，预期增长率为 3.88%，并且假设它就是永久性增长率。为了估算股权成本，我们使用英镑的无风险利率(4%)和股权风险溢价(5%)，假设公司的 β 值等于 1，则有

$$股权成本 = 4\% + 1 \times 5\% = 9\%$$

估算公司市账率有两种方法：

$$PBV = \frac{ROE \times 股息支付率}{股权成本 - 期望增长率} = \frac{0.087\,7 \times 0.558\,2}{0.09 - 0.038\,8} = 0.96$$

$$PBV = \frac{ROE - 期望增长率}{股权成本 - 期望增长率} = \frac{0.087\,7 \times 0.038\,8}{0.09 - 0.038\,8} = 0.96$$

因为其股权报酬率低于股权成本，预计它的股票的交易价将略低于账面价值。

案例 19.2　估算私营化对象的内在市账率：1991 年的 Jenapharm 公司(德国)

德国重新统一造成的副产品之一是，建立了一家实施私营化的机构，即德国国有资产托管局 Treuhandanstalt。它专门从事将数百家民主德国公司出售给德国的其他公司、个人投资者和公众的业务。在看似能够实施私营化的公司中，其中一家是民主德国最为知名的医药公司 Jenapharm。预计它在 1991 年的销售额为 230 百万德国马克(DM)，而且预计在同年所报告的净收入为 900 万 DM。1990 年末，公司资产的账面价值为 110 百万 DM，股权账面价值为 58 百万 DM。

主要依靠对于普通医药市场的拓展，预计该公司继续保持其独特产品的销售量，并在长期保持 5% 的年增长率。在法兰克福股票交易所挂牌的各医药公司平均 β 值为 1.05，虽然其中许多公司的产品组合分散化程度很大，现金流也比较稳定。鉴于 Jenapharm 的债务额较大和风险较高，我们对它运用等于 1.25 的 β 值。在 1991 年上半年实施估价时，德国的 10 年期国债利率为 7%，股票相对于债券的风险溢价为 3.5%。

期望净收入 = 900 万 DM

股权报酬率 = 期望净收入/股权账面价值 = 9/58 = 15.52%

股权成本 = 7% + 1.25(3.5%) = 11.375%

市账率 = $(ROE - g)/(k_e - g) = (0.155\,2 - 0.05)/(0.113\,75 - 0.05) = 1.65$

估算股权市值 = 股权账面价值 × 市账率 = 58 × 1.65 = 95.70 百万 DM

19.1.5 高增长公司的市账率

我们可将高增长公司的市账率(PBV)与各个基本因素相联系。在两阶段股息贴现模型的特定情形中,这种关系相当简单。根据该模型,高增长公司的股权价值是

股权价值 = 期望股息现值 + 终端价格现值

若设增长率在最初高增长阶段之后保持不变,可将股息贴现模型表述为

$$P_0 = \frac{\text{EPS}_0 \times \text{股息支付率} \times (1+g) \times \left[1 - \dfrac{(1+g)^n}{(1+k_{e,hg})^n}\right]}{k_{e,hg} - g} +$$

$$\frac{\text{EPS}_0 \times \text{股息支付率}_n \times (1+g)^n \times (1+g_n)}{(k_{e,st} - g_n)(1 + k_{e,hg})^n}$$

其中,g = 最初 n 年间的增长率

股息支付率 = 最初 n 年间的股息支付率

g_n = 最初 n 年之后的永久性增长率(稳定增长率)

股息支付率$_n$ = n 年之后稳定公司的股息支付率

k_e = 股权成本(hg:高增长期;st:稳定增长期)

根据股权报酬率对 EPS$_0$ 作重新表述,则有 EPS$_0$ = BV$_0$ × ROE。将上式中的 BV$_0$ 提到左侧,就可得到

$$\frac{P_0}{\text{BV}_0} = \text{ROE} \times \frac{\text{股息支付率} \times (1+g) \times \left[1 - \dfrac{(1+g)^n}{(1+k_{e,hg})^n}\right]}{k_{e,hg} - g} +$$

$$\text{ROE} \times \frac{\text{股息支付率}_n \times (1+g)^n \times (1+g_n)}{(k_{e,st} - g_n)(1 + k_{e,hg})^n}$$

其中,ROE 是股权报酬率,k_e 是股权成本。

上式的左侧项就是市账率,它取决于:

- 股权报酬率。市账率是它的递增函数。
- 高增长期和稳定增长期的股息支付率。针对既定的增长率,PBV 将随着股息支付率的增加而增加。
- 风险程度(通过贴现率 r)。PBV 将随着风险加大而下降,而风险加大则会提高股权成本。
- 高增长期和稳定增长期的盈利增长率。在两个时期之内,给定股息支付率不变,PBV 都会随着增长率的提高而上升。

这一公式具有普遍意义,可以运用于任何一家公司,即使是那些目前没有支付股息的公司。另需注意的是,对于稳定增长型公司而言,决定市账率的基本因素同样也是股息支付率、股权报酬率、预期增长率和股权成本。

第 14 章曾经指出各公司未必总是会支付自己可能承担的股息,并且建议在这种情形

中采用股权自由现金流代替股息。其实,我们可以根据股权自由现金流调整这一公式:

$$\frac{P_0}{BV_0} = ROE \times \frac{\left[\dfrac{FCFE}{盈利}\right]_{hg} \times (1+g) \times \left[1 - \dfrac{(1+g)^n}{(1+k_{e,hg})^n}\right]}{k_{e,hg}} +$$

$$ROE \times \frac{\left[\dfrac{FCFE}{盈利}\right]_n \times (1+g)^n \times (1+g_n)}{(k_{e,st} - g_n)(1 + k_{e,hg})^n}$$

在此,我们所做的事情只不过是用 FCFE 所占盈利的百分比取代了市账率。

案例 19.3 估算两阶段增长模型中高增长公司的市账率

假设我们需要估算公司的 PBV 率,预计它在未来五年处在高增长阶段。公司具有下列特征:

最初五年的 EPS 增长率=20%　　　　最初五年的股息支付率=20%

五年后的 EPS 增长率=8%　　　　　　五年后的股息支付率=68%

β 系数=1.0　　　　　　　　　　　无风险利率=长期国债利率=6%

股权成本=6%+1(5.5%)=11.5%(永久性)

$$PBV = 0.25 \times \left| \frac{(0.2)(1.20)\left(1 - \dfrac{1.20^5}{1.115^5}\right)}{0.115 - 0.20} \right| + 0.25 \times \left[\frac{(0.68)(1.20)^5(1.08)}{(0.115 - 0.08)(1.115^5)} \right]$$

$$= 7.89$$

该公司的 PBV 估算值为 7.89。

案例 19.4 估算内在的市账率(高增长)

为了拓展内在估价模型的范围,我们在此采用两阶段模型估算雀巢公司的市账率,而第 14 章已经使用两阶段 FCFE 模型对该公司进行了估价。我们不是使用实际所付股息(和股息支付率),而是采用 FCFE 作为潜在股息,并且衡量相应的股息支付率:

潜在股息支付率 = 1 - FCFE/净收入

使用第 14 章中的那个案例,可以概述关于雀巢公司的数据如下:

	高增长	稳定增长
增长期长度	5 年	永远
ROE/%	21.35	10
股权再投资率/%	37.17	25.00
潜在股息支付率/%	62.83	75.00
预期增长率/%	7.94	2.50
股权成本/%	6.90	6.90

预期增长率=ROE×(1-潜在股息支付率);将它代入两阶段模型,则可得到

$$PBV = \frac{(0.628\,3)(1.079\,4)\left(1 - \dfrac{(1.079\,4)^5}{(1.069)^5}\right)}{0.069 - 0.079\,4} + (0.213\,5)\frac{(0.75)(1.079\,4)^5(1.025)}{(0.069 - 0.025)(1.069)^5}$$

$$= 4.61$$

在本案例中，我们假设，雀巢公司在未来五年的期望 ROE 就等于 21.35% 这一当期 ROE。请注意，只是在计算稳定增长期的股息支付率时，我们才使用等于 10% 的稳定期股权报酬率，在其他地方则使用高增长期的 ROE。无疑，高增长期股权报酬率的下降将会降低公司的市账率。

19.1.6 PBV 率和股权报酬率

市账率极度受制于股权报酬率。较低的股权报酬率会通过前一小节所阐述的公式直接影响市账率，间接地通过降低预期增长率或股息支付率影响市账率。

$$预期增长率 = 盈利留存率 \times 股权报酬率$$

回顾一下案例 19.3，便可看出股权报酬率的降低对市账率的影响；它还描述了股权报酬率的变化对于公司价值的影响。

案例 19.5 股权报酬率和市账率

在案例 19.3 中，根据 25% 的股权报酬率，我们估算得出公司的市账率等于 7.89。再者，这种股权报酬率又使公司得以形成 20% 的高增长期增长率和 8% 的稳定增长期增长率：

$$最初五年的增长率 = 盈利留存率 \times ROE = 0.8 \times 25\% = 20\%$$

$$五年后的增长率 = 盈利留存率 \times ROE = 0.32 \times 25\% = 8\%$$

如果公司股权报酬率下跌到 12%，市账率将会体现这一点。股权报酬率的下降还会降低最初高增长期的预期增长率：

$$预期增长率（最初五年）= 盈利留存率 \times 股权报酬率$$
$$= 0.8 \times 012\% = 9.6\%$$

在第 5 年之后，盈利留存率必须提高或者预期增长率下降到 8% 以下。如果所调整的是留存率，则有

$$五年后新的盈利留存率 = 预期增长率 /ROE = 8\%/12\% = 66.67\%$$

$$五年后新的股息支付率 = 1 - 留存率 = 33.33\%$$

因此，可以计算新的市账率如下：

$$PBV = (0.12) \times \frac{(0.2)(1.096)\left(1 - \dfrac{(1.096)^5}{(1.115)^5}\right)}{0.115 - 0.096} + (0.12) \times \frac{(0.333\,3)(1.096)^5(1.08)}{(0.115 - 0.08)(1.115)^5}$$

$$= 1.25$$

ROE 的下跌具有双重影响。第一，它会降低盈利增长率或者期望股息支付率，进而间接地影响市账率；第二，它会直接降低 PBV 率。

市账率还会受到股权成本的影响，因为后者的提高会降低前者。通过采用股权报酬率和股权成本的差额，可以把两者的作用合并为一个尺度，即超额股权报酬率。超额股权报酬率越高，市账率也就越高。例如，在案例 19.3 和案例 19.5 中，股权成本为 11.5%，公

司股权报酬率从超过必要报酬率的 13.5％水平转变为勉强保本的股权报酬率（只比必要报酬率高出 0.5％）。因此，公司市账率也从 7.89 下跌到了 1.25。图 19.2 将市账率表示为超额股权报酬率的函数。需要注意的是，如果股权报酬率等于股权成本，股价就等于账面价值。

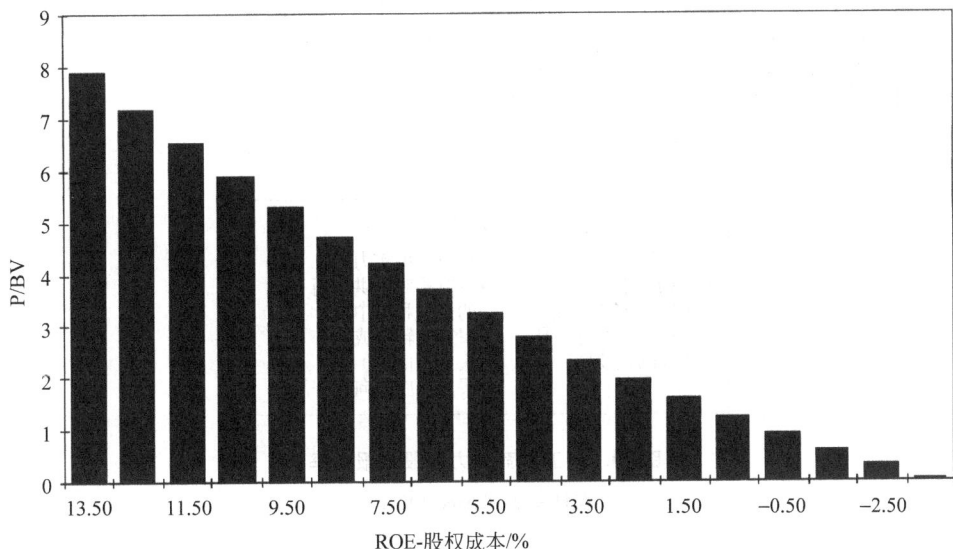

图 19.2　作为超额股权报酬之函数的市账率

股权报酬率的决定因素

股权报酬率与股权成本之间的差额可以衡量公司在经营方面赢得超额报酬的能力。运用各种理论框架，公司战略研究者已经探讨了决定超额利润（和高 ROE）程度和期望持续期的各种因素；其中一种比较知名的是由 Porter(1980) 所建立的"五种竞争力"框架。根据这种思路，竞争不仅来自那些生产相同产品的成熟厂商，而且来自替代品供应商以及潜在的市场进入者。图 19.3 概述了这五种竞争力。

根据 Porter 的理论框架，如果针对新公司存在着极高的进入壁垒，或者公司本身极具竞争优势，它就能维持较高的股权报酬率。考察公司的经营环境可以进一步充实股权报酬率分析，获取更多的信息。再者，这种分析或许还能提供一些有关股权报酬率未来走向的线索。针对这一原理，价值型投资者们自己也具有他们称作"护城河"(moat) 的变形。如果具有强劲而可持续的竞争优势，就可认为公司拥有可靠的护城河，而这一点无疑有助于公司的增值。根据本章阐述的框架，我们可以运用 ROE 水平及其所能维持的时间衡量"护城河"的可靠性。

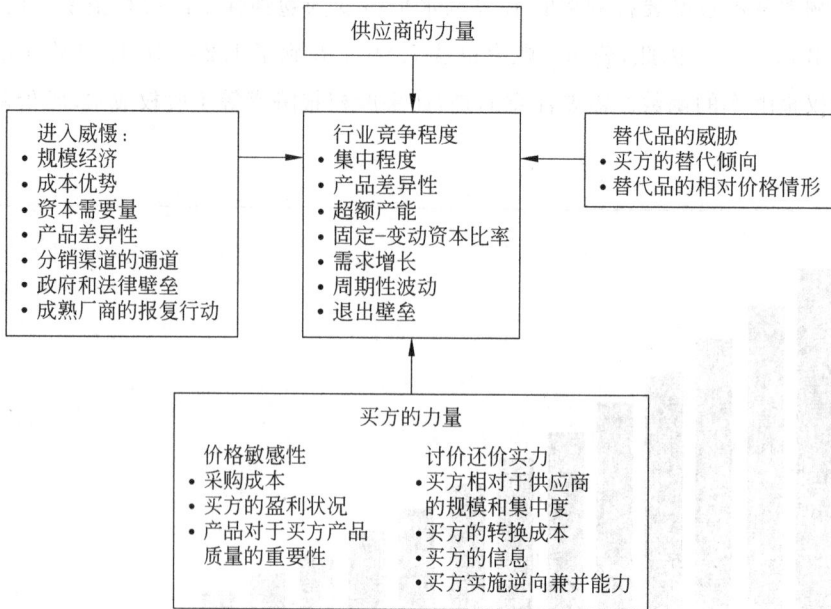

图 19.3　五种竞争力和股权报酬率

资料来源：Porter(1980)

⊕ *eqmult.xls*：这一电子表格使我们可以估算稳定增长或高增长公司的市账率*，假定各种基本因素保持不变。

19.2　市账率的运用

有关前一节所论述的各种原则，存在着几种可能的运用，本节将逐一予以考察。首先，我们考察那些将会导致整个市场的市账率逐渐变化的因素，以及何时可将较低或较高的市场市账率看作估价过低（或过高）的标志。然后，我们对某一行业内各公司的市账率进行比较，将这一点推广到所有的公司，并且讨论在实施比较之前所需作出的调整。最后，我们考察导致单一公司市账率逐渐发生变化的各种因素，以及如何将它们运用于公司重组（restructuring）分析。

19.2.1　市场的市账率

决定整个市场市账率的因素与决定单个公司市账率的因素并无二致。因此，假设其他不变，可以预计，市场的市账率会随着各公司的股权报酬率（ROE 减去股权成本）的提高而上升；反之亦然。

---

*　此处原文为"the price-earnings ratio"。——译者注

第 18 章曾经提及 S&P 500 指数的市盈率在 1960—2000 年间的增加,而它在同期的市账率也是如此。第 19.4 节列出了 S&P 500 指数的市账率以及该指数所含各公司的股权报酬率。这种市账率在 1980—2000 年间上升,至少部分是因为同期股权报酬率的上升。它在最近十年(2001—2010 年)则是步履蹒跚:最初几年,市账率和股权报酬率均大幅下跌,然后则是两者的上升,而到了 2008 年金融危机爆发之时则是一落千丈。

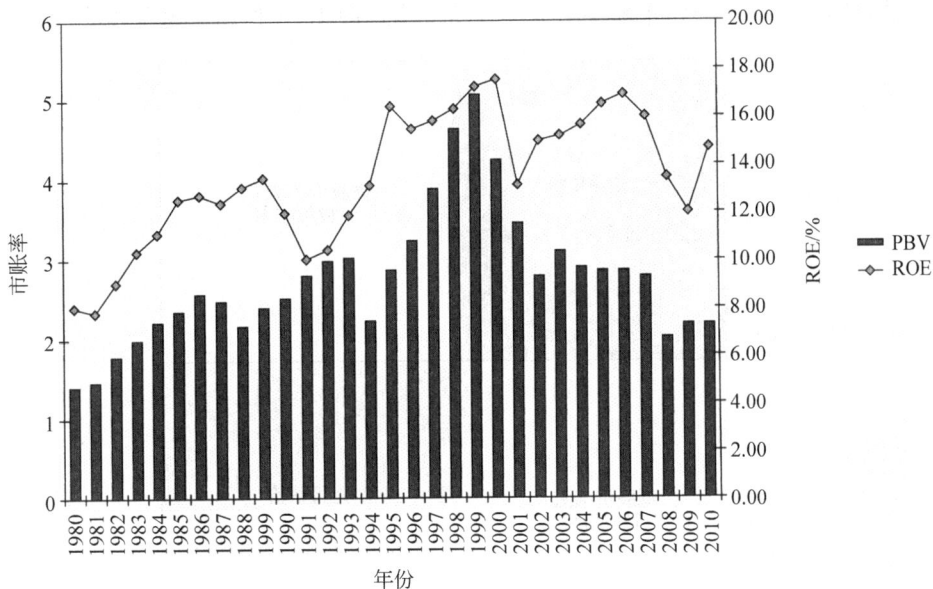

图 19.4　市账率与 ROE 的对照:S&P 500 指数

19.2.2　业内各公司的比较

市账率在各公司之间变化甚大,究其原因,它们在预期增长率、股息支付率、风险水平,以及最为重要的,股权报酬率等方面存在着差异。如果漠视这些差异而径直对各公司的市账率进行比较,那就有可能出现偏差。

估算 PBV 比率的一种最常用方法是,选择一组可比公司,计算它们的平均 PBV 比率,再用它估算各公司的 PBV 比率。为了体现估价对象与可比公司之间的差异,我们通常需要作出某种主观调整。然而,这种方法有几点不足。第一,“可比公司”的定义带有浓厚的主观色彩。使用业内其他公司作为参照组通常并非理想的解决方式,因为业内各公司在业务结构、风险和增长特征方面同样也会存在很大差异。这就很容易造成偏差。第二,即便能够构建一个合理的可比公司组,这些公司在基本因素方面的差异也仍然会持续存在。针对这些差异的主观调整难以化解这个问题,况且它们还需取决于分析者自身的素质。

给定市账率与股权报酬率之间的关系,无须惊讶的是,如果股权报酬率很高,公司的股价就会大大高于账面价值;而股权报酬率不高者的股价则会等于甚而低于账面价值。

能够引起投资者们关注的公司是那些市账率和股权报酬率不一致的情形，即低 PBV 加上高股权报酬率，或者高 PBV 比率加上低股权报酬率。我们可用矩阵法和行业回归法纠正这些问题。

矩阵法

如果说实施估价*的目的就在于找出那些市账率与股权报酬率显得不一致的公司，我们凭借超额报酬确定公司市账率可以实现这一步。图 19.5 作出了这种描绘。

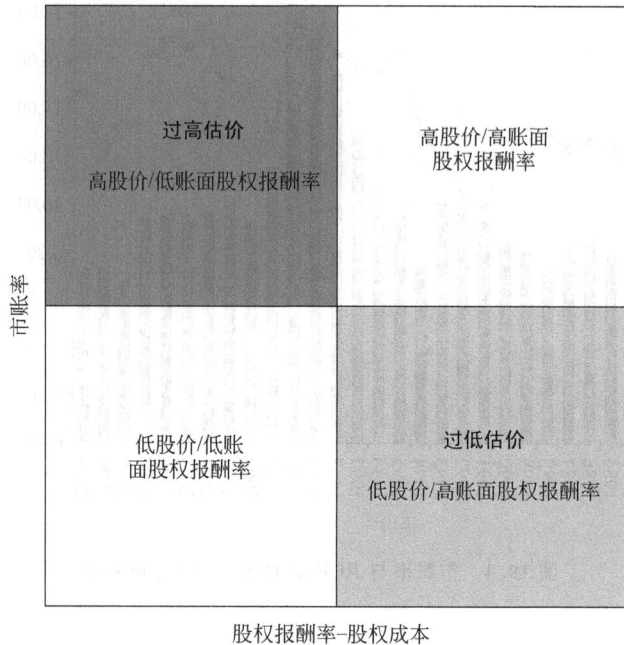

图 19.5　市账率和股权报酬率

如果认为业内各公司具有相似的股权成本，我们可以采用原始的股权报酬率。在实际操作过程中经常使用的是当期股权报酬率，而这一矩阵的依据却是未来的预期报酬率。

回归法

如果认为市账率主要取决于股权报酬率，我们可将前者针对后者实施回归：

$$\text{PBV} = a + b\text{ROE}$$

倘若这种关系非常显著并且具备线性关系，就可采用这一回归式预测业内各公司的市账率，进而甄别被低估和被高估的公司。

我们还可通过两条途径充实这一回归式。第一，兼顾市账率和股权报酬率之间的非线性关系。关于这一点，可以借助变量转换（自然对数、指数等）或者实施非线性回归过程予以解决。第二，拓展回归式以便兼顾其他自变量，诸如风险和增长率。

---

　　* 原文为"misvaluation"（估价不当），当为"valuation"（估价）。——译者注

案例 19.6　市账率的比较：2000 年的各家联合石油公司

下表报告了 2000 年在美国上市的各家联合石油公司的市账率：

公　司　名	英文缩写	市账率	股权收益率/%	标准误差/%
Crown Central Petroleum"A"	CNPA	0.29	−14.60	59.36
Giant Industries	GI	0.54	7.47	38.87
Harken Energy Corp.	HEC	0.64	−5.83	56.51
Getty Petroleum Mktg.	GPM	0.95	6.26	58.34
Pennzoil-Quaker State	PZL	0.95	3.99	51.06
Ashland Inc.	ASH	1.13	10.27	21.77
Shell Transport	SC	1.45	13.41	31.61
USX-Marathon Group	MRO	1.59	13.42	45.31
Lakehead Pipe Line	LHP	1.72	13.28	19.56
Amerada Hess	AHC	1.77	16.69	26.89
Tosco Corp.	TOS	1.95	15.44	34.51
Occidental Petroleum	OXY	2.15	16.68	39.47
Royal Dutch Petroleum	RD	2.33	13.41	29.81
Murphy Oil Corp.	MUR	2.40	14.49	27.80
Texaco Inc.	TX	2.44	13.77	27.78
Philips Petroleum	P	2.64	17.92	29.51
Chevron Corp.	CHV	3.03	15.69	26.44
Repsol-YPF ADR	REP	3.24	13.43	26.82
Unocal Corp.	UCL	3.53	10.67	34.90
Kerr-McGee Corp.	KMG	3.59	28.88	42.47
Exxon Mobil Corp.	XOM	4.22	11.20	19.22
BP Amoco ADR	BPA	4.66	14.34	27.00
Clayton Wiliams Energy	CWEI	5.57	31.02	26.31
平均		2.30	12.23%	

该行业的市账率均值虽然只有 2.30，但是各公司的市账率却是变化极大；Crown Central 公司股价只是其账面价值的 0.29 倍，而 Clayon Williams Energy 公司的股价则达到了账面价值的 5.57 倍。

首先，在图 19.6 中，我们针对这些公司的股权报酬率描绘了市账率。没有哪家公司处在估价过高的象限中，但与业内其他公司相比，Pennzoil（P）、Occidental（OXY）、Amerada Hess（AHC）和 Murphy（MUR）等公司则似乎被低估了。

将各石油公司的市账率针对股权报酬率进行回归，可以得到下列结果：

$$PBV = 1.043 + 10.24 ROE \quad R^2 = 48.6\%$$
$$[2.97] \quad [4.46]$$

若对回归式加以拓展而涵盖作为风险尺度的股价标准差，则可得到

$$PBV = 2.21 + 8.22 ROE - 2.63 \text{ 标准差} \quad R^2 = 52\%$$
$$[2.16] [2.92] \quad [1.21]$$

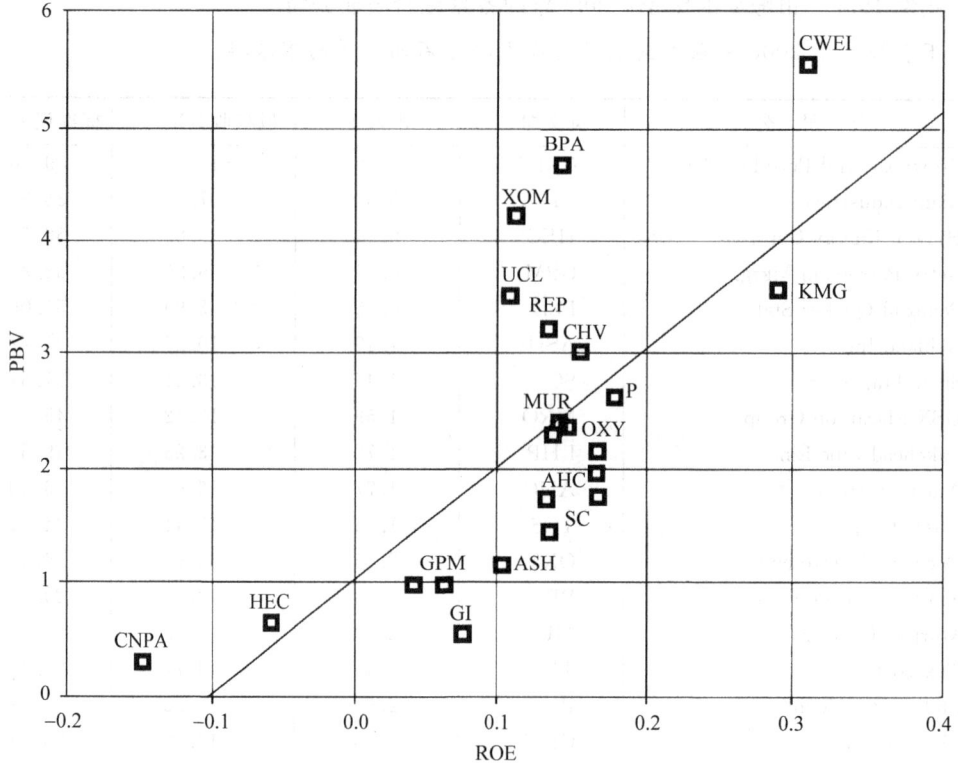

图 19.6 市账率与股权报酬率：各石油公司

可用这一回归式预测下表所列公司的市账率：

公 司 名 称	市账率	预测的市账率	过低或过高估价/%
Crown Central Petroleum"A"	0.29	−0.56	NMF
Giant Industries	0.54	1.80	−69.74
Harken Energy Corp.	0.64	0.24	166.59
Getty Petroleum Mktg.	0.95	1.19	−19.67
Pennzoil-Quaker State	0.95	1.19	−19.93
Ashland Inc.	1.13	2.48	−54.28
Shell Transport	1.45	2.48	−41.56
USX-Marathon Group	1.59	2.12	−25.11
Lakehead Pipe Line	1.72	2.78	−38.03
Amerada Hess	1.77	2.87	−38.33
Tosco Corp.	1.95	2.57	−24.09
Occidental Petroleum	2.15	2.54	−15.27
Royal Dutch Petroleum	2.33	2.52	−7.66
Murphy Oil Corp.	2.40	2.67	−10.07
Texaco Inc.	2.44	2.61	−6.47
Philips Petroleum	2.64	2.90	−9.17
Chevron Corp.	3.03	2.80	8.20

续表

公　司　名　称	市账率	预测的市账率	过低或过高估价/%
Repsol-YPF ADR	3.24	2.60	24.53
Unocal Corp.	3.53	2.17	63.05
Kerr-McGee Corp.	3.59	3.46	3.70
Exxon Mobil Corp.	4.22	2.62	60.99
BP Amoco ADR	4.66	2.67	74.03
Clayton Wiliams Energy	5.57	4.06	36.92

其中,低估最甚者是 Giant Industries 公司,其实际市账率为 0.54,预测市账率为 1.80;而高估最甚者是 Harken Energy 公司,其实际市账率为 0.64,预测市账率为 0.24。

19.2.3　公司市账率的横向比较

除了采用可比公司法,我们还可以考察市场是如何对其他公司进行定价,以便预测各公司的 PBV 率。把握这类信息的最简单方法是乘数回归法,即把 PBV 设为因变量,而将关于风险、增长率、股权报酬率和股息支付率的各个代理变量设为自变量。

以往的研究

过去的一些研究凸显了市账率和股权报酬率之间的关系。Wilcox(1984)确认了(根据对数表示的)市账率与股权报酬率之间的强烈关系。运用 1981 年间 949 家由价值线(Value Line)公司所列出的各只股票,他得到了下列方程:

$$\text{Log(市账率)} = -1.00 + 7.51 \text{(股权报酬率)}$$

他还发现,这个回归式的平均标准误差远远小于各种使用市账率和增长率的模型。

这些 PBV 率回归式在本书第一版中已得到了更新,当时所用的是 1987—1991 年间的数据。针对在 NYSE、AMEX 交易所挂牌的所有公司可得历年数据,我们通过 Compustat 数据库获得了(关于这五年的)市账率、股权报酬率和盈利增长率的信息。β 值则出自各年的 CRSP 记录,我们的样本没有包括那些账面价值为负的公司。由此,将 PBV 率针对各自变量逐年进行回归,我们得到下列结果:

年份	回　归　式	R-平方系数
1987	PBV＝0.184 1＋2.00 支付率－0.394 2β＋133.89EGR＋9.35ROE	0.861 7
1988	PBV＝0.711 3＋0.007 支付率－0.508 2β＋133.89EGR＋9.35ROE	0.840 5
1989	PBV＝0.411 9＋0.63 支付率－0.640 6β＋100.38EGR＋9.55ROE	0.885 1
1990	PBV＝0.812 4＋0.99 支付率－0.185 7β＋111.30EGR＋6.61ROE	0.884 6
1991	PBV＝1.106 5＋35.05 支付率－0.647 1β＋100.87EGR＋10.51ROE	0.860 1

其中,PBV＝相应年末的市账率

支付率＝相应年末的股息支付率

β＝股票的 β 数值

EGR＝前五年间的盈利增长率

ROE＝股权报酬率＝净收入/股权账面价值

经过更新的回归式

2011 年 1 月，我们曾把市账率针对前一小节确定的各个基本因素实施回归，即股权报酬率、股息支付率、β 值和（出自分析者预测的）未来五年的预期增长率，结果是

$$\text{PBV}＝-0.06＋11.58\text{ROE}＋0.61 \text{ 支付率}＋0.29\beta＋8.85 \text{ 预期增长率}$$
$$[0.45]\quad[39.61]\qquad[4.09]\qquad\quad[4.29]\quad[17.60]$$

该回归式的 R 平方系数为 43.2%。

市账率与股权报酬率之间这种强烈的正向关系并不局限于美国。表 19.1 概述了将全球各公司的市账率针对股权报酬率实施回归得到的结果。请注意，虽然我们针对所有的回归式都尝试了一组自变量（ROE、β 值、股息支付率和增长率），但仅只保留了我们认为具备统计意义的变量。

表 19.1　全球性市账率回归式：2011 年 1 月

区　域	回归：2010 年 1 月	R 平方系数
欧洲	PBV＝1.49＋0.98 预期增长率＋0.32 支付率－0.55β＋7.89ROE	44.0%
日本	PBV＝0.87＋6.09ROE	28.2%
各新兴市场	PBV＝0.87＋1.17 预期增长率＋0.57 股息支付率＋7.20ROE	28.1%

案例 19.7　使用截面回归法评估可口可乐公司

假设我们需要评估在 2011 年 1 月上半月的可口可乐公司，并且得到了下列数据：

每股账面价值＝14.11 美元　　　股息支付率＝50.00%

盈利增长率＝10.00%　　　　　股权报酬率＝30%

β 值＝0.90

预测的市账率 ＝－0.06＋11.58(0.30)＋0.61(0.50)＋0.29(0.90)＋8.85(0.10)
　　　　　　　＝4.87

该公司股票在当时的市账率为 4.83，这就表明市场对它的估价是公正的。

🌐 *pbvreg.xls*：该网上的数据集概述了市账率针对各基本因素的最新回归结果，使用的是市场上所有的公司数据。

当期与期望股权报酬率的比较

在本节进行的各种比较中，我们均采用公司的当期股权报酬率判断估价的结果。这种专注于当期数字的做法虽然简便，股权的市值却是取决于有关未来股权报酬率的期望。

如果当期 ROE 与未来 ROE 之间存在着强烈的正向关系，使用当期股权报酬率确定那些被估价过低或者过高公司的做法并无不当。但是，倘若情势有变，仅只关注当

期 ROE 之举则会极具风险,因为这会造成重大的估价错误。此时,我们应该使用所预测的股权报酬率,而它或许与当期的股权报酬率相去甚远。获得这种预测值的方法有两种:

1. 计算公司股权报酬率(在过去三年到五年)的历史均值,在当期股权报酬率波动极大时取而代之。

2. 将公司当期股权报酬率朝着行业均值进行调整,以此体现竞争压力。例如,假设所分析的是一家计算机软件公司,假设它的当期股权报酬率为 35%,行业均值为 20%。关于该公司股权报酬率的预测值就应该是 20% 和 35% 两者的加权均值,而行业均值所占权重应该随着预计公司股权报酬率趋向业内正常值的速度加快而增加。

19.2.4 公司市账率的纵向比较

由于公司的股权报酬率会随着时间的推移而发生变化,不难想象市账率也会如此。尤其重要的是,如果公司股权报酬率有所增加,市账率也会上升;反之亦然。考虑此点的另一种方式是借用图 19.5 描述的矩阵。我们认为,具备低(或高)股权报酬率的公司应该具有低(或高)的市账率。因此,为了确定对经营不善(股权报酬率和市账率均很低)公司实施重组所产生的效果,可以观察它在矩阵中将移向何处。如果重组取得成效,公司就应该从"低 PBV/低 ROE"象限移向"高 PBV/高 ROE"象限(参见图 19.7)。

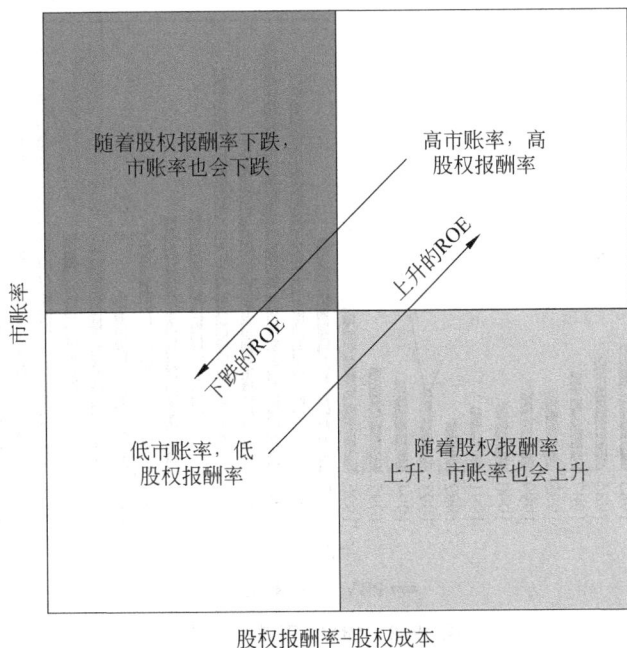

图 19.7 ROE 变化与市账率变化的对照

案例 19.8　ROE 率和 PBV 率：IBM 公司

有关股权报酬率对于市账率的影响，IBM 提供了一个经典案例。在 1983 年，其股价是账面价值的三倍。在当时，它属于 Dow 30 指数所含股票中市账率最高者之一；到了 1992 年，它的股价跌落到只是大致相当于账面价值的水平。导致市账率下跌的原因是 IBM 股权报酬率的下降，后者从 1982 年的 25％剧跌为 1992—1993 年间的负值。在后续年间，随着 Lou Gerstner 成为 CEO，公司出现了重大逆转。到 1999 年，股价上涨到了账面价值的九倍。即便在网络公司泡沫破灭之后的 2001—2010 年间，IBM 仍然保持了强势的高 ROE 和高市账率。图 19.8 描述了它在 1983—2010 年间的 PBV 和 ROE。

对于那些在低价位买入 IBM 股票的投资者来说，他们当时持有的是市账率和股权报酬率都很低的股票，但是这种下注获得了回报。由于股权报酬率的提高，在上述矩阵中，IBM 从第三象限移到了第二象限。这意味着，随着市账率的提高，投资者可获得丰厚的溢价和利润。

19.3　在投资策略中的运用

在诸多投资策略中，从简单到复杂的，投资者都利用了股价和账面价值之间的关系。一些人使用相对较低的市账率作为甄别被低估股票的方法；其他人则把市账率与其他基本因素相结合而作出相同的判断；最后，还有人认为，市账率较低股票所具备的纯粹而持续的高报酬率表明，市账率可以作为股权风险的代理变量。

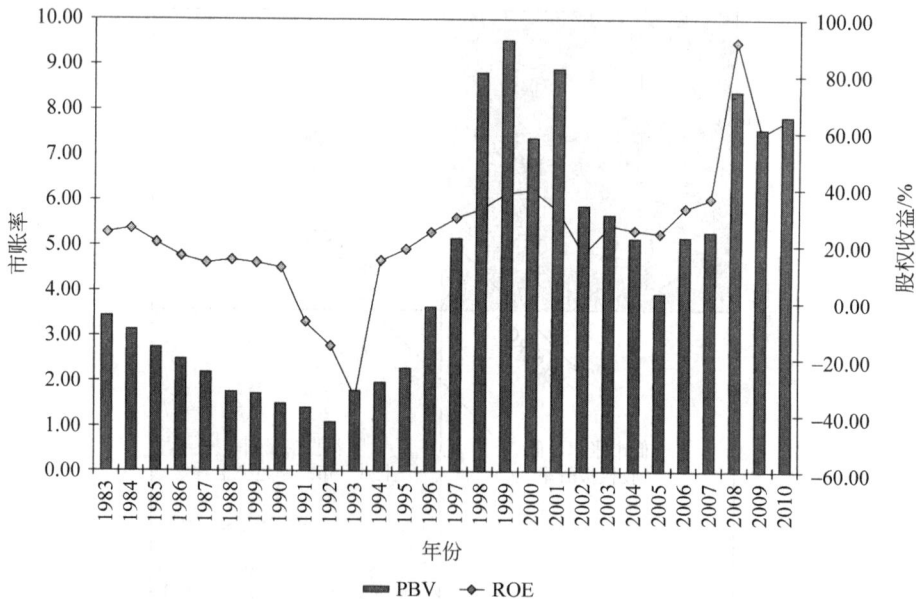

图 19.8　IBM：下跌和复苏

19.3.1 与超额报酬的关联

一些研究已经确定了市账率和超额报酬之间的某种关系。Rosenberg，Reid，and Lanstein(1985)发现，美国股票的平均报酬率与公司"账面价值-市场价值"比率呈正向关系。在1973到1984年间，如果选择那些"账面-价格"比率较高(市账率较低)的股票，在每个月可以获得36个基点的超额报酬。通过考察1963—1990年间期望股票报酬率的截面数据，Fama and French(1992)建立了市账率和持续存在的报酬率之间的正向关系，并且通过了单一变量和多重变量检验。他们根据"账面-价格"比率把公司划分为12个组合。在1963—1990年间，处在该比率最低(PBV最高)等级的公司可得到0.30%的月均报酬率，而处在该比率最高(PBV最低)等级的公司却能得到1.83%的月均报酬率。

Chan，Hamao，and Lakonishok(1991)发现，"账面-价格"比率可以很好地解释日本股票平均报酬率的截面数据。Capaul，Rowley，and Sharpe(1993)将"账面-价格"比率推广到1981—1992年间的其他国家股市，所得结论是，价值型股票(市账率较低者)在所分析的各个市场上都能够赢得超额报酬。针对市场指数，他们所估算的"账面-价格"比率较低股票的年化报酬率如下：

%

国家	低度 PBV 组合得到的报酬增量	国家	低度 PBV 组合得到的报酬增量
法国	3.26	日本	3.43
德国	1.39	美国	1.06
瑞士	1.17	欧洲	1.30
英国	1.09	全球	1.88

虽然这项研究针对的是某个具体的时期，但是"市账率较低的股票能比市账率较高者赢得更高的报酬"这一结论看来很有说服力。

19.3.2 运用市账率鉴别投资对象

以市账率作为甄别标准，诸多投资策略试图在市账率较低的股票中挖掘超额报酬。例如，在其关于证券分析的经典著作中，Benjamin Graham 就把"股价不及账面价值的2/3"作为选股的标准之一。

前面一节强调了股权报酬率在决定市账率方面的重要性；它指出，只有那些具有高股权报酬率和低市账率的公司才可视为被低估者。

19.3.3 把市账率用作风险的代理变量

低市账率公司持续获得的超额报酬表明，市场缺乏效率，或者市账率是风险的代理变量。换言之，如果市场认为低市账率股票的风险大于高市账率者，前一类股票的较高报酬就是针对这种风险的公允报酬。事实上，这也正是 Fama and French(1992)在考察低市账率股票的报酬率之后得出的结论。

虽然无法断然拒绝这一假说，但却需要予以检验。低市账率股票所面临的附加风险究竟是多少呢？确实有某些低市账率公司的杠杆系数很大而且难以为继，但是低市账率的股票组合似乎通常并不比高市账率股票组合的风险更大，因为两者的杠杆系数和盈利波动性十分接近。

19.4 "市值-面值"比率

并非将股权的市值与其账面价值相联系，"市值-面值"比率（the value-book ratio）是把公司价值与其资本的账面价值挂钩。因此，它被看作是类似于市账率的公司价值指标。

19.4.1 定义

用债务和股权两者的账面价值除以投入公司资本的账面价值，就可得到资本的"市值-面值"比率：

$$\text{"市值-面值"比率} = \frac{\text{股权市值} + \text{债务市值}}{\text{股权账面价值} + \text{债务账面价值}}$$

如果无法得到债务的市值，也可在分子中使用它的账面价值。需要注意的是，有关债务的定义在分子和分母中必须保持一致。例如，若将经营性租赁转换为债务以计算债务市值，那就同样需要把经营性租赁现值加到债务的账面价值上。

这一乘数具有两种常见的变形，但都无法满足这种一致性的要求。一种变形是，在分母中使用资产的账面价值，而它通常大于资本的账面价值，差额等于现行负债。这种做法会导致那些当期负债甚重公司的市账率下偏。另一种变形是在分子中使用企业价值，并且在债务和股权两者的市值中减去现金。鉴于股权账面价值结合了公司的现金持有量，这同样也会导致乘数下偏。如果我们打算在分子中使用企业价值，那就同样需要在分母中扣除现金。从资本账面价值中减去现金可以产生所谓"投入资本"的尺度：

$$\text{投入资本} = \text{股权账面价值} + \text{债务账面价值} - \text{现金}$$

$$\text{"企业价值-投入资本"比率} = \frac{\text{股权市值} + \text{债务市值} - \text{现金}}{\text{股权账面价值} + \text{债务账面价值} - \text{现金}}$$

此外，就像 EV/EBITDA 乘数那样，针对那些相互持有股份的公司，我们还需要调整这一乘数。第 18 章详细描述了如何调整 EV/EBITDA 乘数，它要求我们减去那些属于子公司的股权市值和账面价值的部分。

19.4.2 描述

"市值-面值"比率的分布与市账率相似。图 19.9 体现了美国公司在 2011 年 1 月的

"EV/投入资本"比率和"市值-面值"比率的分布情形。就像其他乘数一样,它也是严重地偏斜,均值大大超出了中位值;美国各公司在 2011 年 1 月的"EV/投入资本"的中位值是 1.68,而"市值-面值"比率的中位值是 1.53。需要注意的是,其中有 102 家公司的企业价值为负数(因为现金超出了债务和股权的市值之和)。

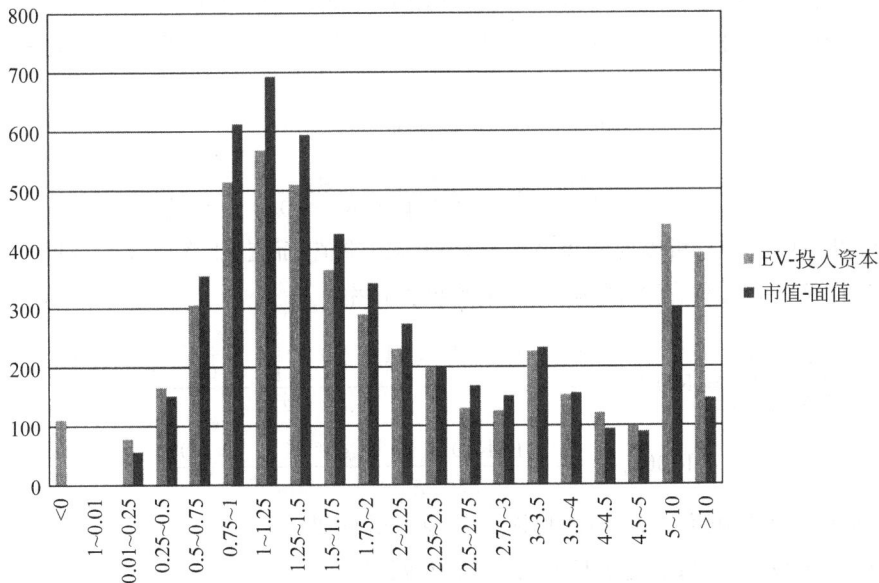

图 19.9　"EV-投入资本"比率和"市值-面值"比率:2011 年 1 月的美国公司

伴随着从市账率到"市值-面值"比率的转变,一个很有意义的附带成果是,运用"市值-面值"比率,我们没有遗漏样本中的任何公司,但是只有 102 家公司具有"EV-投入资本"比率。

🌐 *pbvdata.xls*:该网上的数据集概述了美国各行业的公司在最近年份的"市值-面值"乘数和各基本因素。

19.4.3　分析

"市值-面值"乘数属于公司价值乘数。为了展开分析,我们再度采用公司自由现金流模型评估稳定增长公司:

$$企业价值 = \frac{FCFF_1}{(资本成本 - g)}$$

代入 $FCFF_1 = EBIT_1(1 - t)(1 - 再投资率)$,则可得到

$$企业价值 = \frac{EBIT_1(1 - t)(1 - 再投资率)}{(资本成本 - g)}$$

将上式两边同除以资本账面价值,则可得到[1]

―――――――――――――

[1]　如同股权报酬率,如果根据同期盈利定义资本报酬率($ROC = EBIT_0/资本面值$),则在分子中会出现($1 + g$)这一项。

$$\frac{企业价值}{投入资本} = \frac{ROC(1-再投资率)}{(资本成本 - g)}$$

"市值-面值"比率基本上取决于资本报酬率,资本报酬率较高的公司通常也具有较高的"市值-面值"比率。事实上,决定该比率的各个因素均体现了股票市账率的决定因素,只不过是以公司价值尺度取代了股权尺度,即用 ROC 取代了 ROE,用资本成本取代了股权成本,而用(1-再投资率)取代了股息支付率。事实上,若将再投资率代入这一基本等式,就可得到

$$再投资率 = g/ROC$$

$$\frac{企业价值}{投入资本} = \frac{(ROC - g)}{(资本成本 - g)}$$

我们还可以拓展这一分析以便涵盖高增长公司,其"市值-面值"比率取决于高增长期和稳定增长期的资本报酬率、资本成本、增长率和再投资率:

$$\frac{企业价值_0}{投入资本_0} = ROC_{hg} \times \frac{(1-RIR_{hg}) \times (1+g) \times \left[1 - \frac{(1+g)^n}{(1+k_{c,hg})^n}\right]}{k_{c,hg} - g} +$$

$$ROC_{hg} \times \frac{(1-RIR_{st}) \times (1+g)^n \times (1+g_n)}{(k_{c,st} - g_n)(1+k_{c,hg})^n}$$

其中,ROC=资本报酬率(hg：高增长期；st：稳定增长期)

RIR=再投资率(hg：高增长期；st：稳定增长期)

k_c=资本成本(hg：高增长期；st：稳定增长期)

🌐 *firmmult.xls*：给定基本因素不变,这一电子表格使我们可以估算稳定增长或高增长阶段的公司价值乘数[*]。

ROC、ROIC、ROA 和 ROE

在关于贴现现金流法和相对估价法的章节中,我们一直强调衡量公司获得的报酬对于其投资的重要性,但是使用了各种不同的会计报酬率尺度,包括股权报酬率、资本报酬率和投入资本报酬率。事实上,还有许多人计算的是资产报酬率尺度。那么,它们之间有何关联呢?

首先需要注意,它们的共同之处是,把分子中的当期盈利与分母中的账面价值联系在一起,而衡量盈利和账面价值的方式则各有不同。

- 就股权报酬率而言,我们将股权投资者盈利(净收入)除以股权账面价值,得到衡量股权投资者报酬的尺度。这是我们以股权成本作为衡量标准时所使用的尺度,旨在得到股权盈利增长率(用于股息贴现模型和 FCFE 模型)。

- 我们交替使用资本报酬率(ROC)和投入资本报酬率(ROIC),通过将经营性收

---

[*] 原文中的此题与第 18 章正文中的第三题相同。——译者注

入除以投入资本的账面价值而得出；它等于债务和股权的账面价值之和减去现金。我们将这种报酬率与资本成本进行比较，以便推导出经营性收入的增长率（用于计算 FCFF）。

- 资产报酬率其实是一种不太恰当的混合尺度。因为它是通过将净收入或经营性收入除以资产总额而得出，它无法直接与股权成本或者资本成本进行比较。因此，我们建议，在估价中不予采用。

最后，我们倾向于计算所有这些报酬率，通过将特定年间的收入除以前一年末的账面价值而得出。有些人则倾向于使用整个年内的均值，如果是这样，那就应该注意保持一致性。

19.4.4　运用

正如前一小节中的股权市账率那样，我们也可以比较各公司的"市值-面值"比率。为此，需要调整的关键变量是资本报酬率。我们可将针对市账率而建立的价值矩阵运用于"市值-面值"比率，就像在图 19.10 中所为。资本报酬率较高的公司通常会具有较高的"市值-面值"比率；反之亦然。

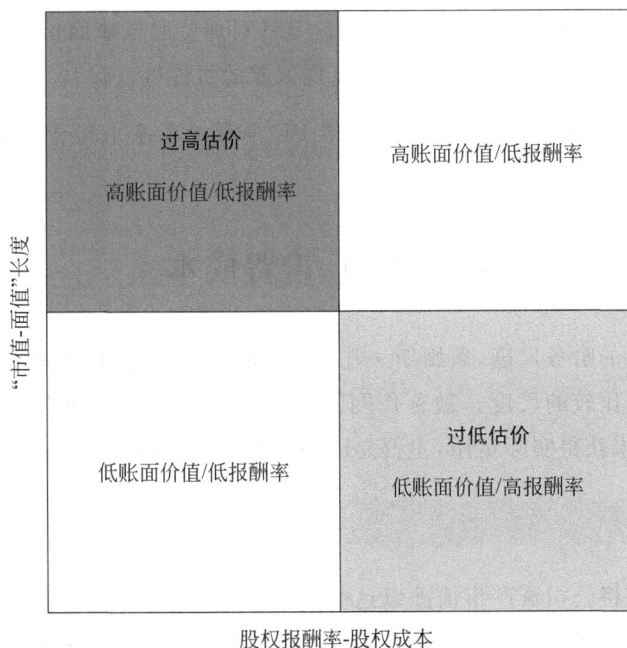

图 19.10　估价矩阵："市值-面值"比率和超额报酬

这类矩阵还同一种运用甚广的增值尺度——经济追加值（EVA）具有某种重要的关联。作为报酬差额（即资本报酬率减去资本成本）与投入资产的乘积，EVA 最大特色之一就在于它与市场追加值（MVA）的高度相关性；MVA 的定义是资本市值与资本面值之间的差额。这一点并不奇怪，因为 MVA 是关于"市值-面值"比率的变形，而 EVA 则是关于报酬率的变形。

相对于市账率与股权报酬率的关系而言，"市值-面值"比率与资本报酬率的关系是强还是弱呢？为了考察这一问题，运用所有的美国公司在 2011 年 1 月的数据，我们将"EV/投入资本（IC）"针对资本报酬率进行回归：

$$EV/IC = 1.48 + 7.20 \text{ 销售额增长率} - 2.31 D/C + 6.99 ROIC$$
$$[13.46][7.96] \qquad\qquad [12.32] \quad [23.55]$$
$$R^2 = 57\%$$

其中，D/C＝总债务/（总债务＋股权市值）

　　　ROC＝资本报酬率

这一回归式产生的结果与针对市账率所得到的结果非常相似。

如果使用"市值-面值"比率和市账率所得出的各种结果相互一致，我们如何在两者之间进行抉择呢？对于那些杠杆系数较高或者正在发生变化的公司，使用"市值-面值"比率会更加恰当。公司可以借助于举债提高其股权报酬率，但在同时也会加剧它的波动：在好的年份，公司能够获得很高的股权报酬率，但在不好的时候则只能得到很低甚至为负的股权报酬率。对于此类公司，"市值-面值"比率及其相伴的资本报酬率可以提供关于相对价值的更加稳定和可靠的估算值。此外，即使是针对那些股权账面价值为负的公司，我们同样能够计算"市值-面值"比率，从而降低出现偏差的可能性。

🌐 *pbvreg.xls*：该网上的数据集报告了 PE 率针对各基本因素的最近回归结果，用到了美国市场上所有的公司。

19.5　托宾 Q 系数：市场价值/重置成本

针对各种常规的财务尺度，詹姆斯·托宾（James Tobin）提出了另外一种将资产市值与其重置成本进行比较的尺度。被称作"托宾 Q 系数"的这一尺度虽然在学术界获得了一些推崇者，但尚未获得实际运用，主要是因为它在信息获取方面存在着问题。

19.5.1　定义

该系数可通过将公司资产市值除以这些资产的重置成本而估算得出：

托宾 Q 系数 ＝ 现有资产市值 / 现有资产重置成本

如果通货膨胀抬高了资产的重置成本，或者技术进步降低了这些成本，与会计账面价值相比，这一尺度可以更加及时地衡量资产价值。这一尺度的理论根据十分简单。如果公司的超额报酬为负并且未能有效地利用资产，该系数将小于 1。若能更有效地利用资产，公司股票就将以大于 1 的托宾 Q 系数获得交易。

这一尺度虽然在理论上具有一些优势,但却存在着一些实际问题。第一个问题是,某些资产的重置成本难以估算,尤其是那些没有参与市场交易者。第二个问题是,即便能够得到重置成本,构建这一乘数所需要的信息仍然大大超出了常规的市账率尺度。在实际操作时,分析者们大多借助于某种捷径获得托宾 Q 系数,把资产账面价值用作重置成本的代理变量,而把债务和股权的市值用作资产市值的代理变量。在这些情形中,托宾 Q 系数就类似于前面一节所描述的资本"市值-面值"比率。

19.5.2　描述

如果使用这一系数的严格定义,那就无法得到它的截面分布状况,因为不易或者根本就无法获得估算它所需要的信息。这一点无疑极大限制了该乘数的实际运用,因为我们无法了解乘数的高、低或者平均水平究竟应该是多少。不妨设想一下,我们发现某公司的股价为资产重置成本的 1.2 倍。如果不了解市场的分布统计值,那就无法知道对于这家公司是支付得太多还是太少。

19.5.3　分析

托宾 Q 系数值取决于两个变量,即公司市值和现有资产重置成本。在通货膨胀时期,当重置成本随着时间而上升,该系数通常会低于未经调整的市账率,而且这种差额会随着公司资产的老化而加大;相反,如果重置成本下跌得快于账面价值(由于技术变化),这一系数通常又会高于未经调整的市账率。

托宾 Q 系数还取决于,相对于下一位出价最高者而言,公司如何有效地管理其资产并从中获取价值。为说明起见,需要注意的是,如果资产能够获得必要报酬率,其市场价值就等于其重置成本。(如果资本报酬率等于资本成本,项目就将具有等于零的净现值,它所产生的现金流现值就等于重置成本。)进一步而论,托宾 Q 系数在公司资本报酬率低于必要报酬率时将小于 1,在公司赢得超额报酬时则会大于 1。

19.5.4　运用

对于成熟公司来说,托宾 Q 系数属于一种可操作的衡量尺度,因为公司的大部或者全部资产都已到位,所以能够估算出这些资产的重置成本。不妨考虑一家没有多少增长潜力的钢铁公司。它的市值可以用作资产市值的代理变量,我们还能够针对通货膨胀调整其资产的账面价值。相形之下,对于高科技公司来说,估算其资产的市值则比较困难,因为它的股权市值应该包含着有关未来增长的溢价。

相对于衡量估价是否恰当的问题,托宾 Q 系数更加适合衡量据信存在的公司管理质量问题。如果管理不善,其股价就会低于资产的重置成本。事实上,已有几项研究考察了此类公司是否更加容易被并购。Lang,Stulz,and Walkling(1991)得出的结论是,如果这一系数值偏低,公司就更有可能因为重组和增值之目的而被并购。他们还发现,相对于该系数值较低的公司股东而言,系数值较高公司的股东能够从成功的开价提议中获益极大。

19.6 总结

价格和账面价值之间的关系比大多数投资者所想象的复杂许多。公司的市账率取决于它的期望股息支付率、期望盈利增长率和风险状况。然而,最为重要的决定因素则是公司获得的股权报酬率。更高的报酬率将会导致更高的市账率;反之亦然。在股权报酬率与市账率之间,存在着两种值得投资者们注意的不匹配现象,即高市账率伴随着低股权报酬率(估价过高),以及低市账率伴随着高股权报酬率(估价过低)。

资本"市值-面值"比率是一种类似于市账率的公司乘数,取决于公司获得的资本报酬率、资本成本和再投资率。如果资本"市值-面值"比率较低而期望资本报酬率较高,公司就可以被视为估价过低。

19.7 问题和简答题

在下列问题中,若无特别说明,假设股权风险溢价为5.5%。

1. 判断下列说法的对与错,并给予简短解释。

a. 以低于账面价值出售的股票意味着对它的估价过低。

对_____错_____

b. 如果公司的股权报酬率下降,其市账率通常会下跌更多(例如,如果股权报酬率减少一半,市账率的跌幅将超过一半)。

对_____错_____

c. 低市账率和高预期股权报酬率的结合表明股票被估价过低。

对_____错_____

d. 假设其他不变,高增长公司股票将比低增长公司具有更高的市账率。

对_____错_____

e. 根据戈登模型,股息支付率较高的公司将具有较高的市账率。

对_____错_____

2. NCH Corporation 是一家销售清洁、杀虫和其他化工产品的公司。在1993年,它的每股盈利为4美元,并且支付了2美元的股息。每股账面价值为40美元,预计盈利的长期年增长率是6%。股票的 β 值为0.85,当期股价为60美元。(长期国债利率为7%,市场风险溢价为5.5%。)

a. 根据这些数据,估算 NCH 的市账率。

b. 为了印证 NCH 股票在1993年进行交易时的市账率,股权报酬率必须增加多少?

3. 相对于股权报酬率和必要报酬率,我们打算分析运输业内各公司的市账率。各公司的数据如下：

公司	PBV	ROE/%	β 值
Builders Transport	2.00	11.5	1.00
Carolina Freight	0.60	5.5	1.20
Consolidated Freight	2.60	12.0	1.15
J. B. Hunt	2.50	14.5	1.00
M. S. Carriers	2.50	12.5	1.15
Roadway Services	3.00	14.0	1.15
Ryder System	2.25	13.0	1.05
Xtra Corporation	2.80	16.5	1.10

长期国债利率为 7%，市场风险溢价为 5.5%。

a. 计算该行业的平均 PBV 比率、股权报酬率和 β 值。

b. 根据这些均值，该行业的各只股票相对于它们各自的账面价值而言是被低估还是高估？

4. United Healthcare 是一个医疗保健组织，预计在未来五年内的盈利增长率为 30%，随后则是 6%。在高增长期间，股息支付率只有 10%，但进入稳定增长期后将增加到 60%。其股票目前的 β 值为 1.65，但是预计在稳定状态时将下降到 1.10。（长期国债利率为 7.25%。）

a. 给定上述数据，估算 United Healthcare 的市账率。

b. 在高增长期间，市账率对于增长率估算值的敏感性如何？

c. United Healthcare 股票正以 7.00 的市账率获得交易。其超常增长率必须持续多久（根据 30% 的年度比率）才能印证这一 PBV 比率？

5. 强生公司（Johnson & Johnson）是一家主要的保健产品制造商。它在 1993 年的股权报酬率为 31.5%，其盈利的 37% 已作为股息支付。公司股票的 β 值为 1.25。（长期国债利率为 6%，风险溢价为 5.5%）预计超常增长期为 10 年；随后，增长率下降到 6%，股权报酬率减少到 15%（β 值将变为 1）。

a. 假设在高增长期的股权报酬率和股息支付率仍然保持在目前水平，估算强生公司的 PBV 比率。

b. 如果医保改革方案获得通过，据信，在高增长阶段，强生的股权报酬率将下跌到 20%。如果该公司打算保持目前的股息支付率不变，估算强生公司新的 PBV 比率。（不妨假设有关稳定增长期的数据不受影响。）

6. 假设我们针对纽约股票交易所全部股票的 PBV 实施回归，得到了下列结果：

$$PBV = 0.88 + 0.82 \text{ 支付率} + 7.79 \text{ 增长率} - 0.41\beta + 13.81ROE$$

$$R^2 = 0.65$$

其中，支付率 = 近期的股息支付率

增长率 = 预计未来五年的盈利增长率

$\beta=$近期的股票 β 值

为说明起见，如果某公司的股息支付率为 40%，β 值为 1.25，ROE 为 25%，预期增长率为 15%，那就应该具有下列的市账率：

$$PBV=0.88+0.82(0.4)+7.79(0.15)-0.41(1.25)+13.81(0.25)=5.3165$$

a. 列出这一回归式的 R^2 系数能够有何用处？

b. 假设我们针对另外一家公司进行了行业回归，并据以估算 PBV 比率。上述市场回归的结果与这项行业回归的结果有何不同？

7. SoftSoap Corporation 是一家大型消费品制造商。在最近财务年度，它报告的税后经营性收入为 6 亿美元。在年初，公司所报股权账面价值为 40 亿美元，债务账面价值为 10 亿美元。股权市值为 80 亿美元，债务市值为 10 亿美元，股权成本为 11%，税后债务成本为 4%。如果该公司已处在稳定增长期，预计每年将以 4% 永久地增长，估算该公司正确的资本"市值-面值"比率。

8. Lyondell Inc. 是一家大型企业集团，其资本"市值-面值"比率为 2.0。如果公司处在稳定增长期，预计其永久性年增长率为 4%，资本成本为 10%。市场认为 Lyondell Inc. 的永久性资本报酬率是多少？

9. 估算处在高增长期的贸易公司 Zapata Enterprises 的"市值-面值"比率，其特征如下：

%

	高增长	稳定增长
税后资本报酬率	15	12
预期增长率	12	4
资本成本	10	9

如果预计高增长率可维持 10 年，估算 Zapata 公司正确的资本"市值-面值"比率。

10. 如果计算托宾 Q 系数的方法是将交易股的市值和债务市值除以资产的账面价值，我们就会高估高增长公司的价值。解释一下原因何在。

第20章

销售额乘数和行业特定乘数

盈利乘数和账面价值乘数虽然具有很强的直观性而且运用甚广,分析者们近年来在评估公司时却更多地改用其他乘数。针对那些盈利为负的年轻公司,他们以销售额乘数取代了盈利乘数。此外,各行业还提出了关于自己特定尺度的乘数,用于评估业内公司,诸如客户、订购者甚至(针对新经济公司)网站访客数目。在本章,我们首先考察销售额乘数的用途得以扩大的各种缘由,接着分析这些乘数的决定因素以及如何最恰当地在实施估价时使用这些乘数,然后简述各种行业特定乘数及其使用过程中的相关问题,以及为了使它们能够奏效所需作出的调整。

20.1 销售额乘数

销售额乘数衡量的是相对于所产生的销售额而言的股权或公司自身价值。与其他乘数一样,假设其他不变,公司股票若以较低的销售额乘数获得交易,相对于该乘数较高者而言,就被视为估价过低。

出于多种原因,销售额乘数吸引了不少分析者。首先,与盈利或者账面价值比率在许多公司中为负数而没有意义不同,即便针对经营状况最差的以及非常年轻的公司,我们也能估算销售额乘数,从而大大减少在样本中遗漏这些公司的潜在偏差。其次,与盈利和账面价值极大地受制于有关折旧、存货、研发(R&D)、收购会计和异常支出的会计决策不同,销售额相对不容易受到操纵。最后,销售额乘数的波动性小于盈利乘数,受到公司经营在各年间无常变化的影响程度较低。例如,周期性公司市盈率的波动性要大于其市销率(price-sales ratio),与销售额相比,盈利对于经济情势变化的敏感性要大得多。

然而,专注于销售额的最大问题是,它很容易造成我们对那些销售额增长很快但却亏损严重的公司估价过高。归根结底,为了形成价值,公司必须生成盈利和现金流。针对那些盈利和账面价值均为负数的公司,采用销售额实施估价的做法看似合理,如果不对各公司的成本和利润率差异作出调整,则会导致估价错误。

20.1.1 销售额乘数的定义

获得实际运用的基本销售额乘数有两种。第一种也是更常见的是公司股权市值与销售额的乘数(或简称"市销率");第二种也是更可靠的则是经营性资产值与销售额的乘数,即"EV-销售额"比率。

$$股价\text{-}销售额比率 = \frac{股权市值}{销售收益}$$

$$企业价值\text{-}销售额比率 = \frac{股权市值 + 债务市值 - 现金}{销售收益}$$

就像对待 EBITDA 那样,我们需要从公司价值中减去现金,因为现金收入不属于销售额。"企业价值-销售额"比率是一个比市销率更加可靠的乘数,因为它具备内在的一致性,也就是将经营性资产总值除以由这些资产所产生的销售额。市销率则是将股权价值除以公司所产生的销售额,这种做法无疑会降低杠杆系数较高公司的价值;在比较杠杆系数各不相同的业内公司的市销率时,它有可能造成估价错误。

在销售额入账方法上,不同行业和各个市场遵循的会计标准大致相同。然而,近年来,为了提高销售额,一些公司在记录分期销售和公司之间的交易时使用了一些很成问题的做法。虽然如此,对照其他乘数而言,各公司会计处理差异所造成的销售额乘数问题要小得多。

20.1.2 截面分布

正如对待盈利乘数和账面价值乘数那样,为了考察销售额乘数,首先观察一下美国各公司的市销率和"EV-销售额"比率截面分布,图 20.1 概述了它们在 2011 年 1 月的分布情形。

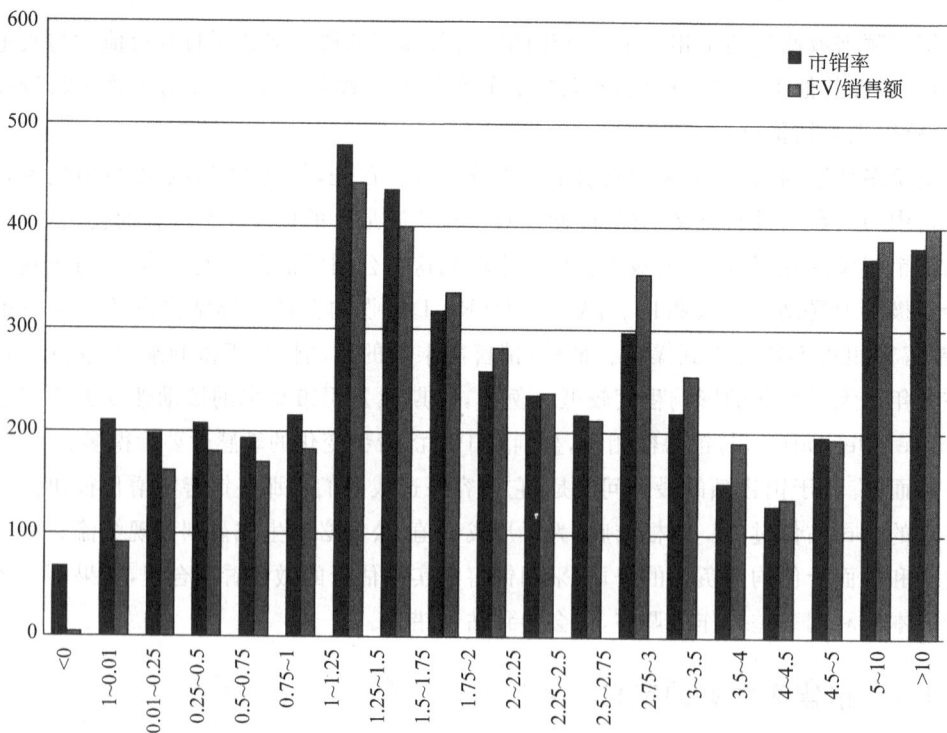

图 20.1 销售额乘数:2011 年 1 月的美国公司

关于此图,需要注意两点。第一,与盈利或账面价值乘数一样,销售额乘数也带有偏斜性。第二,市销率通常低于"EV-销售额"比率;这一点并不奇怪,因为前者只包括了股权,而后者所考虑的则是企业价值。

表 20.1 提供了关于市销率和"EV-销售额"比率的概述性统计指标。两个乘数的均值都大大高于中位值,主要是因为各种极端值的存在,一些公司股票交易的乘数至少超过了 100。

表 20.1 市销率 和"EV-销售额"乘数:2011 年 1 月的美国公司分布统计值

	市销率	"EV-销售额"比率
公司数目	4 766	4 766
均值	36.36	34.45
中位值	1.30	1.48
第 25%	0.55	0.32
第 75%	3.10	3.29

🌐 *psdata.xls*:该网上的数据集概述了美国各行业在最近一年的市销率、"企业价值-销售额"比率和各种基本因素。

20.1.3 销售额乘数分析

回顾一下相应的贴现现金流模型,我们可以提炼出决定销售额乘数的各个变量。我们将针对市销率使用股息贴现(或 FCFE 估价模型),而针对"EV-销售额"比率则使用公司估价模型。

市销率

根据稳定增长股息贴现模型,我们可以得到稳定公司的市销率:

$$P_0 = \frac{\text{DPS}_1}{k_e - g_n}$$

其中,P_0=股权价值

DSP_1=下一年度的期望每股股息

k_e=股权成本

g_n=股息(永久性)增长率

代入 $\text{DSP}_1 = \text{EPS}_0(1+g_n)$(股息支付率),就可将股权价值表述为

$$P_0 = \frac{\text{EPS}_0 \times \text{股息支付率} \times (1+g_n)}{k_e - g_n}$$

如果定义净利润率$=\text{EPS}_0/$每股销售额,可将股权价值表述为

$$P_0 = \frac{\text{销售额} \times \text{净利润率} \times \text{股息支付率} \times (1+g_n)}{k_e - g_n}$$

根据市销率重新表述上式,则有

$$\frac{P_0}{\text{销售额}_0} = \text{PS} = \frac{\text{净利润率} \times \text{股息支付率} \times (1 + g_n)}{k_e - g_n}$$

显然，市销率(PS)是利润率、股息支付率和增长率的递增函数，以及公司风险程度的递减函数。

我们可以将高增长公司的市销率与各种基本因素相联系。在两阶段股息贴现模型这种特定情形中，可以相当简单地设定这种关系。针对两阶段增长——高增长阶段和稳定增长阶段情形，可将股息贴现模型表述为

$$P_0 = \frac{\text{EPS}_0 \times \text{股息支付率} \times (1 + g) \times \left[1 - \frac{(1+g)^n}{(1+k_{e,hg})^n} \right]}{k_e - g_n} +$$

$$\frac{\text{EPS}_0 \times \text{股息支付率}_n \times (1 + g_n)^n \times (1 + g_n)}{(k_{e,st} - g_n)(1 + k_{e,hg})^n}$$

其中，g＝最初 n 年间的增长率

$k_{e,hg}$＝高增长期的股权成本

股息支付率＝第 n 年之后的永久性增长率（稳定增长率）

$k_{e,st}$＝稳定增长期的股权成本

股息支付率 n＝第 n 年之后的稳定公司股息支付率

然后根据利润率重新表述 EPS_0，即 EPS_0＝销售额$_0$×利润率，并将销售额$_0$移到等式的左边，就可得到

$$\frac{\text{股价}}{\text{销售额}} = \text{净利润率} \times \left\{ \frac{\text{股息支付率} \times (1 + g) \times \left[1 - \frac{(1+g)^n}{(1+k_{e,hg})^n} \right]}{k_e - g} + \right.$$

$$\left. \frac{\text{股息支付率}_n \times (1 + g_n)^n \times (1 + g_n)}{(k_{e,st} - g_n)(1 + k_{e,hg})^n} \right\}$$

上式左边是市销率。假设其他各项不变，它取决于

- 净利润率：净收入/销售额。市销率(PS)是净利润率的递增函数。假设其他不变，净利润率越高，公司股票就应以更高的市销率获得交易。
- 高增长期和稳定增长期的股息支付率。针对任何一种增长率，PS 率都会随着股息支付率的增加而增加。
- 风险程度（在高增长期使用折扣率 $k_{e,hg}$，在稳定期使用 $k_{e,st}$）。因为较大的风险会提高股权成本，PS 率会随着风险的提高而下降。
- 两个时期内的期望盈利增长率。在高增长期和稳定增长期，PS 率都会随着增长率的提高而提高。

如同对待市账率一样，我们也可用股权自由现金流代替股息进行这种估算。针对那些所付股息远低于其所能支付的公司，这种做法可以得出更加合理的市销率估算值。

$$\frac{股价}{销售额} = 净利润率 \times \left\{ \frac{\left(\dfrac{\mathrm{FCFE}}{盈利}\right) \times (1+g) \times \left[1 - \dfrac{(1+g)^n}{(1+k_{e,hg})^n}\right]}{k_e - g} + \frac{\left(\dfrac{\mathrm{FCFE}}{盈利}\right)_n \times (1+g_n)^n \times (1+g_n)}{(k_{e,st} - g_n)(1+k_{e,hg})^n} \right\}$$

如同市账率一样,在稳定增长期,公司的净利润率会有所变化;然而,这种利润率在稳定增长阶段只会影响股息支付率。

案例 20.1　根据两阶段模型估算高增长公司的市销率

假设我们需要估算某公司的 PS 率,预计它在未来五年处于高增长期。下面是事关估价的数据:

最初五年的增长率=20%　　　股权成本=6%+1(5.5%)=11.5%

五年后的增长率=8%　　　最初五年的股息支付率=20%

β 值=1.0　　　五年后的股息支付率=50%

净利润率=10%　　　无风险利率=长期国债利率=6%

可对该公司的市销率估算如下:

$$PS = 0.10 \times \left\{ \frac{0.2 \times (1.20) \times \left[1 - \dfrac{(1.20)^5}{(1.115)^5}\right]}{(0.115 - 0.20)} + \frac{0.50 \times (1.20)^5 \times (1.08)}{(0.115 - 0.08)(1.115)^5} \right\} = 2.35$$

因此,根据该公司的各种基本因素,我们预计,其股价是销售额的 2.35 倍。

案例 20.2　估算高增长公司的内在市销率:2011 年 5 月的 Whole Foods Markets 公司

Whole Foods Markets 是一家连锁杂货零售商,主要是为健康食品客户提供各类选项,而后者愿意为有机食品支付一定的溢价。这家零售商在 2005—2010 年间增长迅猛,到 2011 年 5 月已开设了 300 家店面。2010 年,公司所报销售额为 9 006 百万美元,净收入为 246 百万美元,因而净利润率为 2.73%。

$$净利润率 = 净收入 / 销售额 = 246/9\,006 = 2.73\%$$

根据它在 2008 年底的 1 628 百万美元股权账面价值,公司的股权报酬率为 15.11%:

$$股权报酬率 = \frac{净收入_{2010}}{账面价值_{2009}} = \frac{246}{1\,628} = 15.11\%$$

假设公司在未来十年间的净收入可以保持 10% 的年增长率,并且保持现行净利润率和股权报酬率不变。再假设公司在第 10 年后步入稳定增长期而以每年 3% 的比率永久性增长,净利润率为 2.5%,股权报酬率为 10%。为了估算股权成本,假设公司的 β 值在高增长期为 1.0,在稳定增长期为 0.9;无风险利率为 3.5%,股权风险溢价为 5%。现在可将估算所用数据归纳如下:

	高增长	稳定增长
增长期长度	10 年	永远
净利润率/%	2.73	2.50
销售额/股权账面价值	5.53	4.00
ROE/%	15.11	10.00
股息支付率	$1-10\%/15.11\%=33.82\%$	$1-3\%/10\%=70\%$
预期增长率/%	10.00	3.00
股权成本	$3.5\%+1(5\%)=8.50\%$	$3.5\%+0.9(5\%)=8.00\%$

请注意，我们从预期增长率和 ROE 倒推出了股息支付率，而没有使用实际所付股息。因此，我们事实上可使用 FCFE 而不是实际股息。根据这些数据，就可估算市销率如下：

$$PS = 0.027\ 3\left[\frac{(0.338\ 2)(1.10)\left(1-\dfrac{(1.10)^{10}}{(1.085)^{10}}\right)}{0.085-0.10}+\frac{(0.70)(1.10)^{10}(1.03)}{(0.08-0.03)(1.10)^{10}}\right]=0.55$$

Whole Foods 股票在 2011 年 5 月的市销率为 1.11，这表明它被市场略微高估了。

"企业价值-销售额"比率

为了分析企业价值与销售额之间的关系，考虑一下处在稳定增长期的公司：

$$企业价值 = \frac{\text{EBIT}(1-t)(1-再投资率)}{资本成本-g_n}$$

将上式两边同除以销售额，可得到

$$\frac{企业价值}{销售额} = \frac{[\text{EBIT}(1-t)/销售额](1-再投资率)}{资本成本-g_n}$$

$$\frac{企业价值}{销售额} = \frac{税后经营性利润率(1-再投资率)}{资本成本-g_n}$$

市销率取决于净利润率、股息支付率和股权成本，而"企业价值-销售额"比率取决于税后经营利润率、再投资率和资本成本。经营利润率（ATOM）越高，（针对既定的增长率的）再投资率越低而资本成本越低，公司股票就会以更高的"价值-销售额"乘数获得交易。

运用两阶段公司估价模型，可以拓展这一等式以涵盖高增长公司：

$$\frac{企业价值}{销售额} = \text{ATOM}\left\{\frac{(1-\text{RIR})\times(1+g)\times\left[1-\dfrac{(1+g)^n}{(1+k_{c,hg})^n}\right]}{k_{c,hg}-g}+\right.$$
$$\left.\frac{(1-\text{RIR})\times(1+g)^n\times(1+g_n)}{(k_{c,st}-g_n)(1+k_{c,hg})^n}\right\}$$

其中，ATOM＝税后经营利润率＝EBIT$(1-t)$/销售额

RIR＝再投资率（RIR_n 针对的是稳定增长期）

k_c＝资本成本（hg：高增长期；st：稳定增长期）

g＝高增长期和稳定增长期的经营性收入增长率

需要注意的是，与处在稳定增长期中一样，决定"EV-销售额"比率的因素是增长率、

再投资率和资本成本;但是,估算值数目有所增加,以便体现高增长期的存在。

案例 20.3 估算高增长公司的"企业价值-销售额"比率:2011 年 5 月的可口可乐公司

过去数十年间,令人瞩目的是,可口可乐公司成功地实现了利润率的高增长。在 2010 年,它的销售额为 35 119 百万美元,税前经营性收入为 8 440 百万美元;税率约为 40%。在 2009 年末,公司投入资本总额为 31 679 百万美元,从而得出了下列数据:

投入资本 = 股权账面价值 + 债务账面价值 - 现金

= 24 799 + 11 859 - 4 975 = 31 679 百万美元

税后经营利润率 = 经营性收入$(1-t)$/ 销售额 = 8 449/35 119 = 14.43%

销售额 / 资本 = 35 119/31 169 = 1.11

投入资本报酬率 = 税后经营利润率 × 销售额 / 资本 = 14.43% × 1.11 = 16%

假设该公司在未来十年内将把(过去五年平均)税后经营性收入的 60% 用于再投资,但同时能够保持目前的利润率和资本报酬率。在此期间,再假设可口可乐公司的 β 值等于 0.90,税前债务成本为 4.5%,而且将债务—资本比率保持在目前的 7.23% 上,使得资本成本等于 8.03%(股权风险溢价为 5.5%,反映该公司暴露于各新兴市场风险的程度):

股权成本 = 无风险利率 + β 值(股权风险溢价)

= 3.5% + 0.9(5.5%) = 8.45%

资本成本 = 8.45%(1 - 0.072 3) + 4.5%(1 - 0.40)(0.072 3) = 8.03%

假设可口可乐公司在第十年后将步入稳定增长期,年增长率为 3.5%,经营利润率和"销售额/资本"比率将会(但并非一直)朝着行业均值下降(税后经营利润率为 12%,"销售额/资本"比率将趋近于 1)。在稳定增长期,再假设公司 β 值等于 1,债务率上升到 20%。

股权成本 = 3.5% + 1(5.5%) = 9%

资本成本 = 9%(0.80) + 4.5%(1 - 0.40)(0.20) = 7.74%

我们将采用下列数据估算可口可乐公司的"EV-销售额"比率:

	高增长	稳定增长
时期长度	10	10 年后 *
税后经营利润率/%	14.43	12.00
销售额/资本	1.11	1.00
资本报酬率/%	16.00	12.00
再投资率	60%	3.5%/12% = 29.17%
预期增长率/%	9.60	3.50
资本成本/%	8.03	7.74

将这些数据代入两阶段"EV/销售额"等式,可得

———————————

* 此处原文为"after year 5"。——译者注

$$EV/S = (0.144\ 3) \left[\frac{(1-0.60)(1.096)\left(1-\dfrac{(1.096)^{10}}{(1.080\ 3)^{10}}\right)}{0.09-0.10} \right] +$$

$$(0.144\ 3) \left(\frac{(1-0.291\ 7)(1.096)^{10}(1.035)}{(0.077\ 4-0.035)(1.080\ 3)^{10}} \right) = 0.55$$

根据这些数据，可口可乐公司的企业价值当为销售额的 3.51 倍：

$$预期企业价值 = 35\ 119 \times 3.51 = 123\ 197\ 百万美元$$

在 2011 年 5 月，可口可乐公司的市值为 152 200 百万美元。结合未偿债务(11 859 百万美元)和现金余额(4 979 百万美元)可得到实际企业价值如下：

$$实际企业价值 = 152\ 200 + 11\ 859 - 4\ 979 = 159\ 080\ 百万美元$$

根据上述估算过程，市场对于该公司的高估程度大约等于 23%。

🌐 *firmmult.xls*：假定其基本因素不变，这一电子表格使我们可以估算稳定增长或高增长公司的"企业价值-销售额"比率。

销售额乘数和利润率

决定销售额乘数的关键因素在于利润率，决定"股价-销售额"比率的是净利润率，而决定"企业价值-销售额"比率的则是经营利润率。可以预计，经营利润率越高，公司的股票就可根据较高的销售额乘数获得交易。但是，利润率的下降则会产生双重影响。第一，直接降低销售额乘数；第二，导致增长率下降，从而使得销售额乘数进一步下降。

如果再定义一个乘数，即"销售额-账面价值(BV)"比率，或称"周转率"，我们就可便利地将利润率与预期增长率相联系。这种周转率既可根据股权账面价值作出定义（股权周转率＝销售额/股权账面价值），也可根据资本账面价值而定义（资本周转率＝销售额/资本账面价值）。根据已确立的增长率与各种基本因素之间的关系，可将股权收益的预期增长率表述为净利润率和周转率的函数：

预期增长率$_{股权}$＝盈利留存率×股权报酬率

＝盈利留存率×(净利润 / 销售额)/(销售额 / 股权的 BV)

＝盈利留存率×净利润率×销售额 / 股权的 BV

例如，在评估 Whole Foods 公司的案例 20.2 中，期望股权报酬率是 15.11%。这种股权报酬率可以根据 Whole Foods 的净利润率(等于 2.73%)和"销售额-股权账面价值"比率(等于 5.53)推导得出：

$$净利润率 = 2.73\%$$

$$销售额 / 股权账面价值 = 9\ 006/1\ 628 = 5.53$$

$$股权报酬率 = 2.73\% \times 5.53 = 15.11\%$$

关于经营性收入的增长，则有

预期增长率＝再投资率×资本报酬率

＝再投资率×[EBIT$(1-t)$/ 销售额]×(销售额 / 资本账面价值)

＝再投资率×税后经营利润率×销售额 / 资本账面价值

在评估可口可乐公司的案例 20.3 中,资本报酬率为 16%。这种资本报酬率可以根据可口可乐公司的税后经营利润率(14.43%)和"销售额-资本"比率(1.11)推导得出:

$$税后经营利润率 = 14.43\%$$

$$销售额 / 投入资本 = 35\ 119/31\ 679 = 1.11$$

$$资本报酬率 = 14.43\% \times 1.11 = 16\%$$

随着利润率的下降,如果销售额未能成比例地增加,股权和资本的预期报酬率都会下降。

案例 20.4　估算利润率的下降对市销率的影响

在此,再次考虑案例 20.1 所分析的公司。如果它的利润率下降,虽然销售额保持不变,市销率依然会随之而下降。例如,如果利润率从 10% 下降到 5% 而"销售额/账面价值"比率保持不变,则有

$$最初五年间新的增长率 = 盈利留存率 \times 利润率 \times "销售额 / 账面价值"$$
$$= 0.08 \times 0.05 \times 2.50 = 10\%$$

因此,可以计算新的市销率如下:

$$PS = 0.05 \times \left\{ \frac{0.2 \times 1.10 \times \left[1 - \dfrac{1.10^5}{1.115^5} \right]}{(0.115 - 0.10)} + \frac{0.50 \times 1.10^5 \times 1.08}{(0.115 - 0.08)(1.115)^5} \right\} = 0.77$$

图 20.2 更加全面地描绘了利润率与市销率之间的关系。保持"销售额-股权账面价值"比率不变,我们把市销率作为利润率的函数进行了估算。市销率和利润率这种关系可用于分析公司战略和品牌价值变化对于公司价值的影响。

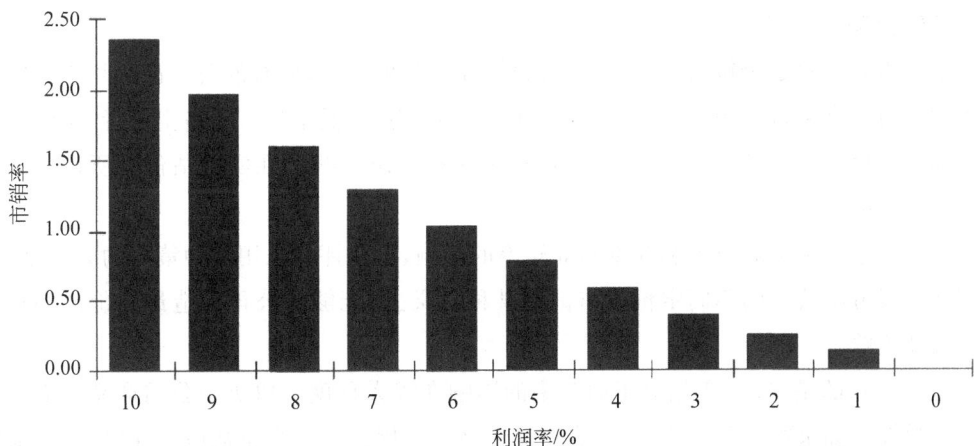

图 20.2　市销率和利润率

乘数和伴侣变量

讨论相对估价法至此,各种分解乘数的方式已不再神秘。其实,针对每一种乘数,我们都强调了影响它们价值的变量不止一个,但是其中一个变量构成了至关重要的驱

动因素，我们称为"伴侣变量"（companion variable）。下面是针对每一乘数的伴侣变量：

乘　　数	伴侣变量	乘　　数	伴侣变量
PE 率	EPS 的预期增长率	EV/EBITDA	再投资率
PBV	股权报酬率	EV/投入资本	投入资本报酬率
PS	净利润率	EV/销售额	税后经营利润率

这些变量的重要性出自于两点。第一，这些变量的变化将会极大地影响各自对应的变量。第二，如果股票因为它的某个乘数值较低而看似便宜，我们首先需要观察的就是伴侣变量。因此，如果股票根据很低的市账率获得交易，那就应该观察其股权报酬率，因为市账率较低的股票大多都具备很低甚至为负的股权报酬率。

如何确定某个特定乘数的伴侣变量呢？一种方法是，将此乘数针对所有应该决定它的自变量实施市场回归，其中统计意义最大的变量（t 统计值很高）无疑就是伴侣变量。另一方法则更加直观。如果考虑的是某种股权乘数，将净收入除以该乘数的分母就可得到伴侣变量。例如，针对股权的市账率数值，如此操作可以得出股权报酬率。如果考虑的是企业价值乘数，则将税后经营性收入除以分母就可得到伴侣变量。例如，针对"EV-销售额"乘数，将税后经营性收入除以销售额，则可得到税后经营利润率。

营销策略和价值

如果不介意对定价策略的分类过于简化，或许就可认为，所有的公司都必须决定究竟是采用"低价/高销量"（销量主导者）策略还是采用"高价/低销量"（价格主导者）策略。考虑到那些把增长率与价值相联系的变量，这种抉择将决定我们在实施估价时所使用的利润率和周转率。

通过考察每种策略对于利润率和周转率的影响，以及评估采用每种策略的公司情形，我们就可以分析公司的不同定价策略。在某种意义上，能够为公司创造最高价值的策略就是最佳策略。

需要注意的是，价格变化对于周转率的影响在很大程度上取决于公司产品的需求是否具有弹性。如果需求缺乏弹性，提高产品价格对于周转率就影响甚微。此时，公司通常可以凭借价格主导者策略而提高价值；另一方面，如果产品价格提高但是需求富有弹性，周转率就会急剧下降。此时，公司可以采用销量主导者策略而提高价值。

案例 20.5　对于高/低利润率两种策略的抉择

假设某公司必须在两种定价策略之间作出抉择。根据第一种策略，公司将定价较高（形成较高的净利润率）但销量较低（导致较低的周转率）。根据第二种策略，公司将定价较低而销量增加。假设该公司已通过市场调研获得了下列数据：

	高利润率低销量	低利润率高销量
净利润率/%	10	5
销售额/股权账面价值	2.5	4.0

再假设,预计公司在未来五年内会把盈利的 20% 作为股息支付,然后再将盈利的 50% 作为股息支付。第 5 年之后的增长率预计等于 8%。每股账面价值为 10 美元。公司股权成本为 11.5%。

高利润率策略

$$最初五年的预期增长率_{高利润率} = 利润率 \times 销售额 / 股权账面价值 \times 盈利留存率$$
$$= 0.10 \times 2.5 \times 0.8 = 20\%$$

$$市销率_{高利润率} = 0.10 \times \left\{ \frac{0.2 \times (1.20) \times \left[1 - \frac{(1.20)^5}{(1.115)^5}\right]}{(0.115 - 0.20)} + \frac{0.50 \times (1.20)^5 \times (1.08)}{(0.115 - 0.08)(1.115)^5} \right\}$$
$$= 2.35$$

$$销售额 / 股权账面价值_{高利润率} = 2.50$$

$$股价_{高利润率} = 市销率 \times 销售额 / 股权账面价值 \times 股权账面价值$$
$$= 2.35 \times 2.50 \times 10 = 58.63 \text{ 美元}$$

低利润率策略

$$最初五年的预期增长率_{低利润率} = 利润率 \times 销售额 / 股权账面价值 \times 盈利留存率$$
$$= 0.05 \times 4 \times 0.8 = 16\%$$

$$市销率_{低利润率} = 0.05 \times \left\{ \frac{0.2 \times (1.16) \times \left[1 - \frac{(1.16)^5}{(1.115)^5}\right]}{(0.115 - 0.16)} + \frac{0.50 \times (1.16)^5 \times (1.08)}{(0.115 - 0.08)(1.115)^5} \right\}$$
$$= 0.9966$$

$$销售额 / 股权账面价值_{低利润率} = 4.00$$

$$股价_{低利润率} = V/S \times S/BV \times BV = 0.9966 \times 4 \times 10 = 39.86 \text{ 美元}$$

如果公司的目标是求得价值的最大化,显然应该采用高利润率策略。

案例 20.6　定价策略变更的影响：2011 年 5 月的 Whole Foods 公司

在案例 20.2 中,我们估算得出 Whole Foods 的市销率为 0.55。它虽然高于其他零售商,但却低于公司股票目前获得交易的市账率,即 1.11。在进行估算时,我们曾假设,Whole Foods 能够维持等于 2.73% 的净利润率,以及等于 5.53 的"销售额-股权账面价值"比率。

如果公司无须考虑销售额问题,就可继续采用溢价定价策略。另一方面,它若想为了夺回市场份额而降低价格,降价 10% 的幅度将使净利润率减少到 2.5%;但是可令销售额增加 15%,而"销售额-股权账面价值"比率则可提高到 6.36(即 5.53×1.15)。假设有关稳定增长期的各项数据保持不变(增长率 $= 3\%$,ROE $= 10\%$),我们可以把这种策略变化对于市销率的影响，以及更加重要的，对于股权价值的影响作如下概述：

	溢价策略	低价策略
销售额基数/百万美元	9 006.00	10 356.00
期望净利润率/%	2.73	2.50
期望"销售额/资本"	5.53	6.36
期望 ROE/%	15.11	15.90
预期增长率/%	10.00	10.00
股息支付率/%	33.82	37.10
市销率	0.55	0.56
股权价值/百万美元	4 967.36	5 812.36

运用案例 20.2 的两阶段模型，可以计算得出下列新的市销率：

$$PS = 0.025 \left[\frac{(0.371)(1.10)\left[1 - \frac{(1.10)^{10}}{(1.09)^{10}}\right]}{0.09 - 0.10} + \frac{(0.75)(1.10)^{10}(1.03)}{[0.085 - 0.03](1.10)^{10}} \right] = 0.56$$

需要注意的是，销售额基数提高了 15%，由目前的 9 006 百万美元增加到 10 357 百万美元。这种策略变化对于市销率的净影响虽然很小（从 0.55 增加到 0.56），公司股权的价值却增加了将近 20%，从 4 967 百万美元增加到 5 812 百万美元。

品牌的价值

针对常规估价法的一种批评是，它未能兼顾品牌和其他无形资产的价值。Hiroyumi Itami 在其 1967 年的专著中对这种意见作了如下的论述：

"分析者们对于资产的定义通常过于狭隘，他们只是确定那些可以衡量的资产，诸如厂房和设备；但是，无形资产，诸如特定技术、积累的顾客信息、品牌、商誉和公司文化对于公司的竞争力都极具价值。其实，正是这些无形资产才构成了可以保持长期竞争力的唯一真正源泉。"

这种意见虽然略显夸张，分析者们在评估品牌时所使用的方法却大多是就事论事，故而可能会严重地高估或者低估它们的价值。知名公司的股票通常可以根据高出普通公司的乘数而交易。直接把随意设定的"品牌溢价"添加到贴现现金流上，这种标准做法会造成估算错误。相形之下，为了估算品牌的价值，我们可以采用将利润率与市销率相联系的方法。

具有知名品牌的效益之一是，公司可以针对相同的产品制定更高的价格，提高利润率，进而提高市销率和公司价值。公司能够索取的溢价越大，品牌的价值也就越大。一般而论，可将品牌的价值表述为

$$品牌价值 = (V/S_b - V/S_g) \times 销售额$$

其中，V/S_b＝具有品牌效益的公司"EV-销售额"比率

V/S_g＝只有普通产品的公司"EV-销售额"比率

定价策略、市场份额和竞争动态学

公司大多是从静态的角度分析价格变化造成的影响,它们以为可以自行其是而不会改变竞争状况。然而,问题在于,公司的所有举措(尤其是事关定价问题)都会导致竞争者们作出反应,而最终的净效应则难以预测。

不妨考虑一下这样一种情形,即某公司为了增加市场份额和销售量而降低价格。假如竞争者无动于衷,该公司无疑就能遂愿;但是,如果竞争者同样也以降价作为回应,公司的利润率就会下降,而周转率则会与降价之前并无不同。这正是导致公司价值降低的症结所在。因此,在竞争性行业中,我们必须将出现的是后一种情形作为前提去制订相应的计划。

一些公司把市场份额最大化作为首要目标。但是,份额的增加与市场价值并无多少关联,对此可以采用前一节设立的利润率/销售额乘数框架作出分析。如果份额扩大能够提高利润率,其原因要么是规模经济效应导致成本下降,要么是公司的市场实力驱逐了竞争对手。这无疑可以增进企业的价值。但是,如果份额的扩大需要以价格、利润率的降低为代价,那就只会减少公司的价值。

案例 20.7　运用市销率进行品牌估价

不妨考虑两家产品相似而在同一市场上相互角逐的公司。Famous Inc.("著名")公司拥有知名品牌,税后经营利润率为 10% ;NoFrills Inc.("平凡"公司)则生产普通产品,税后经营利润率为 5% 。它们具有相同的"销售额-资本账面价值"比率(等于 2.50)和资本成本(等于 11.5%)。再者,预计它们在未来五年内都会把经营性收入的 80% 用于再投资,此后则将 50% 的盈利用于再投资。它们在第五年之后的增长率都是 6% ,而两者的销售总额为 25 亿美元。

对 Famous 公司的估价

$$预期增长率_{Famous} = 再投资率 \times 经营利润率 \times 销售额 / 资本账面价值$$
$$= 0.8 \times 0.10 \times 2.50 = 20\%$$

"价值 - 销售额"比率$_{Famous}$

$$= 0.10 \times \left\{ \frac{0.2 \times (1.20) \times \left[1 - \frac{(1.20)^5}{(1.115)^5} \right]}{(0.115 - 0.20)} + \frac{0.50 \times (1.20)^5 \times (1.08)}{(0.115 - 0.08)(1.115)^5} \right\} = 2.35$$

对 NoFrills Inc. 公司的估价

$$预期增长率_{NoFrills} = 再投资率 \times 经营利润率 \times 销售额 / 资本账面价值$$
$$= 0.8 \times 0.05 \times 2.50 = 10\%$$

"价值 - 销售额"比率$_{NoFrills}$

$$= 0.05 \times \left\{ \frac{0.2 \times (1.10) \times \left[1 - \frac{(1.10)^5}{(1.115)^5} \right]}{(0.115 - 0.10)} + \frac{0.50 \times (1.10)^5 \times (1.08)}{(0.115 - 0.08)(1.115)^5} \right\} = 0.77$$

$$销售总额 = 25亿美元$$

$$品牌价值 = [价值 / 销售额_{Famous} - 价值 / 销售额_{NoFrills}] \times 销售额$$

$$= [2.35 - 0.77] \times 25 = 39.5亿美元$$

案例 20.8　品牌估价：2011 年 5 月的可口可乐公司

在案例 20.3 中，根据其可观的经营利润率和资本报酬率，我们估算得出可口可乐公司在 2011 年 5 月的"企业价值-销售额"比率为 3.51。不可否认，可口可乐在全球位于享誉最高而价值最大的品牌之列，但是我们还需解答下面两个关键问题：

1. 是否应在针对其品牌所估算的"EV-销售额"比率上再添加某种溢价？

2. 品牌对于可口可乐公司总体价值的贡献程度究竟有多大？

对于第一个问题的答案是否定的。归根结底，正是品牌实力使得可口可乐公司得以获得 14.43% 的税后经营利润率和 16% 的资本报酬率。若在估算企业价值时再添加溢价，就会造成重复计算。对于第二个问题的回答则比较复杂。估算得出的企业价值一部分可归因于其强势的品牌，这就需要我们对品牌效应实施分离。

为了估算品牌所添加的价值，第一步在于确定可口可乐公司通过品牌所形成的独具优势有多大。为此，我们幸运地找到了一家生产普通产品而又公开上市的 Cott Corporation 公司。下表概述了可口可乐和 Cott 两家公司在 2010 年的价值数据（以百万美元计）：

	可口可乐	Cott
股权市值	152 200	809
债务	11 859	345
现金	4 979	27
企业价值	159 080	1 127
销售额	35 119	1 803
税前经营性收入	8 449	99
EBITDA	9 892	173
投入资本	31 679	626
税率/%	40	40
β值——高增长期	0.9	1.25
税前债务成本/%	4.50	6
计算得出的数值		
税后经营利润率/%	14.13	3.29
销售额-投入资本比率	1.11	2.88
资本报酬率/%	16.00	9.49
资本成本/%	8.03	8.35
超额报酬率/%	7.97	1.14

需要注意的是，Cott 公司规模远远不及可口可乐公司，而且资本报酬率较低而资本成

本则较高。虽然规模差异使得我们难以直接比较这两家公司,我们却可以利用从 Cott 公司获得的信息评估可口可乐公司的品牌价值。

选择 1:品牌只影响定价能力

作为评估品牌的第一个也是最简单的一个方式,我们假设品牌只会影响定价能力,进而影响利润率。实际上,在评估可口可乐时,我们并没有涉及公司的其他特征,而只是赋予它与 Cott 公司相同的税后经营利润率。在稳定增长期,假设可口可乐公司的盈利等于资本成本,从而失去了品牌优势:

	可口可乐公司	具有 Cott 公司利润率的可口可乐公司
当期税率/%	40	40
当期销售额/百万美元	135 119	35 119
高增长期		
高增长期长度	10	10
再投资率/%	60	60
税后经营利润率/%	14.43	3.29
销售额/投入资本	1.11	1.11
资本报酬率/%	16.00	3.65
期内增长率(g)/%	9.60	2.19
期内资本成本/%	8.03	8.03
稳定增长期		
稳定状态的增长率/%	3.50	3.50
稳定状态的资本报酬/%	12.00	7.74
稳定增长时的再投资率/%	29.17	45.22
稳定状态的资本成本/%	7.74	7.74
EV/销售额	3.51	0.35
企业价值/百万美元	123 199	12 325

需要注意的是,虽然保持"销售额-资本"比率不变,利润率的下降却会将资本报酬率减少到 3.65%。如果可口可乐公司获得的是 Cott 公司的利润率,保持所有其他变量不变,它的 EV/销售额将减少到 0.35,所估算的企业价值也将减少到大约 123 亿美元。因此,品牌价值几乎占据了可口可乐公司估算值的 90%:

品牌价值 = 123 199 - 12 325 = 110 874 百万美元 = 1 108.74 亿美元

选择 2:品牌影响定价能力和销售周转率

追求高销售额的普通公司也有可能提高单位资本的销售额。为了把握这种效应,假设可口可乐公司,如果丧失了品牌价值,将只具有 Cott 公司的利润率和"销售额-资本"比率。这会造成可口可乐公司的资本报酬率与 Cott 公司相同:

	可口可乐公司	具有 Cott 公司投入资本报酬率的可口可乐公司
当期税率/%	40.00	40
当期销售额/百万美元	35 119	35 119
投入资本（债务和股权账面价值）	31 679	31 679
高增长期		
高增长期长度	10	10
再投资率/%	60	60
税后经营利润率/%	14.43	3.29
销售额/投入资本	1.11	2.88
资本报酬率/%	16.00	9.49
期内增长率(g)/%	9.60	5.69
期内资本成本/%	8.03	8.03
稳定增长期		
稳定状态的增长率/%	3.50	3.50
稳定状态的资本报酬/%	12.00	7.74
稳定增长时的再投资率/%	29.17	45.22
稳定状态的资本成本/%	7.74	7.74
税后债务成本/%	2.70	2.70
债务率[D/(D+E)]/%	20.00	20.00
EV/销售额	3.51	1.22
企业价值/百万美元	123 199	42 968

在此，公司价值虽然有所减少，但是却比采用第一种选择更加稳妥，即使没有品牌优势，资本报酬率依然达到了 9.49% 而超出了高增长期的资本成本。在"企业价值-销售额"比率等于 1.22 时，品牌价值仍然是极高的 802.31 亿美元：

$$品牌价值＝123\ 199－42\ 968＝80\ 231\ 百万美元＝802.31\ 亿美元$$

选择 3：品牌创造超额报酬

针对前面两种选择，我们均假设存在着一个普通的竞争性公司，并且能够获得其财务报表。我们在很多时候并不具备可选的普通公司，它们即便存在，或许也未上市。倘若如此，对于品牌的估价就更加不易。一种可选择的方法是，假设品牌是公司唯一的竞争优势，其超额报酬（超过资本成本的部分）均出自于它。若将这种方法运用于可口可乐公司，则可得到

	可口可乐公司	没有超额收益的可口可乐公司
当期税率/%	40.00	40
当期销售额/百万美元	35 119	35 119
投入资本（债务和股权账面价值）/百万美元	31 679	31 679
高增长期		
高增长期长度	10	10
再投资率/%	60	60
资本报酬率/%	16.00	8.03

续表

	可口可乐	没有超额收益的可口可乐
期内增长率(g)/%	9.60	8.42
期内资本成本/%	8.03	8.03
稳定增长期		
稳定状态的增长率/%	3.50	3.50
稳定状态的资本报酬/%	12.00	7.74
稳定增长时的再投资率/%	29.17	45.22
稳定状态的资本成本/%	7.74	7.74
EV/销售额	3.51	0.96
企业价值/百万美元	123 199	33 819

保持其他各项不变,如果减去可口可乐公司的超额报酬,"EV-销售额"比率就将会下跌到 0.6,品牌价值就为 89 3.80 亿美元。

品牌价值＝123 199－33 819＝89 380 百万美元＝893.80 亿美元

因此,以上三种方法产生的品牌价值变化很大,从 802 亿美元到 1 109 亿美元不等。我们认为,选择 2 可以产生最为切实的品牌价值,至少对于可口可乐公司来说是这样。

20.1.4　销售额乘数在投资分析中的运用

决定公司销售额乘数的关键因素是它的期望(净/经营性)利润率、风险、现金流和各种增长特征。为了在分析中运用销售额乘数并在各公司间进行比较,我们需要调整它们在这些方面的差异。本小节考察在各公司间进行销售额乘数比较的不同方法。

关于品牌价值的题外话

时常见到的一种方法是,直接把品牌溢价附加到贴现现金流估价过程。然而,正如前例所述,这种做法是错误的。如果处理得当,品牌的价值已在几处被结合到了估价过程中,包括更高的经营利润率、更高的周转率,进而更高的资本报酬率。这些又会进一步产生连锁效应,使得预期增长率和公司价值得以提高。因此,直接把品牌价值添加到公司价值上的这种做法势必会造成重复计算。

如果公司未能充分利用其宝贵的品牌,又当如何处理呢? 我们可对公司的价值添加某种溢价,但它针对的并不是品牌而是公司控制权。其实,我们可以针对任何闲置的或者管理不善的资产估算出类似的溢价,但是只有在为了获得公司控制权时才会支付这种溢价。

搭配不当问题的确定

虽然增长率、风险和现金流等特征确实会影响销售额乘数,决定这些乘数的关键因素却在于利润率:股权乘数对应的是净利润率;公司价值乘数对应的则是经营利润率。因此,不足为奇的是,利润率较低的公司具有较低的销售额乘数,利润率较高的公司则具有较高的销售额乘数。然而,那些具有高销售额乘数和低利润率的公司,以及具有低销售额乘数和高利润率的公司,同样都能够引起投资者的关注,因为对于这些证券的估价可能分别过高和过低。图20.3中的矩阵说明了这一点。我们首先确定部门或行业内的被低估或高估公司,把它们描绘在矩阵中,然后考察在利润率和销售额乘数之间可能出现的搭配不当。

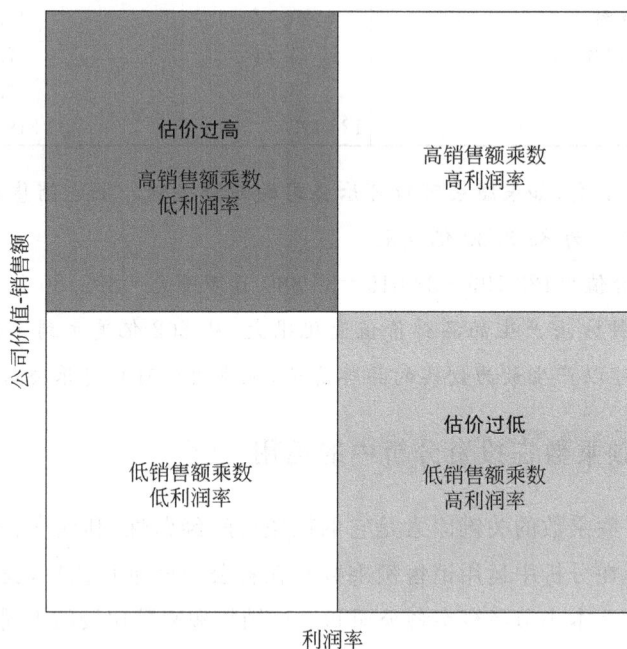

图20.3 "公司价值-销售额"比率和利润率

这种方法虽然很直观,但在运用时可能会出现三个问题。第一,与期望利润率相比,我们更容易得到的是以往的(以及当期的)利润率数据。如果公司当期利润率与未来利润率高度相关(它在以往很高或者很低的利润率都可以延续下去),我们就能够根据当期利润率和当期销售额乘数确定被高估或者被低估的证券。如果公司当期利润率与预期未来利润率之间并无强烈的相关性,那就不能因为当期利润率过低而股票的市销率较高,就简单地认为市场对其估价过高。与这种方法相关的第二个问题是,它假设销售额乘数与利润率之间呈线性相关性。换言之,如果利润率增加一倍,预计销售额乘数也会如此。第三个问题是,它没有考虑到其他基本因素方面的差异,尤其是风险因素。由此,倘若公司具有很高的当期利润率而以较低的销售额乘数获得交易,它就会显得被低估;但是因为它的风险其实极高,其实所获得的估价却是相当的公允。

案例20.9 销售额乘数和利润率:2000年7月的各专项产品零售商

在实施比较前,我们先考察一下美国各专项产品零售商的情形。图20.4将这些公司在2000年7月的经营利润率与其"企业价值-销售额"(每个观察值旁边是各自的股票代码)进行了对照。

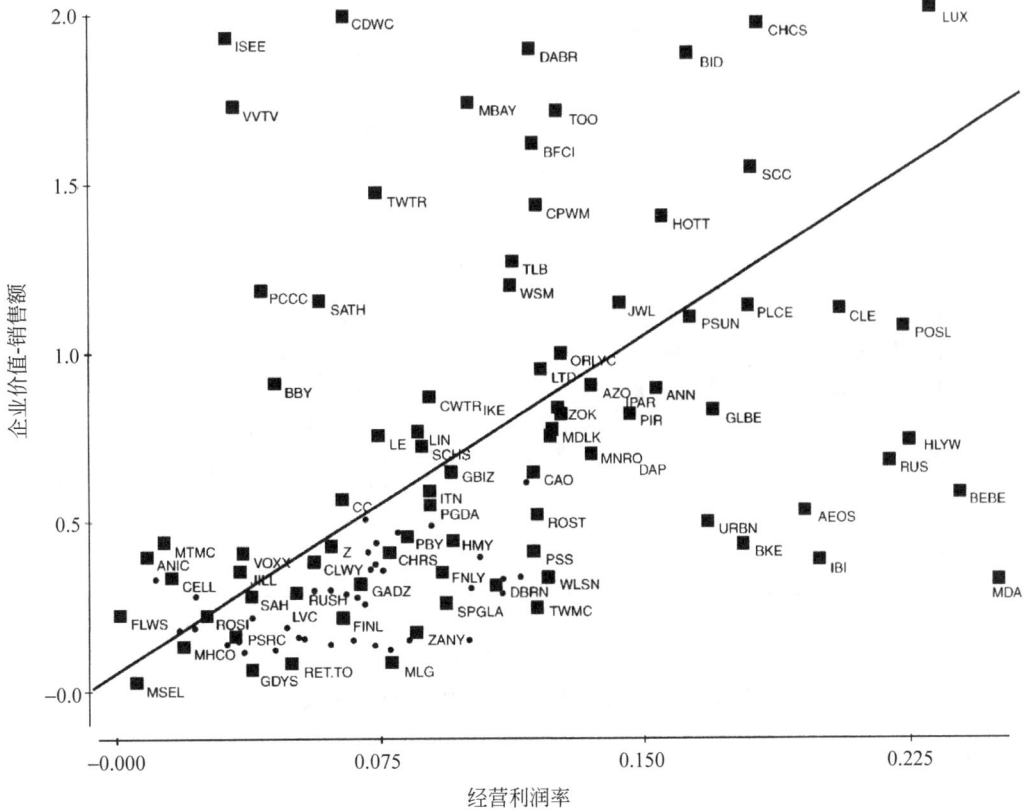

图 20.4 "企业价值-销售额"比率与经营利润率

经营利润率较高的公司大多具有较高的"企业价值-销售额"比率;反之亦然。然而,值得注意的是,在"企业价值-销售额"比率与经营利润率之间的关系方面,这些公司包含了很大的噪声。

案例 20.10 销售额乘数和利润率:2000 年 7 月的各网上零售商

为了在此实施第二次比较,图 20.5 将各网上零售商在 2000 年 7 月的市销率与它们在最近年间的净利润率进行了对照。

在其中,我们难以看出市销率与净利润率之间有什么关联。此点并不奇怪。因为大多数网上公司的净收入和净利润率都是负数,这些公司的市值并非出自于现在的盈利,而是预计在未来所能获得的盈利。因此,这些公司的当期利润率和未来利润率之间并没有多大的相关性。

统计方法

在分析市盈率和市账率关系时,我们曾经运用回归方法调整各公司在风险、增长率和股息支付率方面的差异;为了分析销售额乘数,同样也能这样做。在这一部分内容中,我

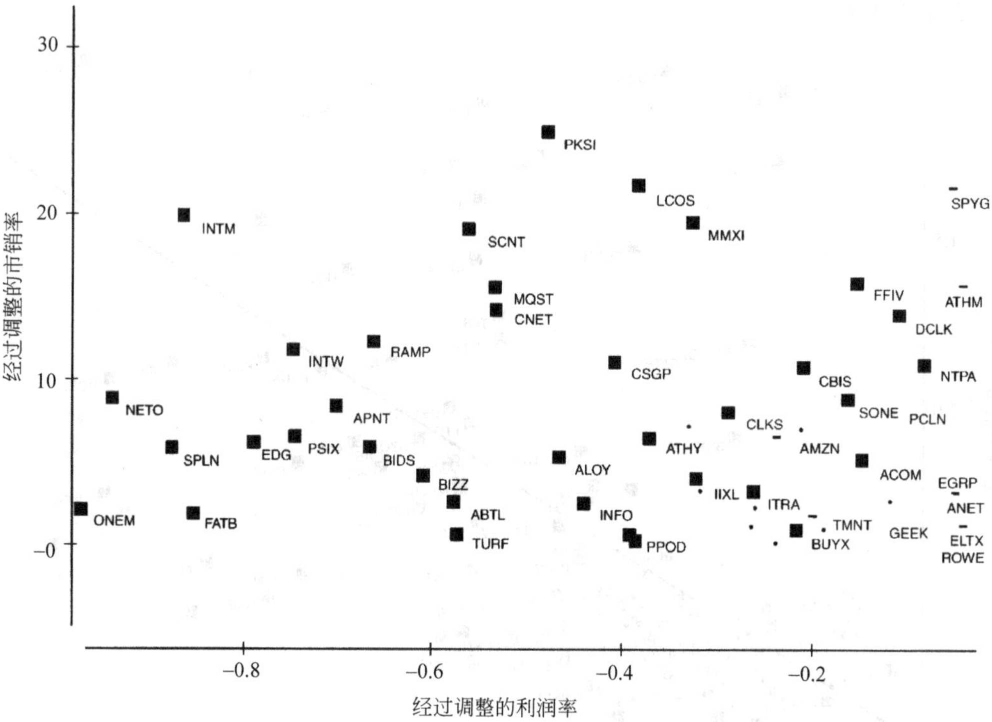

图 20.5 市销率与净利润率:各网上公司的比较

们首先把这一方法运用于定义狭隘的可比公司,即从事相同业务的公司,然后再加以推广而涵盖整个行业和市场。

从事相同业务的可比公司 在前一部分内容中,我们考察了从事相同业务的公司以便判断不相匹配的问题,将那些利润率较高而销售额乘数较低的公司视为被低估者。对此方法加以简单推广,我们可以将销售额乘数针对业内各公司的利润率实施回归:

$$市销率 = a + b(净利润率)$$

$$“EV\text{-}销售额”比率 = a + b(税后经营利润率)$$

我们可以使用这些回归式估算各样本公司的预测价值,以便确定被低估或者被高估的公司。

如果样本公司的数目足够大,就可进一步拓展这一回归式而添加其他自变量。例如,可以使用股价的标准差或者 β 系数作为自变量,以便把握风险差异;还可使用分析者关于预期增长率的估算值,以便调整增长率差异。再者,我们还能调整这一回归式,以便兼顾销售额乘数与某一个或者所有变量之间存在的非线性关系。

能否将这种方法运用于网上公司之类的部门呢,它们的销售额乘数与各基本因素之间似乎并无多少关联?答案是肯定的,但是考虑到这些部门中决定价值的因素,需要进行调整。

案例 20.11 回归方法：2000 年 7 月的各专项产品零售商

再次考虑一下案例 20.9 中有关各零售商的市销率和经营利润率的分布图。对于这些零售商而言，这两个比率之间显然存在着某种正向关系。将市销率针对经营利润率进行回归，可以得到下列结果：

$$预测的“企业价值-销售额”比率 = 0.056\,3 + 6.628\,7\,税后经营利润率$$

$$[0.72] \quad [10.39]$$

$$R^2 = 39.9\%$$

这一回归式包含 162 个观察值，各个括弧中的数字是 t-统计值。现在估算这组专项产品零售商之一 Talbots 公司的预测性"企业价值-销售额"比率。运用上式，可以得知，它具有 11.22% 的税后经营利润率：

$$预测的“企业价值-销售额”比率 = 0.056\,3 + 6.628\,7(0.112\,2) = 0.80$$

对照其等于 1.27 的实际"企业价值-销售额"比率，可以认为该公司被高估了。

另外，我们还可根据两种方式调整这一回归式。一种方式是将"企业价值-销售额"比率针对 ln(经营利润率)进行回归，以便兼顾两个变量之间的非线性关系：

$$“企业价值-销售额”比率 = 1.831\,3 + 0.433\,9\,\ln[税后经营利润率]$$

$$[10.76] \quad [6.89]$$

$$R^2 = 22.40\%$$

另一种方式则是对回归式加以拓展，以便包括关于风险和增长率的代理变量：

"企业价值-销售额"比率

$$= -0.621\,9 + 7.21(经营利润率) - 0.020\,9\sigma_{经营性收入} + 3.146\,0\,增长率$$

$$[3.47] \quad [10.34] \quad\quad\quad [0.22] \quad\quad\quad [4.91]$$

其中，经营利润率＝税后经营利润率

$\sigma_{经营性收入}$＝经营性收入在过去五年的标准差

增长率＝盈利在未来五年的预期增长率

相比前面两个回归式而言，上式包含的观察值比较少（124 个），但却具有较高的 R^2 值(50.09%)。运用它所预测的 Talbots"企业价值-销售额"比率是

$$预测的“企业价值 - 销售额”比率 = -0.620\,9 + 7.21(0.112\,2) - 0.020\,9(0.739\,1)$$

$$+ 3.146\,0(0.225) = 0.88$$

由此看来，即便是针对增长率和风险作出调整后，Talbots 仍旧显得被估价过高。

案例 20.12 回归方法：2000 年 7 月的各网上零售商

基于案例 20.10 所述各互联网公司股票的情形，将市销率针对净利润率实施回归，我们得到下列结果：

$$市销率 = 44.449\,5 - 0.733\,1(净收入) \quad R^2 = 0.22\%$$

$$[4.39] \quad [1.20]$$

此时，不仅 R^2 统计值几乎等于零，当期净利润率与市销率之间的相关系数也为负数。这

就表明，这些股票的定价与公司当期盈利状况并无多少关联。

若要解释各互联网公司的市销率差异，哪些变量更加有效呢？不妨考虑下列命题。

- 鉴于样本包括了一些销售额极低和极高的公司，可以预计，销售额较小公司的股票将以大大高出销售额较大者的乘数获得交易。因此，由于销售额几近 20 亿美元，亚马逊公司的股票交易乘数将低于销售额不及 600 万美元的 iVillage 公司。

- 由于现金的匮乏，很多互联网公司极有可能破产。针对此类现金问题，运用甚广的一种尺度是"现金可耗率"（cash burn ratio），即现金余额与 EBITDA 绝对值（它通常为负）的比率。现金可耗率较低的公司面临着现金断流的危险，故而应该根据较低的销售额乘数获得交易。

- 销售额增长率是决定这些公司价值的关键。假设其他不变，那些销售额增长迅速的互联网公司可能很快就会盈利。

下面的回归式把互联网公司的市销率与销售额水平 $[\ln(销售额)]$、现金可耗率（"现金/EBITDA"比率的绝对值）和上年销售额增长率联系在一起：

$$市销率 = 37.18 - 4.34 \ln(销售额) + 0.75 (现金/EBITDA) + 8.37 增长率_{销售额}$$
$$[1.85] \quad [0.95] \qquad\qquad [4.18] \qquad\qquad\qquad [1.06]$$

该式包括 117 个观察值，R^2 统计值为 13.83%。这些系数均具有恰当的符号，但在统计上只具有临界意义。我们可用该式预测 Amazon.com 在 2000 年 7 月的市销率：

$$市销率_{Amazon.com} = 37.18 - 4.34 \ln(1\,920) + 0.75 (2.12) + 8.37(1.481\,0) = 18.364$$

鉴于它的实际市销率为 6.69，相对于其他互联网公司而论，亚马逊看来被严重低估了。

无论如何，这一回归式在预测方面含有极大的噪声。因此，在针对目前这种部门使用各种乘数时，尤其应该注意基本因素的解释能力不足问题以及相对价值尺度之间的巨大差异，因为这些公司正处在转型或者巨变的过程中。

案例 20.13　市销率和净利润率：Whole Foods 和杂货零售业的变化

由于运用相对估价法寻找便宜股票的关键在于确定不相匹配的问题，能否在这些股票上赚钱则取决于这些问题如何逐步得以化解。换言之，如果购买某只利润率很高但销售额乘数很低的股票，为了指望靠它赚钱，那就需要销售额乘数能够提高到与利润率相匹配的水平。

为说明起见，不妨考察一下 Whole Foods 公司在 2007 年 1 月到 2011 年 5 月期间发生的变化。相对于杂货零售业的其他公司，图 20.6 首先描绘了 Whole Foods 在 2007 年 1 月的情形；该图还显示了关于市销率的回归直线，置信区间为 90%。正如该行业关于净利润率的市销率分布图所示，Whole Foods 看起来在业内具有最高的市销率（1.40）和次高的净利润率（3.41%）。

为了探讨 Whole Foods 较高的利润率能否印证等于 1.41 的市销率，我们将行业的市销率针对净利润率进行回归：

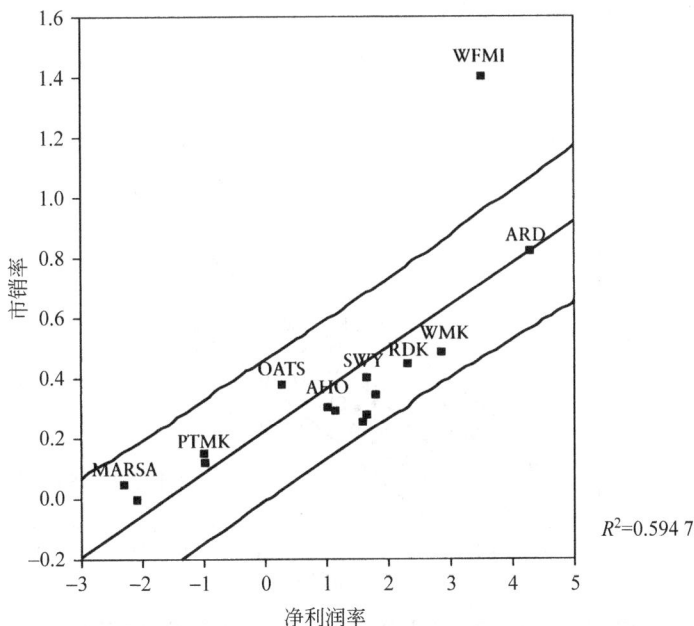

图 20.6　市销率和净利润率：2007 年 1 月的杂货零售业

$$PS = -0.16 + 33.26(净利润率)$$

将 Whole Foods 的净利润率代入这一回归式，得到

$$PS_{WFM} = -0.16 + 33.26(0.034\ 1) = 0.97$$

即使针对 Whole Foods 较高的利润率进行了调整，由于其股价是销售额的 1.41 倍，Whole Foods 公司依然存在被严重高估的问题。

在 2009 年 1 月，我们再度考察了杂货零售业，并且针对净利润率描述了市销率（参见图 20.7）。时隔两年，Whole Foods 看来已经失去了投资者的青睐。由于净利润率下跌到 2.77%，其市销率更是惨跌到仅仅只有 0.31。

为了评估市场对于该公司的利润率下跌是否反应过度，我们将市销率针对净利润率进行回归，可得到下列结果：

$$PS = 0.07 + 10.49\ 净利润率$$

将 Whole Foods 的净利润率代入上式，可得到

$$PS_{WFM} = 0.07 + 10.49(0.027\ 7) = 0.36$$

其股价为销售额的 0.31 倍，Whole Foods 现在看来又被低估了，虽然它略高于置信区间*的下界。

向前推进一年到 2010 年 1 月，我们再次针对各杂货零售商的净利润率描绘市销率。虽然 Whole Foods 的净利润率在此期间跌至 1.44%，它的市销率却上升到 0.50，这使它

---

* 原文此处为"statistical significance"。——译者注

处在了置信区间的中间位置(参见图20.8)。

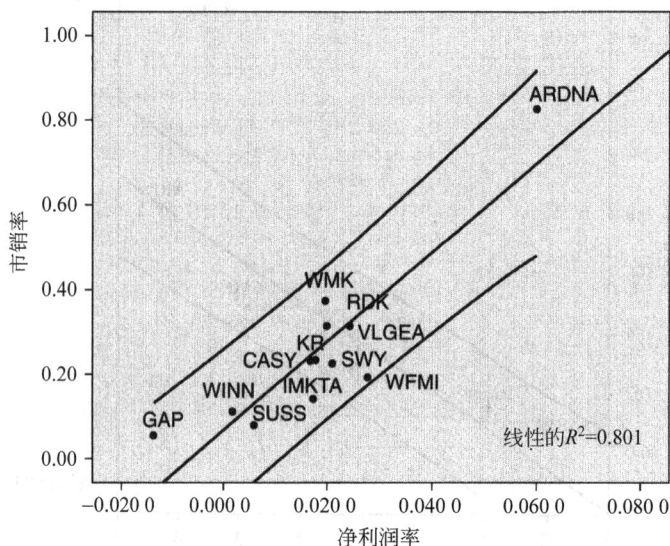

图 20.7   市销率和净利润率：2009 年 1 月的杂货零售业

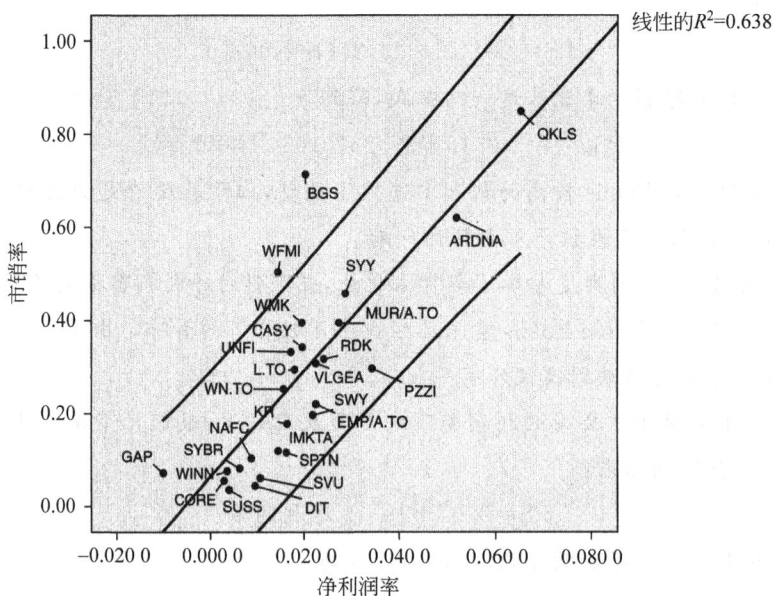

图 20.8   市销率和净利润率：2010 年 1 月的杂货业

再一次,将市销率针对净利润率进行回归,得到下列结果:

$$PS=0.06+11.43 \text{ 净利润率}$$

将 Whole Foods 的净利润率代入上式,可得到

$$PS_{WFM}=0.06+10.49(0.014\ 4)=0.22$$

Whole Foods 在 2010 年再度回归到被高估状态,但只是略高于置信区间的上界。

最后再考察一下该行业在 2011 年 5 月的情形,我们针对业内各公司的净利润率描绘市销率。正如前一案例所述,Whole Foods 股票在定价方面又恢复了溢价状态,其交易价为销售额的 1.11 倍,而它的净利润率则上升到了 2.73%(参见图 20.9)。

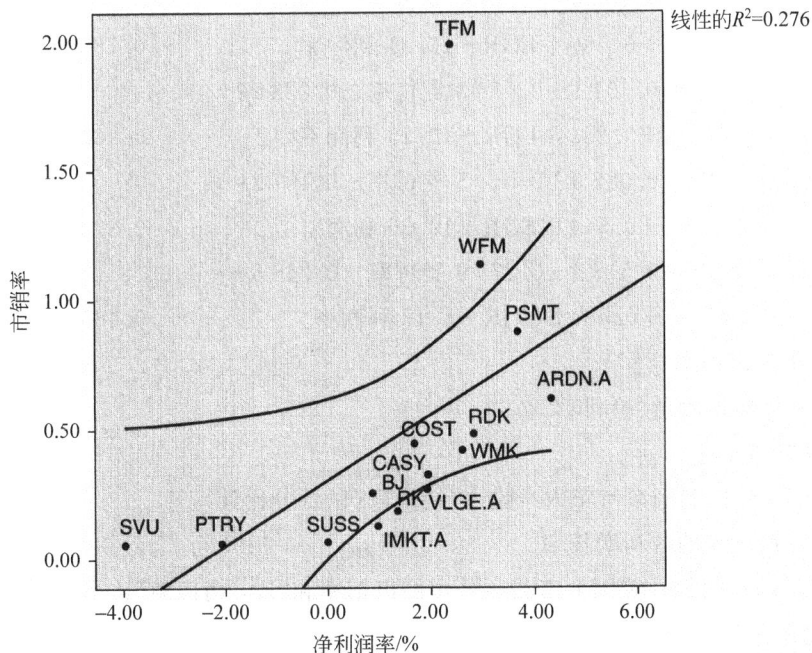

图 20.9　市销率和净利润率:2011 年 5 月的杂货业

将市销率针对净利润率进行回归,可以得到
$$PS = 0.304 + 0.126\ 净利润率$$
将 Whole Foods 的净利润率代入上式,可以得到
$$PS_{WFM} = 0.304 + 0.126(0.273) = 0.34$$
Whole Foods 在 2011 年 5 月看来被严重高估了。

总之,这些回归式意味着,应该在 2007 年 1 月卖空(selling short)Whole Foods 股票,在 2009 年 1 月重新买入,而在 2010 年 1 月再度卖空。如果采纳这项建议,前两项行为可以产生可观的利润,但后一种行为却会赔钱,因为该股票被市场高估的程度在 2010—2011 年间进一步加大。

市场回归式　如果能够使用回归法调整各公司之间的差异,那就同样也可用它考察更加广泛的公司截面。为此,我们应该使用截面数据估算作为各基本因素之函数的市销率,包括利润率、股息支付率、β 值和盈利增长率。

再者,还可将这种方法推广到整个市场。在本书的第一版,针对 1987—1991 年间的每一年,我们将市销率针对基本因素(股息支付率、盈利增长率、利润率和 β 值)实施了回归,结果如下:

年份	回归式	R^2统计值
1987	PS＝0.789 4＋0.000 8 支付率－0.273 4β＋0.502 2EGR＋6.46 利润率	0.443 4
1988	PS＝0.166 0＋0.000 6 支付率－0.069 2β＋0.550 4 EGR＋10.31 利润率	0.785 6
1989	PS＝0.491 1＋0.039 3 支付率－0.028 2β＋0.283 6 EGR＋10.25 利润率	0.460 1
1990	PS＝0.082 6＋0.010 5 支付率－0.107 3β＋0.544 9 EGR＋10.36 利润率	0.888 5
1991	PS＝0.518 9＋0.274 9 支付率－0.248 5β＋0.494 8 EGR＋8.17 利润率	0.485 3

其中,PS＝年末市销率

支付率＝年末股息/盈利

β＝股票的 β 值

利润率＝年内利润率＝年内净收入/销售额（以百分比计）

EGR＝前五年的盈利增长率

2011 年 5 月,根据在美国上市的各公司的市销率和"EV-销售额"比率,我们又对这些回归式进行了下列更新：

$$PS＝-0.413＋7.27 预期增长率_{EPS}＋0.16 支付率＋0.42β＋1.44 净利润率$$

　　　　[2.99][14.10]　　　　　　[1.02]　　　　[5.86][35.90]

$R^2＝49\%$

$$EV/S＝0.74 ｜ 10.19 预期增长率_{销售额}　1.03DC－2.25 税率＋8.06 经营利润率$$

　　　　[4.91][10.07]　　　　　　[4.38]　　　　[6.59][32.73]

$R^2＝59\%$

其中,DC＝"债务市值-资本"比率,经营利润率＝税前经营利润率

在此,为了保持一致性,我们用作为企业价值乘数的销售额增长率取代了作为股权乘数的每股盈利（EPS）增长率。

把这种分析推广到世界范围,我们就欧洲、各新兴市场和日本公司的"EV-销售额"比率实施了回归,结果如下：

区　域	回归式-2010 年 1 月	R^2统计值
欧洲	EV/S＝0.38＋3.20 预期增长率＋12.74 经营利润率－2.50 税率＋0.13 再投资率	73.4%
日本	EV/S＝0.01＋6.72 经营利润率－1.99 税率＋5.58 债务/资本	26.4%
各新兴市场	EV/S＝2.15－3.50 税率＋10.09 经营利润率－ 2.01 债务/资本＋0.16 再投资率	40.7%

从全球角度看,销售额乘数所具备的拟合功效甚佳,而经营利润率看来在各个市场上都属于主导性变量。

案例 20.14 运用市场回归法的公司估价:2011 年 5 月的 Whole Foods 和可口可乐公司

本章已经估算了 Whole Foods 和可口可乐公司在 2011 年 5 月的内在(intrinsic)市销率和"EV-销售额"乘数,我们现在打算再运用前述市场回归法估算这些乘数。

首先,将 Whole Foods 的相关数字代入关于市销率的回归式中(Whole Foods 的净利润率=2.73%,股息支付率=23.12%,β 值=1.00,而预期增长率=10%),可以得到

$$PS = -0.413 + 7.27 \text{预期增长率}_{EPS} + 0.16 \text{支付率} + 0.42\beta + 1.44 \text{净利润率}$$
$$PS_{WFM} = -0.413 + 7.27(0.10) + 0.16(0.231\,2) + 0.42 \times (1.00) + 1.44(0.027\,3)$$
$$= 1.17$$

它略高于 Whole Foods 在 2011 年 5 月等于 1.11 的实际市销率;相对于市场对其他股票的定价,Whole Foods 股票显得被低估了。

接着,我们再估算可口可乐公司的"EV-销售额"比率。再度引用在前面估算内在价值时所用数据(可口可乐公司的预期增长率=9.60%,"债务-资本"比率=7.23%,税率=40%,而税前利润率=24.06%),可以得出

$$EV/S = 0.74 + 10.19 \text{预期增长率}_{\text{销售额}} - 1.03DC - 2.25 \text{税率} + 8.06 \text{经营利润率}$$
$$EV/S = 0.74 + 10.19(0.096) - 1.03(0.072\,3) - 2.25(0.40) + 8.06(0.240\,6) = 2.68$$

相对于整个市场,鉴于可口可乐公司的当期"EV-销售额"比率为 4.53,市场看来对它的估价过高。

未来的销售额乘数

第 18 章考察了如何将股权市值用作未来某一年的盈利乘数,我们同样能够根据未来的(例如 5 年之后)销售额估算销售额乘数,这种做法有几个好处:

- 对于近期尚无销售额但是预计将会迅速增长的公司来说,未来的销售额,例如 5 年之后,可能会比目前的销售额更好地体现公司的真实潜机。
- 如果增长放缓而公司风险状态趋于稳定,那就更容易估算销售额乘数。相对于目前而言,这种情形或许更有可能出现在 5 年之后。

若用 5 年后的销售额估算企业价值,我们应该使用哪些乘数呢?在此,存在着三种选择。第一种选择是,使用可比公司在目前的"企业价值-销售额"乘数均值,估算 5 年后的企业价值,然后将它贴现到今天。不妨考虑特斯拉(Tesla)这样的公司,其目前销售额只有 1.17 亿美元,但是预计在 10 年后将增长到 48.77 亿美元。* 如果各成熟汽车制造商的平均"EV-销售额"乘数为 0.82,则可估算特斯拉的价值如下:

---

* 原文误为"$4,877billion"。——译者注

特斯拉在 10 年后的销售额 ＝ 48.77 亿美元

特斯拉在 10 年后的价值 ＝ 48.77×0.82 ＝ 39.99 亿美元

接着，用特斯拉的资本成本将其贴现到今天，得到该公司的当期价值。

特斯拉的当期价值 ＝ 39.99/2.594 5 ＝ 15.41 亿美元

在进行上述估算时，我们没有考虑未来 10 年间的现金流。若给上述当期价值加上目前的现金余额（1.96 亿美元），减去未偿债务（1.06 亿美元），扣除管理者期权价值（1.52 亿美元），再除以股份数目（0.949 08 亿），就可得到每股价值为 15.59 美元：

每股价值 ＝ (15.41＋1.96－1.06－1.52)/0.949 08 ＝ 15.59 美元

第二种选择是，预测每家可比公司在 5 年后的期望销售额，再将各自数值除以这些销售额。这种"目前价值-未来销售额"乘数可用于估算目前的企业价值。为说明起见，假设其他汽车制造商的当期价值是 10 年后销售额的 0.4 倍，则可估算特斯拉的价值如下：

特斯拉在 10 年后的销售额＝48.77 亿美元

当期价值＝10 年后的销售额×（今天的价值/销售额$_{10\text{年后}}$）$_{\text{可比公司}}$

＝48.77(0.4)＝19.51 亿美元*

根据第三种选择，我们可以调整该公司与可比者之间在经营利润率、增长率和风险方面的差异。例如，特斯拉在 10 年后将具有 10% 的经营性利润率，而在后续各年则有3.5% 的预期增长率。

若将"EV-销售额"比率针对各汽车制造商在今天的预期增长率、经营利润率实施回归，再把特斯拉的相关数据代入这种回归式，就可得到该公司在 10 年后的"EV-销售额"比率预测值。我们可用这种预测值代替行业均值，用以估算公司未来的价值。

20.2 行业特定乘数

可以采用行业特定乘数对各公司的价值实施标准化。例如，根据每吨钢产量的市值，可对各钢铁公司的价值进行比较；而根据每千瓦小时（kW·h）的发电量，则可对各发电站进行价值比较。近年来，那些跟踪新兴科技公司的分析者们在乘数创造方面尤具匠心，以便估算大众传媒公司每一位成员的价值。这些乘数涉及网络服务公司每位订户的价值，乃至互联网门户公司每位网络访客的价值。

20.2.1 分析者为何使用行业特定乘数

近年来，各种行业特定乘数的使用量正在不断增加，由此引发了有关它们能否恰当地估算相对价值的争议。分析者们使用行业特定乘数的主要理由是：

- 它们可以将公司的价值与其经营内容和成果相联系。那些率先运用这些预测值

---

* 原文此处误为"$19.51 million"。——译者注

的分析者认为,例如订户数目或大众传媒网站成员之类的指标可以提供更加直观的估算值。

- 通常无须求助于会计报表或尺度就可计算行业特定乘数。因此,即便是针对那些会计报表缺失、不可靠或者不可比的公司,我们同样可以估算这些乘数。例如,我们能够计算拉美各电力公司所售每千瓦小时的价值,而无须考虑这些国家在会计方面的差异。
- 虽然通常并未获得坦陈,对于行业特定乘数的使用有时是出于无奈,因为无法估算其他乘数。例如,在 20 世纪 90 年代,各互联网公司使用行业特定乘数的缘由在于它们的盈利大多为负数,而且没有多少账面价值或者销售额可言。

20.2.2　局限性

分析者有时会改用行业特定乘数。这种做法虽有一定的合理性,但却存在着两个重大问题:

1. 它们会极大地限制那些只关注行业的分析者的视阈,造成对于整个行业的定价过高。对于一家目前股价为 50 美元的服务公司来说,平均每位订户带来的价值看起来要低于股价在 125 美元时的后续订户,但是完全可能出现的情形是,对于这两种订户都估价过高或者过低。

2. 正如本节后文所述,行业特定乘数与各基本因素之间的关系可谓错综复杂。如果采用这些乘数对不同公司进行比较,我们不易调整它们之间的差异。

20.2.3　行业特定乘数的定义

行业特定乘数的实质在于,衡量它们的方式因行业而异。但是,它们还具有某些共同特征:

- 分子通常是企业价值,即扣除现金和有价证券之后的债务和股权市值。
- 分母通常是根据能够为公司产生销售额和利润的经营单位而定义。

对于诸如石油和采金公司之类产品公司来说,其销售额出自于产品售出单位。将公司价值除以产品储存价值,就可对前者实施标准化,即

$$单位产量价值 = \frac{股权市值 + 债务市值 - 现金}{产品储量}$$

对于石油公司来说,可以根据每桶油的企业价值进行比较;对于各采金公司的比较,则可根据每盎司黄金储量的企业价值作出。

对于提供(根据质量和单位而言的)同质产品的各制造业公司,将其价值除以它的产量或产能,就可对市值实施标准化:

$$单位产品价值 = \frac{股权市值 + 债务市值 - 现金}{产量(或产能)}$$

例如，根据它们所生产的每吨钢铁或者产能，就可对各钢铁公司进行比较。

对于那些依靠订户的公司，诸如有线电视公司、网络服务公司和信息服务公司，其销售额出自于订购其基本服务的人数。因此，可根据订户数目表示公司的价值：

$$每位订购者的价值 = \frac{股权市值 + 债务市值 - 现金}{订购者数目}$$

在上述情形中，我们可以列出使用行业特定乘数的某种理由，因为各种单位（无论是原油的桶数，电力的千瓦小时还是订户数目）产生的都是销售额。然而，如果价值计算单位不同，行业特定乘数将会引起颇多麻烦。不妨考虑下面两个例子。

对于 Amazon.com 之类针对网上客户实施销售的零售商而言，可以使用常规客户数目表示公司的价值：

$$每位客户的价值 = \frac{股权市值 + 债务市值 - 现金}{客户数目}$$

问题在于，由于在各位客户上所花费的时间差别很大，如果根据这种标准进行衡量，我们无法判断那些看似便宜的公司股票是否确实被估价过低。

就那些从广告销售上获得销售额的互联网门户公司而言，它们以网站流量为基础，可以根据网站访客数目表示销售额：

$$每位订购者的价值 = \frac{股权市值 + 债务市值 - 现金}{订购者数目}$$

在此，访客和广告销售额之间的关系同样也是不甚清晰。在 2010 年，诸如 Facebook 和 Twitter 等大众传媒公司博得了市场的关注，部分是因为它们拥有庞大的会员群体。就这些公司来说，或许可将企业价值分摊在其会员数目上，但是这一数目与盈利状况之间的关系同样显得相当地牵强，因而需要获得进一步的检验。

20.2.4 决定价值的因素

决定这些行业特定乘数价值的因素是什么呢？毋庸惊讶，与其他乘数的决定因素一样，它们依旧是现金流、增长率和风险，虽然其中的关系或许比较复杂。观察一下根据这些行业特定变量所表示的贴现现金流模型，就能确定这些乘数的决定因素。

考虑一家目前拥有 NX 位订户的互联网服务公司，假设预计平均每位订户将与公司交易 n 年；再假设公司在期内每一年将从每位订户处获得 CFX 的净现金流（平均每位客户的销售额减去服务成本），[①] 由此可将现有每位客户的价值表示为

$$每位客户的价值 = VX = \sum_{t=1}^{t=n} \frac{CFX}{(1+r)^t}$$

计算每位客户价值时，如果客户签订了可以涵盖未来 n 年的订购合同，所用贴现率可以近似等于无风险利率；如果这一估算值只是凭借以往经验而得出，则可采用资本成本作

---

① 为求简便，此处假设每年的现金流相等。可以进一步扩展，考虑现金流逐渐增长的情形。

为贴现率。

如果预计公司在未来能够继续获得新的订户,在时期 t 每增加一位新订户的(广告和促销)成本为 C_t,假设在时期 t 添加的新订户(ΔNX_t)将产生每位订户等于 VX_t 的价值,可将公司价值表示为

$$公司的价值 = NX \cdot VX + \sum_{t=1}^{t=\infty} \frac{\Delta NX(VX_t - C_t)}{(1+k_C)^t}$$

请注意,上式中的第一项表示现有订户产生的价值,第二项表示预期增长率的价值。只有在增加一位订户的成本(C_t)小于他所带来的净现金流现值时,增加订户方能产生价值。

若将上式两边同除以现有订户数目(NX),可以得到下列结果:

$$现有每位订户的价值 = \frac{公司价值}{NX} = VX + \frac{\sum_{t=1}^{t=\infty} \dfrac{\Delta NX(VX_t - C_t)}{(1+k_C)^t}}{NX}$$

通常的情形是,每位订户所创造的公司价值不仅取决于出自于现有订户的期望价值,而且取决于未来的预期订户基数增长所创造的价值。处在竞争性市场上,增加一位新订户的成本(C_t)将逐渐等于他所带来的价值,上式的第二项就会消失,而每位订户价值正好就等于现有每位订户所产生的现金流现值。

$$现有每位订户的价值_{C=VX} = VX$$

我们可以推广这种分析,从而将网上零售商的价值与其客户数目相联系,但是估算出自每位客户的价值要困难许多。原因在于,与那些支付固定费用的订户不同,预测零售商客户购买习惯的难度很大。

通过上述两种情形,可以看出在比较各公司乘数时所面临的问题。暗含地,我们必须假设市场具有竞争性,从而得出每位订户的公司价值最低者就是被低估最严重者;或者,针对与分析相关的所有公司,必须假设出自现有客户增长的价值具有相同的比重,以便得出相同的结论。

针对大众传媒公司,可以将其价值与成员数目相联系,但要求我们首先能够确定销售额同成员数目之间的关系。例如,可以直接将 Facebook 公司的广告销售额与成员数目挂钩,进而以每位成员为基数表示该公司的价值。为了增加成员数目,大众传媒公司或许需要投入各种资源,而最终决定公司价值的是出自每位成员的净价值。

案例 20.15　估算每位订户的价值:互联网门户公司

假设我们打算评估 Golive Online(GOL)公司,一家目前拥有 100 万订户的互联网服务公司。预计每位订户将持续三年,可以产生 100 美元的税后净现金流(订购销售额减去提供订购服务的成本)。GOL 公司的资本成本为 15%。为此,可以估算现有每位订户所增价值如下:

$$每位订户的价值 = \sum_{t=1}^{t=3} \frac{100}{(1.15)^t} = 228.32 美元$$

现有订购基数价值 ＝ 228.32 百万美元

再者，假设 GOL 公司预期在未来十年间每年可增加 100 000 位订户，每位订户所添加的价值将从目前水平（228.21 美元）根据 3% 的年通胀率而增长。增加一位新订户的成本目前等于 100 美元，假设它也将根据通胀率而增长。

年份	每位订户的 增加值/美元	获得订户 的成本/美元	增加的订户数目	根据 15% 折算 的现值/美元
1	235.17	103.00	100 000	11 493 234
2	242.23	106.09	100 000	10 293 940
3	249.49	109.27	100 000	9 219 789
4	256.98	112.55	100 000	8 257 724
5	264.69	115.93	100 000	7 396 049
6	272.63	119.41	100 000	6 624 287
7	280.81	122.99	100 000	5 933 057
8	289.23	126.68	100 000	5 313 956
9	297.91	130.48	100 000	4 759 456
10	306.85	134.39	100 000	4 262 817
				73 554 309

新订户们的累计价值为 73.35 百万美元。公司总值等于源自现有客户的价值与新客户所增价值之和：

$$公司价值 ＝ 现有订户基数价值 ＋ 新订户所增价值$$
$$＝ 228.32 ＋ 73.55 ＝ 301.87 百万美元$$
$$现有每位订户价值 ＝ 公司价值 / 订户数目$$
$$＝ 301.87/1 ＝ 301.87 美元$$

需要注意的是，上述每位订户价值的一部分需归因于未来的增长。随着获得一位订户的成本逐渐收敛于每位订户所增价值，每位订户的价值将收敛于 228.32 美元。

20.2.5   使用行业特定乘数进行分析

为了运用行业特定乘数分析各公司，针对前一小节所确定的具有影响力的各种基本因素，我们必须调整它们在各公司之间的差异。

例如，若要计算每位订户价值，那就必须调整各公司在出自每位订户的价值上的差异，尤其重要的是：

- 公司若能以相同的订购价格提供更有效（成本更低）的服务，其股票以交易的每位订户价值就应该高出可比公司。公司如果具有很大的规模经济效应，这一点也同样适用。在案例 20.13 中，如果每位订户可在每年给公司带来 120 美元而非 100 美元的净现金流，每位订户价值就会提高。

- 公司若能以更低的成本增加新订户（通过广告和促销），其股票就应根据高于可比公司的每位订户价值获得交易。

- 如果公司的订户基数预期增长率更高(根据比率衡量),其股票就应根据高于可比公司的每位订户价值获得交易。

针对每位客户,也可作出类似的判断。

案例 20.16　价值连带效应:每位会员的价值和大众传媒公司

在 2011 年 5 月,Linedin 公司成为第一家上市的主要大众传媒公司,市场反响热烈。它的股价在上市当天就翻了一倍,对公司的估价约为 100 亿美元,即便其销售额只有 2.43 亿美元。几乎同时,微软公司以 85 亿美元收购了 Skype 公司,虽然后者在前一年报告了 700 万美元的经营性亏损。Facebook 和 Twitter 两家公司虽未上市,但在私募股权市场上也获得了极高的估价。

论证这种高估价的根据之一是作为这些公司资源的会员/用户数目。下表列出了这四家公司的市场(估算)价值、每位用户/会员的价值,以及更加常规的"EV-销售额"乘数:

公　司	会员/用户 /百万	企业价值 /百万美元	EV/会员 (用户)/美元	2010 年销售额 /百万美元	EV/销售额
Facebook	500	500 000*	100.00	710.00	70.42
Twitter	175	6 000*	34.29	1.30	4 615.38
Skype	170	8 500	50.00	860.00	9.88
Linedin	75	10 000	133.33	243.00	41.15

* 根据所报告的交易进行估算。

请注意,Skype 和 Linedin 两家公司的价值数据来自市场交易,而 Facebook 和微软的估算价值则以私募交易为基础。根据"EV-销售额"乘数,所有这四家公司看来都被严重地高估了;其中,Twitter 的股价在 2010 年达到了销售额的 4 615 倍。然而,从"价值/会员"角度考察,Twitter 股票看来比较便宜,而微软公司收购 Skype 公司之举也显得相当合算。

然而,需要注意的是,在进行比较时,我们假设所有这四家公司的销售模式相似,而且能够产生大致相同的每位会员(用户)价值。作为专业性的公司导向型网站,Linedin 可以产生更高的每位会员价值;而 Twitter 的商业化则比较困难,截至今日,这种前景尚且难以确定。

20.3　总结

市销率乘数和"价值-销售额"乘数被普遍地运用于对高科技公司的估价,以及对于各公司的价值比较。有关基本因素的分析凸显了利润率对于这些乘数的决定性作用,以及各种标准化变量(股息支付率、股权成本和净收入的预期增长率对于市销率,再投资率、资本成本和财产收入对于"企业价值-销售额"乘数)的重要性。若要比较各公司的销售额乘数,必须考虑到它们的利润率差异。考察各种不相匹配问题的思路是,"低利润率-高销售额乘数"搭配表明公司被估价过高,而"高利润率-低销售额乘数"搭配则表明了相反的情形。调整基本因素差异的方法之一是截面回归法,即,把销售额乘数针对行业或市场的各种基本因素进行回归。

行业特定乘数在企业价值与行业特定变量之间建立了某种联系,但在使用时必须谨慎小心。如果针对各公司的经营和增长潜力的假设条件比较严格,通常就难以比较它们的这些乘数。

20.4 问题和简答题

在下列问题中,若无特别说明,假设股权风险溢价为5.5%。

1. Longs Drugs Stores 是美国一家大型连锁药店,主要在加利福尼亚州北部经营。在1993年,其平均每股销售额为122美元;据此,它报告的每股盈利为2.45美元,并支付了每股1.12美元的股息。预计公司的长期增长率为6%,β值为0.90,目前的长期国债利率为7%,市场风险溢价则是5.5%。

a. 估算 Longs Drug 的恰当市销率。

b. 公司目前股价为34美元。假设对于增长率的估算无误,需要多高的利润率才能印证这种股价?

2. 我们打算考察各主要零售商在市销率方面的极大差异,并且试图确定造成这种差异的原因:

公　　司	股价 /美元	每股销售额 /美元	每月盈利 /美元	预期增长率 /%	β值	股息支付率 /%
Bombay Co.	38	9.70	0.68	29.00	1.45	0
Bradlees	15	168.60	1.75	12.00	1.15	34
Caldor	32	147.45	2.70	12.50	1.55	0
Consolidated	21	23.00	0.95	26.50	1.35	0
Dayton Hudson	73	272.90	4.65	12.50	1.30	38
Federated	22	58.90	1.40	10.00	1.45	0
Kmart	23	101.45	1.75	11.50	1.30	59
Nordstrom	36	43.85	1.60	11.50	1.45	20
Penney	54	81.05	3.50	10.50	1.10	41
Sears	57	150.00	4.55	11.00	1.35	36
Tiffany	32	35.65	1.50	10.50	1.50	19
Wal-Mart	30	29.35	1.05	18.50	1.30	11
Woolworth	23	74.15	1.35	13.00	1.25	65

a. Bombay Company 和沃尔玛两家公司的市值超过了销售额。为何?

b. 哪个变量与市销率的相关性最大?

c. 在这些公司中,哪一家最有可能被高估或者低估?作出这种判断的根据是什么?

3. Walgreen 是美国的一家大型药店连锁经营商。在1993年,它报告的销售额为

8 298 百万美元,净收入为 221 百万美元。它把盈利的 31% 作为股息付出,并且预计在 1994—1998 年间保持这一支付率不变。在此期间,预计盈利增长率为 13.5%。在 1998 年之后,预计盈利增长率将下跌到 6%,股息支付率将提高到 60%。公司 β 值为 1.15,预计不会有变。长期国债利率为 7%,风险溢价为 5.5%。

a. 假设 Walgreen 的利润率将保持在 1993 年的水平,估算它的市销率。

b. 在这一市销率中,有多大成分可归因于它的超常增长率?

4. Tambrands 是一家主要的医用棉条制造商。在 1992 年,它报告的销售额为 6.84 亿美元,而净收入为 1.12 亿美元。预计它在未来五年的盈利增长率是 11%,然后则是 6%。该公司在 1992 年将 45% 的盈利作为股息付出;在稳定增长期内,预计股息支付率将增加到 60%。公司股票的 β 值为 1.00。

在 1993 年间,由于客户对其品牌忠诚度的减弱和来自其他普通产品的竞争,公司的净收入下降到 1 亿美元,销售额则下降到 7 亿美元。市销率相当于 1992 年的水平。(1992 年和 1993 年的长期国债利率为 7%,风险溢价为 5.5%。)

a. 根据它在 1992 年的利润率和预期增长率,估算市销率。

b. 根据它在 1993 年的利润率和预期增长率,估算市销率。(假设超常增长期为 5 年,但是增长率会受到利润率下降的影响。)

5. 在 1994 年,Gillette Inc. 公司曾经面临一项重大的公司战略决策:是继续高利润率战略,还是转向低利润率战略?后者旨在面临普通产品竞争时仍可增加销售额。下面考虑了这两项战略:

现行的高利润率战略

• 在 1994—2003 年间,利润率将维持在 1993 年的水平不变。(在 1993 年,净收入为 5.75 亿美元,销售额为 57.50 亿美元。)

• 市销率在 1993 年等于 3,预计它在 1994—2003 年间将下跌到 2.5。

低利润率战略

• 在 1993—2003 年间把净利润率减少到 8%。

• 在 1994—2003 年间,市销率将维持在 1993 年的水平不变。

1993 年末,每股账面价值为 9.75 美元;股息支付率在 1993 年为 33%,无论公司采用何种战略,预计它在 1994—2003 年间都保持不变;β 值在 1993 年等于 1.30,在上述期间内同样保持不变。(长期国债利率为 7%,风险溢价为 5.5%。)

无论采取哪种战略,在 2003 年之后,预计盈利增长率将下降到 6%,股息支付率等于 60%,而 β 值则下降到 1.0。

a. 估算采用现行战略所得到的市销率。

b. 估算采用低利润率战略所得到的市销率。

c. 我们应该推崇哪种战略,为何?

d. 如果采用现行战略,销售额应下降多少才能使市销率等于低利润率战略的市销率相同?

6. 我们把各公司在 1993 年的市销售针对决定 NYSE 股票的基本因素实施了回归,得到下式:

PS = 0.42 + 0.33 股息支付率 + 0.73 增长率 − 0.43β + 7.91 利润率

例如,假设某公司的股息支付率为 35%,增长率为 15%,β 值为 1.25,而利润率为 10%,它的市销率就等于

PS = 0.42 + 0.33 × 0.33 + 0.73 × 0.15 − 0.43 × 1.25 + 7.91 × 0.10 = 0.898 5

a. 就各个自变量与因变量的关系而言,这一回归式的各个系数含义为何? 关于这一回归式,需要考虑哪些统计问题?

b. 估算前面问题 2 描述的所有连锁零售商的市销率。为何答案有别于仅仅针对零售商实施回归所得到的结果? 哪个结果更可靠,为何?

7. Ulysses Inc. 是一家零售商。它在上一财务年度所报税后经营性收入为 15 亿美元,销售额为 150 亿美元。公司资本周转率为 1.5,资本成本为 10%。

a. 如果经营性收入的期望年增长率永久性地等于 5%,估算公司的市销率。

b. 如果经营性收入在未来五年的年增长率为 10%,然后则是永久性的 5%。上述答案有何变化?

8. 我们将各化妆品公司的"价值-销售额"比率针对经营利润率进行了回归:

"价值 − 销售额"比率 = 0.45 + 8.5(税后经营利润率)

现在需要估算雅诗兰黛(Estée Lauder)公司的品牌价值。它的息税后盈利为 8 000 万美元,销售额为 5 亿美元。相形之下,生产普通化妆品的 GenCosmetics 公司的税后经营利润率为 5%。估算雅诗兰黛的品牌价值。

9. 我们需要估算世界最著名的钢琴制造商之一斯坦威(Steinway)的品牌价值。据它报告,最近年间的经营性收入为 3 000 万美元,销售额为 1 亿美元,税率为 40%。公司的资本账面价值为 9 000 万美元,而资本成本为 10%。该公司现已处在稳定增长期,预计永久性年增长率为 5%。

a. 估算该公司的"价值/销售额"比率。

b. 假设普通品牌钢琴制造商的经营利润率是斯坦威的一半,并且具有与斯坦威相同的稳定增长率、资本周转率和资本成本。斯坦威的品牌价值是多少?

第21章

对金融服务公司的估价

出于两个原因,银行、保险公司和其他金融服务公司对于那些试图评估它们的分析者提出了特殊的挑战。一个原因是,它们的业务性质使得我们难以对"债务"和"再投资"作出定义,造成对于现金流的估算越发混乱;另一个原因是,它们通常受到政府的严格监管,我们必须考虑到相关监管规制对于公司价值产生的影响。

本章首先考虑导致金融服务公司具备特殊性的各种因素,以及处理这些差异的各种方法,然后探索如何才能最恰当地调整某种贴现现金流模型以便评估金融服务公司,考察三个选项——传统的股息贴现模型、股权现金流贴现模型及超额报酬模型。通过逐一采用这三个模型,我们分析金融服务领域的各种例子。接着,我们转而探讨如何针对金融服务公司运用相对估价模型,以及哪些乘数最适用于这些公司。

本章最后考察一系列问题,它们或许并非为金融服务公司所独有,但在这些公司中尤其突出。我们的考察范围包括监管规制变化对于风险和价值的影响,以及如何最恰当地考虑银行贷款组合的质量问题。

21.1 金融服务公司的分类

任何一家向个人或者其他公司提供金融产品和服务的公司都可视为金融服务公司。根据它们各自的生财之道,可以将金融服务公司分作四种类型。银行的盈利途径是对于放贷者所付利息与向借款者索取利息之间的差额,以及为存款者和放贷者所提供的其他服务。保险公司有两种收入来源,一种是那些购买索赔权(claims)者所支付的保费(premium),另一种是为了理赔所持有的资产组合的收益。投资银行为各种非金融服务公司筹集资金或者提供咨询和辅助性服务,实施收购或资产剥离之类交易。投资公司为客户提供投资咨询或管理投资组合等服务,它们的收入来源是咨询费、资产组合管理费和营销费。

随着金融服务行业的整合,越来越多的公司开始从事不止一种业务。例如,那些构成美国货币体系核心的各家银行就至少经营三种业务。然而,与此同时,还有大量的小银行、精品投资银行(boutique investment bank)和专业性保险公司。它们大多依然只有单一财源。

相对于美国而言,在各个新兴市场上,金融服务公司通常更加令人关注,因为它们持有更大部分的市场价值。若将这些公司混为一谈,很显然,那就没有一种通用的评估模式。因此,构筑模型时,我们必须保持一定的灵活性,以便兼顾到所有类型的金融服务公司。

21.2 金融服务公司有何独特性?

金融服务公司与非金融服务公司具有很多共同点。它们都必须在利润和风险之间进行取舍,关注竞争状况以及追求快速增长。若为上市公司,就像其他公司那样,我们需要根据它为股东所创造的总体报酬予以估价。然而,本节将重点考虑那些使得金融服务公司有别于其他公司的各种特质及其对于估价的含义。

21.2.1 债务:原材料还是资本来源?

在讨论非金融服务公司时,我们时常会谈及债务和股权。公司从股权投资者、债券持有者以及银行处筹得资金,再将它们用于投资。在对公司进行估价时,我们将估算它所拥有的资产价值,而不只是股权价值。

对于金融服务公司而言,债务的含义有所不同。它们通常不是把债务看作资本来源,而是视为原材料。换言之,就像钢铁对于汽车制造商那样,对于银行来说,债务只是属于某种材料,需要加工成其他金融产品,再以更高的价格售出而产生利润。因此,金融服务公司对于资本的定义更加狭隘,仅仅只包括股权资本。再者,政府监管当局对于这种资本的定义已变得更加严格。在对金融公司资本实施监管时,它们只关注股权和相似的融资产品。

在债务的定义方面,金融服务公司也要比非金融服务公司更加模糊。例如,是否应该把客户的银行活期账户存款作为债务对待?尤其是那些生息存款,它们与银行所发行的债务之间其实并无多大差别。若是把它们归入债务,在衡量银行经营性收入时就应该包括支付给储户的利息部分;但是,这种做法又会造成其他问题,因为利息支出通常属于银行的最大一笔支出。

21.2.2 监管规则的实施

在全球范围内,金融服务公司都受到了政府的严格监管,虽然程度因国别不同而相异。大致而论,监管具有三种形式。第一,银行和保险公司必须保持一定的资本比率,以此确保其业务不会膨胀到力所不及的程度而使股东或储户面临风险。第二,在投资基金的使用方面,金融服务公司通常也受到限制。例如,在"大萧条"之后数十年间,美国的《格拉斯—斯蒂格尔(Glass-Steagall)法》就禁止商业银行从事投资银行业务或者在制造业公司中持有主动型股份头寸。第三,监管当局还对新公司的进入和业内现有公司的兼并都作出了相关的限制性规定。

上述各点为何非常重要呢?从估价角度而言,由于有关增长率的假设与再投资率假设相互关联,针对金融服务公司,我们必须仔细甄别这些假设,确保它们符合政府的监管要求。此外,它们还会影响金融服务公司衡量风险的方法。如果监管规则有所变化或者预期将会有所变化,就会加剧未来的不确定性,进而影响这些公司的价值。

21.2.3 金融服务公司的再投资

如前所述,金融服务公司大多在资金的用途和金额方面都受到了限制。就像本书其他章节那样,如果将再投资视为未来增长的必要条件,那就需要考虑与衡量金融服务公司再投资相关的一些问题。需要指出的是,第 10 章论述了再投资所包含的两个因素,即净资本支出和流动资本。然而,不尽如人意的是,在衡量金融服务公司的这样两个因素时,我们都会遇到一些问题。

首先考虑净资本支出。不同于对厂房、设备和其他固定资产进行投资的制造业公司,金融服务公司是对品牌、人力资本等无形资产作出投资。因此,它们在会计报表中通常会把为了未来增长所作出的投资列为“经营性支出”。不足为奇的是,银行的现金流报表不会显示出太多的资本性支出,因此折旧额也很小。就流动资本而言,我们同样会遇到麻烦。如果将“流动资本”定义为流动资产和流动负债之间的差额,银行资产负债表的很大部分内容将会落入这些类目。这个数字的变化可能会相当剧烈,但是实际上与为了未来增长的再投资没有关联。

由于这种衡量再投资的困难,在评估这些公司时将会出现两个操作方面的问题。第一,如果不估算再投资,那就无法估算现金流。换言之,如果无法确定净资本支出和流动资本的变化,我们就无法估算现金流。第二,如果无法衡量再投资率,那就更加难以估算预期未来增长率。

21.3 估价的一般框架

面对债务在金融服务公司的独特作用、公司面临的业务监管规则,再加上确定再投资的困难,我们应该如何评估这些公司呢?在本节,我们将提出一些有助于处理这些问题的某些宽泛规则。第一,一种比较合理的做法是,直接估算金融服务公司的股权价值而不是整个公司的价值。第二,我们需要某种无须估算必要再投资的现金流尺度,或者对再投资进行重新定义,使它更加切合金融服务公司的情形。

21.3.1 股权与公司的对照

在前面章节中,我们已经指出了评估公司与评估公司股权之间的区别。评估公司的方法是，根据加权平均资本成本对偿债前的预期现金流进行贴现；评估股权的方法则是，根据股权成本对股权现金流进行贴现。

正如前面有关金融服务公司所言，如果难以确定债务及其偿付额，那就难以估算偿债前的现金流或者加权平均资本成本。但是，如果采用股权成本对股权现金流进行贴现，我们却能够直接评估股权的价值。因此，就金融服务公司而言，我们建议采用后一种方法。再者，还可以将这种想法推广到某些乘数。与"企业价值-EBITDA"等价值乘数相比，市盈率或者市账率之类的股权乘数更加适用于金融服务公司。

21.3.2 现金流的估算

为了评估公司的股权，我们通常需要估算股权自由现金流。在第 10 章，已经给出了有关股权自由现金流的下列定义：

$$股权自由现金流 ＝净收入 － 净资本支出 － 非现金流动资本变化量 －$$
$$（债务偿付 － 新发行债务）$$

如果无法估算净资本支出或者非现金流动资本，显然也就难以估算股权自由现金流。考虑到这正是金融服务公司所面临的情形，我们有两种选择。第一，把股息用作股权现金流，并且假设公司最终会把所有的自由现金流作为股息支付。因为我们可以观察到股息，故而无须再受制于确定公司再投资的问题；第二，调整股权自由现金流尺度，以便兼容金融服务公司所特有的再投资。例如，鉴于银行的经营必须满足有关资本比率的监管要求，可以想象，这些公司必须采用受到政府监管的资本进行再投资，以便确保在未来的增长。

21.4 贴现现金流估价法

根据贴现现金流模型，我们把资产的价值看作是它所产生的预期现金流现值。在本节，首先考虑如何使用股息贴现模型对银行和其他金融服务公司进行估价，然后分析股权现金流模型，最后则考察超额报酬模型。

21.4.1 股息贴现模型

第 13 章考虑了如何根据股息贴现模型对公司股权进行估价。我们认为，只有上市公司股东们获得的现金流才能成为股息。因此，我们把股权作为期望股息的现值进行了估价。我们还考察了从稳定增长期到高增长期的各种股息贴现模型，并且分析了如何最恰当地估算所需要的各种数据。鉴于那一章的许多内容同样适用于此，本小节重点考察金融服务公司的一些独特问题。

基本模型

根据基本的股息贴现模型，股票的价值就是它的期望股息现值。假设上市公司的股权具有无限寿命，可以得到

$$每份股权的价值 = \sum_{t=1}^{t=\infty} \frac{DPS_t}{(1+k_e)^t}$$

其中, DPS_t＝时期 t 的期望每股股息

k_e＝股权成本

针对期望股息增长率永远保持不变这种特殊情形,该模型就简化为戈登增长模型:

$$稳定增长的每份股权价值 = \frac{DPS_1}{(k_e - g)}$$

其中, g 是永久性预期增长率。

就更加常见的情形而言,也就是预计股息在某个时期的增长率无法延续或者不会一成不变(即,所谓"超常增长时期"),仍然可以假设增长率从未来某一时点开始将永远保持不变。由此,我们就能采用股息贴现模型,将股票价值作为超常增长期的股息现值与终端价格的现值之和进行估算,而对终端价值现值本身的估算则采用戈登增长模型:

$$超常增长期的股权价值 = \sum_{t=1}^{t=n} \frac{DPS_t}{(1+k_{e,hg})^t} + \frac{DPS_{n+1}}{(k_{e,st} - g_n)(1+k_{e,hg})^n}$$

预计超常增长将延续 n 年, g_n 是第 n 年之后的预期增长率, k_e 则是股权成本(hg:高增长期;st:稳定增长期)。

模型的数据

关于这些模型所需要的数据,这一部分内容专注于一些与金融服务公司相关的估算问题。一般而言,如果使用股息贴现模型对某只股票进行估价,我们需要估算股权成本、期望股息支付率以及每股盈利的长期预期增长率。

股权成本 为了与本书已经使用的公司股权估算方式保持一致,金融服务公司的股权成本必须体现边际投资者无法分散的那部分股权风险部分。为了估算这种风险,我们需要用到(根据资本资产定价模型) β 系数或(根据多重因素模型或套利定价模型)多个 β 系数。

在前面讨论 β 系数时,我们曾建议尽量不要采用回归法,因为其估算值包含了噪音(标准误差),而公司状况在回归期内可能会发生变化。这些观点与金融服务公司有何关系吗?如果监管规则在分析期内保持不变并且预计在未来也不会有变,金融业或可属于多少能够合理地采用回归性 β 系数的少数几个行业之一。如果规则或者监管条件有所变化,那么避免使用回归性 β 系数的说法就依然有效。

另外一个特殊问题是,在估算非金融服务公司的 β 系数时,我们强调了非杠杆性 β 系数的重要性(无论它们属于以往数值还是行业均值),然后使用公司当期债务/股权比率对其重新实施杠杆化。针对金融服务公司,我们可以省略这一步骤。原因在于,第一,各金融服务公司的资本结构大多非常相似,而且都是杠杆系数很高者;第二,如同前述,我们不易衡量金融服务公司的债务。从实际操作角度而言,我们需要将可比公司的平均非杠杆性 β 系数用作分析对象的业务性 β 系数。

股息支付率 我们可以将未来某个时期的预期每股股息表示成同期的期望每股盈利

与期望股息支付率的乘积。根据期望盈利推算股息的做法有两个好处。第一，使得我们能够专注于盈利的预期增长率，它与各基本因素之间的关系要比股息更加紧密；第二，股息支付率可以随着时间的推移而变化，从而能够体现公司增长和各种投资机会。

就像其他公司一样，计算银行股息支付率的方法也是将股息除以盈利。这就使得金融服务公司所付股息通常会超出大多数公司。因此，银行、保险公司、投资银行和投资公司的股息支付率和股息收益率都要大大高于其他公司的相应指标。

金融服务公司所付股息为何能够高于其他公司呢？一个显然的答案是，它们从事的业务要比其他行业更为成熟，诸如高科技行业。不过这还不是问题的全部。即使我们针对预期增长率方面的差异作出了调整，出于两个原因，金融服务公司所付股息也还是大大高出其他公司。第一个原因是，银行和保险公司所需要的净资本支出要低于其他公司，至少从会计定义角度来看是这样。这就意味着，相对于制造业公司而言，在金融服务公司的净收入中，可以作为股息支付的部分要大得多。第二个原因则与历史有关。银行和保险公司已经形成了属于可靠的高股息支付者的商誉。随着时间的推移，它们已经吸引了大量偏好于股息的投资者。这就使得它们不易更改股息政策。

近年来，为了与其他行业出现的潮流保持一致，金融服务公司同样加大了股票回购量，以便把现金归返股东。就这点而言，如果只是考虑所支付的股息，就会错误判断针对股东的现金归返情形。在此，一种明确的解决方法是，将各年的股票回购额添加到所付股息上，然后再计算这种综合的支付率。如果采用这种方法，由于股票的回购量起伏很大，我们就需考察多个年份的数字。例如，在一年的数十亿回购之后，可能在三年内只有少量的乃至根本就不会再有回购。

预期增长率　如果说股息的源泉在于盈利，决定价值预期增长率的就应该是盈利的预期增长率。针对金融服务公司，一如其他公司，我们可用下列三种方式估算盈利增长率。

1. 以往的盈利增长率。许多银行和保险公司都具有相当长的历史，通常能够估算出它们在过去的增长率。再者，金融服务公司的以往盈利增长率和预期未来增长率之间的相关性也曾经大大高于其他公司。

这就意味着，这些公司以往的盈利增长率极其有助于预测未来的盈利。然而，假如监管环境发生变化，在利用以往增长率预测未来时就需更加慎重。

2. 分析者对于盈利增长的估算值。分析者都在估算许多上市公司的盈利预期增长率，虽然变化范围甚大。鉴于许多大银行和保险公司都受到了普遍关注，我们可以获得关于它们未来增长的估算值。但是，正如第11章所指出的，在预测未来增长方面，有关分析者的长期预测是否要比以往的盈利增长率更加可靠的问题依然悬而未决。

3. 基本因素的增长。第11章已经提出，可以将每股盈利增长率看作是盈利留存率和股权报酬率（ROE）的函数：

$$预期增长率_{EPS} = 盈利留存率 \times ROE$$

我们可用该式估算那些股权报酬率比较稳定公司的预期增长率。在考察股息支付率时，如果除了股息还需要兼顾股票回购，我们同样需要对盈利留存率作出相应的定义。

如果预计股权报酬率会逐渐变化，可将每股盈利的预期增长率表示为

$$预期增长率_{EPS} = 盈利留存率 \times ROE_{t+1} + (ROE_{t+1} - ROE_t)/ROE_t$$

根据上述两个公式，预期增长率取决于衡量再投资数量的盈利留存率以及衡量其质量的股权报酬率。那么，这些基本因素增长模型对于金融服务公司的功效如何呢？好得令人惊讶！银行的盈利留存率衡量了重新投入公司的股权，而后者，给定监管重点在于资本比率，在很大程度上可以决定这些公司在未来的扩充程度。股权报酬率同样是衡量投资质量的一个重要尺度，因为金融资产更为可能采用"盯市定价法"。

稳定增长率　为了运用股息贴现模型，必须假设所评估的金融服务公司在未来某个时刻将步入稳定增长期，所谓"稳定增长率"就是不低于或者等于经济增长率（或，无风险利率）的公司增长率。在某些情形中，尤其是对于那些处在更加成熟行业的较大公司而言，目前的预期增长率可能就已经构成了稳定增长率。

为了判断金融服务公司将在何时成为稳定增长公司，我们需要考虑三个因素。第一个因素是公司相对于其目标市场而言的规模。金融服务公司越大，就越是难以维持长期的高增长，如果处在成熟市场则更是如此。第二个因素是竞争的性质。若竞争激烈，公司就会更快地进入稳定增长期；若竞争受到限制，高增长和超额报酬就可以维系更长的时间。最后，金融服务公司受到监管的方式也会影响它步入稳定增长期的时间，因为监管的影响可以是有利的或者不利的。通过限制新的进入者，监管有助于金融服务公司保持长期的高增长；然而，监管规制同时又有可能禁止公司从事那些新型的或许盈利丰厚的业务，从而缩短了高增长期的长度。

正如前面章节所言，在稳定增长期内，需要改变的不只是增长率，我们还需要调整股息支付率，以便体现稳定增长率（g）。后者可根据股息支付率予以估算：

$$稳定增长期的股息支付率 = 1 - g/ROE_{稳定增长期}$$

此外，我们还需要调整公司的风险以便体现有关稳定增长的假设。尤其值得注意的是，如果采用 β 系数估算股权成本，它们在稳定增长期内应该收敛于 1。

案例 21.1　评估汇丰（HSBC）银行：关于稳定增长期的股息贴现模型

汇丰银行成立于香港，总部目前设在伦敦，属于全球最大的商业银行之一。在 2010 年，该公司所报每股盈利为 74.8 便士，所付股息为每股 36 便士，其股息支付率为 48.13%：

$$股息支付率 = 每股股息 / 每股盈利 = 36/74.8 = 48.13\%$$

假设该公司的 β 值等于 1.00，采用英镑计算其股权成本，无风险利率为 4%，股权风险溢价为 5.5%（由等于 5% 的成熟市场溢价和等于 0.5% 的国家风险溢价所构成，后者体现了汇丰在亚洲所控制的巨大业务量）。因此，可以估算得股权成本等于 9.5%：

$$股权成本 = 无风险利率 + \beta 值 = 4\% + 1(5.5\%) = 9.5\%$$

假设该公司已经处在稳定增长期，永久性增长率为 3.5%，这将得出每股价值为 621 便士：

$$每股价值 = \frac{下一年度期望股息}{股权成本 - 期望增长率} = \frac{36(1.035)}{0.095 - 0.035} = 621 \text{ 便士}$$

该公司在当时的股价为 635 便士,这表明市场对它的估价相当公允。另一方面,这同样也属于对汇丰每股价值的保守估计,因为我们假设的是 3.5% 的增长率和 48.13% 的股息支付率,这就意味着股权报酬率等于 7.27%(3.5%/48.13%)而低于股权成本(9.5%)。如果能够使得股权报酬率一直等于这种股权成本,汇丰就有能力支付高得多的股息,并且仍然能够保持预期增长率不变:

$$假设 ROE 等于 9.5\% 时的股息支付率 = (1 - 3.5\%)/9.5\% = 63.16\%$$

把这一支付率运用于 2010 年的盈利,就可得出更高的股息(等于每股 47.24 便士而不是 36 便士),以及每股 729 便士的价值:

$$每股价值 = \frac{74.8(0.631\,6)(1.035)}{0.095 - 0.035} = 729 \text{ 便士}$$

案例 21.2　高增长期的股息贴现模型:2001 年的印度国家银行(State Bank of India)

印度国家银行是印度最大的一家银行,创建于该国在 1971 年对所有银行实施国有化之后。在随后二十年间,它的经营具有垄断性而且完全为政府所掌控。在 20 世纪 90 年代,政府对它实施了部分私营化,但是仍然持有经营管理权。

在 1999 年,印度国家银行的盈利为 205 百万卢比,(在 1999 年初的)股权账面价值为 1 042 百万卢比,相应的股权报酬率等于 19.72%。根据每股盈利 38.98 卢比,该银行支付了每股 2.50 卢比的股息,故而股息支付率等于 6.41%。这种极高的盈利留存率表明,该银行为了未来的高增长作出了巨额投资。我们逐一分析它在三个阶段的价值,即持续高增长的初始阶段、增长率下降到稳定增长水平的转型阶段,以及稳定增长阶段。

高增长阶段

如果印度国家银行能够保持目前等于 19.72% 的股权报酬率以及等于 6.41% 的股息支付率,它的预期每股盈利增长率将等于 18.46%:

$$预期每股增长率 = ROE \times 留存率 = 19.72\%(1 - 0.064\,1) = 18.46\%$$

一个至关重要的问题是,该银行的这种增长率能够维持多久? 基于印度市场的巨大潜机,我们假设这一增长率可以维系四年。在此期间,考虑到印度经济具有很高风险这一事实,我们需要在估算股权成本时再加上国家风险溢价。运用在前面章节所构建的相应方法,根据印度在 2001 年获得的 BB+ 评级以及相对股市波动率,可以估算得出其国家风险溢价如下:

$$印度的国家风险溢价 = 国家违约息差 \times 相对股市波动率$$
$$= 3.00\% \times 2.143\,3 = 6.43\%$$

为了估算它在未来四年高增长期的股权成本,我们估算得出亚洲各商业银行的平均 β 值为 0.80,并且假设印度国家银行的 β 值与其相同。结合印度 12.00% 的无风险利率,可以估算得出它的股权成本等于 20.34%：

$$股权成本 = 无风险利率 + \beta 值（成熟市场溢价 + 国家风险溢价）$$
$$= 12.00\% + 0.80(4.00\% + 6.43\%) = 20.34\%$$

根据关于预期高增长率、股息支付率和股权成本的这些估算值，就可估算它在未来四年间的期望每股股息现值如下：

	1	2	3	4
预期增长率	18.46%	18.46%	18.46%	18.46%
每股盈利	Rs 46.17	Rs 54.70	Rs 64.79	Rs 76.75
股息支付率	6.41%	6.41%	6.41%	6.41%
每股盈利	Rs 2.96	Rs 3.51	Rs 4.16	Rs 4.92
股权成本	20.34%	20.34%	20.34%	20.34%
现值	Rs 2.46	Rs 2.42	Rs 2.38	Rs 2.35

转型阶段

预计印度国家银行在第 4 年后仍将继续增长，但是增长率有所下降。针对各个年份，我们把预期增长率从 18.46% 以线性增量方式减少到等于 10% 的稳定增长率，且根据名义卢比表示它们。鉴于增长率的下降（由于竞争加剧），我们考虑将股权报酬率减少到 18%，而股息支付率则有所提高，以此体现再投资需要的减弱。[①] 例如，根据那时等于 10% 的预期增长率，可以计算第 8 年的支付率如下：

$$股息支付率 = 1 - 预期增长率 / ROE = 1 - 0.10/0.18 = 0.4444 \text{ 或 } 44.44\%$$

再把国家风险溢价从 6.43% 下调到 3.00%。如此处理的含义是，我们预计，随着印度经济逐渐趋于成熟，印度国家银行的投资风险也会降低。下表概述了它在转型阶段的期望股息。

	5	6	7	8
预期增长率	16.34%	14.23%	12.11%	10.00%
每股盈利	Rs 89.29	Rs 102.00	Rs 114.35	Rs 125.79
股息支付率	15.92%	25.43%	34.94%	44.44%
每股盈利	Rs 14.22	Rs 25.94	Rs 39.95	Rs 55.91
股权成本	19.66%	18.97%	18.29%	17.60%
累计股权成本	250.98%	298.60%	353.20%	415.36%
现值	Rs 5.66	Rs 8.69	Rs 11.31	Rs 13.46

请注意，第 8 年的股权成本体现了印度国家风险溢价的降低：

$$第 8 年的股权成本 = 12.00\% + 0.80(4.00\% + 3.00\%) = 17.60\%$$

我们没有改变 β 值和等于 4% 的成熟市场风险溢价。为了计算转型期的期望股息现

---

① 股息支付率的调整采用线性增量的形式。目前的支付率为 6.41%，而稳定期支付率为 44.44%。将两者等于 38.09% 的差额平摊于四年之间，就可得出每年增加 9.51% 的股息支付率。

值,需要另行计算股权的复合式成本,并且用它对现金流进行贴现。[①]

稳定增长阶段

在稳定增长期间,假设印度国家银行的盈利和股息的永久性年增长率均为 10%,然后运用等于 17.60% 的稳定期股权成本予以贴现,如此可以产生下列作为永久性股息现值的最终股价:

最终股价 ＝ 期望每股盈利$_9$ × 支付率$_9$/（股权成本 － g）

$$= 125.79(1.10)(0.444\ 4)/(0.176 - 0.10) = 809.10\ 卢比$$

最终估价

加总高增长阶段股息现值、转型阶段股息现值以及转型期末最终股价,就可得出印度国家银行的最终每股价值。

每股价值 ＝ 股息现值：高增长阶段 ＋ 股息现值：转型阶段 ＋ 终端股价现值

$$= 2.46 + 2.42 + 2.38 + 5.66 + 8.69 + 11.31 + 13.46 + 809.18/4.153\ 6$$

$$= 243.55\ 卢比$$

需要注意的是,最终股价是采用第八年的复合式股权成本进行贴现。在 2001 年 1 月进行估价时,印度国家银行的股价为每股 235 卢比。

评估不付股息的金融服务公司

虽然金融服务公司通常都会支付股息,近年来,不少年轻、增长迅速的金融服务公司却采取了不支付股息而是将盈利悉数用于再投资的举措。其实,由于其中一些公司处在亏损状态,股息贴现模型似乎并不适用。但是,我们认为,这种模型所具备的灵活性足以使它能够运用于那些公司。如果公司的股息为零,我们如何能够得出为正的每股价值呢?答案并不复杂,至少对于目前盈利为正的那些公司来说是这样。如果公司正在增长,即便目前股息为零并且预计在一段时间内也会如此,但是增长最终将会放缓。随着增长率的下降,公司支付股息的能力也会有所提高。实际上,运用前述有关增长的基本因素等式,我们就可估算未来时期的期望股息支付率:

$$期望股息支付率 ＝ 1 - g/\text{ROE}$$

而期望的未来股息则将产生股权价值。

如果目前的盈利同样为负,估算过程就会变得略为复杂一些。首先,必须估算未来各期的盈利。为此,不妨设想公司盈利会在未来某个时期转而为正。（若非如此,股权价值将等于零,我们也就不必再进行估价。）一旦扭亏为盈,分析的过程就与先前的做法一样。

21.4.2　股权现金流模型

讨论伊始,我们已经指出,如果难以估算净资本支出和非现金流动资本,也就难以估

[①]　若股权成本逐年而变,正如在第 5 年和第 8 年间那样,那就需要计算复合式股权成本。例如,使用下列复合式成本对第 6 年的现金流实施逆向贴现:

$$复合式成本 ＝ (1.203\ 4)^4(1.196\ 6)(1.189\ 7)$$

算现金流。但是,如果能够对再投资进行重新定义,即便是针对金融服务公司,我们依然能够估算股权现金流。

股权现金流的定义

股权现金流的含义是,在满足偿债、再投资需要之后留交股东的现金流。金融服务公司的再投资形式通常并不是工厂、设备或者其他固定资产,而是对人力资本和受监管资本的投资。通过下列途径,可将这些项目结合到再投资条目中。

对员工培训和发展支出实施资本化　对于某一金融服务公司来说,如果人力资本在决定其成败方面非常重要,那就可以对事关这种资本积聚的各项支出实施资本化。就像针对高科技公司的研发性支出那样,具体操作方式包括下列五个步骤:

1. 确定资产的寿命。为了确定这些支出的分摊期,首先需要了解公司已经投资的一位典型员工在公司的供职时间。

2. 汇聚近年来针对员工支出的信息。需要了解公司在员工培训和发展方面的费用,所采用的年限应该同上一步骤所确定的分摊年限保持一致。

3. 计算现行年间所分摊的支出。对过去每一年的支出实施分摊。采用线性摊销方式,对于支出将在分摊期限内实施均等摊销。把前几年所有支出的分摊总额算作现行年间所需分摊的支出。

4. 调整公司的净收入。针对员工支出的资本化,需对公司净收入作下列调整:

$$经过调整的净收入 = 所报告的净收入 + 现行年间员工发展费用 -$$
$$员工支出的摊销额(从第 3 步骤开始)$$

5. 计算人力资本价值。为了计算公司人力资本价值,可以通过加总前些年间员工发展支出的未分摊部分而进行。

相对于研发性支出费用而言,对员工发展性支出实施资本化则比较困难。原因有二,第一,研发性支出在财务报告中通常被单独列为一项,员工发展支出在公司内部则相当地分散,通常被列入收入报表中的多个条目,不易把它们与员工薪酬和福利支出相区别。第二,研发活动所获得的专利和许可证属于公司,通常被赋予了排他性的商业使用权;公司的员工则是流动的,通常会转向能够提供更好待遇的竞争性公司。

在评估人力资本时,假设能解决这些实际问题,现在考虑人力资本在增加公司价值问题上的决定因素。第一个因素是员工流动率。随着它的上升,员工支出的分摊期将会缩短,人力资本的价值也会下降。第二个因素与公司在员工发展和培训方面所消耗的资源相关。所用资源越多,公司赋予人力资本的价值也就越大。

还有第三个时常被忽视的因素。若将人力资本看作一种资产,这个因素就是从可以创造价值的资产上得到的超额报酬。公司支付给员工的金额必须低于他或她为公司创造的价值。例如,投资银行若要获利于所经营的债券,它支付给交易商的金额就必须低于他或她给公司带来的利润。那么,交易商为何会接受这一点呢?一个原因或许是,投资银行具有独特的能力而能够让交易商们赚得这些利润;这种能力或许来自信息、客户群以及市场地位。另一个原因可能是非经济方面的。交易员们或许非常信任投资银行,故而愿意放弃其他更高的待遇。公司若能善待员工且在艰困之际不离不弃,那就更有可能赢得信任,故而也就具有更高的价值。

对常规资本的投资

对于金融服务公司的监管要求针对的只是资本比率,而未支付盈利可以增加公司的股权,进而扩大经营。例如,如果股权比率为 5%,银行就可根据每 5 美元的股权创造 100 美元的贷款。如果该银行所报净收入为 1 500 万美元,且仅支付了 500 万美元的股息,就可将股资增加 1 000 万美元,并且使得公司可以追加 2 亿美元的贷款,这也许有助于提高它在未来时期的增长率。

根据这种思路,可将没有支付的净收入部分看作再投资。然而,这一点只有在公司能够凭借更大的资本基数获得增长时才可成立;若非如此,留存的盈利就更加接近于现金储备而不是再投资。如果公司所报告的股资比率不断提高以至于大大超出了监管要求,那就无须再依靠盈利求取增长。

案例 21.3 根据 FCFE 模型评估德意志银行(Deutsche Bank):2009 年上半年

作为一家商业银行,德意志银行在上世纪很多时间都处在盈利状态。在 2008 年,随着很多银行陷入危机和金融服务公司遭遇破产,金融服务业的状况发生了很大变化。在注销了数十亿美元呆账之后,德意志银行在 2008 年报告亏损额为 38.35 亿欧元,而且将股息削减到 2.85 亿欧元。鉴于这些数字并不意味着它步入了稳定期,为了评估德意志银行,现作出下列四项假设:

1. 净收入的反弹。假设净收入将在 2009 年反弹到 31.47 亿欧元。其依据在于,德意志银行在 2009 年第一季度报告了盈利的增加(季度性利润为 11.2 亿欧元)以及 2003—2007 年间平均净收入(大约等于 39.5 亿欧元)。

2. 资产基数和目标 ROE。假设公司当期资产基数(312.88 亿欧元)在未来五年间的年增长率为 4%,同期股权报酬率将会提高到 10%。

3. 潜在的股息。不再专注于已经大大削减的当期股息,我们打算估算潜在的股息。原因在于,假设公司将会朝着 10% 这一目标监管资本比率而变化,略低于现行监管资本比率(10.20%)。

4. 股权成本。为了求出股权成本,假设德意志银行在投资银行和商业银行两类业务上的业务性 β 值均为 1.162,再加上在 2009 年初等于 3.6% 的欧元无风险利率,以及等于 6% 的成熟市场股权风险溢价,则可得出

$$股权成本 = 无风险利率 + \beta(股权风险溢价)$$
$$= 3.6\% + 1.162(6\%) = 10.572\%$$

下表概述了针对未来五年间的净收入、潜在股息及其现值的估算值:

未来 5 年间的预期潜在股息（以百万欧元计）：2009 年的德意志银行

	现年	1	2	3	4	5
资产基数	312 882	325 398	338 414	351 950	366 028	380 669
资本比率	10.20%	10.16%	10.12%	10.08%	10.04%	10.00%
规定资本	31 914	33 060	34 247	35 477	36 749	38 067
规定资本变化		1 146	1 187	1 229	1 273	1 318
ROE	9.40%	9.52%	9.64%	9.76%	9.88%	10.00%
净收入	3 000	3 147	3 302	3 463	3 631	3 807
－规定资本投资		1 146	1 187	1 229	1 273	1 318
FCFE（潜在股息）		2 001	2 114	2 233	2 358	2 489
根据 10.572% 计算的现值		1 810	1 729	1 652	1 578	1 506

未来 5 年间的潜在股息现值之和为 82.75 亿欧元。在第 5 年末，假设公司进入稳定增长期，永久性年增长率为 3%；另假设 β 值将下降到 1，股权成本相应地减少到 9.60%。

$$股权成本 = 无风险利率 + \beta(股权风险溢价)$$
$$= 3.6\% + 1(6\%) = 9.60\%$$

第 5 年之后的股权报酬率等于 9.60% 的稳定期股权成本。

给定第 5 年之后的预期增长率为 3%，稳定期的 ROE 为 9.60%，稳定增长期的股息支付率将等于 68.75%：

$$稳定期的股息支付率 = 1 - \frac{稳定增长率}{稳定期的 ROE} = 1 - \frac{0.03}{0.096} = 68.75\%$$

可估算第 5 年末的股权价值如下：

$$终端价值 = \frac{预期股息_6}{股权成本 - g} = \frac{38.07(1.03)(0.6875)}{0.096 - 0.03} = 397.28 亿欧元$$

采用高增长期股权成本对它进行贴现，则有

$$终端价值的现值 = \frac{终端价值_n}{(1 + 股权成本_{高增长期})^n} = \frac{397.28}{(1.105\,72)^5} = 240.36 亿欧元$$

再把股息现值加到这一数字上，就可得到德意志银行在 2009 年上半年的股权价值：

$$股权价值 = 82.75 + 240.36 = 323.11 亿欧元$$

用它除以在 2009 年初的股份数目（5.818 5 亿），则可得出每股价值：

$$每股价值 = \frac{股权价值}{股份数目} = \frac{323.11}{5.818\,5} = 55.53 欧元$$

在 2009 年 6 月，德意志银行的股价为 48.06 欧元，故而看来它被市场低估了。

▐ 盈利为何不等于现金流？

　　对银行进行估价时，某些分析者将它们的盈利实施逆向贴现到当期。他们的理由是，银行没有多少净资本支出，而且几乎就不需要流动资本（存货、应收账款等）。但是，问题在于，他们把盈利贴现与这些盈利的预期增长率相互混同。这种做法显然缺乏一致性。

　　为说明起见，考虑一家把 100% 的盈利用于股息支付的银行。若不再发行新股，银行的股权账面价值就会冻结在当期水平上。如果继续扩充贷款组合,其最终资本比率很快就会低于政府所规定的最低限度。

　　这就是银行的再投资为何必须包括对于规定资本、收购和服务于未来增长之类项目所作投资的原因,也是那些增长率很低的成熟银行同样无法将100％的盈利作为股息支付的原因。

21.4.3　超额报酬模型

　　评估金融服务公司的第三种方法是运用超额报酬模型。根据它,可将公司的价值表示为目前已经投入公司的资本以及未来的预期超额报酬现值之和。本小节考虑如何使用这种模型对银行的股权进行估价。

基本模型

　　由于难以确定金融服务公司的"总资本",如果采用超额报酬模型评估银行,比较合理的做法是仅考虑股权资本。我们可以将公司股权价值表示为目前投入到公司的股资、股东们从这些投资和未来投资所得到的预期超额报酬之和:

$$股权价值 = 目前所投股资 + 预期股权超额报酬现值$$

　　这种模型的最大特点是专注于超额报酬。如果公司将股权进行投资而只能赢得公允的市场报酬,它将发现,其股权市值会逐渐接近当期投入的股本金额;若股权报酬率低于市场报酬率,股权市值则会低于当期股本金额。

　　再要强调的一点是,这种模型还兼顾了预期的未来投资。因此,分析者可以用它预测金融服务公司的未来投资方向以及相应的报酬。

模型所需数据

　　如果采用超额报酬模型评估股权,我们需要两种数据。第一种是目前已投入公司的股权资本;第二种并且比较难以获得的是股东在未来各期的预期超额报酬。

　　根据公司股权的账面价值,我们通常可以估算目前投入公司的股权资本。虽然股权账面价值属于会计尺度,相对于制造业公司来说,出于两个原因,它在衡量投入金融服务公司的股资方面是一种更为可靠的尺度。第一,金融服务公司的资产大多采用盯市定价法;而制造业公司的资产则是实物资产,其账面价值与市值之间的差异通常要大得多。第二,折旧在决定制造业公司的账面价值方面作用很大,金融服务公司则对它时常忽略不计。此外,股权账面价值还会受到股票回购、异常的或者一次性费用的影响。如果回购股票造成了异常费用,金融服务公司股权的账面价值就有可能低估所投入的股权资本。

　　股权超额报酬模型可以用股权报酬率和股权成本表示:

$$超额股权报酬率 = (股权报酬率 - 股权成本)/(投入的股权资本)$$

　　在此,再次假设股权报酬率可以很好地衡量股资获得的经济报酬。在分析金融服务公司时,我们可以获得当期和以往各期的股权报酬率,但所需要的股权报酬率却是预期未来的报酬率。这就要求我们分析公司的实力和不足、面临的竞争状况以及相关资本监管规则的变化。

在估算预期的股权报酬率差额时,我们必须面对一个事实,即,高超额报酬的出现有可能招致竞争。这些超额报酬将会随着时间的推移而逐渐消失,所以在进行预测时必须体现出这一点。

案例 21.4　用超额报酬模型评估高盛公司(Goldman Sachs):2011 年 5 月

在 2011 年 5 月,高盛或许还是全球最为驰名的投资银行,其股权市值为 754 亿美元,略低于(在 2010 年末的)股权账面价值 782.28 亿美元。

为了评估高盛,我们从当期股权成本入手。使用各投资银行在 2010 年所报等于 1.20 的平均 β 值,结合等于 3.5% 的长期国债利率和等于 5% 的股权风险溢价,可以得出该银行的股权成本为 9.5%:

$$股权成本 = 3.5\% + 1.2(5\%) = 9.5\%$$

在 2010 年,高盛的净收入为 83.54 亿美元,结合它在 2009 年末等于 716.74 亿美元的账面价值,可知其股权报酬率为 11.66%:

$$股权报酬率 = 83.54/716.74 = 11.66\%$$

请注意,早在 2008 年银行危机爆发前的几年间,高盛的股权报酬率就已然急剧下跌。在 2010 年,它还根据等于 13.99 的每股盈利支付了每股 1.40 美元的股息,形成了 10% 的股息支付率。假设高盛能够在未来 5 年内继续将股权报酬率、支付率和股权成本保持在当期水平,下表概述了超额报酬及其现值。

超额报酬—高增长期　　　　　　　　　　　金额单位:百万美元

	1	2	3	4	5
净收入	9 118	10 074	11 131	12 299	13 589
－股权成本(参见下面)	7 432	8 211	9 073	10 024	11 076
超额报酬	1 686	1 863	2 059	2 275	2 513
现值	1 540	1 554	1 568	1 582	1 596
最初股权账面价值	78 228	86 434	95 501	105 519	116 588
股权成本	9.50%	9.50%	9.50%	9.50%	9.50%
股权成本额	7 432	8 211	9 073	10 024	11 076
股权报酬率	11.66%	11.66%	11.66%	11.66%	11.66%
净收入	9 118	10 074	11 131	12 299	13 589
股息支付率	10.00%	10.00%	10.00%	10.00%	10.00%
所付股息	912	1 007	1 113	1 230	1 359
盈利留存	8 206	9 067	10 018	11 069	12 230

各年净收入是将当年股权报酬率乘以最初的股权账面价值而得出;而各年股权账面价值则由那些未作为股息支付的盈利部分所增加。

为了完成这项估价工作,我们需要针对第 5 年以后的超额报酬作出某种假设,即在第

5 年之后,高盛的净收入年增长率为 3%,股票的 β 值仍为 1.20;另行假设第 5 年之后的股权报酬率将是 9.50%,等于股权成本;也就是说,这家银行在第 5 年后的盈利等于股权成本,处在盈亏持平状态。为此,可将股权价值估算为三个部分之和:今天已投入的股权账面价值、未来 5 年间的超额股权报酬现值,以及终端股权价值的现值。

现已投入的股权账面价值	782.28 亿美元
超额报酬现值(未来五年)	78.80 亿美元
终端股权价值现值*	0
股权价值	860.68 亿美元
股份数目	5.177 35 亿
每股价值	166.25 美元

在 2011 年 5 月进行估价时,高盛的股价为 140.63 美元。此点表明,它被市场低估了大约 18%。

21.5 以资产为基础的估价法

如果采用以资产为基础的估价法(asset-based valuation),我们需要评估金融服务公司的现有资产,在扣除债务和其他尚未履行的索取权之后,将余额视为股权价值。例如,为了估算银行的股权价值,首先需要对银行的贷款组合(它构成了其资产)实施估价,然后减去未偿债务;为了估算保险公司的股权价值,需要对公司的有效保单进行估价,再减去这些保单的预期索赔额和其他未偿债务。

然而,我们如何评估银行的贷款组合或者保险公司的保单呢?一种方法是估算贷款组合可以出售给另一家金融服务公司的价格,而更好的方法则是根据预期现金流进行估价。不妨考虑某一银行的情形。假设它具有 10 亿美元的贷款组合,加权平均期限为 8 年,由此它赢得了 7 000 万美元的利息收入;再者,假设违约风险使得这些贷款的公允市场利率为 6.5%。对于这一公允市场利率的估算,可以借鉴评级机构对其贷款组合的评级,或者衡量组合的潜在违约风险。对于贷款的价值则可估算如下:

贷款价值 = 7 000 万美元(年金现值、8 年和 6.5% 的利率) + 10 亿美元 $/1.065^8$
　　　　 = 10.30 亿美元

这一贷款组合的公允市值超过了其账面价值,因为这家银行索取的利率超过了市场利率。如果它索取的利率低于市场利率的话,情形则相反。若要评估银行的账面股权,我们再从上述数字中减去账面存款、债务和其他索取权。

如果估价对象是增长潜力已经有限的成熟银行或者保险公司,这种方法无疑具备某些优点,但是却有两个很大的不足。第一,它没有对预期未来增长率及其所产生的超额报酬赋予价值。例如,如果银行能够一直根据高出违约风险所论证的利率放贷,则在未来也

---

* 此处原文误作"PV of terminal value of excess returns"。——译者注

可凭借贷款而获利丰厚。第二,如果金融服务公司经营多种业务,那就难以运用这种方法。诸如花旗等公司集团从事于多种业务(保险、商业银行业务、投资银行业务、资产组合管理)。此时,我们需要针对不同的收入流和不同的贴现率分别实施估价。

21.6　相对估价法

本书关于相对估价法的各个章节考察了一系列用于公司估价的乘数,从盈利乘数到账面价值乘数,再到销售额乘数。本节考虑如何使用相对估价法对金融服务公司实施估价。

21.6.1　乘数的选择

我们无法将"价值-EBITDA"或者"价值-EBIT"之类公司价值乘数直接运用于金融服务公司估价,因为不易估算银行或保险公司的价值或者净经营性收入。同样是为了强调股权估价法对于金融服务公司的重要性,我们将采用各种股权乘数对此类公司作出分析。使用最多的三个股权乘数是市盈率、市账率和市销率。事实上,由于难以衡量金融服务公司的销售额或销售收益,故而无法估算市销率或者将它运用于这些公司。因此,本小节只讨论如何使用市盈率、市账率评估金融服务公司。

21.6.2　市盈率

衡量银行或保险公司市盈率的方式与其他公司大致相同:

$$PE 率 = 每股价格 / 每股盈利$$

第 18 章已经指出,市盈率取决于三个变量,即盈利的预期增长率、股息支付率和股权成本。如同其他公司一样,如果具有较高的期望盈利增长率、较高的股息支付率和较低的股权成本,金融服务公司的市盈率也就应该更高。

金融服务公司所特有的一个问题是如何使用"期望备用金"(provisions for expected expenses)[*]。例如,各银行通常都会设立一笔坏账备用金。它无疑会减少所报告的收入,进而影响所报告的市盈率。因此,如果在坏账归类方面比较保守,银行就会报告比较低的盈利,从而产生较高的市盈率;而相对不太保守的公司则会报告较高的盈利而得到较低的市盈率。

运用盈利乘数时,还需考虑的另一问题是,许多金融服务公司经营着多种业务。因此,就它们的单位盈利而言,投资者在公司的商业借贷和专项交易两个方面所愿支付的乘数应该存在着很大的差别。如果各家金融公司从事风险、增长率和报酬特征都不相同的多种业务,那就无法找到真正的可比者,也就无法比较各公司的盈利乘数。此时,一种更

---

[*] 也可译作"准备金"。——译者注

为合理的做法是，将公司盈利根据业务和资产进行拆分，分别评估每一种业务。

案例 21.5 市盈率的比较：2011 年 5 月的美国各家保险公司

针对美国各家市值超过 10 亿美元的保险公司，下表概述了市盈率和相关的基本因素（分析者对于未来五年的期望 EPS、股息支付率、股权报酬率以及 β 系数的估算值）。

公 司	PE	支付率/%	ROE/%	预期增长率/%	β 值
CNO Financial Group,Inc. (NYSE:CNO)	6.31	0.00	7.04	13.00	2.91
Hartford Financial Services Group Inc. (NYSE:HIG)	6.31	4.49	9.48	7.95	2.78
Reinsurance Group of America Inc. (NYSE:RGA)	7.53	5.74	12.16	12.20	1.33
Travelers Companies,Inc. (NYSE:TRV)	7.56	0.00	13.41	8.60	0.65
Protective Life Corp. (NYSE:PL)	8.01	18.60	7.75	10.30	2.28
American Financial Group Inc. (NYSE:AFG)	8.03	14.04	10.20	9.00	1.00
Delphi Financial Group,Inc. (NYSE:DFG)	8.44	12.79	11.72	10.30	1.68
Chubb Corporation(NYSE:CB)	8.56	21.00	14.29	9.33	0.80
American International Group,Inc. (NYSE:AIG)	8.73	0.00	17.26	12.00	2.48
Lincoln National Corp. (NYSE:LNC)	8.74	0.00	8.09	12.00	2.48
ProAssurance Corporation(NYSE:PRA)	8.82	0.00	13.00	10.30	0.83
AmTrust Financial Services,Inc. (NasdaqGS:AFSI)	8.90	11.95	20.78	13.00	0.98
Fidelity National Financial,Inc. (NYSE:FNF)	8.91	37.57	11.56	11.50	0.81
Unum Group(NYSE:UNM)	9.11	13.27	9.86	12.30	1.50
Unitrin Inc. (NYSE:UTR)	9.48	29.19	9.01	7.00	1.72
RLI Corp. (NYSE:RLI)	9.71	23.36	16.39	11.00	0.76
Prudential Financial,Inc. (NYSE:PRU)	9.92	18.74	9.58	12.90	2.22
Torchmark Corp. (NYSE:TMK)	10.01	10.00	12.47	10.10	1.62
W. R. Berkley Corporation(NYSE:WRB)	10.39	9.06	12.08	11.00	0.58
AFLAC Inc. (NYSE:AFL)	10.68	25.63	19.02	11.90	1.87
StanCorp Financial Group Inc. (NYSE:SFG)	11.19	22.89	9.05	11.00	1.42
HCC Insurance Holdings Inc. (NYSE:HCC)	11.62	20.11	9.73	10.00	0.76
CNA Financial Corporation(NYSE:CNA)	12.10	4.04	6.10	7.50	1.69
Allstate Corporation(NYSE:ALL)	12.29	32.40	6.98	9.00	0.98
Progressive Corp. (NYSE:PGR)	12.42	22.53	18.77	8.20	0.79
Hanover Insurance Group Inc. (NYSE:THG)	13.15	33.31	5.78	9.00	0.76
Cincinnati Financial Corp. (NasdaqGS:CINF)	13.22	68.19	7.37	7.50	0.97
Assurant Inc. (NYSE:AIZ)	13.57	25.86	5.52	9.00	1.07
Principal Financial Group Inc. (NYSE:PFG)	14.12	25.00	7.25	11.40	2.44
Transatlantic Holdings Inc. (NYSE:TRH)	14.76	26.71	4.58	8.00	0.78
Mercury General Corporation(NYSE:MCY)	15.17	87.40	8.31	7.30	0.67
MetLife,Inc. (NYSE:MET)	15.62	26.48	6.09	12.70	1.80
Markel Corp. (NYSE:MKL)	17.26	0.00	7.33	10.50	0.74
Marsh & McLennan Companies,Inc. (NYSE:MMC)	18.08	49.36	14.64	9.25	0.85
Arthur J. Gallagher & Co. (NYSE:AJG)	19.75	84.57	14.47	9.00	0.70
Aon Corporation(NYSE:AON)	21.94	23.90	9.38	7.50	0.61
Brown & Brown Inc. (NYSE:BRO)	22.74	27.39	10.88	11.60	0.60
Erie Indemnity Co. (NasdaqGS:ERIE)	24.74	62.26	17.43	7.00	0.58
Genworth Financial Inc. (NYSE:GNW)	118.27	0.00	0.33	17.00	3.31

如果考察 PE 率，CNO Financial 和 Hartford 两家公司就显得比较便宜，但是它们的

风险极大,股息支付率很低。我们曾经将 PE 率针对预期增长率、股息支付率和 β 值实施回归,现在则从表中撤除了预期增长率,因为它缺乏统计意义。将 PE 率针对预期增长率和支付率进行的回归,可以得到下列结果:

$$PE = 12.311 - 1.953\beta + 9.79 \text{ 股息支付率} \quad R^2 = 37.6\%$$
$$[7.04] \quad [2.08] \quad [3.21]$$

把 CNO 公司的数据代入该式,得到的预测 PE 率等于 6.63:

$$PE = 12.311 - 1.953(2.91) + 9.79(0) = 6.63$$

根据等于盈利水平 6.31 倍的股价,CNO Financial 公司看起来获得了公允的估价。与此不同的是,关于 Aon Corporation 所预测的 PE 率则是

$$PE = 12.311 - 1.953(2.91) + 9.79(0.239) = 13.44$$

根据等于盈利 21.94 倍的股价,Aon 公司显得被估价过高。

案例 21.6　根据业务部门评估公司:2011 年 5 月的摩根大通(JP Morgan Chase)公司

摩根大通公司从事多种业务,并对净利润作出了相应的归类。下表列出了它在 2011 年报告的各项业务的净利润;其中,我们运用了其他主要从事或者专门从事各相关业务之公司的市盈率:

生　　意	净收入/ 百万美元	各业务的 PE 率	估算股权价值/ 百万美元	注　　释
投资银行	6 639	12.15	80 664	各大投资银行的平均 PE 率
零售金融业务	2 526	14.8	37 385	各大金融服务公司的平均 PE 率
信用卡业务	2 074	14.8	30 695	各大金融服务公司的平均 PE 率
商业银行业务	2 084	10.8	22 507	各商业银行的平均 PE 率
国债和有价证券	1 079	10.8	11 653	各商业银行的平均 PE 率
资产管理	1 710	15.67	26 796	各共同基金的平均 PE 率
私募股权	1 258	8.08	10 165	各私募股份公司的平均 PE 率
	17 370		219 865	

需要注意的是,在国债和有价债券之类业务方面,不存在独立经营的竞争者,我们使用了从事这些业务的各公司平均 β 值。加总各种业务的股权价值,可以得出摩根大通公司的股权等于 2 198.65 亿美元。该公司在 2011 年 5 月的市值为 1 682.9 亿美元,故而它被市场低估了大约 30%。

21.6.3　乘数的选择

金融服务公司的市账率等于每股价格与每股账面价值的比率。

$$\text{市账率} = \text{每股价格} / \text{每股账面价值}$$

这个定义与第 19 章所给出的相同,并且同样取决于那一章所阐述的各种变量,即每股盈利的预期增长率、股息支付率、股权成本和股权报酬率。假设其他不变,盈利增长率、股息

支付率和股权报酬率的提高，以及股权成本的下降，都应该带来市账率的提高。在这四个变量中，股权报酬率对于市账率的影响最大，因此可把它用作市账率的伴侣变量。

总之，因为金融公司的股权账面价值接近现有资产中的股权市值，其市账率与股权报酬率之间的关系应该比其他公司更加紧密。同样，金融服务公司的股权报酬率受会计决策的影响也比较小。图 21.1 描绘了美国各商业银行在 2011 年 5 月的市账率与股权报酬率之间的关系，两者之间显然存在着很强的相关性。

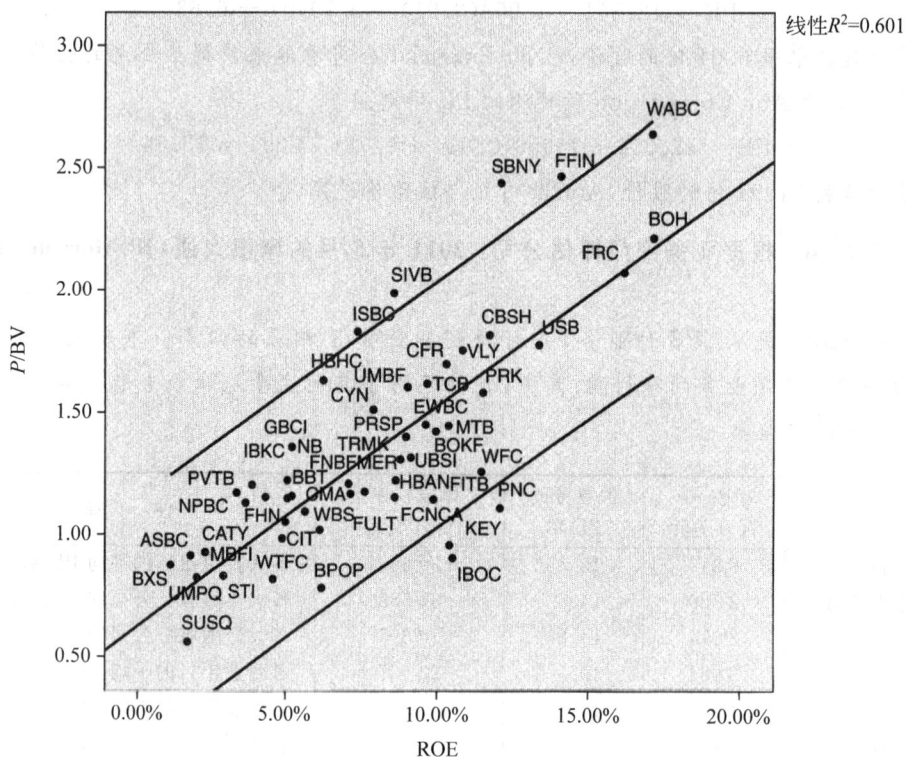

图 21.1　PBV 比率和 ROE：2011 年 5 月的美国各银行

诸如 WestAmerica、Bancord（WABC）和 Bank of Hawaii（BOH）等银行的股票均以很高的市账率获得交易，而且具有很高的股权报酬率。处在另一种极端情形下，SusquehannaBancshares（SUSQ）和 BancorpSouth（BXS）的股价则大大低于账面价值，而且股权报酬率为负数。

虽然我们注重市账率和股权报酬率之间的关系，但却不应该忽视其他基本因素，譬如各银行在风险方面差异很大这一点。可以想象，针对任何既定的股权报酬率，风险越大，银行的市账率就应该越低。类似地，给定其他基本因素不变，具有极大增长潜力的银行应该具有高得多的市账率。

案例 21.7　PBV 和 ROE 的比较：2011 年 5 月的欧洲各家银行

下表概述了欧洲各家银行的市盈率、β 值、分析者们估算的（未来五年）预期增长率以及 2010 年的股权报酬率。

公　司	PBV	ROE/%	预期增长率/%	β值
Alpha Ban SA(ATSE:ALPHA)	0.42	2.64	−46.30	1.30
Banca Carige SpA(BIT:CRG)	0.95	5.21	12.60	0.88
Banca Monte dei Paschi di Siena SpA(BIT:BMPS)	0.37	6.06	33.10	1.12
Banca Popolare dell'E Romagna s. c. r. l. (BIT:BPE)	0.66	9.02	25.30	1.04
Banca Popolare di Milano Scrl(BIT:PMI)	0.22	2.70	44.10	1.42
Banco Bilbao Vizcaya,S. A. (CATS:BBVA)	1.09	13.30	4.21	1.52
Banco BPI SA(ENXTLS:BPI)	0.80	13.53	4.13	0.91
Banco Comercial Português S. A. (ENXTLS:BCP)	0.58	5.20	17.00	1.00
Banco de Sabadell,S. A. (CATS:SAB)	0.77	6.66	−4.43	0.90
Banco de Valencia SA(CATS:BVA)	1.03	4.74	−2.50	1.28
Banco Espirito Santo SA(ENXTLS:BES)	0.54	7.55	−1.40	1.15
Banco Pastor(CATS:PAS)	0.61	4.08	14.10	0.60
Banco Popolare Societa Cooperativa SCRL(BIT:BP)	0.30	2.67	7.60	1.31
Banco Popular Espanol SA(CATS:POP)	0.73	7.37	0.49	1.26
Banco Santander,S. A. (CATS:SAN)	0.99	11.38	15.20	1.39
Banesto Banco Espanol de Credito SA(CATS:BTO)	0.80	8.13	1.40	1.07
Bank of Cyprus Public Company Ltd. (CSE:BOCY)	0.75	11.55	−3.03	0.81
Bankinter,S. A. (CATS:BKT)	0.93	5.47	4.78	1.06
Banque Cantonale Vaudoise SA(SWX:BCVN)	1.45	9.62	0.80	0.63
Barclays PLC(LSE:BARC)	0.68	7.01	14.00	1.45
BNP Paribas(ENXTPA:BNP)	0.93	11.59	9.87	1.45
Comdirect bank AG(XTRA:COM)	2.36	12.79	9.77	0.70
Commerzbank AG(DB:CBK)	0.33	6.48	−4.43	1.28
Crédit Agricole Nord de France(ENXTPA:CNF)	0.46	6.87	13.00	0.56
Crédit Agricole SA(ENXTPA:ACA)	0.60	4.15	40.10	1.65
Credito Emiliano SpA(BIT:CE)	0.93	5.19	19.90	1.01
Credito Valtellinese Soc Coop(BIT:CVAL)	0.38	3.76	10.20	0.72
Danske Bank A/S(CPSE:DANSKE)	1.04	3.64	50.60	1.22
Deutsche Postbank AG(XTRA:DPB)	0.95	2.77	79.10	0.83
Dexia SA(ENXTBR:DEXB)	0.57	8.08	11.70	1.58
DnB NOR ASA(OB:DNBNOR)	1.28	13.76	9.80	1.10
EFG Eurobank Ergasias S. A. (ATSE:EUROB)	0.45	3.31	54.60	1.68
Erste Group Bank AG(WBAG:EBS)	0.99	7.95	26.10	1.77
HSBC Holdings plc(LSE:HSBA)	1.24	9.94	27.80	0.80
Intesa Sanplolo SpA(BIT:ISP)	0.46	5.29	14.00	1.57
Jyske Bank A/S(CPSE:JYSK)	1.26	6.14	38.40	0.93
KBC Group NV(ENXTBR:KBC)	0.59	13.05	17.20	1.99
Liechtensteinische Landesbank AG(SWX:LLB)	1.43	6.14	23.60	0.30
Marfin Popular Bank Public Co Ltd. (CSE:CPB)	0.34	3.48	9.80	0.87
National Bank of Greece SA(ATSE:ETE)	0.56	6.43	18.40	1.47
Nordea Bank AB(OM:NDA SEK)	1.44	11.91	14.90	0.87

续表

公　　司	PBV	ROE/%	预期增长率/%	β值
Raiffeisen Bank International AG(WBAG:RBI)	0.85	11.64	18.70	1.52
Skandinaviska Enskilda Banken AB(OM:SEB A)	1.33	9.30	14.50	1.42
Société Générale Group(ENXTPA:GLE)	0.68	8.59	60.20	1.61
SpareBank 1 SP-Bank(OB:ROGG)	0.78	14.36	6.50	0.58
St. Galler Kantonalbank AG(SWX:SGKN)	1.54	8.00	6.40	0.32
Standard Chartered PLC(LSE:STAN)	1.66	11.34	11.80	1.04
Svenska Handelsbanken AB(OM:SHB A)	1.59	13.38	8.47	0.86
Swedbank AB(OM:SWED A)	1.52	12.07	26.50	1.23
Sydbank A/S(CPSE:SYDB)	1.08	4.12	54.40	1.03
UniCredit S. p. A. (BIT:UCG)	0.48	2.66	36.20	1.55
Unione di Banche Italiane Scpa(BIT:UBI)	0.34	1.91	44.20	1.08
Valiant Holding AG(SWX:VATN)	1.18	7.55	7.40	0.11
Van Lanschot NV(ENXTAM:LANS)	0.90	3.87	14.20	0.14

在这55家银行中,有37家的股价低于账面价值,其中许多家银行的股权报酬率低于8%,而且增长率也很低。但是,希腊Alpha银行的股价虽然只有账面价值的0.42倍,其股权报酬率却是2.64%,预期增长率为−46.3%。为了调整各银行在基本因素方面的差异,我们将市账率针对股权报酬率、β值和预期增长率实施回归而得到下式:

$$PBV = 0.712 + 7.20(ROE) + 0.40 \text{预期增长率} - 0.42(\beta)$$
$$[4.33] \quad [5.51] \quad\quad\quad [1.81] \quad\quad\quad\quad\quad [3.76]$$

将Alpha银行的数据代入上式,可以得到

$$PBV_{Alpha} = 0.712 + 7.20(0.0264) + 0.40(-0.4630) - 0.42(1.30) = 0.17$$

由于股价是账面价值的0.42倍,Alpha银行的股票其实并不便宜。

21.7　评估金融服务公司时的其他问题

到目前为止,本章所关注的一直是金融服务公司与其他公司的相似之处。在本节,我们考虑在评估金融服务公司的框架内所遇到的一些特殊问题,以及如何把它们结合到估价过程中。

21.7.1　用于弥补亏损的备用金

针对未来可能出现的亏损,各银行和保险公司通常会拨出一笔备用金。这种拨款无疑会减少公司当期净收入,但是可用于弥补未来的期望亏损。换言之,坏账备用金虽然会减少银行的当期收入,但却使它能够弥补潜在的坏账。一般而论,任何年间的实际坏账虽然不等于该年度所拨出的备用金,公司逐渐累积的备用金项却应该等于同期内所积聚的坏账金额。因此,备用金可以平复各期盈利的波动性,使得它们在经济情势良好(故而违

约风险较低)时低于实际盈利,而在经济情势不佳而违约风险加大时高于实际盈利。

然而,如果公司拨出的备用金持续地高于(或者低于)预期亏损额,则会引出另一个问题。如果备用金过大,公司所报净收入就会降低,进而使得股权报酬率和盈利留存率下降。如果说预期增长率是这两个比率的乘积,公司股权价值就会减少;另一方面,如果备用金过小,则会多报净收入(至少就当时而言),从而高估股权价值。纠正这个问题的一种简便方式是,观察一下公司已经累积的备用金和实际亏损额。如果两者不相匹配,就应根据实际亏损率重新估算备用金,进而重新报告净收入。为说明起见,假设某家银行将其8%的贷款金额作为坏账备用金,而实际坏账率只有4%,那就应该根据4%的坏账备用金重新计算净收入。此举无疑可以增加银行的净收入、股权报酬率和股权价值;如果备用金过低,则会出现相反的情形。

21.7.2　监管风险和价值

正如本章前面所提及的,金融服务公司完全可能会受到政府的监管。这种监管无疑会影响投资者对于这些公司的风险感受和预期现金流,进而影响公司的价值。如果采用贴现现金流模型对它们进行估价,我们能够明确地将各种监管效应结合到贴现率和预期现金流之中。

- 为了将监管风险结合到贴现率之中,首先需要确定这些风险能否在资产组合中获得分散。我们认为,监管风险大多属于可以分散的,不应该影响贴现率;但在某些特殊情形下,如果一些金融服务公司主导了整个市场而导致监管风险很高,股权成本就应该包括与这种风险相关的溢价。
- 我们认为,只有现金流才是受到监管因素影响最大的。预期增长率,由于派生于盈利留存率和股权报酬率,则会受到有关金融服务公司投资范围规定的影响。如果投资规则非常严苛,这些公司就有可能在近期只能赢得较低的股权报酬率,因而对其价值产生负面影响。

如果使用相对估价模型而对处在不同监管规制下的金融服务公司进行比较,因为它们来自不同国家(欧洲的银行抑或美国的银行)或者从事不同业务(投资银行抑或商业银行),各种乘数就会因为监管规则的不同而变化。

21.7.3　融资结构和价值

在分析成熟的制造业公司时,我们已经考察了"债务/股权"结构变化对于公司价值的影响。出于两个原因,我们通常并不考虑金融服务公司的融资结构问题。一个原因在于前面谈到的在定义与衡量债务方面的困难;另一个原因是,此类公司通常会极力运用自己所能承受的债务,故而杠杆系数大多不会太低。

然而,在考虑影响公司融资结构抉择的监管因素时,仍然存在着一个值得警惕的问题。鉴于监管规则大多是以债务和股权的账面价值为依据,因而未必十分合理。例如,倘若当局针对风险性组合所规定的资本比率过低,完全符合此类规定的银行就有可能借款过多,而它们的价值也就应该下降。

21.7.4 补贴和限制

在许多国家,银行和保险公司是在某种可以获取特殊利益的体制下开展经营,它们能够得到政府授予的各种补贴和排他性权利;与此同时,它们必须承担一些对社会有益但是报酬率低于市场水平的项目。政府补贴和社会性投资都会影响公司的价值,并且可以纳入现金流。

把政府补贴效应结合到价值之中的最佳方法是,预测一下由补贴和排他性权利所产生的预期正向超额报酬或现金流,再将这种超额报酬与估价的其他部分相互分离。对于社会性投资,同样也可以如此处理,虽然对于公司的影响通常为负。我们可以计算负向超额报酬的现值,再从公司价值中予以扣除。

将补贴效益和社会性投资成本与估价的其他部分相互分离,这种做法有两个优点。第一,它使得我们能够设立只是适用于这些条目的假设条件。例如,如果预计政府补贴只会延续 10 年但是能够获得保障,那就需要根据未来 10 年间的预期现金流计算这种补贴的价值,并且采用无风险利率作为贴现率。第二,它使得公司能够判断这种取舍是否可以令自己增值,因为社会性投资要求通常与政府补贴相互结合在一起。换言之,如果获得政府补贴,作为回报,银行就必须以低于市场水平的利率向小型企业放贷;但是,它们可能会发现,后者造成的价值损失超过了补贴带来的效益。

21.8 总结

与其他公司一样,有关估价的各项基本原则也适用于金融服务公司,但是一些特殊问题将会影响估价方式。第一个问题是,我们难以确定和衡量金融服务公司的债务,故而不易估算公司价值或资本成本。因此,一种简便的做法是,直接评估它们的股权资本,采用股权成本对其现金流进行贴现。第二个问题在于资本性支出和流动资本,它们是估算现金流所需的数据,通常难以针对金融服务公司获得估算。事实上,很多公司都把再投资列入经营性支出。然而,为了估算股权现金流,我们必须使用股息(并且假设未支付股息金额就等于再投资率)或者调整再投资的定义,以便兼顾针对规定性资本的投资。

即便打算使用乘数,我们还是会遇到诸多类似的问题。由于不易确定债务范围,市盈率或市账率之类的股权乘数要比其他价值乘数更加适用于金融服务公司。为了进行这种比较,我们必须调整影响价值的各基本因素所存在的差异,即风险、增长率、现金流和贷款质量。

存款保险和银行价值

存款保险和银行价值

在大多数国家,政府都为银行储户提供保险,确保他们能够收回一定限额的存款。此类存款保险对于价值有何影响呢? 如果银行所支付的是公允保费,则对价值不应有何影响。然而,在现实中,存款保险会通过两种方式扭曲银行的价值。

1. 在许多国家,包括美国在内,存款保险费率不会因为银行的不同而改变。针对持有安全贷款组合的银行索取的保费率与持有风险较大贷款组合的银行并无不同。如果根据平均违约率设定保费率,就会使得前者付费过高,后者则付费不足。这无疑会给各银行提供某种激励机制,使得它们乐于承担越来越大的风险。其实,我们可以将存款保险看作是提供给银行的一种看跌期权:如果其贷款组合价值下跌得低于负债价值,银行就可将其存款负债转嫁给保险机构。如果这种看跌期权的价格不会因为组合价值的波动率不同而变化,持有较大风险组合的银行就能够增值(看跌期权的价值超过所付价格),而持有安全组合的银行则将蒙受价值损失。

2. 即便存款保费率随着银行的不同而变化,出于两个原因,保单价格也有可能无法完全体现银行资产的风险。第一,风险在不同的时期会发生变化,而保单价格却无法得到及时调整;第二,保险可能会受到纳税人给予的补贴,由于获得了保险,所有银行都可以增值。

最后,监管和限制会加大评估金融服务公司的工作量。有时,针对竞争的监管限制可以确保金融服务公司获取超额报酬以及增值;有时,同样是监管当局又有可能禁止它们公司从事某种业务,限制其可能获得的超额报酬。

21.9　问题和简答题

在下列问题中,若无特别说明,假设股权风险溢价为 5.5%。

1. 我们需要评估一家成熟的储蓄和贷款公司 Secure Savings 的每股价值。该公司在上一财务年度每股盈利为 4 美元,支付了每股 2.40 美元的股息。在该年年初,股权账面价值为每股 40 美元。这只股票的 β 值是 0.90,无风险利率是 6%,市场风险溢价则是 4%。

a. 假设该公司一直能够获得目前的股权报酬率并且维持当期股息支付率,估算每股的价值。

b. 如果目前的股价为 40 美元,估算隐含增长率。

2. 我们现拟评估一家增长迅速的小银行 the Southwest Bank。在上一财务年度,它报告的每股盈利为 2 美元,支付了每股 0.20 美元的股息。在当年年初,股权账面价值为 14 美元。股票的 β 值为 1.10,无风险利率为 6%,风险溢价为 4%。

a. 假设它在未来五年内可以保持现行股权报酬率,估算每股盈利的预期增长率。

b. 假设该公司在五年之后开始以每年 5% 的固定比率增长,估算它在今天的每股价值。(不妨假设,在稳定增长期,股权报酬率将下跌到 12%,而 β 值将等于 1。)

3. 我们需要分析处在稳定增长期的 LongLife Insurance 公司。预计其盈利的长期增长率为 4%,股票目前的市账率为 1.4,股权成本为 11%。

a. 假设市场对该股票定价无误,估算 LongLife 可以赢得的预期永久性股权报酬率。

b. 如果监管当局规定 LongLife 的股权报酬率必须等于其股权成本,它的市账率是多少?

4. 现在假设,我们打算比较美国 13 家较大的银行在 2000 年的市账率。下表概述了这些公司的市账率和股权报酬率:

公 司	PBV	ROE/%
Wachovia Corp.	2.05	18.47
PNC Financial Serv.	2.54	21.56
Sun Trust Banks	1.91	15.35
State Street Corp.	6.63	19.52
Mellon Financial Corp.	4.59	23.95
Morgan(J. P.)& Co.	1.74	19.39
First Union Corp.	1.52	19.66
FleetBoston Fin'l.	2.25	20.15
Bank of New York	7.01	25.36
Chase Manhattan Corp.	2.60	24.60
Wells Fargo	3.07	17.72
Bank of America	1.69	19.31
Bank of Montreal	1.23	18.08

a. 如果我们打算相对于这些银行而评估 SunTrust Banks,预计它的市账率将会高于还是低于该组的均值? 为何?

b. 将市账率针对股权报酬率实施回归,预测一下每家公司的市账率各是多少。

5. Signer 银行请我们估算其贷款组合的价值。它的未偿贷款为 10 亿美元,平均期限为 6 年,每年预期利息收入为 7 500 万美元。我们需要确定整个贷款组合的模拟性评级,而 A 级债券的现行市场利率为 6.5%。

a. 估算这一贷款组合的价值。

b. 如果 Signer 银行持有 8 亿美元未偿债务,根据其现有贷款,估算该银行的股权价值。

6. Loomis Capital 是一家精品投资银行。在上一财务年度,它报告了 20% 的股权报酬率,股权账面价值为 1 亿美元。该银行的 β 值是 1.20,无风险利率为 5.2%,风险溢价为 4%。假设现行股权报酬率和股权成本在未来 10 年间保持不变,第 10 年之后将没有超额报酬。公司的股息支付率为 30%。

　　a. 估算第 10 年之后每一年的超额股权报酬金额。

　　b. 使用超额报酬方法估算它在目前的股权价值。

　　c. 如果得悉股权报酬率在第 10 年之后将下跌到 15%,然后会一直保持不变,关于上述(b)问题的解答会有何变化?

第22章

对盈利为负或极低公司的估价

根据本书已经阐述的各种估价法,我们考察了盈利为正的各类公司。在本章,我们转而分析那些盈利低得异常甚至为负的公司,探讨如何才能最恰当地对它们实施估价。我们首先考察导致公司盈利为负的各种缘由,然后阐述为了体现这些原因而需要对估价方法作出的各种调整。

我们认为,针对那些遇到暂时性问题的公司,诸如罢工或产品召回,调整过程并不复杂,从现有盈利中扣除与这些问题相关的那部分支出即可。由于周期性公司的负盈利归因于总体经济形势的恶化,价格的周期性波动将会影响产品公司的盈利。为此,我们建议在估价中使用标准化的盈利。对于那些存在着长期战略性或者经营性问题的公司(设备陈旧,员工素质不佳或者以往的投资不足),估价过程会变得愈加复杂,因为我们需要针对公司自身能否化解这些问题以及完成重组作出某种假设。最后,我们将考察那些因为负债过重而造成盈利为负的公司,考虑如何最恰当地处理它们的潜在违约问题。

22.1 负盈利:后果和缘由

相对于盈利为正的公司而言,对于盈利极低或者为负者的估价尤其困难。本节首先考察此类公司为何会给分析者带来难题,然后探讨导致盈利为负的各种缘由。

22.1.1 盈利极低或者为负的后果

对于那些试图实施估价的分析者来说,目前处于亏损的公司提出了几方面的问题。它们均与概念无关,但却具有非同寻常的衡量尺度意义。

1. 无法估算或者无法使用盈利增长率。一个首当其冲的问题是,我们无法估算盈利的预期增长率,无法将它运用于当期盈利进而估算未来的盈利。如果当期盈利为负,使用增长率只会加大它的负值。其实,即便是估算盈利增长率本身也会构成一个问题,无论使用的是以往增长率、分析者预测值或者各种基本因素。

- 如果当期盈利为负,那就无法估算历史性增长率;即便可行,得出的数字也没有多少意义。为说明起见,假设某公司的经营性盈利由去年的－2亿美元变成今年的

—1 亿美元。根据常规的历史增长率等式,我们将得出下列结果:

$$盈利增长率 = 盈利_{今天}/盈利_{去年} - 1 = (-100/-200) - 1 = -50\%$$

这一数字显然毫无意义,因为该公司已在这一时期内提高了盈利。其实,我们在第 11 章曾经考察过这个问题。

- 估算盈利增长率的另一种方式是,使用分析者们有关盈利增长率的预测值,通常针对的是未来 5 年时期。就许多美国公司而言,作为公开信息,我们能够得到所有跟踪某只股票的分析者们针对其增长率的共识性估算值,而且时常在估价中把它用作预期增长率。然而,对于那些当期盈利为负的公司,我们无法得到此类估算值或者它们本身全无意义。

- 估算盈利增长率的第三种方法是,使用各种基本因素。但是,它也同样难以运用于盈利为负的公司,因为我们通常需要当期盈利以便计算两种基本数据——投资报酬率(股权或资本报酬率)和再投资率(或,盈利留存率)。如果当期盈利为负,从估算增长率角度考察,这两种数据都没有意义。

2. 税收的计算更加复杂。估算税款的标准方法是,针对税前经营性收入使用边际税率,由此得出税后经营性收入:

$$税后经营性收入 = 税前经营性收入(1 - 税率)$$

这种计算方法的假设条件是,盈利在当期造就了税款负债。这一点虽然通常能够成立,但是那些正在赔钱的公司却可将亏损额在不同时期进行结转,就是把它们用于未来时期盈利的抵扣。

3. 可能无法运用"持续经营"假设条件。事关负盈利公司估价的最后一个问题是,如果盈利一直为负数,这些公司完全可能会破产。因此,我们或许无法运用构成终端价值估算法之基石的"无限寿命"假设前提。

针对那些盈利极低的公司,我们同样会遇到一些无形的但是无法回避的问题,即公司现行盈利远远低于以往的水平。由于现行盈利为负,虽可算出这些公司的历史增长率和基本增长率,但是可能并没有什么意义。由此得出的盈利历史增长率将是负数,而由各种基本因素所将得出的预期增长率估算值则会极低。

22.1.2　盈利为负的缘由

造成公司盈利极低或者为负的缘由有很多:其中一些属于暂时性的,一些则是长期性的,还有一些则与公司所处生命周期的阶段相关。

暂时性的问题

对某些公司来说,负盈利因某些暂时性问题所引起,有时只会影响公司本身,有时会影响整个行业,有时则由经济下滑所造成。

- 造成负盈利的公司特定因素包括公司员工的罢工、代价高昂的产品召回,或者是对公司不利的重大诉讼裁决。这些事件虽然会减少公司盈利,其作用却可能是一次性的而不会影响未来盈利。

- 负盈利的行业性原因包括产品价格的下跌;例如,纸张和纸浆制造公司大多会经历纸张高价(和盈利)继以低价(和亏损)的周期。有时,负盈利可能是因为必备原材料供应的普遍断档或价格飙升;例如,油价的上涨会对所有民航公司的利润造成负面影响。

- 对于周期性公司而言,经济衰退将影响其销售额和盈利。因此,毋庸惊讶,各汽车制造公司在经济不景气时都会报告极低的乃至为负的盈利。

针对所有这些公司的一条普遍思路是,预计盈利会随着问题的化解而很快恢复。因此,周期性公司的盈利在经济复苏时将会反弹,而民航公司的利润在油价趋平时就会提高。

长期的问题

有时,负盈利体现的是公司内部更深层和更长期的问题。一些问题由以往的战略抉择所造成;一些体现了经营的无效率;而另一些则纯属财务问题,归因于公司的举债严重逾越了目前现金流所能支撑的水平。

- 公司盈利为负,或许是因为产品战略或营销策略适得其反。就此类公司而言,财务状况问题已然缠身而需实施重大的重组,通常是引入新的管理层。

- 公司的负盈利还会出自经营的低效率。例如,厂房设备已然陈旧,或员工培训不足。负盈利还有可能体现的是管理层以往决策的失误及其代价。例如,公司若是经历了一系列的大肆收购活动而支付过度,其盈利状况在数年之内就有可能不尽如人意。

- 有时,经营状况良好的公司也会遭遇负盈利,这是因为在经营融资方面举债过度。

生命周期

有时,公司的负盈利可能并非出自于经营方式,而是所处生命周期的阶段使然。这里有三个例子:

1. 若需先期作出巨额的基础性投资,公司在完成这些投资之前通常会处于亏损状态。一旦完成之后,公司就能形成销售额,而盈利也将转为正数。有理由认为,这正是美国的各家电话公司在 20 世纪早期、有线电视公司在 80 年代以及手机公司在 90 年代前期曾经遇到的情形。

2. 小型生物技术公司或医药公司在研发上花费了数百万美元,目标在于获得享有专利的可开发产品,但却必须为了获得美国食品药品监督管理局(FDA)的出售许可而等上好几年。在此期间,它们还必须继续作出研发性支出而处在亏损状态。

作出判定:短期的还是长期的问题

在现实中,我们通常不易区分短期的和长期的问题。在这方面,不存在一种简单有效的经验法则,而会计报告也未必总能体现出问题的性质。在报告负盈利时,大多数公司都会宣称自己的问题只是暂时的,而且很快就可恢复正常。因此,分析者们需要自行判断情况是否确实如此,并且应该考虑下列问题:

- 发表此类言论的管理者的可信度。相比其他人而言,某些公司的管理者更能够直面问题和承认错误,故而他们的言辞应该更加可信。
- 此类言论所包含的信息量和时间性。能够提供详细信息以支持其问题是暂时性的说法要比未能提供此类信息者更加可信。此外,坦率披露问题的公司要比那些极力推迟报告问题者更加可信。
- 参照业内其他公司的情形以验证报告。如果业内其他公司均报告盈利下跌,宣称盈利下跌是因为经济下滑的周期性公司也就更加可信。
- 问题的持续性。如果不良的盈利状况持续多个时期,公司完全可能存在着某种长期性的问题。因此,我们应该审慎地考察它所支出的一系列重组费用。

3. 第三组包括初创公司。它们通常具备各种很有前景和商业价值的理念,但是缺乏将其转化为商业化产品的资金。直到上世纪 90 年代后期,这些公司鲜有上市者而主要依靠风险资本来满足股资需要。新兴高科技公司在近年来之所以能够兴盛,其中引人注目的一点就在于,一些公司毅然选择越过或者缩短风险资本的途径而直接上市筹股。

22.2　对负盈利公司的估价

处理负盈利公司的方式首先取决于公司产生负盈利的缘由。本节探讨能够运用于这些公司的各种可选方式。

22.2.1　存在短暂问题的公司

如果负盈利出自于暂时的或者短期的问题,不妨预计公司盈利在近期内可以恢复正常。因此,我们通常采用的解决方法将十分简单,就是以标准化(将为正数的)盈利代替当期(为负的)盈利。实施标准化的方式则取决于问题的性质。

公司特定的问题

公司盈利状况在某些年间或许不佳,但问题却或许属于特定而暂时的。如果可将亏损归因于某个特定事件,例如罢工或诉讼案,而且会计报告显示了与它相关的成本,解决方法将十分简单。首先估算在产生这些成本之前的盈利,再用它们估算现金流和各种基本因素,诸如资本报酬率。在此过程中,如果公司享有税收豁免,需要扣除的就不只是这些支出本身,而且还有它们的缴税优惠额。

如果亏损的原因带有某种普遍性,或者不易将造成亏损的事件成本与其他支出相区别,处理方式就会略为复杂。首先,我们需要确定亏损确实是暂时的,而不是体现公司存在的长期问题;其次,必须估算公司的正常盈利。为此,最简洁的方法是,把公司在现年的各项支出与前些年间的对应条目进行比较,各以所占销售额的比重表示。相对于前些年而言,应该对那些显得极高的支出实施标准化(使用前些年份的均值);另一方面,将公司前些年的经营性利润率运用于现年的销售额,以此估算实施估价时所要使用的经营性收入数据。

一般而论,必须考虑对公司在完成重大调整后的各年度盈利进行调整,因为这些年份的会计报表通常会被与收购相关的一次性高额支出所扭曲。

案例 22.1 对经营不佳年景之后的公司盈利实施标准化:1995 年的戴姆勒-奔驰(Daimler-Benz)公司

在 1995 年,戴姆勒-奔驰公司报告了 20.16 亿德国马克(DM)的经营性亏损和 56.74 亿德国马克的净亏损,其中很大部分可归因于公司特有的问题,包括针对飞机制造商 Fokker Aerospace 投资失败的巨额销账。为了估算戴姆勒-奔驰的标准化盈利,我们撤除了与这些项目相关的所有费用,估算得出税前经营性收入为 56.93 亿德国马克。为了完成这项估价,再作出下列假设:

- 在 1995 年之前,戴姆勒的销售额年增长率从 3% 提高到 5%,预计销售额和经营性收入的长期增长率为 5%。
- 该公司在 1995 年初的投入资本账面价值为 435.58 亿德国马克,预计其资本报酬率将保持不变(根据等于 56.93 亿德国马克的经过调整的经营性收入)。
- 公司税率为 44%。[①]

为了对戴姆勒公司进行估价,首先估算公司的资本报酬率,使用经过调整的经营性收入:

$$资本报酬率 = EBIT(1-t)/投入资本账面价值$$
$$= 56.93(1-0.44)/435.58 = 7.32\%$$

根据 5% 的预期增长率,这就要求再投资率等于 68.31%:

$$再投资率 = g/ROC = 5\%/7.32\% = 68.31\%$$

根据这些假设,就可计算戴姆勒在 1996 年的预期自由现金流:

EBIT$(1-t)$=56.93(1.05)(1-0.44)　　　33.47 亿德国马克

－再投资率=56.93(1.05)(0.683 1)　　　22.87 亿德国马克

公司自由现金流　　　　　　　　　　　10.61 亿德国马克

为计算资本成本,我们曾经使用等于 0.95 的业务性 β 值,它是运用在全球挂牌的汽车制造商的数据估算得出。(以德国马克计价的德国政府)长期债券利率为 6%,而戴姆勒公司可以根据 6.1% 的利率进行借款。假设市场风险溢价为 4%。在 1995 年末,所估

[①] 德国具有特别复杂的税收结构。鉴于针对留存盈利和股息具有不同的税率,这就使得税率取决于公司的股息政策。

算的股权市值为 500 亿德国马克,未偿债务为 262.81 亿德国马克。

$$股权成本 = 6\% + 0.95(4\%) = 9.8\%$$
$$债务成本 = 6.1\%(1 - 0.44) = 3.42\%$$
$$债务率 = 262.81/(500 + 262.81) = 34.45\%$$
$$资本成本 = 9.8\%(0.655\,5) + 3.42\%(0.344\,5) = 7.60\%$$

请注意,为了同现金流保持一致,所有的成本都是根据德国马克计算得出。另需注意的是,我们假设戴姆勒的资本报酬率(7.32%)将一直低于资本成本。从长期来看,这种价值损失似乎并不合理,但戴姆勒的公司治理结构使得我们别无选择。如果假设盈利和现金流的永久性年增长率均为 5%,现在就可计算该公司的价值。

$$1995 年末的经营性资产价值 = 1996 年的期望 FCFF/(资本成本 - 预期增长率)$$
$$= 10.61/(0.76 - 0.05) = 407.87 亿德国马克$$

把这一价值添加到戴姆勒在当期所持现金和有价证券价值(135 亿德国马克)上,减去债务市值(262.81 亿德国马克),就可得出股权价值等于 280.06 亿德国马克。显然,它大大低于等于 500 亿德国马克的市值。

$$股权价值 = 经营性资产价值 + 现金和有价证券 - 债务$$
$$= 407.87 + 135 - 262.81 = 280.06 亿德国马克$$

正如对于其他公司的估价那样,上述估价过程同样包含着循环论证成分。[①]

由行业或市场所造成的问题

根据定义就可知道,周期性公司的盈利起伏很大并且取决于整个经济情势。在经济繁荣时,这些公司的盈利可能会增加,而在衰退时则会下降。这一点同样适用于那些产品价格带有周期特征的制造业公司,产品的高价格时期之后通常是低价格。在这两种情形中,如果使用现行年度的盈利作为基础年度盈利,就有可能错误地估算价值。

对周期性公司的估价

对周期性公司的估价会在很大程度上受制于基础年度的盈利水平。针对这一点,存在着两种可能的解决方法:一种方法是调整最近各期的预期增长率,以此体现周期性变化;另一种方法是,采用标准化的而非当期的盈利对公司进行估价。

经过调整的预期增长率　在经济处于谷底时,周期性公司通常会报告较低的盈利,而随着经济的复苏又会迅速恢复。为此,可以采用的处理方法是,如果盈利为负,那就调整盈利的预期增长率,尤其是稍后一些时期的预期增长率,以此体现经济周期的预期变化。这就意味着,如果眼下的公司盈利和整个经济都呈现低迷状态,但是预计很快就会出现逆转,那就针对今后一两年使用较高的增长率;如果目前公司盈利极度膨胀(因为经济繁

[①]　出现这种循环论证的原因是,我们使用股权和债务的当期市值计算资本成本,然后又用这种资本成本估算股权和债务的价值。如果拒绝这种做法,就需采用递归的估价过程,即运用债务和股权的估算值再度计算资本成本,反复进行到形成收敛为止。

荣），但是预计经济增长将会放缓，则可反转使用这种策略。这种方法的不足之处是，它将分析者关于周期性公司估算值的准确性与关于宏观经济预测的准确性相互联系。然而，这种批评在所难免，因为如果我们不考虑未来的经济情势，那就无法对周期性公司进行估价。最后，针对（经济步入或走出衰退之后的）各个转折年份，我们可通过考察公司（或相似公司）在过去的经历估算它的实际盈利增长率。

案例 22.2　使用较高的增长率评估周期性公司：2011 年 5 月的 Dana 公司

Dana 是一家从事自动化部件和系统制造的公司，在 2008—2009 年全球衰退期间遭到了重创。该公司于 2008 年报告了 1.23 亿美元的经营性亏损额，在 2009 年则是 1.41 亿美元。虽然它在 2010 年报告了 1.96 亿美元的经营性利润额，同期经营性利润率却只有 3.21%。公司虽已成熟，但可预计，随着经济形势的继续改观，在 2011—2015 年间，它的经营性利润年增长率将是 15%，利润率也会有所提高。在 2015 年后，预计公司将转入稳定增长期，销售额和经营性收入将以 3% 的永久性年增长率而增长；公司将一直获得等于资本成本的资本报酬率。

预计公司 β 值将一直是 1.20，并且保持目前等于 26.32% 的"债务-资本"比率不变。2011—2015 年间的税前债务成本将保持在等于 6.85% 的目前水平，假设它在 2015 年之后将下跌到 5%。使用等于 40% 的边际税率、等于 3.5% 的无风险利率和等于 5% 的股权风险溢价，可对 Dana 在高增长期、稳定增长期的资本成本作下列估算：

$$资本成本_{高增长期} = 股权成本[E/(D+E)] + 债务成本(1-t)[D/(D+E)]$$
$$= [3.5\% + 1.2(5\%)](1-0.263\,2) + 6.85\%[(1-0.4)(0.263\,2)] = 8.08\%$$
$$股权成本_{稳定增长期} = [3.5\% + 1.2(5\%)](1-0.263\,2) + 5\%(1-0.4)(0.263\,2) = 7.79\%$$

下表估算了 2011—2015 年间的公司自由现金流，并根据 8.08% 的资本成本对它们进行贴现：

百万美元

	现年	1	2	3	4	5
预期增长率		15.00%	15.00%	15.00%	15.00%	15.00%
EBIT(1−税率)	117.60	135.24	155.53	178.85	205.68	236.54
−（资本支出−折旧）	11.00	12.72	14.63	16.83	19.35	22.25
−流动资本变化量	16.00	18.33	21.08	24.24	27.87	32.05
公司自由现金流	90.60	104.19	119.82	137.79	158.46	182.23
资本成本		8.08%	8.08%	8.08%	8.08%	8.08%
根据 8.08% 的贴现值		96.40	102.57	109.14	116.12	123.55

现值之和为 5.477 8 亿美元。请注意，我们已经假设，净资本支出和流动资本变化量将以与经营性收入相同的比率增长。

为了估算高增长期末的价值，我们采用稳定增长率和资本报酬率估算再投资率：

稳定增长率 = 3%

稳定期的资本报酬率 = 7.79%（等于稳定期的资本成本）

$$稳定期的再投资率＝g/\text{ROC}＝3\%/7.79\%＝38.51\%$$

$$终端价值＝\frac{\text{EBIT}(1-t)_5(1+g_{稳定期})(1-再投资率)}{(资本成本-g_{稳定期})}$$

$$＝\frac{2.365\,4(1.03)(1-0.385\,1)}{(0.077\,9-0.03)}＝31.276\,9\ 亿美元$$

根据 8.08% 的资本成本进行为期 5 年的贴现,并将现值加到这 5 年间的现金流现值上,可知经营性资产值等于 26.68 亿美元:

$$经营性资产价值 ＝ 5.477\,8＋31.276\,9/1.080\,8^5 ＝ 26.68\ 亿美元$$

加上现金余额 11.34 亿美元,减去 9.47 亿美元的未偿债务,再除以股份数目(1.462 6 亿),就可得到每股价值为 19.52 美元。它比 2011 年 5 月间等于 18.13 美元的股价大约高出 8%。

盈利的标准化　针对周期性公司,若要应对盈利波动和基期盈利为负的问题,最简便的方法是对盈利实施标准化。在此过程中,我们仅只试图解答“公司在正常年景的盈利是多少?”这一简单问题。这就意味着,假设现行年景并不正常,而盈利能够迅速恢复到正常水平。因此,这种方法最适合处在成熟行业中的周期性公司。对盈利实施标准化化有几种方法:

- 求取先前各期盈利的均值。实施盈利标准化的最简单方式是使用先前各期盈利的均值。那么,应该回顾多少个时期呢?就周期性公司而言,所需回顾的时间长度应该能够涵盖整个经济周期,即 5～10 年。这种方法虽然简单,但最为适合那些规模(或大小)在整个周期内不会变化的公司。如果将它运用于(从销量或销售额角度)规模将会随着时间的推移而增缩的公司,就会得出错误的标准化盈利。
- 公司在先前各期的投资报酬率或利润率。这种方法与前一方法相似,但是平均化针对的是相对盈利水平(经营性利润率或资本报酬率)而不是盈利金额。这种方法的好处是,由此得出的标准化盈利估算值可以体现出公司在目前的规模。例如,如果先前各期的平均资本报酬率为 12%,而当期投资额为 10 亿美元,公司的标准化经营性收入就等于 1.2 亿美元。运用平均的股权报酬率和股权账面价值,我们就可得到标准化的净收入。略微改变这种方法,我们还可以估算先前各期的平均经营性收入和净利润率,而把这种利润率运用于当期销售额,就可得到标准化经营性收入或净收入。使用销售额的好处是,它们不太容易受到会计手段的操纵。

在对盈利实施标准化的过程中,还需解决的最后一个问题是,需在何时对盈利实施标准化。将标准化盈利代替现行盈利的做法实质上假设标准化将在瞬间完成(即,在估价的最初时间)。如果盈利在几个时期后都未能回复到正常水平,根据当期盈利标准化所得出的价值就会偏高。纠正这一点的简单方法是,将价值进行贴现,贴现时期数目则是实施盈利标准化所需要的时期。

案例 22.3　运用标准化盈利对周期性公司进行估价：2009 年 3 月的丰田汽车 （Toyota Motor）公司

直到 2008 年之前的各年,丰田汽车公司都以效率和创新而驰名。但是,随着 2008 年的金融危机以及全球经济增速的放缓,丰田在 2008 年第四季度出现了亏损,预示它在 2008—2009 财务年度（从 2008 年 4 月到 2009 年 3 月）的盈利将会出现巨幅下降。为了对丰田的经营性收入实施标准化,我们通过下表考察它在 1998—2008 年间的经营状况:

丰田的经营状况：1998—2008 年 [以百万日元（yen）计]

年　份	经营性销售额	收入	经营性 EBITDA	EBITDA/利润率/%	销售额/%
1998	11 678 400	779 800	1 382 950	6.68	11.84
1999	12 749 010	774 947	1 415 997	6.08	11.11
2000	12 879 560	775 982	1 430 982	6.02	11.11
2001	13 424 420	870 131	1 542 631	6.48	11.49
2002	15 106 300	1 123 475	1 822 975	7.44	12.07
2003	16 054 290	1 363 680	2 101 780	8.49	13.09
2004	17 294 760	1 666 894	2 454 994	9.64	14.20
2005	18 551 530	1 672 187	2 447 987	9.01	13.20
2006	21 036 910	1 878 342	2 769 742	8.93	13.17
2007	23 948 090	2 238 683	3 185 683	9.35	13.30
2008	26 289 240	2 270 375	3 312 775	8.64	12.60
2009(est)	22 661 325	267 904	1 310 304	1.18	5.78
均值		1 306 867		7.33	

在此,我们分别考虑三种标准化技术:

1. 平均收入:求取 1998—2008 年各年度的平均经营性收入,可得价值为 13 069 亿日元。鉴于该时期的销售额增长了一倍多,它会低估公司的经营性收入。

2. 行业平均利润率:（全球）各汽车制造商在同期（1998—2008 年间）的平均税前经营性利润率约为 6%。然而,在 2009 年,其中许多公司的状况远不及丰田公司而可能会报告巨额亏损。因此,虽然可将行业平均利润率运用于丰田的销售额而估算标准化的经营性收入（226 610 亿日元的 6% = 13 600 亿日元）,但它同样会低估丰田的标准化经营性收入,因为它未能体现出该公司属于业内盈利最为丰厚的公司之列这一事实。

3. 以往的利润率:将 1998—2008 年期间的税前经营性利润率加以平均化,可得到等于 7.33% 的平均经营利润率。将它运用于 2009 年的销售额,则可得出等于 16 607 亿日元的标准化经营性收入（226 610 亿日元的 7.33%）。鉴于这一估算值能够体现出公司现行规模和经营成就,我们把它用作标准化的经营性收入。

为了对丰田公司进行估价,现作出下列假设:

- 为估算该公司的股权成本,我们曾使用等于 1.10 的业务性 β 值（针对汽车制造业估算得出）。以日元标示的 10 年期政府债券利率为 1.50%,可将它作为无风险利率;股权风险溢价则是 6.5%（其中,6% 为成熟市场在 2009 年上半年的风险溢价,以及 0.5％为公司所面临的新兴市场风险溢价）。由此，可计算得出股权成本等于 8.65％。

$$股权成本＝无风险利率＋\beta 值\times 股权风险溢价$$
$$＝1.50\％＋1.10(6.5\％)＝8.65\％$$

- 在 2009 年上半年，丰田持有 118 620 亿日元的未偿债务，而股权市值为 105 510 亿日元（股份数目为 34.48 亿，股价为每股 3 060 日元）。使用 AA 评级和高出无风险利率达 1.75％的违约息差，可估算得出债务成本为 3.25％。假设当期债务率保持不变，又可估算得出资本成本为 5.09％；而日本公司在 2009 年的边际税率为 40.7％。

$$债务率＝118\ 620/(118\ 620＋105\ 510)＝52.9\％$$
$$资本成本＝8.65\％(0.471)＋3.25\％(1－0.407)(0.529)＝5.09\％$$

我们考察了该公司随着时间推移而逐渐形成的资本成本，因为债务率和资本成本并无很大变化，可将前者用作标准化的资本成本。

- 从市场份额角度看，鉴于丰田已是全球最大的汽车制造商，假设它处在稳定增长期，永久性年增长率为 1.50％（以无风险利率为上限）。另行假设，该公司在投资领域可获得的资本报酬率等于其资本成本。因此，可以得出再投资率等于 29.46％：

$$稳定增长期的再投资率 ＝ \frac{g}{ROC} ＝ \frac{0.015}{0.050\ 9} ＝ 0.294\ 6$$

将标准化经营性收入（16 607 亿日元）、日本公司的边际税率（40.7％）、再投资率（29.46％）、稳定增长率（1.5％）和资本成本（5.09％）相互结合，可以估算公司经营性资产的价值如下：

$$价值_{经营性资产} ＝ \frac{经营性收入(1＋g)(1－税率)(1－再投资率)}{(资本成本－g)}$$

$$＝ \frac{16\ 607(1.015)(1－0.407)(1－0.294\ 6)}{(0.050\ 9－0.015)} ＝ 194\ 400\ 亿日元$$

针对上述结果，加上现金（22 880 亿日元）和非经营性资产（68 450 亿日元），减去债务（118 620 亿日元）以及所合并之子公司中的少数型权益（5 830 亿日元），再除以股份数目（34.48 亿），就可得到每股价值为 4 735 日元。

$$每股价值 ＝ \frac{经营性资产＋现金＋非经营性资产－债务－少数型权益}{流通股数目}$$

$$＝ \frac{196\ 400＋22\ 880＋68\ 450－118\ 620－5\ 830}{34.48} ＝ 4\ 735\ 日元/股$$

丰田公司在 2009 年上半年的股价为 3 060 日元。根据标准化收入，市场对它的估价显然严重偏低。

　🌐 *normearn.xls*：这一电子表格使我们可以使用各种方式对公司盈利实施标准化。

对产品和资源公司的估价

产品价格不仅会波动而且会呈现周期性，即高价期之后将出现较低价格期。

某些资源公司运用各种期货、期权合约以图平复盈利的起伏，但是许多公司则听任产品价格变化跌落到最低点。因此，它们的盈利通常会与产品的价格同时消长。

宏观经济见解和估价

周期性公司的盈利总是会有波动，这一点与宏观经济情势相关。把这种影响结合到公司价值中的一种方法是，将有关未来衰退和复苏时间的预期结合到现金流之中。但是，这种做法所含风险甚大，因为此类预测时常会出现严重失误。经济学家们在有关"复苏何时来临"的问题上历来就难以形成共识，而对于大多数衰退的归类都是事后作出的总结。再者，如果根据特定的宏观经济预测结果对公司进行估价，客户将难以确定最终的投资建议（即，公司是被高估还是低估）有多少成分出自公司股票定价不当，又有多少成分体现了分析者有关总体经济的乐观或悲观情绪。

为了将盈利的波动性结合到估价中，可以运用的另一种方式与贴现率相关。周期性公司的风险通常更大，故而需要较高的贴现率。这也正是我们针对周期性公司使用较高的非杠杆性 β 值和/或债务成本的原因。

为了对资源公司进行估价，包括石油、采矿、林业（诸如木材）和农业等方面的产品公司在内，我们有三种选择：

1. 一种选择是，预测未来的产品价格，即产品价格的周期性，并将预测结果结合到关于未来各年的期望销售额中。此举或许并不容易，因为经济周期是无法预测的。然而，我们或可采用期货市场价格作为自己的预测价格。

2. 可以使用标准化的产品价格评估公司，它是通过考察产品在整个周期内的均价而估算得出。因此，我们可用咖啡在过去 10 年间的均价估算咖啡种植园的价值。但是，这种做法的风险是，咖啡价格可能会在相当长的时期高于或低于这一均价，从而否定我们所估算的价值。

3. 可以使用产品的现行价格评估公司的当期产量，即便它处于历史上的低水平，然后再结合公司所持期权的价格。如果价格上涨则增产，反之亦然。我们将在第 28 章更加详细地考察这种方法。

案例 22.4　评估处于经济周期谷底的产品公司：2001 年的 Aracruz 公司

Aracruz Celulose 是巴西一家纸张和纸浆制造商。如同业内其他公司一样，它很容易受纸张和纸浆价格波动的影响。图 22.1 描述了 Aracruz 公司在 1991—2000 年间的销售额和经营性收入，并且提供了各年的纸浆价格指数。需要注意的是，Aracruz 的经营状况与纸张纸浆价格之间具有高度的相关性。Aracruz 盈利很低或者为负的年份通常也就是纸张价格下跌的年份。

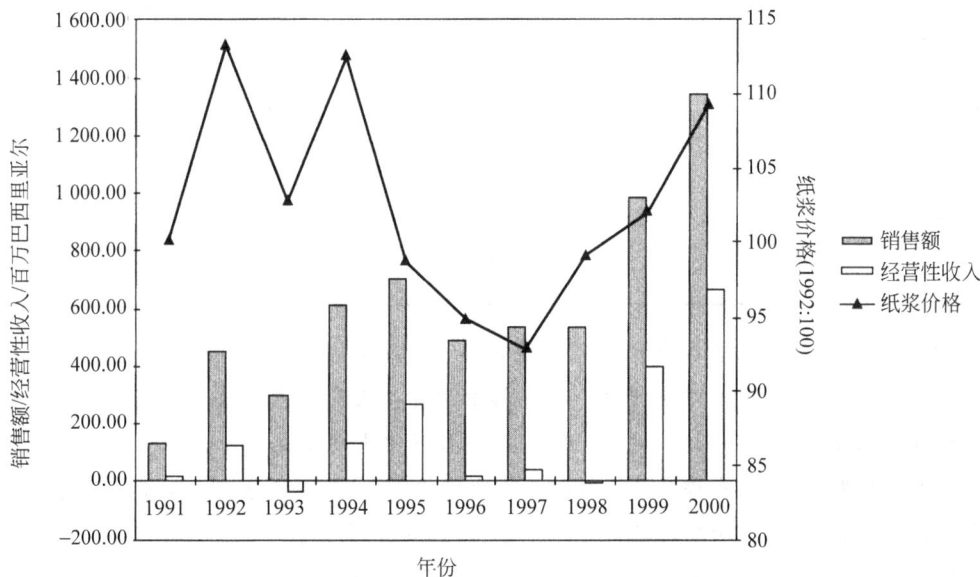

图 22.1　Aracruz Celulose：利润和纸张纸浆价格

来源：Aracruz 公司年度报告

　　在 2001 年 5 月,在我们评估 Aracruz 时,该公司刚刚经历了纸张价格高涨而盈利丰厚的一年。据它报告,在 2000 年的经营性收入为 6.66 亿巴西里亚尔(BR),销售额为 13.42 亿 BR,公司面临的税率为 33%。若用这种经营性收入评估 Aracruz,则需假设纸张价格将继续走高。为了避免这一点扭曲估价过程,使用过去十年间的纸张均价,重新估算 2000 年的销售额和经营性收入如下:

$$重新表述的销售额 = 销售额_{2000} \times (纸张均价_{91-00} / 纸张价格_{2000})$$
$$= 13.42(102.58/109.39) = 12.58 亿 BR$$

$$重新表述的经营性收入 = 重新表述的销售额 - 经营性支出$$
$$= 12.58 - (13.42 - 6.66) = 5.82 亿 BR$$

　　运用这一经营性收入,计算得出的公司标准化资本报酬率为 10.55%,根据在上一年末的净债务账面价值(15.49 亿 BR)和股权账面价值(24.49 亿 BR):[*]

$$标准化资本报酬率 = 经营性收入_{2000}(1 - t)/$$
$$(债务账面价值_{1999} + 股权账面价值_{1999})$$
$$= 5.82(1 - 0.33)/(15.49 + 21.49) = 10.55\%$$

　　我们假设,在未来五年内,该公司能够保持这种资本报酬率,实际年增长率为 10%;随后,实际年增长率下降到 3%。下表概述了关于 Aracruz 公司在未来五年和稳定增长期第一年的公司自由现金流预测值(从当期到第 6 年):[**]

---

　　[*]　原文两个数字前均以"$"而非"BR"为货币符号。——译者注

　　[**]　原表中各绝对数字之前均带有"$"符号且以"百万"为单位,现去掉该符号而改以"亿 BR"为单位。——译者注

金额单位：亿 BR

	1	2	3	4	5	终端年份
预期增长率	10%	10%	10%	10%	10%	3%
再投资率	94.79%	94.79%	94.79%	94.79%	94.79%	28.44%
EBIT	6.44	7.12	7.87	8.70	9.61	10.63
EBIT$(1-t)$	4.31	4.77	5.27	5.83	6.44	7.12
一再投资率	4.09	4.52	5.00	5.52	6.11	2.03
=FCFF	0.22	0.25	0.27	0.30	0.34	0.51

请注意，各年的再投资率是根据预期增长率和资本报酬率计算得出：

$$再投资率 = g/ 标准化资本报酬率$$

随着预期增长率在第6年(终端年份)的下降，再投资率也将如此。

资本成本是根据真实条件估算得出，使用了等于0.70的业务性β值。后者是通过观察各纸张纸浆公司和因为暴露于巴西经济风险的溢价估算得出；未来五年的资本成本为10.24%，然后则是5%；而成熟市场溢价则是4%。我们使用等于4%的无风险利率。为估算实际债务成本，假设 Aracruz 公司在高增长期和稳定增长期的实际税前借款成本均为7.5%：

$$实际税后债务成本 = 7.5\%(1 - 0.33) = 5.03\%$$

使用当期股权市值(37.49亿 BR)和债务市值(13.95亿 BR)，计算得出的以市值表示的"债务-资本"比率为27.11%，下表列出了两个时期的资本成本：

	高增长期	稳定增长期
β值	0.7	0.7
无风险利率	4%	4%
成熟市场溢价	4%	4%
国家溢价	10.24%	5%
股权成本	4%+0.7(4%+10.24%)=13.97%	4%+0.7(4%+5%)=10.30%
税后债务成本	5.03%	5.03%
债务率	27.11%	27.11%
资本成本	11.54%	8.87%

首先，使用上表中的终端年份现金流和3%的永久性增长率，估算终端价值如下：

$$终端价值 = FCFF_{终端年份}/(资本成本_{稳定期} - g)$$
$$= 5.10/(0.088\,7 - 0.03) = 86.82 亿 BR$$

在目前，可将该公司经营性资产的价值计算为未来五年现金流现值与终端价值现值之和，并且运用高增长期的资本成本作为贴现率：

$$经营性资产价值 = 0.22/1.115\,4 + 0.25/1.115\,4^2 + 0.27/1.115\,4^3 + 0.30/1.115\,4^4 +$$
$$0.34/1.115\,4^5 + 86.82/1.115\,4^5 = 51.27 亿 BR$$

在此基础上加上现金和有价证券价值(8.49亿 BR)，减去未偿债务(13.95亿 BR)，就可估算得出股权价值：

股权价值＝51.27＋8.49－13.95＝45.81亿BR

这表明,由于公司目前的市值等于21.49亿BR,市场对它的估价偏低。

案例22.5 评估产品价格持续波动的公司:2009年3月的埃克森-美孚(Exxon Mobil)公司

埃克森-美孚或许属于最大的石油公司,但与同业公司一样也依赖于油价。在下图中,我们描绘了1985—2008年间作为平均油价之函数的埃克森公司的经营性收入。

显然,公司的经营性收入与油价可谓亦步亦趋。将经营性收入针对期内每桶油价进行回归,可得下列结果:

$$经营性收入＝-63.95＋911.32(平均油价) \quad R^2＝90.2\%$$
$$[2.95] \quad [14.59]$$

根据这一回归式,油价每提高10美元,埃克森-美孚的经营性收入可以增加大约91.1亿美元,而公司盈利变化额的90%可归因于油价的变化。

为得到埃克森的股权经营性收入,我们作出下列假设:

- 估算得出埃克森的业务性β值等于0.90,加上等于2.5%的长期国债利率和等于6.5%的股权风险溢价,就可估算股权成本如下:

$$股权成本＝2.5\%＋0.90(6.5\%)＝8.35\%$$

埃克森持有94亿美元未偿债务和3 204亿美元的市值(股份数目为49.416 3亿,股价为每股64.83美元),相应的债务率等于2.85%。作为AAA级的公司,预计其债务成本等于3.75%,体现了高出无风险利率达1.25%的违约息差。使用等于38%的边际税率(而非有效税率),就可估算得出公司的资本成本为8.18%:

$$资本成本＝8.3\%(0.971 5)＋3.75\%(1-0.38)(0.028 5)＝8.18\%$$

- 假设埃克森公司已经处在稳定增长期,经营性收入的永久性年增长率为2%。预计新投资产生的资本报酬率能够体现标准化经营性收入和目前所投入的资本。我们将使用这一资本报酬率估算再投资率。

埃克森在2008年报告的税前经营性收入为600亿美元,但这是以同年间平均油价高达86.55美元这一点为条件。到2009年3月,由于每桶油价下跌到45美元,公司在2009年的经营性收入要低出许多。使用上述回归结果,根据后一种油价得出的预期经营性收入将只有346.14亿美元:

$$标准化的经营性收入＝-63.95＋911.32(45)＝346.14亿美元$$

根据2%的增长率,这一经营性收入所蕴含的资本报酬率约为21%,再投资率约为9.52%。[①]

---

① 为了计算资本报酬率,我们加总2007年末的股权账面价值(1 260.44亿美元)和债务账面价值(95.66亿美元),减去现金(339.81亿美元),可知投入资本额为1 016.29亿美元。因此,资本报酬率可计算为

资本报酬率＝经营性收入(1-税率)/投入资本＝346.14(1-0.38)/1 016.29×100%＝21.1%

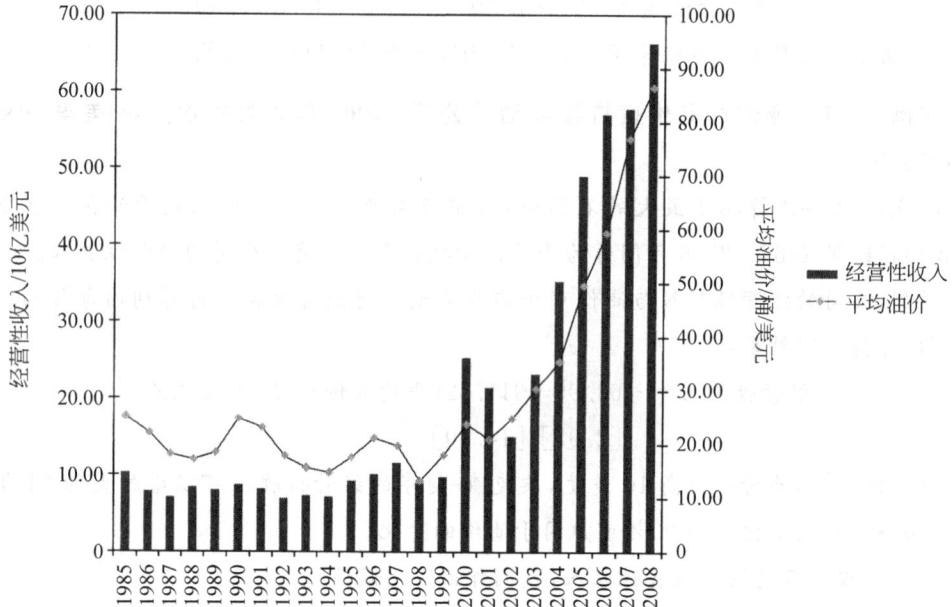

图 22.2   埃克森的经营性收入与油价：1985—2008 年间

$$再投资率 = g/ROC = 2/21\% = 9.52\%$$

$$经营性资产价值 = \frac{经营性收入(1+g)(1-税率)\left(1-\dfrac{g}{ROC}\right)}{资本成本 - g}$$

$$= \frac{346.14(1.02)(1-0.38)\left(1-\dfrac{2\%}{21\%}\right)}{0.081\,8 - 0.02} = 3\,204.72\ 亿美元$$

再加上当期现金余额（320.07 亿美元），减去债务（94 亿美元），再除以股份数目（49.416 3 亿），可得每股价值为 69.43 美元。

$$每股价值 = \frac{经营性资产 + 现金 - 债务}{股份数目} = \frac{3\,304.72 + 320.07 - 94}{49.416\,3} = 69.43\ 美元$$

鉴于当期股价是 64.83 美元，该股票被市场略微低估了。

22.2.2   存在长期问题的公司

在前一节所述估价问题所体现的一种看法是，盈利可以即刻调整到正常水平，或者是负盈利很快就会消失。然而，在某些情形中，负盈利所反映的却是公司所存在的更长期问题。因此，我们必须判断这些问题能否化解；如若肯定的话，则需判断何时能够化解。本小节考虑公司在这一方面的各种处理方式。

乘数和标准化盈利

如果我们想要实施相对估价而不是贴现现金流估价,是否需要对盈利作出这些调整呢? 答案通常是肯定的。若不加以调整,我们就等于假设盈利已经获得了标准化。

为说明起见,假设我们运用市盈率对各家钢铁公司进行比较,其中一家因为在去年的一场罢工而使得盈利为负。若不对这种盈利进行标准化,这家公司相对于行业就会显得被高估,因为市场价格是以过往的劳工纠纷预期为基础,虽然代价高昂。若用市销率之类乘数进行相对估价判断,即直接将该公司的市销率与行业均值进行比较,那就等于假设该公司的利润率很快就会趋向于行业均值。

如果整个行业的盈利都受到某个事件的影响,又当如何处理呢? 是否仍然需要实施标准化呢? 的确如此! 虽然汽车制造商的盈利或许都会受到衰退的影响,但各自的程度却取决于经营和财务杠杆方面的差异。再者,对于其中许多在衰退期间发生亏损的公司,我们无法计算其市盈率,而使用标准化盈利却可得到更能体现真实价值的乘数。

战略性问题

在所提供的产品组合、采取的营销战略,乃至所选择的目标市场等方面,公司都有可能出错,为此最终必须付出巨额代价;而表现形式就是盈利为负或者极低,甚至被永远逐出市场。不妨考虑下面数例:

- 20 世纪 80 年代,IBM 公司发觉,自己在大型计算机行业的主导地位及其超常盈利状况,遭到了个人计算机市场急剧扩张的挑战。IBM 本可及早开发个人计算机操作系统,但却将这种业务拱手让给了一家名叫微软(Microsoft)的新兴公司。到 1989 年,IBM 公司的市值减少了一半有余,股权报酬率也跌至个位数。[1]
- 数十年来,施乐(Xerox)公司一直主导着复印机制造业,以至于它的名称变成了此类产品的同义词。在 20 世纪 70～80 年代,它遭到了一些成本较低的亚洲公司的挑战,诸如理光(Ricoh)和佳能(Canon)等。在蒙受了最初的损失后,施乐夺回了其市场份额。然而,从 90 年代的后半期开始,公司的经营每况愈下,高新技术(电子邮件、传真机和低成本打印机)进一步加速了它的衰退。截至 2000 年底,关于施乐公司的前景已经出现重重疑云。
- 在迈克尔·阿姆斯特朗(Michael Armstrong)先生的领导下,AT&T 公司开始致力于摆脱陈旧电话公司之形象而转变为高科技公司。然而,初见成效后,一系列的失误和不良收购使得它在世纪之交的市值急剧下跌,目前尚难预测它将何去何从。

如果低度和负盈利是由战略错误所致,那就需判断这种现象是否会长期存在。如果

---

[1] 值得注意的是,通过回归到基本业务以及重新专注于售后服务,IBM 在近几十年间完全恢复了元气。

是这样，就需根据"它将无法收复失地"的假设条件实施估价，即，调低对于销售额增长率和期望利润率的预期值；另一方面，若对公司复苏或开辟新的市场持乐观看法，就可假设它能够恢复原有的利润率和高增长率。

经营性问题

若在交货和售后服务方面的效率不如竞争者，公司的利润率和价值就会不断降低。那么，公司的效率如何以及为何会逐步降低呢？有时，原因在于未能及时地补充资产或者采用最新技术。例如，如果钢铁公司所属工厂的年龄已有数十年，设备已然过时，公司在每吨钢产量所承担的成本就会大于新兴的竞争者。有时，问题可能在于劳动成本。若在美国设厂，钢铁公司通常要比在亚洲承担高出许多的劳动成本。

衡量经营效率的一个最佳变量是经营利润率。如果存在着经营问题，公司的利润率通常要比竞争者们低出许多。若要兼顾经营效率逐渐提高之功效，可以采用的一种方法是，将利润率朝着行业均值进行调整；但是，利润率变化的速度取决于下面几个因素：

- 公司的规模。规模越大，消除无效率现象所需的时间通常也就更长。在许多大公司内部，由于已经积聚了浓厚的惰性，需要作出调整的幅度也要大得多。例如，同样是为了将税前经营利润率提高 3% 这一会计目标，销售额为 100 亿美元的公司必须将成本削减 3 亿美元，而销售额为 1 亿美元的公司只需将成本削减 300 万美元。
- 无效率的性质。纠正各种无效率现象的速度有所不同。例如，公司能够迅速地更新过时的设备或存货系统，而重新培训劳动力则需花费长得多的时间。
- 外部约束。公司纠正无效率的程度和速度通常会受制于各种合约要求和社会压力。例如，解雇大量员工，对于那些人浮于事的公司来说或许是一种显而易见的方案。但是，由于与工会签订了合约，加上有可能遭到负面曝光，公司将只能三思而后行。
- 管理质量。具有一个锐意改革的管理层是公司有望实现成功转折的关键所在。有时，替换顶层管理者甚至构成了公司得以解决各种经营问题的前提条件。

黄金股份和私营化公司的价值

政府总是急于从自身拥有公司的私营化中获得现金，但大多并不会很快放弃对于它们的控制权。政府试图维持权力的一种方法是，在公司中持有所谓的"黄金股份"；这使得它们享有选举权，并且控制公司管理的某些或诸多方面。

例如，巴西政府在 CVRD 公司中保留了黄金股份，使它能就是否关闭矿山和其他重大财务决策作出最终决定。尽管政府通常把这些黄金股份视为某种既可实现私营化又能保留控制权的无成本方式，但是它们最终还是需要付出一定的代价。在评估那些带有黄金股份的公司时，投资者们通常不会指望其管理层会出现大的改变以及效率的提高，因而市场赋予公司的价值也会低得多。公司效率越低，黄金股份的约束性越强，政府将要蒙受的价值损失也越大。

私营化的特殊情形

在众多私营化的情形中,我们需要评估某些具有很长融资历史但盈利甚低的公司。利润率低下这一点不足为奇,因为此类公司的经营目标许多并不在于价值或者盈利的最大化。有时,人们受雇于这些公司是为了确保能够获得政治荫护。因此,这些公司最终必定是人浮于事而效率低下。

一旦实现了私营化,这些现象是否就能有所改观呢?未必尽然,并且无疑不会在即刻间发生变化。工会维护现有工作职位的实力、政府对经营方式的影响力以及公司规模本身都会使得公司状况的改变过程步履蹒跚而令人沮丧。虽然可以想象,事实也确实如此,公司在实施私营化之后就能提高效率,但这种速度却因公司而异。一般而论,可以预计,如果政府放弃公司控制权,如果存在着强烈竞争压力驱使效率的提升,调整的进展就会快得多。如果公司具有某种垄断地位而政府继续掌控其顶层管理者,调整就会缓慢得多。

案例 22.6　对私营化的估价：1995 年的 Compahnia Vale Dio Roce(CVRD)公司

1995 年,巴西政府对拉丁美洲最大的采矿公司 Compahnia Vale Dio Roce (CVRD)实施了私营化。在那一年,公司所报告的税后经营性收入为 7.17 亿 BR,销售额为 47.14 亿 BR。根据它在年初记录的投入资本额(147.22 亿 BR),税后资本报酬率为 5.33%。

假设实际的稳定增长率为 3%,而实际资本成本为 10%,运用这些数据评估 CVRD,可得其价值如下：

$$再投资率 = g/ROC = 3\%/5.33\% = 56.29\%$$

$$公司价值 = EBIT(1-t)(1+g)(1-再投资率)/(资本成本-g)$$
$$= 7.17(1.03)(1-0.5629)/(0.10-0.03)$$
$$= 46.11 亿 BR$$

然而,需要注意的是,此处假设 CVRD 的资本报酬率将一直保持现有水平不变。如果私营化能够提高公司的效率,就可期待它能够提高利润率和资本报酬率。例如,如果 CVRD 公司设在美国的采矿公司的实际资本报酬率为 7%,就可用它估算得出下列数字：

$$再投资率 = g/ROC = 3\%/7\% = 42.86\%$$

$$公司价值 = EBIT(1-t)(1+g)(1-再投资率)/(资本成本-g)$$
$$= 7.17(1.03)(1-0.4286)/(0.10-0.03)$$
$$= 60.29 亿 BR$$

如此考虑利润率的提高是否合理呢?答案取决于我们处在股票交易的哪一方。若是属于有意买入这只股票的投资者,我们或许会认为,该公司在经营方法上陋习过甚,难以作出为提高利润率所必需的改变,故而会采用以当期利润率估算得出的价值;若是我们站在政府的立场而想获得尽量高的价值,就会更加看重上述第二个价值数字。

财务杠杆

有时,公司陷入困境的原因在于举债过重而不是经营或者战略问题。此时,股权盈利为负而经营性利润则为正。解决这一问题的方案在很大程度上取决于公司面临的困难程度。如果预计这种困境不会导致公司破产，那就存在着多种可能的解决方案；如果这种困境是致命的，要找到应对良策则非常困难。

无立刻破产之虞的过度举债　举债过度的公司未必就会破产。事实上，如果拥有宝贵的经营性资产和巨额经营性现金流，公司所能承担的债务将远远超出其最优债务率，即便它们无意如此行事。那么，过度举债的成本是什么呢？首先，公司最终所面临的违约风险高得足以影响到经营活动－客户可能不再购买其产品，供应商可能会催促及早付款，公司难再挽留有价值的员工等。其次，与高度举债相关的高 β 值和高债务成本会加大公司的资本成本，减少公司价值。因此，最为符合公司利益的措施就是降低债务率。如果不是立刻进行，至少也应逐步地予以实施。

为了将举债公司作为"持续经营实体"进行估价，我们有两种选择：

1. 估算公司的自由现金流和评估公司。如果公司经营状况良好（经营利润率为正，并且接近于可比公司），所需作出的唯一调整就是逐步降低债务率（从操作角度看，就是在每一年的再投资资金中，应该有极高的比例出自股权），同时计算与债务率一道变化的资本成本。如果公司的经营利润率因借债过多而下降，也许还需将经营利润率朝着行业均值逐渐进行调整。

2. 使用调整性现值方法，将公司作为非杠杆性公司进行估价；然后，在得到的非杠杆性公司价值上加上债务的成本（预期破产成本）和效益（缴税优惠）。然而，正如第 15 章所言，要想估算预期破产成本并非易事。

案例 22.7　债务率的逐步调整：现代（Hyundai）公司

现代是一家韩国公司，隶属现代集团而专事其产品的贸易业务。如同许多韩国公司那样，为了扩张，现代在上世纪 90 年代后期前一直大量借款。到 2000 年末，其未偿债务额为 8.48 亿韩元（krw），股权市值为 1 630 亿 krw，相应的"债务-资本"率等于 83.85%。这一高杠杆系数产生了三种后果：

1. 公司的业务性 β 值等于 2.60，体现了它极高的债务/股权比率。根据等于 9% 的韩元无风险利率和 7% 的风险溢价（其中 4% 为成熟市场溢价，3% 为韩国国家风险），可用韩元估算得出该公司的股权成本为 27.20%。

$$股权成本 = 9\% + 2.6\%(7\%) = 27.20\%$$

2. 公司具有很高的违约风险，导致其韩元税前借款成本高达 12.5%，公司面临的税率为 30%。

3. 公司报告了 894.2 亿韩元的税前经营性收入，但其利息支出高达 990 亿韩元而给公司造成了损失。然而，需要注意的是，公司在几乎所有的利息支付上仍然享有缴税优惠。[①]

---

① 若无利息支出，现代就需为其 890 亿韩元的经营性收入缴税。因为利息支付，现代无需缴税。在 990 亿韩元的利息支付中，现代获得了 890 亿韩元的缴税优惠。

假设经营性收入在未来六年间的年增长率为 10%,然后是每年增长 8%。在最初 6 年间,假设公司资本支出(目前等于 120 亿韩元),非现金流动资本(目前为 3 410 亿韩元)将根据与经营性收入相同的比率增长,产生了下列现金流估算值:*

亿韩元

	1	2	3	4	5	6
EBIT(1−t)	688.6	757.4	833.2	916.5	1 008.1	1 108.9
＋折旧	44	48.4	53.2	58.6	64.4	70.9
−资本支出	132.0	145.2	159.7	175.7	193.3	212.6
−流动资本变化	341.1	375.2	412.7	454.0	499.4	549.3
公司自由现金流	259.5	285.4	314.0	345.4	379.9	417.9

我们假设,在未来六年间,公司将把债务率从 83.85% 减少到 50%。这将使得 β 值从 2.60 减少到 1.00,而税前债务成本则会从 12.5% 下跌到 10.5%(假设这些变化将呈线性发生)。可估算现代在未来六年间每一年的资本成本如下:

	1	2	3	4	5	6
β 值	2.60	2.28	1.96	1.64	1.32	1.00
股权成本	27.20%	24.96%	22.72%	20.48%	18.24%	16.00%
债务成本(税后)	8.75%	8.47%	8.19%	7.91%	7.63%	7.35%
债务率	83.85%	77.08%	70.31%	63.54%	56.77%	50.00%
资本成本	11.73%	12.25%	12.50%	12.49%	12.22%	11.68%

为了估算终端价值,假设第 6 年之后的永久性增长率为 8%,资本报酬率为 16%。这使我们能够估算公司在第 6 年末的再投资率和终端价值:

再投资率 = 8%/16% = 50%

终端价值 = 1 108.9(1.08)(1 − 0.50)/(0.116 8 − 0.08) = 16 260 亿韩元

运用资本成本对未来六年的各现金流和终端价值进行贴现,可得到下列结果:

高增长阶段的 FCFF 现值	1 323.4 亿韩元
终端价值的现值	8 191.9 亿韩元
经营性资产价值	9 515.2 亿韩元
＋现金和有价证券	804.6 亿韩元
−债务市值	8 477.3 亿韩元
股权市值	1 842.5 亿韩元

将股权市值除以股份数目,就可得到公司股权价值为每股 2 504 韩元。它略高于实际股价 2 220 韩元。

---

* 原表中各绝对数字前均带有"＄"符号且以"十亿"为单位,现改为以"亿韩元"为单位。——译者注

股权价值能否为负数？

我们通常通过从公司价值中减去未偿债务值而得到股权价值。但是，未偿债务价值能否超过公司价值呢？如果使用公司市值（加总股权和债务市值而得出）和债务市值，那就不会出现这种情形。这是因为股权市值永远不会小于零。然而，如果使用公司价值估算数，通过资本成本对公司现金流进行贴现而得出，所估算的公司价值就有可能小于未偿债务的市值。如果出现这种情形，可以作出的解释有三种：

1. 第一种也是最明显的可能是，我们对于公司价值的估算有误而造成估算值过低。此时，解决方法无疑是对公司进行重新估价。

2. 第二种可能是，我们高估了债务的市值。若用债务账面价值代表困窘公司的债务市值，或者债券市场对于公司债务的定价有误，就会出现这种情形。正确地估算债务市值可以消除这一问题。[①]

3. 第三种，也是最为微妙的可能是，公司价值估算数和债务市值都是正确的，此时的股权市值其实就为负数。鉴于股票的市场价格不能低于零，这也就意味着，该公司的股票已是一文不值。然而，正如后面将会看到的那样，即便如此，如果把股票看作是针对公司资产的看涨期权的话，它或许仍然具有一定的价值。

破产风险极高的过度举债　贴现现金流估价法以公司属于持续经营实体为前提，而且它的现金流可持续到未来。如果公司的财务问题严重到足以形成破产之虞，则可使用另外两种方法对公司及其股权进行估价。一种方法是估算资产在目前的流动性价值；另一种则是先根据公司能够继续经营为前提对其进行估价，再针对陷入困境的可能性和后果加以调整。

流动性价值　公司的流动性价值是它的资产可在市场上获得的价值，在此需要扣除交易和法律成本。若从资产价值中减去未偿债务价值，就可得到股权价值：

股权价值＝资产的流动性价值－未偿债务

如果无法区分各种资产而实施单独估价，估算流动性价值的问题就会变得比较复杂。再者，若对流动性的需求相当迫切，资产获得公允市值的可能性就会降低。为加速成交，急于清理资产的公司或许只能接受针对其公允市值的某个折扣。

需要注意的是，总体而论，不宜将资产的账面价值作为清理价值。大多数困窘公司的资产报酬均低于平均水平，而清理价值所体现的是资产的盈利能力，而不是最初投入于它们的资本（即最初账面价值减去折旧额的差额）。

22.2.3　经过违约概率调整的贴现现金流法

如果公司陷入困境或发生违约的可能性很大，使用贴现现金流估价法就会给出过高

---

① 我们可以根据反映了公司现状的税前债务成本对债务的预期现金流进行贴现。

的价值,因为它假设公司将作为"持续经营"实体而存在。纠正这种偏差的一种方式是,首先用贴现现金流方法评估公司,假设它能够恢复财务健康和利润率,然后再估算两种数据:

1. 公司无法再作为"持续经营"实体的概率(即,违约概率)。估算这一点的方法有三种。

a. 若公司具有上市的未偿债券,可根据债券价格倒推得出

$$债券价格 = \sum_{t=1}^{t=N} \frac{息票(1-\pi_{困窘})^t}{(1+无风险利率)^t} + \frac{债券面值(1-\pi_{困窘})^N}{(1+无风险利率)^N}$$

求解在债券整个时期内的年化违约概率,但不考虑这种概率在早些年间较高而在晚些年间较低的可能。

b. 若公司获得了债券评级,可使用历史数据估算其违约的可能。表 22.1 概述了不同等级在 5 年期间和 10 年期间出现违约的可能性。根据该表,CCC 级公司在 10 年间的违约概率为 61.67%。

表 22.1　不同等级债券的违约概率　　　　　　　　%

债券等级	累积违约概率	
	5 年	10 年
AAA	0.03	0.06
AA	0.39	0.47
A	0.61	1.19
BBB	6.41	7.72
BB	11.36	19.18
B	29.38	38.68
CCC	48.53	61.67

来源:Altman(2010)。

c. 如果公司既无债券又无评级,则可使用统计技术(诸如"概率单位")估算破产概率。

2. 出现违约时,公司所能得到的资产价值。实质上,我们将使用前一部分内容所述估算流动性的各种技术。扣除未偿债务之后,就可得到发生违约时的股权价值。(股东通常将一无所获。)

一旦估算出了这些数字,就可将公司在今天的股权价值表述为股权以持续经营、陷入困境两种状态概率进行加权所得均值的函数:

今天的股权价值 = 持续经营实体的股权价值(1-违约概率) +
违约时的股权价值(违约概率)

案例 22.8　评估有极低经营性收入和巨额债务的公司:2011 年的 MGM Resort 公司

MGM Resorts 是全球主要的博彩公司之一,在美国和中国澳门均设有赌场。如同业内其他公司,它为了扩张而在 2002—2008 年间发生了巨额借款。随着经济走势的放缓,

公司的经营性收入从2007年的1425百万美元下跌到2010年的371百万美元,而净收入更是从2007年的1584百万美元惨跌到2010年的－1437百万美元。到2011年5月,该公司被评为CCC级,违约已是一触即发。

若要作为持续经营实体而生存下去,MGM需要解决几个问题。第一,必须依靠为正的销售额增长率扭转经营性利润率和报酬率,但它的销售额却从2007年的7962百万美元下跌到了2010年的6019百万美元。第二,必须缓解债务负担。在2011年5月,根据市值计算的"债务-资本"比率为59.70%,大大高于业内等于46.21%的均值。为了将MGM作为持续经营实体进行估价,现作出下列假设:

- 销售额增长率。我们预计销售额在2011年可以恢复正常,增长率为6%;随后四年间则是15%的增长率;在第10年后,它下降到等于3%的稳定增长率。

- 经营利润率。我们预计,在未来十年间,在目前等于6.23%的税前经营利润率将提高到19.84%这一行业均值,这意味着相比前些年间而言的升幅极大。

- 债务率和资本成本。假设它在未来五年将保持59.7%的债务率,但在第5年后将以线性增量方式下降,直到第10年等于46.21%的行业均值。随着债务率的降低,预计β值(因为极高的债务率,目前等于2.63)会在稳定增长期降低到1.20。税前债务成本(设为11.5%,以此体现当期的CCC评级)在前五年保持不变,然后线性下跌到等于6%的永久性税前债务成本。

- 再投资率。鉴于增长率的很大比重将源于对现有资产的更有效运用,MGM公司可在最初五年间以相对较低的再投资率取得增长,但是再投资率在随后五年间将提升到30%这一稳定增长率。关于这一增长率,我们是运用等于3%的稳定增长率并且假设永久性资本报酬率为10%而估算得出。

综合上述假设,可以估算销售额、经营性收入和公司自由现金流如下:

金额单位：百万美元

	销售额	销售额增长率/%	税前利润率/%	EBIT	EBIT $(1-t)$	再投资率/%	再投资额	FCFF
基年	6 019		6.23	375	233	19.78	46	187
1	6 380	6.00	10.77	687	426	－5.91	－25	451
2	7 656	20.00	13.79	1 056	655	0.95	6	649
3	8 805	15.00	15.81	1 392	863	3.74	32	831
4	10 125	15.00	17.15	1 737	1 077	7.80	84	993
5	11 644	15.00	18.05	2 102	1 303	12.95	169	1 134
6	13 041	12.00	18.65	2 432	1 508	16.97	256	1 252
7	14 345	10.00	19.04	2 732	1 694	20.80	352	1 342
8	15 493	8.00	19.31	2 992	1 855	23.82	442	1 413
9	16 423	6.00	19.49	3 200	1 984	25.52	506	1 478
10	17 080	4.00	19.60	3 348	2 076	25.99	540	1 536
终端年份	17 592	3.00	19.84	3 490	2 164	30.00	649	1 515

请注意,随着债务率和风险参数的改变,这些根据资本成本获得贴现的现金流也会因时而变(参见下表):

	债务率/%	β值	股权成本/%	税前债务成本/%	税后债务成本/%	资本成本/%	累积资本成本
现年	59.70	2.63	16.63	11.50	7.13	10.96	
1	59.70	2.63	16.63	11.50	7.13	10.96	1.109 6
2	59.70	2.63	16.63	11.50	7.13	10.96	1.231 1
3	59.70	2.63	16.63	11.50	7.13	10.96	1.366 0
4	59.70	2.63	16.63	11.50	7.13	10.96	1.515 7
5	59.70	2.63	16.63	11.50	7.13	10.96	1.681 8
6	57.00	2.34	15.20	10.40	6.45	10.21	1.853 5
7	56.33	2.06	13.78	10.13	6.28	9.55	2.030 6
8	55.20	1.77	12.35	9.67	5.99	8.84	2.210 1
9	52.96	1.49	10.93	8.75	5.43	8.01	2.387 2
10	46.21	1.20	9.50	6.00	3.72	6.83	2.550 2

运用终端年份的 FCFF、资本成本和稳定增长率,便可估算 MGM 经营性资产的终端价值如下:

$$稳定增长期的再投资率 = g/ROC = 3\%/10\% = 30\%$$

$$终端价值 = \frac{EBIT(1+g)(1-税率)(1-再投资率)}{(资本成本 - g)}$$

$$= \frac{17\,080(1.03)(1-0.38)(1-0.30)}{(0.068\,3 - 0.03)} = 39\,560\ 百万美元$$

将现金流根据累积资本成本进行贴现,可得到下表所列经营性资产价值:

百万美元

年　份	FCFF	终端价值	累积资本成本	现值
1	451		1.109 6	406.60
2	649		1.231 1	526.76
3	831		1.366 0	608.13
4	993		1.515 7	655.02
5	1 134		1.681 8	674.42
6	1 252		1.853 5	675.36
7	1 342		2.030 6	660.67
8	1 413		2.210 1	639.33
9	1 478		2.387 2	619.07
10	1 536	39 560	2.550 2	16 115
经营性资产价值				21 580
+现金				499
-债务				10 952
股权价值				11 127
/股份数目/百万				488.59
每股价值/美元				22.77

如果 MGM 能够逐步改善经营状况和减少债务,它在 2011 年 5 月的每股价值将达到 22.77 美元。

公司持续经营的价值大大高出 MGM 在 2011 年 5 月等于 15.13 美元的股价,但它的巨额债务和较低债券评级(CCC)都显示了违约的可能。为了兼顾这一点,我们估算了违约概率和后果。

违约概率:运用表 22.1,可知 CCC 级债券的违约概率为 61.67%。鉴于 MGM 发行了多种上市债券,我们选取其中流动性最强的一种(为期 7 年,息票率为 7.625%,交易价格是面值的 97.4%),根据它的价格估算困窘概率($\pi_{困窘}$):

$$债券价格 = 974 = \sum_{t=1}^{t=7} \frac{76.25(1-\pi_{困窘})^t}{(1.035)^t} + \frac{1000(1-\pi_{困窘})^7}{(1.035)^7}$$

根据上式求解它陷入困境的概率,可得到 10 年间的年化违约概率等于 4.28%,累积概率为 35.42%[即,$1-(1-0.0342)^{10}=0.3542$]。

违约风险:假设 MGM 在违约时仍可以账面价值的 80% 出售资产(主要是房地产),而成本占清算收入的 5%,则有

清算收入 = 资产账面价值(作为所占账面价值某一百分比的清理收入)

= (1 - 清算成本比重)

= 14548(0.80)(1-0.5) = 11531 百万美元

因为债务账面价值等于 12048 百万美元,公司股票在它违约之后将分文不值。

现在可将经过违约概率调整的股权价值表述为 DCF 值、经过违约概率调整的公司价值的函数,由此得到下表。

	持续经营	困窘/违约
概率	64.58%	35.42%
公司价值/百万美元	22.079	11.531
未偿债务/百万美元	10952	12048
股权价值/百万美元	11127	0
每股价值/美元	22.27	0.00

股票价值 = 22.77(0.6458) + 0.00(0.3542) = 14.71 美元

公司在 2011 年 5 月的股价为 15.13 美元,市场对它的估价看来相当公允。

🌐 *dbtfund.xls*:根据各个行业,这一网上的数据集概述了美国公司在最近年份以账面价值、市值表示的债务率。

生命周期与盈利

正如本章前述,在生命周期的某些阶段,一些公司常处在亏损状态。在评估这类公司时,我们无法对盈利实施标准化,就像针对那些遇到短暂麻烦的公司所为。因此,我们需要估算公司在整个生命周期内的现金流,并且假设它们在周期的某个恰当时期将转而为正。这一问题对于三类公司来说可谓至关重要,即,作出大量基本建设投资且寿命很长的

公司、价值主要来自专利的年轻生物技术公司,以及初创公司。

实施基础性投资的公司　如果公司需在生命周期较早阶段作出大量的基本建设投资,它就必须等待很长的时间才可盈利。完全可能的是,在此类投资期间,公司处于巨额亏损状态。事实上,导致问题更加复杂化的是,许多公司为了基础性投资都需要大量举债,这就形成了一种相当不利的情形组合,即负盈利和高杠杆并存。

给定这种组合,那些需要基础性投资的公司如何才能具有价值呢,诸如电话公司或有线电视公司?不妨考虑这样一条成功之路。公司虽然是通过大量举债而进行基本建设投资,但在完成投资后,它将拥有一个竞争者难以涉足的可靠市场。有时,公司在提供某种服务方面享有法定独占的垄断地位,无需对基本建设作更多投资,现有投资的折旧就可持续地产生大量的缴税优惠。这种情形的净效应是,公司就像拥有一台点钞机那样,不仅能够偿清债务,而且能够作出新一轮的投资。在某种意义上,20 世纪,电话公司、电力公司、某些有线电视公司和手机公司就是通过这条途径取得成功的。

从 20 世纪 90 年代以来,电信公司的数量以及它们在各种项目中所筹资本额均呈现了爆炸式扩张。虽然它们沿袭的是其先行者所奠定的高债务、巨额前期基础性投资的做法,我们认为,这一代公司缺少两个关键性因素。第一,高科技已经构成了公司发展的关键所在,巨额的基础性投资并不能够确保未来的盈利甚至是市场的形成。第二,对于新的一代公司而言,可能缺乏那些以往可令实施基础性投资的公司免遭竞争而获得巨额、稳定利润的保护性措施。可以预计,它们中的很多将会破产,因而最好是反复地权衡应该借款多少的决策问题。

具备专利的公司　公司的价值通常有两个来源:现有资产和预期增长机会。前者的价值通常体现为现金流,后者的价值则由预期增长率所体现。如果公司价值的很大部分出自于产品专利,在这种特殊情形下,预期增长率就取决于对专利的开发。若在进行贴现现金流估价时忽略这一点,我们就会低估公司的价值。

如果需要评估具有产品期权的公司,有三种方法可以处理相关的问题:

1. 借助于公开市场评估产品期权,再将它们加到根据贴现现金流(DCF)估价法所得出的价值上。若针对产品期权存在着活跃的市场,就能为评估这些期权提供一种可靠而简便的方式。若无这种市场,产品期权就难以得到分离和进行交易,也就难以运用这种方法。

2. 使用更高的而不是由现有产品和资产所验证的增长率,以此把握出自产品期权的附加价值。这种做法虽然并未逾越传统的贴现现金流估价框架,调高增长率的做法却在总体上带有主观性,它把相机性现金流(其中,只有在具备经济意义时,产品期权才会获得实施)转化为预期现金流。

3. 使用期权定价模型评估产品期权,再把所得价值加到现有价值的贴现现金流价值上。这种方法的好处是,它能够更加准确地体现产品期权的现金流状况。

评估具有产品期权的公司,首要问题不在于这些期权没有受到关注,而在于它们通常会被重复计算。分析者们时常使用更高的增长率,就是为了体现公司所拥有的产品期权;

但是,他们接着再度针对相同的产品期权而将某种溢价添加到 DCF 价值上。在第 28 章,我们将再度探究此类公司的估价问题。

新创公司 许多公司发端于企业家们的某个理念,然后再逐渐地发展成为商业性投资项目。从理念公司到商业性投资项目的转换期间,这些公司时常会赔钱。但是,这一点并不会使得它们全无价值。事实上,新经济公司的市值在 20 世纪 90 年代高涨就验证了这样一个事实:好的理念具有极大的价值;另一方面,在 2000 年出现的纠偏也说明了这些价值的波动之剧烈。

评估新创公司可能属于难度最大的估价活动。直到最近,它还属于风险资本家和私募股权投资者的领地。为了补偿所面临的不确定性,他们通常会索取很高的投资报酬。如果新创公司属于上市交易者,这种挑战将会变得更加尖锐。下一章将考察在评估此类公司时将会面临的问题。

22.3 总结

针对许多情形,我们需要对传统的贴现现金流估价法作出调整或修正,以便提供更加合理的价值估计。本章阐述了其中一些情形。由于周期性公司的盈利随着经济形势而变化,评估它们实属不易。从它们与产品价格的关系角度而论,对于产品公司也可作如是说。如果不对这些周期性公司的盈利波动性加以调整,就会造成在经济谷底时对它们的估价严重偏低,而在经济巅峰时则严重偏高。

如果公司的负盈利源于长期的战略、经营或财务问题,评估这些公司的过程会愈加复杂。在此,我们必须判断公司的问题能否化解以及何时可以化解。对于那些破产可能性很大的公司,评估这种困境的可能性和后果,我们或许还需要考虑资产的清算价值,或者实施经过调整的持续经营实体估价。在评估那些处在生命周期早期的公司时,也会遇到类似的问题;如果盈利、现金流和账面价值为负,这些问题会愈加突出。然而,在上述大多数情形中,贴现现金流估价法所具备的灵活性足以用于价值估算。

22.4 问题和简答题

在下列问题中,若无特别说明,假设股权风险溢价为 5.5%。

1. Intermet Corporation 是美国最大的独立钢铁铸造公司,在 1993 年报告了每股 0.15 美元的赤字。它从 1984 到 1992 年的每股盈利如下:

年份	EPS/美元	年份	EPS/美元
1984	0.69	1989	0.68
1985	0.71	1990	0.09
1986	0.90	1991	0.16
1987	1.00	1992	−0.07
1988	0.76		

在 1993 年,该公司的资本支出为每股 1.60 美元,折旧额则是每股 1.20 美元。

在 1994 年,预计流动资本的增量为每股 0.10 美元。其股票的 β 值为 1.2,并且预计不会有变;该公司采用 40％的债务率$[D/(D+E)]$满足资本支出和流动资本需要。就长期而论,预计公司的增长率与宏观经济一致(6％)。

a. 使用平均盈利法估算 1994 年的标准化每股盈利。

b. 使用平均盈利法估算 1994 年的标准化股权自由现金流。

2. 在连续两年的亏损后,通用汽车公司(GM)在 1993 年报告了每股等于 4.85 美元的赤字。(平均每股盈利为负。)在 1993 年,公司资产账面价值为 250 亿美元;资本支出几乎花费了 70 亿美元,而部分可由等于 60 亿美元的折旧额所抵消。公司持有 190 亿美元的未偿债务,所付利息为 14 亿美元。公司试图维持 50％的债务率$[D/(D+E)]$。流动资本需要额为负数,股票的 β 值为 1.10。在 1986—1989 年间的最后一个正常经营期内,公司的平均资本报酬率为 12％。国债利率为 7％,市场风险溢价为 5.5％。

如果对盈利实施标准化,预计 GM 预计可以永久性地每年增长 5％,资本支出和折旧也将以相同的比率增长。

a. 假设盈利即刻获得标准化,估算 GM 的每股价值。

b. 如果 GM 在 1995 年之前(两年之内)无法实现标准化盈利,我们的估价会受到怎样的影响?

3. Toro Corporation 专门从事割草机和拖拉机的制造业务。在 1992 年,其销售额为 6.35 亿美元,报告了 700 万美元的亏损额(主要因为衰退);利息支出为 1 700 万美元,其债券的评级为 BBB;典型 BBB 级公司的利息覆盖率(EBIT/利息支出)为 3.10;该公司面临着 40％的税率,股票 β 值为 1.10(国债利率为 7％,风险溢价为 5.5％。)

Toro 在 1992 年的资本支出为 2 500 万美元,折旧额为 2 000 万美元。流动资本占销售额的 25％。预计公司可将债务率保持在 25％的水平。从长期看,一旦盈利回复到正常水平,销售额和利润的预期增长率为 4％。

a. 假设其债券评级已经体现了标准化盈利,估算 Toro Corporation 的标准化盈利。

b. 假设标准化盈利的长期增长率能够成立,估算该公司的价值。

4. Kollmorgen Corporation 是一家从事多种业务的高科技公司,在 1992 年报告的销售额为 194.9 百万美元,同期净亏损额为 1 900 万美元。在前面五年间,它的净收入经历了很大的波动:

百万美元

年份	净收入	年份	净收入
1987	0.3	1990	7.2
1988	11.5	1991	−4.6
1989	−2.4		

其股票的 β 值为 1.20,预计在 1996 年前的标准化净收入每年增长 6％;然后,预计增

长率将稳定在 5%（β 值下降到 1.00）。1992 年的折旧额为 800 万美元,同年的资本支出为 1 000 万美元。预计这两项的长期年增长率均为 5%,公司可将债务率保持在 35%。（国债利率为 7%,风险溢价为 5.5%。）

a. 假设可用 1987—1992 年间的平均盈利代表标准化盈利,估算标准化盈利和股权自由现金流。

b. 估算每股价值。

5. OHM Corporation 是一家提供环境保护服务的公司商。在 1992 年,其销售额为 209 百万美元,所报亏损额为 310 万美元;息税前盈利为 1 250 万美元,未偿债务为 1 040 万美元（以市值计）;发行股数目为 1 590,股价为 11 美元。公司所欠债务的税前利率为 8.5%,股票的 β 值为 1.15。预计公司的 EBIT 在 1993—1996 年间的年增长率为 10%,此后将下降到等于 4% 的长期增长率。稳定增长期的资本报酬率为 10%。（公司税率为 40%,国债利率为 7%,而市场风险溢价为 5.5%。）

a. 估算 OHM 的资本成本。

b. 估算该公司的价值。

c. 估算股权价值（包括总额和每股价值）。

6. 我们获得了有关高档音响设备制造商 CEL. Inc. 公司的下列信息:

• 在最近这个经营不佳的年份,公司只得到了 4 000 万美元的净收入。预计它在明年的净收入可以更接近正常水平。公司股权账面价值为 10 亿美元,它在过去十年（假设属于正常时期）的平均股权报酬率为 10%。

• 预计公司在明年需要 8 000 万美元的资本支出;预计今年的折旧额为 6 000 万美元,在明年将增长 5%。

• 公司在今年的销售额为 15 亿美元,并且保持了等于销售额的 10% 的非现金流动资本。它预期销售额在明年可增加 5%,而流动资本则减少到销售额的 9.5%。

• 预计公司会保持现有的债务政策（根据市值）。股权市值为 15 亿美元,股权账面价值为 5 亿美元。未偿债务（根据账面和市场价值）为 5 亿美元。

• 公司的股权成本为 9%。

a. 估算明年的 FCFE。

b. 假设公司的永久性增长率为 5%,估算股权价值。

7. Tenet Telecommunications 公司已陷入严重的财务危机。它刚刚报告,其只有 50 亿美元的销售额造成了 5 亿美元的经营性亏损。在最近财务年度,公司还具有 18 亿美元的资本支出和 8 亿美元的折旧,但是无需大量的非现金流动资本:

• 未来五年内,销售额的年增长率仍为 10%,然后将一直是 5%。

• EBITDA 占销售额的比重将从目前水平以线性增量方式递增到第 5 年后的 20%。

• 年度资本支出在未来五年可以削减到 6 亿美元,年度折旧额将保持在 8 亿美元。

• 结转的净经营性亏损额等于 7 亿美元。

- 第 5 年之后的永久性资本报酬率为 9%。

a. 假设公司税率为 40%,估算公司在未来五年间每一年的 EBITDA、EBIT 和税后 EBIT。

b. 估算未来五年间每一年的 FCFF。

c. 估算公司的终端价值。

d. 估算公司的当期价值。

e. 如果得知公司的破产概率为 20%,资产拍卖价值将占目前 12.5 亿美元账面价值的 60%,我们对它的估价会有哪些变化?

第23章

对年轻或初创公司的估价

本书已经评估的许多公司均为已然成型的上市公司,但对于那些刚刚起步的年轻公司,又当如何评估呢?不少分析者认为,我们无法评估这些公司,因为它们缺乏历史记录,有时甚至尚无可出售的产品或服务。本章将提出一种不同的看法。我们认为,虽然评估年轻公司要比评估成型公司更加不易,但估价的基本内容却并没有改变。新创公司的价值同样等于它们的预期经营性现金流现值,虽然这些预期现金流或许需要我们去发掘非同一般的信息来源。

23.1 信息方面的约束

在实施公司估价时,我们从三个来源提取信息。第一个是公司当期的财务报表。我们可用它们判断公司目前的盈利状况,它为了未来的增长作了多少再投资,以及任何估价过程所需要的其他信息。第二个是从盈利和股价角度而言的公司历史。有关盈利和销售额的历史记录有助于我们判断周期性公司的现有状况和已经展现的增长率,而公司股价记录则可帮助我们衡量其风险。作为最后一个来源,我们还可以考察公司的竞争者或者同业公司群体,以便判断公司究竟是优于还是劣于竞争者;此外,我们还可以估算有关风险、增长率和现金流的关键数据。

对分析者来说,最为理想的是能够从所有三个来源获得大量的信息。倘若别无选择,我们就需以更多的某类信息去弥补其他类型信息的不足。例如,在美国,各汽车制造商均已具有 75 年乃至更长的历史。这一点可以弥补因为公司数目较少所造成的信息不足。相形之下,要想了解 Abercombine & Fitch 公司的目前状况,我们可能只能得到为期几年的信息。然而,鉴于该公司所处行业(专项零售商)存在着 200 多家可比公司,我们很容易获得行业均值,而这些均值的准确性可以弥补该公司历史记录的不足。

然而,在评估某些公司时,尤其是处在新兴行业者,我们或许会遇到信息制约。第一,这些公司成立通常不过一两年,历史极为短暂;第二,它们目前的财务报表没有披露其资产结构,进而难以了解构成其价值最大来源的预期增长率;第三,这些公司大多属于行业先行者,缺乏可资比较的竞争者或同业公司群体。因此,在评估这些公司时,我们在信息来源上可能会同时受制于这三点。那么,投资者对于这种情形会有何反应呢?一些人认为这些股票无法获得估价,故而不应纳入投资组合中;另一些人则认为,传统模型无法对这些股票进行估价,故而需要另辟蹊径。凭借着有限的信息,他们极力尝试各种新奇独特的方式去验证自己所支付的股价。本章所要提出的看法是,我们同样可以使用贴现现金流模型对这些公司进行估价。

23.2　新范式抑或旧原则:生命周期的视角

公司价值的基本成因在于它产生现金流的能力,以及关于它们的不确定性。一般而言,对于盈利较高公司的估价要高于盈利较低者。新创公司虽多为亏损者,但有时也能得到很高的估价。此点似乎与"公司价值和利润率相互关联"这种说法相抵触。至少从局外人角度而言,这是新创公司和其他公司之间又一个关键区别。新创公司在土地、建筑物或者其他固定资产上并无重大投资,而且看来是从各种无形资产上产生大量的价值。

针对负盈利和无形资产,一些分析者们放弃了传统估价模型而另辟蹊径,以便论证对于新创公司的投资。例如,第 20 章已经提及,他们根据每位网址访问者的价值对那些处在幼年期的互联网公司进行比较,通过将公司市值除以网址访问者人数而计算得出。这种做法所蕴含的假设条件是,更多的网址访问者可转化为更大的销售额,进而可在未来带来更多的利润。但是,鉴于此类假设大多并未获得明确阐述和实际验证,通常会造成不尽切实的估价。事实上,在 2011 年,围绕着各家大众传媒公司,这种情形曾再度浮现。

显然,这种对于新型范式的寻觅略失偏颇。有关年轻公司的问题不在于它们还在赔钱,不在于缺乏历史记录,同样也不在于没有巨额的有形资产;问题在于,相比成型公司它们还处在生命周期的早期,并且需要在具有成型产品市场之前就获得估价。然而,这一问题并非理念性的而是操作性的。公司的价值依然是出自其资产的现金流现值,虽然估算这些现金流极其不易。

图 23.1 描述了公司的生命周期,包括在生命周期内的信息可得性以及价值变化的缘由。

- 初创阶段。它构成了公司组建后的最初阶段。此时,产品大多尚未获得验证,而市场尚未形成。由于目前无经营活动,无经营记录,也无可比公司,公司的价值完全取决于它在未来的增长潜力。因为可用信息有限,这些公司的估价问题最具挑战性。我们需要尽力估算各种数据,但是错误可能很大。为了估算未来增长率,可根据现有管理者的素质、他们将有前景的理念成功转化为商品的能力。处在这一阶段,这正是公司为何努力聘请那些曾经将理念转变为钞票的经理们的原因,因为他们能使公司更容易博得潜在投资者的信任。

- 扩张阶段。一旦赢得了客户和确立了市场地位,公司的销售额就会迅速增加,虽然仍有可能出现亏损。在此阶段,公司的经营状况已经能够为定价、利润率和预

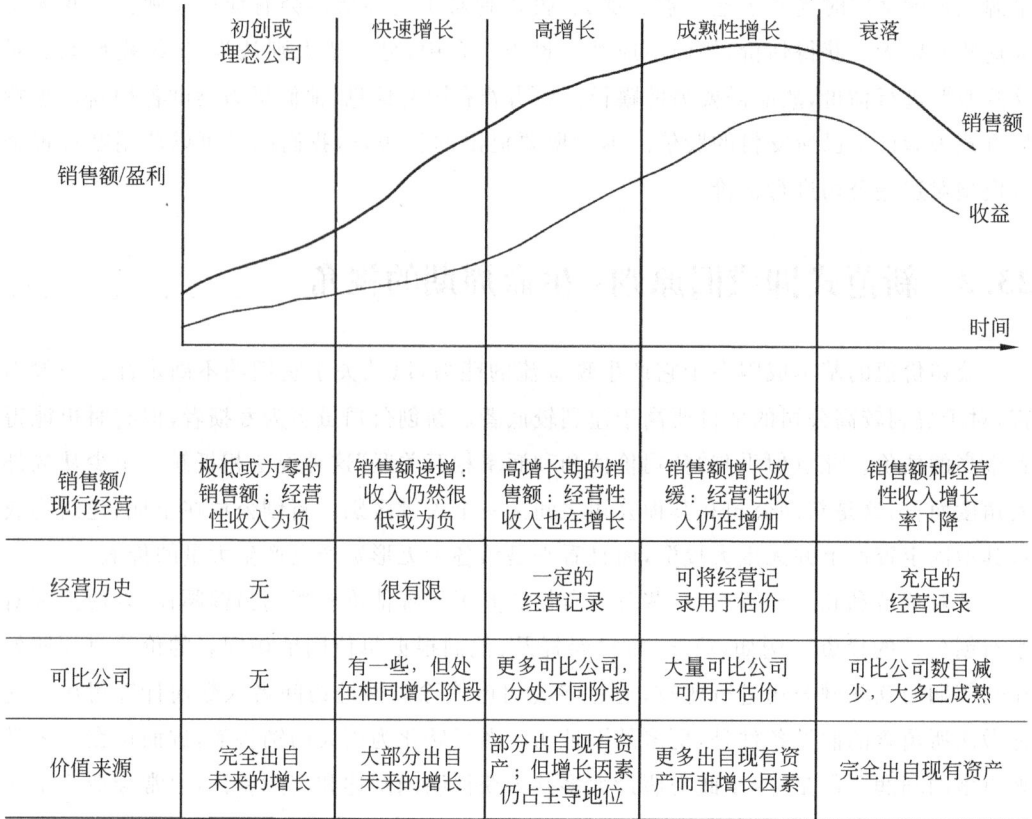

图 23.1 整个生命周期内的估价问题

期增长率提供有用的线索，但是目前的利润率还难以预示未来。公司的经营历史依然有限，且在不同时期变化甚大。其他公司大多已处在经营状态，而且处在与估价对象相同的增长阶段。在此阶段，估价会变得略为简单，但信息依然有限且不可靠，估价所需数据有可能随着时间的推移而发生很大的变化。

- 高增长阶段。在此阶段，公司虽然增长迅速，但盈利的增加却有可能落后于销售额。此时，公司的经营活动和历史已经包含了可用于实施估价的信息。可比公司的数目在此阶段通常也最多，而它们在所处生命周期的阶段方面也更加多样化，从小型、高增长竞争者到较大的、较低增长的竞争者。该公司当期资产具有很大的价值，但更大部分的公司价值仍然出自未来的增长。在此阶段，可以获得更多的信息，对各种数据的估算也更加便利。

- 成熟增长阶段。随着销售额的增长趋于放缓，公司通常会遇到两个新的问题。盈利和现金流继续在迅速增长，体现了以往投资的成效，但对新项目的投资需要则减少了。在此阶段，公司的经营体现了未来，经营历史可以提供关于市场的大量信息，处在相同阶段上的可比公司为数众多。现有资产对公司价值的贡献不下于预期增长，而估价所需各项数据也可能趋于稳定。

- 衰落阶段。它是生命周期的最后一个阶段。此时,随着公司的业务趋于成熟以及新竞争者的赶超,销售额和盈利都开始下降。现有投资仍然能够生成现金流,虽然节奏放慢,公司已无需再投资。因此,公司的价值完全取决于现有资产。可比公司的数目可能有所减少,它们可能都进入了成熟增长期,或者也处在衰落中。

处在生命周期较早的各个阶段,估价问题无疑更具挑战性,因为关于新创或高增长公司的价值估算可能包含各种错误。但是,出于两个原因,对于这种公司的估价所能得到的回报也可能最大。第一,信息的缺乏会使得许多分析者为之却步;能够坚持完成估价的分析者,无论准确度如何,都有可能获得回报;第二,这些公司最有可能以首次公开募股、发行新股的方式进入金融市场,故而需要对它们进行估价。

23.3　对风险资本的估价

直到近期,新创公司主要是从风险资本家那里筹措追加的股资。首先考察一下风险资本家评估这些公司的方式不无裨益。虽然风险资本家有时会使用贴现现金流模型评估这些私营企业,但是更有可能使用所谓“风险资本”方法。因此,如果预计私营企业将会上市,那么就预测一下它在未来一年的盈利。接着,使用这些盈利,结合根据业内上市公司估算得出的盈利乘数,评估公司在首次公开募股时的价值,即所谓“退出或终端价值”(exit or terminal value)。

例如,假设我们想要评估一家小型软件公司 InfoSoft。预计它在三年后上市,而在第 3 年的预期净收入为 400 万美元。如果各上市软件公司的市盈率为 25,就可估算得到 1 亿美元的退出价值;然后,针对预计它所将面临的风险,将这一价值根据风险资本家的目标报酬率(它衡量风险资本家所认为的合理报酬率)进行贴现,而对于这一目标报酬率的设定通常大大高出公司的常规股权成本。

经过贴现的终端价值=估算的退出价值/(1+目标报酬率)^n

同样以 InfoSoft 公司为例,如果风险资本家要求获得 30% 的目标报酬率,InfoSoft 经过贴现的终端价值就是

InfoSoft 公司经过贴现的终端价值=1 亿美元/1.30^3=4 552 万美元

那么,风险资本家如何确定目标报酬率,以及它们为何如此之高呢?某些风险资本家或许构建了能够得出目标报酬率的复杂风险—报酬模型,但通常是根据判断、历史经验再加揣测综合得出这种报酬率;它们之所以很高则是包括三方面因素共同作用的结果:

1. 相对于其他公司而言,年轻和初创公司暴露于宏观经济风险的程度更大。按照资本资产定价模型的术语来说,它们应该具有更高的 β 值。

2. 风险资本家通常专注于某一行业而没有实施投资的分散化。因此,针对这些原本能够分散得掉的公司特定风险,他们会要求更高的溢价。

3. 许多年轻、初创公司最终都难以存活,故而目标报酬率结合了它们的破产风险。

在现实中,针对目标报酬率的讨价还价程度远远超乎常规的贴现率。换言之,风险资本家的利益需要借助很高的目标报酬率和在新创公司中占有很大的股权来实现,而公司所有者的利益则需通过降低目标报酬率才能获得提高。因此,最终获得采纳的数字取决于双方的议价实力。

风险资本方法还会遇到另一个问题。由于退出乘数是以可比公司在目前的定价为基础,如果市场出错,它们就可能导致严重的估价错误。例如,在 2000 年投资于互联网的那些风险资本家最初的设想是,他们能够以 80 倍于销售额的价格将这些公司卖掉(这也正是当时的市场对于小型上市互联网公司的定价),因而高估了这些公司的价值。

风险资本、私募股权和分散化

风险资本家向来只专注于某个部门,而把投资大多集中在一个或两个行业。部分原因在于,在某一特定时间,对于风险资本的需求大多集中在少数行业,诸如 2011 年的大众传媒公司、上世纪 90 年代后期的新兴高科技公司,以及上世纪 80 年代后期的生物技术股;而部分原因则是,风险资本家是凭借自己的行业知识对筹股公司进行估价,帮助对这些公司进行管理。

然而,这种分散化不足将会造成某种成本,首先受到影响的就是评估这些公司的方法。对于实施了分散化的投资者来说,股权成本将低于同一公司中未能实施分散化的投资者;在下一章可以看到,这一点将会使得后者对于公司所赋予的价值比较低。

私募股权投资者们在近年来已然崛起,开始同传统的风险资本家展开竞争。鉴于这些投资者实施分散化的程度更高,故而能够设定较低的股权成本,从而会对相同的私营企业赋予高得多的价值。就长期而论,私募股权基金是否能够打败风险资本家呢？我们认为,只要关于行业的具体知识能够在评估公司时发挥作用,那就不会出现这种情况。

23.4　一般的分析框架

为了评估那些盈利为负、缺乏数据和可比者的公司,采用的步骤与其他估价问题基本相同。本节将考察评估年轻公司的每一步骤可能遇到的问题。

23.4.1　步骤 1：评估公司现行状况：更新数据的重要性

评估公司的常规做法是,从最近财务年度获得当期的输入数据。就那些盈利为负和销售额高度增长的公司而言,这些数字在各个时期通常变化甚大。因此,合理的做法是,考察能够获得的最新信息,至少是关于销售额和盈利的信息。例如,相对于使用上一财务年度的数据,使用滚动 12 个月的销售额和盈利可以获得更好的估算值。无疑,某些条目,诸如经营性租赁和待实施期权,或许仍然时常需要更新。即便如此,我们也应坚持使用这些数据的估算值,①尽量运用最新近的数据评估公司。

23.4.2　步骤2:估算销售额的增长率

年轻公司通常并没有很高的销售额,但是预计它们在未来将会实现高速增长。不足为奇的是,这也正是估价的关键之所在,故而在此提出一些信息来源:

- 公司自身在过去的销售额增长率。鉴于公司规模会随着销售额的增长而逐渐扩大,它会越来越难以维持很高的增长率。因此,若在两年前增长了300%而在去年增长了200%,公司在今年的增长率就有可能更低。
- 公司所服务的整个市场的增长率。与身处稳定市场相比,如果处在本身也在高速增长的市场之中,公司就更加容易保持高增长率。
- 市场壁垒和公司拥有的竞争优势。若要保持高增长率,公司就必须具有某种可持续的竞争优势。它可能出自于法律保护(诸如专利之类)、更加出色的产品或服务、某种品牌,或者因为属于市场的开拓者。如果竞争优势看似可以持续,高增长就更有可能持续较长的时期。若非如此,它很快就会衰落。

在第11章,已经更详细地考察了估算销售额增长率的问题。

案例 23.1　销售额的增长率:特斯拉汽车公司

特斯拉汽车公司在2010年的销售额只有1.17亿美元,但却是从2008年的1 500万美元剧增而来。该公司仍然致力于制造可靠的商用电动汽车,且潜在市场很大,我们预计它在未来能够形成强劲的增长势头。下表概述了它在未来10年每一年和终端年份(第11年)的预期销售额增长率和销售额:

	销售额增长率/%	销售额/百万美元
现年		117
1	150.00	292
2	100.00	584
3	80.00	1 051
4	60.00	1 681
5	40.00	2 354
6	30.00	3 060
7	20.00	3 672
8	15.00	4 222
9	10.00	4 645
10	5.00	4 877
终年	3.50	5 047

---

① 一种简单的方法是,测量所有数据,以便体现销售额在上一财务年度和滚动12个月之间的增长。

请注意，即便呈现出高增长，预计销售额在第 11 年等于 50.5 亿美元，但特斯拉仍然属于小型汽车制造商。相形之下，在 2010 年，福特公司的销售额是 1 290 亿美元，而沃尔沃公司则是 380 亿美元。

为了估算各年的销售额增长率，根据一些简单原则，我们从特斯拉成功实现的销售额（在第 11 年为 50 亿美元）入手，转而估算它在前几年的销售额增长率。第一，较早各年的销售额增长可与近期的销售额增长率相互关联；福特的销售额在 2008—2010 年间的年增长率为 179%。第二，销售额的增长率随着销售额的增加而降低。因此，我们需要关注的关键数字是初始和（在第 11 年的）最终的销售额，而不是逐年的增长率，因为估价对于前面两个数字很敏感，而较少受到后者的影响。

23.4.3　步骤 3：估算稳定增长期的可持续经营利润率

就那些处在亏损状态的公司来说，高额的销售额增长本身所能造成的结果莫过于导致亏损额逐渐加大。年轻公司具有价值的关键在于，预期经营利润率，虽然目前为负，将在未来转而为正。如果增长率得以稳定，就可在估价中根据许多方式进行切实的检验，就能评估年轻、高增长公司所将具备的经营利润率。如果缺乏可比公司，这项工作的难度就会加大。然而，我们也有一些规则可循：

- 考察公司的基本业务，考虑其真正的竞争者。例如，特斯拉公司虽然被视为一家电动汽车或高科技公司，但毕竟属于汽车制造业。至少从利润率角度而言，似乎有理由认为，特斯拉的利润率最终还是会趋近于其他的汽车制造商。

- 分解公司现行的收入报表，以便获得实际经营利润率。许多处于亏损的年轻、初创公司之所以如此，并非因为产生现行销售额的经营性支出过大，而是因为经营性支出的很大一部分被用于求取未来的增长，所以应该被视为资本性支出。鉴于许多此类支出在收入报表中被作为"销售总务管理支出"（SG&A）处理，估算一下在扣除这些支出之前的利润率和盈利状况，对于确定公司产品的利润率，无疑会很有帮助。

案例 23.2　估算可持续的利润率和利润路径：特斯拉汽车公司

2010 年，特斯拉汽车公司所报告的经营性亏损为 8 100 万美元，销售额则是 1.17 亿美元，由此造成了 −69.28% 的经营利润率。然而，给定目前它在研发和基本建设方面的可持续投资及其在未来的回报，这一点不足为奇。为了估算公司进入稳定状态后的预期经营利润，我们考察全球各汽车制造公司在 2010 年的税前经营利润率。这些公司的均值约为 10%，我们将它作为目标利润率。

假设特斯拉的经营利润率会随着销售额的提高而逐渐改观，下表概述了我们对于利润率和经营性收入的估算值：

百万美元

	销售额	经营利润率/%	EBIT
现年	117	−69.28	−81
1	292	−42.86	−125
2	584	−25.24	−147
3	1 051	−13.49	−142
4	1 681	−5.66	−95
5	2 354	−0.44	−10
6	3 060	3.04	93
7	3 672	5.36	197
8	4 222	6.91	292
9	4 645	7.94	369
10	4 877	8.63	421
终端年份	5 047	10.00	505

　　预计特斯拉的亏损额在未来五年会进一步加大,经营性收入只有到第 6 年才转而为正。

　　为了估算税后经营性收入,再引入两种数据。第一,假设公司的边际税率为 40%,即美国公司的综合税率(包括州和地方税收在内)。第二,特斯拉具有以往经营所累积的 1.41 亿美元净经营性亏损(NOLs)。预计公司在最初五年的亏损将被添加到 NOLs 上,且在最初几年减少应缴税收入和税款。下表概述了每一时期的期望税收和税后经营性收入:

百万美元

年份	经营性收入或亏损	年末的NOLs	应税收入	税收	税率/%	EBIT(1−t)
现年	−81	141	0	0	0.00	−81
1	−125	266	0	0	0.00	−125
2	−147	413	0	0	0.00	−147
3	−142	555	0	0	0.00	−142
4	−95	650	0	0	0.00	−95
5	−10	661	0	0	0.00	−10
6	93	568	0	0	0.00	93
7	197	371	0	0	0.00	197
8	292	79	0	0	0.00	292
9	369	—	289	116	31.40	253
10	421	—	421	168	40.00	252
终端年份	505	0	505	202	40.00	303

　　预计特斯拉在第 10 年之前无法根据边际税率缴纳全额税款。

23.4.4　步骤 4:估算再投资率以获得增长

　　为了获得增长,公司必须进行再投资。在考察年轻公司时,同样不能遗忘这条原则。

然而,与成熟公司不同的是,它们或许没有多少历史记录能够帮助确定公司所需作出的再投资。随着公司的增长,其再投资的性质和金额也可能有变,问题在于如何估算这一金额。

第11章曾将经营性收入的增长率与公司再投资率和再投资效果(以资本报酬率为衡量尺度)相联系。

$$预期增长率 = 再投资率 \times 资本报酬率$$

事实上,到目前为止,本书所作的大多数估价已将这一等式用于估算增长率。然而,请注意,在经营性盈利为负时将无法计算该等式,这正是我们评估年轻公司时所面临的情形。此时,首先需要估算销售额的增长率,并且根据它计算再投资率。为了建立这种联系,我们曾经使用"销售额-资本"比率,它说明所追加的每一美元资本所能产生的销售额增加额:

$$预期再投资 = 预期销售额变化量 / (销售额 / 资本)$$

例如,为了将销售额增加 10 亿美元,如果"销售额-资本"比率等于 4,则需要进行 2.50 亿美元的再投资。这一公式所需标准数据是"销售额-资本"比率,可通过考察公司历史而得出,虽然历史记录可能有限;或者考察行业均值,而行业定义的宽泛程度应该足以体现公司所从事的业务。

然而,如果公司处在稳定状态,则可使用预期增长率和预期资本报酬率计算所需再投资:

$$预期再投资率_{稳定} = 预期增长率_{稳定} / ROC_{稳定}$$

另一种方法是,使用行业平均再投资率(分解成预期再投资率和流动资本需要)估算现金流。

案例 23.3 估算再投资需要:特斯拉汽车公司

伴随着增长,特斯拉汽车公司将需要巨额的再投资,不仅针对基础设施和研发,而且针对流动资本。在 2010 年,公司资本支出(包括资本化的研发支出)为 105.41 百万美元,折旧额为 10.62 百万美元,非现金流动资本由 11.61 百万美元增加到 22.94 百万美元。由此,公司在 2010 年的再投资总额为 106.11 百万美元:

$$\begin{aligned} 2010 年的再投资 &= 资本性支出 - 折旧 + 非现金流动资本变化量 \\ &= 105.41 - 10.62 + (22.94 - 11.62) \\ &= 106.11 百万美元 \end{aligned}$$

针对未来的估算值,我们并不乐意使用这些数据,因为它们代表的只是这家年轻的发展中公司在一年的价值。

为了估算再投资率,我们曾考察投入到业务中的每一美元资本所产生的销售额。对于汽车制造公司,2010 年的平均"销售额-资本"比率为 1.69;对于高科技公司,这一均值则是 2.20。就特斯拉公司来说,鉴于它的创新型电动汽车技术涉及这两个行业,我们决定使用等于 2.00 的"销售额-资本"比率。实质上,我们将要假设,每当产生 2 美元的追加

销售额,特斯拉必须追加投资 1 美元(再投资)。下表概述了公司在每一年的再投资额:

百万美元

年份	销售额	销售额增量	再投资
现年	117		
1	292	175	88
2	584	292	146
3	1 051	467	233
4	1 681	630	315
5	2 354	672	336
6	3 060	706	353
7	3 672	612	306
8	4 222	551	275
9	4 645	422	211
10	4 877	232	116

我们并不打算将再投资分解为其各个组成部分——资本性支出、研发、收购和流动资本,因为对于公司随着时间的推移会如何演变所知甚少。

独立于经营性收入而估算再投资(正如我们所做的那样)具有多种风险;其中之一是,我们的估算值或许在时间上缺乏一致性。为了确保公司在成熟时的预期报酬率具备合理性,我们估算归于每一年的资本报酬率:

百万美元

年份	年初投入资本	EBIT$(1-t)$	资本报酬率/%
1	311	−126	−40.64
2	398	−149	−37.38
3	544	−144	−26.39
4	778	−97	−12.49
5	1 093	−12	−1.12
6	1 429	91	6.40
7	1 782	196	10.97
8	2 088	291	13.92
9	2 363	257	10.89
10	2 574	252	9.79

在第 1 年初投入的资本是 2010 年资产负债表上的投入资本,计算过程如下:

投入资本$_{2010}$ = 股权账面价值$_{2010}$ + 资本化研发支出$_{2010}$ +

债务账面价值$_{2010}$ − 现金$_{2010}$

= 207.05 + 167.04 + 109.65 − 173.16 = 310.58 百万美元

对后续各年投入资本的估算是通过将该年的再投资加到年初投入资本而得出:

第 2 年的投入资本 = 310.58 + 87.56 = 398.14 百万美元

随着利润率的提高,预期资本报酬率也会提高。事实上,资本报酬率在第 8 年达到最高,部分是因为 NOLs 使得公司免于缴税。在第 10 年,资本报酬率为 9.7%,相当接近于所假设的特斯拉在第 10 年后等于 10% 的永久性资本报酬率。

最后,将税后经营性收入和再投资相结合,可估算未来十年间每一年的公司自由现金流:

百万美元

年份	EBIT$(1-t)$	再投资	FCFF
1	−126	88	−214
2	−149	146	−295
3	−144	233	−377
4	−97	315	−412
5	−12	336	−348
6	91	353	−262
7	196	306	−110
8	291	275	15
9	257	211	46
10	252	116	136

在未来 7 年间,公司自由现金流为负数,部分是因为(到第 5 年末的)经营性收入,部分则因为再投资需要。根据我们的估算值,在此期间,特斯拉需(通过债务和股权)筹措 20 亿美元的新资本。

再投资和增长: 滞后的效应

在评估特斯拉公司时,我们假设再投资和增长会同时发生。换言之,销售额的增加以及作为其原因的再投资的增加会同时发生。这看似一个大胆的假设,但对服务业公司或者是通过收购而增长的情形来说却是符合实际的。

实际上,若在再投资和增长之间存在着某个滞后期,则可相对方便地把它结合到分析之中。在对于特斯拉的估价中,假设存在着一年的滞后期,则可根据第 2 年的预期销售额增长率估算第 1 年的再投资。滞后期的长度取决于所估价的公司,需要进行资本密集型和基础设施投资者会比较长,而且取决于再投资的形式,即是对内投资还是对外投资(收购)。

23.4.5　步骤5:估算风险参数和贴现率

根据估算 β 值的标准方法,我们将股票报酬率针对市场报酬率进行回归。即便已经上市,新创公司也缺乏历史数据,因而无法使用常规方法进行风险参数估算[①]。然而,我

---

① 常规的方法是将在过去某一时期的股票报酬率针对市场报酬率进行回归,例如 2～5 年。

们曾在第 7 章建议使用估算 β 值的其他方法,它们能够弥补这种不足。一种是"递进式"方法。如果存在着已经挂牌至少两年的可比公司,就可通过考察它们的均值而估算估价对象在目前的风险参数;如果没有可比公司,则可使用估价对象的各种财务特征估算风险参数,诸如盈利波动率、盈利规模、现金流特征和财务杠杆系数。[①]

如果年轻公司还持有债务,在估算债务成本时还会遇到一个不同的问题。因为这些公司大多没有获得评级,因而无法通过这条途径估算债务成本。我们可以尝试使用模拟性评级,但是为负的经营性收入却会产生为负的利息覆盖率,使得公司得到违约等级。一种解决方式是,根据公司在未来时期的预期经营性收入,估算预期利息覆盖率(请注意,这些预测已在前面第 2 个和第 3 个步骤中作出),再用它估算模拟性评级。

无论采用哪种方法估算得出股权成本和债务成本,它们都不应在估算期内一成不变。随着公司趋于成熟而形成可以持续的利润率和稳定增长率,各风险参数也应该接近于平均公司,即 β 值应该趋于 1,并且应该将债务成本朝着成熟公司的债务成本作出调整。

除了估算这些公司的股权成本,我们必须估算其杠杆系数随着时间的推移将如何变化。同样,运用行业均值或该公司(在稳定状态中所显示的)最优债务率应该得到关于资本成本的合理估算值。

经营性杠杆系数和风险

年轻公司的 β 值为何应该比业内更大、更成熟公司高出许多呢?一个原因是,它们具有高得多的经营性杠杆系数。年轻公司的成本大多属于固定成本,不会随着销售额而变化。若要通过考察可比公司而估算年轻公司的业务性 β 值,我们有两种选择:

1. 可以只将小型上市公司作为可比者。但是,这种做法仅当业内存在大量上市公司时才可行。

2. 另一种更加可行的方法是,针对经营性杠杆系数差异而调整业务性 β 值。第 7 章已说明了如何针对固定成本结构差异调整 β 值,即

$$非杠杆性 \beta 值 = 业务性 \beta 值 [1 + (固定成本/变动成本)]$$

案例 23.4 估算风险参数和资本成本:特斯拉汽车公司

特斯拉目前还是一家风险很大且处在亏损状态的公司,但同时也是高科技汽车的制造商。因为无法依赖于该公司的回归性 β 值,我们估算得出其未来五年的业务性 β 值等于 1.50,介乎汽车制造业等于 0.90 和高科技公司等于 2.10 的业务性 β 值之间。结合等于 3.5% 的美元无风险利率,我们得到未来五年的股权成本如下:

$$股权成本 = 3.5\% + 1.5(5\%) = 11.00\%$$

债务成本则较难估算,因为它在 2011 年并没有获得 S&P 或穆迪的债券评级,加上经营性亏损(以及模拟性评级的失灵),使得利息覆盖率为负。预计该公司在未来五年间仍

---

① 关于这种方法的详情,可回顾一下第 7 章。

将处在亏损状态,造成同期的平均经营性收入为负。最后,我们打算使用 CCC 评级,为的是体现这样一种情形:特斯拉能够继续经营下去,如若必要,它可使用现金余额弥补债务。由此产生的税前债务成本为 8%。鉴于公司具备 NOLs 和经营性亏损,税后债务成本也等于 8%。

根据 109.65 百万美元的未偿债务(其中,71.83 百万美元为常规债务,37.82 百万美元为租赁费用现值),可以得出"债务-资本"比率为 3.80%:

$$债务-资本比率 = 109.65/(109.65+2\ 773) = 3.80\%$$

由此产生的资本成本(假设在最初五年间不变)则是

$$资本成本 = 11\%(1-0.038\ 0) + 8\%(1-0.00)(0.038\ 0) = 10.89\%$$

然而,随着公司逐渐走向成熟,预计它会更加接近于汽车制造公司而非高科技公司。因此,从第 6 年起,我们以线性增量方式将 β 下调到稳定增长期的 0.90,而把债务率以线性增量方式在第 10 年上调到 35%。下表概述了特斯拉的资本成本:

年份	β 值	股权成本 /%	税前债务成本/%	税率/%	税后债务成本/%	债务率/%	资本成本/%
1	1.50	11.00	8.00	0.00	8.00	3.80	10.89
2	1.50	11.00	8.00	0.00	8.00	3.80	10.89
3	1.50	11.00	8.00	0.00	8.00	3.80	10.89
4	1.50	11.00	8.00	0.00	8.00	3.80	10.89
5	1.50	11.00	8.00	0.00	8.00	3.80	10.89
6	1.38	10.40	7.40	0.00	7.40	10.04	10.10
7	1.26	9.80	7.25	0.00	7.25	11.60	9.50
8	1.14	9.20	7.00	0.00	7.00	14.20	8.89
9	1.02	8.60	6.50	30.06	4.55	19.40	7.81
10	0.90	8.00	5.00	40.00	3.00	35.00	6.25

从第 6 年到第 10 年,资本成本会达到等于 6.25% 的稳定(永久性)水平。

23.4.6 步骤6:估算公司价值

针对因时而变的盈利、再投资率和风险参数等数据,这一估价过程最初与常规估价法相似。在许多情形中,由于为负的盈利和大量再投资,较早年间的现金流将为负数,但在较晚年间则会因为利润率提高和再投资减少而变为正数。然而,需要指出的是,终端价值的具体金额取决于有关高增长阶段的公司增长率和目标利润率的假设。

在对公司经营性资产作出估价后,为了对公司进行估价,还需考虑其他两个因素,即,公司无法作为持续经营实体而存活的可能性,以及非经营性资产的价值。

生存问题

在对公司运用贴现现金流估价法时,通常假设它属于持续经营实体,能够长此以往地生成现金流。若对年轻公司进行估价,这种假设很值得置疑,因为其中一些公司可能难以经受得住未来数年间的各种考验。如果忽视这种可能,就会高估它们的价值。为了处理这种可能性,可以选用下列两种方法。

1. 第一种方法是,把出现困境的可能性结合到预期增长率和盈利之中。因此,所用销售额增长率将是针对所有情景的增长率,包括乐观和悲观情景在内,再结合公司无以应对后者的可能性。就年轻公司来说,所考虑的时期越是久远,这项工作的难度也越大。

2. 第二种方法是,仅仅估算公司作为持续经营实体时的贴现现金流,再把公司的生存概率运用于这一价值。换言之,估算得出这种生存概率之后,就可对公司价值作如下估算:

公司价值＝作为持续经营实体而存在的概率×公司的贴现现金流价值＋

（1－作为持续经营实体而存在的概率）×困境或清算拍卖价值

估算生存概率的一种方式是考察实证数据。运用美国劳工局的季度性就业和工资普查统计数据(QCEW),Knaup(2005)、Knaup and Piazza(2008)计算了各家公司的生存概率。这种普查数据涵盖了美国公共和私营部门中超过 890 万家公司的信息。运用1998—2005 年的七年期数据库,他们得出的结论是,在 1998 年间成立的所有公司中,只有 44% 的生存期至少可达到四年,31% 能够达到整个七年。此外,他们将这些公司归入 10 个行业,分别估算了它们的生存比率。表 23.1 说明了在每个行业中能够生存的公司比例,以及整个样本的均值。请注意,生存概率因行业而异。在整个七年期间,信息行业(包括高科技公司)中得以生存者为 25%,而在保健行业则接近于 44%。

表 23.1　在 1998 年新成立公司的生存状况

	在 1998 年建立而能一直生存的公司比例/%						
	第 1 年	第 2 年	第 3 年	第 4 年	第 5 年	第 6 年	第 7 年
自然资源	82.33	69.54	59.41	49.56	43.43	39.96	36.68
建筑	80.69	65.73	53.56	42.59	36.96	33.36	29.96
制造	84.19	68.67	56.98	47.41	40.88	37.03	33.91
运输	82.58	66.82	54.70	44.68	38.21	34.12	31.02
信息	80.75	62.85	49.49	37.70	31.24	28.29	24.78
金融活动	84.09	69.57	58.56	49.24	43.93	40.34	36.90
业务活动	82.32	66.82	55.13	44.28	38.11	34.46	31.08
医疗服务	85.59	72.83	63.73	55.37	50.09	46.47	43.71
休闲	81.15	64.99	53.61	43.76	38.11	34.54	31.40
其他服务	80.72	64.81	53.32	43.88	37.05	32.33	28.77
所有公司	81.24	65.77	54.29	44.36	38.29	34.44	31.18

非经营性资产的价值

在对任何一家公司进行估价时,我们都必须考虑到现金、有价证券以及它在其他公司所持有的股份。在此,唯一需要提醒的是,年轻公司有可能在短期内就消耗掉巨额现金,因为经营活动提取现金的速度超过了生成现金的速度。因此,最新财务报表上的现金余额,尤其在为期已超过数月之后,可能与当期现金余额相去甚远。

由于年轻公司时常还在其他年轻公司中持有股份,存在着的一种风险是,账面上显示的在其他公司的投资无法体现其真实价值。如果只有一两种大额持有,我们还应该使用以现金流为基础的方法对它们进行估价。

案例 23.5 估算公司价值:特斯拉公司

为了估算公司价值,首先运用下表中的资本成本对案例 23.3 所估算的自由现金流进行贴现:

年份	FCFF/百万美元	资本成本/%	累积资本成本	现值/百万美元
1	−214	10.89	1.108 9	−193
2	−295	10.89	1.229 6	−240
3	−377	10.89	1.363 4	−277
4	−412	10.89	1.511 8	−273
5	−348	10.89	1.676 4	−208
6	−262	10.10	1.845 7	−142
7	−110	9.50	2.021 1	−55
8	15	8.89	2.200 8	7
9	46	7.81	2.372 7	19
10	136	6.25	2.521 0	54
总和				−1 306

请注意,资本成本会随着时间推移而发生变化,这就要求我们计算累积资本成本。它在高增长期的自由现金流现值总额为 −1 306 百万美元。

在第 10 年末,假设特斯拉已经处于稳定增长状态,年增长率为 3.5%,资本报酬率是10%。由此,可计算得出稳定增长期的再投资率等于 35%:

稳定期再投资率 = 稳定增长率/稳定期 ROC = 3.5%/10% = 35%

运用第 11 年的经营性收入(参见案例 23.2),可以计算(在第 10 年末的)终端价值如下:

$$终端价值_{10} = \frac{\text{EBIT}(1-税率)_{11}(1-再投资率)}{(资本成本 - g)}$$

$$= \frac{505(1-0.40)(1-0.35)}{(0.062\ 5 - 0.035)} = 7\ 158\ 百万美元$$

根据第 10 年的累积资本成本对终端价值进行贴现,再加到未来十年的 FCFF 现值上,则可得到

经营性资产价值 = −1 306 + 7 158/2.521 0 = 1 534 百万美元

再把等于 196 百万美元的当期现金余额加到这一价值上,就可得到该公司的价值:

公司价值 = 1 534 + 196 = 1 730 百万美元

23.4.7 步骤 7:估算股权价值和每股价值

为了从公司价值得到股权价值,通常的做法是减去针对公司的所有非股权索取权。

对于成熟公司,非股权索取权的形式是银行债务和未偿债券。对于年轻公司,可能还有需要进行评估的优先股;而为了获得普通股的价值,必须予以扣除。

为了从股权价值得到每股价值,还需要考虑针对公司股票的未实施期权。在第16 章,我们曾经提出,这是一项需要针对所有公司而进行的工作,但对年轻、初创公司来说尤其重要,因为未实施期权的价值占据其股权价值的比重可能会大得多。鉴于这些索取权的重要性,我们提议,使用期权定价模型对期权进行估价,包括授权或未授权实施者在内;然后,再从股权价值中减去这一价值,由此得出普通股所包含的股权价值。鉴于特斯拉公司在未来五年内可能会发行更多的新股以满足再投资需要,我们或许会感到惊讶,在计算其每股价值时,为何没有结合这些新股的价值。在案例 25.3 中,由于考虑到未来十年的预期现金流,可将所减少的 130 6 百万美元价值视为是对当期价值的稀释性折扣。若在分母中再结合那些追加的股份,则会造成重复计算。

案例 23.6　估算每股价值:特斯拉汽车公司

在案例 23.5 中,我们估算得出整个特斯拉汽车公司的价值等于 1 730 百万美元。为了从公司价值得到每股价值,首先减去债权估算值。特斯拉具有 110 百万美元的未偿债务(常规债务和租约现值)。因此,

$$股权价值＝公司价值－债务＝1 730－110＝1 620 百万美元$$

发行股数目为 95.63 百万,但是特斯拉(体现其高科技内容)还具有未获得实施的13.805 百万项期权,平均实施价格为 8.59 美元,而平均期限为 6.06 年。采纳第 16 章的内容,调整这些期权有三种方式:

1. 充分稀释法:将股权价值除以充分稀释后的股份数目:

$$每股价值＝1 620/(95.63＋13.805)＝14.80 美元/股$$

2. 库藏股方法:将期权实施成果加到股权价值上,再除以充分稀释的股份数目:

$$每股价值＝(1 620＋13.805×8.59)/(95.63＋13.805)＝15.89 美元$$

3. 期权估价法:特斯拉股价在 2010 年的标准差是 71%。将它运用于经过稀释调整的 Black-Scholes 模型,结合 29 美元的市值,可以得出期权价值等于 328 百万美元,而每股价值等于 15.35 美元。

$$每股价值＝(1 620－328)/95.63＝13.57 美元$$

每股 13.57 美元的估算值远低于等于 29 美元的现行股价;这表明,市场对于该股票的估价严重偏高。

23.5　决定价值的因素

对于那些年轻、增长迅速但盈利为负的公司来说,决定其价值的关键数据是什么呢?一般而论,对价值影响最大的是可持续利润率和销售额增长率的估算值。

是否应该赋予公开流通股票某种折扣?

某些上市公司的股票交易量很小;相对于发行股总数而言,可用于交易的股份数目较小[常被称为"公开流通股票"(float)]。① 投资者迅速出售这种股票的举动会对其股价产生影响,程度则与持有规模一道增加。

相对于短线投资者和急需现金者而言,长线投资者和那些不急于兑现的短线投资者所面临的流动性问题较小。在考虑对这些交易量很小的股票进行投资时,投资者应该兼顾他们今后需将所持股票迅速兑现的可能性;并在构建较大的资产头寸时,要求获得更大的折扣。不妨假设这样一位投资者,他考虑的是自行估价为每股 19.05 美元的年轻公司股票。若股价为 17 美元,那就说明市场对这只股票的估价偏低;但是,这种低估程度还不足以令短期投资者构建很大的头寸。相反,长期投资者则会觉得根据这种股价买入很有利。

从次一级层面而言,有关公司需要多久才能取得稳定增长期的可持续利润率和再投资需要的假设对于价值也有影响。

从现实角度看,这些公司很大部分的价值派生于终端价值。虽然这一点会带来一些麻烦,它却体现了投资者从这些公司获得报酬的途径。这些投资的报酬形式采取的是股票溢价而不是股息或者股票回购。对于这种终端价值依赖性以及可持续增长价值的重要性,另一种解释方式是从现有资产和未来增长角度而展开。任何一家公司的价值都可表述为这两者之和:

$$公司价值=现有资产价值+增长潜力的价值$$

对于盈利为负的初创公司,由于几乎所有的价值均可归因于后一个因素,公司的价值当然要取决于有关它的假设。

案例 23.7   决定价值的因素:特斯拉汽车公司

针对特斯拉股价等于 15.35 美元的估算过程,虽在纸面上存在着数十种假设,决定这一股价的关键因素却只有两个。一个是销售额在未来十年间的复合增长率;根据估算的销售额增长率,复合年均增长率为 45.24%;另一个则是目标税前经营利润率;我们假设它等于 10%而高于汽车制造业的均值,但却低于高科技公司的均值。

在图 23.2 中,我们估算了作为未来十年的复合销售额增长率之函数的每股价值。毋庸惊讶的是,每股价值随着这种复合增长率一起增加。

为了论证等于 29 美元的当期股价,假设其他因素不变,复合销售额增长率需要处在 50%~55%的水平。

在图 23.3 中,我们估算了作为目标经营利润率之函数的每股价值。每股价值同样随

---

① 估算公开流通股票的方法是,从发行股票中减去由内部人士所持有的股份、5%的所有者股份和所谓"144 条例股份"[第 144 条例指的是不可交易的受限股(restricted stock)]。

着利润率一道增加,但幅度大大低于与销售额一起增长的幅度。

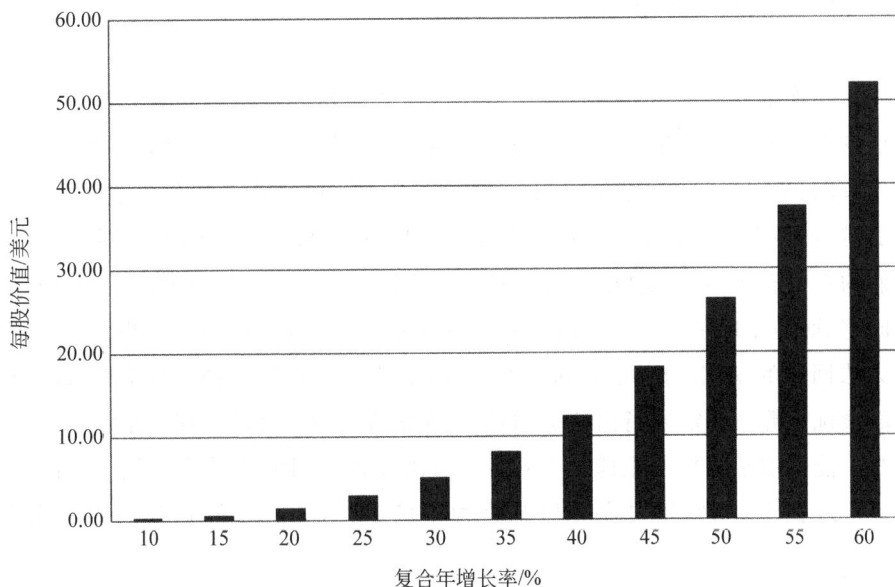

图 23.2　每股价值与复合销售额增长率——特斯拉公司

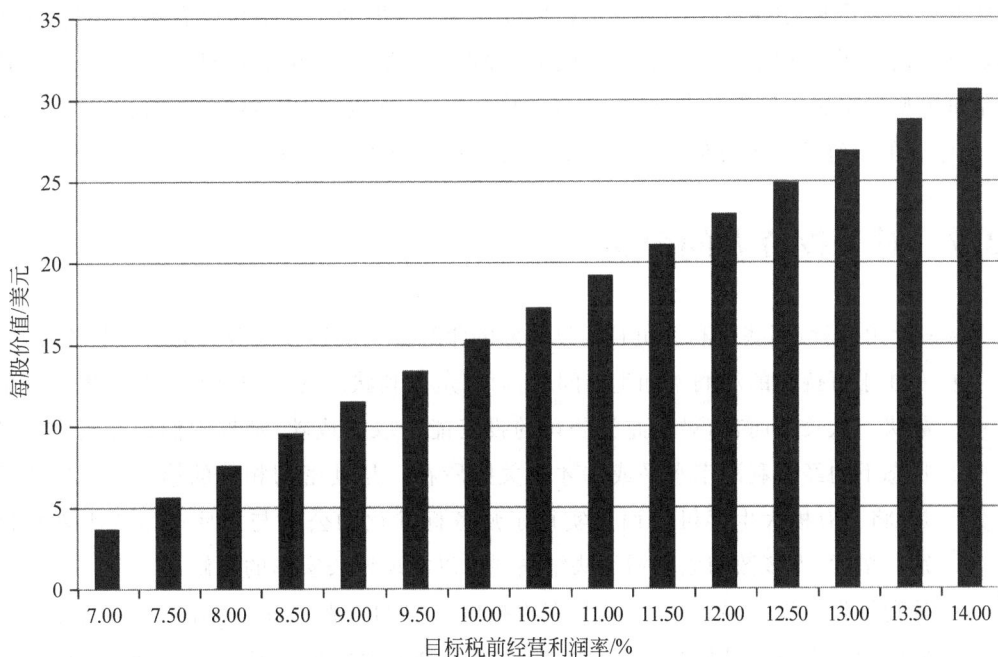

图 23.3　每股价值与税前利润率——特斯拉公司

税前经营利润率每提高 1%,每股价值大约可以增加 4 美元。为了论证等于 29 美元的股价,税前经营利润率大致需要等于 14%。

23.6　估算值中的噪声

我们不应将本节所提出的估价框架看作是解决精确性问题的药方。对于负盈利、高增长但信息有限的公司来说，估价结果总是会包含着错误。说明这种错误的一种方式是从估价的范围、公司价值变化范围入手。这一点常被一些分析者用作不愿对此类公司进行估价的借口，还有一些人则为此而轻率地批评我们采用这些模型所得到的数字。

我们的看法有所不同。估价错误未必意味着估价模型的质量或使用它的分析者素质存在着问题，而是体现了公司未来前景的内在不确定性。如果投资于这些公司，这种不确定性是无法回避的现实。因此，在进行估价时，需要尽力把握这种不确定性，以便得到关于未来的最优估算值。需要指出的是，如果因为估价模型的可能错误而拒绝采用它们，那些人最终只能采用某些更加粗糙的方式，诸如比较各公司的市销率之类。如同所见，个中差别只不过在于，他们想要完全掩饰这种不确定性，并在实际操作时对其完全置若罔闻。

有关估价的精确性问题，还需指出两点。第一，即便估价不够精确，它们也仍然能为我们判断公司现行股价的决定因素是什么提供某种捷径。然后，投资者就能够自行判断这些假设是否合理，进而作出买卖股票的决定。第二，即便个别估价含有噪声，我们对于根据这些估价所构建的资产组合却能作出准确得多的估价。例如，如果买入了40只被传统估价模型确定属于被低估的股票，投资者将会发现，这些错误会被它们的相互组合所平摊，而组合的最终业绩能够体现出分析者是否具备实施估价的技巧。

23.7　对于投资者的含义

从估价角度看，那些盈利为负且信息有限的年轻公司能够为投资者提供一些教益。

- 专注于可持续的利润率和生存问题，而不是盈利状况在各季度甚或各年度之间的起伏。从长期而言，对于此类公司的投资能否取得成功，把握它们处在正常财务状态下的经营利润率水平或许才是关键所在。与其密切相关的第二个重要步骤是，将具有极大生存机会而且实现了财务标准化的公司与那些难以为继者相区别。毕竟，大多数初创公司无法维系到得以实现增长宏图的时候。

- 盈利报告会具有误导性，尤其是在再投资支出的入账方面（针对研发性支出和长期性营销支出也是如此）。因此，如果增长潜力很大但盈利很低的公司报告了盈利的大幅度提高，出于几个原因，投资者需要认真地审核这种报告。如果盈利的提高是因为现行销售成本下降（由规模经济或定价能力所致），那就无疑是一个利好消息。但是，如果盈利的增加是因为减少或者消除了自主性再投资支出（诸如研发成本），对于价值的最终影响很可能为负，因为这会有损于未来的增长。

- 分散化。针对大部分价值出自不确定的未来增长的公司股票,这条悠久的投资法则现在已变得愈发重要。针对估算错误的解决方案通常是构建在公司和行业方面更加分散化的组合。[①]
- 把握市场壁垒和竞争优势;它们在很大程度上将决定公司能否继续维持高增长。
- 不怕出错。就估价中的噪音而言,问题在于,无论估价者拥有多少信息,无论他们如何细心地进行操作,最终得出的价值终究也还只是属于估算值。因此,这些股票的投资者有时会令人难以置信地出错,如果我们只是根据个人的估价对他们进行判断将会有失偏颇,他们有时又会超乎想象地正确。我们所能期待的是,随着时间的推移,成功的几率可以超过失败。

23.8 对于管理者的含义

如果无法确定公司的增长潜力,对于管理者意味着什么呢?第一,关于未来增长的不确定性显然会加剧传统投资分析的不确定性。与处在更加稳定的行业相比,估算新创公司单个项目的现金流和贴现率的难度会大大增加。针对这一点,某些管理者可能会完全放弃而回到各种更加直观的方法,如果依然坚持估算现金流,管理者们却能更好地确定为了获得新项目的回报需要采取哪些举措。

23.9 预期的博弈

公司价值等于它的预期现金流现值,暗含于这些预期现金流和相关贴现率之中的是投资者对于公司、管理者以及超额报酬潜力的看法。这一点适用于所有公司,但对新创公司来说,由于较大部分价值出自未来的增长潜力,这就使得预期现金流和贴现率尤其受制于有关未来的预期。

那么,这些预期是怎样形成的呢?这些公司和行业的过往历史有时可作为估算的基础,但是公司和行业本身会随着时间的推移而演变。由于信息含有噪声而且数量有限,人们的预期完全可能迅速生变且对信息的细微变化就有所反应。例如,如果盈利公告表明公司战略的实施状况不如预期,那就可能导致对于预期的重新调整,导致公司价值的急剧下跌。

23.9.1 对于投资者的教益

投资者在为了构建资产组合而选择股票时,或者考量有关公司的新信息时,必须考虑

---

① 有关分散化的简单法则是,在此,20 种股票通常已经足够实现这一点。但是,由于这些股票通常出自同一行业,彼此之间高度相关,加上估算值含有如此多的噪声,相对于买入 20 种大市值和成熟公司的股票而言,我们需要持有更多的股票才能实现相同程度的分散化。

到预期对于确定股票价值的作用。在这方面,需要指出下列几点重要的内容:

- 风险总是相对于预期而言。公司的风险并不是出自于它的经营状况,而是出自它相对于预期的经营状况。因此,如果预期公司盈利在某年将会增长 50%,有关盈利增长了 30% 的报告无疑是传递了不好消息,将会导致股价下跌;相反,预期公司盈利将下跌 40%,但是报告只下跌了 20% 的公司则会发现自己股价的上涨。

- 好的公司未必就是好的投资对象。决定股票报酬率的并不是公司的管理方式,而是相对于预期的管理方式。如果市场期待过高,各项财务指标都显得很出色的公司或许并不是好的投资对象;相反,如果市场预期过低,那些公认属于管理不善、经营不善的公司同样也有可能成为好的投资对象。[1]

- 较小的新闻也能导致股价急剧变化。正如前节所言,可以预计,针对那些不太重要的消息,股价也有可能作出不成比例的反应。例如,在最近的季度内,高增长公司有关盈利低出预期几美分的报告也可能会使得股价大跌。

- 注重有关价值决定因素的信息。从理论上说,投资者应该能够把握对于公司价值影响最大的因素,了解在分析新的信息时所需关注的因素。考察盈利总额进而获取有关这些价值决定因素的信息,无疑能够为即将出现的问题和可能的机会提供一些线索。

23.9.2 对于管理者的教益

如果说预期博弈将会影响投资者,它对年轻公司的管理者而言则是至关重要的。此类博弈饶具讽刺性的含义之一是,与管理那些被视为新星类的公司相比,管理那些被认为经营不善的公司会更容易。[2]

- 把握人们对于我们的预期内容。如果我们自身将要根据市场预期获得判断,把握预期内容就显得至关重要。对许多公司来说,这意味着需要了解分析者们关于各季度每股盈利或销售额增长率的估算值,这些还只是其中一二。从长计议,更加重要的是,把握投资者针对我们采用某种估价方式的原因,以及对于我们所具竞争优势的看法。

- 学会操纵预期。公司进行首次公开募股时,其管理者和内部人士兜售的是他们的公司极具潜力而应获得高估价这一理念。尽管此举完全正常,管理者却必须学会操纵市场预期。尤为重要的是,如果觉得自己公司无法实现已经确定的目标,那就必须设法给市场预期降温。然而,如果明知预期是合理的,公司还是不断地降

---

① 实际证据验证了这一说法。各项投资研究似乎表明,就投资对象而言,被认为管理良好的公司股票不如管理欠佳者。

② 在 1998 年并购苹果(Apple)公司之际(当时,公司股价下跌到了 10 年间的最低点),斯蒂夫·乔布斯(Steve Jobs)的工作要比两年之后更为容易。因为,在两年之后,他已经成功地改变了投资者对于公司的看法(与此同时将股价提升了 10 倍)。

低预期,则会有损自己的商誉。[①]

- 正视现实。无论公司管理者如何善于操纵预期,由于行业和总体经济的变化,他们时常会感到多少难以迎合市场预期。某些管理者们试图推迟向金融市场披露这一点,通过把未来盈利结转到当期或者使用各种会计技法。然而,更加妥善的做法是,立刻处理各种后果。这意味着,应该报告低于预期的盈利而导致股价下跌;那种试图推迟接受市场评定的做法只会招致更加严重的惩罚。

23.10　总结

无论所分析的公司属于哪种类型,估价方式在基本点上并无不同。但是,存在着三组公司,对于它们的估价比较困难,得到的价值估算数也会含有更多的噪声。第一组是那些盈利为负的公司。由于大多数模型需要根据盈利增长率去预测未来,分析者必须考虑能够使得盈利转而为正的各种方法,至少能够随着时间的推移而实现这一点。这些方法包括,对当期盈利实施标准化,将利润率由当期水平调整到逐渐形成的可持续水平,或者降低杠杆系数。所选择的具体方法首先取决于公司盈利之所以为负的原因。不易评估的第二组公司是那些缺乏财务记录的年轻公司。在此,不妨采用有关可比公司的信息代替历史数据,以便分析者估算实施估价所需要的各种数据。第三组难以估价的公司则包括那些缺乏可比者的独特公司。

如果同一公司出现了上述三方面问题,即,负盈利、历史短暂和缺乏可比者,实施估价的难度就会倍增。需要再度指出的是,问题并不在于能否对这些公司实施估价,我们无疑能够对它们实施估价,而在于我们是否愿意接受那些含有噪声的估算值。有人认为,这些估价噪声太多故而没有用处;我们的反驳则是,这种噪声很多都来自于有关未来的现实不确定性。如同所见,如果尽力衡量和适应不确定性,投资者就能更好地应对这些股票投资的波动性。

23.11　问题和简答题

在下列问题中,若无特别说明,假设股权风险溢价为 5.5%。

1. Intellitech 是一家经营了两年的公司。在最近年间,该公司报告的销售额为 5 亿美元,等于上一年度的五倍。公司还报告了 4 亿美元的经营性亏损。我们预计,明年的销售额将增长 100%,后年则是 80%,而在后续另外三年则是每年增长 40%。到第 5 年初,税前经营利润率将以线性增量方式提高到 10%。估算未来五年间每一年的经营性收入。

2. 我们准备估算 Fiber Networks 公司的滚动 12 个月的盈利。在 2001 年第一季度,

[①]　在 20 世纪 90 年代,微软公司通过不断降低投资者的预期,然后持续地超出预期来营造了很高的声誉。

该公司报告的经营性亏损为 1.8 亿美元,销售额为 6 亿美元,分别是从 2000 年第一季度的 3 000 万美元的亏损额和 1.2 亿美元的销售额而急剧增加。在 2000 年度报告中,Fiber Networks 报告了 3.3 亿美元的经营性亏损和 11 亿美元的销售额。估算过去四个季度的经营性亏损额和销售额。

3. Verispace Software 公司专门出售各种管理软件。针对最近的财务年度,它报告的销售额为 2 500 万美元。根据估算,整个存货管理软件市场的总值为 250 亿美元,并在近期内每年将增长 5%。如果预计 Verispace 在 10 年后的市场份额为 10%,估算销售额在此期间的复合增长率。

4. Lumin Telecomm 专事制造专用电信设备,并从成立以来的三年间始终处在亏损状态,累积净经营性亏损额为 1.8 亿美元。在最近年间,该公司报告的经营性亏损额为 9 000 万美元,销售额则为 10 亿美元。如果预计销售额在未来五年间的年增长率是 20%,明年的税前经营利润率是 -6%,后年是 -3%,大后年是 0%,第四年是 6%,第五年则是 10%(税率为 40%)。估算:

a. 未来五年间每一年的销售额和税前经营利润率。

b. 我们需在未来五年间每一年所支付的税款和税后经营性收入。

5. 在问题 4 中,假设 Lumin Telecomm 在目前的 β 值等于 2.0,预计它在第 5 年初将线性地下跌到 1.2。如果现行借款成本为 9%,并且预计它在未来五年内保持不变,估算公司在未来五年间每一年的资本成本。(无风险利率为 5.6%,风险溢价为 4%。)预计债务率将从现年的 70% 线性下跌到第 5 年的 50%。

6. 我们估算了互联网软件公司 Vitale Systems 的价值,作为持续经营实体的它价值 7 亿美元,是其账面价值的 7 倍。但是,我们无法确定 Vitale 在未来五年能否继续生存,并估算得出其破产概率为 40%。如果公司破产,预计其资产能以 1.5 倍于账面价值的价格售出。如果发行股数目为 3 000 万,估算每股价值。(公司没有等待实施的期权。)

第24章

对私营企业的估价

到目前为止,本书专注于上市公司的估价问题。在本章,我们把注意力转向成千上万家从事私营业务的公司。这些公司的规模从小型家庭企业到某些可与大型上市公司在销售额和利润率方面相匹敌的公司。估价的基本原则依然不变,但却需要面对几个为私营企业(private firms)所独有的估价问题。估价可以利用的信息通常在历史和细节上都非常有限,因为私营企业大多没有采用上市公司的标准会计和报告方式。此外,估算诸如 β 值和标准差之类风险参数的标准技术需要股票的市场价格,而私营企业却无法提供这类数据。

在评估私营企业时,估价的动因非常的重要,并且会影响价值。尤其突出的是,赋予上市公司的价值可能有别于为了将其出售给私人、上市公司或者进行首次公开募股所获得的估价;其中,是否应该给予弱流动性和分散化不足某种折扣,以及给予控制权某种溢价,这些均取决于估价的动因。本章将逐一考察所有这些问题。

24.1 私营企业具备独特性的原因

私营企业与上市公司具有某些共同的特征,但却存在着影响估价所需各种数据的四个重要差异。

1. 上市公司受制于一套完整的会计标准,这使我们不仅能够确定财务报表所包含的每一条目,而且能够比较各公司的盈利。私营企业,尤其是那些未采用股份制者,经营标准则非常地疏松,它们在对各项条目的入账方面差异甚大。

2. 有关私营企业的信息要少得多,因为可获得信息的年份尤其是每年可获得的信息量都很有限。例如,在向美国证券交易委员会(SEC)提交的文档中,上市公司必须将经营活动根据不同的业务进行拆分,提供各自的销售额和盈利信息。私营企业则无需提供此类信息,而且大多也不会这样做。

3. 就上市公司而言,不断更新的股价及其历史记录都是很容易得到的有用信息,而私营企业却并非如此。此外,由于没有现成的私营企业股票市场,相对于上市公司而言,清算私营业务的头寸非常地困难(和昂贵)。

4. 对于上市公司,股东们通常聘用管理者经营其公司,大多数股东的资产组合均包含了多家公司的股票。私营企业所有者则通常会将其所有财富投入到公司中。由于所有权与管理权未能分离,个人支出和业务支出时常混淆不清,难以区分管理者薪金和股息(或类似物)。再者,投资的分散化程度不足也会影响衡量其风险的尺度。

上述各种差异都会通过改变贴现率、现金流和预期增长率而影响价值。

为了探究在私营企业范围内出现的各种问题,我们将考虑两家公司。第一家是 Chez Pierre,位于纽约的一家法式高档饭店;第二家是名为 InfoSoft 的私营软件公司。我们将出于私募交易的目的评估 Chez Pierre,而出于首次公开募股(IPO)的目的评估 InfoSoft。

24.2　对估价所需数据的估算

私营企业的价值是预期现金流的现值,通过恰当的贴现率进行贴现而得出。鉴于这一构建与我们用于评估上市公司者并无不同,私营企业和上市公司之间的差异就必须体现在贴现现金流模型所使用的数据中。

24.2.1　贴现率

如果选择评估股权,我们将使用股权成本对股权现金流进行贴现;如果选择评估公司,则使用资本成本对现金流进行贴现。虽然这些成本的基本定义如故,由于私营企业所处的特定环境,估算它们的方式会略有变化。

股权成本

在评估上市公司的股权成本时,我们是从这些公司的边际投资者角度考察投资风险。如果另行假设这些投资者实施了适度的分散化,就可根据"添加到分散化组合的风险"或者"市场风险"对风险作出定义。我们通常使用以往的股价估算资本资产定价模型(CAPM)的 β 系数和(多重因素模型的)多个 β 系数。但是,私营企业的股权并不具备市场价格信息,它们的许多所有者也无法实施分散化,从而给这些公司 β 值的估算和使用造成了严重的问题。

估算市场 β 值的方法

运用 CAPM 模型估算 β 值的标准过程,包括将股票报酬率针对市场报酬率实施回归。多重因素模型则采用其他统计技术,而且需要关于以往价格的信息。如果缺乏这些信息,就像私营企业那样,我们有三种方式可以估算 β 值,即,会计性 β 值、基本性 β 值和业务性 β 值。

会计性β值　虽然无法获得有关私营企业的股价信息,但可得到其会计盈利信息。我们可将私营企业会计盈利的变化针对股票指数(诸如 S&P 500)的盈利变化实施回归,以此估算会计性 β 值:

$$盈利变化量_{私营企业} = a + b\,盈利变化量_{S\&P\,500}$$

该回归式的斜率(b)就是公司的会计性 β 值。使用经营性盈利可以得到非杠杆性 β 值，而使用净收入则可得到杠杆性 β 值或股权 β 值。

这种方法具有两个重要的不足之处。第一，私营企业通常只考量年度盈利，这就造成回归过程所需观察值和统计力度的不足；第二，各期盈利通常会被实施平均化并且受制于会计师的判断，造成对于会计性 β 值的衡量有误。

案例 24.1　会计性 β 值的估算：InfoSoft 公司

即使属于私营企业，InfoSoft 自 1992 年成立以来经营一直未曾中断，并且保留了可回溯到当年的会计盈利记录。下表概述了 InfoSoft 公司和 S&P 500 指数在 1992—2000 年期间历年的会计盈利。

年份	盈利：S&P 500	盈利变化/%	InfoSoft 盈利（2000 年以来）/千美元	InfoSoft 盈利变化/%
1992	20.87		25	
1993	26.90	28.89	45	80.00
1994	31.75	18.03	80	77.78
1995	37.70	18.74	125	56.25
1996	40.63	7.77	135	8.00
1997	44.09	8.52	160	18.52
1998	44.27	0.41	165	3.13
1999	51.68	16.74	200	21.21
2000	56.13	8.61	220	10.00
2001	38.85	−30.79	150	−31.82
2002	46.04	18.51	280	86.67
2003	54.69	18.79	420	50.00
2004	67.68	23.75	600	42.86
2005	76.45	12.96	750	25.00
2006	87.72	14.75	900	20.00
2007	82.54	−5.91	800	−11.11
2008	65.39	−20.78	600	−25.00
2009	60.8	−7.02	550	−8.33
2010	83.66	37.60	900	63.64

将 InfoSoft 盈利变化针对 S&P 500 指数盈利变化进行回归，可得下式：

$$InfoSoft\ 盈利变化 = 0.10 + 1.84(S\&P\ 500\ 盈利变化)$$

根据该式，InfoSoft 的 β 值等于 1.84。在计算 β 值时，我们使用的是净收入，从而得到的是股权 β 值。如果使用公司和 S&P 500 指数的经营性收入，则应得到相当于非杠杆性 β 值的数字。

基本性 β 值　股票研究者们一直试图将上市公司的 β 值与各种可观察变量相联系，诸如盈利增长率、债务率和盈利方差。Beaver，Kettler，and Scholes(1970)考察了 β 值与 7 个变量之间的关系，即股息支付率、资产增长率、杠杆系数、流动性、资产规模、盈利波动性以及会计性 β 值。Rosenberg and Guy(1976)也曾进行过类似的分析。

针对 2 239 家美国公司，运用 2011 年 1 月的更新数据，我们得到了下式：

$$\beta = 0.93 - 0.04\text{ROE} + 0.167\text{FA/TA} + 0.17\text{DC} + 0.74g - 0.31t$$

$$[42.37][5.65] \quad [6.50] \quad\quad [5.85] \quad [9.57] \quad [6.31]$$

$$R^2 = 9.3\%$$

其中，ROE＝股权报酬率

FA/TA＝固定资产/总资产

DC＝债务账面价值/（债务账面价值＋股权账面价值）

g＝净收入在未来五年间的预期年增长率

t＝有效税率

因此，"债务-资本"比率和预期增长率越高，公司 β 值就越大；股权报酬率越高，面临的有效税率越高，公司 β 值就越小。因为能够从私营企业处获得所有这些变量，我们可以估算它们的基本性 β 值。关于上式的使用，需要指出的是，它的 R^2 系数只有 9.3%。这表明，根据它所作出的预测会带有很大的标准误差。

案例 24.2　基本性 β 值的估算：InfoSoft 公司

为了使用前面提出的截面回归法估算 InfoSoft 的 β 值，我们需要估算每个自变量的数值。

变　　量	数值/%
股权报酬率	18
固定资产/总资产	40
债务 BV/（债务 BV＋股权 BV）	0
净收入的期望年增长率	50
有效税率	20

将它们代入以上回归式，就可得到关于 β 系数的预测值：

$$\beta = 0.93 - 0.04(0.18) + 0.167(0.40) + 0.17(0.50)$$

$$- 0.31(0.20) = 1.30$$

由此得到 InfoSoft 的 β 值等于 1.30。这一估算值的标准误差为 0.21；它意味着，该 β 系数将以 67% 的概率在 1.09～1.51 之间取值。

业务性 β 值　在对上市公司进行估价时，我们曾经使用公司业务的非杠杆性 β 值估算业务性 β 值，再加上以这些 β 值为基础的股权成本。如此处理的原因是，这些估算值的标准误差比较小（由于它们在众多公司之间的平均化），以及这些估算值所具备的前瞻性（因为给 β 值加权的各种业务比重会发生变化）。我们同样也能够估算私营企业的业务性 β 值，而且它们具有与上市公司的业务性 β 值相同的各种优点。因此，通过考察各上市钢铁公司的平均 β 值，便可估算私营钢铁公司的 β 值。再者，我们还可针对财务性杠杆，甚至经营性杠杆系数对最终估算的 β 值进行调整。

在运用财务杠杆系数调整非杠杆性 β 值时,因为需要使用的"债务/股权"比率是市值比率,我们将遇到一个为私营企业所特有的问题。鉴于许多分析者都用私营企业的账面"债务/股权"比率替代市值比率,在此提出下列两种可选方式:

- 假设私营企业根据市值计算的"债务/股权"比率接近于行业均值。那么,可将私营企业的杠杆性 β 值表述为

$$\beta_{私营企业} = \beta_{非杠杆性}[1 + (1 - 税率)(行业平均债务/股权比率)]$$

- 使用私营企业的目标"债务/股权"比率(如果管理者愿意阐明这种目标的话)或最优债务率(如果能够估算得出)以估算 β 值:

$$\beta_{私营企业} = \beta_{非杠杆性}[1 + (1 - 税率)(最优债务/股权比率)]$$

运用经营性杠杆的调整同样十分简单,它是以私营企业固定成本比例为依据。如果这一比例高于业内平均水平,针对私营企业所运用的 β 值就应该大于行业均值。

     spern.xls:该网上的数据集概述了回溯到 1960 年的 S&P 500 在各年间的盈利变化状况。

案例 24.3　业务性 β 值的估算:Chez Pierre 饭店和 InfoSoft 公司

为估算 Chez Pierre 的业务性 β 值,我们考察了美国的各家上市饭店。在 2011 年 1 月,这些公司平均非杠杆性 β 值等于 1.21,平均市值"债务/股权"比率为 22.08%。我们假设 Chez Pierre 将具有与上市公司相同的非杠杆性 β 值和相似的"债务/股权"比率。使用 10% 的税率,可知 Chez Pierre 的杠杆性 β 值等于 1.37:

$$\text{Chez Pierre 的杠杆性 } \beta \text{ 值} = 1.21[1 + (1 - 0.40)(0.2208)] = 1.37$$

为了估算 InfoSoft 公司的 β 值,我们曾经采用各上市软件公司的 β 值以及根据市值计算"债务/股权"比率。鉴于该样本包含了 333 家软件公司,而市值和增长前景变化甚大,我们再从中选择那些与 InfoSoft 公司更具可比性的公司。

组　　别	公司数目	D/E 率(%)	非杠杆性 β 值
所有软件公司	333	5.61	1.08
小市值软件公司(市值小于 10 亿美元)	108	6.35	1.60
娱乐性软件公司	26	4.55	1.45

请注意,此处的"债务/股权"比率是根据市值进行计算。还需注意,各公司的规模差异不应该直接影响 β 值,但却可能具有间接影响,因为较小公司的经营性杠杆系数通常也比较高。根据小市值软件公司的平均 β 值,我们针对 InfoSoft 使用等于 1.60 的非杠杆性 β 值。为了估算杠杆性 β 值,考虑到该公司既无未偿债务,也无借款之打算,故而它的杠杆性 β 值就等于 1.60 的非杠杆性 β 值。

针对分散性不足的调整

β 系数所衡量的是一项投资添加到分散化组合上的风险。因此,它们最为适用于边

际投资者实现了分散化的那些公司。对于私营企业来说,其所有者通常是唯一的投资者,所以他也可被看作是边际投资者。再者,在大多数私营企业中,所有者通常会将其很多财富都投入到私人业务中而没有实施分散化的机会。因此,可以认为,β值会低估这些公司暴露于市场风险的程度。

就极端情形而论,如果所有者将其所有财富都投入到私营企业中,根本没有进行分散化,他就将面临公司的所有风险而不仅仅是(市场β值所衡量的)市场风险。然而,只需略加调整,我们就可将这种无法分散的风险结合到β值的计算过程中。为此,假设私营企业股权价值(衡量总风险的)标准差为σ_j,股市指数的标准差为σ_m。需要注意的是,下式的分子衡量的是与市场相关,但属于公司的风险(标准差)部分。若将公司股票和股市指数的相关性定义为ρ_{jm},则可将市场的β系数表述为

$$市场 \beta 系数 = \rho_{jm}\sigma_j/\sigma_m$$

请注意,分子衡量的是公司所蕴含的那部分风险。为了衡量公司暴露于总风险(σ_m)的程度,将市场β系数除以ρ_{jm}而可得到下式:

$$市场 \beta 系数 /\rho_{jm} = \sigma_j/\sigma_m$$

它是一个相对的标准差尺度。通过将私营企业股权的总标准差(σ_j)表述为所占股市指数标准差的比重,就可得到所谓的"总体β系数":

$$总体 \beta 系数 = 市场 \beta 系数 /\rho_{jm}$$

这一系数值将高于市场β系数值,并且取决于公司与市场之间的相关性:相关性越低,总体β系数值就越高。通俗地说,这一β系数体现了公司所面临的全部风险而不只是市场风险部分。

也许有人会担心如何估算私营企业总体β系数的问题,股价的缺失似乎使得我们无法计算市场β系数或相关系数。需要注意的是,我们曾通过考察业内上市公司而估算行业的市场β值,在此也可使用这个样本估算私营企业的总体β系数,进而获得相关系数。

倘若不对评估私营企业的原因加以考察,那就无法确定是否应该调整总体β值。如果是为了拍卖而评估私营企业,是否需要调整以及如何调整市场β值的问题将取决于潜在的买主。如果估价是为了首次公开筹股,那就不应针对分散化不足问题实施调整,因为潜在的买主本身就是股市投资者。若是为了将公司出售给另一个人或另一家私营企业而进行估价,调整幅度将取决于买主所持资产组合的分散化程度;买主的分散化程度越高,它与市场的相关性越大,总体β值所需的调整幅度也就越小。

案例24.4 业务性β值的估算:Chez Pierre饭店

考虑一下前一案例所估算的Chez Pierre市场β值。以上市饭店作为可比对象,可知Chez Pierre的非杠杆性β值等于1.21。这些上市饭店与市场的平均相关系数为48.41%。因此,可以估算Chez Pierre的总体非杠杆性β值如下:

$$总体非杠杆性 \beta 值 = 1.21/0.484\ 1 = 2.50$$

运用Chez Pierre等于40%的税率和等于22.08%的"债务/股权"比率(餐馆业均

值),可以得出总体杠杆性 β 值等于 2.07。

$$总体杠杆性 \beta 值 = 2.50 [1 (1-0.40)(0.220\ 8)] = 2.07$$

这一总体杠杆性 β 值,在某种意义上,包含了潜在买主将只拥有 Chez Pierre 饭店这一极端情形。如果买主能够实施某种程度的分散化,则需对相关系数进行上调而更加接近于 1,而总体 β 值将更加接近于市场 β 值。

调整私营企业风险的几种可选方法

如果有人对于使用总体 β 系数估算私营企业股权成本的方法存在着疑虑,这里还有三种可选方法:

1. 风险资本报酬率:结合无风险利率和上市公司的报酬率,考察私营企业的投资者的长期实际报酬率记录。因此,完成针对风险的调整后,如果风险投资者的盈利比 S&P 500 指数高出 5%,就可将它视为投资于私营企业的溢价,并且添加到根据常规风险—报酬模型得出的股权成本上,即:

经过调整的股权成本 = 无风险利率 + 市场 β 值 ×

股权风险溢价 + 风险资本溢价

但是,一种不同的看法是,风险资本家其实与私营企业所有者并无可比性,因为前者的投资不仅更加分散,而且还考虑到了退出策略(诸如在最终上市时)。

2. 递进式方法:根据这种方法,同样也是从根据常规风险—报酬模型得到的报酬率入手,加上某个溢价,以此体现与投资于小型、私营企业相关的特别风险。运用较多的两种溢价是小市值溢价,体现市值很低的上市公司高出市场报酬率的实际溢价(在 1928—2010 年间约为 4%～5%),以及弱流动性溢价(illiquidity premium),体现流动性较低的上市公司所赢得的较高报酬(以交易量和买卖价差作为衡量流动性的尺度)。

经过调整的股权成本 = 无风险利率 + 市场 β 值 × 股权风险溢价 + 小市值溢价 +

弱流动性溢价

这种方法所包含的最大危险是双重计算。归根结底,小市值溢价可能体现的同样也是小公司股票流动性不足这一点。

3. 暗含的私营股权成本。随着有关私营企业的数据逐渐增加,给定预期现金流,我们或许能够使用市场交易价格倒推出内在报酬率,而这些内在报酬率就是对于买方而言的内在股权成本。

从股权成本到资本成本

为了根据股权成本估算资本成本,我们还需要两种数据,即,债务成本,它衡量公司的借款利率,以及债务率,它决定了计算资本成本所使用的权重。这部分内容考察如何针对私营企业而最为恰当地估算它们。

债务成本 债务成本代表的是公司可以借款的利率。为了估算上市公司的债务成本,我们通常使用这些公司所发债券的收益率,或者这些债券的评级以便得到违约息差。但是,私营企业大多并未获得评级也不发行债券。因此,我们必须使用下列可选方式之一:

- 如果私营企业最近曾有过借款(在过去几周或几个月),可将借款利率作为债务成本。因为债务成本必须是当期数字,以往发行的债务账面利率[①]大多无法准确地体现债务成本。

- 若对私营企业的估价是为了首次公开募股,则可假设私营企业的债务成本将会朝着业内平均债务成本而变化。这其实就等于假设,一旦上市,私营企业在债务政策上将会仿效可比公司。

- 在第8章估算上市公司的债务成本时,我们曾使用这些公司的利息覆盖率估算模拟性评级,然后再用相关评级的违约息差得到债务成本。为了兼顾私营企业通常比较小,而风险高于大多数上市公司这一点,可以利用中小型上市公司利息覆盖率和评级之间的关系。表24.1进行了这种概述。

例如,针对利息覆盖率为5.1的私营企业,为估算其债务成本,我们使用模拟评级A－及其相关的违约息差。因此,如果公司得到的评级为A－,通常需支付高出无风险利率达1.25%的利率。因此,我们可将这一违约息差添加到无风险利率上,以此估算该私营企业的债务成本。

表 24.1 利息覆盖率和债券评级

利息覆盖率	评级	利息覆盖率	评级
>12.50	AAA	2.50—3.00	B+
9.50—12.50	AA	2.00—2.50	B
7.50—9.50	A+	1.50—2.00	B—
6.00—7.50	A	1.25—1.50	CCC
4.50—6.00	A—	0.80—1.25	CC
3.50—4.50	BBB	0.50—0.80	C
3.00—3.50	BB	<0.50	D

但是,如果银行对于私营企业索取的利率高于其他方面都相似的上市公司,这种方法可能会低估债务成本。如果属实,在为了私下出售而对私营企业进行估价时,就需加上某种违约息差,从而体现出这种利率差额;在为了出售给上市公司或首次公开募股而评估私营企业时,我们无需这样做。

债务率 债务率表示的是债务融资所占公司市值的比重。针对上市公司,通过公开交易的股票和债券就可得到这一比率。由于无法得到私营企业在这方面的数据,我们需要考虑下面两个选项:

- 我们建议,为了估算杠杆性 β 值,可在计算时使用行业平均的或者目标的债务率。

---

① 账面利率＝利息支出/债务账面价值。

一致性的标准要求我们在计算资本成本时使用相同的债务率。因此,如果使用行业平均"债务/股权"比率估算杠杆性 β 值,那就应该使用行业平均"债务-资本"比率估算资本成本;如果使用目标"债务/股权"比率估算杠杆性 β 值,在计算资本成本时就应使用目标"债务-资本"比率。

- 由于无法获得私营企业的股权和债务的市值,不妨采用通过估价而得到的股权价值和债务价值。但是,这种做法会造成循环推理。因为,我们既需要资本成本(和债务率)估算公司价值和股权价值,又需要股权价值估算资本成本。通过针对某个价值实施递归,可以解决这一问题。我们可从账面债务率和资本成本入手,估算公司价值和股权价值;然后运用这些价值得到新的债务率和资本成本,再重新估算公司价值和股权价值。一直持续进行这一过程,直到资本成本计算过程中的债务价值和股权价值收敛于相应的估算值为止。[①]

案例 24.5　债务成本的估算

鉴于 InfoSoft 公司没有债务,我们未曾估算其债务成本。对于 Chez Pierre 饭店,根据其等于 40 万美元的经营性收入和 12 万美元的年度租赁支出,我们估算得出它的利息覆盖率如下:

$$利息覆盖率 = 400\,000/120\,000 = 3.33$$

根据表 24.1,这一利息覆盖率对应模拟性等级 BB 的收益率。

针对等于 3.5% 的无风险利率,加上 BB 级债券等于 4% 的违约息差,可知公司的税前债务成本为 7.5%。

$$税前债务成本 = 无风险利率 + 违约息差 = 3.5\% + 5\% = 7.5\%$$
$$税后债务成本 = 7.5\%(1 - 0.40) = 4.5\%$$

案例 24.6　资本成本的估算

为了估算 Chez Pierre 饭店和 InfoSoft 公司的资本成本,我们仍然沿用本章有关杠杆问题的假设。我们曾假设,Chez Pierre 将会接近业内等于 22.08% 的平均"债务/股权"比率;这意味着,根据市值计算的"债务-资本"比率等于 18.09%。对于 InfoSoft 公司,同样沿用公司债务率等于 0% 的假设。

对于 Chez Pierre,如果估价是为了将它出售给未实施分散化的个人,则可估算得出总体性 β 值等于 2.83。运用同期等于 3.5% 的长期国债利率和等于 5% 的市场风险溢价,估算得到股权成本为 17.65%。

$$股权成本 = 3.5\% + 2.83(5\%) = 17.65\%$$

运用在案例 24.5 得到的等于 4.5% 的税后债务成本,可估算资本成本如下:

$$资本成本 = 17.65\%(0.819\,1) + 4.5\%(0.180\,9) = 15.27\%$$

对于 InfoSoft 公司,我们打算为了首次公开募股而定价,因而使用等于 1.60 的市场 β

[①]　这些价值总是具备收敛性。

系数估算值。运用等于3.5%的长期国债利率和等于5%的风险溢价,可以得到股权成本为11.50%。

$$股权成本 = 3.5\% + 1.60(5\%) = 11.50\%$$

鉴于该公司没有债务,其资本成本也等于11.50%。

24.2.2 现金流

对于私营企业和上市公司来说,股权现金流和公司现金流的定义并无不同。股权现金流是满足纳税、债务偿付和发行、再投资需要之后的现金流;公司现金流则是支付利息和税款之后,但在偿付债务之前的现金流。但是,有三个问题会影响私营企业的现金流估算。第一,许多私营企业未能恰当考虑所有者-管理者的薪酬,因为许多所有者没有区分自己作为股息获得的收入与作为薪酬获得的收入。第二,在小型私营企业中,个人支出和业务支出时常混杂在一道,造成对收入的衡量有误。第三个问题是税收对于价值的影响,因为个人的纳税等级和税率的变化程度要高于公司税率。

所有者薪酬和股权现金流

在评估公司时,我们对薪酬和股息作了简单的区分。薪酬是对提供给公司的职能服务的报偿,应该被看作经营性支出。股息或者从公司提取的其他股权现金流则是对于所投股资的报酬,决定股权的价值。上市公司的管理者与股东的相互分离使得(支付给管理者的)薪酬和(支付给股东的)股息能够泾渭分明。在私营企业,所有者通常也就是公司的管理者以及它的唯一投资者。如果私营企业没有实施股份制,所有者的收入就需根据统一的税率纳税,无论它是被算作薪酬还是股息。因此,1万美元薪酬与9万美元股息,或者9万美元薪酬与1万美元股息,这两种方案对所有者来说并无不同。许多小型私营企业的所有者并不给自己支付薪酬,故而薪酬也就无法体现他们提供给公司的服务。

在评估私营企业时,我们通常根据公司报告的经营性收入进行预测。如果经营性收入没有体现针对所有者薪酬的调整,它就会被高估,并造成价值过高。为了更准确地估算经营性收入,必须估算给予"所有者-管理者"的恰当报偿,根据他们在公司的作用以及替换他们所需的雇员成本。私营企业的所有者或许具有几方面的作用(出纳、会计、股东和销售),故而管理者薪酬必须包括如雇用他人或由外部实体提供相同服务所需耗费的成本。

经营支出与个人支出的混杂

经营支出与个人支出的混杂构成了私营企业的一个突出问题,因为其所有者在诸多方面通常掌控着绝对的权力。许多私营企业所有者在其住处设立办公室,拥有的车辆同时用于私事和经营,其工作和家庭分享着许多服务。有时,为了分配收入和减少纳税,他们还会雇用家庭成员以填补各种臆想的职位。

若个人支出与经营支出相混或者被列入后者,就需在扣除这些支出之前估算经营性收入。然而,与这些调整相关的一个问题是,私营企业所有者通常不会说明这些支出的范围,故而会对纳税产生影响。

纳税效应

评估上市公司时,我们所用税率集中于边际税率。虽然各公司可能面临不同的边际税率,在私营企业的各位潜在买者之间,税率的差异却要大得多。事实上,税率可以是公司税率(如果潜在买主是一家公司),也可以是针对个人的最高边际税率(如果潜在买主是一位富翁),还可以等于零(如果潜在买主是低收入的个人而没有利润可言)。税率无疑将会影响(通过税后经营性收入)现金流和(通过债务成本)资本成本。因此,私营企业的价值对于不同的买主来说或许各有不同。

税前还是税后

私营企业可以采取不同的组织形式,因此产生的缴税结果也差异甚大。就其最简单形式而言,它或许是独资经营体,企业业务和个人事务的界限相当模糊,企业收入将根据所有者的应税报酬率而报告。在此,解决方案并不复杂,即计算现金流,并且兼顾所有者的缴税负债;再根据他能够补偿所承担风险的必要税后报酬率对这些现金流进行贴现。然而,该公司的价值对于面临不同税率的潜在买主而言或许有所不同。

如果私营企业采用合伙制,事情会变得略为复杂;其中,公司收入需根据各位合伙人在公司中所占比重作出分配,体现为根据个人应税报酬率所得到的收入。如果他们面临相似的税率,则可使用某种体现各位合伙人情形的统一税率;计算税后现金流,再根据经过风险调整的税后报酬率进行贴现。

最后,考虑一下非纳税公司(S公司,subchapter S corporation)。这种实体无需缴纳所得税,但其股东需根据得到的收入份额缴税,即便它们并非作为股息而支付。(上市公司的股东只需针对所付股息纳税,而将资本所得税支付推迟到出售股票之际。)评估此类公司的方式有两种:

1. 可以沿用针对合伙制的思路,找出体现股东所付税款的税率,然后估算税后现金流,再根据经过风险调整的税后报酬率予以贴现。

2. 可以考虑企业税前现金流,再根据经过风险调整的税前报酬率对它们进行贴现。

所有这些估价方法的关键之处是,面对既定的现金流,采用恰当的贴现率。

若用CAPM或者它的某种变形估算上市公司的贴现率,需要估算缴纳公司和个人所得税之后的必要报酬率。如果援用这种风险—报酬模型估算私营企业的贴现率,那就需要注意,如果现金流是在缴纳个人所得税之后,就需对贴现率作出相应的调整。例如,在2011年6月,上市股份公司的股权成本约为8%。股息和资本所得税率为15%。如果假设边际投资者的所有报酬需遵循这一税率,扣除个人所得税之后的股权成本将是6.8%。

案例 24.7　经营性收入和净收入

为了估算 Chez Pierre 饭店的现金流，我们曾从业主的财务报表所报收入着手。那些报表（各数字以千计）表明，该饭店在最近财务年间产生了 40 万美元的经营性收入，销售额为 120 万美元，而净收入为 24 万美元：

千美元

	报告	调整后
销售额	1 200.00	1 200.00
－经营性收入	120.00	
－租赁资产折旧额		50.38
－工资	200.00	350.00
－原材料	300.00	300.00
－其他经营性支出	180.00	180.00
经营性收入	400.00	319.62
－相应利息支出	0.00	69.62
应缴税收入	400.00	300.38
－缴税	160.00	120.15
净收入	240.00	180.23

在此，需要作出两个关键假设。第一，其业主（即饭店主厨）未曾给自己支付薪酬。为此，我们加上 15 万美元以便体现与事关新主厨的期望支出。第二，将经营性租赁支出转换为财务性支出；其方式是，将租约资本化（针对 12 年，每年为 12 万美元），而且运用案例 24.5 所估算的等于 7.5% 的税前债务成本：

租约的现值 = 120 000（年金现值，7.5%，12 年）= 928 230 美元

上述转换可产生关于收入报表的两个新数字：

相应利息支出 = 828 233 × 0.075 = 69 620 美元

相应折旧 = 现年租赁性支出 － 相应利息支出

= 120 00 － 69 620 = 50 380 美元

这两种调整会把经营性收入减少到 319 620 美元，把净收入减少到 180 230 美元。

虽属私营企业，InfoSoft 公司的经营方式与上市公司大致相同，或许是它正在致力于上市所致。下表体现了 InfoSoft 的经营性收入：

收入报表-InfoSoft（以千美元计）

销售和其他经营性收益	10 000
－经营成本和支出	8 300
－折旧	200
经营性收入	1 500
－利息支出	0
应缴税收入	1 500
－缴税	600
净收入	900

24.2.3　增长率

通过考察以往历史（过去的增长率）或者各种基本因素（再投资率和资本报酬率），我们可以估算私营企业的增长率。本小节考虑在这方面所面临的一些问题。

估算增长率

在估算上市公司的增长率时，我们曾指出，可以从三个来源获得信息，即过去的增长率、分析者估算值以及各种基本因素。对于私营企业，我们无法获得分析者估算值，而在使用历史增长率时也需谨慎小心。许多私营企业具有更改会计标准的特点，这就使得各期所报盈利的变化无法说明实际盈利的变化。再者，由于盈利是以年度而不是季度获得衡量，而且许多私营企业比上市公司更加年轻。这些都导致其历史增长率估算值无法提供多少信息。

鉴于历史增长率和分析者估算值的这些欠缺，我们应该更加关注私营企业的各种基本因素。经营性收入的预期增长率等于再投资率和资本报酬率的乘积，虽然现有资产的资本报酬率变化可以产生更大的影响。

$$预期增长率 = 再投资率 \times 资本报酬率$$

为了估算私营企业的再投资率和资本报酬率，可以考察这些公司的历史以及业内上市公司的均值。

案例 24.8　估算增长率

对于本章所考虑的两家公司，估算增长率的过程有所不同。针对 Chez Pierre 饭店，需要考察经营良好的饭店在接近充分运作时的状况，而它的增长率不可能超过通货膨胀率。因此，我们假设它在未来 12 年的名义增长率为 2%，这也是剩余的租赁期。在第 12 年年末，假设公司的再投资率等于零。

为了估算 InfoSoft 公司的增长率，我们采用更加常规的做法。首先，估算公司的当期资本报酬率，可通过将最近财务年度税后经营性收入除以年初投入资本账面价值而得出。[①] 我们采用从案例 24.7 得到的经营性收入以及等于 40% 的公司边际税率。

$$资本报酬率 = \frac{税后经营性收入_{2010}}{债务账面价值_{2009} + 股权账面价值_{2009} - 现金_{2009}}$$

$$= \frac{1\,500(1-40)}{0 + 3\,500 - 500} = 20.00\%$$

然后，估算 InfoSoft 的再投资率；其方法是，将最近财务年度的再投资率（资本性支出和流动资本）除以税后经营性收入。由于公司报告的资本性支出为 960 000 美元，折旧为 200 000 美元，非现金流动资本从 100 000 美元增加到了 200 000 美元，可以估算再投资率如下：

---

① 这一投入资本体现了研发性资产的价值。

$$再投资率 = (960 - 200 + 50)/[1\,500(1 - 0.40)] = 90.00\%$$

就近期而论,用于确定 InfoSoft 预期经营性收入增长率的假设条件是,资本报酬率和再投资率在未来五年间保持不变。

$$预期增长率\ 20\% \times 0.90 = 18\%$$

如果预计资本报酬率和再投资率在今后会发生变化,我们同样可在这种增长率中予以体现。

增长的持久性

在评估上市公司时,通常假设它具有无限的寿命,即便兼顾到公司难以为继的风险时也是如此。对于私营企业,在设定此类假设时则需审慎行事。上市公司对于首席执行官(CEO)的更换非常普遍,私营企业在这方面的变化却要复杂得多。所有者－管理者通常会在其家族中的下一代中寻找继任者,但是并非总能遂愿。

此类情形对于估价有何含义呢？首先,私营企业的终端价值将低于上市公司。事实上,如果假设前者在未来某一时刻会终止经营,例如目前的所有者退休,那就可以把各种资产的清算价值看作其终端价值。一般而论,清算价值要低于继续经营的价值。其次,如果所有者已经规划好如何过渡到下一代,私营企业就会比未作这种安排者更有价值。

某些私营企业,尤其当规模扩大时,也会像上市公司那样聘请专业管理者。对于这样的公司,就可使用针对上市公司所设定的无限增长假设。

案例 24.9　估价的截止和终端价值

如同前述,假设 Chez Pierre 饭店的寿命为 12 年,且在租约期满时饭店就会关闭,所需清算资产的账面价值为 50 万美元。

对于 InfoSoft 公司,根据预测,假设它在未来 10 年间可继续增长、经营良好而且挂牌上市。基于这些考虑,公司价值应该高于清算价值。假设该公司在第 10 年后的预期增长率为 3%。另一方面,随着规模的扩大,它将越来越难以维持目前等于 20% 的资本报酬率,为此假设资本报酬率在第 10 年后将下跌到 12%。根据这样两个假设,第 10 年后的再投资率将等于 25%。

$$再投资率 = \frac{期望增长率}{资本报酬率} = \frac{3\%}{12\%} = 25\%$$

另行假设,InfoSoft 的 β 值在第 10 年后将下降到 1.20;该公司将部分地利用其举债能力(债务率将从 0% 上升到 10%,债务成本将是 5%)。由此形成的股权成本和债务成本可估算如下:

$$股权成本 = 3.5\% + 1.2(5\%) = 9.5\%$$

$$税后债务成本 = 5\%(1 - 0.40) = 3\%$$

$$资本成本 = 9.5\%(0.9) + 3\%(0.1) = 8.85\%$$

24.2.4 "关键人物"对价值的影响

年轻公司,尤其是属于服务行业者,通常依赖于其所有者或者某些关键人物。因此,如果这些关键人物中的一位或数位脱离公司,针对这些公司所估算的价值将变化极大。为了估算在估价时应该给予关键人物的折扣额,我们建议,首先评估处在现行状态的公司(即,关键人物还身在公司),然后再结合这些人员流失造成的销售额、盈利和预期现金流的损失对公司进行估价。由于盈利和现金流会因关键人物的流失而受损,公司价值也会相应地减少。对于关键人物的折扣额可估算如下:

$$关键人物折扣 = \frac{(公司价值_{现状} - 公司价值_{关键人员流失})}{公司价值_{现状}}$$

在确定人员流失造成的现金流损失方面,并不存在简单的公式,因为它们不仅会因公司而有别,而且会因所涉及的人员而不同。

为说明起见,假设我们打算评估其知名主厨兼业主打算出让的一家饭店。假设该饭店在去年产生的税后现金流为 100 万美元,预期增长率为 2%,资本成本为 12%。根据这些数据,饭店的价值应该等于 1 000 万美元:

$$饭店价值_{现状} = \frac{下一年的预期现金流}{资本成本 - 预期增长率} = \frac{1\,000\,000(1.02)}{0.12 - 0.02} = 1\,020\ 万美元$$

然而,它的部分销售额/现金流归因于主厨,而他的辞职会导致现金流的下降。假设,作为潜在的买主,我们针对饭店客户的调查结论是,如果主厨离职,现金流将减少 20%。因此,倘若没有这位主厨,饭店价值将会下降:

$$饭店价值_{关键人员流失} = \frac{800\,000(1.02)}{0.12 - 0.02} = 816\ 万美元^*$$

再者,如果这位主厨还可能另行开设一家竞争性的新饭店,这种价值损失额还会更大。

作为潜在的卖主,如果这位主厨能够签署一项非竞争性的法律协议,或者再逗留一段时期作为过渡,饭店就能够减少价值损失。

此外,即使是对于大型上市公司,关键人物的流失同样也会对价值造成重大影响。

24.2.5 弱流动性折扣

当我们考虑在某个公司实体中持有股份头寸时,通常还希望具有在需要之际能够予以清算的选项。对于流动性的需要不仅出自于现金考虑,而且因为我们想要改变资产持有状况。对于上市公司,流动性通常就简单意味着成本较低;换言之,如果股票的流动性较强,交易成本占其价值的比重很小。对于私营企业的股权来说,流动性成本占其价值的比重却可能很大。因此,针对这种潜在的弱流动性,可能需要对私营企业的股权价值给予某种折扣。本小节考虑决定这种折扣的各种因素,以及如何最为恰当地予以估算。

---

* 该式原文左边的下标为"status quo"(现状)。——译者注

弱流动性的决定因素

弱流动性折扣可能因公司和买者的不同而变化,使得各种经验法则没有多少用处。不妨考虑下列四个使得折扣额因公司而异的因素:

1. 公司所持资产的流动性。私营企业通常不易被售出。这一事实可能会引发很多争议,诸如它的资产是否具有流动性,能否根据没有重大价值损失的条件售出公司。相对于潜在买主较少的工厂或拥有其他资产的公司来说,持有大量现金和有价证券的私营企业的弱流动性折扣应该较低。

2. 公司财务状况和现金流。相比存在财务问题的私营企业,财务健康者应该更容易被售出。特别是,与收入和现金流为负的公司相比,具有充足利润和为正现金流的公司所得到的弱流动性折扣应该较低。

3. 在未来上市的可能性。私营企业在未来上市的可能性越大,价值的弱流动性折扣就应该越低。然而,对于大多数公司的估价其实已经结合了上市概率。例如,在1998—1999年间,我们无需对私营互联网公司价值使用过高的弱流动性折扣,即便它们存在,因为这些公司在那些年间很容易上市。

4. 公司规模。如果将弱流动性折扣表示成公司价值的某一比重,它应该随着公司规模的增长而下降。换言之,与价值只有1 500万美元的小公司相比,对于 Cargill 和 Koch Industries 之类价值数十亿美元的公司来说,弱流动性折扣所占公司价值的比重应该比较低。

弱流动性折扣还会随着潜在买主的不同而变化,因为各人对于流动性的要求不尽相同。针对相似的公司,那些财源充足或者无需清算股权头寸的长期买主所给予的弱流动性折扣要小于安全系数(safety margin)较低的短期买主。

实际证据和典型做法

对于私营企业的估价应该给予多大的折扣呢? 这是一个不易回答的实证性问题,因为我们无法直接观察到折扣额。即便了解私营企业的所有交易条件,我们能够被告知的也只是私营企业的买卖价格。这些公司的价值并未获得报告,而弱流动性折扣则正是价值和价格之间的差额。

事实上,有关弱流动性的证据大量来自于对上市公司受限股(restricted stock)的考察。受限股是由上市公司所发行但未在美国证券交易委员会(SEC)注册的股票;它们可通过私募交易出售给投资者,但在一年持有期内不得在公开市场上转售,随后的可出售量也有限。针对这种股票所定的发行价格大大低于当期市场价格,两者的差额就被看作是针对弱流动性的折扣。下面列出了考察这种折扣大小的三项研究结果。

1. Maher(1976)考察了四家共同基金在1969—1973年间所买入的受限股;其结论是,相对于相同公司发行的上市股而言,这些股票的平均折扣率为35.43%。

2. 运用1970年的数据,根据 Moroney(1973)报告,购买10家投资公司所发146种受限股的平均折扣率为35%。

3. Siber(1991)考察了 1984—1989 年间所发行的受限股;他发现,受限股折扣的中位值等于 33.75%。

总之,如果一项投资缺乏流动性,看来就会被给予极大的折扣,至少在总体上是这样。在实际操作中,估算弱流动性的许多做法似乎都是以这些均值为依据。例如,不少经验法则将弱流动性折扣设定为估算价值的 20%～30%,而且在各公司之间几乎没有什么变化。

Siber(1991)还探讨了能够解释不同的受限股存在折扣差异的各种因素。他把折扣幅度与公司的各种可观察特征相联系,包括销售额和发售的受限股规模在内,由此得到了下列回归式:

$$\ln(RPRS) = 4.33 + 0.036\ln(REV) - 0.142(RBRT) +$$
$$0.174\ DERN + 0.332\ DCUST$$

其中,RPRS=受限股价格/非受限股价格=1－弱流动性折扣

　　　　REV=私营企业的销售额(以百万美元计)

　　　　RBRT=受限部分(restricted block)占所有普通股的比重

　　　　DERN=1,若盈利为正;0,若盈利为负

　　　　DCUST=1,如果与投资者存在客户关系网;否则,0

弱流动性折扣通常会随着公司销售额的增加而减少,随着受限部分占普通股比重的下降而减少,在盈利为正时以及投资者具有客户关系网时则较低。

这些结论符合前述有关弱流动性折扣[*]内容中所确定的各种决定因素。尤其值得注意的是,对于较大公司(至少就销售额而言)和财务健康(以正盈利作为衡量标准)的公司,这种折扣率通常较低。这就意味着,在各私营企业之间使用固定折扣率的做法是错误的,我们需要针对各公司之间存在的差异作出调整。

弱流动性折扣的估算

如果想要调整弱流动性折扣以便体现各私营企业的差异,就需解决估算问题。如何衡量这些差异并将它结合到估算值之中呢?我们有两种解决方式。第一种方式是,把有关受限股的分析内容推广到弱流动性折扣;换言之,可以针对公司销售额的幅度以及是否具有正盈利而调整折扣率。第二种方式则是,把针对上市公司股票的买卖价差幅度所作的实证研究加以拓展,以此估算弱流动性折扣。

经过调整的折扣因素　再次考虑一下由 Siber 构建的关于受限股的回归式。它不仅给出了针对受限股的特定结论,而且能够衡量作为销售额之函数的折扣率应该是多少。如果销售额为 2 000 万美元,公司具有的折扣率应该比销售额为 1 000 万美元的公司低 1.19%。因此,我们可以针对具有特定销售额(例如,1 000 万美元)的盈利公司设定某个参照性的折扣率。那个回归式也可用于区分盈利的和不盈利的公司。以盈利为正、销售额

---

　　* 原文误作"premium"。——译者注

为1 000万美元之公司的折扣率25％作为参照性折扣率,图24.1说明了具有不同销售额的盈利和不盈利两类公司之间的弱流动性折扣差额。

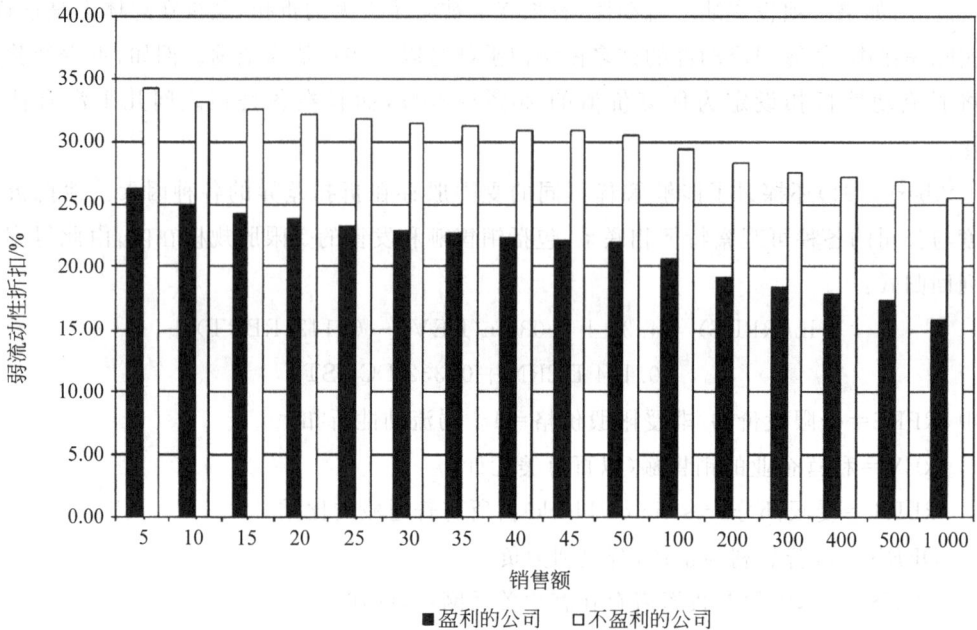

图 24.1　弱流动性折扣率：把销售额为1 000万美元之盈利公司的折扣率(25％)作为基本折扣率

将针对少数受限股的回归式推广到私营公司流动性折扣的估算,这种做法显然存在着某些风险,但它至少能为我们提供一条如何调整折扣因子的思路。

买卖价差方法　采用根据受限股所进行的各项研究结果,最大的制约因素在于样本太小。如果能够得到有关弱流动性公司的较大样本,那就可以作出更为准确的估算。我们认为,考虑到公开交易的资产同样也不具备完全的流动性,这种样本的确存在。实际上,各上市公司的流动性变化很大。某些在场外交易的小公司股票的流动性远远不及在纽约股票交易所挂牌者,而后者的流动性又远远低于获得普遍持有的大市值公司。其实,我们可将所看到的上市资产买卖价差视为衡量其瞬间流动性成本的尺度。那些买入某项资产的投资者,如果转而决定立刻卖出它,所需支付的就是买卖价差。

这种买卖价差可能只有25美分或50美分,但若表示成单位股价的百分比,这种成本就会急剧膨胀。就拿股价为2美元的股票来说,若买卖价差为$\frac{1}{4}$,成本就等于12.5％。对于那些股价较高而流动性很强的股票来说,弱流动性折扣可能不到股价的0.5％,但却不会等于零。

这一点与私营企业的弱流动性折扣有何关联呢?我们可将私营企业的股权视为无法获得交易的股票。根据刚才描述的连续统(continuum),可以预计此类股票的买卖价差会很大,而它能够大致衡量弱流动性折扣。

为了以买卖价差为尺度估算弱流动性折扣,需要把上市公司买卖价差与那些能够在私营企业衡量得到的各种变量相联系。例如,可将买卖价差针对公司销售额以及体现它是否盈利的虚拟变量(dummy variable)实施回归,并将针对受限股实施的回归推广到更大的样本。我们甚至可以把上市公司的交易量作为自变量,而针对私营企业则设它为零。例如,使用在 2000 年末的数据,我们将 Nasdaq 指数所含股票的买卖价差针对销售额、体现正盈利的虚拟变量、现金所占公司价值的比重和交易量进行了回归。

$$买卖价差 = 0.145 - 0.002\,2\ln(年度销售额) - 0.015(DERN)$$
$$- 0.016(现金 / 公司价值) - 0.11(月交易额 / 公司价值)$$

代入针对私营企业的各个相应数值(其中,交易量等于零),就可得到关于它们的买卖价差估算值。

案例 24.10　估算 Chez Pierre 的弱流动性折扣

鉴于 Chez Pierre 是为了私募交易而估价,显然应该考虑到它的弱流动性折扣。我们可用前述两种方法估算其大小。

1. 受限股方法:为估算 Chez Pierre 的弱流动性折扣,假设销售额为 1 000 万美元公司的基本折扣率为 25%。由于 Chez Pierre 的销售额为 120 万美元而低于典型公司,因而具有更高的价值折扣。根据估算,在销售额为 1 000 万美元的公司和销售额为 120 万美元的公司之间的弱流动性折扣差额为 3.75%。为了满足这一点,首先根据 Siber 关于 1 000 万美元销售额公司的回归式估算弱流动性折扣:

$$弱流动性折扣_{基本} = \frac{100 - \exp\left[4.33 + 0.036\ln(10) - 0.142\ln(100) + 0.174(1)\right]}{100}$$
$$= 48.94\%$$

然后,重新估算销售额为 120 万美元的弱流动性折扣:[*]

$$弱流动性折扣_{Chez\ Pierre} = \frac{100 - \exp\left[4.33 + 0.036\ln(12) - 0.142\ln(100) + 0.174(1)\right]}{100}$$
$$= 52.69\%$$

$$折扣率差额 = 52.69\% - 48.94\% = 3.75\%$$

因此,估算得到 Chez Pierre 的弱流动性折扣等于 28.75%,它是 25% 的基本折扣率针对追加折扣率作出调整后得到的数字,以便体现该公司销售额较低这一点。

2. 买卖价差方法:可将公司盈利为正和所持现金占销售额的比重(1%)代入 Chez Pierre 的销售额中:

$$价差 = 0.145 - 0.002\,2\ln(年度销售额) - 0.015(DERN)$$
$$- 0.016(现金 / 公司价值) - 0.11(月交易量 / 公司价值)$$
$$= 0.145 - 0.002\,2\ln(1.2) - 0.015(1) - 0.016(0.03) - 0.11(0)$$
$$= 0.129\,4 \text{ 或 } 12.94\%$$

根据这种方法,估算得出的弱流动性折扣为 12.94%。

---

　* 下式中的原文为"0.36ln(1.2)"。——译者注

⚙ *liqdisc.xls*：这一电子表格使我们可以估算私营企业的弱流动性折扣率，分别使用受限股方法和买卖价差方法。

24.3　估价动因和价值估算

在前一节，我们考察了如何最恰当地估算私营企业估价所需各种数据。然而，关于这些数据，我们注意到，基于公司不同的潜在买主，估算的过程或许有所不同。例如，就 β 系数而言，我们曾经指出，如果潜在买主是上市公司或（处在首次公开募股时的）股市投资者，就应使用市场 β 系数；如果潜在买主是私营者，则应使用总体 β 系数。针对债务成本和现金流，我们也提出了相似的观点。表 24.2 所概述的是，针对不同的估价动因，我们在估算相关数据时所用方法的差异。

根据潜在买主而运用不同的方法估算贴现率和现金流，所得结果会对价值产生重大影响。一般而论，针对打算出售的私营企业，上市公司作出的估价要大大高于私营实体。这一点的缘由是，如果买主未能实施分散化，所给出的贴现率就会高得多。因此，如果有意出售公司，私营企业所有者若能寻找上市公司作为潜在买主，情形会比较有利。也许他们无法获得全部价值，但至少能够分享这种交易所营造的价值，因为边际投资者已经实施了分散化。

在考察上市选项时，上述见解同样成立。公司从公开发售股票所得到的价值将超过从私营实体处获得的价值。从首次公开募股和出售给上市公司所得到的价值将以相似的贴现率为基础，但会因为成本和销售额方面的协同性而有所变化。如果这种协同性很大，出售给上市公司所得到的价值就会超过上市所得到的价值。

表 24.2　估价所需数据的估算：估价动因

	为了出售给私营实体	为了出售给上市公司或首次公开筹股
股权成本	根据总体 β 系数，具备体现潜在买主分散化程度的相关系数	根据市场 β 系数，因为边际投资者实施了分散化
债务成本	可体现与私营企业相关的追加息差	根据模拟性评级，通过考察上市公司而估算
经营性现金流	在估价时使用私营企业税率	在估价时使用公司边际税率
公司寿命	有限寿命的终端价值或清算价值	在估算终端价值时使用永续经营假设
弱流动性折扣	针对弱流动性的价值折扣	没有弱流动性折扣

案例 24.11　为了私募交易评估 Chez Pierre 饭店

现在我们为了私募交易而对 Chez Pierre 进行估价。从前一案例中可以提取下列估算得到的数据：

$$最近财务年度的税后经营性收入 = 319\,620(1-0.40)$$
$$= 191\,770\ 美元（出自案例 24.7）$$
$$资本成本 = 15.27\%（出自案例 24.6）$$

预期增长率 ＝ 未来 12 年内的年增长率为 2％（出自案例 24.8）

再投资率 ＝ 0％（出自案例 24.8）

最近财务年度的税前经营性收入 ＝ 319 620 美元（出自案例 24.7）

最近财务年度的 FCFF ＝ 319 620(1 − 0.40)(1 − 0) ＝ 191 770 美元

在第 2 年末，我们假设该饭店将会关闭。清算结果为 500 000 美元（出自案例 24.9）

首先，估算在未来 12 年间的经营性现金流现值：

$$未来 12 年间的 FCFF 现值 = \frac{191\ 770\left(1 - \dfrac{1.02^{12}}{1.152\ 7^{12}}\right)}{0.152\ 7 - 0.02} = 1\ 134\ 121\ 美元$$

加上清算成果现值（根据 15.27％ 进行为期 12 年的逆向贴现），再减去租约现值，就可得到股权价值：

未来 12 年的经营性现金流现值	＝ 1 134 121
＋清算结果现值	＝ 90 821
−经营性租约	＝ 928 333
股权价值	＝ 296 709

根据关于增长率和资本成本的估算值，Chez Pierre 的股权价值等于 296 709 美元。

案例 24.12　为了首次公开募股评估 InfoSoft 公司

现在，我们为了首次公开募股而对 InfoSoft 公司进行估价，并从前面的案例中提取估算得出的下列数据：

a. 资本成本：在案例 24.6 中，针对 InfoSoft 公司使用了业务性市场 β 值。估算得出股权成本和资本成本为 11.50％：

$$股权成本 = 3.5\% + 1.60(5\%) = 11.50\%$$

$$资本成本 = 股权成本 = 11.50\%$$

在计算终端价值时（案例 24.9），我们曾经提出把 β 值下调到 1.2，把债务率增加到 10％，使得稳定增长期的资本成本等于 8.85％。

b. 现金流和增长率：案例 24.7 展示了 InfoSoft 公司的当期财务报表，其税前经营性收入为 150 万美元，税率为 40％。在案例 24.8 中，估算得出 InfoSoft 的资本报酬率等于 20％，再投资率为 90％，假设后者在未来五年内保持不变，由此可得到盈利的预期增长率等于 18％。

c. 终端价值：在案例 24.9 中，假设该公司在第 10 年后处于稳定增长期，每年增长 3％，同时保持等于 12％ 的资本报酬率不变。在高增长期（为持续 5 年）和稳定增长期（第 10 年后）之间的五年为转换期；在此期间，增长率、再投资率和资本成本都会从高增长水平过渡到稳定增长水平。下表概述了现金流和现值（以千美元计）。

年份	EBIT$(1-t)$	预期增长率/%	再投资率/%	FCFF	资本成本/%	累积资本成本	现值
现年	900						
1	1 062	18.00	90.00	106	11.50	1.115 0	95
2	1 253	18.00	90.00	125	11.50	1.243 2	101
3	1 479	18.00	90.00	148	11.50	1.386 2	107
4	1 745	18.00	90.00	174	11.50	1.545 6	113
5	2 059	18.00	90.00	206	11.50	1.723 4	119
6	2 368	15.00	77.00	545	10.97	1.912 4	285
7	2 652	12.00	64.00	955	10.44	2.112 1	452
8	2 891	9.00	51.00	1 416	9.91	2.321 4	610
9	3 064	6.00	38.00	1 900	9.38	2.539 1	748
10	3 156	3.00	25.00	2 367	8.85	2.763 8	856
总计							3 487

在第 10 年末，公司步入稳定增长期，而对终端价值可估算如下：

$$终端价值 = \frac{EBIT(1-税率_{10})(1+g)(1-再投资率)}{(资本成本-g)}$$

$$= \frac{3\,156(1.03)(1-0.25)}{(0.088\,5-0.03)} = 41\,675（千美元）$$

对它进行贴现，再将结果加到高增长期内的现金流现值上，减去债务（零），可知股权价值等于 1 906.6 万美元。

股权价值 = 3 487 + 41 675/2.763 8 + 500 = 19 066 千美元 = 1 906.6 万美元

d. 获得每股价值：为了得到每股价值，在除以 100 万份发行股之前，还需要评估由公司管理者和风险资本家所持 10 万项股票期权，再减去其股权价值。

管理者期权（以千计算）= 1 161（千美元）

股权价值 = (19 066 - 1 161)/1 000 = 17.90 美元/股

24.3.1　控制权问题

实施公司估价时，我们需要考虑公司管理者的能力和实力。对于所有者也是管理者的私营企业来说，这一点尤其重要，因为他享有绝对的控制权。相形之下，在上市公司中，缺乏能力的管理者通常会被替换，如果有足够多的股东认为此举符合其最大利益的话。

如果私营企业打算出售其某一部分业务，则对估价来说具有多种含义。如果这一部分带有控制权（即，选择公司管理者的权利），其价值就应大大高出不提供这种权力的业务。这通常意味着，相对于持有 41% 的公司股权而言，其余 51% 的股权价格应该包含很大的溢价。无论公司属于私营的还是上市的，这一点都适用，而且还可能发生在首次公开筹股之时。例如，若在公开售股时只有非选举股或者带有稀释选举权的股票发售给投资者，对于它们的价格设定就应等于具备完全选举权之股票的某种折扣值。

关于控制权的这种看法并不深奥，估算它的价值却略为不易。我们把关于这一议题的讨论延迟到考察收购问题的下一章进行,现在则将它视为两种价值的差额,即,公司处在最佳经营时的价值和公司处在现行管理下的价值。例如,如果现行管理下的私营企业价值为 1 亿美元,最佳管理时为 1.5 亿美元,就可计算在 51％ 和 49％ 股权之间的价值差额如下:

$$具有控制权的股权价值 = 最佳价值的 51\% = 0.51 \times 150 = 7\,650\ 万美元$$

$$无控制权的股权价值 = 现行价值的 49\% = 0.49 \times 100 = 4\,900\ 万美元$$

增加的 2％ 股权(从 49％ 到 51％)对于价值影响之大可谓不成比例,因为它包含了控制权。这种控制权对于经营不善的私营企业来说价值最大,而对经营良好者则等于零。

正如第 16 章所指出的,这种方法同样可用于在首次公开募股时计算非选举股相对于选举股的折扣率。

对于这两类资产的价值可作如下估算:

$$非选举股的每股价值 = \frac{现行价值}{选举股数目 + 非选举股数目}$$

$$选举股的每股价值 = \frac{现行价值}{选举股数目 + 非选举股数目} + \frac{(最优价值 - 现行价值) \times 管理者变化的概率}{选举股数目}$$

案例 24.13　选举股和非选举股的估价:InfoSoft 公司

在前一案例中,我们估算得出 InfoSoft 公司的价值为 1 790.4 万美元。根据 100 万发行股,估算得出每股价值为 17.90 美元。假设该公司决定发行 90 万份非选举股和 10 万份选举股。在首次筹股时,只有非选举股出售给公众,现行的所有者们依然持有选举股。

为了评估选举股和非选举股,需对处在最佳管理时的 InfoSoft 进行估价。假设公司处在最佳管理时的价值为 2 000 万美元。[①] 选举股和非选举股的价值可计算如下:

$$非选举股的每股价值 = \frac{现行价值}{选举股数目 + 非选举股数目} = \frac{17.904}{0.1 + 0.9} = 17.90\ 美元$$

假设现行管理者保持选举股的做法会使得管理者变更概率降低到 25％。

$$选举股的每股价值 = \frac{现行价值}{选举股数目 + 非选举股数目} + \frac{(最优价值 - 现行价值) \times 管理者变化的概率}{选举股数目}$$

$$= \frac{17.904}{0.1 + 0.9} + \frac{(20 - 17.904)(0.25)}{0.1} = 23.14\ 美元$$

24.4　风险资本和私营股本的估价

在前一案例中,我们考察了私营企业估价序列中的两种极端情形:私对私交易,其买主和卖主都完全没有实施分散化(因而将暴露于总体风险);以及,私对公交易,即首次公

---

① 根据最优债务率,对 InfoSoft 作了重新估价。我们假设现行投资政策是最优的。

开募股或者将私营企业出售给上市公司,此时可以运用各种更加常规的估价方法。

此外,还存在着一种中间状况;其中,风险资本家、私营股本投资者在私营企业所持股权在公司上市或出售给某一公共实体时可以兑换成现金。与私营企业所有者相比,风险资本家和私营股本投资者的分散化程度较高,但是出于两个原因而不及那些处在公开市场上的投资者。第一,他们专门从事某些行业。许多风险资本家可能仅只投资于生物技术公司或软件公司;第二,他们的头寸规模(通常很大)和监管要求造成了在任何时候都存在很大的未清头寸(open position)。

在某种意义上,我们用市场与投资者资产组合的相关系数取代了私营企业与市场的相关系数。在极限情形中,诸如 Blackstone 或者 KKR 公司之类私营股本投资者可能在许多公司持有股份,以至其资产组合与市场的相关系数接近于1,故而所用 β 系数应该是市场 β 系数。

为了把握此点的来由,假设我们打算评估在某一行业经营的私营企业,业内上市公司的平均 β 值等于1,它们与市场的平均相关系数为 0.25。假设这家企业在两年内将完全由所有者所持有,将在第3年初从高科技风险资本家那里筹资,预计在第5年末上市或卖给上市公司。我们分三个阶段估算其股权成本(无风险利率＝4%,股权风险溢价＝5%):

阶段1:在初期,私人所有者对公司作了全额投资;可设 β 值＝1/0.25＝4

股权成本＝4%＋4(5%)＝24%

阶段2:专业风险资本家作出天使融资,而他对多家高科技公司进行了投资(资产组合与市场的相关系数为 0.5。)

阶段3:公开发售,投资者为个人和机构投资者,都具有分散化的资产组合:

可设 β 值＝1

股权成本 － 4%＋1(5%) － 9%

现在假设我们已预测了公司在未来五年的现金流,预计它在第5年上市之后将步入稳定增长期,永久性年增长率为2%。对于公司的价值可估算如下:

	1	2	3	4	5	终端年份
预期现金流/美元	100	125	150	165	170	175
市场 β 值	1	1	1	1	1	1
相关系数	0.25	0.25	0.5	0.5	0.5	1
所用 β 值	4.00	4.00	2.00	2.00	2.00	1.00
终端价值	24.00%	24.00%	14.00%	14.00%	14.00%	9.00%
					2 500 美元	
累计股权成本	1.240 0	1.537 6	1.752 9	1.998 3	2.278 0	2.483 0
现值/美元	80.65	81.30	85.57	82.57	1 172.07	
公司价值/美元	1 502					

请注意,使用这位私人所有者的永久性股权成本(24%)会产生过低的价值(1 221 美元),而使用市场股权成本(9%)则会产生过高的价值(2 165 美元)。

注入现金之前和之后的估价

评估私营企业时,许多分析者区分了注入现金之前和注入现金之后的估价。一般而论,这项工作是在预计风险资本家注入现金或首次公开募股时进行。现金前估价法在注入现金之前对公司进行估价,而现金后估价法则在其后进行。

这些估价的结果会有所不同,原因有二。第一,若无现金注入,公司可能会遇到资本配给限制,导致再投资减少和增长速度下降。若公司资本报酬率大于资本成本,则会导致在现金注入前的价值降低。第二,把现金和有价证券的价值加到经营性资产价值上则可得到公司价值。注入大量现金后,公司可能会将超额现金投资于有价证券。如果从公司中抽走现金,即便是由目前的所有者所为,我们也不应将现金加到价值上。

那么,应该使用哪一个价值以估算首次公开筹股时的每股价值呢?因为公司股东所将持有的是注入现金之后的公司股票,故而应该使用注入现金后的价值。然而,在风险资本家的情形中,答案可能有所不同。若他具有议价实力,作为唯一有意提供风险资本者,就能根据注入现金前的估价而要求一定的公司股份,因为公司价值只有在追加风险资本之后才有可能增加。若有两位或更多的风险资本家对公司感兴趣,在决定公司将让利多少于风险资本家方面,可能出现的情形是,注入现金后的估价将被作为决策的依据。

案例 24.14 私营企业股权的估价

假设我们供职于某家上市公司,需要评估在一家小型私营企业的潜在股权。为了扩充经营,后者希望我们对其进行 1 000 万美元的股本投资。

首先,需要估算未作 1 000 万美元投资时的公司价值。根据预测现金流,假设估算得出公司的股权价值为 3 000 万美元:

$$注入现金前的估值=3\,000\,万美元$$

再假设我们的 1 000 万美元投资可以促进该公司的增长,预期股权现金流现值为 5 000 万美元。(它不包括私募股权投资的 1 000 万美元现金流入。)

$$注入现金后的估价值=5\,000+1\,000=6\,000\,万美元$$

关键的问题是,假设我们决定进行这项投资,如何确定作为回报所要求的私营企业的股份比重。作为下限,我们要求注入现金后的估价份额是

$$所有权份额_{下限}=投入现金/注入现金后的估值=10/60=16.66\%$$

然而,我们还会要求更大的份额。作为上限,可以要求的注入现金前估值的份额是

$$所有权份额_{上限}=投入现金/(注入现金后的估价值+现金投资)$$
$$=10/(30+10)=25\%$$

24.5　私营企业的相对估价法

相对估价法的实质是，根据市场对相似公司所支付的金额而对公司进行估价。就私营企业而言，这无疑是一项较难满足的条件。虽然存在着这些问题，分析者们仍然努力地将针对上市公司所建立的相对估价法推广到私营企业。一般而论，在处理私营企业的可比公司问题时，分析者们使用了两种方法。某些分析者专注于支付给其他私营企业的交易价格；他们认为，这些公司与所评估的年轻公司具有更多的共同点。其他分析者，由于不太信任私募交易价格，则采用业内上市公司的股价，然后尽力对它们在基本因素方面的差异作出调整。

24.5.1　私募交易乘数

如果我们打算评估年轻的私营企业，比较合理的做法看来是，应该考察其他人在最近年间对相似公司所支付的价格。这实质上构成了各种私募交易乘数的基础。至少，在理论上，我们需要搜集与评估对象相似的其他年轻私营企业的数据（处在相同行业，规模相当，且处在相同的生命周期阶段）。然后，再将这些数值同某一变量进行比较（销售额、盈利甚至其他业内特定的指标），计算收购者已经允诺支付的典型乘数。再将该乘数运用于估价对象的相同变量，我们就可得到关于它的估算值。

可能遇到的问题

以往最大的问题在于缺乏有关私人公司交易的完整数据，这一点现在已不足为虑。许多私营服务机构都可提供包含这些信息的（有偿的）数据库，不过还有一些问题依然存在：

- 公平交易。使用私营企业交易价格的危险之一是，其中一些并非出自公平交易，它们所体现的只是公司的售价。实质上，它们包括了与交易相关的其他服务和其他连带因素。例如，一位出售诊所的医生或可得到较高的价格，若他允诺在完成交易后逗留一段时间以帮助顺利过渡。

- 时间差。私营企业的交易并不频繁，因为在某一特定时期内，一家私营企业不会买卖数十次。不同于上市公司，它的当期价格可用于计算同期所有公司的乘数，私募交易通常在时间上是相互交错的。因此，私募交易的数据库可以包括 2008 年 6 月到 2008 年 12 月的各次交易；在此期间，股市却几乎损失了 45% 的价值。

- 参照性变量。为了比较规模不等的公司，通常的做法是将市场价格除以某一标准化变量。对于上市公司来说，这些变量包括销售额（价格/销售额、企业价值/销售额）、盈利（市盈率、企业价值/EBITDA）或账面价值。虽说在原则上也可对私营企业作这样的技术处理，但却可能存在着某种障碍。各私营企业的会计标准差异很大，使得它们的基本状况差异甚大。

- 非标准化股权。各私营企业的股权在现金流、控制权和弱流动性方面变化甚大。其交易价格体现的是蕴含于公司股权中的各种索取权，故而难推广到具有不同特征的另一家公司。

- 美国以外的公司。就目前来说，可以得到交易数据者大多是在美国的私营企业。随着我们对处在其他市场的公司实施估价机会的增加，目前还难以确定如何甚至是否能够在那些场合使用这些数据。

用途和最佳做法

那么，应该在何时使用私募交易数据评估私营企业呢？作为一般法则，对于那些打算维持规模、私营性质不变而不准备扩张或上市的小公司来说，这种方法的功效最佳。如果评估对象所属行业存在着大量的私营企业而且交易相当盛行，它同样也会有所助益。例如，这种方法对于评估医疗/牙科诊所和零售店应该功效不错，但却难以运用于独家的或者特别的公司。

若要根据私募交易评估某家私营企业，下面五种常用方法有助于我们实施更可靠的估价：

1. 以某些变量作为衡量尺度，可以降低随意选择造成的影响。为了克服各私营企业在会计和经营标准方面的较大差异，我们可以专注于那些受随意选择影响较小的变量。例如，应该优先考虑销售额乘数（它们比较难以杜撰或受到操纵）而不是盈利乘数。我们甚至可以采用评估对象的特定单位衡量价值，例如普通诊所的患者数目或者管道公司的客户数目等。

2. 评估公司而非股权。在第 16 章，我们把各乘数划分为股权乘数（即，公司价值以股权盈利或账面价值为衡量尺度）和企业价值乘数（公司价值以经营性盈利、现金流或资本账面价值为衡量尺度）。鉴于各私营企业在使用股权和债务方面差异甚大，更加妥当的是关注企业价值乘数而不是股权乘数。换言之，最好是评估整个公司以得到股权价值，而不是直接评估股权。

3. 从较大的数据库入手。鉴于私营企业的交易次数有限，最好是从较大的公司数据库入手，搜集所有的交易数据。这使我们能够审核那些看似可疑的交易（从而无法经受得住公允性的检验）。

4. 调整时间差。即使拥有了关于私营交易的大量数据，各次交易却存在着时间差异。这一点在市场稳定时不足为虑，但在对价值（即便是原始数据）进行调整时，就需予以重视。例如，如果使用 2008 年 6 月到 2008 年 12 月作为交易日期，为了确保价格具有可比性，我们就需要调低 2008 年 6 月的交易价格，而幅度就是整个股市的跌幅（Russell 5000 之类小市值指数在那个时期内下跌了大约 40%）。

5. 专注于基本因素的差异。我们进行的是相对估价，但是不能因此而放弃"公司价值取决于其基本因素——增长率、现金流和风险"这一基本理念。若能得到所交易的私营企业的基本因素信息，我们的价值估算可能会更加可靠。例如，将会有所助益的是，既能了解私营企业的交易价格，又能得到它们在交易之前一个时期的销售额记录和公司的年龄（以此体现成熟和风险程度）。我们应该认真研究这些数据，寻找在交易价值与这些变量之间可能存在的种种关联；如果确实如此，就把它们结合到估价过程之中。

24.5.2 公开的乘数

针对上市公司，我们能够及时地得到有关定价和乘数的数据。事实上，对于那些无法获得私募交易数据的分析者来说，这也是在实施相对估价时的唯一选项。然而，此处存在的一种危险是，错误地将通过考察更成熟上市公司而得到的结论照搬到私营企业上。

各种问题

在把公开市场乘数运用于私营企业时，尤其是那些处在生命周期早期的公司时，显然会造成一些问题。

- 生命周期将会影响基本因素。如果说年轻公司只有经历了早期阶段并且取得成功之后才有可能上市，那就不能忽视上市公司与私营企业具有不同的基本因素这一现实。与私营企业相比，上市公司通常规模更大，增长潜力较小，具有更加稳定的市场，而这些差异在许多投资者购买上市公司股票时会进一步加剧。

- 实施了分散化与未分散化的投资者。在讨论有关年轻私营企业的风险和贴现率估算问题时，我们曾指出，相对于私营企业投资者而言，在上市公司中实施了分散化的投资者对于风险会持有不同的看法。我们还考察了这些差异将如何随着私营企业股权成本的提高而加剧。如果使用从具有分散化投资者的上市公司样本得出的盈利乘数或销售额乘数，评估其投资者未能实现分散化的私营企业，我们将会对它们估价过高。

- 流动性。鉴于上市公司股票的流动性大于私营企业者，若将公开乘数运用于私营企业，所得出的价值就会过高。正如需要在进行内在估价时那样，在使用相对估价时需要针对弱流动性作出调整。

用途和最佳做法

上市公司乘数最适合评估哪种类型的私营企业呢？通常，力图获取更大市场、上市或者被上市公司所收购的私营企业是更为恰当的候选者。实质上，我们所要评估的是这些公司的目标而不是它们的现状。

运用下列三种简单的方法不仅可以避免荒谬的估价错误，而且能够提高估价的质量。

1. 针对生存问题进行调整。由于私营企业可得资本有限，它们发生破产的可能性也比较大。如果使用上市公司乘数评估私营企业，那就必须针对这种增加的破产风险作出调整。

2. 针对非分散化进行调整。针对未实施分散化的投资者，我们在本章前面设立了总体 β 系数；并且指出，使用它所得出的更高股权成本将会减少内在价值。这一道理同样适用于相对估价法。如果各上市饭店的平均市盈率为 12，那就可以预计，Chez Pierre 饭店的股票会以较低的市盈率获得交易,即便其他方面都一样。

3. 针对弱流动性的调整。前面有关内在估价的部分说明了针对私营企业估算弱流动性折扣的各种方法,我们同样可以采用这些技术针对弱流动性调整上市公司的乘数值。

24.6　总结

私营企业的价值等于预计它所能产生的现金流现值,其贴现率体现了私营企业的风险和"债务/股权"结构。虽然这种说法与描述上市公司的说法完全一样,但在估算私营企业的这些数据时所用方法却不相同,即便是在各私营企业之间也是如此,因为它得视估算的动因而定。

在为了出售给个人或私营实体而评估私营企业时,我们必须考虑三个特定的问题。第一个问题是股权成本。到目前为止,我们一直假设它完全取决于无法分散的风险,但是可能需要作出调整,如果潜在的买主只是未能实施恰当的分散化。第二个问题是,在私营企业所持有的股权缺乏流动性,因而需要对估算价值给予一定的折扣。有关上市公司受限股发行的折扣或者这些公司的买卖价差能够为这种折扣幅度提供有用的信息。第三个问题是,私营企业的控制权能够以大大高出少数型权益的溢价获得交易。

为了出售给上市公司或者首次公开募股,对于私营企业的估价则采用更为常规的路径。我们仍然能够假设股权成本应该以不可分散的风险为基础,而且无需添加弱流动性折扣。再者,如果是将少数型股份出售给上市公司,或者在首次公开筹股时发行了非选举股,控制权就将具有价值。

24.7　问题和简答题

在下列问题中,若无特别说明,假设股权风险溢价为 5.5%。

1. 我们需要评估开设于美国东海岸的一家连锁浓咖啡店 Barrista Espresso。
- 在最近财务年度,公司的息税前盈利为 1 050 万美元,销售额为 5 000 万美元。然而,它的创建者从未给自己索取薪酬,参照可比公司,其薪酬总额应该等于 1 000 万美元。
- 所有公司的税率都是 36%,流动资本是销售额的 10%。
- 最近财务年度的资本支出为 450 亿美元,折旧额只有 100 万美元。
- 预计盈利、销售额和净资本支出在未来五年内的年增长率为 30%,然后将一直等于 6%。
- 可比公司的平均 β 值为 1.356 7,平均"债务/股权"比率为 13.65%。与市场的平均相关系数是 0.50。预计 Barrista Espresso 能够保持 12% 的债务率,其债务成本是 8.75%。无风险利率为 6%,市场风险溢价为 5.5%。

a. 估算 Barrista Espresso 作为公司的价值。

b. 估算 Barrista Espresso 的股权价值。

c. 如果是为了首次公开募股而进行估价,所得到的结果是否会不相同?

2. 为了私募交易,对某公司的估价结果是 2.5 亿美元。这家其实处在盈利状态的公司在最近年度的销售额为 2 亿美元。(一般公司的销售额为 1 亿美元。)针对这家公司应该使用多少折扣率?

a. 根据 Siber 的回归式求解。

b. 根据针对公司规模所调整的平均折扣率(25%)求解。

3. 我们打算根据下列信息评估一家简易旅馆 Vermont:

- 该旅店在最近年度的税前经营性收入为 10 万美元。在过去三年间,这种收入的年增长率为 5%,预计可在一段时间内依然保持这种增长率。

- 这种经营性收入的 40% 可归因于其业主是一位主厨。如果旅店被售出,他无意继续逗留。

- 债务和股权各占该旅店资金的一半。税前借款成本是 8%。旅店业内各上市公司具有平均等于 1.10 的 β 值。长期国债利率为 7%,市场风险溢价是 5.5%,税率为 40%。

- 最近年度的设备维修支出在扣除折旧后等于 1 万美元,预计它的增长率与经营性收入相同。

- 预计该旅店具有 10 年的经营寿命。在此之后,扣除资本所得税之后,该建筑物将以 50 万美元售出。

a. 为了出售这家旅店而予以估价。

b. 如果业主提出再逗留三年,上述价值有何变化?

4. Tectonics Software 是一家制作、销售计算机软件的小公司。为了首次公开募股,其所有者请我们对公司进行估价。公司在最近年度的销售额为 2 000 万美元,从中获得了 200 万美元的息税前盈利。公司未偿债务为 1 000 万美元,税前利息支出为 100 万美元,股权账面价值为 1 000 万美元。上市软件公司的非杠杆性 β 系数均值是 1.20,这些公司股权的平均市值是其账面价值的三倍。所有公司均面临 40% 的税率。最近年度的资本支出为 1 000 万美元,等于同期折旧额的两倍。预计这两项在未来五年内的增长率与销售额增长率相同。第 5 年后的期望资本报酬率为 15%。在未来五年内,预计该公司的销售额每年增长 20%,然后则是 5%,经营利润率将保持在现行水平。长期国债利率为 6%。

a. 估算该公司的资本成本。

b. 估算该公司的股权成本。

c. 如果公司计划发行 100 万股,估算每股价值。

5. 如果是为了将 Tectonics Software 出售给私人而进行估价，关于上述第 4 题的答案有何变化？那位潜在买主持有的是未实施分散化的资产组合，与市场指数的相关系数是 0.60。此外，使用下列买卖价差方程估算弱流动性折扣：

买卖价差＝0.14－0.015 ln(销售额)

估算这笔私下交易中的股权价值。

CHAPTER

第25章

收购和并购

出于多种原因,公司会被收购。在 20 世纪 60 年代和 70 年代,通过收购其他行业的公司,诸如 Gulf & Western 和 IIT 等公司成为了大型企业集团。在 20 世纪 80 年代,诸如 Time Inc.、Beatrice Foods 和 RJR Nabisco 等巨型公司则被其他公司所收购。这些公司自身的管理者或者那些富有的收购方都看到了对它们实施重组或者拆分的潜在价值。20 世纪 90 年代则见证了传媒行业的合并浪潮,电信公司收购娱乐公司,而娱乐公司则收购有线电视公司。随着时间的推移,各公司还为了获得协同性效益而收购或兼并其他公司,其表现形式在于提高增长率或者降低成本。

收购似乎为各公司实现战略目标提供了一条捷径,但这一过程同样需要耗费成本。本章考察收购的四个基本步骤,首先是收购动因的形成,接着是目标公司的确定和评估,然后是交易的安排与支付,最后也是最困难的步骤则是完成交易后对于收购的具体实施。

25.1 收购的背景

谈及收购或并购,我们的议题其实就是一系列不同类型的交易。这些交易包括两家公司兼并而创建一家新公司,公司管理者从股东手中收购公司而建立一家私营企业。本节首先考察收购所采取的不同形式,继而提供对于收购过程的概览,最后考察美国的收购历史。

25.1.1 收购的分类

安排收购有几种方式。在兼并情形中,两家公司的董事会同意合并一处,并争取获得股东们的认可。在大多数情形中,目标公司和出价公司至少需有 50% 的股东同意兼并。目标公司将会消失而化作收购方公司的一部分。在 1997 年,美国数字设备公司(Digital Equipment Corporation)在被收购后为康柏(Compaq)公司所吸收。在整合的情形中,两家合并创立一家新的公司,收购方公司和目标公司的股东均获得该公司的股票;例如,花旗集团就是在 Citicorp 和 Travelers Group 两家公司合并后所创建的一家公司。

在投标报价(tender offer)情形中,一家公司提议根据某个特定价格购买另一公司的股票,且将出价通过广告和邮件告知后者的股东。通过如此行事,它可以绕开目标公司现有的管理层和董事会。因此,投标报价通常被用于敌意并购(hostile takeover)。只要少数股东拒绝投标,目标公司就会继续存在。然而,从实际操作角度看,如果收购方公司能够成功地取得对于目标公司的控制权,大多数投标报价最终会转化成为兼并。

在资产购买情形中,一家公司收购的是另一家的资产,虽然仍需通过目标公司股东的正式表决。

还有一类有别于上述四种情形的收购,即公司被其管理者或一组投资者所收购,通常采用投标报价的方式。交易完成后,被收购公司可能不再属于上市公司,而是成为私营企业。如果管理者涉足其中,这种收购被称为"管理者买断";如果投标报价的资金主要出自于举债,它被称为"杠杆性买断"。

图 25.1 概述了各种类型的交易以及对于目标公司的相关后果。

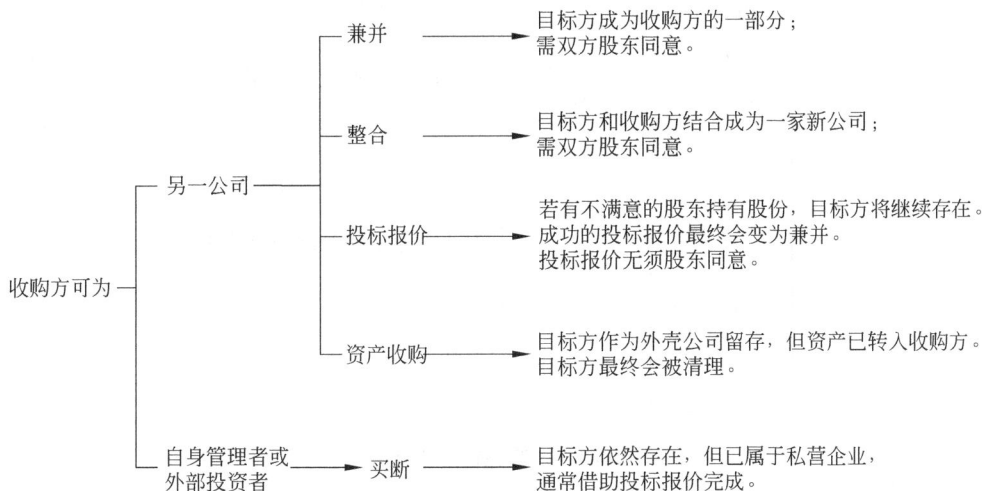

图 25.1　收购的分类

资料来源:*Corporation Finance : Theory and Practice*,Second Edition,by Aswath Damodaran, copyright © 2001 by John Wiley & Sons, Inc. 这一材料的重印得到了 John Wiley & Sons, Inc. 的许可。

25.1.2　收购过程

收购既可是友善的又可是敌意的。在友善收购时,目标公司管理者乐于被收购,而且有时会主动寻找收购者。在敌意收购情形中,他们则并不情愿被收购。在收购之前,收购方公司的出价会高于目标公司市场价格,并邀请目标公司股东们根据这种出价转让他们的股份。

实施友善或敌意收购时,收购价格与市场价格之间的差额被称为"收购溢价"。在兼并和整合中,收购价格即收购方对目标方所付的每股价格。在友善收购时,该价格通常取决于收购方和目标方管理者的谈判。在投标报价时,它是收购方为获得足以控制目标方的股份所付价格。如果还有其他公司参与对目标方的投标或者根据最初价格无法获得充足的股票转让,收购价格可能会高于收购方最初的出价。例如,在 1991 年,AT&T 公司最初提出以每股 80 美元收购 NCR 公司,其中已包含了高出当时股价达 25 美元的溢价。然而,AT&T 最终却是以每股 110 美元的价格方才完成了这项收购。

最后,我们还可以比较所付收购价格与被收购公司的股权账面价值。完成收购后,可以根据严格的会计规重新评估目标公司资产的公允价值,以此估算经过调整的股权账面价值。根据收购的入账方式,收购价格和调整后的股权账面价值之间的差额将在收购方公司的账面上被记作"商誉",或者忽略不计。图 25.2 说明了如何将收购价格分解为这些不同部分。

图 25.2 收购价格的分解

资料来源: *Corporation Finance*: *Theory and Practice*, Second Edition, by Aswath Damodaran, copyright © 2001 by John Wiley & Sons, Inc. 这一材料的重印得到了 John Wiley & Sons, Inc. 的许可。

25.2 并购所具价值效应的实际证据

不少学者研究了并购对于双方公司价值所造成的影响。实际数据表明,目标公司的股东是并购事件的赢家;他们赢得了丰厚的超额报酬,[1]不仅在收购消息发布日前后几天,而且在收购之前的数周就可如此。在总结了有关并购公布日前后之报酬率的 13 项研究后,Jensen and Ruback(1983)指出,在成功的投标报价中,目标公司股东的平均超额报酬为 30%;在成功的兼并中,则为 20%。Jarrell, Brickley and Netter(1988)回顾了1962—1985 年间的 663 起投标报价的结果;他们指出,20 世纪 60 年代的平均溢价为

---

① 超额报酬指的是,针对风险和市场状况作出调整后而超过预期水平的投资报酬。

19％,70 年代为 35％,而 1980—1985 年间则为 30％。许多研究指出,目标公司在并购消息公布前会出现股价上扬,这一点说明金融市场非常的敏感,或者有关拟议并购交易信息的外泄。

某些并购的企图未能如愿,或因出价公司撤回了出价,或因目标公司的抗争令其败北。Bradley,Desai and Kim(1983)分析了并购失败给目标公司股东造成的影响;他们发现,虽然对于失败消息的最初反应是负面的,但是统计意义不足;许多目标公司在初次并购失利后的 60 天之内就会被并购,故而最终仍可获得丰厚的超额报酬(50％到 66％)。

并购公告对于出价方股价的影响则没有那样清晰可辨。根据 Jensen and Ruback 的研究报告,出价方股东在投标报价前后几天的超额报酬率为 4％,在兼并公告发布前后几天则没有超额报酬。考察 1962—1985 年间的各项投标报价之后,Jarrell,Brickley and Netter 指出,出价方股东的超额报酬在 20 世纪 60 年代为 4.4％,70 年代下跌到 2％,而在 80 年代又再度下跌到 －1％。其他的研究表明,在兼并公告发布前后,大约有一半的出价公司获得的超额报酬为负;这也使得股东们经常会对所谓的"并购价值"心存疑虑。

如果存在着多家出价公司,对于其中的失败者来说,后果将是什么呢? 股市最初的反应或许是负面的,从而体现出告败方所支付的成本,但是长期的结果却更加引人深思。在出价战之后的五年,失败的出价方在经营利润率和股价方面都超过了成功的出价方。至少就收购而言,对于收购方的股东来说,在出价战中的失利所带来的益处似乎要大大超过获胜。

25.3 实施收购的步骤

收购目标公司的过程可分为四个基本的但未必构成序列的步骤。第一,确定收购的理论根据、战略及其所需资源;第二,选择收购目标和评估目标公司,并且根据收购动因确定溢价;第三,确定所需支付的收购价、最佳筹资方式,以及是用股票还是现金进行支付;第四,或为最具挑战性的是,在交易完成后,如何圆满地实施收购。

25.3.1 确立收购战略

实施收购的公司未必都有收购战略,而具备收购战略者未必都能够一以贯之。本小节考虑一些不同的收购动因,并且提出,具备一致性的收购战略必须以其中的某个动因为依据。

收购估价过低的公司

公司若在金融市场上被估价过低,就会成为能够洞察这一问题者的收购目标,而收购者则可获得等于价值与收购价格之差的盈余。然而,若要使得这种战略奏效,必须兼具下列三个因素:

1. 找到股价低于其真实价值之公司的技能。形成这种技能的条件是,能够获得比其他投资者更好的信息或更好的分析工具。

2. 筹得实施收购所需要的资金。知道某公司被市场所低估，这并不等于就很容易获得收购资金。资本的可得性取决于收购者的规模（相对于小公司而言，大公司更容易获得内部和外部资金），取决于收购者的记录（成功地确定和收购被低估公司的历史将使得后续收购更加顺利）。

3. 实施的技能。在收购过程中，如果收购者驱使目标公司股价上扬而超出了估算价值，那就无法从收购中获益。为说明起见，假设某公司的估算价值为 1 亿美元，现行市值为 7 500 万美元。如果收购这家公司，收购者就必须支付一定的溢价。如果溢价大于市值的 33％，所付价格将超出估算价值，这项收购也就无法为收购者创造价值。

购买被低估公司的战略虽然颇具吸引力，但是同样可能令人沮丧。对于在相当有效的市场上收购上市公司，这一点尤为突出。因为，针对市场价格所付溢价很快就会消除掉估价盈余。在那些不太有效的市场上或者收购私营企业，获得盈余的机会将会更多一些。

为降低风险而实施分散化

第 4 章提出的一种观点是，分散化可以降低投资者暴露于公司特定风险的程度。其实，本书所用的各种风险－报酬模型的基本前提都在于，公司特定风险可以被分散掉，所以不应获得报偿。通过购买其他业务领域的公司和实施分散化，收购方的管理者相信，他们能够降低盈利的波动性和风险，进而可以增加价值。

既然分散化能够产生效益，那么，投资者通过交易股票实施分散化，或者，通过收购其他公司实施分散化，何者能够更有效地实现这一点呢？这是一个悬而未决的问题。若将这两种方式的交易成本和溢价进行对照，上市公司投资者大多都能够以远低于公司的成本实施分散化。

然而，关于这一点存在着两个例外。第一，在私营企业情形中，其所有者将大部或全部财富都投入其中。因此，鉴于所有者独自面对所有的风险，有关公司业务分散化的见解更具有说服力。例如，鉴于此类风险暴露的考虑，亚洲的许多家族公司都转而从事多种业务，发展成为大型企业集团。第二种情形是封闭型控股公司，虽然程度略轻，但其内部管理者或许已将大部分财富投入公司。通过收购而实施分散化，他们能够降低暴露于总体风险的程度，虽然其他的投资者（如果已经实施了更大的分散化）未必会有同感。

造就经营或财务的协同性

协同性是可以解释大多数收购所付高额溢价的第三个理由，它所指的是源自两家公司合并的潜在附加值。对于兼并和收购而言，它或许是使用最广但却误用最甚的根据。

经营协同性的来源　经营协同性是那些能够使得公司增加经营性收入、提高增长率或者两者兼具的协同性，可分为四类：

1. 规模经济效应，可能来自于兼并；它可以使得合并之后的公司降低成本和提高利润。

2. 更强的定价能力，来自于竞争性的降低和市场份额的扩大；它应该能够提高利润率和经营性收入。

3. 各种专业实力的结合,例如,具有较强营销技能的公司收购另一家具有良好产品系列的公司。

4. 新兴和现有市场的高增长,源自两家公司的合并。例如,美国的消费品公司收购新兴市场公司,后者具有成熟的分销网络和品牌认知度,并且可以利用这些力量增加产品销量。

经营协同性将会影响利润率和增长率,进而影响牵涉到并购中的各公司的价值。

财务协同性的来源　对于这种协同性而言,回报形式是更大的现金流或更低的资本成本(贴现率)。包括下列各项:

1. 就具有超额现金流或充裕现金(但项目机会有限)的公司与具有高报酬项目(但筹资受到限制)的公司的合并,回报形式是,随后的报酬率将会提高。价值增量出自于运用超额现金承担原本无法进行的项目。这种协同性最有可能出现在大公司收购较小公司或上市公司收购私营企业之时。

2. 举债能力得以提高,因为在两家公司合并时,它们的盈利和现金流可能变得更加稳定和可以预测。这一点又使得它们的可借额度超过作为单个实体的可借额度,使得合并公司可以获得更多的缴税效益。这种效益可以增加现金流(如果估算股权现金流)或者降低合并后公司的资本成本。

3. 缴税效益可能体现为合并后公司所付税款低于单个公司。因此,如果收购的是亏损公司,盈利公司能够利用前者的净经营性亏损额以减少税负。另一方面,若在收购之后能够提取更大的折旧额,公司就可减少税款以增进价值。一般来说,商誉无法得到税收豁免,故而无法提供缴税优惠。

显然,许多收购活动都蕴含着协同性。一个更重要的问题是,我们能否评估这种协同性?如果肯定的话,那又如何对它进行估价呢?

关于协同性的实际证据　在许多并购情形中,协同性都构成了一个明确的动因。Bhide(1993)考察了 1985—1986 年间 77 起收购案的动因;据他报告,在其中三分之一的并购案中,协同性构成了首要动因。其他一些研究则考察了协同性是否存在以及价值高低的问题。如果公司并购确实能够营造协同性,合并后公司的价值应该大于出价公司和目标公司各自在独立经营时的价值之和:

$$V(AB) > V(A) + V(B)$$

其中,$V(AB)$＝A 和 B 合并所造就的公司价值(协同性)

$V(A)$＝A 公司独立经营时的价值

$V(B)$＝B 公司独立经营时的价值

针对围绕兼并消息公布日前后的股票报酬率,研究成果大多表明,合并后公司的价值通常确实能够提高,而且增幅很大。Bradley, Desai and Kim(1988)考察了在 1963—1984 年间的 236 起公司间投标报价的样本。他们的结论是,在宣布兼并之时,目标公司和出价公司合并的价值平均增加了 7.48%（根据 1984 年的美元计算，等于 1.17 亿美元）。然而，对于这一结论的诠释必须谨慎，因为合并后公司的增值同样也符合其他一些假说，包括估价过低和公司控制权变化等。因此，他们对于协同性假说的检验显得力度不够。

协同性通常表现为，与公司各自独立经营相比，合并后的公司盈利将有所提高，或者以更快的比率增长。因此，检验协同性的可靠方法应该是，考察公司在并购之后相对于竞争者而言的经营状况（利润率和增长率）能否有所改观。如同本章后文所述，许多兼并案未能经受得住这种检验。

并购管理不善的公司和更换管理层

某些公司的管理并未达到最佳水平，而局外人时常会觉得自己能够比现有管理者更好地经营它们。收购管理不善的公司以及更换在位管理层，或至少是改变管理政策和方式，应该能够增进这些公司的价值，并且令收购者能够获得这种价值增量，即所谓"控制权价值"。

成功的前提　虽然我们可以用这种关于公司控制权的说法论证超出市场价格的高额溢价，它的成功却取决于下列因素：

- 可以将被收购公司的不良经营归咎于不良的管理，而不是那些无法为管理者所掌控的市场或行业因素。
- 完成收购后必须继以管理方式的改变，而这种变化必须能够增进公司价值。根据本书所建立的内在价值框架，提升价值的举措就在于增加现有资产的现金流，提高预期增长率，延长增长期或者降低资本成本。
- 收购的市场价格应该反映的是现状，即公司目前的管理状况和无益的业务。如果市场价格已经包含了控制权溢价，收购者就难以获得溢价。

一般而论，控制权是敌意收购而不是友善收购的动因所在，因为它的前提在于现有管理层无法胜任其职。

关于控制权价值的实际证据　就公司控制权存在着外部市场这一点而言，被敌意收购的公司类型可以提供有力的佐证。研究工作表明，敌意收购的目标公司具有下列特征：

- 就并购之前数年间回馈股东的报酬而言，它的股票业绩不及业内其他股票和总体市场。
- 在并购之前数年间，它的利润率不及业内其他公司。
- 与同业公司相比，内部人士所持股份比重低出许多。

通过比较敌意和友善并购，Bhide 说明了这些差异。图 25.3 概述了他的发现。如同所见，在总体上，被敌意并购公司的股权报酬率要比业内其他公司低出 2.2%，为股东们赢得的报酬率则比市场低出 4%；它们的股票仅只有 6.5% 为内部人士所持有。

另有证据表明，在敌意并购之后，公司对经营方式作出了重大的调整。在考察了敌意收购的善后工作后，Bhide 列出了下列四种变化：

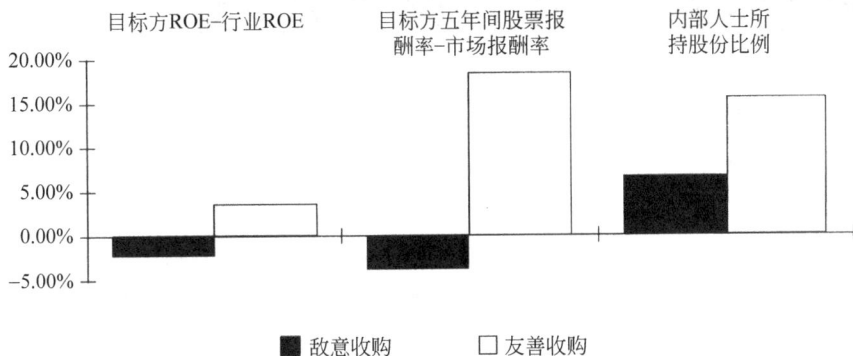

图 25.3　目标公司特征：敌意并购与友善并购

1. 很多敌意收购在完成之后，债务有所增加，导致债务评级的下调。然而，债务总额会因为资产拍卖的成果而迅速减少。

2. 这些公司的投入资本金额没有太大的变化。

3. 将近 60％ 的并购案发生之后会出现撤资现象，至少一半的公司资本会撤出。绝大多数的撤资部门是与公司核心业务无关的业务（即，针对先前的公司经营多样化结构实施逆转）。

4. 在 19 起敌意收购案中，有 17 起发生了管理层的重大改组；在 7 起并购中，公司整个管理团队被替换。

因此，与通常的看法不同，[①] 在大多数敌意收购案之后，并未出现收购者对于目标公司的资产剥离而使之破产；相反，目标公司会重新专注于其核心业务，而经营通常也会得到改善。

迎合管理者自身利益　在大多数收购中，决定是否实施收购以及支付多少的是收购方公司的管理层而不是它的股东。因此，某些收购的动因或许并不在于股东财富的最大化，而是管理层自身利益的最大化，并经由下列任何一种收购动因而进一步强化：

- 企业帝国的营造。某些顶层管理者的利益似乎在于把公司打造成业内乃至整个市场的龙头老大。这一目标而不是业务分散化或可解释诸如 Gulf & Western 和 ITT 等公司在 20 世纪 60 和 70 年代的收购战略。[②] 值得注意的是，在进行收购时期，这两家公司都拥有一位雄心勃勃的首席执行官（CEO），即 Gulf & Western 公司的 Charles Bludhorn 以及 ITT 的 Harold Geneen。

---

① 即使不属于普通公众的看法，它也是民粹主义者的意见，我们可在《华尔街》（*Wall Street*）和《抢钱世界》（*Other Peoples Money*）等好莱坞电影以及《蛮夷驾到》（*Barbarians at the Gate*）等书籍中找到佐证。

② 颇具讽刺意味的是，ITT 自身也成为了 Hilton Hotels 的敌意收购目标，而前者的反应是出让那些它称之为非核心的业务（即，它以往在追求成为大型企业集团目标时所收购的公司）。

是否应该针对"自我意识"（Ego）给予某种折扣？

如果管理者自身利益和自我意识导致公司在收购方面支付过多，是否应该对那些由踌躇满志的 CEO 所经营的公司价值打上某种折扣呢？在某种意义上，如果公司现行资本报酬率和再投资率已经体现了曾经的失败收购，或者我们认为，它在今后的资本报酬率依然难以改观，此类折扣或许已经获得了使用。

然而，根据同理，顶层管理者的变动也可构成重新评估公司的充分理由。如果新的 CEO 似乎并无营造企业帝国的念头或者像其前任那样对收购支付过度，就可预计公司未来的资本报酬率会大大高于以往水平，而它的价值也会提高。

- 管理者的自我意识。显然，某些收购，尤其是存在多家投标出价者之时，将会成为对于相关管理者勇气的一场考验。[①] 各方都不甘于在争斗中失败，即便为了取胜可能会耗费股东的数十亿美元。
- 补偿和连带效应。有时，并购将会改变管理层报偿方案。若是管理者本身可以从这些交易中得到很大的利益，他们就有可能罔顾并购给股东们造成的成本。

在 1986 年一篇题为"关于公司并购的傲慢因素假说"（The Hubris Hypothesis of Corporate Takeovers）的论文中，Roll 指出，在收购案数目和所付价格问题上，我们可能低估了管理者的骄矜和自我意识所起的作用。行为金融学所汇集的大量证据也表明，过度自信的 CEO 们更有可能急于实施收购，故而时常会高估这些交易的效益而低估其成本。

25.3.2　目标公司的选择与控制权/协同性的估价

公司一旦确定了收购的动因，就需回答两个关键问题。给定前一小节所述各种动因，第一个问题是如何最为恰当地确定可能收购的收购目标；同样给定我们在前一小节勾画的各种不同动因，第二个则是如何评估目标公司这一更加具体的问题。

目标公司的选择

一旦公司确定了收购项目的理由，就需要找到合适的目标公司。

- 若收购的动因在于获得估价过低者，目标公司就必须属于此列。确定此类公司的方式取决于所用估价方法和模型。根据相对估价法，被低估的股票是，在调整了各种基本差异后，那些交易（盈利、账面价值或销售额）乘数远远低于业内其他公司。因此，如果其他银行具备高得多的市账率，一家市账率为 1.2 的银行就可视为被低估者。根据贴现现金流估价法，被低估的股票则是股价大大低于所估算的贴现现金流价值的公司。
- 若收购动因在于实施分散化，最有可能成为目标的是那些在业务上与收购方没有

[①]　一个有趣的问题是，这些价格战的可能性是否会因为更多的女性担任公司 CEO 而降低。她们对于兼并方式中的输赢或许会持不同的看法。

关系或者不相关的公司。因此,周期性公司应该努力收购逆周期性的或者至少是非周期性的公司,以便充分获得分散化效益。

- 若收购的动因是求取协同性,目标公司通常会随着协同性的来源而变化。为了获得规模经济效益,目标公司应该与收购方同处一个行业。因此,联合航空公司(United Airlines)收购大陆航空公司(Continental Airlines)的目的就是为了获得规模经济效益,进而有望降低成本。就功能协同性而言,目标公司应该在收购方的某些较弱功能方面属于强者。就财务协同性而言,目标公司的选择应该体现协同性的可能来源——如果动因在于提高举债能力,就应选择那些风险较大、借款能力有限或缺乏独立借款能力的公司;或者,若是为了获得缴税优惠,则应选择具有高额结转性净亏损的公司。

- 若收购的动因在于控制权,目标公司应该是具有超额报酬潜机的业内管理不善的公司。此外,它所发股票的持有面比较分散(因而更容易招致敌意性收购),而目前的股价则体现了现有管理者将继续经营公司这一看法。

- 若收购的动因在于管理层的自身利益,目标公司所体现的将会是这一点而不是经济动因。

针对并购的各种动因,表 25.1 概述了各种典型的目标公司。

表 25.1　基于各种收购动因的目标公司特征

动　因	目　标　公　司
估价过低	股价低于估算价值
分散化	从事与收购方不同业务的公司
经营协同性	具有能够营造经营协同性的各种特征 节约成本:同业公司,以营造规模经济效应 高度增长:可以开启新市场或拓宽现有市场的公司
财务协同性	具有能够营造财务协同性的各种特征 节减税款:为收购方提供缴税优惠 举债能力:无法借款或需要支付高利率 现金闲置:在项目/资本方面受到很大限制
控制权	股票运势不及股市且管理不善的公司
管理层利益	具有最能迎合 CEO 自我意识和权欲的各种特征

在转入估价问题之前,还需指出最后两点。第一,公司通常是同时而不是相继地选择目标公司和确定收购动因。此点并不会改变本小节的任何内容。第二,公司的收购动因通常不止一个,诸如控制权和协同性之类。倘若如此,对于目标公司的搜寻就应以首要动因为导向。

目标公司的估价

收购估价与对于其他公司的估价并无本质不同,虽然控制权和协同性溢价会使得估价过程略为复杂。针对协同性和控制权之间的交错关系,评估目标公司的最稳妥方法是分步骤进行,即,首先评估公司的现状,然后再结合控制权和协同性的价值。

现状估价 在对目标公司进行估价时,我们首先估算具备现行投资、融资和股息政策的公司的价值。这种"现状估价"可以作为估算控制权和协同性价值的起始点。在此,前面章节所述所有的基本原则依然适用;尤其重要的是,公司价值取决于出自现有资产的现金流、这些现金流在高增长期的预期增长率、高增长期长度和公司资本成本。

案例 25.1 对数字设备公司(Digital Equipment)现状的估价

1997年,作为一家主要的大型计算机制造商,数字设备公司成为康柏公司的收购出价目标,后者在当时则是全球主要的个人电脑制造商。这项收购的部分动因在于,据信数字设备公司属于管理不善者,而康柏可以对数字设备公司的资产实施好得多的管理。此外,康柏预计还能获得成本节约(出自规模经济效应)和更快增长(出自康柏对于数字设备公司客户的产品销售)的协同性。

为了分析这项收购,首先评估数字设备公司的现状。被收购之际,它具有下列特征:

- 数字设备公司在1997年的息税前盈利为391.38百万美元。这意味着,针对13 046百万美元的销售额,税前经营利润率为3%,税后资本报酬率为8.51%;公司税率为36%。
- 根据1.15的β值,5%的税后借款成本、约为10%的债务率,公司在1997年的资本成本为11.59%。(在进行分析时,长期国债利率等于6%,我们使用的风险溢价为5.5%。)

$$股权成本 = 6\% + 1.15(5.5\%) = 12.33\%$$
$$资本成本 = 12.33\%(0.9) + 5\%(0.1) = 11.59\%$$

- 数字设备公司的资本支出为475百万美元,[①]折旧额为461百万美元,流动资本等于销售额的15%。
- 在未来五年间,预计经营性收入、净资本支出和销售额的年增长率均为6%。
- 第5年之后,预计经营性收入和销售额的年增长率将永久性地等于5%。第5年之后,预计资本支出将等于折旧额的110%,而折旧额将增长5%。债务率依然等于10%,但税后债务成本将下跌到4%,β值则下降到1。

根据上述数据,可估算得出数字设备公司的价值等于2 110.41百万美元。

百万美元

年份	EBIT(1−t)	净资本支出	流动资本变化	FCFF[②]	终端价值	现值
1	265.51	14.84	117.41	133.26		119.42
2	281.44	15.73	124.46	141.25		113.43
3	298.33	16.67	131.93	149.73		107.75
4	316.23	17.67	139.84	158.71		102.35

---

① 因此,在考察净资本支出时,再投资率甚低。然而,高额流动资本投资可以提高它。

② 为了估算第1年的FCFF,

$$FCFF_1 = EBIT(1-t)(1+g) - 净资本支出(1+g) - 销售额(流动资本/销售额)$$
$$= 391.38(1-0.36)(1.06) - (475-461)(1.06) - 13 046(0.06)(0.15) = 133.26 百万美元$$

续表

年份	EBIT(1−t)	净资本支出	流动资本变化	FCFF	终端价值	现值
5	335.20	18.74	148.23	168.24	2 717.35	1 667.47
终端价值	351.96	64.78	130.94	156.25		
公司价值						2 110.41

请注意,在计算终端价值时,我们使用了公司在第6年的自由现金流和第5年之后新的资本成本:

第5年之后新的股权成本 = 6% + 1.00(5.5%) = 11.5%

第5年之后新的资本成本 = 11.50%(0.9) + 4%(0.1) = 10.75%

终端价值 = 156.25/(0.1075 − 0.05) = 2717.35(百万美元)

公司控制权的估价 许多敌意收购是以存在着控制权市场为前提。为了能够掌控公司的管理,投资者和公司愿意支付高出股价很多的溢价,尤其是针对那些据信属于经营不善的公司。本部分内容考察决定公司控制权价值的各种因素,并且尝试在收购的框架内予以估价。

决定公司控制权价值的因素 从现行管理层那里撷取的控制权价值,与有关这些管理者素质和求取公司价值最大化之能力的看法呈反向关系。一般而论,同属未能充分发挥经营潜力者,对于管理不善公司的控制权价值要大于管理良好者。

公司控制权的价值产生于各种能够增加公司价值的管理政策变化,包括收购或者清算资产,改变融资结构,重申股息政策,或者为了价值最大化而重组公司。若能确定需对目标公司进行的改造,就可对控制权进行估价。控制权的价值可以表述为

控制权价值 = 处在最佳管理时的公司价值 − 处在现行管理下的公司价值

对于那些处在或接近于最佳经营水平的公司,控制权的价值可忽略不计,因为公司重组不会增添多少价值;对于经营未达到最佳水平者,它的价值可能极大,因为重组能够使得价值剧增。

案例 25.2 对数字设备公司控制权的估价

我们曾经说过,数字设备公司成为康柏收购目标的原因之一是,它被视为管理不善的公司。假设康柏的看法无误,则可通过下列假设条件评估数字设备公司的控制权价值:

- 数字设备公司将把债务率提高到20%这一最佳水平。β值也会提高,但资本成本却会下降。

  新的 β 值 = 1.25(非杠杆性 β 值 = 1.07;"债务/股权"比率 = 25%)

  股权成本 = 6% + 1.25(5.5%) = 12.88%

  新的税后债务成本 = 5.25%;公司的风险将会加大,违约风险亦然

  资本成本 = 12.88%(0.8) + 5.25%(0.2) = 11.35%

- 数字设备公司将把资本报酬率提高到11.35%,从而等于资本成本。(税前经营利

润率将提高到 4%，接近业内均值。）

- 再投资率保持不变，但资本报酬率的增加将把未来五年的期望年增长率提高到 10%。

- 如同前一案例，在第 5 年后，β 值将下降到 1，税后债务成本下降到 4%。因此，资本成本将降至 10%。

下表列出了这些假设对于现金流和现值的影响：

百万美元

年份	EBIT(1−t)	净资本支出	流动资本变化	FCFF	终端价值	现值
1	367.38	15.40	195.69	156.29		140.36
2	404.11	16.94	215.26	171.91		138.65
3	444.52	18.63	236.78	189.11		136.97
4	488.98	20.50	260.46	208.02		135.31
5	537.87	22.55	286.51	228.82	6 584.62	3 980.29
终端价值	564.77	77.96	157.58	328.23		
公司价值						4 531.59

资本成本的降低和增长率的提高，两者可使公司价值从目前的 2 110.41 百万美元增加到 4 531.59 百万美元。由此，可对控制权作如下估价：

公司价值（最佳管理状态）　　　　4 531.59 百万美元

公司价值（目前状态）　　　　　　2 110.41 百万美元

控制权价值　　　　　　　　　　　2 421.18 百万美元

经营协同性的估价　在许多并购案中，可能存在着不同形式的经营协同性。然而，目前意见不一的问题是，协同性能否获得估价以及如果可行，其价值应该是多少？一种思路认为，协同性过于含糊不清而无法获得估价；任何试图对其作出有条理评估者都需要设定许多前提条件，令它变得意义全无。倘若如此，公司就不应对这种无法赋值的协同性支付高额溢价。

为了评估协同性虽需针对未来现金流和增长率作出某些假设，但评估过程缺乏精确性并不意味着我们无法获得无偏的价值估计数。我们认为，通过解答下列两个问题，仍然可对协同性进行估价：

1. 预计协同性将以何种形式出现？它能否削减销售成本比重和提高利润率（例如，在出现规模经济效应时）？（例如，在市场实力提高时）能否提高未来的增长率或者延长增长期？要对价值产生影响，协同性就必须影响估价过程所涵盖的四个因素之一，即增加现有资产的现金流、提高预期增长率（市场实力、更高的增长潜力）、延长增长期（源自竞争优势的提高），或者降低资本成本（举债能力提高）。

2. 协同性何时开始影响现金流？协同性有时会立刻得到显现，但更有可能随着时间的推移而逐渐显现。鉴于协同性的价值等于它所营造的现金流的现值，它的显现所需时间越长，价值也就越低。

一旦回答了这些问题,我们就可运用贴现现金流技术估算协同性的价值。第一,分别评估并购涉及的各公司,根据它们的加权平均资本成本对其预期现金流进行贴现。第二,加总根据前一步骤得到各家公司的价值,估算合并后公司的价值而暂不考虑协同性。第三,把协同性效应结合到预期增长率和现金流之中,评估具有协同性的合并后公司。公司在具有协同性和不具协同性时的两种价值之差额就构成了协同性的价值。

表 25.2 概述了协同性和控制权在评估目标公司时的各种影响。请注意,它与图 25.2 之间存在着差异。那幅图是以目标公司在收购之前和之后的市场价格为基础。

表 25.2　对收购的估价

因　　素	估 价 指 南	是否应该支付?
协同性	评估包含协同性的合并后公司价值: • 销售额增长率提高:增长的协同性。 • 利润率提高,源自规模经济效应。 • 缴税优惠使利润率提高:缴税的协同性。 • 债务成本降低:融资的协同性。 • 债务率提高,因为风险降低:举债能力。 从中减去目标公司价值(具有控制权溢价)＋出价公司价值(收购之前)。这就是协同性价值。	哪家公司对于协同性不可或缺? • 若为目标公司,应该支付协同性价值。 • 若是出价公司,就不应支付。
控制权溢价	评估处在最佳管理时的公司。这通常意味着需要改变投资、融资和股息政策。 投资政策:获得更高的项目投资报酬和撤出不盈利的项目。 融资政策:归返公司多余的现金。具体做法是, • 把业内均值视为最优水平。 • 全面进行公司财务分析,以便计算最优债务率。	如果动因是控制权或实施单独估价,这就是所应支付的最大金额。
现状估价	评估公司目前状况,结合现有的投资、融资和股息政策。	

资料来源:*Corporation Finance:Theory and Practice*,Second Edition,by Aswath Damodaran,copyright © 2001 by John Wiley & Sons,Inc. 这一材料的重印得到了 John Wiley & Sons,Inc. 的许可。

而表 25.2 考察的则是目标公司具备和不具备控制权和协同性溢价时的价值。根据公允价值实施的收购,它不应改变收购方公司的状况,要求总价格(在图 25.2 中)等于结合了协同性和控制权效益的合并后价值(在表 25.2 中)。

案例 25.3　对协同性的估价:康柏和数字设备两家公司

再次考察康柏/数字设备的合并案,请注意,我们已经阐明协同性是此次收购的原因。为了评估协同性,首先需要评估作为单独公司的康柏。为此,我们曾作出下列假设:

- 康柏的息税前盈利为 2 987 百万美元,销售额为 25 484 百万美元;公司税率为 36%。
- 在最近财务年度,公司的资本支出为 729 百万美元,折旧额为 545 百万美元;流动资本等于销售额的 15%。

- 公司的"债务/资本"比率是 10%，β 值为 1.25，而税后债务成本是 5%。
- 在未来五年内，预计经营性收入、销售额和净资本支出的年增长率均为 10%。
- 在第 5 年后，预计经营性收入和销售额的永久性年增长率为 5%，预计资本支出等于折旧额的 110%。此外，公司将把债务率提高到 20%，税后债务成本下降到 4%，β 值则会降至 1.00。

根据这些数据，可估算公司价值如下：

百万美元

年份	EBIT$(1-t)$	净资本支出	流动资本变化	FCFF	终端价值	现值
1	2 102.85	202.40	382.26	1 518.19		1 354.47
2	2 313.13	222.64	420.49	1 670.01		1 329.24
3	2 544.45	244.90	462.53	1 837.01		1 304.49
4	2 798.89	269.39	508.79	2 020.71		1 280.19
5	3 078.78	296.33	559.67	2 222.78	56 654.81	33 278.53
终端价值	3 232.72	92.16	307.82	2 832.74		
公司价值						38 546.91

康柏的价值等于 380.547 亿美元。

（康柏和数字设备）合并后的公司价值，若无协同性，应该等于它们各自价值之和。为避免重复计算控制权价值，我们将数字设备处在最佳管理时的价值，在案例 25.2 估算得出，加到康柏的价值上，从而得到合并后的公司价值：

$$数字设备公司的价值（最优管理）= 4\,531.59（百万美元）$$

$$康柏的价值（现状）= 38\,546.91（百万美元）$$

$$合并后公司价值 = 43\,078.50（百万美元）$$

这就是合并后公司在没有协同性时的价值。

为了评估协同性，针对协同性影响合并后公司现金流和贴现率的途径，我们作出下列假设：

- 合并后公司将具有一定的规模经济效益，令其能够略微提高现行的税后经营利润率。每年的税款节减额约为 100 百万美元。这就使得税前经营利润率略有提高：

$$现行经营利润率 = (EBIT_{Compaq} + EBIT_{Digital})/(销售额_{Compaq} + 销售额_{Digital})$$

$$= (2\,987 + 522)/(25\,484 + 13\,046) = 9.11\%$$

$$新的经营利润率 = (2\,987 + 522 + 100)/(25\,484 + 13\,046) = 9.36\%$$

- 由于存在着协同性，在未来五年间，合并后公司还具有等于 10.50% 的略微提高的销售额、经营性收入和净资本支出的增长率。
- 可分三步计算合并后公司的 β 值。首先估算数字设备和康柏的非杠杆性 β 值：

$$数字设备的非杠杆性 \beta 值 = 1.25/[1 + (1 - 0.36)(0.25)] = 1.07$$

$$康柏的非杠杆性 \beta 值 = 1.25/[1 + (1 - 0.36)(0.1/0.9)] = 1.17$$

然后，用这些公司的价值给这些非杠杆性 β 值加权，以便估算合并后公司的非杠杆性 β

值;数字设备的公司价值为 45 亿美元,而康柏的公司价值为 386 亿美元。[1]

合并后公司的非杠杆性 β 值 = 1.07(4.5/43.1) + 1.17(38.6/43.1) = 1.16

接着,使用合并后公司的"债务/股权"比率估算该公司新的杠杆性 β 值和资本成本。合并后公司的"债务/股权"比率,通过加总两家公司的未偿债务和股权市值而得出,等于 13.64%:

新的杠杆性 β 值 = 1.16[1 + (1 − 0.36)(0.1364)] = 1.26

资本成本 = 12.93%(0.88) + 5%(0.12) = 11.98%

根据上述假设,考虑到协同性,合并后公司的现金流和价值可估算如下:

百万美元

年份	EBIT(1−t)	净资本支出	流动资本变化	FCFF	终端价值	现值
1	2 552.28	218.79	606.85	1 726.65		1 541.95
2	2 820.27	241.76	670.57	1 907.95		1 521.59
3	3 116.40	267.15	740.98	2 108.28		1 501.50
4	3 443.63	295.20	818.78	2 329.65		1 481.68
5	3 805.21	326.19	904.75	2 574.26	66 907.52	39 463.87
终端价值	3 995.47	174.02	476.07	3 345.38		
公司价值						45 510.58

具备协同性的合并后公司价值等于 45 510.58 百万美元。将它与没有协同性的合并后公司价值 43 078.50 百万美元相互比较,个中差额就是这一兼并案的协同性价值。

合并后公司价值(具有协同性) = 45 510.58(百万美元)

合并后公司价值(没有协同性) = 43 078.50(百万美元)

协同性的价值 = 2 422.08(百万美元)

这一估价的前提是,协同性将会即刻形成。在现实中,公司需要数年方能领略到协同性的各种效益。把握这种时间滞后问题的一种简单方法是考虑协同性的现值。因此,如果康柏和数字设备两家公司需要三年时间营造出协同性,可用合并后公司的资本成本作为贴现率计算协同性现值:

协同性的现值 = 2 422/(1.119 8)^3 = 1 724.86(百万美元)

🌐 *synergy.xls*:这一电子表格使我们可以大致估算兼并和收购案中的协同性。

财务协同性的估价 协同性也可完全出自于财务因素。我们将考虑财务协同性的三个合理来源,即更好地运用超额或闲置现金、由累积亏损额所营造的更多缴税优惠或缴税豁免以及举债能力,进而公司价值的增加。我们首先讨论分散化,它在兼并案中虽然是运用甚广的理由,但其本身并不能够增加价值。

分散化 若是仅仅出于分散化的考虑,两者都是上市公司或者投资者可自行实施分散化,并购对于它们的合并后价值就没有影响。不妨考虑这样一个例子。Dalton Motors

---

[1] 我们曾经使用的价值是针对这两家公司估算得出的数字。

公司是一家属于周期性行业的汽车部件制造商,打算收购 Lube & Auto,一家业务非周期性和高增长的汽车维修公司;收购动因完全在于追求分散化。两家公司的特征如下:

	Lube & Auto	Dalton Motors
公司预期现金流	100 百万美元	200 百万美元
未来五年预期年增长率	20%	10%
第 5 年后预期年增长率	6%	6%
债务/(债务＋股权)	30%	30%
税后债务成本	6%	6%
股权 β 值-未来五年	1.20	1.00
股权 β 值-五年之后	1.00	1.00

长期国债利率为 7%,市场溢价为 5.5%。表 25.3 显示了资本的加权平均成本和公司价值的计算过程。

表 25.3　Lube & Auto,Dalton Motor 和合并后公司的估价　　　　　　　　　　百万美元

	Lube & Auto	Dalton Motors	合并后公司
债务	30%	30%	30%
债务成本	6%	5.40%	5.65%
股权	70%	70%	70%
股权成本	13.60%	12.50%	12.95%
资本成本-第 1 年	11.32%	10.37%	10.76%
资本成本-第 2 年	11.32%	10.37%	10.76%
资本成本-第 3 年	11.32%	10.37%	10.77%
资本成本-第 4 年	11.32%	10.37%	10.77%
资本成本-第 5 年	11.32%	10.37%	10.77%
随后的资本成本	10.55%	10.37%	10.45%
第 1 年的 FCCFF	120.00	220.00	340.00
第 2 年的 FCCFF	144.00	242.00	386.00
第 3 年的 FCCFF	172.80	266.20	439.00
第 4 年的 FCCFF	207.36	292.82	500.18
第 5 年的 FCCFF	248.83	322.10	570.93
终端价值	5 796.97	7 813.00	13 609.97
现值	4 020.91	5 760.47	9 781.38

资料来源:*Corporation Finance:Theory and Practice*,Second Edition, by Aswath Damodaran, copyright © 2001 by John Wiley & Sons, Inc. 这一材料的重印得到了 John Wiley & Sons, Inc. 的许可。

对于合并后公司的股权成本和债务成本,可以采用各单独公司的股权(债务)成本的加权均值;权重则以两家公司股权(债务)的相对市值为依据。鉴于这些相对市值会因时而变,合并后公司的股权成本和债务成本也同样如此。合并后公司的价值正好等于各独立公司价值之和。这就表明,这项收购不会产生分散化效益。

然而,这并不意味着两家公司股东们的境况不会受这一并购的影响,因为出价方会支付高出市值的巨额溢价。如果这些公司在合并之前能够获得正确的估价(Lube & Auto

市值＝4 020.91 百万美元,而 Dalton Motors 市值＝4 020.91 百万美元),高于市值的溢价支付就会把出价公司的财富转移到目标公司。

这项兼并案未能增加价值这一点看似令人不解,因为两家公司的业务互不相关,故而应该产生某种分散化效益。事实上,如果双方的盈利没有高度相关性,合并后公司盈利的方差就应大大低于它们独自经营的盈利方差。然而,盈利方差的这种降低并不会影响价值,因为它属于公司特定风险,而我们认为它对股权成本没有影响。(β 值,作为市场风险尺度,总是等于两家兼并公司 β 值的公司价值加权均值。)那么,方差的降低对于举债能力有何影响呢?盈利波动性较低的公司可以提高举债能力,进而提高价值。这一点对于大型企业集团的兼并来说确实构成了某种效益,本节稍后将对此单独予以分析。

现金闲置　如果必须为了投资而筹措新资本的话,管理者们可能会放弃有利可图的投资机会。Myers and Majluf (1984)指出,由于公司管理者在未来项目方面所拥有的信息多于投资者,他们或许只能以低于新项目真实融资成本的价格发行新股,使得某些公司只能放弃好的项目和实施资本配给(rationing)。因此,如果持有超额现金但是缺乏投资机会,公司就有理由并购那些缺乏现金但却具备良好投资机会的公司;反之亦然。两家公司合并后的附加价值就等于单独经营时将会放弃,但是现在因为具备现金而可以采纳的项目的现值。

现金闲置能够成为那些可以随时获得资本或持有巨额现金的上市公司收购那些面临资本约束的小型或私营企业的理由。它也可解释专事收购小型、私营企业的兼并战略为何能够取得很好的实际功效。Blockbuster Inc.(录影带出租业)、Browning and Ferris(垃圾处理业)和 Service Merchandise(殡葬服务业)等公司都是由小型的私营企业而逐渐发展成为上市的股份制实体。

缴税效益　并购可以营造多种缴税效益。如果其中一家公司具备因为亏损而无法利用的税收减免额,另一家公司则需缴纳巨额税款,两者的合并就可产生可以共享的缴税效益。这种协同性的价值等于源于兼并的税款节减额现值。此外,在某些兼并案中,被并购公司资产的账面价值将会提高以便体现新的市值,进而可通过未来年份的折旧而获得更多的税款节减。

案例 25.4　并购后增加资产账面价值的缴税效益：Congoleum 股份有限公司

最早的杠杆性买断(LOBs)之一发生在 1979 年,涉及 Congoleum Inc.,它是一家从事多种业务的公司,包括造船、铺地材料和汽车配件等。Congoleum 自身的管理者买断了它,主要原因是税收当局对于该公司资产的优惠待遇。完成这项估算成本约为 400 百万美元的并购,公司可以提高其资产账面价值以便体现新的市值,并据此计提折旧。下表显示的是,根据等于 48% 的税率,以 14.5% 的公司资本成本进行贴现,我们估算的折旧额变化及其缴税优惠额现值。

百万美元

年份	原有折旧	新的折旧	折旧额变化	税款节减	现值
1980	8.00	35.51	27.51	13.20	11.53
1981	8.80	36.26	27.46	13.18	10.05
1982	9.68	37.07	27.39	13.15	8.76
1983	10.65	37.95	27.30	13.10	7.62
1984	11.71	21.23	9.52	4.57	2.32
1985	12.65	17.50	4.85	2.33	1.03
1986	13.66	16.00	2.34	1.12	0.43
1987	14.75	14.75	0.00	0.00	0.00
1988	15.94	15.94	0.00	0.00	0.00
1989	17.21	17.21	0.00	0.00	0.00
1980—1989	123.05	249.42	126.37	60.66	41.76

请注意，折旧额的增加发生在最初的七年间，主要因为账面价值的提高和折旧的加速。然而，在第7年过后，原有的和新的折旧方案将趋于一致。出自更高折旧额的追加缴税优惠额现值41.76百万美元约等于这笔交易总价的10%。

近年来，针对资产重估的税则已变得非常严格。虽然收购方公司仍然能够重新评估所收购公司的资产值，但最多只能达到公允价值的水平。

举债能力 如果双方公司的现金流并非完全相关，合并后公司的现金流将会比它们各自独立的现金流更加稳定。这种波动性的降低可以提高举债能力和公司价值。然而，我们必须将这种价值增长与财富从两家公司现有股东向着债券持有者的即刻转移进行比较。在兼并之后，持有兼并前公司债券者将会发现自己其实是放贷给了一家更加安全的公司，但所得到的利率却是针对风险更大的兼并前公司所设定的。若不重新商定利率，债券价格就会上涨，其持有者的财富就会以股东利益为代价而获得增加。

在分析并购能够提高债务率这类效益方面，有几种模型可用。Lewellen(1971)分析了以违约风险降低为形式的效益，因为合并后公司具有比各单独公司更加稳定的现金流。他列出了债务价值在兼并后得以增加的理由，但是需要以股东的利益为代价。然而，不甚清晰的是公司价值在兼并之后究竟能否增加。Stapleton(1985)运用期权定价模型评估了债务率提高所产生的各种效益。他证明了兼并对于举债能力的影响总是积极的，即便两家公司的盈利完全相关。举债能力效益会随着双方盈利相关性降低而增加，随着投资者风险厌恶情绪的增强而增加。

再次考虑一下 Lube& Auto 和 Dalton Motors 的兼并案。合并后公司的价值等于双方各自价值之和。它们分属不同行业这一点可以减少盈利的波动性，但是价值不会受到影响，因为该公司的资本结构没有改变，而股权成本和债务成本则是双方相关成本的加权均值。

盈利方差的降低有助于提高举债能力，进而增加价值。完成合并后，如果公司的举债能力从30%提高到40%（使得 β 值增加到1.21，而债务成本不变），并购后公司的价值估算如表 25.4 所示。由于债务增加,公司的价值将从 9 781.38 百万美元增加到 11 429.35 百万美元。

提高增长率和"价格-盈利"乘数 某些收购案的动因在于提高增长率和股价－现金流(或,股价－盈利)乘数。无疑难以否定增长率提高的效益,但是,决定此类收购是否合理的却是针对这种提高所支付的价格。若是超过了公允的市场价格,即便它的预期未来现金流增长率可以因为并购而有所提高,收购方的股价也会下跌。

表 25.4 Lube&Auto,Dalton Motor 和合并后公司的估价   百万美元

	Lube&Auto	Dalton Motors	合并后公司:没有新债	合并后公司:加上新债
债务	30%	30%	30%	40%
债务成本	6%	5.40%	5.65%	5.65%
股权	70%	70%	70%	60%
股权成本	13.60%	12.50%	12.95%	13.65%
资本成本-第 1 年	11.32%	10.37%	10.76%	10.45%
资本成本-第 2 年	11.32%	10.37%	10.76%	10.45%
资本成本-第 3 年	11.32%	10.37%	10.77%	10.45%
资本成本-第 4 年	11.32%	10.37%	10.77%	10.45%
资本成本-第 5 年	11.32%	10.37%	10.77%	10.45%
随后的资本成本	10.55%	10.37%	10.45%	9.46%
第 1 年的 FCCFF	120.00	220.00	340.00	340.00
第 2 年的 FCCFF	144.00	242.00	386.00	386.00
第 3 年的 FCCFF	172.80	266.20	439.00	439.00
第 4 年的 FCCFF	207.36	292.82	500.18	500.18
第 5 年的 FCCFF	248.83	322.10	570.93	570.93
终端价值	5 796.97	7 813.00	13 609.97	16 101.22
现值	4 020.91	5 760.47	9 781.38	11 429.35

资料来源:*Corporation Finance*:*Theory and Practice*,Second Edition,by Aswath Damodaran,copyright © 2001 by John Wiley & Sons,Inc. 这一材料的重印得到了 John Wiley & Sons,Inc. 的许可。

协同性的实际显示频率如何?

McKinsey & Co. 公司考察了 1972—1983 年间的 58 个收购项目,为的是寻找关于两个问题的实际证据:(1)投入收购项目的资本报酬额是否超过了资本成本?(2)收购是否有助于母公司超越竞争者?McKinsey 的结论是,在 58 个项目中,有 28 个无法通过这两项检验,有 6 个至少无法通过其中一项检验。随后,针对 20 世纪 90 年代有关英国和美国的 115 起兼并案,McKinsey 的结论是,在这些交易中,60% 的资本报酬率低于资本成本,只有 23% 能够获得超额报酬。[①] 1999 年,KPMG 公司考察

---

① 这项研究被一篇题为"兼并暴行罪"(Merger Mayhem)的文章所引用,后者刊登在 Barron's 杂志的 1998 年 4 月 20 日。

了 1996—1998 年间 700 起价格最高的收购项目;得到的结论是,其中只有 17% 能够为合并后公司营造价值,30% 对价值没有影响,而 53% 则减少了价值。[①]

一项研究工作考察了在 1995 年间所实施的八起最大的银行兼并案,[②] 其结论是,只有两起兼并案(Chase/Chemical,First Chicago/NBD)在随后的报酬率超出了银行股指数,而最大的一起兼并案,即富国银行(Wells Fargo)对于 First Interstate 的收购,却惨遭失败。Sirower(1996)详细考察了有关协同性的许诺和失败,他得到的结论令人沮丧,即,协同性经常被作为实施兼并的理由而提出,但却鲜有得以兑现的。

有关收购成果最为不利的一条证据是,大量的收购案在相当短的时间内就会出现逆转。Mitchell and Lehn(1990)指出,在 1982—1986 年间所完成的收购案中,有 20.2% 在 1988 年前夕就出现了资产剥离现象。那些跟踪更长时期(10 年或者更长)的各项研究则发现,资产剥离的情形更是上升到将近 50%。根据另一项研究,Kaplan and Weisbach(1992)发现,在他们所研究的兼并案中,有 44% 出现了逆转,要么是因为收购方所付金额过高,要么是因为两家公司的经营无法相互匹配。

从前一例子中可看出这一点。Dalton Motors 公司,具有 10% 的预测现金流增长率,收购了预计将会增长 20% 的 Lube & Auto 公司。Lube & Auto 的公允市值为 4 020.91 百万美元。如果 Dalton Motors 所付收购价格超过这一金额,即便合并后公司的增长率高于 Dalton Motors 单独的增长率,其股价也会下跌。类似地,Dalton Motors 的股票以低于 Lube & Auto 的盈利乘数获得交易,在收购之后的市盈率会有所提高,但对公司股东的影响仍然取决于收购价格是否超过公允价值。饶有意义的是,关于收购,还存在着另外一条几乎与这种更高增长率/市盈率策略相反的理由。根据这种策略,如果收购可以增加收购方的每股盈利,就被认为具有增值性(好的);如果它降低了每股盈利,则具有稀释性(不好的)。这种策略同样没有意义,因为 Lube & Auto(作为市盈率较高的公司)在收购 Dalton Motors 时会看到自己的每股盈利增加,但是却会伴随着市盈率的下降;基于支付给 Dalton Motors 的价格,其股价可能提高也可能下降。

25.4   对并购的估价:偏见和常见错误

围绕并购的估价过程存在着各种潜在的陷阱和偏见。它们的起因在于,两个公司的管理层都想向各自的股东们论证自己的观点。出价公司意在说服其股东相信,所进行的收购非常合算(即,所付价格低于目标公司真实价值)。在友善并购中,目标公司则试图向

---

① KPMG 公司衡量兼并能否成功营造价值的方法是,对交易完成一年后的合并后公司与相关业内公司的股价运势进行比较。

② 这项研究是由投资银行 Keefe、Bruyette & Woods Inc. 所完成。它由 Barron's 杂志于 1998 年 4 月 20 日所载"兼并暴行罪"(Merger Mayhem)一文所引用。

股东们表明,它得到的是公允价格(即,它所收到的金额至少等于其价值)。在敌意收购中,则会出现角色逆转。此时,出价公司会极力说服目标公司的股东,他们获得的是公允价格而没有上当受骗;而目标公司则会反唇相讥。总而言之,估价过程还包含着一些常见错误和偏见。

25.4.1 可比公司和乘数的运用

使用此处所述行动序列可以论证大部分并购所支付的价格。收购者针对估价的对象会搜集一组可比公司,挑选某个乘数评估目标公司,计算可比公司的相应均值,然后对这种均值进行主观调整。其中每一步都有可能将偏见带入估价过程。鉴于没有两家公司是完全一样的,对可比公司的挑选纯属主观行为,并且能够为了印证所要得到的任何结论而被修改。类似地,在乘数选择方面,同样存在着一些选项,诸如市盈率、"价格/现金流"比率、市账率、市销率等,而选出的乘数也将是最能迎合我们的偏见的。最后,一旦获得了平均乘数,人们还能加以主观调整,从而结束整个估价过程。简而言之,即便是使用合理的估价模型,也仍然存在着使用各种偏见印证任何价格的很大空间。

在某些收购估价中,只有那些已经成为目标公司的才被用作可比公司,而所付收购价格则被用于估算乘数。然后,使用所支付的平均乘数,即所谓"交易乘数",论证所付价格。这显然也会营造一种有偏的样本,因为使用这种交易乘数估算得到的价值将会严重偏高。

25.4.2 现金流和贴现率匹配不当

估价的基本原则之一是,对于现金流的贴现应该使用相互一致的贴现率。针对股权现金流应采用股权成本,对公司现金流则应采用资本成本;对名义现金流应采用名义贴现率,而对真实现金流则应采用真实贴现率;对税后现金流应采用税后贴现率,而对税前现金流则应采用税前比率。现金流和贴现率的错误搭配将会造成严重的过低或者过高的估价。两种比较常见的错误搭配是

1. 使用出价方的股权成本或资本成本对目标方的现金流进行贴现。有人认为,如果出价公司需要为收购而融资,就应使用它的股权成本。这种看法没有考虑到这样一条基本原则,即决定股权成本的因素不在于谁来融资,而在于将资金投放到何处。同样是一家公司,在为风险较大的项目筹资时会产生较高的股权成本,而为较安全项目融资的股权成本较低。因此,在评估目标公司时,所用股权成本应该体现的是它的风险状况(即,应该是目标公司的股权成本)。还需注意的是,正如所定义的那样,由于股权成本仅只包含了不可分散的风险,不能认为风险在兼并之后将会降低而减少股权成本,因为这种被降低的风险属于公司特定风险。

2. 使用资本成本对股权现金流进行贴现。同样有人认为,如果出价方混合地使用举债和股权为收购目标方的股权而融资,在对目标方的股权现金流(偿付了利息和本金之后的剩余现金流)进行贴现时,应该使用的是资本成本。此处的一条基本规则是,根据资本

成本对股权现金流进行贴现而求解股权价值,这种做法总是错误的,因为这会严重地高估目标公司的股权。

25.4.3　对于目标公司的补贴

目标公司的价值不应当包括属于收购方公司的任何价值部分。例如,如果具有超额举债能力或较高的债务评级,公司就可利用大量的低成本债务为收购融资。如果使用这种较高的债务率和较低的税后债务成本,估算得出的目标公司资本成本就会较低,进而高估其价值。如果收购方支付这种收购价格,就会导致财富从收购方股东转移到目标方股东。因此,在估算目标公司的资本成本时,不应使用收购方的债务成本或举债能力,而是应该使用目标公司的债务率(实际的或者目标的)和债务成本。

25.5　收购的实施

确定和评估了目标公司之后,收购过程就进入了实施阶段。在此阶段,存在着三个相互交织的步骤。第一,确定支付给目标公司的价格,给定已在估价中结合了控制权和协同性因素;第二,确定交易支付方式(即,使用股票、现金或者两者的某种组合)以及是否需要筹借一部分资金;最后,选择交易的会计处理方式,因为它将影响目标方股东所缴税款,以及如何在收购方的收入报表和资产负债表中对收购进行入账。

25.5.1　收购价格的确定

前一小节解释了如何评估目标公司,并且将控制权和协同性因素结合到价值之中。这种价值体现了收购方所能支付的价格上限而非下限。如果收购方支付的是价值全额,其股东就没有剩余价值可得,而目标公司的股东则会获得所有的协同性和控制权价值。若是收购方在营造协同性和控制权溢价方面具有不可或缺的作用,这样的价值划分方法无疑有失公允。

因此,收购方公司应该尽量为其股东保留更多的溢价。然而,在这方面,存在着下列几个约束因素。

- 目标公司若为上市公司,则在收购之前就已具有市场价格。鉴于收购必须依据当期股价,股权的当期市值越高,收购方股东获益的可能性就越低。例如,如果管理不善公司的股价已经体现了公司管理层即将发生变动的概率,那就难以再从控制权中得到多少价值。

- 目标公司和收购方公司带入兼并过程之专项资源的相对稀缺性。因为双方对于协同性的营造都有所贡献,对于协同性效益的划分在很大程度上取决于出价方的贡献是独特的还是易于被取代的。若属后者,协同性效益的很大部分将归于目标方;若为前者,效益的划分就会更为平等。因此,持有闲置现金的公司收购具有许多高报酬项目者,就可创造价值。若是多家公司均拥有闲置现金而只有较少的公司具有高报酬项目,协同性的大部分价值将归属后者。

- 存在着其他出价者。如果存在着一家以上的出价者,机缘可能就属于目标方的股东。Bradley,Desai and Kim(1988)考察了在 1963—1984 年间形成的一个广泛样本,涵盖了 236 起投标出价。他们的结论是,如果并购案包含了多位出价者,协同性效益主要归于目标公司。根据他们的估算,围绕着单一出价者的并购公布日,成功出价者经过市场调整的股票报酬率为 2%,而在竞争性并购案中则等于 −1.33%。

25.5.2 对于目标公司的支付

一旦确定了支付给目标公司的某一特定价格,收购方接着就需决定如何实施支付。尤其重要的是,它必须制定有关交易的诸多方面决策:举债或者募股,采用现金或者股票。

举债抑或募股

公司可以通过举债或者募股为收购融资。两者的混合通常取决于收购方和目标方的超额举债能力。因此,相对于收购那些已经具备最优债务率的公司而言,收购那些杠杆系数极低的目标公司,可以使用较大比例的债务。当然,这一点将通过资本成本体现在公司价值中。另一种可能是,收购方具有超额的举债能力,故而用它来实施收购。在此情形中,融资机制或许看似相同,但重要的一点是,目标公司的价值并没有体现出这种追加的债务。如前节所述,在评估收购时,我们所用的资本成本不应体现目标公司筹措这些资金时的成本,也不应体现收购方实际支付的最终价格。这种追加的债务与目标公司无关,把它结合到价值之中会导致收购方为了增值而支付溢价,而这种增值原本就属于收购方自己的股东。

现金抑或股票

在交易中,公司有三种使用股权的方式。第一,使用逐渐累积的现金余额进行收购。第二,通过公开发行股票而筹集现金,再用现金收购。第三,向目标公司提议采用股票进行支付,即以股票互换(swap)为形式而用收购方股票换取目标方股票。有关收购方究竟应该采用哪种支付方式的问题,需要考虑下列因素:

- 现成的现金。显然,使用现成现金的选项只适用于那些累积了巨额现金的公司。
- 股票被认可的价值。若是公开发股以筹措新资或用股票收购时,收购方管理者需要判断自己股票获得认可的价值。换言之,如果坚信其股价大大低于价值,管理者就不应采用股票作为支付手段,因为得自收购的收益无法弥补发行股票所造成的损失。然而,如果知道自己的股票被高估,公司就更有可能用它支付收购。目标方股东无疑也会察觉这一点,如果收购方全部采用股票支付,就会索取较高的溢价。
- 税收因素。若是以股票互换实施收购,目标方股东就可推迟针对所换得股票的资本所得税缴纳。股票互换的这种潜在缴税效益在收购案中可能极大，以至于完全能够抵消其他任何所谓的不利因素。

事关股票互换的最后一个问题是，如何确定交换的条件（即，用以交换收购方股票的目标方股票数目）。虽然这一数字是以收购时的市场股价为基础，最终形成的比率却可能被双方证券的相对错误定价所扭曲，相对获得高估的公司将以相对被低估者（至少是被高估程度较低者）为代价而获益。公允比率应该根据两家公司股份的内在价值而设定。下面这个案例清晰地说明了这一点。

案例 25.5 股票互换比率的设定

首先回顾一下表 25.5 对于数字设备公司的估价。兼顾协同性和控制权因素之后，公司价值等于 6 964 百万美元，它是通过将控制权价值（2 421 百万美元）和协同性价值（2 422 百万美元）加到公司现行价值（2 110 百万美元）上而得出的。数字设备公司还具有 1 006 百万美元的债务和 146.79 百万份发行股。该公司每股的最高价值可估算如下（假设没有现金）：

数字设备公司的每股最高价值 ＝（公司价值 － 债务）/ 发行股数目

$$= (6\,964 - 1\,006)/146.789 = 40.59（美元）$$

根据公司等于 38 546.91 百万美元的价值总额、等于 32 亿美元未偿债务及 1 305.76 百万股票数目（同样假设没有现金），估算得出的康柏公司每股价值等于 27 美元，即，

康柏公司的每股价值 ＝（38 546.91 － 3 200）/1 305.76 ≈ 27（美元）

根据每股价值，可估算恰当的互换率如下：

互换比率 ＝ 每股价值$_{Digital}$ / 每股价值$_{Compaq}$

$$= 40.59/27 = 1.50 份康柏公司股票 /1 份数字设备公司股票$$

如果互换率的设定高于这一数字，康柏公司的股东利益将会受损而数字设备公司的股东受益；反之，数字设备公司的股东利益将会受损，而康柏公司的股东受益。

事实上，康柏公司对于每股支付了 30 美元；并针对每份数字设备公司的股票，出价 0.945 份的康柏公司股票。可以评估这一出价的价值：

数字设备公司的每股价值（康柏公司的出价）＝30＋0.945(27.07)　　55.58 美元

数字设备公司的每股价值（评估）　　　　　　　　　　　　　　　40.59 美元

康柏公司的过度支付额　　　　　　　　　　　　　　　　　　　14.59 美元

根据我们对于价值和控制权的估价，康柏公司在此次收购中对于数字设备公司支付过多。

表 25.5 为康柏公司对数字设备公司进行估价

因　素	估 价 指 南	价值/亿美元
协同性	评估整个公司，兼顾协同性 在康柏/数字设备的兼并案中，协同性出自： • 年度税款节减，预计等于 1 亿美元 • 略高的增长率	24.22

续表

因　素	估 价 指 南	价值/亿美元
控制权溢价	将数字设备公司作为最佳管理公司进行估价,假设: • 较高的利润率,资本报酬率等于资本成本。 • 较高的债务率和较低的资本成本	24.21
现状估价	评估目前的数字设备公司,以现有的投资、融资和股息政策为基础	21.10

资料来源:*Corporation Finance:Theory and Practice*,Second Edition, by Aswath Damodaran, copyright © 2001 by John Wiley & Sons, Inc. 这一材料的重印得到了 John Wiley & Sons, Inc. 的许可。

    ☉ *exchratio.xls*:这一电子表格使我们可以估算收购案中的交换比率,兼顾控制性和协同性的价值。

25.5.3　会计方面的考虑

本章虽然对于价值和价格论述颇多,收购会计在是否实施交易以及所付价格方面看来却具有关键性作用。对于收购的会计处理方式将会影响现金流,我们无疑应该关注这些问题。然而,通常的情形是,会计抉择只会影响所报告的盈利(而不是现金流)而对交易的实施并无多大作用。

资产的重新估价

对于收购后资产的估价原则在各国间变化多端,某些国家允许公司在分摊所收购公司的资产及其评估价值的折旧方案具有更大的灵活性,能够通过收购而获得缴税优惠,并且可以支付较高的溢价。

一个有利的消息是,"公认会计原则"(GAAP)和"国际财务报告标准"(IFRS)在收购会计方面正逐步趋于一致。完成收购后,收购方需要重新估算目标公司资产的价值。对于某些具有市场交易价格的资产,此点并不困难;但是对于其他资产,则需估算买方在市场上所愿支付的价格。这也是诸如客户名单和商标等无形资产可以获得估价而且体现在账面上的少数情形之一。在初次(诸如收购所涉及的许多无形资产)或重新评估资产时,存在着某种影响现金流进而影响公司价值的缴税效应。

商誉

商誉是收购会计的剩余价值,体现了会计师试图协调两个无法调和之条目的努力,即经过调整的账面价值(针对前述资产的重新估价)以及市场价值。为说明起见,假设公司 A 打算以 25 亿美元收购公司 B,后者经过调整的当期资产价值为 15 亿美元。在 A 收购 B 时,所付价格与账面价值的差额(25 亿美元减去 15 亿美元)就被称为"商誉",在资产负债表上的数字等于 10 亿美元。

如果"商誉"被作为一项资产而获得估价,其价值在后续各年都需进行估算。直到大约十年前,商誉都是以相等的年度金额在 40 年间实施分摊,会计师们对于处理方式并无多少主动性。目前,在完成收购后的每一年,他们都需要重新评估所收购的公司(或者其资产)。若价值增加,商誉保持不变;若价值降低,则被视为商誉"受损",公司就必须提取受损费。商誉受损的原因通常是公司收购无法获得税收豁免。因此,无论它受损与否都不会影响现金流,但对盈利的影响却可能很大。唯一的例外情形是,收购方为了商誉受损所获得的税收豁免而收购资产(而非公司本身)。

对收购方来说,最基本的要求通常是,所计商誉金额不应造成原本合算的交易变得不合算抑或相反。它不应该对我们赋予目标公司的价值有何影响,除非符合税收豁免的条件。在某些特殊情形中,如果商誉分摊/受损影响到现金流和价值,则可导致税收豁免。

重组性支出

收购通常还会连带引起与重组和收购相关的各种支出,涉及合并后公司的整合。这些支出可分为三类:

1. 在兼并后最初数年显然会减少预期现金流的现金支出,以及抵消或至少会减少潜在协同性效益的现金流。

2. 可获得税收豁免的非现金支出。它们会减少盈利,但可通过减少缴税而增加现金流。

3. 无法获得税收豁免的非现金性支出,如果只会减少盈利而不至于影响现金流,它们就类似于商誉分摊。

25.6 管理者和杠杆性买断分析

在描述各类收购时,第一节指出了兼并与买断之间两个重要区别。第一,与兼并不同,买断并不涉及两家公司的结合和营造一个整合实体;买断意味着目标公司被一组投资者所收购,其中或许包括公司管理者。第二,被买断的目标公司通常会转变为私营企业。在 20 世纪 90 年代,一些买断案还使用了很大部分的债务,故而属于杠杆性买断。这两种差异都会影响到关于买断的估价方法。

25.6.1 买断的估价

买断只涉及目标公司而不存在需要考虑的收购公司。这就使得估价过程更加直截了当。显然,此处同样也不存在需要估价的协同性。但是,公司管理者同时也是收购者这一点却会造成两个问题。第一,管理者可以获得投资者无法企及的信息。这种信息可以使得管理者认为,比外部收购者更加确定地,它们的公司被低估了。这或许构成了买断的一个原因。第二,公司管理层在买断之后依然如故,但是投资、融资和股息政策则可能有变。其原因是,管理者一旦转变为所有者,就有可能更加注重公司的价值最大化问题。

买断的公司变成私营企业这一点同样会影响价值。第 24 章曾指出,私营企业的资产清算通常要比上市公司更困难,从而会给价值造成很大的折扣。在买断情形中,这种折扣则比较小;其原因在于,它们具有努力能使公司上市这一明确目的,一旦公司事务得以理顺的话。

增进兼并成功的机会

关于兼并能够增加价值的证据,即便是最有利者也显得含混不清,而最不利者则是否定的。考虑到不同案例所提供的相互矛盾的证据,[1]我们认为,

- 两家对等公司(即规模相当)的兼并得以成功的概率似乎不如大公司对于较小公司的收购。[2]
- 成本节约型兼并,其成本节约额相当地明确,似乎比那些以增长的协同性为基础的兼并更有可能产生协同性。
- 为了整合而专注于购买小型私营企业,这种收购项目的成功几率要高于专门收购上市公司者。
- 在收购之后改善经营方面,敌意收购似乎优于友善收购。

如果预计这种私营化能够使得管理者更加注重长期的价值最大化问题,因为他们现已成为公司的部分所有者,把这一点结合到估价中的方法就是,将它包括在现金流中。效率的提高通常也能够增加现金流,如果它能够提高经营性利润率的话。投资决策同样应该体现出对于长期价值的关注,而且应该产生更高的资本报酬率和更高的增长率。但是,我们必须针对公司可能面临的资本配给而对这些好处进行权衡,因为企业接触资本市场的渠道有限,这一点或许会降低未来增长率和利润。无疑,最终决定价值变化的是这些方面的净效益。关于私营化交易的实际证据相当地明确。例如,根据 DeAngelo、DeAngelo and Rice(1984)的报告,在其样本所含实行私营化的 81 家公司平均具有等于 30% 的超常报酬率。因此,金融市场看来相信,至少某些上市公司的私营化可以创造价值。

25.6.2 杠杆性买断的估价

我们已看到,杠杆性买断是以极高的债务比例获得融资。这种高杠杆系数可从几个方面获得印证。首先,如果目标公司最初的债务率远低于最优水平,债务的增加部分地可以由移向最优债务所产生的价值增量所论证。然而,大多数杠杆性买断的债务水平都超出了最优债务率;这意味着,为了能够迅速降低资本成本和违约风险,公司必须迅速偿还部分债务。Michael Jensen 则提供了第二种解释。他认为,投资者并不相信管理者能够将自由现金流作出明智的投资;后者需要偿债方面的某种制约,以此使得项目现金流和公司价值最大化。第三种解释是,高债务率纯属暂时现象,一旦公司完成了资产清理和偿还了很大部分债务,它就会消失。

---

① 其中一些证据属于逸闻,仅仅以一些兼并为根据。
② 这一点或许同样体现了,相比小/大公司的合并而言,我们更常见到相等规模公司兼并失败的情形。

然而,与杠杆性买断相关的极高水平债务会给估价造成两个问题。第一,因为需要增加对于公司债券持有者的固定支付,它会极大地加剧公司股东的现金流风险。为此,必须调整股权成本,以便体现公司在杠杆性买断后所面临的更大财务风险。第二,随着公司清算资产和偿还债务,有关这种债务将逐渐减少的预期意味着,股权成本也会逐渐下降。鉴于债务成本和债务率会因时而变,资本成本在各期也会有所不同。

对于杠杆性买断的评估,就像传统的估价过程一样,我们首先估算公司自由现金流。但是,不是将这些现金流以一成不变的资本成本进行贴现,我们需要根据逐年而变的资本成本对它们作逆向贴现。一旦完成了对于公司的估价,就可将这一价值与支付给它的总额进行比较。

案例 25.6 杠杆性买断的估价:Congoleum Inc.

在 1979 年,Congoleum Inc. 的管理者将其作为杠杆性买断的目标。[①] 他们打算以每股 38 美元的价格回购股票(当时的股价为 24 美元),并且主要利用债务为这项收购融资。这笔交易的成本和融资结构的组成部分是

百万美元

并购的成本	
回购股票:	463.60
并购的支出:	7.00
总成本:	470.60
并购的融资结构	
股权	117.30
债务	327.10
优先股(根据 13.5%)	26.20
总收入	470.60

债务的来源有三个:

1. 银行债务为 125 百万美元,利率为 14%,从 1980 年起每年分期等额偿还 16.666 百万美元。

2. 优先债务(senior notes)为 115 百万美元,利率为 11.25%,从 1981 年起每年分期等额偿还 7.636 百万美元。

3. 次级债务(subordinate notes)为 92 百万美元,利率为 12.25%,从 1989 年起每年分期等额偿还 7.363 百万美元。

公司目前还持有 12.2 百万美元的其他债务,优惠利率为 7.50%,并在 1982 年偿清。[②]

公司所预测的在 1980—1984 年间的经营性收入(EBIT)、资本支出、折旧和流动资本变化量如下表所示:

---

① 本案例中的数字出自哈佛商学院题为"Congoleum"的案例。该案例重印于 Fruhan,Kester,Mason,Piper and Ruback(1992)。

② 这一债务值大于交易额,体现的是交易成本和投资银行费用。

百万美元

年份	EBIT	资本支出	折旧	流动资本变化量
现年	89.80	6.8	7.5	4.0
1980	71.69	15.0	35.51	2.0
1981	90.84	16.2	36.26	14.0
1982	115.73	17.5	37.07	23.3
1983	133.15	18.9	37.95	11.2
1984	137.27	20.4	21.93	12.8

预计息税前盈利在 1984 年之后增长 8%,资本性支出正好为折旧所抵消。[①]

在 1979 年实施买断之前,Congoleum 的 β 值等于 1.25。在实施杠杆性买断时,长期国债利率为 9.5%,税率为 48%。

首先,估算公司在 1980—1985 年间的预期现金流。为此,从税后经营性收入中减去(所提供的)净资本支出和流动资本变化量而得到下表:

百万美元

	1980	1981	1982	1983	1984	1985
EBIT	71.69	90.84	115.73	133.15	137.27	148.25
−EBIT(t)	34.41	43.60	55.55	63.91	65.89	71.16
=EBIT(1−t)	37.28	47.24	60.18	69.24	71.38	77.09
+折旧	35.51	36.26	37.07	37.95	21.93	21.62
−资本支出	15.00	16.20	17.50	18.90	20.40	21.62
−流动资本变化量	2.00	14.00	23.30	11.20	12.80	5.00
=FCFF	55.79	53.30	56.45	77.09	60.11	72.09

接着,根据各年的债务和股权估算值,估算公司在各年的资本成本。对于未来各年间债务价值的估算是根据偿付方案进行,它将随着时间的推移而降低。对于未来各年间股权价值的估算方法是,将那一年之后的预期股权现金流根据股权成本进行贴现。(这一点也可解释为何 1980 年的股权超过了股权账面价值。)

	1980	1981	1982	1983	1984	1985
债务/百万美元	327.10	309.96	285.17	260.62	236.04	211.45
股权/百万美元	275.39	319.40	378.81	441.91	504.29	578.48
优先股/百万美元	26.20	26.20	26.20	26.20	26.20	26.20
债务/资本	52.03%	47.28%	41.32%	35.76%	30.79%	25.91%
股权/资本	43.80%	48.72%	54.89%	60.64%	65.79%	70.88%
优先股/资本	4.17%	4.00%	3.80%	3.60%	3.42%	3.21%
β 值	2.025 47	1.879 88	1.734 26	1.625 01	1.543 49	1.474 5
股权成本	20.64%	19.84%	19.04%	18.44%	17.99%	17.61%
税后债务成本	6.53%	6.53%	6.53%	6.53%	6.53%	5.00%
优先股成本	13.51%	13.51%	13.51%	13.51%	13.51%	13.51%
资本成本	13.00%	13.29%	13.66%	14.00%	14.31%	14.21%

---

① 在此案例中,我们运用投资银行家们作出的假设。然而,略为麻烦的是,因为未作任何再投资,该公司具有等于 8% 的永久性年增长率。

估算股权成本的另一种方法无须实施递归或循环推理。在计算"债务/股权"比率时，它使用的是股权账面价值而非所估算的市值。[①]

针对终端年份（1985 年），我们使用公司现金流和资本成本，结合等于 8% 的预期增长率，[②]估算股权终端价值（在 1984 年底）如下：

$$公司终端价值（1984 年底）= FCFE_{1985}/(k - 0.8)$$
$$= 72.09/(0.142\ 1 - 0.08) = 1\ 161（百万美元）$$

采用资本成本对预期公司现金流和终端价值进行递向贴现，可得到等于 820.21 百万美元的现值。[③] 鉴于 Congoleum 的收购成本只有 470.6 百万美元，这一收购为实施收购的投资者创造了价值。

🌐 *merglbo.xls*：这一电子表格使我们可以评估杠杆性买断的现金流和价值。

25.7 总结

收购具有多种形式且基于不同的原因而发生。对它可根据目标公司在收购之后发生的情形进行分类。目标公司可被融入收购方实体（兼并）中，或者与收购方公司相结合而产生一个新的实体，或者依然保持独立性（买断）。

收购分析包括四个步骤。第一，阐明收购的理由，并可列出五种，即目标公司的估价过低、分散化效益、潜在协同性、改变公司经营方式和管理者自利行为所创造的价值。第二，给定前一步骤中确定的动因，选择一家其特征最适合作为候选者的目标公司。第三，评估目标公司，先假设它将继续由现行管理者所经营，再对它处在更好管理下的假设情形进行估价；然后再将这两种价值之差额定义为"控制权价值"。我们还需考察经营协同性和财务协同性的各种来源，设法将它们的合成价值作为协同性的总价值。第四，考察收购机制。我们需要分析收购方公司所应考虑的对于目标方的支付额，给定前一步骤所估算的价值，包括控制权和协同性效益在内。还需要考察收购是否应以现金或股票进行支付，收购的会计方法将会如何影响这种选择。

买断与收购具有某些共同特征，但在一些重要方面有所区别。收购方公司的缺位，公司管理者就是其收购者，以及被收购公司将转变为私营企业，这些都会对价值产生影响。如果买断主要是利用债务进行，它就属于杠杆性买断；公司债务率在未来年间将会变化，使得股权成本、债务成本和资本成本也会发生变化。

---

① 股权账面价值可估算如下：
$$股权账面价值_t = 投资账面价值_{t-1} + 净收入_t$$
假设在杠杆性买断的最初几年间不支付股息。

② 虽然这看似属于可永久延续的高增长率，它同样也适用于 1979 年，因为当时的通胀率和利率都远远高于 20 世纪 90 年代。

③ 如果资本成本逐年而变，贴现就必须根据累积成本而进行。例如，对第 3 年的现金流可作如下的逆向贴现：
$$第 3 年的现金流现值 = 56.45/(1.13)(1.1329)(1.1366)$$

25.8　问题和简答题

在下列问题中,若无特别说明,假设股权风险溢价为 5.5%。

1. 下面是关于两家兼并候选公司在 1993 年的细节,Northrop 和 Grumman:

百万美元

	Northrop	Grumman
销售额	4 400.00	3 125.00
销售成本(不含折旧)	87.50%	89.00%
折旧	200.00	74.00
税率	35.00%	35.00%
流动资本	销售额的 10%	销售额的 10%
股权市值	2 000.00	1 300.00
未偿债务	160.00	250.00

预计两家公司都具有等于 5% 的永久性年增长率。预计资本支出是折旧的 20%。两者的 β 值都等于 1,故而都属于 BBB 级,相应的债务利率为 8.5%(长期国债利率为 7%,风险溢价为 5.5%)。

作为兼并的结果,合并后公司预计销售成本只占销售额的 86%,并且无意再追加举债。

a. 估算 Grumman 在独立经营时的价值。

b. 估算 Northrop 在独立经营时的价值。

c. 估算合并后公司的价值,不考虑协同性。

d. 估算合并后公司的价值,考虑到协同性。

e. 经营性协同性的价值是多少?

2. 沿袭前一问题所述有关 Grumman-Northrop 的例子,假设合并后公司在收购之后不增加债务。假设,公司的最优债务率因为兼并而得以从目前水平提高到总资本的 20%。(处在这种债务水平上,合并后公司将获得 A 的评级,债务利率将是 8%。)如果它不增加债务,合并后公司的评级将是 A+(利率为 7.75%)。

a. 如果保持现行债务率不变,估算合并后公司的价值。

b. 如果采用最优债务率,估算合并后公司的价值。

c. 如果公司采用最优债务率,谁将获得这种附加价值?

3. 在 1994 年 4 月,Novell Inc. 公布了它将以 14 亿美元收购 WordPerfect Corporation 的计划。在实施收购时,有关这两家公司的信息如下:

	Novell	WordPerfect
销售额/百万美元	1 200.00	600.00
销售成本(不含折旧)	57.00%	75.00%

续表

	Novell	WordPerfect
折旧/百万美元	42.00	25.00
税率	35.00%	35.00%
资本支出/百万美元	75.00	40.00
流动资本(占销售额的比重)	40.00%	30.00%
β 值	1.45	1.25
销售额预期增长率/EBIT	25.00%	15.00%
预计高增长期	10 年	10 年
高增长期之后的增长率	6.00%	6.00%
高增长期之后的 β 值	1.10	1.10

在高增长期过后,资本支出将等于折旧额的 11.5%。两家公司均无债务。长期国债利率为 7%。

a. 估算 Novell 公司在独立经营时的价值。

b. 估算 WordPerfect 公司在独立经营时的价值。

c. 不考虑协同性,估算合并后公司的价值。

d. 作为兼并的结果,预计合并后公司在高增长期的年增长率为 24%。估算合并后公司在高增长时的价值。

e. 协同性的价值是多少? Novell 能够支付给 WordPerfect 的最高价格又是多少?

4. 沿袭前一问题所述 Novell-WordPerfect 兼并案,假设两家公司需要五年时间进行融合和开始实现协同性效益。面对这种情况,协同性的价值是多少?

5. 在 1996 年,一家主要的健康保险公司 Aetna 宣布,它打算收购美国最大的保健组织 U. S. Healthcare,并将协同性列为实施这项收购的根据。在宣布兼并的当天,Aetna 的股价从 57 美元下跌到了 52.50 美元,而 U. S. Healthcare 的股价则从 31 美元飙升到 37.50 美元。是时,Aetna 拥有 4 亿流通股,U. S. Healthcare 拥有 5 000 万流通股。

a. 如果可能的话,估算金融市场赋予这项兼并的价值。

b. 如何协调市场的反应与管理者所提出的收购理由?

6. IH Corporation 是一家农用设备制造商,在过去七年的经营期内累积了将近 20 亿美元的亏损额,并且无法再对它们实施结转。作为一家盈利极大的金融服务公司 EG Corporation,在最近年间的应缴税收入为 30 亿美元,考虑收购 IH Corporation。税务当局将允许 EG Corporation 运用结转的亏损抵消其应缴税收入。EG Corporation 的税率为 40%,资本成本为 12%。

a. 估算这项兼并所产生的税款节减额。

b. 如果税务当局允许 EG Corporation 对所结转的亏损额在四年间进行分摊(即,允许 2 亿美元的结转亏损额抵消未来四年间每一年的收入),税款节减额将是多少?

7. 我们打算并购 PMT Corporation,它是一家在过去五年间的经营状况远不如同行业公司组的公司,故而希望估算控制权的价值。下面是关于 PMT Corporation、同行业公司组及其获得最佳管理公司的数据：

	PMT	同行业公司组	管理最佳的公司
资本报酬率（税后）	8.00%	12.00%	18.00%
股息支付率	50.00%	30.00%	20.00%
债务/股权比率	10.00%	50.00%	50.00%
债务利率	7.50%	8.00%	8.00%
β 值	不可得	1.30	1.30

PMT Corporation 在最近时期所报告的每股盈利为 2.50 美元，并且预计在五年后进入稳定增长期；此后，该组中所有公司的预期增长率均为 6%。预计所有公司在稳定增长期的 β 值均等于 1。流通股数目为 1 亿，长期国债利率为 7%（所有公司的税率均为 40%）。

a. 假设现行管理层继续在位，估算 PMT Corporation 的股权价值。

b. 假设其经营状况将提高到同业组的水平，估算 PMT Corporation 的股权价值。

c. 假设其经营状况提高到组内最佳管理公司的水平，估算 PMT Corporation 的股权价值。

8. 我们打算对 Boston Turkey 公司实施杠杆性买断，但是缺乏某些重要信息，而只拥有不完整的预计现金流报表，为了完成它们，我们需要一些帮助。

美元

	第 1 年	第 2 年	第 3 年	第 4 年	第 5 年	终端年份
销售额	1 100 000	1 210 000	1 331 000	1 464 100	1 610 510	1 707 141
一支出	440 000	484 000	532 400	585 640	644 204	682 856
一折旧	100 000	110 000	121 000	133 100	146 410	155 195
=EBIT	560 000	616 000	677 600	745 360	819 896	869 090
一利息	360 000	324 000	288 000	252 000	216 000	180 000
应缴税收入	200 000	292 000	389 600	493 360	603 896	689 090
一缴税额	80 000	116 800	155 840	197 344	241 558	275 636
=净收入	120 000	175 200	233 760	296 016	362 338	413 454

预计下一年的资本支出为 12 万美元，而且它在期内剩余时间将根据与销售额相同的比率增长。流动资本保持在销售额的 20% 的水平（今年的销售额为 100 万美元）。

杠杆性买断将以 100 万美元股权和 300 万美元债务（利率为 12%）筹资。部分债务将在第 5 年末偿还，在第 5 年末的剩余债务将一直留存在账面上不变。

a. 估算未来五年内的股权现金流和公司现金流。

b. 第 1 年的股权成本已经计算得出，计算期内剩下各年的股权成本（计算时使用股权账面价值）。

条　目	第 1 年	条　目	第 1 年
股权	1 000 000 美元	β 值	2.58
债务	3 000 000 美元	股权成本	24.90%
债务/股权比率	3		

c. 计算公司的终端价值。

d. 判断一下这项杠杆性买断能否创造价值。

9. J&R Chemical 是一家处在盈利状态的化工产品制造商。然而，鉴于业务极具周期性，公司利润一直处于波动状态。其管理者正在考虑收购一家食品加工企业，以此减少盈利的波动性和暴露于周期性波动的程度。

a. 这种措施是否符合股东们的最大利益？请予以解释。

b. 如果 J&R 是一家私营企业，我们的分析会有何不同？请予以解释。

c. 如果收购方是上市公司，为了论证这种措施，我们需要具备哪些条件？

第26章

对房地产的估价

针对金融资产所建立的各种估价模型同样适用于房地产。房地产投资构成了实物资产投资中一个最为重要的部分。多年来,房地产分析者们运用了各种特定的估价模型变型对房地产实施估价。他们认为,房地产属于一种极其特殊的资产类型,我们无法运用为评估上市公司所构筑的模型予以估价。

本章提出一种不同的看法,即,虽然房地产和股票或许分属不同的资产类型,但是估价的基本原则却不应有别。我们用于评估股票的各种内在估价和相对估价技术同样也适用于房地产。当然,房地产估价确实会面临一些不容忽视的问题,我们在本章中将予以处理。

26.1 房地产与金融资产的比较

房地产和金融资产具有几个共同特征:它们的价值都取决于所产生的现金流、与这些现金流相关的不确定性,以及现金流的预期增长率。假设其他不变,现金流水平和增长率越高,与现金流相关的风险越低,资产的价值也就越大。

这两类资产之间同样存在着重大差异。许多人认为,用于评估金融资产的风险-报酬模型无法用于分析房地产,因为两个市场的流动性不同以及各自的投资者种类相异。本章将考察针对传统风险-报酬模型的各种选项。在金融资产和房地产投资所产生的现金流方面也存在着差异。尤其是,房地产投资的年份通常有限,故而需要获得相应的估价。许多金融资产,诸如股票,却具有无限的寿命。资产寿命的差异在所估算的资产期末价值中会进一步加剧。股票的终端价值,5年或10年之后,一般会远远高出当期价值,因为现金流的预期增长率,以及预计这些现金流能够一直持续下去。一栋建筑物的终端价值却有可能低于当期价值,因为对它的使用将会消耗其价值。然而,它所包含的土地因素却具有无限寿命,有时甚至会构成终端价值中的主要部分。

通货膨胀的影响：房地产与金额资产的比较

大致而论,针对各种宏观经济变量,房地产和金融资产似乎会同时作出反应。经济的下滑似乎会同时对两者造成不利影响,利率上涨也是如此。然而,有一个变量似乎会对房地产和金融资产造成差异甚大的后果,它就是通货膨胀。从历史角度观察,高于预期的通胀率对于金融资产具有负面影响,债券和股票都会受到未预期通货膨胀的不利影响。例如,Fama 和 Schwert 有关资产报酬率的研究结果表明,通胀率每增加1%将使得债券价格下跌 1.54%,而股价则下跌 4.23%。相形之下,未预期通胀似乎对于房地产则具有正面的影响。事实上,根据 Fama 和 Schwert 的观察,受到未预期通胀正面影响的资产类型只有住宅房地产。

房地产为何有可能对冲通货膨胀呢? 这一点具有诸多理由,诸如,在折旧方面的更有利缴税待遇;如果通货膨胀失控,投资者就会丧失对于金融资产的信心而宁愿持有房地产。更加值得注意的是,房地产和金融资产对于通货膨胀的反应不同;这表明,与作为孤立的投资项目相比,如果被加入到包含金融资产的资产组合中,房地产的风险将会出现很大的差异。

26.2 贴现现金流估价法

就任何一种可以产生现金流的资产而言,其价值都等于它的预期现金流现值。诸如股息贴现模型之类贴现现金流估价模型既可用于评估金融资产,也可用于评估生成现金流的房地产投资。

为了使用贴现现金流模型评估房地产投资,几项不可或缺的条件是

- 衡量房地产投资的风险,并依此估算贴现率。
- 估算房地产在整个寿命期内产生的预期现金流。

下一小节考察这些问题。

26.2.1 贴现率的估算

第 7 章和第 8 章展现了可用于估算股权、债务和资本成本的各种基本模型。它们是否也适用于房地产呢? 如果可行,是否需对它们作出某些调整呢? 若是不行,我们又应当使用哪些模型呢?

本小节考察各种风险-报酬模型对于房地产的适用性问题。在此过程中,需要考虑有关边际投资者实施了充分的分散化之假设对于房地产是否合理;如果肯定的话,为了估算资本成本,则需考虑如何最恰当地衡量模型的各种参数,即无风险利率、β 值和风险溢价。我们还需要探讨房地产投资的其他风险起因,而它们未能得到传统的风险-报酬模型的恰当考虑,然后再考虑如何将它们结合到估价过程中。

股权成本

根据那些用于估算金融资产成本的基本模型,任何一种实物抑或金融资产的风险都被定义为"资产方差所包含的无法被分散的部分"。这种不可分散的风险,在资本资产定价模型(CAPM)中由市场 β 系数所衡量,而在套利定价和多重因素定价模型中则由多重因素的 β 系数所衡量。为了能够获得这种结论,这些模型所借助的主要假设条件是,资产的边际投资者实施了充分的分散化,而风险是以报酬率的变化程度为衡量尺度。

如果认为这些模型同样适用于实物资产,衡量后者风险的尺度就应该是相对于 CAPM 的市场组合 β 值,以及多重因素模型的各个因素 β 值。然而,为了确保这一点成立,我们同样需要假设,就像针对上市股票所为,实物资产的边际投资者实施了充分的分散化。

房地产边际投资者实施了充分的分散化吗?　许多分析者认为,房地产所需要的投资额极大,使得其投资者或许无力实施充分的分散化。他们还指出,房地产投资还需要关于当地的知识,只有具备这种知识者才会选择首先或者仅只投资于房地产。因此,资本资产定价模型或多重因素模型,因为它们假设只有不可分散的风险才能获得回报,不适合估算股权成本。

这种见解虽然具有某些合理性,但可借助下列事实予以反驳。

- 许多专门持有房地产的投资者属于有意为之。他们将此视为借用其有关房地产的专有知识之道。因此,我们看待他们的方式与那些在组合中仅只选择高科技股的投资者并无不同。
- 即便是很大的房地产项目也可拆分为极小的部分,使得投资者能够选择同时持有房地产和金融资产。由于当今的房地产证券化,情况尤其是这样。
- 正如股票的边际投资者通常是机构投资者,它们具有实施分散化的资源而且能够确保交易成本很低,目前许多房地产的边际投资者同样具有实施分散化的充足资源。

如果未能实现分散化,房地产开发商和私营投资者就会索取较高的预期报酬率。因此,房地产投资将会逐渐被房地产信托公司、有限合伙公司和股份公司所持有,而它们能够吸引那些必要报酬率较低的分散化投资者。这种趋势在美国已然形成,并且正在扩散到其他国家。

根据资产定价模型衡量房地产风险

即使接受房地产风险就是它在 CAPM 中的市场 β 值和多重因素模型中的因素 β 值这种看法,我们也仍然需要考察事关衡量、使用这些风险参数的几个问题。为了把握关于房地产的衡量问题,不妨考虑一下 CAPM 模型估算上市股票 β 值的标准方法。首先,股价是从历史数据中搜集得出,报酬率则是以时期为基础计算得出(交易日、交易周或交易月);其次,为了得到 β 值,我们将这些股票报酬率针对同期股指报酬率实施回归。就房地产而言,这些步骤都不会那么直截了当。

单项资产：价格和风险参数　我们可以相当简便地估算得出各只股票的β值，因为可以获得相当长期的股价数据。这一点对于单项房地产则难以成立。然而，对于某项具体的房地产的买卖虽不频繁，但是相似的资产可能并非如此。因此，我们能够获得针对各类资产的价格指数（例如，位于曼哈顿闹市区的办公楼），并且估算它们的风险参数。

即使可以得到各类房地产投资的价格指数，依然存在着同类资产之间的可比性问题（闹市区的建筑与其他地点的是否一样？如何控制各建筑物在年份和质量方面的差异？是否存在区位问题？）以及对其本身的分类问题（办公楼还是住宅楼？独户住宅还是多户住宅？）

为了估算各类房地产投资的市场指数和风险参数，人们进行了各种尝试。为了解决房地产的非上市交易问题，一种显然但不尽完善的方法是，构建房地产投资信托企业（REITs）指数，因为这些企业参与交易并且具有市场价格。这种方法不尽如人意的原因是，房地产信托公司所持有的财产未必能够反映房地产市场的情形，而房地产的证券化可能会造成房地产和REIT的报酬出现差异。另一种与房地产价值联系更为密切的指数出自美国"全国房地产投资信托委员会"（National Council of Real Estate Investment Fiduciaries，NCREIF），它还进行商业房地产和农业用地的年度报酬率估算。鉴于针对单项房地产的交易并不频繁，NCREIF使用所评估的价值衡量报酬率。最后，Case and Shiller还构建了一种使用实际交易价格而非评估价值的指数，以此估算住宅房地产的价值。表26.1概述了房地产指数、S&P 500指数和债券指数的报酬率。

表 26.1　各类资产的报酬率　　　　　　　　%

资产类型	数据来源	考察期/年	计算细节	算术均值	标准差	几何均值
股票	Bloomberg	1928—2010	股息＋价格溢价	11.31	20.21	9.32
国债	联储银行	1928—2010	10年总报酬率	5.28	7.74	5.01
国库券	联储银行	1928—2010	3个月期国库券	3.70	3.04	3.66
公司债券	联储银行	1928—2010	Baa级债券总报酬	6.15	9.66	5.85
股票 FEITs	FTSE	1971—2010	股息＋价格溢价	11.87	21.64	9.51
抵押 FEITs	FTSE	1971—2010	股息＋价格溢价	9.36	30.56	4.97
所有 FEITs	FTSE	1971—2010	股息＋价格溢价	13.75	18.94	12.01
商用房地产	NCREIF	1978—2010	总报酬,评估	9.22	8.21	8.90
住宅房地产	Case & Shiller	1987—2010	交易价格	3.28	7.51	3.01
农业用地	NCREIF	1978—2010	总报酬,评估	11.24	7.44	10.66

从该表可以得到几个饶有意义的结果。第一，并非所有的房地产系列都以相同的方式运作。REITs的报酬率似乎更加接近于股市而不是诸多的房地产系列。第二，许多房地产系列的报酬率之间具有高度的正相关性，尤其是那些根据评估数据得出的报酬率。这一点可归因于这些系列使用了使得评估值平均化的方法。第三，证券化房地产（REITs）的标准差大大高于其他房地产系列。

市场资产组合　在估算股票β值时，我们通常以股指作为市场组合的代理变量。然而,在理论上,市场组合应该根据市值比例而囊括整个经济体中所有的资产。在使用市场组合估算房地产投资的风险参数时,这一点尤其重要。将股指作为市场组合将会使得房地产投资被边缘化,[①]从而低估这些资产的风险。因为股指没有包括的房地产和其他非股票投资的市值巨大,单只股票与涵盖了所有资产的资产组合之间可能存在着很大的差异。

还有证据表明,在历史上,房地产投资和股票对于较大经济事件的反应并不一致。在表 26.2 中,我们再次列出了相关性数据,即各类资产在 1942－1982 年间的相关性。可以看出,房地产与金融资产之间的相关性并不大甚而为负。这一点也正是 20 世纪 80 年代和 90 年代给予投资者之建议的核心内容,即,在组合中增加房地产可以改善"风险-报酬"取舍条件。正如本章前文所述,房地产和金融资产的报酬率差异会随着通胀率的变化而加大。事实上,在五种房地产指数中,有三种与股票呈现出负相关性,其他两种与股票的相关性则很低。根据房地产市场在过去三十年间的变化,现在也许需要调整将房地产添加到资产组合中这种建议。随着房地产的日益证券化,已有证据表明,作为一种资产类型,房地产的运势已经变得越发接近于其他类型的金融资产(股票和债券)。

表 26.2　各类资产的相关性：1947－1982 年间

	I&S	CREF	Home	C&S	Farm	S&P	国债	国库券	通胀率
I&S	1.00								
CREF	0.79	1.00							
Home	0.52	0.12	1.00						
C&S	0.26	0.16	0.62	1.00					
Farm	0.06	−0.06	0.51	0.49	1.00				
S&P	0.16	0.25	−0.13	−0.20	−0.10	1.00			
国债	−0.04	0.01	−0.22	−0.54	−0.44	0.11	1.00		
国库券	0.53	0.42	0.13	−0.56	−0.32	−0.07	0.48	1.00	
通胀率	0.70	0.35	0.77	0.56	0.49	−0.02	−0.17	0.25	1.00

　　I&S=Ibbotson & Siegal;CREF：CREF 指数;Home：住宅价格指数;C&S：Case & Shiller;Farm：农业用地价格指数。

　　来源：Ibbotson & and Brinson (1996)。

把握这一点的最好方式或许在于,使用我们在第 7 章所提出的针对股权的尺度,即蕴含的股权风险溢价。在图 26.1 中,我们把股权风险溢价、Baa 级债券违约息差(债券风险溢价)、房地产风险溢价放在一起;计算后者的方式是,从资本化比率(capitalization rate,即房地产投资者们使用的必要报酬率尺度)中减去无风险利率。请注意,在过去这段时间,股票和债券溢价大多呈现出同向的变化,但房地产的运势在过去数十年间却变化甚大。在 80 年代前期,房地产溢价的变化路径与股票、债券的路径完全没有关联;这一点符

---

　　①　若是相对于某种股指估算资产的 β 值,所暗含的假设条件是,边际投资者组合中的很大部分是股票,并且是针对这一组合衡量其风险。

合表 26.2 所列出的低的或者为负的相关性。从 90 年代中期起而在后续十年间变得更加明显的一点是,房地产风险溢价在幅度、方向上都与股票和债券溢价趋于一致。从现实角度看,这就表明,不仅房地产与金融资产之间的相关性在目前已经大大提高,过去所谓"添加房地产资产以分散组合风险"的格言或许已经不再属于好的投资建议。

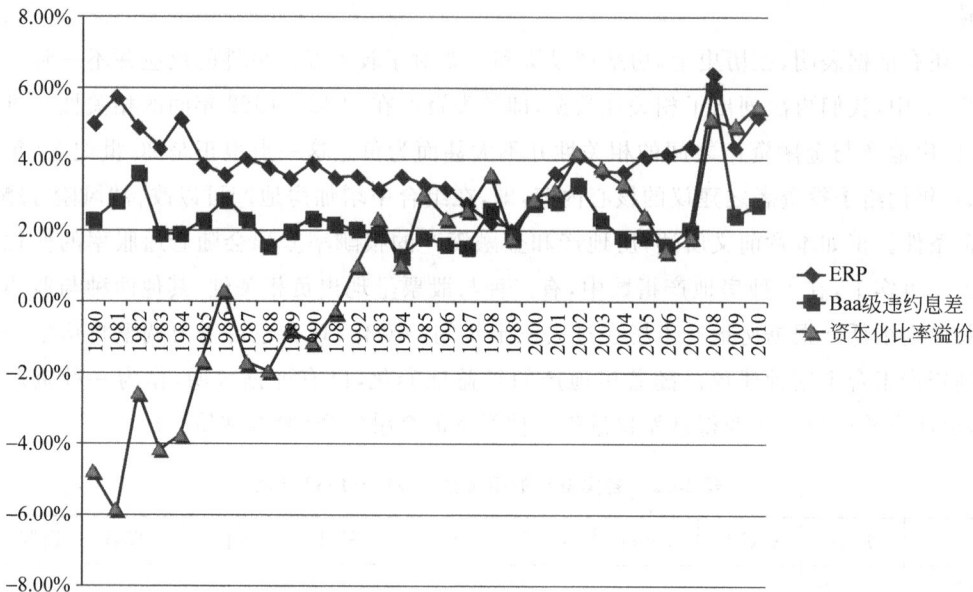

图 26.1 股票风险溢价、资本化比率和债券违约息差

虽然没有多少经济学家会反对将房地产投资结合到市场组合中,他们中的大多数却对衡量问题感到为难。这些问题,不久之前还极度棘手,随着房地产投资获得证券化和参与交易,正变得愈加容易化解。

某些实际解决方式 若能接受应该使用传统的风险-报酬模型衡量房地产投资风险这种见解,则有一些实用方法可以估算各种风险参数:

- 将某类房地产的报酬率（例如,针对商用和住宅房地产,可使用 NCREIF 数据序列）针对整合后的市场组合报酬率实施回归,便可估算此类资产的风险。这种方法的突出问题是:(1)这些报酬率数据序列依据的是平均化的评估值,可能会低估市场的波动率;以及(2)只有针对较长的时期（季度或年度）才能得到报酬率数据。

- 可将上市的房地产证券[REIT 和业主有限合伙企业（master limited partnerships,MLPs）]用作房地产投资风险的代理变量。这种方法的局限在于,证券化房地产投资的运作可能与对于房地产的直接投资不同,而估算各类房地产投资的风险参数也极为困难（除非我们能够找到专注于某类资产的 REIT,诸如商用房地产）。

- 房地产的需求有时属于派生性的。例如,购物中心的价值派生于零售空间的价值,而后者则应该取决于零售业的生意状况。可以认为,在这种情形中,购物中心的风险参数应该与上市零售店的风险参数相关联。显然,我们还应该针对它们在经营性和财务性杠杆方面的差异作出调整。

其他风险因素 投资于房地产是否会令投资者暴露于更多(不同)种类的风险呢?如果肯定的话,如何衡量这种风险,它又如何获得回报呢?下面是与房地产投资相关的一些问题,它们可能会影响风险和预期报酬率的衡量问题。

可分散风险与不可分散风险的比较 如前所述,运用那些假设边际投资者实施了充足分散化的风险-报酬模型或许是合理之举,即便不少房地产投资者并未选择实施分散化。提出这种观点的部分依据是,在房地产市场上,存在着许多拥有分散化投资者的公司,诸如房地产投资信托公司和业主有限合伙企业。然而,假如没有这类投资者,房地产边际投资者又未能实施充分的分散化,情况将会如何?我们又该如何调整股权成本估算值呢?

针对其所有者未能实施分散化这一点,第 24 章考察了如何调整私营企业的股权成本。尤其重要的是,我们曾经建议使用总体 β 系数,因为它不仅体现了市场风险,而且体现了潜在投资者的未分散化程度。

$$总体 \beta 系数 = 市场 \beta 系数 / 投资者的资产组合与市场的相关系数$$

我们可调整这一尺度,据以估算房地产的总体 β 系数。例如,假设商用房地产边际投资者所持组合与市场之间的相关系数为 0.50,而作为一类房地产的这种商用房地产的 β 值等于 0.40。那么,在估算投资的股权成本时,所用 β 值就等于 0.80。

$$总体 \beta 值 = 0.40/0.5 = 0.80$$

运用这种较高的 β 值会使得股权成本提高而房地产投资价值下降。

流动性的缺乏 对于传统风险标准的另一种批评是,它们假设所有的资产都具备流动性(至少各资产在流动性方面没有差异)。房地产投资的流动性通常低于金融资产;交易不够频繁,交易成本较高,买方和卖方双方的数目不多。据信,资产的流动性越低,其风险也就越大。

同样就像在第 24 章所指出的,出于几个原因,我们不易量化房地产的弱流动性与风险之间的关系。第一,它取决于投资者的时间跨度。与无法确定自己的投资跨度或者有意进行短期投资者相比,倾向于长期持有的投资者较少关注流动性问题。第二,它会受到外部经济条件的影响。例如,房地产的流动性在物价水平上涨的经济繁荣期较大,而在物价水平低落的衰退期则较低。

为了把流动性缺失作为附加风险因素结合到贴现率之中,可以采用的另一种方法是,先把这种弱流动性资产当作流动性充足的资产进行估价,然后再运用弱流动性折扣。这是评估封闭型股份公司和弱流动性企业的常用方法,它把弱流动性折扣视为投资者本身和估价之际经济情势的函数。第 24 章已经更详细地考察了这种折扣的估算过程。

面临法律变化的风险程度 所有投资的价值都会受制于税收法规、折旧方式、针对常规收入和资本所得税率的变化。房地产投资尤其需要应对税法的变化,因为它们通过缴税方式可以获益甚丰，而且杠杆系数通常也比较大。

为了利用税率和其他法规的地区差异，制造业或者服务业公司可以更改业务经营地点；与此不同的是，房地产无法移动，因而更需要直面当地法律的变化（诸如城区规划要求、房地产税和租金管制）。

问题在于，这种对于税收和当地法律的更大敏感性是否构成了又一种风险起因；若是肯定的话，我们应该如何给这种风险定价呢？一如既往，答案取决于边际投资者是否实施了分散化，不仅是在不同的资产类型之间，而且是在不同地点的房地产投资方面。例如，若能同时在纽约、迈阿密、洛杉矶和赫斯顿等城市持有房地产，投资者所面临法律风险程度要低于只在其中一地持有房地产者。但是，需要予以斟酌的一点是，那些有助于投资者在某一市场上经营良好的当地知识或许无法照搬到其他市场。

信息成本和风险　房地产投资通常需要某些不易获得的（或者成本很高的）有关当地情势的特定信息。此类信息同样可能包含着诸多谬误。有人认为，应该把这种信息的高成本和更多谬误列入风险和评估房地产的贴现率当中。这种见解并不只是针对房地产，它也被用于解释小公司股票溢价，即（在运用 CAPM 进行风险调整之后），小市值股票可比较大市值的股票赢得更高的报酬。据认为，小股票所含信息通常不如较大股票，而且通常含有更多噪声。

估算贴现率的另一种方法：调查法

有关传统风险-报酬模型假设条件的诸多问题，以及根据这些模型衡量未上市房地产风险的种种困难，促成了另一种试图估算房地产投资之贴现率的方法。在房地产的范围内，股权成本和资本成本通常是通过调查房地产的潜在投资者在投资于各类资产时所要求的报酬率而得出。在许多情形中，这些调查的依据是资本化比率；正如前述，它只不过是必要报酬率的另一种形式。

关于房地产投资的分散化：趋势与含义

考虑到通常被结合到贴现率和估价过程的各种附加风险因素，包括估算错误、法规与税收变化以及特定房地产市场波动率等，实施分散化的理由会更加充足。若在多个区位分散持有房地产，公司就能分散部分风险。若能吸引那些在其他类型资产实施了分散化的投资者，我们就可分散更多的风险，进而降低公司风险暴露程度和股权成本。

因此，我们无疑会看见，通过对相同资产给出更高价格，分散化的房地产投资者——房地产股份公司、REITs 和 MLPs 会将当地那些未实施（区位或资产类型）分散化的房地产投资者驱逐出市场。果真如此，我们或许会问，为何尚未出现这种情形呢？原因有二。第一，关于当地房地产市场的知识在驱动房地产价值上仍然是关键因素，具备这种知识的房地产投资者能够弥补未能实施分散化这一点。第二，房地产投资成功的最重要因素仍然来自于人际交往——与其他开发商、与城区规划委员会以及与政客等。与针对同一项目的其他出价公司相比，交际恰当的房地产投资者或许能够获得更加有利的交易条件。

> 随着房地产公司和 REITs 的急剧增加,可以预计到各不同地区的房地产之间的相关性将大大增强,局部情势的重要性则会下降。进一步地,应该预计,这些公司在与不同区域的监管当局打交道方面也会愈加老练。

论证这种方法的依据有:

- 这些调查所依据的并不是某些抽象的风险-报酬模型(它们可能会忽略那些房地产市场所独具的风险特征),而是房地产的投资者实际想要获得的报酬。
- 这些调查还兼顾了针对不同地区特定类型房地产(旅店、公寓等)的贴现率估算,而无须像风险-报酬模型那样取决于过去的价格。
- 由于没有多少大的投资者直接投资于房地产(而是投资于证券化的房地产),这种调查完全可行。

然而,同样还存在着批驳这种方法的依据。

- 就其自身性质而论,对于同一类型房地产的不同投资者,调查能够产生"必要报酬率"。倘若针对某类投资可以得出多个不同的必要报酬率,那就难以确定究竟应该采用哪一个。可以想象,那些要求高报酬率的投资者会被市场所排挤,而要求低报酬率者则可找到大量估价过低的房地产。这些调查无法回答究竟谁是边际投资者的问题。
- 调查法虽然回避了风险问题,但却未能消除它。显然,针对不同类型的房地产,因为他们所感受的风险水平不同,投资者会要求不同的报酬率。
- 如果市场上只有相对较少而且同质的投资者,调查法具备一定的功效。这一点对于十年前的房地产市场或许能够成立。但是,由于新的机构投资者进入市场,投资者的数目增加以及差异的加大,这种方法的功效正在下降。
- 调查法同样值得质疑,如果所调查的投资者只是进行转手性投资,即投资于房地产对它们实施证券化,然后再把它们卖给他人;接着继续如法炮制。果真如此,决定价值的就应该是最终投资者(证券化房地产的购买者)而不是中介投资者的必要报酬率。

与调查法相比,使用某种衡量风险并据此估算贴现率的模型有如下优势:

- 假如构筑正确,风险-报酬模型就能设定合理的预期报酬率界限。例如,根据 CAPM 和 APM,风险性资产的预期报酬率将大于无风险资产的预期报酬率;在使用调查方法时,却没有此类限制条件。
- 由于将预期报酬率与风险相联系,再将风险与各种预设因素相联系,风险-报酬模型使得分析者能够更加主动而非被动地估算贴现率。例如,在 CAPM 框架内,投资的预期报酬率取决于它的 β 值,而后者又取决于(所要投资的)业务的周期性以及所采用的财务杠杆程度。因此,了解投资的财务杠杆预期变化,投资者就能相应地调整 β 值,并且将它运用于估价。如果使用调查法,那就没有这种机制可以利用。

- 若在估价时不知道最终投资者,就像房地产投资获得证券化的情形,风险-报酬模型可以针对所假设的边际投资者估算贴现率。

随着越来越多的机构投资者进入房地产市场以及更多的投资意在求取最终的证券化,对于更恰当风险-报酬模型的需要已越发迫切。这种趋势同样促使房地产投资更加接近于金融投资(通过加大前者的流动性)。因此,应该及早将那些估算金额资产风险和贴现率的模型运用于估算房地产的风险和贴现率。

从股权成本到资本成本

估算得出股权成本之后,为了估算资本成本,我们还需要两种数据。第一种是债务成本。对它的估算要比估算股权成本更为直截了当。在这方面存在着两种选择:

1. 若是为了新的房地产投资而筹资,可以使用银行融资所标明的贷款利率。然而,在进行估算时,必须了解银行的贷款条件,以及是否会有其他成本未能列入利率。例如,贷款期间需要维持某种补偿性余额的规定会加大债务的有效成本。

2. 可以考察房地产投资的偿贷能力(这一点相当于利率覆盖率),估算模拟性评级,并且用它估算税前债务成本。事实上,由于投资的寿命有限而且无需巨额再投资,我们可以调整这一比率的分子而将折旧额包括在内。

为了估算税后债务成本,我们使用投资于房地产之个人或实体的边际税率。就大多数房地产投资而言,对其债务率的估算是通过考察举债和股权所筹得的资金比例而得出。因此,若某项房地产的构建成本为 400 万美元,投资者借款 300 万作为资金,所用债务率就等于 75%。虽然我们可以沿袭这一常规做法,但是需要注意的是,这种比率的依据应该是房地产价值而不是所需融资金额。因此,如果预计房地产建成之后的价值为 500 万美元,所用债务率就应该等于 60%(300 万美元/500 万美元)。当然,因为在最初估算房地产价值时就需要资本成本数字,这种做法同样会造成循环推理。

正如第 7 章所述,股权成本和资本成本存在着重大的区别。如果进行贴现的现金流是债前现金流(即公司现金流),恰当的贴现率就是资本成本。如果使用这种方法,我们所估算的就是房地产价值;如果我们是股本投资者,就需减去未偿债务而得到针对房地产的股权价值。如果进行贴现的房地产现金流是扣除利息和本金偿付之后的现金流(或股权现金流),恰当的贴现率则是股权成本,而我们也就是在直接评估投资于房地产的股权。

26.2.2　现金流的估算

并非所有的房地产投资都能产生现金流;对于那些能够产生现金流的,可以采用与估算金融资产现金流相同的方式实施估价。我们的最终目标是估算税后现金流。恰如针对金融资产那样,可以估算这些属于股东们的现金流。它是满足了所有经营性支出、债务承约(利息支出和本金支付)和资本性支出之后所剩余者。我们同样也可估算属于所有房地产投资者(包括债务和股权)的现金流。它相当于公司现金流,等于履行所有债务承约之前的现金流。

现金流入

房地产投资带给其所有者的现金流通常以租金和租赁收入为形式。在估算未来年份的租金时,必须考虑它的以往趋势、房地产所含空间的供求状况以及普遍的经济情势。

在办公室或多住户建筑方面,在某一特定时刻,并非所有的空间都可被租出。因此,必须结合市场租金预测空置率(即,在任何时刻未能租出的空间比重)。即便在行情紧俏时,建筑空间同样也会有未能租出的时段,从而造成空置率。因此,无论如何搜寻,没有哪桩建筑能够指望一直获得 100% 的占用率。就新的建筑而论,这种预测工作还需考虑到其空间获得初次租用所需等待的时间长度。显然,这一时间越长,建筑物的贴现现金流价值就越低。

在资产租赁方面,租约条件会影响预计的租赁收益。如果收入特征受制于现有租约,租约条件就将决定现金流,诸如租期长度、有关未来租金收入增加的合约、追加的可分摊支出以及有关租约更新的条款。若是由承租者支付税收、保险和保养费用,租金可能就等于净租金收入。

现金流出

针对房地产投资的支出包括了房地产税、保险、维修、保养和广告诸项(它们属于固定支出而与占用率无关),以及公共服务支出(它们属于变动支出而取决于占用率)。此外,下列因素也会影响到所预测的支出。

- 可补偿性。根据合约条款,业主在房地产方面的某些支出将由承租者予以补偿。
- 支出中止。许多办公室租约含有保护性条款,即业主无须承担超出某种议定水平的经营性支出,超额部分由承租者支付。

最后,房地产税属于一笔高额支出且起伏很大,不仅因为税法的变动,而且因为它们通常是以资产价值为依据。

预期增长率

为了估算未来的现金流,首先需要估算租金/租赁费用和支出的增长率。估算增长率所涉及的一个关键因素是预期通货膨胀率。在稳定的房地产市场上,现金流的预期增长率应该接近于期望通胀率。在空置率较低的紧俏市场上,租金的预期增长率可能高于期望通胀率,至少在市场紧缺现象消失之前是这样;而在空置率很高的市场上,情形则有可能相反。

采用本章前面提及的用于估算贴现率的调查法,我们还需搜集有关投资者对于预期增长率之预期的信息。饶有意义的是,虽然投资者们的贴现率差异甚大,现金流出和流入的预期增长率却变化很小。例如,在 2000 年,Cushman and Wakefield 房地产咨询公司实施了一项针对投资者的广泛调查。其结果是,他们对于预期现金流增长率的估算值均处在 4% 到 5% 之间。

租金管制将如何影响这些估算值呢?通过对涨幅设置上限而没有下限,它通常会逐渐降低现金流的预期增长率和现金流价值。有关租金管制法规的不确定性,即上限额度是多少以及法规是否会更改,则会加剧估价的错误。

终端价值

在所有的贴现现金流估价模型中,一项关键数据是关于终端价值的估算值,即所估算的资产在投资期末的价值。估算终端价值的方法有三种:

1. 假设房地产的当期价值将根据期望通胀率而增长,由此可以得出终端价值。因此,如果一项房地产在目前的价值为 1 000 万美元,若通胀率为 3%,在 10 年后就将等于134.4 万美元(终端价值$=10 \times 1.03^{10}$)。这种方法所包含的风险是,它以"资产当期价值是合理的"这样一种假设为前提,然后再评估其真实价值。

2. 另一种可选方法是,假设终端年份(投资期的最后一年)之后的现金流将继续以某种不变的比率增长。根据这种假设,资产的终端价值就是

$$股权或资产的终端价值_n = 预期现金流_{n+1}/(r-g)$$

其中,r 是贴现率(若为股权终端价值,则等于股权成本;若为资产终端价值,则为资本成本),而现金流$_t$则表示现金流(若为股权终端价值,则是股权现金流;若为总的终端价值,则为公司现金流)。

因此,如果前述房地产在第 10 年产生了 120 万美元的偿债前净现金流,预计它在此后的永久性年增长率为 3%,资本成本为 13%,这项房地产的终端价值可表述为

$$房地产的终端价值 = FCFF/(WACC-g) = 120(1.03)/(0.13-0.03)$$
$$= 1 236(万美元)$$

某些分析者可能会觉得这种永久性现金流的假设不甚恰当。弥补这一点的方法是,在每年拨出更多的现金以确保房地产的寿命可以延长。如果使用这种方法,就可假设出自折旧的现金流将作为维修资本支出而被再度投入这桩建筑中。

3. 关于无限增长模型的一种轻度变形是许多房地产评估师所使用的资本化比率(cap rate)。根据其最常见形式,资本化比率指的是,为了获得房地产价值而需由经营性收入予以相除的比率。

$$房地产价值 = 税后经营性收入/资本化比率$$

事实上,资本化比率就是在第 18 章用于上市公司估价的"价值-EBIT"乘数的倒数。

估算资本化比率的方法有三种。第一种是使用近期所售相似房地产的平均资本化比率。这相当于使用业内平均盈利乘数估算上市公司的终端价值。第二种是前述调查法,用以获得其他房地产投资者的平均资本化比率。第三种则是运用贴现现金流模型估算资本化比率。为了把握它与无限增长模型之间的关系,假设净经营性收入(先于债务偿付)也是公司自由现金流(请注意,这等于假设资本保养性支出大致等于折旧额);然后,可将资本化比率表述为贴现率和预期增长率的函数:

$$资本化比率 = (r-g)/(1+g)$$

其中,r 是贴现率(若是净收入获得资本化,则为股权成本;若是经营性收入获得资本化,

则为资本成本),而 g 则是永久性预期增长率。在此例中,可将资本化比率表述为

$$资本化比率 = (0.13 - 0.03)/1.03 = 9.70\%$$

若将资本化比率用于下一年度的经营性收入而不是当期价值,则可忽略分母而使用10%的资本化比率。

针对未开发土地的投机性投资

开发商们有时会购置未开发土地,其目的不在于开发,而是指望它在持有期内能够大幅升值。然而,在持有期内,对于未开发土地的投资未必能够带来为正的现金流。事实上,唯一为正的现金流只能是所估算的土地在持有期末的价值。在此期间,若需支付房地产税和其他费用,他们得到的现金流就将为负。

这类投资的分析方法有两种。第一种是采用传统的贴现现金流法。我们可以,根据资本成本,将期内预期房地产税、其他支出以及所估算的期末土地价值贴现到今天,看它是否超过了土地的当期成本。事实上,这项投资若要具备为正的净现值,地价的期望升值幅度就必须大于资本成本和预期年度房地产税率。例如,如果资本成本是10%,年度房地产税率是土地价值的12%,那就需要大约12%的溢价率,如此才能使得现金流入量现值大于现金流出量现值。[①]

另一种方法是,把土地看作一项期权,而将土地的开发视为对这项期权的实施,而把土地成本作为期权的价格。在此,很有意义的一点是,即使预期溢价低于资本成本,只要地价波动剧烈,我们仍然可以买下这片土地。第 28 章将对这种运用作更详细的论述。

26.2.3　贴现现金流估价法

我们已知,一旦确定了贴现率并且估算出了现金流,就可全面地(以加权资本成本对公司现金流进行贴现)或者针对股东(以股权成本对股权现金流进行贴现)估算能够产生收入的资产之价值。下面的案例提供了贴现现金流估价法在房地产方面的运用。

案例 26.1　评估 2000 年的一栋办公楼

在本案例中,我们打算评估位于纽约市第三大道 711 号的一栋办公楼,其经营性细节如下:

- 它具有 528 357 平方英尺的空间。其中 95% 已被出租一年,预计占用率在后续四年的每一年将增加 0.5%,而在第 5 年达到 97%。预计这也是稳定期的占用率。

---

① 事实上,我们假设房地产税是以所估算的土地在每年的价值而非最初成本为依据。若为后者,溢价将会较低。

- 最近一年间，平均每平方英尺的租金为 28.07 美元，①预计永久性年增长率为 3%。在过去，它曾因承租者未能支付租金而蒙受信贷损失，额度为租金总额的 2.5%。

- 它带有一个车库，在最近年间产生了 80 万美元的收入。预计这笔收入的永久性年增长率也是 3%。

- 在最近一年，房地产税是每平方英尺 5.24 美元，预计在未来五年的年增长率是 4%，然后每年增长 3%。

- 建筑物所占土地已被长期租出，最近年间的地租为 150 万美元。预计地租在未来五年内保持不变，然后以每年 3% 的比率增长。

- 在最近年间，其他支出，包括保险、维修和公用事业费用在内，共计每平方英尺 6.50 美元；预计其永久性年增长率为 3%。这些支出的大约 10% 在每年将由承租者作出补偿（因此，这将构成租金的一部分）。

- 在最近年间，管理费用为 30 万美元，预计其永久性年增长率为 3%。

- 预计该建筑物折旧额在未来五年内每年均为 200 万美元。资产维修和升级方面的支出（包括服务于新承租者的议定修缮）在去年为 150 万美元，预计在未来五年内每年增长 3%。在第 5 年之后，折旧额预计永久性地每年增加 3%，而资本维修支出正好抵消折旧额。

该建筑的潜在买者是一家股份公司，其边际税率为 38%，预计将以 60% 的债务和 40% 的股权筹资购买。然后，债务将采取大额尾付式（ballon payment）*长期贷款，利率为 6.5%。

步骤 1：估算资本成本

首先估算股权成本。虽可得到有关房地产投资者所用纽约市办公楼一般最低股权成本的调查数据，但我们仍打算采用资本资产定价模型估算股权成本，因为潜在买者是一家股份公司（其投资者实施了分散化）。② 为进行估算，首先注意到，拥有办公楼资产的股权型 REITs 的非杠杆性 β 值等于 0.62。运用针对该建筑物的拟议债务/股权结构，可估算杠杆性 β 值如下：

$$杠杆性 β 值 = 非杠杆性 β 值[1+(1-税率)(债务/股权)]$$
$$= 0.62[1+(1-0.38)(0.6/0.4)] = 1.20$$

使用等于 5.4% 的无风险利率和等于 4% 的风险溢价，可估算股权成本如下：

$$股权成本 = 无风险利率 + β 值 × 风险溢价 = 5.4\% + 1.20(4\%) = 10.20\%$$

将等于 6.5% 的银行借款利率用作税前债务成本，可估算资本成本如下：

$$资本成本 = 10.20\%(0.40) + 6.5\%(1-0.38)(0.60) = 6.49\%$$

---

① 租金根据在建筑物内部的位置而变化，地下室和较低楼层的租金较低，而较高楼层则租金较高。

* 它的含义是，债券或贷款在到期时偿还的金额大大超出前期所偿金额——译者注。

② 请注意，需要实施分散化的是公司的投资者而非公司本身。

并且假设它就是永久性资本成本。[①]

步骤 2：估算建筑物产生的现金流

使用前述有关经营的信息，在下表中，估算该建筑物在未来五年间偿债之前的现金流：

美元

	基年/假设	1	2	3	4	5	终端年份
建筑空间（平方英尺）		528 357	528 357	528 357	528 357	528 357	
占用率		95%	95.50%	96.00%	96.50%	97%	
租金/每平方英尺	28.07	28.91	29.78	30.67	31.59	32.54	
租金收入		14 512 115	15 026 149	15 557 965	16 108 166	16 677 377	17 177 698
车库收入	800 000	824 000	848 720	874 182	900 407	927 419	955 242
补偿额	10.00%	353 735	364 347	375 277	386 536	398 132	410 076
信贷损失	2.50%	362 803	375 654	388 949	402 704	416 934	429 442
总租金额		15 327 047	15 863 563	16 418 475	16 992 404	17 585 993	18 113 573
支出							
房地产税	5.24	2 879 334	2 994 508	3 114 288	3 238 860	3 368 414	3 469 466
地租	1 500 000	1 500 000	1 500 000	1 500 000	1 500 000	1 500 000	1 545 000
其他支出	6.50	3 537 350	3 643 471	3 752 775	3 865 358	3 981 319	4 100 758
管理费用	300 000	309 000	318 270	327 818	337 653	347 782	358 216
总支出		8 225 684	8 456 248	8 694 881	8 941 870	9 197 515	9 473 440
折旧前经营性收入		7 101 363	7 407 314	7 723 594	8 050 534	8 388 478	8 640 133
折旧	2 000 000	2 000 000	2 000 000	2 000 000	2 000 000	2 000 000	2 060 000
经营性收入		5 101 363	5 407 314	54 723 594	6 050 534	6 388 478	6 580 133
缴税	38%	1 938 518	2 054 779	2 174 966	2 299 203	2 427 622	2 500 450
税后经营性收入		3 162 845	3 352 535	3 548 628	3 751 331	3 960 857	4 079 682
+折旧		2 000 000	2 000 000	2 000 000	2 000 000	2 000 000	2 060 000
—资本维修费和约定修缮费	1 500 000	1 545 000	1 591 350	1 639 091	1 688 263	1 738 911	2 060 00
公司现金流		3 617 845	3 761 185	3 909 538	4 063 068	4 221 946	4 079 682

鉴于所有条目在第 5 年后均以 3% 的年化比率增长，现在估算作为终端年份之第 6 年的现金流。计算该建筑终端价值所依据的正是这种现金流、等于 3% 的永久性增长率和等于 6.49% 的资本成本。

---

① 这意味着，现有贷款在到期时将获得再融资，金额等于这项房地产价值的 60%。

$$终端价值＝FCFF_6/（资本成本－预期增长率）$$

$$＝4\,079\,682/（0.064\,9－0.03）＝116\,810\,659（美元）$$

如下表所概述，由未来五年预期现金流和终端价值的现值可得到该建筑物的价值：

美元

	1	2	3	4	5
公司现金流	3 617 845	3 761 185	3 909 538	4 063 068	4 221 946
终端价值					116 810 659
根据6.49%获得的现值	3 397 275	3 316 547	3 237 186	3 159 199	90 928 871

现金流的现值总和为101.48百万美元。它也就是所估算的该建筑物价值。

案例26.2 评估办公楼的股东权益

前述分析也可仅只针对第三大道711号房地产的股东权益而进行。为此，首先估算购买该建筑物所需借款。假设建筑物的价值为101.48百万美元（由前一案例得出）而使用等于60%的债务率，可估算得出债务额为60.89百万美元：

$$债务＝建筑物价值×债务率＝101.48×0.6＝60.89（百万美元）$$

鉴于它属于大额尾付式贷款，债务的利息支付额在各年间均保持不变，利率为6.5%：

$$年度利息支出＝债务额×利率＝60.89×0.65＝3.96（百万美元）$$

在评估建筑物的股东权益时，应该使用股权成本作为贴现率，经分析得出它等于10.20%。

估算股权现金流

从收入中减去利息支出，再针对税款进行调整，就可估算得出每年的股权现金流。下表概述了未来五年间的年度股权现金流。

美元

	1	2	3	4	5
建筑空间（平方英尺）	528 357	528 357	528 357	528 357	528 357
占用率	95.00%	95.50%	96.00%	96.50%	97.00%
租金/每平方英尺	28.91	29.78	30.67	31.59	32.54
租金收入	14 512 115	15 026 149	15 557 965	16 108 166	16 677 377
车库收入	824 000	848 720	874 182	900 407	927 419
补偿额	353 735	364 347	375 277	386 536	398 132
信贷损失	362 803	375 654	388 949	402 704	416 934
总租金额	15 327 047	15 863 563	16 418 475	16 992 404	17 585 993
支出					
房地产税	2 879 334	2 994 508	3 114 288	3 238 860	3 368 414
地租	1 500 000	1 500 000	1 500 000	1 500 000	1 500 000
其他支出	3 537 350	3 643 471	3 752 775	3 865 358	3 981 319

续表

	1	2	3	4	5
管理费用	309 000	318 270	327 818	337 653	347 782
利息支出	3 957 737	3 957 737	3 957 737	3 957 737	3 957 737
总支出	12 183 422	12 413 986	12 652 618	12 899 608	13 155 252
息税前净收入	3 143 625	3 449 577	3 765 856	4 092 797	4 430 741
折旧	2 000 000	2 000 000	2 000 000	2 000 000	2 000 000
经营性收入	1 143 625	1 449 577	1 765 856	2 092 797	2 430 741
缴税	434 578	550 839	671 025	795 263	923 682
净收入	709 048	898 738	1 094 831	1 297 534	1 507 059
＋折旧	2 000 000	2 000 000	2 000 000	2 000 000	2 000 000
一资本维修费和约定修缮费	1 545 000	1 591 350	1 639 091	1 688 263	1 738 911
股权现金流	1 164 048	1 307 388	1 455 741	1 609 271	1 768 148

在第 5 年,通过从前一案例估算的建筑物终端价值中减去到期债务,可估算得到股权的终端价值:

股权终端价值＝建筑物终端价值－债务＝116.81－60.89＝55.92(百万美元)

估算股权价值

下表计算了未来五年间的股权现金流和终端价值的现值:

美元

	1	2	3	4	5
公司现金流	1 164 048	1 307 388	1 455 741	16 090 271	1 768 148
终端价值					55 922 390
根据 10.20% 获得的现值	1 056 435	1 076 833	1 088 178	1 091 735	35 519 318

建筑物的股东权益为 39.83 百万美元。把它加到等于 60.89 百万美元的债务值上,可得到该建筑物的估算价值:

建筑物的估算价值＝60.89＋39.83＝100.72(百万美元)

这一房地产估算值为何与前一案例得到的价值有所不同呢?原因并不复杂。我们在估算资本成本时假设债务率等于 60% 且保持不变,因为建筑物的年度溢价率约为 3%,这就要求在未来五年间的每一年均需借款更多。前一案例在评估该建筑物时已经蕴含了出自这种追加债务的缴税优惠额,但在目前评估股权时却未考虑这一点。若是兼顾这些缴税优惠额,就可得到相同的结果。

实际的房地产估价:一种比较

对于第三大道第 711 号建筑物的估价,是为了出售而由某位房地产评估师使用贴现现金流估价法作出。虽然我们所作估价的许多基本假设借用了它,那项评估的结果却等于 7 000 万美元,约比我们的估价低出 1/3。两项估价之间具有很大的不同:

- 那项评估完全是根据税前现金流而进行，没有考虑折旧及其相关的缴税优惠。

- 根据他对于房地产投资者所作专项调查，那位评估师所用贴现率是 11.5%。虽然在评估时没有提及，这一贴现率先验地根据税前条件而设定（以此确保与估算现金流的方法相互一致），并且表示为总体投资（而不仅只是股本投资）报酬率。这种贴现率高于我们使用的资本成本。

- 终端价值是根据等于 9.0% 的资本化比率估算得出，后者同样是以他的调查为依据。（第 5 年之后的经营性收入除以 9.0% 可得到终端价值。）

　　如果使用税前现金流和税前贴现率，我们就会遗漏可以免税的那部分折旧和利息支出，从而低估建筑物的价值。若能正确地将贴现率定义为税前资本成本，那就不宜使用调查法估算这一数字和终端乘数，尤其在考虑到该建筑物的买主是具有分散化投资者的股份公司这一点的话。

26.2.4　贴现现金流估价法的局限性

　　有关贴现现金流估价法不适用于房地产这一点，存在着诸多说辞。第一，据说，就大多数房地产而言，难以估算贴现率，即便并非不可能。对此，我们的看法是，这一点未必成立。第二，据闻，如同估算终端价值一样，估算特定时段的现金流同样也很烦琐和艰难。但是，估算房地产的现金流看起来要比某些金融投资容易许多（例如，高科技股票）。第三，据信，如果市场在进行估价时趋于兴旺或者低落的话，贴现现金流估价法无法反映这种市场情势。我们可以从两个方面批驳这种观点。一方面，现金流就应能够体现出市场情势，因为它们在市场走强时都会提高（租金提高而空置率下降）；另一方面，根据市场作出的评估若与所评估房地产的现金流不一致，那就意味着估价有误，而内在的或者贴现现金流估价法的目的就在于避免出现这种做法。

26.3　比较/相对估价法

　　就像可以使用市盈率和市账率评估金融资产一样，我们也能够使用标准化的价值尺度和可比资产对房地产投资实施估价。

- 它为评估那些不生成现金流的资产提供了某种机制。例如，作为基本住处而购置的单一住宅建筑物的价值，可以通过考察区内相似房地产估算得出。

- 出于几个原因，它兼顾了现金流尚且无法体现的市场趋势。现有租约可能预先锁定了以往的租金支付额，但市场价值却已然上涨，或者租金管制法规可能会禁止租金与市值一道上涨。如果市场预计租赁费用和租金有可能回归到市场水平，建筑物的市值就有可能高于内在估价。

- 还有人认为,根据可比对象进行估价要比贴现现金流估价法更为简便,因为它至少在表面上无须估算贴现率和现金流。

26.3.1 何为可比对象?

就确定可比对象的方式而言,所有以可比对象为依据的方法都存在着重大的缺陷。就股票来说,在比较市盈率之前,必须调整它们在增长率、风险和股息支付率方面的差异。许多分析者选择将各只股票的比较局限于相同行业组,以此保证其相对同质。对于房地产而言,在作出比较前,必须考虑到在它们在收入形成能力、尺寸、规模、区位、年份和建筑质量等方面的差异。其中一些差异比较容易调整(例如,尺寸差异),而对于其他方面的调整则带有主观性(诸如区位差异)。

26.3.2 标准化价值估算值的运用

如果根据可比对象评估资产,为了能够进行比较,价值必须获得标准化。就股票来说,实施这种标准化的方法是,将每股价格除以每股盈利(PE)或者每股账面价值(PBV)。就房地产来说,这种调整包括下面几点:

- 尺寸。最简单的标准化尺度是每平方英尺的价格。它使用建筑物尺寸对价值实施标准化。就办公室租赁而言,平方英尺是决定租金收入的关键所在,这种调整方式或许有用,但是对于其他维度的差异而言却并非如此。
- 收入。资产的价值也可借助于其收入获得标准化。例如,总收入乘数(房地产价格/年度总收入)就属于经过收入实施标准化的价值乘数。这种方法的优点是,收入结合了规模、建筑质量和区位方面的差异。[①] 总收入应该包含债务偿付额,因为杠杆系数的差异会使得股本投资者的收入差异极大。

26.3.3 可比对象为何对于房地产比股票更有效

使用可比对象评估股票的困难之一在于,即便在同一行业内,各只股票的风险和增长特征也会相去甚远。但是,就相同区位的各项房地产而言,可以认为它们的增长率和风险特征应该差别不大。

案例 26.3 根据 2000 年的可比对象评估房地产

在此再考虑曾用贴现现金流估价法所评估的第三大道 711 号的房地产。那项评估表明,在曼哈顿区域内,就所评估的且在最近已售出的那栋建筑物而言,还有其他八处房地产具有大致相同的特征。下表概述了这些房地产的特征和售价:

---

① 与其他建筑物相比,处于更好区位的更好建筑物应该获得更高的租金/租赁费和更高的期望收入。

美元

房地产	尺寸 （每平方英尺）	占用率	售价	每平方英尺 价格	净经营性 收入	价格/净经营 收性收入
第三大道 900 号	560 000	99%	182 000 000	325.00	26.98	12.05
第三大道 767 号	456 007	95%	95 000 000	208.33	NA	
麦迪逊大道 350 号	310 000	97%	70 060 000	226.00	17.6	12.84
第七大道 888 号	838 680	96%	154 500 000	184.22	NA	
第三大道 622 号	874 434	97%	172 000 000	196.70	NA	
东 58 街 150 号	507 178	95%	118 000 000	232.66	16.52	14.08
美洲大道 1065 号	580 000	95%	59 000 000	101.72	NA	
第七大道 810 号	646 000	95%	141 000 000	218.27	15.17	14.39
均值		96.13%		211.61		13.34

第三大道 711 号房地产具有 528 357 平方英尺的出租空间，占用率为 95%；在最近年间产生了 6.107 百万美元的净经营性收入。根据每平方英尺均价，该房地产价值是

$$第三大道 711 号房地产价值 ＝ 平方英尺 \times 每平方英尺价格$$
$$＝ 528\,357 \times 211.61 ＝ 111.807(百万美元)$$

若要针对第三大道 711 号房地产的占用率略低于均值这一点进行调整，我们需要进行下列估算：

$$第三大道 711 号房地产价值$$
$$＝ 平方英尺 \times (占用率_{第三大道711号} / 平均占用率) \times 每平方英尺价格$$
$$＝ 528\,357 \times (95\%/96.13\%) \times 211.61 ＝ 110.498(百万美元)$$

最后，在这些房地产中有四项可得到经营性收入乘数，对上述房地产使用该乘数：

$$第三大道 711 号房地产价值 ＝ 净经营性收入 \times 平均价格 / 净经营性收入$$
$$＝ 6.107 \times 13.34 ＝ 81.470(百万美元)$$

究竟应该使用哪个价值呢？这取决于这项房地产较低的每平方英尺经营性收入是因为管理不善还是因为建筑物的质量问题（区位条件）。若属前者，我们或许就乐意支付较高的价格（111 百万美元）；若为后者，那就只会支付 81.4 百万美元。

26.3.4 回归方法

为了推广针对股票的相对估价法，可以使用回归法。根据这种方法，我们将市盈率和市账率乘数针对造成这些乘数差异的各个自变量实施回归，即风险、增长率和股息支付率。鉴于导致某一区域内房地产价值出现差异的变量相当地明显，即占用率、尺寸和产生收入的能力等，使用这种方法分析房地产应该比较简单。

案例 26.4 回归方法

将案例 26.3 中的八处房地产的每平方英尺价格针对占用率实施回归，可得到下式：

$$每平方英尺价格 ＝ － 2\,535.50 ＋ 2\,857.86\ 占用率$$
$$[2.07] \qquad [2.25]$$

$$R^2 = 46\%$$

使用这一回归式,可估算第三大道 711 号房地产的每平方英尺价格如下,假设其占用率为 95%:

$$每平方英尺价格 = -2\,535.50 + 2\,857.86(0.95) = 179.46(美元)$$

$$第三大道 711 号房地产价值 = 528\,357 \times 179.46 = 94.82(百万美元)$$

这一回归式的功效显然有限,因为只有八处房地产,且占用率相似。若能获得有关它们的更多信息,并且包括它们所具差异较大的变量,例如衡量房地产年份的某种变量,我们就能够作出更加准确的预测。

26.4　对房地产公司的估价

本章许多内容专注于如何评估房地产,本节考虑将这种分析推广到对于房地产公司的估价。为此,需要考虑其收入来源,然后再考察公司的组织结构。

26.4.1　收入来源

各房地产公司产生收入的方式可谓种类繁多,估价方式亦然。尤其重要的是,我们可将房地产公司划分为四类:

1. 服务性收入。某些公司只是通过为业主提供管理或辅助性服务来创造收入,诸如买卖、保安和维修等。评估这些公司相对简单,只需作出如何审核这些费用的假设(例如,许多管理服务合约被表示成房地产收入的某个百分比),以及这些费用如何随着时间的推移而增加。效率较高的公司或者商誉(品牌)较好的公司可以索取更高的费用,因而具有更高的价值。

2. 房地产建造。这些公司通过建造房地产而获得收入,包括住宅或办公楼在内。它们通常应允将根据合同定价交付建筑单位,并且以较低成本完成建设项目而盈利。成本较低的公司大多盈利较高而价值更大。然而,商誉在这里也会造就差异,施工质量较好的公司可以索取包含某种溢价的价格。

3. 房地产开发。这些公司通常会购买闲置或未开发的土地,以此建造新的建筑物,然后将各单元卖给房地产投资者。它们通常不会为了产生持续收入之目的而持有房地产。这些公司的价值取决于它们根据市场需求而以较低成本快速完成项目建造的能力。

4. 房地产投资。这些公司购买房地产是作为可以产生收入的投资。评估它们的最简单方式是,分别对其所持各处房地产实施估价,然后予以加总。但是,如果公司展示出能够不断购买被低估财产的能力,它就能获得溢价。

因此,在评估房地产公司时,必须考虑的因素与其他估价所考虑的一样,即产生现金和超额报酬的能力,以及与这些现金流相关的不确定性。

26.4.2 公司组织结构

房地产公司具有四种组织结构，包括房地产投资信托企业（REIT）、业主有限合伙企业（MLP）、公司信托企业以及房地产股份公司。

税收结构

单一税制（single taxation）是 REIT 和 MLP 的特征，因为对于两者的征税层面都是投资者而不是公司本身。给予 REIT 的这种缴税优惠意在补偿其投资方向约束和必须遵循的股息政策限制。MLP 则只有在进行特定投资时才适用于单一税制，诸如房地产或油气开采；否则，从征税角度而言，MLP 将被作为股份有限公司对待。这些缴税优惠并不适用于公司信托制企业和房地产股份公司，它们在实体收入和投资者股息这两个层面上都需要缴税。

这些对于估价有何含义呢？在评估房地产投资信托企业和业主有限合伙企业时，用于估算现金流和贴现率的实体层面税率等于零；当然，这并不意味着折旧或利息支出就无法获得缴税优惠。在评估房地产有限公司时，我们应该使用公司税率估算现金流和贴现率。

针对投资和股息政策的限制

税则规定，REIT 需将 95％ 的应缴税收入交给股东。这在实质上限制了 REIT 的内部融资（或保留盈利）能力，导致它必定定期地返回资本市场，从而限制了其增长潜力。税则还规定，在 REIT 的总收入中，至少需有 75％ 出自于房地产；REIT 还必须成为被动型投资的渠道；即，在 REIT 收入中，不超过 30％ 的部分必须出自持有期少于四年的房地产业务和持有期不到一年的有价证券出售。REIT 不得从事主动型房地产业务，不得从事经营活动，不可为了出售之目的而进行财产开发和交易；一年内所售财产不得超过五项，并且不得为了收购财产而参与免税的交易。对于 MLP 的股息政策没有限制，故而它可以具有较高的股息支付率。但是，因为无论是获得了实际收入还是由 MLP 予以留存，合作伙伴都必须纳税。有证据表明，MLP 会将很高比例的盈利作为股息支付。MLP 虽然只能从事房地产经营，但对这些活动的性质或者管理则没有限制。因此，MLP 可以主动而直接地从事房地产交易或经营。对于 MLP 在任何年间所售财产数目也无限制。公司信托企业和房地产股份公司的股息政策也不受限制，除了那些由信托企业和公司章程所禁止的之外，它们可以从事任何一类房地产或者其他业务。

凡此种种对于估价来说均意义重大。在评估 REIT 和 MLP 时，我们需要假设很大部分的盈利将被用作股息支付。因此，无论实体的管理质量如何，若不考虑外部融资，对于它们的每股盈利预期增长率将会很低。如果考虑到外部融资，就可获得较高的预期净收入增长率，但公司股份数目也需要相应地增加，这就抑制了股票的升值潜力。对于投资政策的各种约束则会限制资本报酬率的变化程度。

26.5　总结

本章许多内容再度阐述了前面有关股票估价的章节,因为房地产投资可以(而且应该)借助于评估金融资产所用方法获得估价。对于大多数房地产投资而言,有关贴现现金流模型的结构和推论虽然依然不变,但是存在着一些需要面对和解决的问题。尤其重要的是,房地产投资没有定期的交易活动,不易估算风险参数(以及贴现率)。我们也能够运用可比投资项目对房地产进行估价,但是确定可比资产以及如何调整它们之间的差异仍然属于有待解决的重要问题。

26.6　问题和简答题

在下列问题中,若无特别说明,假设股权风险溢价为 5.5%。

1. 某位考察房地产的分析者打算运用资本资产定价模型估算房地产的风险(β 值)。他将某种(根据所评估价值的)房地产指数报酬率针对某种股票指数报酬率进行回归,估算得出房地产的 β 值等于 0.20。我们能否接受这种估算值? 若不接受,理由是什么?

2. 估算房地产风险的另一种方法是,使用上市 REIT 的价格计算报酬率,并将这些报酬率针对某种股指进行回归以得到 β 值。这种 β 值能否更加可靠地衡量风险? 原因何在?

3. 我们可将房地产风险看作是一种派生性风险。因此,可以根据它所支撑的主要业务估算房地产风险。根据这种看法,在下列类型的房地产投资中,哪一个是恰当的风险代理变量?

a. 纽约市的商用房地产。

b. 得克萨斯州休斯敦市的商用房地产。

c. 加利福尼亚州 San Jose 市(硅谷)的商用房地产。

d. 佛罗里达州奥兰多市的酒店大楼。

4. 对于房地产的估价是否会受到其潜在投资者之身份的影响(例如,如果主要投资者是主要从事房地产业务的个人或者是机构投资者)?

5. 如何将流动性缺失问题结合到估价过程中?

6. 我们需要评估位于佛罗里达州奥兰多市的一栋办公楼。它具有如下特点:

• 它建于 1988 年,可出租空间为 30 万平方英尺。

• 最初的建造和装修成本为 300 万美元。

• 全部空间需要两年方可全部租出,而在最初两年间的空置率是:

年份	空置率
1	30%
2	20%
随后	10%

- 参照周边各建筑物的平均租金,预计该建筑物的市场租金为平均每平方英尺 15 美元。
- 假设市场租金在五年内的年增长率为 5%,随后一直是 3%。
- 假设可变的经营性支出为每平方英尺 3 美元,预期增长率与租金相同。1994 年的固定经营性支出总额为 30 万美元,预计其永久性增长率是 3%。
- 在第一年的房地产税为 30 万美元,随后则每年增长 3%。如果房地产税率的年增长率超过 3%,假设所有的承租者都愿按照相应的比例增加支付。
- 假设收入税率为 42%。
- 假设税前借款成本为 8.25%;再假设该建筑物将以 30% 的股权和 70% 的债务获得资金。
- 根据调查,房地产的股权投资者将要求 12.5% 的投资报酬率。

a. 根据预期现金流,估算该建筑的价值。

b. 估算该建筑所含股权价值。

7. 我们打算根据近年来已售出的可比房地产评估上述建筑物。在周边地区,已售出六栋规模相当的建筑物:

房地产	售价/美元	规模/平方英尺	总租金/美元
A	20 000 000	400 000	5 000 000
B	18 000 000	425 000	4 750 000
C	22 000 000	450 000	5 100 000
D	25 000 000	400 000	5 500 000
E	15 000 000	350 000	4 000 000
F	12 000 000	300 000	3 000 000

a. 根据每平方英尺价格,估算该建筑的价值。

b. 根据"价格/总租金"比率,估算其价值。

c. 如果根据可比建筑物对某一建筑物进行估价,需要作出哪些假设?

第27章

对其他资产的估价

本书的基本理念之一就在于,所有资产,无论是金融的还是实物的,都可使用传统的估价模型予以系统地估价。本书的大量篇幅考察了股票估价问题,而前面一章则对估价模型的运用领域加以拓展而涵盖了房地产。本章考虑其他通常被视为独特的或者异常的资产,尽力使用前面章节所阐述的各项原则对它们实施估价。

虽然本章所包括的各种资产具有不同的特征,并且为不同的投资者所青睐,但却可将它们大致归为三大类:

1. 预计将会随着时间的推移而产生现金流的资产,对它们可以使用贴现现金流模型。

2. 虽不产生现金流但却能够保值的资产,它们因为稀缺而被认为具有价值(收藏品、硬币),或者可为所有者带来效用(古董、绘画)。对于这些资产可以使用相对估价法进行估价。

3. 虽不产生现金流但在某些偶然事件发生时将会具有价值的资产,它们具有期权的特征。对于它们可以运用期权定价模型进行估价。

在上述每一类型中,在不同资产之间以及与前面章节所述金融资产之间,存在着很多共同之处。

27.1 可以产生现金流的其他资产

一些资产的价值出自于它们为所有者产生现金流的能力。这类资产的价值取决于预期未来现金流以及相应的不确定性。贴现现金流估价法的基本原则,如同前面章节所述,同样适用于它们中的任何一种,并且需要完成下列步骤:

- 估算相应时期的现金流。这些现金流既可以是扣除偿债金额之前的(公司现金流),又可是偿债之后的(股权现金流)。
- 如果可行,估算资产在相关时期期末的价值。如果这些资产将会因为使用而损耗或者寿命有限,其价值就会减少,有时甚至归于零。
- 估算能够反映现金流风险程度的贴现率。如果所需贴现的是股权现金流,贴现率应该是股权成本;如果所需贴现的是公司现金流,贴现率就应该是资本成本。

- 计算现金流现值,以此得到资产价值抑或资产所含股权价值。

如果难以估算现金流或者量化风险(进而转化为贴现率),实施上述步骤就会遇到几个实际问题。通常,这些问题并非不可化解。鉴于它们因情形而异,我们将考虑一系列例子,涉及简单的特许经营权和各种比较复杂的业务。

27.1.1　对特许经营权的估价

特许经营权所授予的是推销、出售某家知名公司的产品或服务的权利,譬如,遍布全球的数千家麦当劳餐厅和各家汽车制造公司的经销商;如果宽泛地进行定义,甚至可以包括纽约市的出租车牌照。在每一种情形中,为了建立特许经营店,特许权使用方(购买特许经营权者)需向特许权授予方(麦当劳或福特公司)预付一笔费用或者年度费用。作为回报,他得以分享品牌实力、公司支持和广告服务。

特许经营权和超额报酬

购买特许经营权使得它的使用方在这种权利的有效期内获得超额报酬的机会。虽然这些高出市场水平的报酬来源因情形而异,它们却是出自下面一些普遍因素:

- 品牌价值。特许经营店或许拥有某种品牌,使得特许权使用方,相对于其他相似企业而言,可以索取更高的价格,更易于招徕客户。因此,投资者可能愿意预付高额费用以购得麦当劳的特许经营权,为的是利用与该公司相关的品牌价值。
- 排他性。有时,特许经营权的价值出自于能够使得其使用方生产某种产品,一种为授予方所拥有的权利。例如,投资者或许愿意支付一笔费用给迪士尼公司,以便能够生产米老鼠(Mickey Mouse)品牌的手表或玩具,并且希望通过售出更多产品或提高价格而收回那笔费用。
- 法定垄断。有时,特许经营权之所以具有价值,那是因为使用方可以获得提供某种服务的排他性权利。例如,公司可能愿意支付高额费用,以便获得在棒球运动场内经营特许售货点的权利,排除场内竞争者。一种略为不同的情形是,特许经营权有时会被多次出售,但次数仅限于确保使用方可以获得超额报酬。例如,纽约市政府出售出租车牌照,它构成了在市内经营淡黄色出租车的先决条件,并且严格限制那些提供相同服务的无牌照出租车。由此,一个买卖出租车牌照的市场应运而生。

实质上,特许经营权的价值与它产生超额报酬的能力直接相关,任何影响超额报酬的举措或事件都会影响它的价值。

评估特许经营权的特定问题

购买特许经营权的成败通常需要兼具天时、地利与人和。虽然使用者的努力可以得到具有巨额资源之公司的支持,但是存在着一些影响特许经营权的成本,其中包括:

- 特许权授予方的问题可以蔓延到使用方。例如,在韩国汽车制造商大宇(Daewoo)公司因为借款过多而陷入财务危机之际,它在全球的经销商都体验到了相关的反应。类似地,麦当劳公司在全球的特许经营权使用者都有可能成为反全球化活动的攻击目标。因此,即便经营状况良好,特许权授予者的价值将会受到诸多无法掌控事件的影响。

- 授予特许权的通常是大公司,使用者则多为小商家。前者通常具有大得多的议价能力,有时会凭借这种能力为了自身利益而改变特许权协议条件,而使用方则可通过相互联合以整体为单位进行讨价还价。

- 特许经营权的价值派生于它授予使用方出售公司产品的排他性权利。若将这种权利另行授予竞争对手,其价值就会被稀释。例如,若是允许沿着高速公路五英里外另行开始一家 Day Inn 旅店,Day Inn 公司的特许经营权价值可能会稀释。

案例 27.1　对纽约市出租车牌照的估价：1994 年 6 月

背景

- 在 1994 年,纽约市政府总共发放了 11 787 张出租车牌照。[①] 持有牌照者享有在纽约市五个行政区内(曼哈顿、布鲁克林、布朗克斯、昆斯和斯塔腾岛)经营淡黄色出租车的权利。

- 纽约市政府不允许无牌照者在街头载客,虽然他们可通过其他方式获得传呼。

- 市内所有的淡黄色出租车都由“出租车和豪华轿车委员会”所调控,它可以设定车费,并且具有对那些违反其无数规定的车主们实施罚款的权利。

出自出租车牌照的现金流

- 纽约市出租车大多是雪佛兰 Caprice 型轿车。它在 1994 年的采购成本约为 15 000 美元,预计具有 10 年的使用期。在此期间,可对它进行折旧一直到车辆的清算价值等于零。

- 预计每辆出租车在一年内可行驶 330 天,另外 35 天为预计停驾(维修)时间;在扣除经营维修费和司机的时间成本之前,每天可产生 250 美元的收益。

- 预计每年的燃料和经营费用预计等于营销收益的 25％,年度维修费是 1 500 美元。

- 预计年度车辆保险成本为 500 美元,包括因碰撞、失窃和车体受损造成的费用在内。

- (包括 35 天停驾维修期在内)司机在每天的总成本为 100 美元,包括各种收益在内。

风险和贴现率的估算

如果拥有出租车牌照,司机的营销能力将取决于下列因素:

- 城市经济情势。纽约市的经济越是活跃,出租车业务的获益机会就越大。鉴于纽约的经济情势在很大程度上受制于金融服务业,出租车收入和金融服务业繁荣度之间完全可能存在着正相关性。

[①]　从 1937 年以来,出租车牌照的数量就一直冻结在这一水平上。1995 年的一项提案试图再将它增加 400 张,但因遭到现有牌照持有者的激烈反对而搁浅。

- 出租车的供应程度。出租车牌照的价值直接派生于这样一个事实：出售的牌照数目有限。如果该市能够发放更多牌照或者允许"吉普赛大篷车"（无照出租车）在该城市及其周边地区从事经营，那就会影响预期收益。
- 费用结构。鉴于费用结构受到调控，在未来拥有出租车的期望收益取决于"出租车和豪华轿车委员会"所能批准的提价程度。
- 其他风险。另外还存在着一些风险来源，包括撞车和失窃在内，已包括在成本结构中。因为这些都属于估算值，它们或许会造成现金流的波动。

假设发放的牌照数目和预期费用结构变化已经考虑到了预期收益，拥有出租车牌照的首要风险就是城市经济情势的变化。如果这种情势取决于金融服务业，拥有出租车的风险就应该与投资于金融服务公司的风险相似。对于总部设在纽约市的各金融服务公司来说，平均 β 值等于 1.25。在 1994 年末，长期国债利率为 8%，使用等于 5.5% 的市场风险溢价，股权成本原本应该是

$$股权成本 = 8\% + 1.25(5.5\%) = 14.88\%$$

我们将用它作为出租车牌照的成本。

融资结构

假设牌照融资所用股权和债务各占一半，债务的年利率为 10%。假设边际税率（联邦、州和城市）为 40%，用于评估牌照的资本成本就等于

$$资本成本 = 14.88\%(0.5) + 10\%(1 - 0.4)(0.5) = 10.44\%$$

估算未来的增长率和价值

假设拥有出租车的预期经营性收入将和预期通胀率保持一致，再假设后者在长期等于 3%。拥有出租车牌照的债前现金流如下表所列：

美元

条　目	计　算	金　额	条　目	计　算	金　额
收入	330×250	82 500	EBIT		21 375
支出			税款	EBIT 的 40%	8 550
司机	365×100	36 500	EBIT(1−t)		12 825
燃料和经营	收入的 25%	20 625	＋折旧		1 500
维修	1 500/年	1 500	−资本支出	重置	1 500
折旧	1 500/年	1 500	经营性自由现金流		12 825
车费和许可证成本	1 000/年	1 000			

假设资本支出等于折旧额，这其实就意味着假设，另行建立了一笔沉入基金，用以满足在第 10 年末替换车辆的需要。[①]

根据等于 12 825 美元的预期经营性现金流、等于 3% 的预期长期增长率和等于

---

① 在 10 年间若每年拨出 1 500 美元，在第 10 年末将形成 15 000 多元，但车辆在十年内将耗费更大。

10.44%的资本成本,牌照的价值是

纽约市出租车牌照价值＝12 825×1.03/(0.104 4－0.03)＝177 610(美元)

其他因素

这项估价所依据的前提条件是,出租车司机是受雇者。假如司机自行拥有和驾驶出租车,这同样也是一种恰当的估价方式,因为司机的时间依然需要获得定价。如若不然,就会不恰当地夸大预期税后现金流和牌照价值。这项估价未能解决的另一个问题是,就降低保险费用和停驾时间角度而言,拥有一张以上的牌照是否具有规模经济效应。如果肯定的话,牌照对于原有的持有者而非新的投资者将具有更高的价值。

27.1.2 对包含个人因素之企业的估价

在第 24 章,我们已将"关键性人物"概念引入企业中,考察了这位关键人物的流失对价值造成的影响。我们曾经指出,通过考察关键性人物流失对于现金流的影响,可以估算他对价值的影响。针对包含个人因素的企业,可以给出一些例子。不妨考虑下面所述内容:

- 在第 24 章,我们使用了一家主厨很有名气的餐馆例子。因此,如果主厨歇业或者转到竞争者处,顾客数目就会急剧减少。
- 许多服务公司,从管道修理到牙科诊所再到税务会计师,都包含着个人因素。因此,如果提供这种服务的人离开,企业就会损失很大部分的价值。例如,某位牙医高额收购了另一位牙医生意兴隆的诊所,但随后却发现生意减少。如果卖方另行开办一家竞争性企业,这种效应会越发加剧。

> **特许经营店价值:使用方能否营造差异?**
>
> 我们无意让您以为特许经营店的价值完全归功于它的授予者,而使用者却难有作为。显然,特许经营权的使用者能够营造出差异。此点可以解释为何一家麦当劳餐厅在由一位特许权使用者转让给另一位时能够增值。下列几方面因素可以解释这些差异:
>
> - 效率。某些使用者要比其他人更善于控制成本和产生更高的利润率。例如,美国很多低成本旅店和小酒店由一群亚洲移民所拥有。鉴于业主的整个家庭通常以低成本乃至零成本在旅馆工作,雇员成本大多比较低,使得业主能够比那些被动经营的业主获得更高的利润。
> - 个人因素。在许多特许经营店,个人因素可对价值造成重大影响。例如,在美国虽然存在着数千家汽车经销商,但其中相对较少经销商就占据了很大部分的汽车销售额。

> - 规模经济。若某位厂商同时拥有数家特许经营店,就可形成规模经济效应。例如,我们时常看见有人拥有超过一家公司的特许经营店。若将这些特许经营店开设在一起,就能减少每一家的行政成本并且提高盈利水平。

- 共同基金公司的价值或许出自其最为知名的基金经理。如果他们转向竞争者或者开办自己的基金公司,就会带走他们所管理的很大部分钞票。

那么,应该如何评估这些企业以及归因于关键性人物的那部分价值呢?答案首先取决于实施估价的缘由何在。如果是为了现行业主评估企业,就可将归因于业主个人关系网和技能的价值部分予以分离,而且不会造成多少直接影响。如果是为了潜在买主评估企业,避免支付过度的最简单方法是进行两次估价,一次是现行业主在位的企业现状估价,一次是针对没有那位业主时的企业估价,并且需要针对生意减少程度作出合理的假设。第二种估价值将会大大低于前者,并且就应该是我们所愿支付的价格。

案例 27.2　对牙医诊所的估价

假设您是一位专长于孩童牙科的年轻医生,有意收购位于新泽西州查塔姆市的一家牙科诊所。拥有它的那位牙医经营它已有 20 年之久,诊所在去年的经营额为 500 000 美元,而与经营这家诊所相关的支出包括下列各项:

- 雇员支出(包括口腔保健医生和秘书服务)在去年为 150 000 美元,预计在未来十年的年增长率为 3%。
- 去年的年度设施设备租赁费为 50 000 美元,预计在未来十年的年增长率为 3%。
- 医疗设备租赁费为 40 000 美元,预计在未来十年的年增长率为 3%。
- 去年的医疗保险费为 60 000 美元,预计在未来十年的年增长率为 3%。
- 包括州和地方两级在内的所得税率为 40%。
- 资本成本为 10%。

为了评估该诊所,如果由现在的牙医继续经营,假设营业额在未来十年的年增长率为 3%;如果新的牙医进入诊所,第一年的营业额会下跌 20%。后续各年的年增长率仍是 3%,但营业额基数将比较低。

首先,评估现在的牙医在位时的诊所。为此,首先估算诊所在第一年的现金流:

第 1 年的现金流 = (营业额$_1$ - 营业支出$_1$)(1 - 税率)

= [500 000(1.03) - (150 000 + 50 000 + 40 000 + 60 000)(1.03)](1 - 0.40)

= 123 600(美元)

将资本成本用作贴现率,使用 10 年期成长年金方程,就可估算诊所的价值:

$$诊所的价值 = 现金流_1 \left[\frac{1 - \frac{(1+g)^n}{(1+r)^n}}{(r-g)} \right] = 123\,600 \left[\frac{1 - \frac{(1.03)^{10}}{(1.10)^{10}}}{(0.10 - 0.03)} \right] = 850\,831(美元)$$

假设诊所的价值在 10 年之后消失而没有终端价值。

接着,我们再评估新牙医到位时的诊所。第 1 年的现金流会比较低,因为营业额较低:

第 1 年的现金流 = (营业额$_1$ - 营业支出$_1$)(1 - 税率)

$$= [400\,000(1.03) - (150\,000 + 50\,000 + 40\,000 + 60\,000)(1.03)](1 - 0.40)$$

$$= 61\,800(美元)$$

$$诊所的价值 = 61\,800\left[\frac{1 - \frac{(1.03)^{10}}{(1.10)^{10}}}{(0.10 - 0.03)}\right] = 425\,410(美元)$$

请注意,价值减少了一半,可将个中差异视为关键性人物所具有的价值。

作为潜在的买主,新牙医对于诊所的出价应该是后一价值。然而,如果买主能够说服现在的牙医在诊所再逗留一段时期作为过渡,他可能就愿意支付较高的价格。

案例 27.3　对五星级餐馆的估价:1994 年的 Lutèce 餐馆

Lutèce 是一家位于曼哈顿东 50 街 249 号的知名餐馆。在 1994 年,它被其业主/主厨 Andre Soltner 以未曾披露的价格卖给了上市连锁餐馆 Ark Restaurents。《纽约时报》以“佳肴的象征 Lutèce 餐馆卖给了连锁店经营公司”为标题凸显了这笔交易的结局;接着,一篇文章详细描述了这家经典的法式餐馆与 Ark 之间令人诧异的结合,后者是一家主要因为对餐馆实施程序化管理而出名的公司。《纽约时报》的前任餐馆评论员和专栏作者 Bryan Miller 把这种将 Lutèce 附加到 Ark 资产组合上的做法比喻为,“把梵高(Van Goeh)的绘画作品悬挂在社区艺术展上”。

背景

Lutèce 餐馆在 1961 年由 Andre Soltner 所创办,很快就因为极其美味的菜肴而出名。它在 24 年间连续获得了《莫比》(Mobil)杂志的五星级评价,并且是五家获得《纽约时报》给予四星级(最高级)评价的餐馆之一。然而,作为质量下降的信号,在《Zagat 的纽约市餐馆概述》(Zagat Survey of New York City Resturants)中,它从 20 世纪 70 年代和 80 年代多数时间持续位居或者接近榜首锐降到了第八名。

估算现金流

下面是关于 Lutèce 的一些背景信息:

- 可以安排 92 位顾客就餐。一个座位区用于午餐,两个座位区用于晚餐。午餐上座率为 70%,晚餐则为 80%。
- 全年营业时间为 340 天,其余 25 天打烊。
- 午餐平均价格为 30 美元,晚餐为 66 美元;其中大约 1/3 为酒水费用。
- 员工共有 42 人,食品成本约为餐食价格的 30%,每年的员工薪酬为 1.25 百万美元。
- 每年房租为 60 万美元。

下表是 Lutèce 在 1994 年的税后经营性现金估算过程:

美元

	假　　设	基　　年
营业额		
午餐	70%的上座率;每人 30 美元	656 880
晚餐	80%的上座率;每人 66 美元	3 303 168
总额		
支出		
食物	营业收入的 30%	1 188 014
员工	员工支出为 1 250 000 美元	1 250 000
租金		600 000
总额		3 038 014
EBIT		922 034
税款	假设税率为 40%	368 813
EBIT$(1-t)$		553 220

预计这些现金流在未来三年的年增长率为 6%，然后则是 3%。下表概述了未来三年的预期现金流：

美元

基　　年	1	2	3	4
营业额	3 960 048	4 197 651	4 449 510	4 716 481
支出	3 038 014	3 220 295	3 413 513	3 618 324
EBIT	922 034	977 356	1 035 997	1 098 157
税款	368 813	390 942	414 399	439 263
EBIT$(1-t)$	553 220	586 413	621 598	658 894

估算贴现率

本案例中的收购者 Ark Restaurents 公司的 β 值较低，而融资额大约只有 10% 来自于债务。假设投资于 Lutèce 的基本风险与此相似，则可估算股权成本如下：

$$股权成本 = 8\% + 0.7(5.5\%) = 11.85\%$$

（这意味着假设，长期国债利率为 8%，风险溢价为 5.5%。）

如果 Ark Restaurents 可以根据 9% 的利率借款而且面临 40% 的税率，则可计算资本成本如下：

$$资本成本 = 11.85\%(0.90) + 9\%(1-0.4)(0.10) = 11.20\%$$

估算价值

使用加权平均资本成本对现金流进行贴现，则可估算得出 Lutèce 的价值。兼顾 6% 的未来三年间的年增长率以及随后的 3%，可估算该餐馆的价值如下：

$$Lutèce 在高增长期末的价值 = EBIT_4(1-t)/(WACC - g_n)$$

$$\text{Lutèce 的价值} = 586\,413/1.112 + 621\,598/1.112^2$$
$$+ (621\,598 + 8\,271\,308)/1.112^3 = 7\,524\,559(\text{美元})$$

对关键人物的估价

或许不会引起多少争论的是，Lutèce 的部分价值出自于 Andre Soltner 担任主厨这一事实。值得考虑的问题是，如果由其他人所取代，上述价值将会发生何种变化。评估这种效应的最简单方式是：

- 估算他人取代 Soltner 先生作为主厨给上座率进而现金流造成的影响。如果上座率和现金流下降，餐馆的价值也会降低。
- 根据贴现现金流估算餐馆的价值。

在企业价值完全取决于某个人的极端情形中，如果他退出或者辞世，价值可能下降到零；而针对那些不甚极端的情形，则可根据此人在位与缺位的企业价值之差额估算这位关键人物的价值。

27.1.3　对商标、版权和许可证的估价

商标、版权和许可证均赋予其持有者生产某种产品或提供某种服务的排他性权利，它们的价值实质上派生于这种权利所能产生的现金流。结合生产成本进行考察，价值的来源是凭借排他性权利所能得到的超额报酬。

就像针对其他资产一样，也可采用两种方式评估商标或版权。我们可以估算因为拥有资产而获得的预期现金流，赋予它们某种体现其不确定性的贴现率而得到现值；这就是资产的贴现现金流估价法。另一方面，也可尝试运用相对估价法，即将某种乘数运用于据信商标或版权所能产生的销售额或收入。该乘数大多通过考察相似产品在以往出售时的乘数而估算得出。

在进行这些估算时，我们可能会遇到这些资产所独有的一些问题。第一，必须考虑到版权和商标只能在有限时期内提供排他性权利这一点。因此，所需估算的现金流只能是针对这一时期而言，并且没有终端价值。第二，必须考虑到事关版权和商标之侵权行为的期望成本。这些成本至少包括两个方面。第一个是与维护排他性权利相关的法律和监督成本。第二个是，无论如何严格地进行监督，我们都难以避免侵权行为的发生，由此所引起的销售额（利润）损失会减少这些权利的价值。

案例 27.4　对《投资估价》一书版权的估价

假设 John Wiley & Sons 公司遇到了另外一位有意购买本书（《投资估价》）版权的出版商。为了估算其版权价值，我们作出下列假设：①

- 预计本书在未来三年内每年可为 Wiley 公司产生 150 000 美元的税后现金流（我

①　在此，我有意作出尽量乐观的假设。我希望您，作为读者，能够帮助使得实际现金流与我的估算值相接近。

希望如此),随后两年间则是每年 100 000 美元。这些都是扣除了作者的版税、营销费用和生产成本之后的现金流。

- 这些现金流的大约 40% 出自于进行大量订购的较大机构,并且可以看作属于能够预测且稳定的,运用于这些现金流的资本成本为 7%。
- 其余 60% 的现金流来自于普通公众,这部分现金流被认为波动很大。运用于这些现金流的资本成本为 10%。

运用这些现金流和资本成本,可对版权价值作如下估算:

美元

年份	稳定的现金流	根据 7% 的现值	波动的现金流	根据 10% 的现值
1	60 000	56 075	90 000	81 818
2	60 000	52 406	90 000	74 380
3	60 000	48 978	90 000	67 618
4	40 000	30 516	60 000	40 981
5	40 000	28 519	60 000	37 255
总计		216 494		302 053

根据上述假设,这项版权的价值等于 518 547 美元(即 216 494 美元与 302 053 美元之和)。

27.2 无法产生现金流的其他资产

对于那些不产生现金流的其他资产,我们无法运用贴现现金流模型。它们的价值出自于各种因素的结合,即相对于需求而言的供给稀缺性、消费者效用和个人感知。它们虽然能够通过可比对象获得估价,其价值的波动性却很大,因为它完全取决于人们的感知。此类资产所包括的种类繁多,从限量生产的芭比娃娃、古稀钱币到陈年佳酿等。

27.2.1 一些特殊的估价问题

与那些产生现金流的资产相比,一个最大的不同之处在于,这些资产缺乏支撑其价格的内在价值。因此,评估这些资产的唯一途径是使用相对估价法(即,考察市场如何给相似的资产定价)。

在评估资产时,使用可比对象的过程非常直截了当,至少在理念上是这样。第一步是搜集一组可比资产;第二步是估算有关该组标准化价值的某种尺度;第三步则是参照组内各资产与估价对象之间的差异,由此得到关于后者的合理价值尺度。然而,使用这种方法所面临的问题是:

- 对于某些无法产生现金流的资产,难以找到可比资产。虽然针对各种非常规资产已经构建了许多种指数,但是每种指数所涵盖的资产同样也是差别极大。
- 这类资产的市场,要么缺乏流动性,要么缺乏公开性。许多交易在私下进行,所报告的价格也未必可信。

- 尚且不太明确的是,如果这些差异难以量化而只是与人们的主观看法相关联,我们应该如何调整可比资产之间的各种差异?
- 这类资产的价格许多都与供给的稀缺程度直接相关。例如,Honus Wagner T-206 棒球纪念卡是市场上估价最高者,因为目前只有 58 张尚存,并且只有一张是铸造而成。[①] 这就意味着,改变这一数目的任何事件都会影响其价格。因此,假如在某人的阁楼上突然发现了又一张铸造而成的 Honus Wagner 卡,它的价格就会发生重大变化。

艺术品和收藏品

许多投资者将对于艺术品、收藏品的投资作为其总体资产组合的一部分。关于这一点,我们有必要考虑下列几个问题。

- 第一个问题事关这些投资在长期能够给投资者带来的报酬。已有一些研究者考察了这一问题,根据其中一项最全面的艺术品投资研究,Mei and Moses(2001)为那些在 1875—2010 年期间重复出售的艺术品构建了一个指数,其结论列于表 27.1 中。

作为一个独特的投资项目,艺术品在历史上赢得的回报并不高。在过去 50 年间,艺术品报酬率的波动性有所下降,但是这一点可能体现的是那段时期的交易次数超过了以往。很低的报酬率是否意味着艺术品属于不良的投资对象呢? 未必尽然! 表 27.2 考察了艺术品、股票和国债券在报酬方面的相关性。艺术品和股票之间的低相关性表明,前者或许可在已充分分散化的金融资产组合中占据一席之地,但是意义并不太大。

表 27.1　艺术品与 S&P 500 指数的报酬比较

	艺 术 品		股 票	
	均值	标准差	均值	标准差
1875—2010	4.63%	44.30%	8.02%	17.79%
1910—2010	5.67%	28.40%	7.79%	19.09%
1960—2010	9.46%	17.10%	11.10%	17.06%

来源:Mei and Moses (2001)。

表 27.2　各类投资的相关性:1961—2010 年间

	艺术品	S&P 500	长期国债券
艺术品	1.00		
S&P 500	−0.02	1.00	
长期国债	−0.13	0.06	1.00

来源:Mei and Moses (2001)。

- 第二个问题事关如何最为确切地评估艺术品和收藏品投资。在现实中,它们几乎总是根据相对标准获得估价。因此,对于毕加索(Picasso)的某幅作品大多是通过考察近期所卖出的他的其他作品而进行估价。

一般而论,在进行此类估价时会遇到三个问题。第一,艺术品市场缺乏流动性,其交易次数有限。因此,毕加索作品的最近一次售出或许已是三年之前的事情,从那时以来的艺术品市场已发生很大变化。第二,没有两幅毕加索的作品是完全相同的,各幅绘画之间

---

①　这张纪念卡在 1996 年以 64 万美元卖给了来自芝加哥的投资者 Michael Gidwitz。它先前为冰球巨星 Wayne Gretzky 所拥有,他在 1991 年以 45.1 万美元的价格买下它。

存在着巨大差异（风格和价值）。第三，很有可能存在着伪造和欺诈，其中许多问题只有专家才能察觉。因此，针对艺术品和收藏品的相对估价法仍然属于专业评估师们的领地，他们尽量克服这些问题（虽然未必总能取得成功）而估算得出公允的价值。然而，就像所有的分析者一样，他们同样会受制于市场情绪；就像其他市场一样，在这个市场上，泡沫的泛起和破灭同样也是司空见惯的事情。

那么，个人投资者可以从中获得哪些教益呢？首先，作为一类资产，艺术品和收藏品有助于平衡资产组合，但是与金融投资相比，为了求取成功，我们必须花费大量的时间去掌握专业知识；其次，必须考虑到与这类投资相关的高额交易成本，在高档艺术品市场上尤其如此；最后，搜集棒球纪念卡或者历代大师作品的目的应该是服务于我们的爱好而不仅只是投资。只有这样，我们所获得的心理回报才能够补偿那些可能得到的低于标准的财务报酬。

其他资产

任何一位定期访问 eBay 网站的人都知道，即便是最不寻常的资产都需要获得定价，并且通常是以可比资产的价格为依据。因此，通过观察相似纪念卡的售价，我们可以为任何一种棒球纪念卡定价（例如，Mickey Mantle 新手纪念卡）。事实上，一些出版物，根据保管状况而分类，已经开列了各种纪念卡的交易价格。

可比资产模型在陈年佳酿的估价方面表现得尤为出色。普林斯顿大学的 Orley Ashenfelter 教授构建了一个回归模型。结合酿酒地区的气温和降雨，它对各类葡萄酒（波尔多葡萄酒、加利福尼亚干红、勃艮第红酒、苏特恩白葡萄酒以及波特红酒）进行了估价，估算了每一瓶的价值。他的结论发表在题为"佳酿资产"的专栏。同股票估价法相似的一点是，我们同样还需要比较各公司的市盈率，并且针对风险和增长特征作出调整。

27.3　具有期权特征的其他资产

有些资产的价值并不是出自它所产生的现金流或者可比者的价值，而是取决于未来某种可能事件的增值潜机。这些资产的价值可能会超过贴现现金流价值或者相对价值，其中的差额出于期权因素。

例如，某位默默无闻艺术家创作的作品，若作者获得承认，就会具有价值。又如前面一节使用传统估价方式所评估的版权和商标，我们可能愿意对某项版权、许可证或者商标支付溢价，因为它们含有期权成分。再如，对于某一本书的出价，出版商可能会考虑到它在一夜之间获得成功的可能。例如，Bloomsbury 公司买下了第一部《哈利·波特》（Harry Potter）小说版权。再者，对于某些未能在纽约百老汇（Broadway）上演的戏剧或者低成本电影的投资。它们的预期现金流或许低于成本，从贴现现金流角度来看未必属于恰当的投资项目；然而，虽然机会并不很大，某些作品仍有可能脱颖而出，走进百老汇或者成为热门影片。对于这些资产，可将其作为期权进行估价。下一章将考虑这一方面的实际操作问题。

黄金的价值

在对股票、债券、房地产和收藏品实施估价之后,也许有人会感到疑惑,为何我们没有论及一种获得普遍谈论、持有而且进入诸多投资者组合的资产——黄金。黄金是否具备内在价值?如果肯定的话,应该如何对它进行估价?

关于第一个问题,这里给出我们关于"内在价值"的定义。它指的是,根据其各种基本因素——现金流、预期增长率和风险,我们所赋予某种资产的价值。内在价值实质上是我们对于某种特定资产凭空估算出来的价值,并无关于市场如何给其他资产定价的任何信息,虽然这些信息也许有所帮助。只有预计能够产生现金流的资产才具备内在价值。因此,债券(息票)、股票(股息)或商用房地产(净租金收入)都具有内在价值,虽然计算价值的便利程度因资产而异。处在另一种极端情形中,艺术品和棒球纪念卡却没有内在价值,因为它们无法产生现金流(虽然可为其所有者提供比较含糊的效用);在某种意义上,其价值完全取决于持有者的感觉。住宅房地产更加接近于上述第二类而非第一类资产,因为我们估算自己房屋之内在价值的做法并无多少意义。

根据这种思路,黄金并不具备内在价值,但是具有相对价值。多个世纪以来,黄金(由于它的耐久性和相对稀缺性)一直被作为金融资产(它们与纸币相关联)的另一种选项。不同于黄金与纸币之间关系相当明确的金本位时代,纸币的价值完全取决于各国的中央银行和政府。因此,金价与我们对于这些实体的信任程度呈反向关系。虽然并不是完美的指标。金价在投资者丧失信心时会急剧上涨,因为投资者们担忧货币会出现贬值(通货膨胀)或者政府的系统性失灵(违约)。因此,如果预计投资者对于中央银行和政府的信心减弱(增强),作为投资者,我们的组合就应包含更多(更少)的黄金投资份额。

27.4　总结

本章论述了各种估价模型的适用范围问题,从纽约市的出租车牌照到五星级餐馆。在此,基本模型依然不变,但所需数据却比较难以获得,而且所含噪声更多。然而,这些都不应构成使用那些模型的障碍。

27.5　问题和简答题

在下列问题中,若无特别说明,假设股权风险溢价为 5.5%。

1. Cool Café 是美国丹佛地区的一家著名餐馆,为 Joanne Arapacio 所拥有和经营,他是一位专长于西南部菜肴的星级主厨。我们有意收购这家餐馆,并且获得了该企业在最近年份的下列收入报表：

千美元

营业收入	5 000
—营业支出	3 500
EBIT	1 500
—利息支出	300
—税款	480
净收入	720

这位业主在去年没有给自己付薪,但是我们认为,每年必须给新主厨支付 200 000 美元。该餐馆处于稳定增长期,预计未来十年间的年增长率为 5%。我们估算得出上市餐馆的非杠杆性 β 值等于 0.80。这些企业的平均"债务/资本"比率为 30%,我们认为 Cool Café 的经营将接近于均值。无风险利率是 6%,市场风险溢价为 4%,债务成本则是 7%。

a. 估算 Cool Café 的价值。

b. 假设 Joanne Arapacio 离开餐馆会导致营业收入下降 15%。假设目前营业支出的 70% 是可变的,其余 30% 是固定的,估算 Arapacio 女士对于餐馆的价值。

2. 由于厌倦了投资银行业务的折腾,我们决定辞职而购买本镇一家快速增长的面包特许经营店。我们得到了在相邻城镇进行营销的相同特许经营店的信息：

- 去年,那家特许经营店的销售额为 100 万美元,息税前盈利为 15 万美元,但其业主没有自行估算薪酬,并且自行从事面包店的会计和监管工作。我们认为,若雇用他人做这些工作,将令我们每年花费 50 000 美元。
- 预计营业收入和和营业利润的永久性年增长率为 3%。
- 预计需支付收入的 3% 作为税款,并且使用全部投资余额购买这家商店。特许经营食品店的非杠杆性 β 值为 0.80,它们与市场的相关系数均值为 0.40。
- 这位业主有 300 000 美元未偿银行贷款,企业股权账面价值为 200 000 美元。然而,上市交易的餐馆的平均市值"债务/资本"比率为 20%,餐馆的平均税前债务成本为 8%。
- 无风险利率为 5%,市场风险溢价为 4%。

估算这家面包店对于我们的价值。

3. 我们在某出版公司工作,正在考虑如何对购买一本减肥厨艺疗方书籍《烧得适量,烧得恰当》(Cook Light, Cook Right)版权的出价。该书已在去年停印,但我们认为,它在明年能够产生 120 000 美元的税后现金流,在后年则产生 100 000 美元的现金流,在随后三年间则每年可产生 80 000 美元的现金流。如果我们的资本成本为 12%,估算这项版权的价值。

4. 我们需要评估本镇儿科医生 Vong 的诊所,并且具有下列信息：

- 该诊所在去年的营业额为 800 000 美元,预计营业额在未来十年间的年增长率为 4%。

- 去年的雇员支出(包括护士和秘书服务)为 200 000 美元,预计在未来十年间的年增长率为 4%。

- 去年的场地租金为 100 000 美元,预计在未来十年间的年增长率为 4%。

- 去年的医疗设备租金为 75 000 美元,预计在未来十年间的年增长率为 5%。

- 去年的医疗设备租金为 75 000 美元,预计在未来十年间的年增长率为 7%。

- 收入税率,包括州和地方税在内,等于 40%。

- 资本成本为 11%。

假设新的儿科医生并购这家诊所不会造成营业额下降,估算该诊所的价值。

5. eBay 网站在拍售 Ken Griffey Jr. 棒球新手纪念卡,其保管状况良好。我们试图确定对于它的出价,并且知道 eBay 在上个月针对这种卡片完成了八笔交易:

交易号码	纪念卡状况	支付价格/美元	交易号码	纪念卡状况	支付价格/美元
1	绝佳	800	5	绝佳	850
2	不佳	200	6	良好	400
3	良好	550	7	不佳	350
4	良好	500	8	绝佳	650

a. 估算应该对纪念卡所支付的金额。

b. 假设其他买主对该纪念卡的卖主评级甚低,因为他在以往出售其他货物时描述有误。这一信息对我们的出价会有何种影响?

6. 假设某位富裕投资者的资产组合均为股票。其财务顾问建议他购买一些艺术品以便平衡组合。这项建议的依据是,股票和艺术品报酬的相关系数很低(0.10)。

a. 如果股价标准差为 20%,艺术品价格的标准差为 15%。如果他将 10% 的组合投资于艺术品,估算组合的标准差。

b. 如果股票的预期报酬率是 12.5%,艺术品则只有 5%,他是否应在组合中添加艺术品?请予以解释(无风险利率为 6%)。

第28章

推迟期权： 估价的含义

据传统的投资分析方法,只有在报酬率超过筛选比率时,我们才能够实施项目或者作出新的投资。从现金流和贴现率的标准考察,这就意味着,我们必须投资于净现值(NPV)为正的项目。这种理念的局限性在于,如果只是根据预期现金流和贴现率分析项目,我们就无法充分地考虑到与许多投资项目相关的期权。

本章考察许多项目所蕴含的一种期权,即等到下一时期再实施项目的期权。公司为何可能愿意这样做呢? 如果项目的现金流现值不甚稳定且逐渐变化,在目前未能通过考核的项目或技术可以在未来具备价值。进一步地,即使项目具备了为正的现金流,若在未来日期采纳项目可以获得更高的价值,厂商就能够通过等待而获益。若是厂商在项目投资方面具备排他性权利,此类期权的价值就更大,但是会随着进入壁垒的降低而减少。

至少存在着三种情形,推迟期权在其中会对公司估价造成某种差异。第一种情形是房地产投资商或公司拥有未开发土地。开发时机的定夺取决于业主,而这种开发通常只有在房地产的增值令其变得合理之际才会发生。第二种情形是厂商拥有某种或某些专利。因为专利为厂商提供了生产专利产品和服务的排他性权利,它可以并且应该被视为一项期权。第三种情形是采掘业公司,它拥有未开采的矿藏而能够自行确定开发的时间,通常是在资源价格高涨之际。

28.1 推迟项目期权

项目分析通常根据它在当期的预期现金流和贴现率而进行,再运用计算得出的净现值衡量它在当时的价值和可采纳程度。然而,预期现金流和贴现率都会因时而变,净现值也是如此。因此,目前净现值为负的项目或许在未来具有为正的净现值。处在竞争性环境中,单个厂商在这些项目方面并不比其竞争者们占有特别的优势,净现值在未来转而为正这一点或许并无多大意义(因为它们对于竞争者同样也为正)。然而,在项目只能为一家厂商所采纳的条件下,由于竞争者的进入面临着法律限制,项目随着时间推移而发生的变化就会使得它具备看涨期权的特征。

28.1.1　推迟期权的报酬

假设某个项目最初需要作出等于 X 的先期投资，若在今天计算，投资于该项目的预期现金流现值为 V。项目的净现值就是两者间的差额：

$$NPV = V - X$$

兹假设该厂商在未来 n 年间持有针对该项目的排他性权利，由于现金流或贴现率会因时而变，现金流入额的现值也有可能变动（但项目成本仍然保持在 X 不变）。因此，项目在目前的净现值或许为负数，但若公司能够等待，它仍然可能成为好的项目。再次将现金流现值定义为 V，则可将厂商关于项目的决策规则作如下概述：

如果 $V > X$，投资于该项目：项目净现值为正；

如果 $V < X$，对项目不作投资：项目净现值为负。

如果厂商在项目的有效期内不作投资，那就无须耗费更多的现金流，虽然它将损失作为获得项目的排他性权利而作出的先期投资。如图 28.1 所示，个中关系可借助项目现金流的报酬图加以说明，假设厂商将持有这种排他性权利直到项目有效期为止。

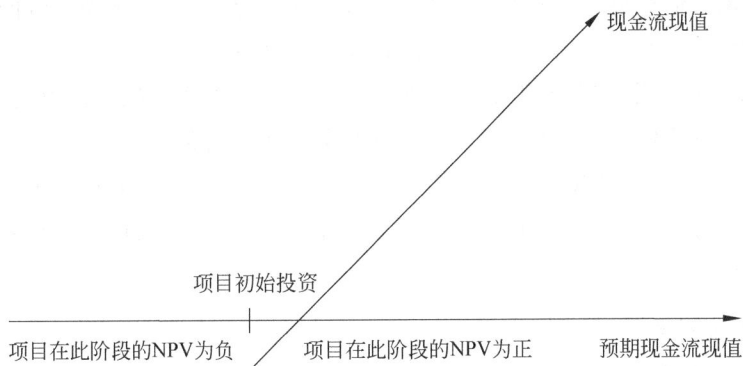

现金流现值

项目初始投资

项目在此阶段的NPV为负　　　项目在此阶段的NPV为正　　　预期现金流现值

预期现金流现值

图 28.1　推迟项目期权

请注意，这幅报酬图针对的是看涨期权：其标的资产是项目，期权实施价格是承担项目所需要的投资额，期权寿命则是公司持有实施项目权利的时期。该项目的现金流现值及其方差体现了标的资产的价值和方差。

28.1.2　评估推迟期权所需数据

运用期权定价理论评估推迟期权所需数据与其他任何期权一样。我们需要标的资产价值、这种价值的方差、期权有效期、实施价格、无风险利率以及股息收益率的对等物（equivalent）。

标的资产价值

在产品期权的情形中，标的资产是公司拥有排他性权利的项目。这项资产的当期价值等于现在启动项目所能得到的预期现金流现值,不包括先期投资。根据标准投资分析法可以获得这一现值,即通过将预期现金流根据风险调整型贴现率进行贴现而得出。现金流估算值和现值或许含有大量误差,尤其当项目针对的是新型业务或者包含了未经检验的技术时。不是将它看成一个问题,而是应该把这种不确定性视为推迟项目期权得以具备价值的缘由。如果能够确定项目的预期现金流而且预计它不会发生变化,那就没有必要采用期权定价框架,因为这种期权没有价值。

资产价值的方差

如同前述,关于现金流估算值以及在今天对于项目现值的衡量,存在着很大的不确定性。这一点部分是因为产品的潜在市场或许尚未得知,部分则因为技术变迁可以改变产品的成本结构和盈利状况。项目现金流的方差可以下列三种方式估算得出:

1. 如果过去曾对类似项目作过投资,就可将那些项目的现金流方差用作估算值。诸如吉列之类消费品的制造商,可用该方法估算与引入新的剃须刀架相关的方差。

2. 可对各种市场情势指定概率,估算每一情势下的现金流,再计算现值的方差。另一方面,可以估算项目分析所需每种数据的概率分布,包括市场规模、市场份额和利润率在内,运用模拟法估算现值的方差。这种方法功效最佳之处是,未来现金流的不确定性只有一两个缘由。[①] 我们将在第 33 章更详细地考察这种方法。

3. 可以使用(与分析对象相同的)同业公司的价值方差作为项目现值的方差估算值。因此,可将软件行业各公司价值的平均方差用作软件项目现值的方差。

这项期权的价值大多派生于现金流方差;方差越大,推迟项目期权的价值就越高。因此,投资于稳定业务项目之期权的价值将低于技术、竞争状况以及市场均具挑战性的环境中的期权价值。

期权的实施价格

如果拥有项目期权的公司决定作出投资,也就意味着实施了推迟项目期权。作出这种初始投资的成本就是这项期权的实施价格。此处的基本假设是,(根据当期美元价值计算)这一成本保持不变,与投资相关的不确定性都已经体现在项目现金流现值之中。这是一种出于简化考虑的假设,可以令对于期权的估价更为便利。

期权的到期和无风险利率

随着针对项目的权利消失,推迟项目期权也就逐渐到期。我们假设,在项目权利到期之后再作出的投资只能得到等于零的净现值,因为市场竞争将导致项目报酬率下降到必要报酬率水平。在给这种期权定价时,我们采用的无风险利率应该是相应于期权到期时的水平。如果公司拥有明确的项目权利(例如,通过许可证或者专利),就很容易估算到期日期;倘若这种权利界定模糊,那就很难确定到期时间。例如,如果厂商对于某种产品或项目拥有竞争优势,就可将期权寿命定义为"预计这种优势可以维系的时间"。

---

① 在实际操作时,诸如市场规模和份额之类数据的概率分布通常可通过市场检验而得出。

推迟项目所造成的成本

第 5 章已经指出，在到期之前，美式期权大多不会获得实施。但是，如果我们对于某个净现值看来为正的项目拥有排他性权利，那就不会静等这种实施权的逾期（即，将会对项目作出投资）。请注意，一旦净现值转而为正，推迟项目投资之举就会产生成本。如果继续等待，我们可能因为方差使得价值提高而获益，但同时会失去免于竞争的权利保护。在分析期权时，必须考虑到这种成本。估算它的方式有两种：

1. 鉴于项目权利将在某一特定时期之后到期，故可认为超额利润（它是正现值的缘由）会随着新竞争者的出现而消失，推迟实施项目的时间也就意味着减少了能够营造价值的现金流生成时间。[①] 如果现金流在各期的分布都很均匀，专利期限为 n 年，推迟项目所造成的成本可表述为

$$推迟项目所造成的年度成本 = \frac{1}{n}$$

因此，如果持有项目权利的时间为 20 年，年度推迟的成本在第一年就是 $\frac{1}{20}$ 或 5%。需要注意的是，这种推迟的成本将逐年递增，在第 2 年为 $\frac{1}{19}$，在第 3 年为 $\frac{1}{18}$ 等。这就使得推迟实施期权的成本与时俱增。

2. 如果现金流的分布在各期并不均匀，则可更加宽泛地把推迟的成本定义为下期预期现金流所占当期现值的比重：

$$推迟项目所造成的成本 = \frac{现金流_{下期}}{现值_{当期}}$$

在上述两种情形中，相对于持有排他性权利的后期而言，在持有期的前期，厂商推迟投资的可能性更大，而且会因为等待所导致的现金流损失的增加而加大。

🌐 *optvar.xls*：这一网上的数据集概述了美国各行业的公司价值和股权价值的标准差。

案例 28.1　对推迟项目期权的估价

假设我们有意购买某种新产品的排他性销售权，它使人们在旅途中可以更加便利地使用自己电脑中的文档。如果购买了这项权利，我们大约需要 50 百万美元的前期支出，以便建立提供这种服务的基础设施。根据目前的预测，我们预计这种服务每年将产生 10 百万美元的税后现金流；此外，预计我们的经营在未来五年内不会遭遇激烈的竞争。

从静态角度看，计算这个项目的净现值可采用未来五年间的预期现金流现值。假设贴现率为 15%（根据项目的风险程度），可得到项目净现值如下：

项目的净现值 $=-50+10$（年金现值，根据 15% 的年利率，5 年期）

[①]　营造价值的现金流指的是可增加净现值的现金流，即超过风险相同项目之必要报酬率的现金流。

$$= -50 + 33.5 = -16.5（百万美元）$$

该项目的净现值为负数。

该项目的不确定性主要在于对这种产品感兴趣的客户数目。虽然当期市场调查表明我们只能确保相对较少的旅行者成为客户，它们同时也表明了潜在市场可以进一步扩大。通过对项目现金流的模拟，我们得出现金流现值的标准差为 42%，期望价值为 33.5 百万美元。

为了评估针对该项目的排他性权利，首先将期权定价模型所需数据作如下定义：

标的资产价值（S）= 如果现在启动，项目现金流 = 33.5（百万美元）

实施价格（K）= 引入项目所需初始投资 = 50（万美元）

标的资产价值方差 = $0.42^2 = 0.1764$

期权有效期 = 针对产品的排他性权利期限 = 5（年）

股息收益率 = 1/ 专利期限 = 1/5 = 0.20

假设五年期的无风险利率为 5%。可以估算这项期权的价值如下：

看涨期权价值 $= 33.5\exp^{(-0.2)(5)}(0.2250) - 50.0\exp^{(-0.2)(5)}(0.0451)$
$$= 1.019（百万美元）$$

若在今天引入产品，则净现值为负数；但针对产品权利的价值则等于 1.019 百万美元。然而，请注意，如同 $N(d_2)$ 所衡量的，该项目在到期之前获得实施的可能性并不大。

🌐 *delay.xls*：这一电子表格使我们可以估算推迟投资型期权所具备的价值。

套利的可能性和期权定价模型

在论述期权定价模型时，第 5 章曾经指出，它们是以两个强实的构件作为基础，即复制型资产组合理念和套利。诸如 Black-Scholes 和二项式之类模型均假设，使用标的资产和无风险借贷，我们能够营造复制型组合，它具有与期权相同的现金流。这些模型进一步假设，鉴于投资者可通过买入期权和卖出复制型组合而营造无风险头寸，两者的售价必须相同。如若不然，投资者就能够营造无风险头寸，并且裹挟着确定无疑的利润而退出交易——这就是套利的实质内容。这也正是期权定价模型所用利率为无风险利率的原因所在。

持有针对上市股票或者资产的期权，显然有可能实施套利，至少对某些投资者来说是这样。持有针对非交易性资产的期权，除了流连于纸面，其实无法针对复制型组合进行交易。例如，在案例 28.1 中，我们需要购买 0.225 单位（即期权的 Δ 系数）的标的项目（非交易性资产）以便构筑可复制看涨期权的组合。

一些人认为，鉴于期权定价模型需要满足"不可能进行套利"这一前提条件，我们无法用它们评估实物期权；另外一些人则试图克服这种局限性，其方法是在期权定价模型中使用超过无风险水平的利率。我们认为，这两种做法都不尽恰当。需要注意的是，虽然对于许多实物资产无法实施复制型式组合的交易，我们仍可在纸面上予以营造（就像案例 28.1 所为）以便对期权进行估价。构筑套利头寸的困难可能会造成期权价格极大地偏离价值。为了体现与实物期权相关的更高风险而提高无风险利率，这种做法似乎是一种显而易见的解决方案，但是它会增加而不是减少看涨期权（诸如案例 28.1 所评估的）的价值。

若对实物期权的价值估算持具更加保守的态度，以便体现套利的困难，我们具有两种选择。一种选择是，在计算预计今天采纳项目所能产生的现金流现值时，使用较高的贴现率，以此降低模型所含标的资产价值（S）。在案例 28.1 中，使用 20% 而非 15% 的贴现率可以产生 29.1 百万美元的现值，它将取代 33.5 百万美元而作为模型中的 S。另一种选择是，对期权进行估价，考虑到我们无法便利地对它进行交易这一点，再对它使用弱流动性折扣（这种做法与我们在评估私营公司时相似）。

28.1.3　推迟期权估价的问题

显然，许多项目都蕴含了推迟期权，但在运用期权定价模型予以估价时却会遇到几个问题。第一，这种期权的标的资产，即项目，无法获得交易，故而不易估算其价值和方差。运用项目的预期现金流和贴现率可以估算这种价值，虽然有误差。然而，估算方差会更加困难，因为我们需要估算项目价值随着时间推移所形成的方差。

第二，价格的变化状况可能并不切合期权定价模型所假设的路径。尤其重要的是，从项目角度看，难以印证价值会遵循扩散过程（a diffusion process）以及价值方差保持不变的假设。例如，骤然发生的技术变化可能极大地影响项目的价值，包括正面的和负面的在内。

第三，就公司持有的排他性项目权利而言，可能并不存在某个特定的时期。与专利的情形不同，即公司在某一特定时期内拥有生产专利产品的排他性权利，从排他性或者时间角度而言，公司对于排他性项目权利的定义比较模糊。例如，相对于竞争者而言，公司或许具有很大的优势，这一点实质上可为它在一定时期内提供项目排他权。此类例子包括在零售业或消费品方面享有很高品牌知名度的公司。但是，这种权利不属于法律约束条件，并且会随着时间的流逝而消减。在这种情况下，我们难以确定项目本身的期望寿命而只能大致予以估计。前一小节在评估针对产品的权利时，使用的是 5 年期权期限，但竞争者完全可能早于预期而进入市场。另一方面，市场壁垒也可能高于预期，使得公司可在五年之后仍然能够获得超额报酬。饶具讽刺意味的是，有关期权期限的不确定性将会加大现值的方差，进而增进项目权利的期望价值。

28.1.4　推迟期权的含义和推广

在把推迟项目的选项作为期权进行分析时，可以看到几条颇具意义的内容。第一，根据预期现金流,项目的净现值在目前或许为负,但是针对它的权利仍然具有价值,因为具备期权之特征。同样根据这种思路,在风险性行业中拥有暂时无法实施技术的权利也能够获得不菲的价值。

第二,项目虽然具有为正的净现值,但却无法被采纳,因为公司可以通过推迟项目的启动而获益。这也同样是投资者并不总会实施实值期权的原因所在。如果持有项目权利的时间较长,同时可以防范竞争者,再加上项目现金流入的方差很大,公司就更有可能进行等待。例如,假设公司拥有生产某种新型计算机系统硬盘驱动器的技术,而在今天建立一家新工厂就能够产生为正的净现值。但是,如果硬盘驱动器的制造技术在不断发展,公司或许会推迟项目投资,希望更加完善的技术能够增加预期现金流,进而提高项目的价值。公司必须对这种效益与推迟项目的成本加以比较,后者是因为未作出投资而放弃的现金流。

第三,采用静态分析而使得项目缺乏吸引力的那些因素其实可以增进项目权利的价值。不妨以有关潜在市场、超额报酬幅度的不确定性所造成的影响为例。根据静态分析,这种不确定性的加剧会增加项目的风险,减少它的吸引力。若将项目看作一项期权,不确定性的加剧或许能够增加而不是减少这项期权的价值。本章将考虑两种情形,即产品专利和自然资源储藏;其中所蕴含的推迟期权可以让我们更加准确地估算它们的价值。

28.1.5　期权定价模型

一旦将推迟项目的选项看作是看涨期权,如果能够确定评估它所需要的各种数据,接下来的实际评估工作似乎属于轻而易举之事。但是,在对这些期权进行估价时,我们还需要解决一些不容忽视的估算问题。第 5 章曾经指出,虽然评估期权的二项式模型更带有普遍意义,许多实际操作者使用的却是 Black-Scholes 模型。为了采用后者评估期权,我们需要对价格过程和提前实施的可能性设定某些非常严格的前提条件。就挂牌上市的交易性资产期权而言,此举并无大碍;对于实物期权而言,这种做法却有可能代价高昂,其原因在于:

- 不同于挂牌期权,实物期权通常会获得提前实施,如果它们具有实值的话。为了兼顾这种提前实施的可能性,虽然可以采用某些方式对 Black-Scholes 模型作出调整,二项式模型的灵活性却要大得多。
- 针对标的资产,二项式定价模型所能考虑的价格过程种类要超过 Black-Scholes 模型;后者不仅需要假设价格是连续的,而且具有对数正态分布之特征。对于实物期权来说,由于它的现金流现值就等同于它的价格,或许难以满足正态[*]和连续分布的假设条件。

---

[*]　此处原文为"nonnormality",当为"normality"之误。——译者注

二项式模型存在的一个突出问题是，需要估算处在二叉树图形上每个节点的价格。随着时期数目的增加，这一点会变得愈发困难。然而，我们可以使用根据 Black-Scholes 模型所估算的方差确定衡量价格的涨跌程度，再用它们构筑二叉树图形。

在描述了二项式模型情形后，或许有人会为我们仍然坚持采用 Black-Scholes 模型评估所有的实物期权而惊讶。如此行事不仅是因为这种模型在表述方面更加简练和优雅，而且因为我们认为它通常可以为价值确定某种下限。为了便于对照比较，我们在每一情形中同样也会提供采用二项式模型所得到的价值。

从 Black-Scholes 模型到二项式模型

把运用于 Black-Scholes 模型的各项数据转换为二项式模型，这种做法并不困难。为了完成这种调整，必须假设某个多重二项式过程；其中的跳跃幅度，以百分比表示，在各个时期都保持不变。如果假设它们的概率分布是对称的，就可将上涨(u)和下跌(d)的变化作为价格过程的年化方差、每年所含时期数目(t)的函数而进行估算：

$$\begin{cases} u = \exp^{\sigma\sqrt{dt}+\left(r-y-\frac{\sigma^2}{2}\right)dt} \\ d = \exp^{-\sigma\sqrt{dt}+\left(r-y-\frac{\sigma^2}{2}\right)dt} \end{cases}$$

其中，$dt = 1/$每年所含时期数目。

为说明起见，不妨考虑一下案例 28.1 所评估的推迟项目期权。假设价值的标准差为 42％，无风险利率为 5％，股息收益率为 20％。为了将这些数据转换为二项式模型，假设一年构成一个时期，由此可以估算价格涨跌幅度如下：

$$\begin{cases} u = \exp^{0.42\sqrt{1}+\left(0.05-0.20-\frac{0.42^2}{2}\right)\sqrt{t}} = 1.1994 \\ d = \exp^{-0.42\sqrt{1}+\left(0.05-0.20-\frac{0.42^2}{2}\right)\sqrt{t}} = 0.5178 \end{cases}$$

今天的价值等于 33.5 百万美元。我们可以估算第一级分支的期末价值如下：

上涨时的价值 ＝ 33.5(1.199 4) ＝ 40.179（百万美元）

下跌时的价值 ＝ 33.5(0.517 8) ＝ 17.345（百万美元）

然后，可以根据这些价值得出第二级分支的三个可能的价值。请注意，以 19.94％增长的 17.345 百万美元恰好就等于 40.179 百万美元下跌 48.22％。图 28.2 显示了针对五个时期的二叉树图形。

根据这个树形图，可以估算得出期权的价值等于 102 万美元，略高于根据 Black-Scholes 模型估算得出的 101.9 万美元。然而，这一差额会随着实值程度的加大、二项式模型所用时期的缩短而降低。

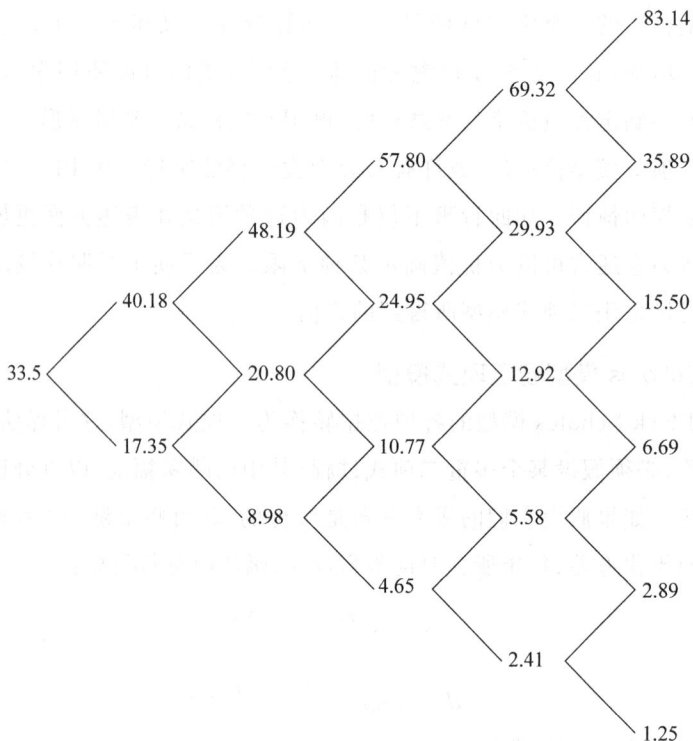

图 28.2 针对推迟期权的二叉树图示

28.2 对于专利的估价

有些公司，尤其是高科技和医药行业公司，能够为其产品和服务注册专利。产品专利为公司提供的是开发、营销某种产品的排他性权利，因而也可视为一项期权。

28.2.1 作为看涨期权的专利

只有在产品营销产生的预期现金流现值超过开发成本时，公司才会开发专利，正如图 28.3 所示；若非如此，公司就会将专利束之高阁而不会花费更多的成本。如果设 I 表示对专利实施商业性开发的成本现值，V 表示由开发所产生的现金流现值，可得

$$拥有产品专利的报酬 = V - I, \quad 如果 V > I,$$
$$= 0, \quad 如果 V < I$$

因此，我们可以将产品专利视为一项看涨期权，而相关的产品就是标的资产。

案例 28.2 对于专利的估价：1997 年的 Avonex 药品

作为生物技术公司，Biogen 拥有一种名为 Avonex 药品的专利。经过美国食品和药品管理局（FDA）的批准，该药品可用于医治多发性硬化症（MS）。假设我们打算评估这项专利，并且具有下列运用于期权定价模型的数据：

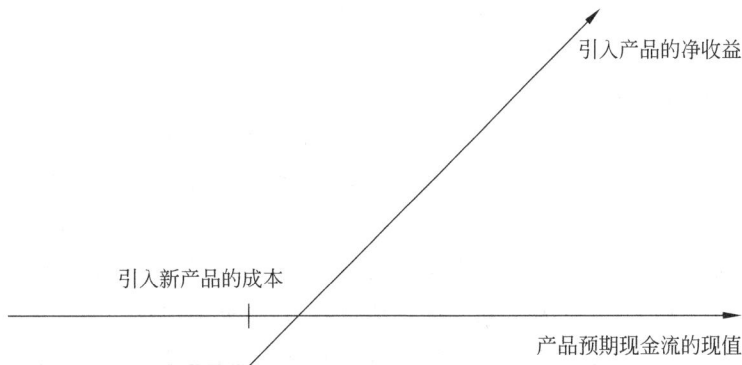

图 28.3　引入新产品的回报图示

- 目前,根据潜在的市场和公司预计可以索取的药品价格,关于该药品的财务可行性内部分析表明,在考虑初始开发成本之前,它可以产生 34.22 亿美元的现金流现值。
- 如果立刻引入药品,对它实施商业开发的初始成本约为 28.75 亿美元。
- 公司对于药品专利的持有期为 17 年,目前的长期国债利率为 6.7%。
- 各上市生物技术公司价值的平均方差等于 0.224。

假设,只有在专利期限内才能获得超额报酬,在此之后,市场竞争将会消除超额报酬。

因此,一旦可以引入药品,任何拖延都会令公司损失一年的受专利保护报酬。(针对初始分

析,推迟项目造成的成本为 $\frac{1}{17}$,第二年为 $\frac{1}{16}$,第三年为 $\frac{1}{15}$,等等。)

根据这些假设,可以得到下列有关期权定价模型的数据:

立刻引入药品所产生的现金流现值 $= S = 34.22$(亿美元)

(立刻)对药品实施商业开发的成本 $= K = 28.75$(亿美元)

专利期限 $= t = 17$ 年

无风险利率 $= r = 6.7\%$　(即,为期 17 年的国债利率)

期望现值的方差 $= \sigma^2 = 0.224$

推迟造成的期望成本 $= y = \frac{1}{17} = 5.89\%$

根据这些数据,可以得到对于 d 和 $N(d)$ 的下列估算值:

$$d_1 = 1.136\,2 \quad N(d_1) = 0.872\,0$$
$$d_2 = -0.851\,2 \quad N(d_2) = 0.207\,6$$

将其代入经过股息调整的 Black-Scholes 模型,[①]可以得到

专利价值 $= 3\,422\exp(-0.058\,9)(17)(0.872\,0)$

---

①　运用二项式模型,我们估算得出这项期权的价值为 9.15 亿美元。

$$-2\,875\exp(-0.067)(17)(0.207\,6)$$

$$=907(百万美元)\text{ 或 }9.07(亿美元)$$

作为对照，该项目的净现值只有 5.47 亿美元：

$$NPV = 34.22 - 28.75 = 5.47(亿美元)$$

这项期权等于 3.60 亿美元(即 9.07 亿美元-5.47 亿美元)的时间溢价表明，虽然推迟会带来成本，但公司最好还是等待而不是立刻开发这种药品。然而，推迟开发所造成的成本将随着时间的推移而增加，使得在未来年间实施(开发)的可能性逐渐加大。

为说明起见，我们对这项看涨期权进行估价，假设除专利期限外的所有数据均保持不变。例如，不妨假设专利还有 16 年的期限，给定其他不变，推迟开发所造成的成本会因专利期限的缩短而增加：

$$推迟的成本 = \frac{1}{16}$$

现金流现值(S)的减少和推迟成本(y)的增加将会减少专利的期望价值。图 28.4 描绘了这项期权的价值以及项目在每一年的净现值。

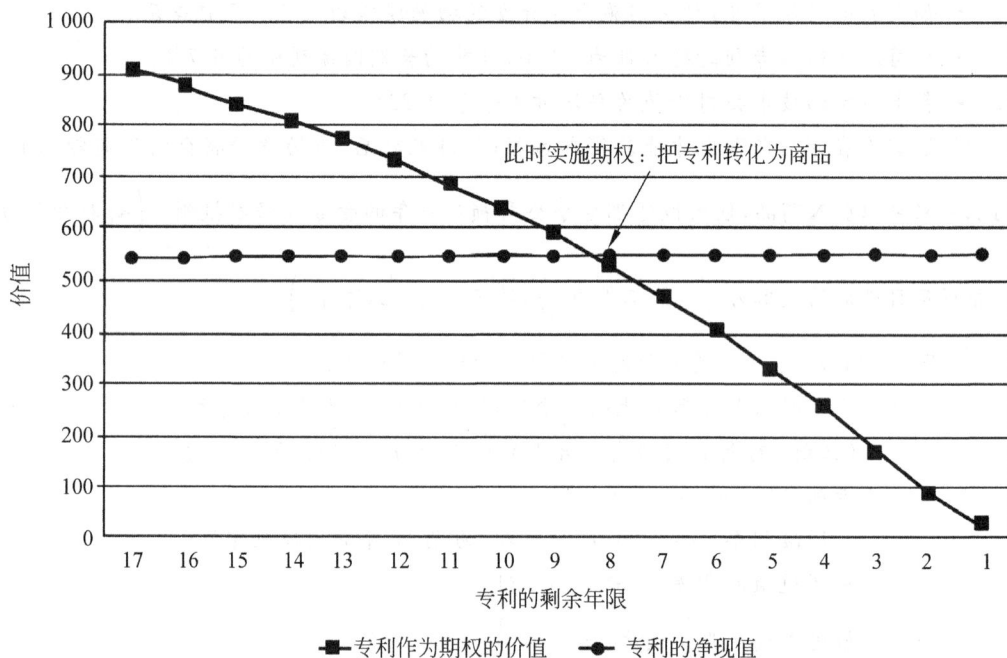

图 28.4 专利价值与净现值

根据上述分析，如果没有变化，可以预计，如果专利期限少于 8 年，Avonex 作为商品的价值要高于作为专利的价值，此时也就是对该药品实施商业性开发的最佳时机。

🖰 *product.xls*：这一电子表格使得我们可以估算专利的价值。

竞争压力和期权价值

前一小节所提出的观点是,公司在专利期内可受到免于竞争的保护。这一点通常只适用于专利性产品或者工艺,公司或许仍然会在市场上遭遇其他公司相同产品的竞争。具体地说,虽然 Biogen 公司可以为 Avonex 药品注册专利,默克(Merck)或辉瑞(Pfizer)公司同样能够引入治疗多发性硬化症的特有药品,以此同 Biogen 展开竞争。

那么,这对作为期权的专利价值有何含义呢?首先,期权的有效期不再是专利的期限,而是公司认为在其他公司竞争性产品获得开发之前所能拥有的领先时间。例如,如果得悉另一家医药公司也在关注治疗 MS 的药品而且已经进入研发后期(FDA 审批过程的前期研究阶段),Biogen 就可将等待获批的时间作为期权的有效期。这就会减少这项期权的价值,促进药品商业性开发的进程。

这些竞争压力可以解释某些药品的商业开发为何快于其他药品,以及专利的价值为何并不总是大于贴现现金流估价值。一般而言,处在研制后期的竞争性产品数目越多,期权定价模型所产生的价值就越是难以超过贴现现金流估算值。

28.2.2　对拥有专利之公司的估价

如果可以将公司所拥有的专利作为期权进行估价,我们如何把这种估算值结合到公司价值中呢?如果公司的价值主要派生于专利所造就的商业化产品,就可将它表述为下列三个变量的函数:

1. 已经转化为商业化产品的专利所产生的现金流。
2. 已经拥有但尚未获得商业性开发的专利所产生的现金流。
3. 预计通过研发形成的新型专利在未来时期所产生的现金流现值。

公司价值 ＝商业化产品价值 ＋现有专利价值 ＋(未来可得新专利的价值 －
　　　　获得这些专利的成本)

针对其商业寿命,可以估算出自现有产品的预期现金流,再根据恰当的资本成本将它们贴现到当期;上述第二个价值因素,可以根据前述期权定价模型估算得出;第三个因素则是以有关公司研发能力的大小为依据。在某些特定情形中,未来时期的预期研发成本等于研发活动所产生的专利价值,因而专利的价值等于零。在大多数情形中,如果以往曾经通过研发而创造了价值,公司同样也可从这一因素中获得价值。另外一种可能是,某些公司所实施的研发活动其实是在损耗价值,即研发成本超过了它所创造的价值。

相对于传统贴现现金流模型的估算值,使用这种方法得出的公司总体价值估算值有何不同呢?根据前一种估价法,价值的第二个和第三个因素都集中体现在现金流的预期增长率中。公司能够在更长的时期内以更高的比率增长,因为它们持有专利和高超的研发实力。与此相反,本小节所述方法则是分别考察每一项专利,故而能够明确地对期权因素进行估价。

对于这种以期权理念为基础的方法而言,其最大局限性就在于它在实际运用时所需要的信息。为了分别评估每一项期权,我们需要获得各种专有信息,而它们通常只有公司管理者才可获得。事实上,某些信息,诸如用于期权定价模型的期望方差,即使是内部人士也未必知晓,因此需要分别针对每项专利作出估算。

鉴于这些局限性,应该将实物期权方法用于评估那些只有一两种专利而并无多少在位资产的小公司。一个很好的例子是案例 28.3 所评估的 Biogen 公司在 1997 年的情形。对于那些具有大量在位资产和数十种专利的成熟公司,贴现现金流估价法则是更加切实的选择。

案例 28.3 对 Biogen 公司的总体估价:1997 年

在案例 28.2 中,我们将 Biogen 公司的 Avonex 药品专利作为看涨期权进行了估价,估算值为 9.07 亿美元。为了评估 Biogen 整个公司,还需考虑下面两个价值因素:

1. 在实施估价时,Biogen 拥有两种已获得商业化的产品(一种是医治乙型肝炎的药品,另一种是名为 Intro 的治疗癌症的药品),并且针对它们给其他医药公司颁发了许可证。在未来 12 年间的每一年,这些产品的(税前)许可证费用预计可产生 5 000万美元的税后现金流。为了评估这些已经受到合同保障的现金流,我们使用各家获得授权公司的税前债务成本(7%)作为贴现率,因为可能的违约构成了这些公司的主要风险:

$$许可证费用 = 50 \left[\frac{1 - 1.07^{-12}}{0.07} \right] = 387.13(百万美元)$$

2. Biogen 继续支持新产品的研发,最近一年在这方面的支出为 1 亿美元。在未来十年间,预计每年的 R&D 支出将增长 20%,然后则是 5%。鉴于难以预测这些研发活动能够产生哪些专利,假设投资于研发的每一美元在未来十年间将创造 1.25 美元的专利价值[①](运用前述期权定价模型估算得出),然后进入盈亏持平状况(投资于 R&D 活动的 1 美元将产生 1 美元的专利价值)。这一因素所涉及的风险极大。而资本成本估算值为 15%。[②] 因此,对该因素的价值可作如下估算:

$$未来研发活动的价值 = \sum_{t=1}^{t=\infty} \frac{(专利的价值_t - R\&D 支出_t)}{(1+r)^t}$$

下表概述了各期产生的专利价值和同期的 R&D 支出。请注意,第 10 年后将没有剩余价值(surplus value):

---

① 坦率地说,这一点完全是基于 Biogen 推出新产品的成功记录,我们没有考虑其他任何重大事件。根据资本报酬率和成本,可估算出这一数字。例如,假设长期的资本报酬率为 15% 而资本成本为 10%,1 美元的投资将会产生下列结果:

$$创造的价值 = 1 + \frac{(资本报酬率 - 资本成本)}{投入资本} = 1 + \frac{(0.15 - 0.10)}{0.10} = 1.50 美元$$

② 这一贴现率是通过考察各家上市的年轻生物技术公司的股权成本而得出,它们尚未获得多少产品销售额。

百万美元

年份	产生的专利价值	研发成本	超额价值	根据 15% 的现值
1	150.00	120.00	30.00	26.09
2	180.00	144.00	36.00	27.22
3	216.00	172.80	43.20	28.40
4	259.20	207.36	51.84	29.64
5	311.04	248.83	62.21	30.93
6	373.25	298.60	74.65	32.27
7	447.90	358.32	89.58	33.68
8	537.48	429.98	107.50	35.14
9	644.97	515.98	128.99	36.67
10	773.97	619.17	154.79	38.26
				318.30

新的研发所创造的价值为 318.3 百万美元。

Biogen 公司的总价值等于所有三个因素价值之和，即出自现有产品的现金流现值、（作为期权的）Avonex 药品价值，以及由新的研发活动所创造的价值：

价值 = 现金流：商业化产品 + 价值：未开发专利 + 价值：未来研发
$$= 397.13 + 907 + 318.30 = 1\ 622.43（百万美元）$$

鉴于 Biogen 公司没有未偿债务或大量现金余额，将这一价值除以流通股数目（35.5 百万）就可得到每股价值：

$$每股价值 = 1\ 622.43/35.5 = 45.70（美元）$$

专利到期后是否依然有效？

在进行前述估价时，一直假设超额报酬仅限于专利的有效期，而在专利期满后顷刻就会消失。在医药行业，专利的到期并不一定意味着超额报酬的消失。实际上，专利到期后，许多公司依然能够索取产品溢价而赢得超额报酬，主要是因为它们在项目期限内所营造的品牌形象。为了针对这种情况进行调整，一种简单方式是，增加项目的现金流现值（S），降低因推迟项目所造成的成本（y），以此体现上述现实情形。其净效应是公司更有可能推迟商业性开放，以便收集更多信息和评估市场需求。

可以使得专利增值的另一个因素是，在游说立法者或利用法律制度延长盈利药品专利期限方面，各公司已经显示了其能力。若在评估专利时考虑到这种可能性，它就能够延长专利的期望有效期和它作为期权的价值。

28.3 自然资源型期权

自然资源开采公司，诸如石油和矿产公司，不仅可凭借现有产量生成现金流，而且拥有随时可以开发的矿藏。在资源价格（石油、黄金、铜等）上涨时，它们就更有可能开发这些资源。因此，我们同样可将这些未开发矿藏视为看涨期权。本节首先考察未开发矿藏的价值，接着再考虑如何将它加以拓展，以便考察那些兼具已开发和未开发矿藏的自然资源开采公司。

28.3.1 作为期权的未开发矿藏

如果投资于自然资源，这项自然资源本身就是标的资产，资产价值的确定则需以所估算的储藏量和资源价格为依据。因此，若是考虑金矿的情形，标的资产就是根据金价计算的金矿储藏估算价值。就大多数这类投资而言，开采资源需要作出前期投资；矿藏估算价值与开采成本之间的差额就构成了矿主的利润（参见图 28.5）。若以 X 表示开采成本，以 V 表示所估算的资源价值，就可对自然资源型期权的潜在回报作如下表述：

$$自然资源投资的报酬 = V - X, \quad 如果 V > X$$
$$= 0, \qquad 如果 V \leqslant X$$

因此，对于自然资源型期权的投资，其报酬函数与看涨期权相似。

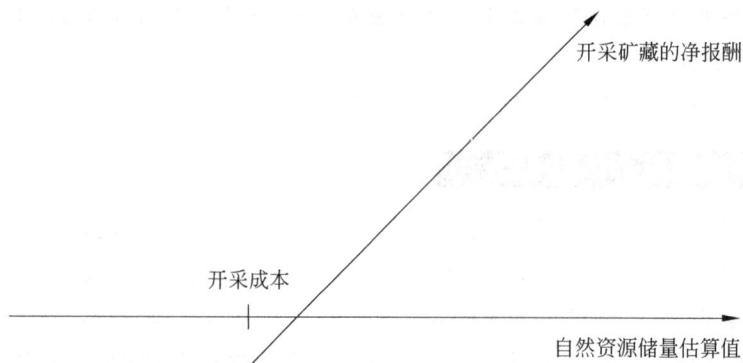

图 28.5　开发自然资源的报酬

估算自然资源型期权所需数据

若将自然资源投资作为期权进行估价，就需针对相关变量作出下列假设：

- 可开采量及其当期价值。因为通常在最初难以确定储量，我们只能对它进行大致估计。就油区来说，地理学家可对域内的储藏量作出比较准确的估计。因此，油田的价值等于估算储藏量和每单位储藏量的边际收益（资源价格减去可变的开采成本）的乘积。

- 资源的开发成本估算值。它就是期权的实施价格。对油田来说，它等于安装钻井设备所耗固定成本；对矿藏来说，它等于启动矿井的经营成本。鉴于石油和矿产公司大多已专营此道多年，故可凭借过往的经验合理地估算开发成本。

- 期权的有效期。关于这个变量有两种定义方式。第一，如果投资于项目的权利需要定期更新，这个时期也就是期权的有效期。例如，在诸多离岸油区租赁情形中，某些区域在一定时期内被出租给石油公司。第二，根据矿藏量、开采速度和矿藏的可开采年数对它进行定义。例如，假设某座金矿的储量为 300 万盎司而开采能力为每年 15 万盎司，其可开采年数就是 20 年。它就是这项自然资源型期权的有效期。

- 标的资产价值变化的方差。它取决于资源价格和可开采量两者的变化状况。某些时候，若能确定可开采量，标的资产价值的方差就完全取决于资源价格的方差。

- 推迟开采造成的机会成本。净产值的定义是开发资源之后产生的年度现金流，表示为矿藏价值的百分比。它相当于股息收益率，并且采用期权价值的计算方式进行处理。考虑此类成本的另一种思路是考察推迟项目所造成的成本。一旦自然资源型期权具有实值（即矿藏价值超过开采成本），若不实施开采，公司自身就会损失因开采所能得到的净产值。

在运用期权定价模型评估自然资源型期权时，一个重要的问题是开发时滞给这些期权价值造成的影响。鉴于石油、黄金或其他自然资源的收益无法在顷刻间生成，在开采决策与实际开采之间存在着某种时间滞后现象。对于这种时滞的简单调整方式是，从获得开发资源的价值中扣除开发过程中的现金流损失。因此，如果开发存在着一年时滞，则可估算这一年内可得现金流所占矿藏价值的百分比，再根据这一比率对所开发矿藏的当期价值打一定的折扣。这一点相当于在投资分析中扣除第一年的现金流，从而减少现金流的现值。

案例 28.4 对油田的估价[①]

考虑一片近海油田，其估计储藏量为 50 百万桶原油；预计其开发成本为 600 百万美元，开发时滞为两年。埃克森公司拥有在未来 20 年间对其实施开发的权利，每桶原油在目前的边际价值（每桶价格减去每桶的边际成本）为 12 美元。[②] 一旦获得开发，每年的净产值将等于油田价值的 5%。无风险利率为 8%，油价方差为 0.03。

基于上述信息，可以估算用于 Black-Scholes 模型的各项数据如下：

当期资产价值＝S＝开发油田的价值（根据股息收益率进行贴现，时期长度为开发时滞）

$$=12\times50/(1.05)^2=544.22（百万美元）$$

实施价格＝开发油田的成本＝600 百万美元

期权的有效期＝20 年

---

① 此案例是对 Siegel、Smith and Paddock(1993)就近海油田所作说明的概述。

② 为简单起见，我们假设，虽然每桶原油的边际价值随着时间的推移而增长，边际价值的现值将保持在每桶 12 美元的水平不变。如果不作这种假设，那就必须估算在开采期内获得的原油现值。

标的资产价值方差[①]＝0.03

无风险利率＝8%

股息收益率＝净产值/油田价值＝5%

根据这些数据,Black-Scholes 模型可给出关于这项看涨期权的下列数值:

$$d_1 = 1.035\ 9 \quad N(d_1) = 0.849\ 8$$

$$d_2 = 0.261\ 3 \quad N(d_2) = 0.603\ 0$$

$$\text{看涨期权价值} = 544.22\exp^{(-0.05)(20)}(0.849\ 8) - 600\exp^{(-0.08)(20)}(0.603\ 0)$$

$$= 97.08(\text{百万美元})$$

虽然从当期油价考虑不宜开采,这一油田却依然具有价值,因为它在油价上涨时就能够创造价值。[②]

⌖ *natres.xls*：这一电子表格使我们可以估算未开发自然资源的价值。

不确定性的多重起因

在前例中,我们假设矿藏储量并无不确定性。在现实中,该石油公司只能大致估计油田储藏量约为 5 000 万桶,但却无法加以确定。若将油田量的不确定性引入分析,就会面临两个变动缘由,而且都会影响价值。阐述这一问题的方法有两种:

1. 把不确定性结合到某个数值中。若将油田价值视为油价和油田量的乘积,价值的方差就应体现出这两种数据方差的综合影响。[③] 它就是采用期权定价模型估算油田新价值时所使用的方差。

2. 将各方差相互分离,而将期权作为彩虹(rainbow)期权进行估价。彩虹期权能够明确地兼顾到一种以上的方差,它使我们可将各个方差相互分离,并且仍然能够评估期权。虽然期权定价过程会变得更加复杂,我们却需要如此处理,如果预计两种不确定性的缘由会随着时间的推移而变化,即一种缘由(例如,油价)的方差可能会随着时间而加大,另一种缘由(例如,油藏)则会随着时间推移而缩小。

28.3.2　对拥有未开发资源之公司的估价

前面各个例子说明了如何使用期权定价模型评估单独一个矿藏或者油田。鉴于我们能够将采掘业公司所拥有的资产视为期权,公司本身也可通过期权定价模型获得估价。

单个矿藏与加总的矿藏

一种比较理想的分析方法是,分别评估各个矿藏,然后予以加总而得出公司的价值。

---

① 在这一案例中,我们假设唯一的不确定性在于油价,故而它的方差就变为 ln(油价)的方差。

② 使用二项式模型,估算得出的价值为 99.15 百万美元。

③ 它等于两种方差乘积的方差。

鉴于较大的公司不易获得这种信息，它们通常拥有数百座矿藏，一种变通的方法是，把公司所有的未开发矿藏作为单独一项期权进行估价。那些追求完美的人或许会对此提出异议。他们认为，采用目前的方法评估一项针对资产组合的期权所得到的价值将会低于评估（采掘业公司实际所拥有的）期权组合所得到的价值。然而，由于假设形成方差的唯一缘由就是自然资源价格，故而各个矿藏的价值之间具备完全的正相关性，采用这种简捷方式不会造成多少损失。

期权估价法所用数据

如果打算使用期权估价法估算加总的未开发矿藏价值，那就必须估算模型所需要的各种数据。大致而言，虽然这一过程与评估单个矿藏相似，但却存在着一些不同之处：

- 标的资产的价值。我们应该加总公司所拥有的所有未开发矿藏，根据资源的当期价格以及平均可变开采成本，估算它们的价值。对于不同的矿藏来说，由于可变成本也许各有不同，如果根据资源储量对各个矿藏的可变成本进行加权，我们就能合理地估算这一价值。至少在理论上，不妨假设公司可以自行决定在某一时间同时开采所有的未开发矿藏，而这一点不会对资源价格有何影响。

- 实施价格。就这项数据而言，我们应该考虑公司如果立刻开发所有矿藏所需耗费的成本。同样，这些成本可能因矿藏的不同而相异，故而可以使用加权平均成本。

- 期权的有效期。公司各座矿藏或许具有不同的有效期。因此，我们需要使用它们的加权平均期限。[①]

- 资产价值的方差。在此，我们依然采用只是将油价作为方差之缘由的做法，因为公司对于矿藏总量的估算应该比对于单座矿藏储量的估算更加准确。

- 股息收益率。对于单独一座矿藏，如果推迟开采，公司就需放弃因为开采而在下期所产生的现金流。这种现金流，如果表示成矿藏价值的某一百分比，就相当于股息收益率。因此，可以认为，相对于其他行动迟缓的公司来说，未开采矿藏对于那些能够及早予以开采的公司来说价值也更大。

案例 28.5　对石油公司的估价：1984 年的 Gulf Oil 公司

在 1984 年上半年，Gulf Oil 公司成为了并购者的目标，其股价为 70 美元（它的流通股数目为 165.30 百万，债务总额为 990 百万美元）。据估计，它拥有储量共计 3 080 百万桶的多片油田，而同时开采所有油田的成本约为 3 038 百万美元（开采时滞约为两年）。有关油田开采权的平均更新时期为 12 年。每桶油价为 22.38 美元，开采成本、税款和开采权费用估计等于每桶 7 美元。进行分析之际，长期国债利率为 9.00%。如果 Gulf Oil 公

---

① 如果我们永久性地拥有某些矿藏，就应该为矿藏的期限设定某个较长的年限，例如，在本案例中，它等于 30 年。

司开采这些油田,预计来年可获得的现金流大约等于油田价值的5%。油价的方差是0.03。

$$标的资产价值 = 油田的估算值(根据开采时滞进行贴现)$$
$$= 3\,038(22.38 - 7)/1.05^2 = 42\,380.44(百万美元)$$

请注意,我们也可使用所预测的生产期内的油价和现金流估算值,而将标的资产价值估算为所有现金流现值;然而,我们采用的是一种更加简便的方式,即假设每桶15.38美元的当期边际收益在期内的现值保持不变。

$$实施价格 = 立刻开采油田的估算成本 = 30\,380(百万美元)$$
$$有效期 = 开采权更新的平均时期 = 12(年)$$
$$资产价值方差 = 油价方差 = 0.03$$
$$无风险利率 = 9\%$$
$$股息收益率 = 净产值 / 所开采的油田价值 = 5\%$$

根据这些数据,运用Black-Scholes模型可以产生关于这项看涨期权的下列数值:[1]

$$d_1 = 1.654\,8 \quad N(d_1) = 0.951\,0$$
$$d_2 = 1.054\,8 \quad N(d_2) = 0.854\,2$$
$$看涨期权价值 = 42\,380.44\exp^{(-0.05)(12)}(0.951\,0) - 30\,380\exp^{(-0.09)(12)}(0.854\,2)$$
$$= 13\,306(百万美元)$$

这一数字与等于1\,200百万美元的贴现现金流价值形成了鲜明的对照,后者是采用立刻开采油田的现金流现值(4\,238百万美元)减去开采成本(3\,038百万美元)而得出。个中差额可归因于Gulf Oil公司在选择开采时间上所持有的期权。

期权价值(1\,330百万美元)代表该公司所拥有的未开采油田的价值。公司凭借现有原油产量获得了915百万美元的公司自由现金流。假设这些现金流可在未来十年(已开采油田的剩余期限)保持不变,根据等于12.5%的加权资本成本进行贴现,就可得到

$$已开采油田的价值 = 915(1 - 1.125^{-10})/0.125 = 5\,065.83(百万美元)$$

把Gulf Oil公司尚未开采和已经开采的油田价值相加,就可得出公司的价值。

未开采油田的价值	13\,306 百万美元
目前产值	5\,066 百万美元
公司总值	18\,372 百万美元
扣除未偿债务	9\,900 百万美元
股权价值	8\,472 百万美元
每股价值	8\,472/165.3 = 51.25(美元)

根据上述分析,对于Gulf Oil公司来说,每股70美元的股价显然过高。

---

① 使用二项式模型,估算得出价值为137.3亿美元。

价格波动率和采掘业公司估价

　　上述分析的一个重要含义是，采掘业公司的价值不仅取决于资源价格，而且取决于预期价格波动率。因此，如果油价从每桶 25 美元上涨到 40 美元，就可预计所有的石油公司都会增值；但若油价回落到 25 美元，各石油公司的价值又可能下跌到原有水平，因为市场有关油价波动率的看法或许有所改变。如果投资者认为油价波动率已经加大，就会预计石油公司增值。公司价值出自于未开采油田的比例越大，公司的增值程度也越大。

　　若将未开采油田视为期权，贴现现金流估价法通常会低估采掘业公司的价值，因为用来估算产值和经营性利润的是产品的期望价格。因此，我们就会错失公司价值所包含的期权因素。同样，对于具有大量未开发矿藏、产品价格波动率较大的公司，这种差额也更大。

28.4　其他应用

　　对于专利和采掘业公司的未开采矿藏可以运用期权定价法，而前面各章节提及的其他一些资产同样也可作为期权获得估价。

- 第 26 章曾指出，在对房地产进行估价的框架内，空置土地应该作为针对商业性开发的期权而获得估价。
- 第 27 章提出的见解是，也可将版权和许可证视为期权，即便它们尚未实现商业化。

　　表 28.1 概述了采用期权定价模型评估这些期权时所需各种数据。我们针对其他期权的运用所阐述的诸多内容也同样适用于此。价值派生于我们对资产的商业性开发所拥有的排他性权利。这种排他性在许可证和作品版权的情形中是通过法律手段而获得的，而在未开发土地的情形中则是通过土地的稀缺性而获得。

表 28.1　评估其他推迟期权所用数据

	未开发土地	许可证/版权
标的资产价值	立刻对土地实施商业性开发所能得到的现金流现值	立刻对许可证或版权进行商业性运用所能得到的现金流现值
标的资产价值的方差	房地产所处区域的商业财产价值的方差	对版权和许可证进行商业性运用所得现值的方差（通过模拟法）
实施价格	立刻对土地实施商业性开发的成本	立刻对版权和许可证进行商业性运用的前期成本
期权的有效期	若土地具有长期租约，可使用租赁期；否则，应设期权的有效期等于用于购买土地的贷款期限	我们持有版权和许可证的时期来年可产生的现金流所占目前现金流现值的比重

28.5　总结

根据传统的投资分析法,我们计算项目的现金流净现值,并且要求公司不应投资于净现值为负的项目。这通常是一项恰当的提议,但它并不意味着针对项目的权利全无价值。目前净现值为负的项目在未来完全可能具备为正的净现值,这种可能性直接取决于项目现金流现值的波动率。

本章对推迟投资期权进行了估价,并且考虑了这种期权对于三种情形的含义,即,大部分价值派生于尚未获得商业性运用之专利的公司、具有未开采矿藏的采掘业公司,以及拥有未开发土地的房地产公司。就这些情形而言,运用贴现现金流估价法将会导致对于这些公司价值的低估。

28.6　问题和简答题

在下列问题中,若无特别说明,假设股权风险溢价为 5.5%。

1. 某公司正考虑推迟一个项目,其税后现金流为 2 500 万美元,启动成本为 3 亿美元（项目期限为 20 年,资本成本为 16%）。通过对于现金流的模拟,现金流现值的标准差为 20%。如果我们能在未来十年持有针对该项目的权利,这项权利的价值是多少?（为期 6 个月的国库券利率为 8%,为期 10 年的国债利率为 12%,而为期 20 年的国债利率为 14%。）

2. 对于智利的某些已被放弃的铜矿,我们打算考察对它们进行投资的财务可行性,因为它们依然含有很大的矿藏量。一项由地质学家作出的勘测表明,这些矿山或许依然蕴藏着 1 000 万磅铜矿石,而开采成本将是 3 000 万美元（根据美元现值计算）。开采能力为每年 40 万磅,预计铜价每年的涨幅为 4%。智利政府愿意签署一项为期 25 年的矿山租约。预计平均生产成本为每磅 40 美分,现行铜价是每磅 85 美分。（一旦启动项目,预计生产成本每年上涨 3%。）铜价的年化标准差为 25%,为期 25 年的国债利率是 7%。

　a. 使用传统的资本预算技术估算矿山的价值。

　b. 根据期权定价模型估算矿山的价值。

　c. 如何解释这两种价值之间的差额?

3. 我们需要分析一家具有大量油藏的石油公司的价值。其油藏量约为 1 000 万桶,立刻开采它们的成本约为 1.2 亿美元。当期每桶油价为 20 美元,每桶平均开采成本约为 6 美元。该公司对于油田具有 20 年的开采权,而为期 20 年的国债利率是 7%。公司还打算每年开采 4% 的油藏,以此满足现金流需要。油价的年化标准差是 20%。这家石油公司的价值是多少?

4. 我们打算分析某个资本预算项目。预计它具有等于 2.5 亿美元的现金流现值,目前的启动成本为 2 亿美元。关于该项目现金流的模拟结果是,它的现金流现值方差等于 0.04。我们对于该项目持有 20 年的权利。为期 20 年的国债利率为 8%。

　　a. 根据传统的 NPV 方法得到的项目价值是多少?

　　b. 该项目作为期权的价值是多少?

　　c. 两种价值为何不同? 哪个或哪些因素决定了这一差额的大小?

　　5. Cyclops Inc. 是一家专门开发最新视觉技术的高科技公司,目前正在考虑上市。虽然它还没有产品的销售和盈利记录,却拥有针对某种产品为期 10 年的专利。该产品可以使得隐形眼镜用户获得无须加以保养而可使用多年的镜片。虽然这种产品在技术上具备可行性,但制造成本却极其高昂,故而目前的潜在市场相对较小。(关于项目的现金流分析表明,如果立刻启动,其现金流现值将是 2.5 亿美元,而项目成本则是 5 亿美元。)这项技术发展很快。针对各种情形的模拟结果表明,现值的变化幅度很大,其年化标准差等于 60%。为期 10 年的国债利率是 6%。

　　a. 估算该公司的价值。

　　b. 这一价值估算数对于项目现金流方差的敏感程度如何? 根据这种分析,我们能够得到哪些更具普遍意义的教益?

第29章

扩张期权和放弃期权： 估价的含义

前面一章指出,许多公司拥有可以推迟作出投资决策的期权,由于未能考虑到这种期权的价值,传统的贴现现金流估价法将会低估这些投资项目的价值。本章将考虑其他两种被很多投资项目(以及持有它们之公司的价值)所蕴含的期权。第一种期权是可以凭借有利的情势而实施扩张的期权,不仅针对新的市场,而且针对新的产品。我们认为,这种期权有时可以使得年轻、初创公司的价值大大超过其预期现金流现值。第二种期权是放弃或者收缩投资项目的期权,它能够降低大型投资项目的风险和不利因素,进而增加它们的价值。

29.1 扩张期权

有时,公司作出投资的目的是为了能够作出进一步的投资,或者在将来打入其他市场。对于这种情形,我们可把初始项目看作是使得公司能够投资于其他项目的开启性期权,它们同样具有价值。换言之,如果未来各项目的净现值极有可能为正,公司或许就能够接受净现值为负的初始项目。

29.1.1 扩张期权的报酬

在分析初始项目之际,就可对扩张期权进行估价。假设初始项目能够赋予公司在未来扩张和投资于新项目的权利。若在今天实施评估,投资于未来项目所产生的现金流现值为 V,项目所需总投资为 X。由于具有一定的投资期限,公司届时必须作出是否作出未来投资的最终决策。最后,若不承担初始项目,公司就无法作出这项未来投资。这种情形所蕴含的报酬状况如图 29.1 所示。正如所见,在固定时段结束之际,如果预期现金流现值超过扩张成本,公司就会扩张到新的项目。

评估扩张期权所需数据

为了把握如何估算扩张期权的价值,首先考虑两个相互关联的项目。第一个项目通常具有为负的净现值而被视为不良投资,即使在作出投资的公司看来也是如此。第二个项目是与第一个项目相关的扩张潜机,也正是它构成了期权的标的资产。相应地,需对各种数据作出下列定义:

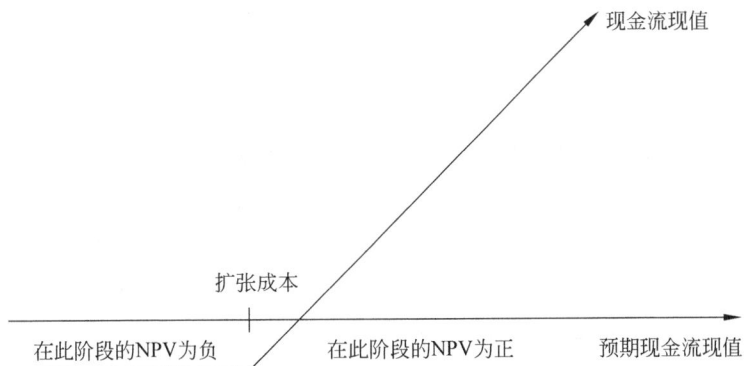

图 29.1　扩张项目期权

- 立刻投资于第二个项目(扩张期权)所产生的预期现金流现值,它就是标的资产价值,即模型中的 S。

- 如果扩张潜机存在着极大的不确定性,这种现值有可能出现波动,并且因时而变。它就是在评估扩张期权时使用的现值方差。鉴于项目不会参与市场交易,需要根据模拟法估算这种方差,或者使用业内上市公司价值的方差。

- 如果现在为了扩张而作出投资,即刻所需付出的成本就相当于实施价格。

- 因为通常并不存在外部施加的实施期限,不易对期权的有效期作出定义。(这一点有别于前面一章所评估的专利,后者具有可用作期权有效期的法定年限。)在评估扩张期权时,期权的有效期属于公司自行施加的内部约束条件。例如,在中国作了少量投资的公司可能会自行加以约束,要么在五年之内进行扩张,要么撤出这个市场。为何如此行事呢? 或许与它为了维持小规模经营而需支付的成本较高相关,或者公司欲将稀缺的资源投向其他地方。

- 如同其他实物期权一样,一旦扩张期权变得可行,等待就会产生成本。这种成本采取的形式或许是,未能实施项目扩张而损失的现金流,或者是公司在作出最终决策之前的成本。例如,公司可能在每年都需要支付一笔费用直到作出最终决定为止。

案例 29.1　对扩张期权的估价：Ambev 公司 和 Guarana 饮料

Guarana 是一种盛行于巴西的以咖啡为基料的软性饮料,Ambev 公司则是巴西的一家饮料制造商,也是全球最大的 Guarana 饮料生产厂商。假设 Ambev 正在打算将这种饮料引入美国市场,计划分作两步进行:

1. Ambev 公司最初只是将 Guarana 饮料引入美国一些大的都市区,以便了解潜在的需求。这种有限推销的期望成本为 500 百万美元,预期现金流现值是 400 百万美元。换言之,Ambev 公司预计最初的投资将获得－100 百万美元的净现值。

2. 倘若有限推销得以成功，Ambev 公司预计会将 Guarana 饮料引入美国其他市场。然而，在目前，公司对于这种扩张潜机并不乐观；它认为，全面引入的成本为 1 000 百万美元，预期现金流现值却只有 750 百万美元（这就使得这项投资的净现值依然为负）。

最初看来，投资于不良项目而为的只是获得投资于更糟项目的机会，这种举措绝非良策；但是，第二步投资确实带有某种弥补性特征。它构成了一项期权，如果预期现金流现值低于 1 000 百万美元，Ambev 公司就不会作出相同金额的第二步投资。再者，美国市场的规模和潜机存在着很大的不确定性，公司的投资完全可能有利可图。

为了将第二步投资作为一项期权进行估价，首先将扩张的项目确定为标的资产，而将它的期望价值现值估算值作为标的资产的价值。鉴于为了投资 1 000 百万美元所需作出的投资额构成了实施价格，这项期权处在虚值状态。两个最成问题的假设条件与标的资产价值和期权有效期相关：

- 我们估算得出美国小型上市饮料公司价值的平均标准差为 35%，并且认为它能够很好地代表扩张期权价值的标准差。
- 我们假设 Ambev 公司具有五年时间作出决策。这种约束条件无疑带有某种随意性，但是在现实中，它可能受制于下列某个因素：

融资约束条件（贷款将会到期）；

战略特权（必须确定将资源投到何处）；

人事决定（必须雇用管理者，并且安排到位）。

根据这些因素，可以得到针对期权定价模型的下列数据：

$$S = 目前出自扩张期权的现金流现值 = 750 \text{ 百万美元}$$

$$K = 实施价格 = 1 000 \text{ 百万美元}$$

$$t = 5 \text{ 年}$$

$$价值的标准差 = 35\%$$

使用等于 5% 的无风险利率，可得出标准差的预期上下波动程度如下：

$$u = 1.403\,2, \quad d = 0.696\,8$$

图 29.2 显示了这个二叉树的图形。

使用第 5 章所描述的复制型资产组合框架，估算得出扩张期权的价值为 203 百万美元。可将这一价值添加到所分析的最初项目净现值上。

$$初始投资的净现值 = -500 + 400 = -100 \text{ 百万美元}$$

$$扩张期权的价值 = 203 \text{ 百万美元}$$

$$兼顾扩张期权的净现值 = -100 + 203 = 103 \text{ 百万美元}$$

Ambev 公司应该继续实施产品引入，即使目前的净现值为负，因为它可以借此获得价值高出许多的期权。

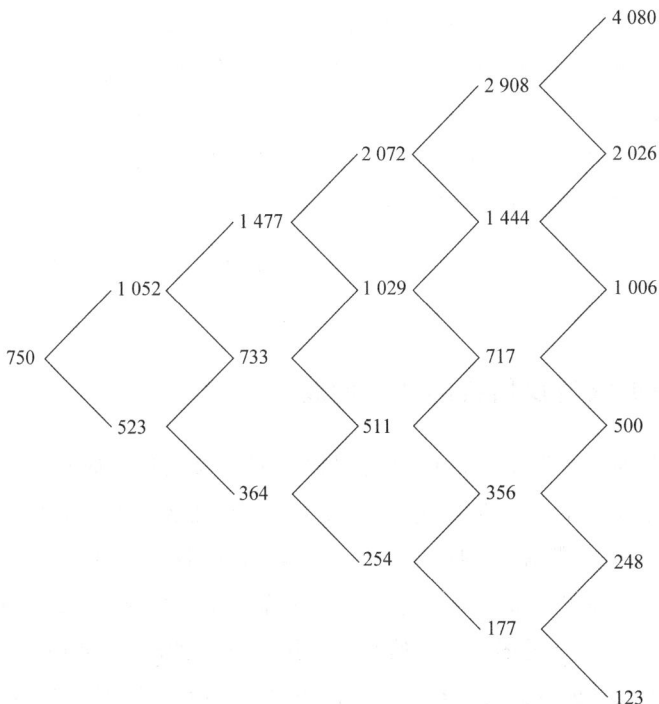

图 29.2　二叉树——Ambev 公司的扩张期权

运用蒙特卡罗模拟法估算方差

前面两章已经提及，可以通过模拟法获得运用于实物期权定价法的方差。蒙特卡罗模拟法（Monte Carlo simulation）包含了三个步骤：

1. 首先需要给出决定现金流的每个变量的概率分布及其参数的定义；如果它是正态分布，参数就是均值和标准差。

2. 在每一次模拟中，从分布状况中提取一个结果，再根据这些提取值计算现金流现值。

3. 实施多次模拟后，应可得到关于现值的概率分布。它的均值就应该是项目的期望价值，而这种价值的标准差则可用作估算针对项目之期权价值的标准差。*

虽然实施这些模拟的过程并不复杂，而且目前已经有一些软件包可以帮助我们完成这项操作，①但是仍然需要注意下列问题：

* 最为困难的步骤是估算概率分布和各个关键变量的参数。相对于开发新产品和进入新市场而言，如果公司曾经经营过类似的项目，那相对比较容易进行这些估算；例如某家零售店打算建立一家新店的情形。如果输入到模拟过程中的分布是

---

* 此处原文为"variance"，造成前后不一致。——译者注

① "Crystal Ball"和"@Risk"都是针对微软 Excel 的添加性软件包，使得我们可以实施模拟。

随机的，无论其结果在纸面上如何出色，那就没有多少实际意义。

- 在期权定价模型中所使用的标准差或者方差，体现的是价值随着时间所发生的变化，而不是针对某一个时点。或许有人会问，这一点有何不同呢？市场检验提供的是今天的市场潜机分布状况，体现了估算过程的不确定性。市场本身也会逐渐演变，而这正是我们所要估算的分布方差。[①]

⚓ *expand.xls*：这一电子表格使我们可以运用 Black-Scholes 模型估算扩张项目期权以涵盖新市场或新产品。

29.1.2 有关扩张期权估价的几个问题

事关扩张期权价值估算的实际问题与评估推型期权相似。通常，公司持有的扩张期权并没有必须付诸实施的特定期限，这就使得这些期权成为了开放式期权；最为乐观的情形则是，它们具备任意的期限。即便是在那些能够估算期权有效期的情形中，我们可能同样难以把握产量或者潜在市场，故而对于它们的估算值都存在着问题。为说明起见，不妨考虑前面所讨论的 Ambev 公司案例。虽然我们采用了五年的时期，届时 Ambev 必须决定未来在美国进行扩张的具体方式，完全可能的是，在进行初始投资时并没有确定这种时间框架。再者，我们还假设公司在实施初始投资时就已经知道扩张的成本和现值；在现实中，因为对于标的市场所知不多，该公司在开设第一家店面之前可能无法恰当地估算这两个数字。

29.1.3 扩张期权的拓展和含义

对于那些净现值为负，但却能够极大地促进新市场开发或者新产品出售的项目，公司可以采用扩张期权作为投资根据。通过考察这些期权的价值，期权定价方法能够使得这种观点更加严密，而且能够提供它们在何时最有价值的见解。相对于那些比较稳定而报酬较低的行业（诸如汽车制造业）而言，扩张期权对于那些起伏很大但项目报酬较高的行业来说无疑更有价值（诸如生物技术或计算机软件）。我们将考虑三种情形，扩张期权在其中或可产生有益的见解，即战略性收购、研究与开发性支出以及多阶段项目。

关于收购的战略性因素

促成众多收购和投资活动的动因是，收购方公司相信这种交易可以为自己营造未来的竞争优势。这些优势包括：

- 进入庞大的或者增长中的市场。某些投资或收购可以使得公司，相对于不作这种投资而言，更快地进入某个庞大的或增长潜力极大的市场。一个很好的例子是，某家美国公司收购墨西哥的一家零售商，其目的就是为了扩张进入墨西哥市场。

[①] 例如，我们能够大致确定目前的市场规模，故而其方差很低甚至为零；但是一年之后的市场状况却是不确定的，而决定期权价值的是后一种方差。

- 技术专长。有时,收购的目的在于希望获得某种专有技术,因为它使得收购方能够扩充现有市场或者进入新的市场。
- 品牌。为了收购那些有价值的品牌,公司有时会在市场价格之上再支付高额的溢价,因为它相信在未来能够借助于这些品牌打入新的市场。

虽然我们可以借助这些潜在的优势解释高额收购溢价,但是它们未必都能造就具有价值的期权;即便可以将这些优势视为具有价值的扩张期权,其价值仍然需要大于支付给对方股东的收购溢价。

研发和市场调研支出

若在研究与开发、市场检验上花费极大,公司在估算这些支出时大多会遇到麻烦,因为衡量它们的回报需要根据未来的投资而进行。与此同时,很有可能出现的情形是,在花费了钞票之后,产品或项目也许看来并不可行。因此,这些支出只能列入沉没成本(sunk cost)。实际上,R&D 活动同样具备看涨期权的特征:R&D 支出属于看涨期权成本,由研发活动可能产生的项目或产品则是期权的报酬。如果这些产品可行(即现金流现值超过所需投资),报酬就等于两者的差额。

关于 R&D 活动的这种观点具有下列几方面的含义。第一,假设其他不变,公司若是处在变化剧烈的行业,由于产品或项目现金流的方差与看涨期权的价值具有正向关系,其研发性支出就能够营造出极大的价值。譬如,Minnesota Mining and Manufacturing(3M)公司,虽然在粘贴便条之类基本办公用品的研发上花费巨大,所得到的价值应该低于安进(Amgen)公司,因为后者的研发主要针对的是生物技术产品。[①] 第二,研究的价值和最优研发费用将会随着业务的成熟而降低,最好的例证莫过于医药行业。在 20 世纪 80 年代大多数时间,各医药公司在研发方面投资巨大,而且因为医疗保健费用的增加而在新产品上盈利丰厚。然而,进入 90 年代后,随着医保费用的逐渐趋平以及行业本身的成熟,许多公司的研发项目再也无法获得相同的回报,故而开始收缩规模。某些公司则把研发支出由常规药品转向生物技术产品,而有关后者未来现金流的不确定性依然很大。

多阶段项目/投资

在进入新的行业或者启动新的项目时,公司有时还具备分阶段予以实施的选项。虽然此举可能会削弱公司经营扩张的潜机,但却能使它免于经营萎缩之风险,因为公司能够在每个阶段了解市场需求状况,进而决定是否继续进入下一阶段。换言之,我们可以将一个标准项目营造成一个期权系列,其中每一项期权都取决于前面一项期权的实施。关于此点,可提出下列两个命题:

1. 从全额投资角度看,某些项目或许并不足取,但若实施分阶段投资却能创造价值;
2. 从全额投资角度看,某些项目已经具备可行性,而分阶段投资则可令其进一步增值。

---

① 这种说法所根据的假设是,虽然所处行业不同,但是两家公司研发的质量相同,唯一的差别在于基本业务的波动性不同。

我们需要对出自分阶段投资型期权的价值与成本进行比较。分阶段投资或可使得那些决定全额进入市场的竞争者们夺取整个市场；然而，它也有可能造成各个阶段的成本增加，因为公司未能充分地利用规模经济效应。

对于"分阶段投资与一次性投资"抉择的这种期权观念具有几个重要含义。通过实施分阶段投资而能获得最大效益的项目包括：

- 竞争者面临极高市场进入壁垒的项目，故而能够利用推迟全面生产的好处。因此，如果公司针对竞争者具备专利或其他法律保护，其最初的投资额就可大大降低，而且随着对于市场的逐步了解再予以扩张。

- 无法确定市场的规模以及能否取得成功的项目。在此，小额起步和分步扩张的做法可以使公司在产品销路低于预期水平时减少亏损，并且逐步更好地把握市场行情。这种信息对于后续阶段的产品设计和营销均有益处。

- 需要大量基本建设投资和高额经营性举债（固定成本）的项目。由于分阶段投资的成本节约与每一阶段所需投资额相关联，如果这方面的成本很高，公司分阶段投资所能获得的效益可能就更大。例如，资本密集型项目和需要高额初始营销支出（消费品公司的某个新品牌）的项目从分步投资中所能得到的效益会更大。

29.2 扩张期权何时具有价值？

诸多投资项目都蕴含着具有价值的战略性或扩张期权，这种见解虽然魅力很大，但却存在着可能被用于论证不良投资的危险。事实上，收购者长期以来一直根据协同性和战略性来论证收购溢价。然而，在衡量实物期权的价值时，在使用它们论证对于不良投资支付的高价时，我们需要更加谨慎行事。

序列期权和复合期权：某些见解

复合期权是一项针对期权的期权。一个简单的例子是，针对一家只具有专利这项唯一资产的小公司的看涨期权。前面一章已经提出，由于可将专利视为一项期权，针对该公司的看涨期权也就构成了一项复合期权。如果每一项期权的价值都取决于前面一项期权的实施，我们也就具备了序列期权。例如，一个包含五个阶段的项目就蕴含了多项序列期权。是否实施第五个阶段，无疑取决于我们是否已经完成了前面四个阶段，而序列所含第五项期权的价值则取决于前面四项期权的实施情形。

毋庸讳言，针对序列期权和复合期权的定价问题会愈加复杂。在这方面，我们有两种选择。一种选择是把这些期权作为简单期权进行估价，但是必须接受所得到的结果只能是近似值这一点；另一种选择是，调整期权定价模型以便兼顾这些期权的独有特征。本书虽不打算考虑这些模型，但是为了兼顾它们，我们可以调整 Black-Scholes 模型和二项式模型以便给复合期权和序列期权定价。

29.2.1　定量估算

如果打算使用实物期权理念论证某项决策,那就不能只限于定性的论据。换言之,从投资所能营造的实物期权角度出发,若想投资于某个报酬不佳的项目或者对收购项目支付某种溢价,管理者就必须对这些实物期权进行估价,并且能够证明其经济效益超过了成本。对于这种观点,存在着两种不同意见。第一种异议是,实物期权不易获得估价,而且时常包含着噪声;第二种异议是,期权定价模型所需要的各种数据很容易被操控,从而可以为任何一种结论提供辩护。这两种意见都具有一定的合理性,但是得到某种估算值总是胜过全无估算,而尽量估算实物期权价值的过程无疑是把握其各种决定因素的首要步骤。

29.2.2　对于扩张期权的价值检验

并非所有的投资项目都包含了期权;就算如此的话,也可以认为,并非所有的期权都具有充足的价值。为了评估一项投资是否能够营造需要予以分析和估价的期权,我们需要考虑下列三个问题。

1. 第一项投资是否构成了后续投资或者扩张的前提条件? 若非如此,它对于后续投资或者扩张是否必要? 不妨考虑一下前面把专利或未开发油藏的价值作为期权所作的分析。如果不作研发性投资或者不从其他公司购买专利使用权,公司就无法获得专利;如果不作勘探性投资,不参与政府的招标或者不从其他公司购买,公司就无法获得开采油藏的权利。显然,此处的初始投资(研发性支出和投标)为公司实施第二项投资所必需。再考虑一下 Ambev 公司为了有限推销产品的投资以及随后在美国市场的扩张情形。初始投资可以为 Ambev 提供有关市场潜机的信息;如果没有它,公司在今后或许将无意进一步扩大市场。与专利和未开采油藏的例子不同,这里的初始投资并不构成第二项投资的前提条件,尽管公司管理者或许会有此想法。如果考察公司收购另一家持有可进入更大市场之期权的公司的情形,个中关联程度将会进一步降低,期权的价值亦然。为了进入大众传媒行业而收购一家传媒公司,或者为了获得打入中国啤酒市场的期权而在华收购某家啤酒厂,这些都属于比较牵强的期权案例。

2. 公司对于后续投资/扩张是否拥有排他性权利? 若非如此,初始投资能够增进公司在后续投资方面的竞争力吗? 这种期权的价值并非出自于第二项或者后续各项期权所产生的现金流,而是这些现金流所营造的超额报酬。第二项投资的超额报酬潜机越大,针对第一项投资的扩张期权的价值也就越大。超额报酬的潜机与第一项投资所赋予的公司在后续投资方面的竞争优势程度密切相关。同样,作为一种极端情形,不妨考虑一下为了获得专利所进行的研发性投资。专利赋予该公司在生产相关产品方面的排他性权利,如果市场潜机足够大,还能赋予它从项目中获得超额报酬的权利。作为另一种极端情形,公司或许在后续投资方面无法获得竞争优势,故而这些投资能否获得超额报酬大可置疑。

在现实中,大多数投资项目介于这两者之间;竞争优势越大,超额报酬以及期权的价值也就越大。

3. 这种竞争优势是否能够持续?处在竞争性市场环境中,超额报酬将会吸引竞争者,而竞争则会减少超额报酬。公司所具备的竞争优势可持续性越强,蕴含于初始投资的期权价值也就越大。竞争优势的可持续性取决于两种驱动力。第一种是竞争的性质。假设其他不变,竞争优势在那些存在着强势竞争者的行业内消退得更快。第二种是竞争优势的性质。如果公司所掌控的资源是有限的或者稀缺的(诸如自然资源和闲置土地),竞争优势或可持续得更加长久。另一方面,如果竞争优势产生于市场领先者地位或者技术专长,它所遭到的攻击将会大大滞后。在期权价值中体现这种竞争优势的最直接方式是,估算竞争优势延续的时期长短,而且只有这一时期内获得的超额报酬才可视为期权的价值。

若对上述三个问题的回答都是肯定的,我们就可对扩张期权进行估价。若将上述后面两点运用于 Ambev 公司的扩张期权,就可看出潜在的问题。虽然 Ambev 是世界上最大的 Guarana 饮料制造商,它对这种产品却并不具备排他性权利。如果最初的有限推销能够取得成功,完全可能出现的情形是,可口可乐和百事可乐公司也可针对美国市场供给自己特有的 Guarana 饮料品牌。果真如此,Ambev 公司其实就是花费了 1 亿美元的资金为其竞争者们提供市场信息。因此,如果 Ambev 公司未能因为初始投资而在扩张的市场上获得竞争优势,这种扩张期权就没有价值,并且无法用于论证初始投资。我们不妨再考虑另外两种中间情形。如果 Ambev 公司由于作出了初始投资而在扩张方面具有一定的领先期,我们就可针对这一时期设想较高的现金流,然后再逐渐消退到较低的现金流。此举会降低项目扩张的现金流现值和期权的价值。一种比较简便的调整方式是,从竞争将会限制这种净现值水平的观念出发,为现金流现值设定某个上限,然后估算这种具有上限的期权。例如,如果假设出自扩张期权的现金流现值不会超过 20 亿美元,扩张期权的价值就会降低到 1.42 亿美元。[①]

29.3 评估持有扩张期权的公司

对于公司来说,某些暗含的扩张期权是否能使其股票获得超出贴现现金流价值的某种溢价呢?从理论角度而论,这种观点对于那些处在较大和发展中市场的小型高增长公司来说或许能够成立。贴现现金流估价法所依据的是预期现金流和预期增长率,而这些预期应该体现出这些公司能够取得高度成功(或者失败)的概率。然而,这些预期或许无法

---

① 我们可以使用 Black-Scholes 模型对这种扩张期权作两次估价:一次是针对实施价格为 10 亿美元者(产生等于 2.18 亿美元的最初扩张期权价值),另一次是针对实施价格为 20 亿美元者(产生等于 0.78 亿美元的期权价值)。两者之间的差额就是具有现值上限的扩张期权的价值。我们还可以明确地使用二项式模型对其进行估价,即当它在二叉树中超过 20 亿美元时,就设它等于 20 亿美元。

考虑到的是，在取得成功的情形中，公司可以投资更多，增加新产品或者打入新市场，从而进一步扩大成果；换言之，就是能够营造出具有更大价值的实物期权。

29.3.1　与贴现现金流的关系

如果估算出了扩张期权的价值，我们就可将公司的价值表示成两个因素之和，即根据预期现金流所计算的贴现现金流，以及与扩张期权相关的价值：

$$公司价值＝贴现现金流价值＋扩张期权价值$$

运用期权定价法估算扩张期权价值的方法可以使得上述观点更加严密，并可为其价值在何时达到最大提供线索。一般而论，相对于报酬率较低的稳定行业（诸如住宅建筑、公用事业或汽车制造）而言，扩张期权对于变化比较剧烈的行业更有价值，这些行业的项目报酬率通常比较高而进入壁垒也更大（诸如新兴科技）。

然而，我们仍需注意避免对这种期权的价值进行重复计算。若是为了体现期权价值而另行添加某个因素，无疑就会出现重复计算。

评估扩张期权所需数据

为了评估具有扩张期权的公司，首先需要对公司持有进入期权的市场作出定义，阐明我们认为可以赋予公司实施这种排他性进入的竞争优势。一旦确证存在着这种排他性，接着就应估算立刻进入市场所能获得的预期现金流以及进入成本。可以假设，这种成本将超过预期现金流，或者公司已经处在市场之中。进入市场的成本就构成了期权的实施价格，而立刻进入市场所得到的预期现金流就构成了标的资产价值。

为了估算这种价值的方差，我们可以针对市场的演变趋势实施模拟，或者采用已经处在市场中的上市公司的方差；并且假设这种方差能够很好地代替标的市场的波动性。我们还需要确定必须完成是否进入市场之决策的时期，而它将构成期权的有效期。我们可以将这种假设条件与针对竞争优势所作出的假设相联系。例如，如果我们在未来十年内拥有进入某个市场的排他性许可证，就可以 10 年作为期权的有效期。

案例 29.2　对扩张期权的估价：Secure Mail 公司

Secure Mail 公司是一家专门制作安全软件的年轻软件公司。假设我们对它实施了常规的贴现现金流估价，估算得出公司价值为 111.54 百万美元。然而，借助于针对防病毒软件及其基础技术所建立的基本客户群，公司可在未来五年内制作某种数据库软件。针对这种可能性，我们收集到了下列信息：

- 如果决定立刻启动新的数据库项目，Secure Mail 公司需要耗资 500 百万美元。
- 根据该公司目前所拥有的针对数据库项目的市场权利，预计它在未来十年间的每一年可获得 40 百万美元的税后现金流。制作数据库软件的各家私营企业的资本成本为 12%。
- 各家上市的数据库软件公司的年化标准差是 50%。
- 5 年期的国债利率为 3%。

为了评估这项扩张期权,我们使用这些信息推导出下列有关期权的数据:

S = 标的资产的价值 = 立刻进入数据库软件市场所产生的现金流现值

$$= \frac{40\left(1 - \frac{1}{(1.12)^{10}}\right)}{0.12} = 226 \text{百万美元}$$

K = 实施价格 = 进入数据库软件市场的成本 = 500 百万美元

t = 期权的有效期 = 存在着扩张机会的时期 = 5 年

r = 无风险利率 = 3%

将这些数据代入 Black-Scholes 模型,就可得到下列结果:[①]

看涨期权的价值 $= SN(d_1) - Ke^{-rt}N(d_2) = 226(0.4932) - 500e^{-(0.03)(5)}(0.1282)$

$\qquad\qquad = 56.30 \text{百万美元}$

需要注意的是,这些数字无法印证立刻启动数据库项目之必要,因为预期现金流现值(226 百万美元)大大低于成本。然而,Secure Mail 公司还具备两个有利因素。第一,根据其防病毒软件项目的经营情形,它可以进一步完善对于市场的评估;第二,根据所收集的信息,它可以调整数据库项目,以便扩大潜在的市场和现金流。

如果我们能够认可这项扩张期权的价值,那就应将它添加到前面所得出的 Secure Mail 公司的内在价值(111.54 百万美元)上。可以认为,由于 Secure Mail 公司从其专有技术和(凭借防病毒软件得到的)潜在客户群方面能够获得排他性权利,我们能够在目前场合使用期权定价模型。

⊓ *expand.xls*:这一电子表格使我们可以估算扩充某个投资项目之期权的价值。

29.4 对融资灵活性的估价

制定融资决策时,管理者们需要考虑到这种决策对于它在未来作出新的投资,以及应对各种意外事件之能力的影响。在操作层面上,这一点会令各公司保留超出目前所需的超额举债能力或者大量的现金余额,以便应对未来时期的不虞之需。保持这种融资灵活性对于公司来说虽然具有某种价值,但它同样也会产生成本,因为大量现金余额所得到的报酬率将低于市场利率水平,而超额举债能力则意味着公司放弃了某些潜在价值而承担了更高的资本成本。

---

① 我们得到的有关 d_1 和 d_2 的价值如下所列:

$$d_1 = \frac{\ln\left(\frac{226}{500}\right) + \left(0.03 + \frac{(0.05)^2}{2}\right)5}{0.05\sqrt{5}} = 0.00171$$

$$d_2 = 0.0171 - 0.50\sqrt{5} = -1.1351$$

29.4.1　融资灵活性的决定因素

公司保留大量现金余额和超额举债能力的目的在于,营造在未来承担具有意外高报酬项目的期权。为了将融资灵活性作为一项期权进行估价,假设公司根据以往经验和行业目前情势而对未来时期所需再投资具有某种预期。再假设公司也对在未来可从内部基金和正常资本市场这些途径筹资多少具有某种预期。由于围绕着未来的再投资需要存在着不确定性,为简单起见,假设我们可以确定公司的筹资能力。持有超额举债能力或大量现金的好处(以及价值)就在于,凭借其举债能力,公司可以满足超出手头现金的再投资需要。然而,这些项目的回报来自于公司预计可从它们那里获得的超额报酬。为了在年化基础上评估融资的灵活性,我们决定使用表 29.1 所列出的各种衡量尺度。

表 29.1　用于期权估价法的数据：融资的灵活性

数据	含　义	估　算　方　法
S	预计年度再投资需要额占公司价值的比重	使用(净资本支出＋非现金流动资本变化量)/公司市值的以往均值
K	年度再投资需要额占没有融资灵活性时的公司价值比重	若公司无意或无法向外融资：(净收入－股息＋折旧)/公司市值；若公司可定期向外融资(银行贷款、债券或股票)：(净收入＋折旧＋向外融资净额)/公司市值
σ^2	再投资需求的方差	再投资额占公司价值比重的方差(使用以往的数据)
t	1 年	据以估算每年的融资灵活性价值

案例 29.3　对融资灵活性的估价：1999 年的家得宝公司

家得宝(The Home Depot)公司是美国一家巨型连锁零售商,主要从事家居环境维修产品的销售。公司一直举债不多,并在过去十年间取得了超常的增长。为了估算其融资灵活性,首先估算 1989－1998 年间再投资额所占公司价值的百分比如下：

百万美元

年　份	所需再投资	公司价值	再投资占公司价值比重/%	ln(所需再投资)
1989	175	2 758	6.35	－2.757 475 1
1990	374	3 815	9.80	－2.322 440 1
1991	427	5 137	8.31	－2.487 440 5
1992	456	7 148	6.38	－2.752 095 1
1993	927	9 239	10.03	－2.299 235 4
1994	1 176	12 477	9.43	－2.361 768 1
1995	1 344	15 470	8.69	－2.443 252 4
1996	1 086	19 535	5.56	－2.889 706 5
1997	1 589	24 156	6.58	－2.721 427 9
1998	1 817	30 219	6.01	－2.811 284 1

所需再投资占公司价值的平均比重＝7.71%

ln(所需再投资)的标准差＝22.36%

然后,以净收入和折旧为衡量内部资金的尺度,估算内部资金所占公司价值的百分比:

百万美元

年 份	净收入	折 旧	公 司 价 值	内部资金/价值/%
1989	112	21	2 758	4.82
1990	163	34	3 815	5.16
1991	249	52	5 137	5.86
1992	363	70	7 148	6.06
1993	457	90	9 239	5.92
1994	605	130	12 477	5.89
1995	732	181	15 470	5.90
1996	938	232	19 535	5.99
1997	1 160	283	24 156	5.97
1998	1 614	373	30 219	6.58

在 1989—1998 年间,平均内部资金为 5.82%。鉴于公司几乎没有使用外债,它通过发行股票弥补其再投资(7.71%)和内部资金(5.82%)之间的差额。我们假设家得宝公司不会再发行新股。

该公司当期债务率为 4.55%,而当期资本成本为 9.51%。使用第 15 章建立的资本成本框架,我们估算得出最优债务率为 20%,处在这种债务率上的资本成本为 9.17%。最后,该公司在 1988 年的资本报酬率为 16.37%,我们假设这也是新项目的预期报酬率。

$$S = 再投资占公司价值的比重 = 7.71\%$$

$$K = 没有融资灵活性时的再投资率 = 5.82\%$$

$$t = 1 \text{ 年}$$

$$\sigma^2 = \ln(净资本支出) 的方差 = (0.223\,7)^2 = 0.05$$

根据等于 6% 的无风险利率,使用这些数据估算得出的期权价值为 0.022 77。将它乘以年度预期报酬率,可把这一期权价值转换为衡量价值随着时间而变化的尺度,并且假设公司会一直致力于获得这种超额报酬。[①]

$$灵活性的价值 = 0.022\,77(资本报酬率 - 资本成本)/ 资本成本$$
$$= 0.022\,77(0.163\,7 - 0.095\,1)/0.095\,1 = 1.642\,5\%$$

从年度而言,超额举债能力产生的灵活性价值是家得宝公司价值的 1.6425%,它大大超过了用尽超额举债能力所能实现的资本成本节省额(9.51%—9.17%=0.34%)。

最后需要注意的是,这一估算值没有考虑到家得宝公司并不具备无限的融资灵活性这一点。我们其实假设公司的超额举债能力(它等于 15.45%,为最优债务率与当期债务率之差额)是融资灵活性的上限。我们可以评估这一限额,通过评估具有与前述期权相同之参数的看涨期权,但是实施价格为 21.27%(15.45%+5.82%)。在目前场合,对融资

---

① 我们假设公司因为缺乏融资灵活性而无法启动的项目将不再能够挽回,而该项目的超额报酬将一直存在。这两种假设条件均很严格,故而有可能会夸大公司所损失的价值。

灵活性施加这种限制所产生的影响可以忽略不计。

　　⑪ *finflex.xls*：这一电子表格使我们可以将融资灵活性作为期权进行估价。

29.4.2　融资灵活性作为期权的含义

　　将融资灵活性作为一项期权进行考察，有助于把握这种灵活性何时最有价值的问题。例如，根据前述方法，我们认为：

- 假设其他不变，相对于处在超额报酬较低的稳定行业而言，如果所处行业的项目可获得大大高出必要水平的报酬率，公司就应对灵活性赋予更大的价值。这意味着，诸如微软和戴尔之类的公司，它们的项目报酬率很高，可以使用融资灵活性论证它们持有大量现金和保持超额举债能力的做法。
- 鉴于公司资助其所需再投资的能力取决于它的内部资金生成能力，假设其他不变，对于盈利额较高而稳定的公司来说，融资灵活性所占公司价值的比重应该较低。若盈利较低甚至为负而导致内部生成资金的能力较低，公司对于融资灵活性的估价就会较高。
- 即使内部资金有限，如果公司能够利用外部资本市场，从银行借款和发行新股，它依然无须保持融资的灵活性。假设其他不变，公司在外部资本市场上的筹资能力（以及意愿）越大，融资灵活性的价值就应该越低。这一点或可解释那些更难进入资产市场的私营或小型公司对于融资灵活性的估价为何高于大公司。公司债券市场的存在可以改变融资灵活性的估价方式。处在公司无法发行债券而只能完全取决于银行融资的市场中，由于不易获得资本而更需要保持融资的灵活性。在家得宝的例子中，利用外部资金（举债或发行股票）的意愿将会大大减少灵活性的价值。
- 对于灵活性的需要和赋值取决于公司未来所需再投资的不确定性。相对于处在各期所需再投资变化甚大的行业，若是能够预测所需再投资额，公司对于灵活性的估价就应该较低。

　　根据对于家得宝的分析，我们考虑了该公司的总债务率，它不可能低于 0%。如果考虑某公司的净债务率（总债务减去现金），公司完全可能具备为负的债务率。如果进一步推广有关融资灵活性的观点，可以认为，在某些极端情形中，公司不仅没有利用其举债能力（因而使得总债务率等于零），而且积累了现金。这一点可以解释许多新兴市场的公司和年轻高科技公司为何不使用债务而且累积大量现金余额。

29.5　放弃期权

　　投资于新的项目，公司所顾虑的是无法获得投资回报而实际现金流无法达到预期水平的风险。持有可以放弃无法获得回报项目的期权无疑具有价值，尤其是针对那些可能损失很大的项目。

29.5.1 放弃期权的回报

期权定价法提供了估算与结合放弃价值的一般途径。为说明起见,假设 V 是项目延续到最终所剩价值,L 是在相同时点上清算或放弃该项目所能获得的价值。如果项目的剩余时间为 n 年,就可将延续项目的价值与清算(放弃)所获得的价值进行比较。如果继续经营的价值较高,那就应该继续实施项目;如果放弃项目所能得到的价值较高,放弃期权的持有者就可以考虑放弃该项目。个中回报可以表述为

$$持有放弃期权的价值 = 0 \qquad 如果\ V > L$$
$$= L - V \qquad 如果\ V \leqslant L$$

图 29.3 把这些回报描述为期望股价的函数。与前面两种情形不同,放弃期权所具备的是看跌期权特征。

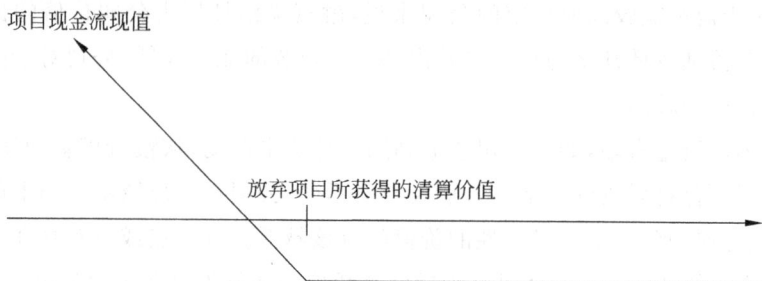

图 29.3　放弃项目期权的价值

案例 29.4　对于放弃项目期权的估价:空客(Airbus)公司和 Lear Aircraft 公司

假设 Lear Aircraft 公司有意制造某种小型客机,为此而向空客公司提议建立合资项目。每家公司将对合资项目投资 500 百万美元制造飞机。预计投资有效期为 30 年。空客公司实施了常规的投资分析;其结论是,它的投资份额获得的预期现金流现值只有 480 百万美元。因此,该项目的净现值为负,空客无意参与该项目。

鉴于合资项目建议被拒绝,Lear 公司根据更优惠的条件再度与空客商议;即,在未来五年内的任何时候,都将以 400 百万美元买断空客在合资项目中所占 50% 的份额。这一数字略低于空客的最初投资额,但为其亏损确立了下限,使得空客具有了放弃期权。为了评估这项期权对于空客的价值,需要注意下列各项数据:

$$S = 当期投资所获现金流现值 = 480\ 百万美元$$
$$K = 因为放弃项目所获得的价值 = 400\ 百万美元$$
$$t = 放弃期权的有效期 = 5\ 年$$

为了估算方差,假设空客运用蒙特卡罗模拟法进行项目分析,估算得出项目价值的标准差为 25%。最后,我们注意到,由于该项目的期限有限,随着产生现金流的年份会渐渐减少,其现值也将逐步下降。为简单起见,假设这一点与项目的剩余时间存在某种比例关系:

$$\text{股息收益率}=1/\text{项目剩余时间}=1/30=3.33\%$$

把这些数据代入 Black-Scholes 模型，使用5%的无风险利率，可对看跌期权作如下估价：

$$\begin{aligned}\text{放弃期权的价值} &= 400\exp^{(-0.05)(5)}(1-0.5776)-480\exp^{(-0.033)(5)}(1-0.7748)\\ &= 40.09\ \text{百万美元}\end{aligned}$$

因为这一数字大于为负的投资净现值，空客公司应该参与这一合资项目。另一方面，为了补偿对于这项期权的让渡，Lear 公司至少需要产生40.09百万美元的净现值。[1]

abandon.xls：这一电子表格使我们可以估算放弃投资的期权价值。

29.5.2 有关放弃期权估价的几个问题

案例29.4不甚切实地假设，通过放弃项目所能得到的价值是特定的，而且在项目有效期内不会改变。这一点在某些非常特殊的情形中或可成立，即合约中结合了放弃项目期权。然而，更常见的情形是，公司虽然持有放弃期权，但是只能对由于放弃项目所得到的价值作大致估计。再者，基于放弃项目所得到的价值在项目有效期内可能也会变化，使得常规的期权定价技术无法奏效。最后，同样时常出现的情形是，放弃某个项目可能并不能产生清算价值而只会造成损失；例如，制造业公司可能需要向工人们支付遣散费。在这种情形中，放弃之举并无多大意义，除非继续实施项目所导致的负现金流越发加大。

29.5.3 放弃期权估价的推广和含义

“放弃期权具有价值”这一事实为公司构建经营的灵活性提供了根据，如果项目不合预期，那就予以收缩或者放弃。它还表明，若想通过为客户提供取消合约之期权而增加销售额，公司就需要在较大的销售额与赋予客户这种期权的成本之间进行权衡。

合约的免责条款

为了营造放弃期权，首要和最直接的途径是，与项目的其他相关方采用合约形式营造经营的灵活性。因此，与供应商们之间可以签署年度的而非长期的合约，可以短期地而非永久性地聘用雇员。可以短期租用参与项目的工厂而非自行构建，金融投资可以分阶段而非一次性进行。虽然营造这种灵活性会造成成本，其收益却可能高出许多，尤其是在变化剧烈的行业中。

客户激励

作为交易的另一方，向客户、合资项目伙伴提供放弃期权可能会给公司价值带来负面影响。例如，假设公司根据多年合约向客户销售其产品，并且向客户提供随时取消合约的期权。虽然此举或可增加销售额，但是同样会造成高额成本。在衰退时期，无力履行其承

---

① 根据二项式模型所得出的这一期权价值为46.44百万美元。

诺的客户就有可能取消合约。从最初销售中获得的效益（凭借着向客户提供取消合约的优惠条件而获得）可能会被提供给客户的期权成本所抵销。

29.6　净现值估价法和实物期权估价法的协调

为何使用实物期权法得到的价值有时会大于使用常规贴现现金流模型的结果？症结就在于公司所拥有的能够根据市场情势而改变投资、经营方式的灵活性。因此，与每桶95美元的油价相比，如果油价下跌到每桶15美元，石油公司就不会生产相同的产量或开采相同数量的新油井。

除了净现值之外，我们还需要考虑各种筹划的举措及其现金流结果，据以估算投资的价值。如果存在着作出进一步投资、扩张和放弃的可能性，我们就需要估算采取这些举措的概率且将它们结合到现金流中。针对每种结果，我们通常借助决策树确定一条最佳的路径，以便兼顾灵活性。然后，可以估算项目在今天的价值，并且运用每一分支的概率，估算出自每一分支的现金流现值。

决策树法与评估实物期权的二叉树法确实非常相似，但是它们有两个不同之处。首先，前者并未直接使用各种结果的发生概率评估实物期权；其次，二叉树的每个节点只有两个分支。虽然如此，有人或许仍然会对这两种方法为何会给出不同的项目价值而惊讶。答案其实异常简单。它涉及我们在计算价值时所作出的有关贴现率的假设。根据实物期权法，我们使用复制型组合计算价值；采用决策树法，我们把项目的资本成本作为整个过程的贴现率。如果决定资本成本的市场风险暴露程度在每一节点上有所不同，就可以认为资本成本不会一成不变，而应该适时地调整贴现率。如果如此处理，两种方法所得到的价值就会相同。针对连续分布情形（不同于针对决策树情形所假设的离散情形），实物期权法可以更好地处理不确定性并且更加便于使用。我们在第33章将再度考察决策树和其他概率方法。

29.7　总结

本章考虑了为许多投资项目所蕴含的两种期权，即扩张投资的期权和放弃它的期权。若公司拥有前者，这种期权有时可使它忽略初始投资的净现值为负这一问题。把这种期权推广到公司估价，如果公司拥有进入新市场或者制造新产品的潜力，有时就可在其贴现现金流价值上添加某个溢价。在公司对于这些投资拥有排他性权利时，这种扩张型期权价值最大，但会随着公司竞争优势的下降而减少。

放弃期权指的是公司通常拥有的舍弃不良投资项目的权利。由于它可以减少公司面临最差结局的可能性，故而有助于公司针对是否投资于新项目的问题作出抉择。

29.8　问题和简答题

在下列问题中，若无特别说明，假设股权风险溢价为 5.5%。

1. NBC 持有在两年内对冬季奥运会实施电视直播的权利，并且试图估算将这些权利卖给另一家有线电视公司所能获得的价值。NBC 预计奥运会的直播成本为 4 000 万美元（以当期美元计）。根据目前的评估，它对各种赛事的直播将获得等于 15 的 Nielsen 评分。[①] 预计每 1 分可为 NBC 带来 200 万美元的净销售额（以当期美元计）。这一估算值变化很大，预期净销售额的标准差为 30%。无风险利率为 5%。

 a. 根据目前的评估，这些权利的净现值是多少？

 b. 估算将这些权利卖给另一家有线电视公司的价值。

2. 我们打算分析滑雪板制造公司 Skates Inc.。它目前没有债务，股权成本为 12%。根据估算，Skates 公司在等于 40% 的最优债务率时的资本成本为 11%。然而，其管理层决意为保持融资的灵活性而无意借款，并向我们提供了下列信息：

- 在过去十年间，年度再投资额（净资本支出＋流动资本投资）占公司价值的 10%。这种再投资额的标准差为 0.30。
- 公司一直使用内部融资（净收入＋折旧）以满足上述需要，它们占公司价值的 6%。
- 在最近一年间，公司赢得的净收入为 1 800 万美元，股权账面价值为 10 亿美元。预计它在未来的新投资项目上也可赢得这些超额报酬。
- 无风险利率为 5%。

 a. 以年度为基础，估算融资灵活性的价值所占公司价值的比重。

 b. 根据上述结果，是否应该提议 Skates 公司使用其超额举债能力？

3. 迪士尼公司正在考虑，在美国科罗拉多州的韦尔市与一家当地房地产开发商合资建造公寓。预计这一项目的总成本为 10 亿美元，根据迪士尼对现金流的估算，它可在未来 25 年间产生 9 亿美元的现金流现值。迪士尼在这一合资项目中将持有 40% 的股份（这需要它最初投资 4 亿美元，并能获得现金流的 40%），但是拥有在未来五年间任何时候将其所有股份以 3 亿美元的价格卖给那位开发商的权利。（项目有效期为 25 年。）

 a. 如果韦尔市房地产价值的标准差是 30%，无风险利率为 5%，估算这项放弃期权对于迪士尼公司的价值。

 b. 是否应该建议迪士尼参与这一合资项目？

 c. 若为那位开发商提供咨询，为了使该项目有利可图，它需要产生多少当期现金流？

4. Quality Wireless 公司正考虑在中国投资事宜。据了解，这项投资需耗费 10 亿美元的成本，而只能产生 8 亿美元的现金流（根据当期美元计算）。这项扩充的提议者认为，

---

 ① 在美国，存在着 9 940 万个家庭，而每一评分代表该数字的 1%。

由于存在着巨大的潜在市场，Quality 公司应该启动这项投资。

　　a. 根据何种条件，这种扩张潜机可以具有期权价值？

　　b. 现在假设存在着一项扩张期权，它恰好能够抵消初始投资为负的净现值。如果随后五年间的扩张成本为 25 亿美元，现在所估算的出自项目扩张的现金流现值是多少？（不妨假设现金流现值的标准差是 25％，无风险利率是 6％。）

　　5. Reliable Machinery Inc. 公司正在考虑扩大它在泰国的经营规模。对于该项目的初步分析得出下列结果：

- 在未来十年间，预计该项目每年可产生 8 500 万美元的税后现金流。
- 项目的预期初始投资额为 7.5 亿美元。
- 项目的资本成本为 12％。

如果项目产生的现金流大大超过预期，公司在未来十年间就会拥有排他性权利（通过生产许可证），可将经营拓展到东南亚其他地区。目前的分析针对这一扩张机会提供了下列信息：

- 这项扩张的成本为 20 亿美元（以当期美元计算）。
- 预计这项扩张在未来 15 年间每年可产生 1.5 亿美元的税后现金流。围绕这些现金流存在着极大的不确定性，现值的标准差为 40％。
- 预计这项投资的资本成本同样是 12％。无风险利率是 6.5％。

　　a. 估算初始投资的净现值。

　　b. 估算这项扩张期权的价值。

关于困窘公司股权的估价

为了评估那些盈利为负的公司,第 22 章考察了如何调整贴现现金流模型的问题。大多数方案估算的是未来的预期现金流,并且假设利润率或盈利的提高可以产生为正的现金流和公司价值。在公司身负巨额债务的特定情形中,我们认为,完全可能出现债务违约和公司破产。此时,贴现现金流估价法可能就不再是恰当的估价工具。本章考察那些盈利为负、持有大量资产和债务的公司。我们认为,此类公司的股权投资者,给定其有限的负债,具有清算公司和偿付债务的期权。这种针对标的公司的看涨期权可以使得股权增值,尤其是在资产价值存在高度不确定性的时候。

30.1 高额举债型困窘公司的股权

在大多数上市公司中,股权具有两个特征。第一,股权投资者对公司实施经营,可在任何时候选择清算其资产和偿付其他索取权的持有者。第二,在某些私营公司和几乎所有的上市公司,股权投资者的责任仅限于他们在这些公司中的股权投资额。这种实施清算的期权与有限责任的结合使得股权具有看涨期权的特征,而股权作为期权的价值也可能超过其贴现现金流价值。

30.1.1 股权作为期权的回报

在公司中持有的股权属于剩余索取权,即在满足其他财务索取权(债务、优先股等)持有者之后,股权持有者可以索取剩余的现金流。如果公司被清算,这条原则也同样适用。股权投资者们所得到的是,在偿还了所有债务和其他财务索取权之后所留下的现金。根据有限责任,如果公司价值低于未偿债务,股权投资者损失的金额不会超出他们在公司的投资额。由此,可将股权投资者从公司清算中获得的回报表述为

$$\text{股权出自清算的回报} = V - D \quad \text{如果 } V > D$$
$$= 0 \quad\quad\;\; \text{如果 } V \leqslant D$$

其中,V＝公司的清算价值

　　　D＝未偿债务和其他非股权索取权的面值

因此,我们可将股权视为一项针对公司的看涨期权,而它的实施条件是,公司获得清算以及债务面值(它相应于实施价格)获得偿还。在此,公司构成了标的资产,而期权则在债务到期时期满。图 30.1 显示了相应的回报。

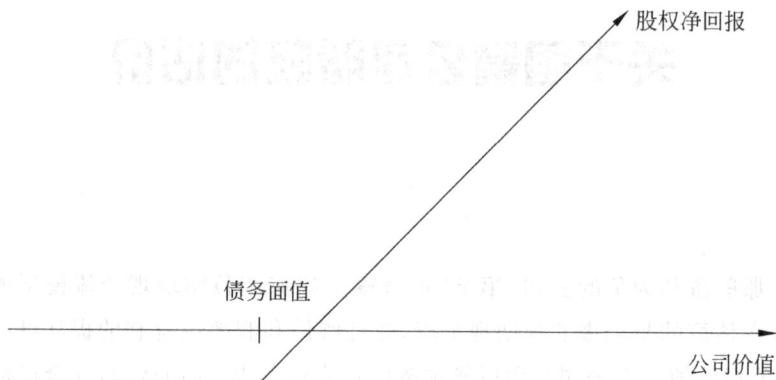

图 30.1 股权作为针对公司之期权的回报

有限责任的重要性

只有当股权具备有限责任时,这种把股权当作看涨期权的观点才能成立;即,股权投资者的损失程度不会超过其在公司的投资额。这一点无疑也就是上市公司的情形。然而,就私营公司而言,其所有者通常有无限的责任。如果这些公司陷入财务困境而无力偿付债务,所有者的个人资产就会遭遇风险。此时,我们就不应将股权作为看涨期权进行估价。

案例 30.1 把股权作为期权进行估价

假设我们打算评估某公司的股权,其目前资产价值为 100 百万美元,资产价值的标准差为 40%。债务面值为 80 百万美元(它属于还有 10 年期限的零息票债券)。10 年期的国债利率为 10%。使用有关期权定价法的下列数据,可将这种股权作为针对公司的看涨期权进行估价:

$$标的资产价值 = S = 公司价值 = 100 \text{ 百万美元}$$
$$实施价格 = K = 未偿债务面值 = 80 \text{ 百万美元}$$
$$期权有效期 = t = 零息票债务期限 = 10 \text{ 年}$$
$$标的资产价值方差 = \sigma^2 = 公司价值标准差 = 0.16$$
$$无风险利率 = r = 相应于期权有效期的国债利率 = 10\%$$

根据这些数据,Black-Scholes 模型可以给出这项看涨期权的下列价值:

$$d_1 = 1.599\,4 \quad N(d_1) = 0.945\,1$$
$$d_2 = 0.334\,5 \quad N(d_2) = 0.631\,0$$

$$看涨期权（股权）的价值 = 100(0.945\ 1) - 80\exp^{(-0.10)(10)}(0.631\ 0)$$

$$= 75.94（百万美元）$$

鉴于这项看涨期权代表着股权价值，而公司价值为 100 百万美元，未偿债务的估算值是

$$未偿债务价值 = 100 - 75.94 = 24.06（百万美元）$$

这项债务是 10 年期零息票债券，债券的市场利率等于

$$债务利率 = (80/24.06)^{1/10} - 1 = 12.77\%$$

因此，这种债券的违约息差为 2.77%。

30.2　把股权作为期权估价的意义

如果说公司股权具有看涨期权的某些特征，我们就必须改变有关其价值及其决定因素的思路。在本节中，我们将考虑这一点对于公司股权投资者和债券持有者的某些潜在意义。

30.2.1　股权在何时会分文不值?

根据贴现现金流估价法，我们认为，如果所拥有的价值（资产的价值）小于所亏欠的价值，股权就会变得没有价值。然而，把股权视为看涨期权的第一种含义是，即使资产价值下跌到低于未偿债务面值的水平，股权仍然具有一定的价值。公司虽然会被投资者、会计师和分析者视为已经陷入绝境，其股权却并非一文不值。实际上，正如处于深度虚值（deep out-of-the-money）的上市期权仍然具有价值一样，因为标的资产价值在期权的剩余期限内仍有可能超过实施价格，股权同样也具有价值，因为期权的时间溢价（在债券到期之前的时间内）以及资产价值在债券到期前还有可能超出债券的面值。

案例 30.2　公司价值和股权价值

再度考察前一案例，假设该公司的价值下跌到 50 百万美元，低于未偿债务的面值(80 百万美元)。假设其他数据保持不变。作为期权的股权具有下列参数：

$$标的资产价值 = S = 公司价值 = 50 百万美元$$

$$实施价格 = K = 未偿债务面值 = 80 百万美元$$

$$期权有效期 = t = 零息票债券期限 = 10 年$$

$$标的资产价值方差 = \sigma^2 = 公司价值标准差 = 0.16$$

$$无风险利率 = r = 相应于期权有效期的国债利率 = 10\%$$

根据这些数据，Black-Scholes 模型可以给出这项看涨期权的下列价值：

$$d_1 = 1.0515 \quad N(d_1) = 0.8534$$

$$d_2 = -0.2135 \quad N(d_2) = 0.4155$$

看涨期权(股权)价值=50(0.8534)-80exp$^{(-0.10)(10)}$(0.4155)=30.44 百万美元

债券的价值=50-30.44=19.56 百万美元

正如所见,该公司股权因为具备期权特征而具有价值。其实,如图 30.2 所示,在此案例中,即便资产的价值下跌到 10 百万美元,股权也仍然具有价值。

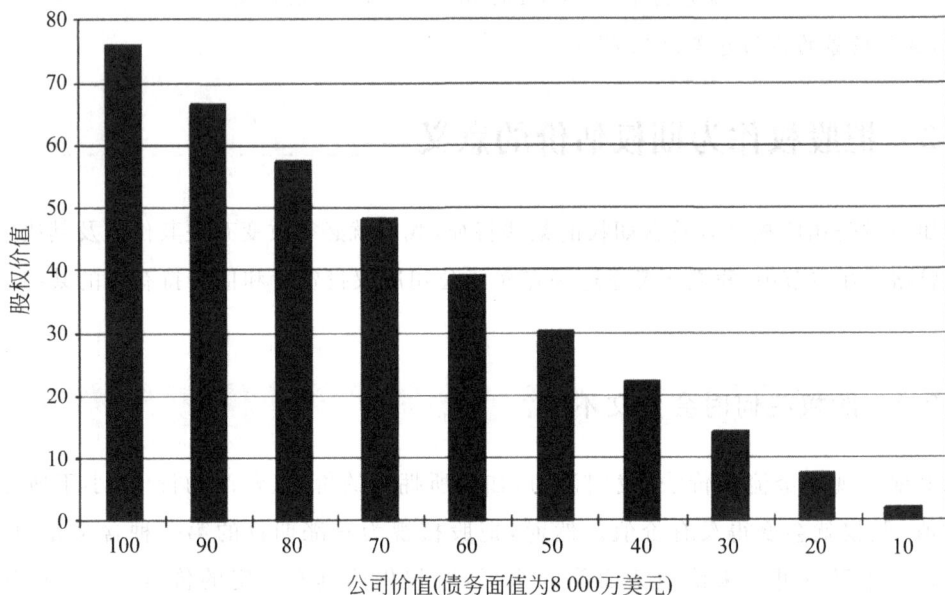

图 30.2 股权价值随着公司价值而变化

30.2.2 风险加大可使股权增值

根据传统的贴现现金流估价法,风险的增加几乎总是会减少股权价值。若是股权具备看涨期权的特征,不难想象这种关系将不再成立。如果你是困窘公司的股权投资者,风险完全能够成为盟友。实质上,你并没有什么可失去的,而且可从公司价值波动中获取丰厚收益。

案例 30.3 股权价值和波动率

再度考察案例 30.1 中的估价问题。股权价值是公司价值标准差的函数,假设它等于 40%。如果改变这一估算值,保持其他因素不变,股权价值就会像图 30.3 所验证的而增加。

请注意,如果保持公司价值不变,股权价值会随着标准差的加大而提高,债务利率同

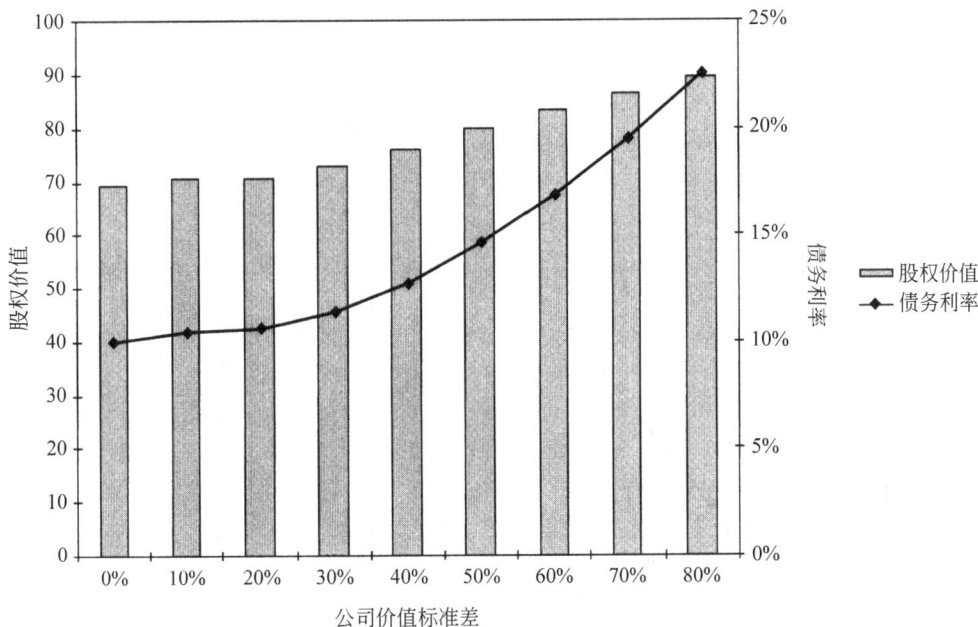

图 30.3 股权价值和公司价值标准差

样也会随着标准差的加大而提高。

30.2.3 违约概率和违约息差

出自期权定价模型很有意义的结果之一是,我们可以得到公司的风险中性违约概率(the risk-neutral probability of deafult)。采用 Black-Scholes 模型,可以根据 $N(d_2)$ 估算这种数字;$N(d_2)$ 是 $S > K$ 的风险中性概率,在此则表示资产价值超过债务面值的概率。

$$违约的风险中性概率＝1-N(d_2)$$

此外,我们还可根据债务利率估算应该针对债券索取的违约息差。

不难看出这样一种可能,即把这一模型运用于银行贷款组合而推算违约概率,以此衡量我们索取的贷款利率是否充足。事实上,目前已经有一些商业服务机构运用相当复杂的期权定价模型估算各公司在这两方面的数值。

案例 30.4 违约概率和违约息差

再折回到案例 30.1,把违约概率估算为 $1-N(d_2)$,而把违约息差估算为公司债务利率与无风险利率之间的差额。图 30.4 描绘了这些数值。请注意,违约概率将随着公司标准差的加大而增加极快,违约息差也会齐头并进。

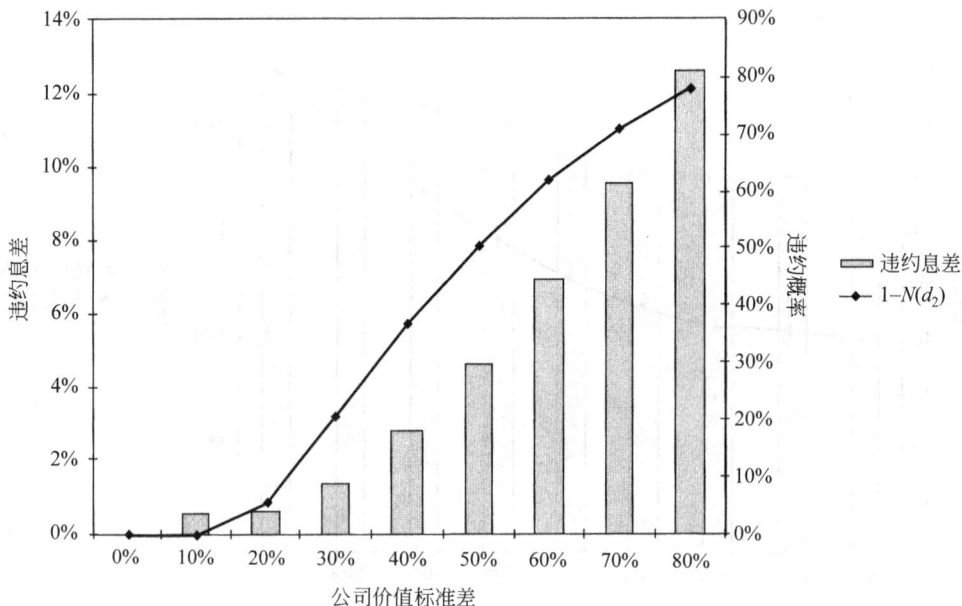

图 30.4 违约的风险中性概率违约息差

30.3 把股权作为期权的估价

为了说明期权定价模型在评估股权方面的运用，已经使用的各个案例均设定了某些简化的假设条件，其中包括：

- 公司只有两种索取权——债权和股权的持有者。
- 只发行一次债务，并可根据面值实施偿付。
- 债务为零息票而没有其他特征（诸如可转换、可回售等条款）。
- 可以估算得出公司资产的价值及其方差。在实施清算时，假设可以通过清算成果收回资产的价值。

这些假设的作出均具有某种理由。第一，将索取权持有者局限于债权和股权的做法便于问题的处理；引入其他索取权，诸如优先股，则会难以获得所需结论，虽然并非完全不可能。第二，通过假设只发行零息票债券且可在到期之前根据面值实施偿付，可以使得债务的各项特征更加接近标准期权的实施价格。第三，如果债务属于息票债务，或者未偿债务多于一次发行，如果没有现金流来履行其支付息票的承约，股权投资者就只能在较早的除息日实施期权（清算公司）。

最后，把握了公司资产的清算价值及其方差，我们就能运用期权定价模型；但是，这同时也提出了关于期权定价法在股权估价中的用处这一有意义的问题。如果公司债券是上市的，则可从公司价值中减去债务市值，从而更加直接地得出股权的价值。然而，期权定价法确实具有独到的优势。尤其突出的一点是，如果公司债务并未上市，期权定价模型就能提供关于公司股权价值的估算值。即便债务上市,我们对于债券的估价也未必正确,而期权定价框架在评估债权和股权价值时依然有用。最后,公司价值可能有别于资产清算价值,因为前者还涵盖了增长潜力的期望价值。

30.3.1 把股权作为期权估价所需数据

鉴于大多数公司并不完全符合刚才构建的框架(诸如只有一种未偿的零息票债券),为了在估价中使用这一模型,我们需要作出某些相应的调整。

公司资产的价值

我们可以通过四种方法得出公司资产的清算价值。根据第一种方法,假设所有债务和股权均可上市交易,我们收集未偿债务和股权的市值数据,由此得到公司价值,并假设它近似于清算价值;然后,运用期权定价模型把公司价值在债权和股权之间重新分摊。这种方法虽然简单,但是缺乏内在一致性。我们从债务和股权的一组市值入手而运用期权定价模型,最终得到的却是完全不同的价值。此外,我们必须假设,公司作为持续经营实体的价值等于清算资产后得到的价值。

根据第二种方法,我们以资本成本对预期现金流进行贴现而估算公司资产价值。需要指出的是,期权定价模型中的公司价值应该是通过资产清算得到的价值。它可能小于公司总价值,因为后者包含了预期未来增长潜力的价值;但是,我们可以把它降低以此体现实施清算的成本。如果采用贴现现金流模型估算公司价值,那就意味着,我们只应该考虑现有的投资。[①]

根据第三种方法,通过考察同业内的一般成熟(没有多少增长潜力的)公司的情形而估算销售额乘数,再把这种乘数运用于评估对象的销售额。在此,我们暗含地假设,在实施清算时,将会有买主愿意支付这一价值。

公司价值的方差

若公司的股票和债券均已上市,就可直接获得公司价值的方差。若以 σ_e^2 表示股价方差,σ_d^2 表示债券价格方差,w_e 表示股权市值比重而 w_d 表示债务市值比重,可将公司价值的方差表述为[②]

$$\sigma_{\text{公司}}^2 = w_e^2 \sigma_e^2 + w_d^2 \sigma_d^2 + 2 w_e w_d \rho_{ed} \sigma_e \sigma_d$$

其中 ρ_{ed} 表示股价和债券价格的相关系数。若公司债券并未上市,则可用相似评级债券的方差作为 σ_d^2 的估算值,而以相似评级债券与公司股票的相关系数作为 ρ_{ed} 的估算值。

若公司陷入财务困境,由于其股价和债券价格的波动势必加剧,上述可选方法就会给出误导性的结论。通常能够提供更可靠估算值的另一种方法是,使用业内其他公司的平

---

① 从技术角度而言,为了完成这一步,可将公司放在稳定增长期而将它作为稳定公司进行估价,其中的再投资被用于维持或者增加现有资产。

② 它是对两资产组合方差公式的推广运用。

均方差。因此,对于深陷财务困境的钢铁公司,其股权价值可通过使用所有上市钢铁公司的平均方差予以估算。

🌐 *optvar.xls*:这一网上的数据集概述了美国各行业公司在最近年份的股权价值和公司价值的标准差。

债务的期限

在账面上,大多数公司发行的债券不止一次,而且许多都附有息票。鉴于期权定价模型在期限方面只能接纳一个数据,我们必须将这些多重债券发行和息票支付转换为等同的零息票债券。

- 一种解决方案是,兼顾息票支付和债券期限,估算各次债券发行的持续期 (duaration),计算各次发行的价值加权平均持续期,再用它作为衡量期权有效期的尺度。
- 另一种近似方法是,在期权定价模型中,使用债务面值加权期限,以此替代零息票债券的期限。

债务的面值

如果困窘公司多次发行了债券,在使用债务面值时,我们有三种选择:

1. 可以加总公司所有债务的本金,把它当作假设公司所发行的零息票债券面值。这种方法的局限是,由于同期内需多次支付息票和利息,它会低估公司在特定债务整个期限内真正所需偿付的金额。

2. 就另一种极端情形而言,可将期望利息和息票支付额添加到本金偿付额上,以此累积债务面值。鉴于利息支付是在随后几年内进行,而本金则只需在债务到期时予以偿付,这种处理方式实质上是把各不同时点上的现金流予以混合。然而,这是处理债券期内利息支付的最简便方式。

3. 可以只把本金视为债务面值,而把每年的利息支付表示为公司价值的某个百分比,它在期权定价模型中可作为股息收益率。因此,可以预计,在公司存在的每一年内,其价值都会减少预期偿债的额度。

案例 30.5 把股权作为期权的估价:1997 年的 Eurotunnel 公司

Eurotunnel 公司的建立,是为了建造连接英国和法国的隧道并且最终能够盈利。该隧道在 20 世纪 90 年代前期已投入使用,但在商业运营上并不成功,因为它在启用之后的每一年均报告了巨额亏损。在 1998 年上半年,Eurotunnel 的账面股权价值为 −117 百万英镑;在 1997 年,据它报告,根据 456 百万英镑的销售额,其息税前盈利为 −3.45 百万英镑,而净收入是 −611 百万英镑。无论根据哪种标准,该公司无疑都陷入了财务危机。

隧道的很大部分融资出自举债。在 1997 年末,由于发行各种债券和向银行借款,Eurotunnel 的债务负担超过了 5 000 百万英镑。若加上预期利息支付和息票支付,公司的总债务高达 8 865 百万英镑。下表概述了公司的未偿债务,以及我们所估算的各级债务的预期持续期：

债务类型	面值(包括累积息票)/百万英镑	持续期(年份数目)
短期	935	0.50
10 年	2 435	6.7
20 年	3 555	12.6
更长期	1 940	18.2
总计	8 865	10.93

该公司唯一重要的资产是对于隧道的所有权。根据它的预期现金流和恰当的资本成本,我们可以估算其价值,而相关假设条件如下：

- 销售额在未来五年间的年增长率为 10%,随后则是 3%。
- 销售成本在 1997 年为销售额的 72%,在 2001 年之前将以线性增量方式下跌到销售额的 60%(不包括折旧)。
- 在最近一年间,资本支出为 45 百万英镑,*折旧额为 137 百万英镑。资本支出和折旧在未来五年间的年增长率为 3%。在第 5 年之后,资本支出与折旧相互抵消。
- 没有流动资本需要。
- 债务率在 1997 年末为 95.35%,在 2002 年前将下跌到 70%。债务成本在未来五年内等于 10%,然后则是 8%。
- 公司股票的 β 值在未来五年内等于 2.00,然后则是 0.80(因为债务的减少)。在进行估价时,长期利率为 6%,风险溢价为 5.5%。根据这些假设,可在下表中估算出现金流：

百万英镑

	1	2	3	4	5	终端年份
销售额	501.60	551.76	606.94	667.63	734.39	756.42
−销售成本	361.15	380.71	400.58	420.61	440.64	453.85
−折旧	141.11	145.34	149.70	154.19	158.82	163.59
EBIT	−0.66	25.70	56.65	92.83	134.94	138.98
−EBIT×t	0.00	9.00	19.83	32.49	47.23	48.64
−EBIT$(1-t)$	−0.66	16.71	36.83	60.34	86.71	90.34
+折旧	141.11	145.34	149.70	154.19	158.82	163.59
−资本支出	46.35	47.74	49.17	50.65	52.17	163.59
−流动资本变化量	0.00	0.00	0.00	0.00	0.00	0.00
公司自由现金流	94.10	114.31	137.36	163.89	194.36	90.34
终端价值					2 402.66	
现值	87.95	99.86	112.16	125.08	1 852.67	
公司价值	2 277.73					

---

　* 在本案例此处和后面的数据表中,原文均使用了"$"符号,当为"£"之误。——译者注

Eurotunnel 公司的资产价值为 2 278 百万英镑。

现在需要估算的最后一个数字是公司价值标准差。鉴于 Eurotunnel 没有可以直接比较的公司，我们采用它在前些年间的数据估算其股票和债务的标准差：

$$\text{Eurotunnel 的 (ln) 股价标准差} = 41\%$$
$$\text{Eurotunnel 的 (ln) 债券价格标准差} = 17\%$$

另行估算得出 Eurotunnel 股价与债券价格之间的相关系数为 0.50，在上述两年期间的平均债务-资本比率为 85%。结合这些数据，可估算得到公司价值的标准差是

$$\sigma^2_{公司} = (0.15)^2(0.41)^2 + (0.85)^2(0.17)^2 + 2(0.15)(0.85)(0.5)(0.41)(0.17)$$
$$= 0.033\,5$$

总之，用于期权定价模型的各项数据是

$$\text{标的资产价值} = S = \text{公司价值} = 2\,312\ \text{百万英镑}$$
$$\text{实施价格} = K = \text{未偿债务面值} = 8\,865\ \text{百万英镑}$$
$$\text{期权有效期} = t = \text{债务的加权持续期} = 10.93\ \text{年}$$
$$\text{标的资产价值方差} = \sigma^2 = \text{公司价值方差} = 0.033\,5$$
$$\text{无风险利率} = r = \text{相应于期权有效期的国债利率} = 6\%$$

根据这些数据，可估算得出这项看涨期权的价值如下

$$d_1 = -0.858\,2 \quad N(d_1) = 0.195\,5$$
$$d_2 = -1.463\,7 \quad N(d_2) = 0.071\,7$$
$$\text{看涨期权（股权）的价值} = 2\,278(0.195\,5) - 8\,865\,exp^{(-0.06)(10.93)}(0.071\,7)$$
$$= 116（\text{百万英镑}）$$

在 1997 年，Eurotunnel 公司的市值为 150 百万英镑。

除了可以给出 Eurotunnel 公司的股权价值，期权定价框架还能针对决定这种价值的各个因素提出某些见解。公司的成本控制和利润率的提高固然重要，但决定股权价值的两个关键变量却是债务持续期和公司价值方差。增加或减少债务持续期的任何举措都会对股权价值产生正面或负面的影响。例如，如果法国政府对那些给 Eurotunnel 公司贷款的银行家们施加压力，要求他们放宽条件而给公司更多的偿债时间，股权投资者就可因为期权有效期的延长而获益。类似地，加大公司期望价值波动率的任何举措也会增加这项期权的价值。

⚘ *equity.xls*：这一电子表格使得我们可将困窘公司的股权作为期权进行估价。

掠夺性投资和期权定价法

掠夺性投资指的是这样一种投资策略，即购买那些深陷财务困境之公司的证券。在某种意义上，我们是对处在深度虚值的期权进行投资，因为希望其中一些期权能够带来可观的回报。运用期权定价框架，可就这种策略何时以及如何能够提供回报得出下面一些结论：

- 针对深度虚值期权的任何组合,应该预计到,这种组合的很大一部分最终将全无价值。然而,可以提供回报的相对少数期权必须赢得巨额报酬,使得最终的组合能够获得不错的报酬。
- 应该投资于波动剧烈行业中的极度困窘公司的股权。因为,在投资于期权时,风险是我们的盟友。这些公司的股权应该比稳定行业中极度困窘公司的股权更有价值。
- 如果打算买入极度困窘公司的股票,那就应将投资目标设定为那些具有更长期债务而非短期债务的困窘公司。可以看到,随着期权有效期的延长,期权的价值也会增加。
- 如果投资于由财务困窘公司所发行的债券,那就不应仅限于作为被动的投资者。我们必须在投资对象的管理中发挥主动性作用,或许可通过债务转换的方式获得股权。

30.4　对于投资决策的影响

在进行投资和跨行业兼并分析时,可以借助于期权定价理论说明股东和债主之间的利益冲突。本节指出,那些有益于股东的决策未必就能使得公司价值达到最大,而且可能会损及债主。

30.4.1　股东和债主的利益冲突

股东和债主具有不同的目标函数。这会造成所谓"代理人问题"(agency problem),即股东可凭借其地位攫取债主的利益。这种冲突还会通过一些途径自行加剧。例如,相对于债主而言,股东具有投资于风险更大之项目的动因,支付高于债主所乐意的股息。运用前一节所阐述的期权定价方法,能够很好地说明此类冲突。

对风险性项目的投资

鉴于股权是一种针对公司价值的看涨期权,假设其他不变,公司价值方差的加大将使得股权增值。因此,可以认为,为了自己获益,股东们会投资于净现值为负的风险性项目,造成债券和公司价值的下降。不妨考虑案例 30.1 中的那家公司。如同前述,它的资产价值为 1 亿美元,具有等于 8 000 万美元的 10 年期零息票债券,公司价值标准差为 40%。对该公司的股权和债务可作如下估价:

$$股权价值 = 7\,594\ 百万美元$$
$$债务价值 = 2\,406\ 万美元$$
$$公司价值 = 1\ 亿美元$$

现在假设，股东们具有一个净现值为－200万美元的项目投资机会。这一风险极大的项目将使公司价值标准差增加到50%。因此，可用下列数据估算作为看涨期权的股权价值：

标的资产价值 = S = 公司价值 = 1亿美元－200万美元

= 9 800万美元（因为这一净现值为负的项目，公司价值下降）

实施价格 = K = 未偿债务面值 = 8 000万美元

期权有效期 = t = 零息票债券的期限 = 10年

标的资产价值方差 = σ^2 = 公司价值方差 = 0.25

无风险利率 = r = 相应于期权有效期的国债利率 = 10%

根据这些数据，Black-Scholes模型可以给出该公司股权和债务的价值如下：

股权价值 = 7 771万美元

债务价值 = 2 029万美元

公司价值 = 9 800万美元

公司的价值虽减少了200万美元，股权价值却从7 594万美元提高到了7 771万美元，但它是以债主的利益为代价；债主们将会发现，他们的财富由2 406万美元减少到了2 029万美元。

跨行业兼并

跨行业兼并对于债主和股东的影响也有所不同。因为参与兼并的各公司在各盈利流量方面并不完全相关，合并后公司的盈利和现金流方差预计都会降低。在这些兼并情形中，由于方差的降低，被兼并公司的股权价值在兼并后将会下降，而债主则会获益。然而，股东可以利用更大的举债能力发行新债，从而重新索取部分或全部损失的财富。为说明起见，假设我们具有关于两家拟议合并之公司的下列信息，即Lube & Auto（汽车服务公司）和Gianni Cosmetics（化妆品制造商）：

	Lube & Auto	Gianni Cosmetics
公司价值	100百万美元	150百万美元
债务面值	80百万美元	50百万美元（零息票债券）
债务期限	10年	10年
公司价值标准差	40%	50%

两家公司现金流的相关系数为0.4，而10年期国债利率为10%。

可以计算得出兼并后公司价值的方差如下：

合并后公司价值的方差 = $w_1^2\sigma_1^2 + w_2^2\sigma_2^2 + 2w_1w_2\rho_{12}\sigma_1\sigma_2$

= $(0.4)^2(0.16) + (0.6)^2(0.25) + 2(0.4)(0.6)(0.4)(0.4)(0.5)$

= 0.154

运用期权定价模型，可以估算合并之前和之后的公司股权和债权价值如下：

万美元

	Lube & Auto	Gianni Cosmetics	合并后公司
公司股权价值	7 594	13 448	20 758
公司债权价值	2 406	1 552	4 220
公司价值	10 000	15 000	25 000

实施兼并前,两家公司股权价值之和为 21 042 万美元;兼并后,它减少到 20 758 百万美元;债主财富则增加了相等的金额。在此,由于兼并,出现了财富从股东向着债主的转移。因此,若在跨行业兼并之后债务并无增加,那就可能意味着财富由股东向着债主的转移。

股权是否都可视为看涨期权?

观察了本章采用的理论框架之后,或许有人会问,为何不能把所有公司的股权都视为看涨期权?为何不应针对所有公司的贴现现金流价值添加某种溢价?毫无疑问,股权在所有的公司都构成了看涨期权;但是,就其中大多数而言,它们作为持续经营实体的公司价值要大于出自其清算期权的价值。不妨考虑某家快速增长的公司,假设其现有资产甚少而很大部分价值出自增长潜力。如果该公司获得清算,则可得到现有资产的价值;这就构成了期权定价模型中的标的资产,并将决定股权作为针对公司的看涨期权的价值。这种价值将远低于把公司当作持续经营实体而且兼顾预期增长时所估算的价值。对于从现有资产和巨额债务中产生大部分价值的某些成熟公司来说,股权作为针对清算的看涨期权的价值比较大。然而,对于其他公司来说,作为持续经营实体的股权价值则比较大。

30.5　总结

对于那些深陷困境(盈利为负和债务甚重)的公司来说,可将其股权视为看涨期权。这项期权为股东所掌控,他们可以选择清算公司而索取公司价值与未偿债务之间的差额。如果公司价值不及未偿债务,根据有限责任,他们无须补偿这一差额。即使公司资产的价值低于未偿债务,股权也仍然具有价值,因为这项期权具有时间溢价。

30.6　问题和简答题

在下列问题中,若无特别说明,假设股权风险溢价为 5.5%。

1. 判断下列说法的对错:

a. 可将股权视为期权,因为股东的责任有限(仅限于他们在公司的投资额)。

对____错____

b. 股东有时会采纳不良项目（净现值为负者），因为它们可以增加公司价值。

对____错____

c. 投资于好的项目（净现值为正者）而风险低于公司的平均风险水平，对于股东会产生负面影响。

对____错____

d. 公司股权价值随着公司债务持续期的延长而增加（即如果其他方面相似，股权在债务期限更长的公司中的价值大于债务期限较短者）。

对____错____

2. XYZ 公司具有 5 亿美元的未偿零息票债券，期限为五年。该公司在最近一年的息税前盈利为 4 000 万美元（税率为 40％）。预计盈利的永久性年增长率为 5％，公司不支付股息，资本报酬率为 12％，资本成本为 10％。可比公司的公司价值标准差为 12.5％。5 年期国债利率为 5％。

a. 估算该公司的价值。

b. 运用期权定价模型，估算股权价值。

c. 估算债务市值以及恰当的利率。

3. 在 1993 年，McCaw Cellular Communications 公司所报告的息税前盈利为 8.5 亿美元，同期折旧额为 4 亿美元，而资本支出为 5.5 亿美元；可以忽略流动资本需要额不计。在未来五年间，息税前盈利和净资本支出的年度增长率均为 20％。资本成本为 10％，预计在第 5 年后的永久性资本报酬率为 15％；永久性增长率为 5％。该公司具有 100 亿美元的未偿债务，而且具有下列特征：

持续期	债务
1 年	20 亿美元
2 年	40 亿美元
5 年	40 亿美元

公司股价的年化标准差为 35％，而这些上市债券的年化标准差则为 15％。股价和债券价格的相关系数为 0.5，公司在过去五年间的平均债务率为 60％。5 年期国债利率为 5％，税率是 40％。

a. 估算该公司的价值。

b. 估算股权的价值。

c. 在 1994 年 1 月，公司股价为 30 美元，流通股数目为 2.1 亿。估算公司价值的暗含标准差。

d. 估算债务的市值。

4. 我们需要分析一家公司的股权价值，它具有下列特征：

• 息税前盈利为 2 500 万美元，公司税率为 40％。

• 预计盈利的永久性年增长率为 4％，资本报酬率为 10％。可比公司的资本成本为 9%。

- 公司具有两类未偿债务：面值为 2.5 亿美元的两年期零息票债券，以及面值为 2.5 亿美元的十年期银行债务。（债务持续期为 4 年。）

- 公司经营两种业务，即食品加工和汽车修理。在食品加工部门，公司价值平均标准差为 25%；在汽车修理部门，公司价值的标准差为 40%。两种业务之间的相关系数是 0.5。

- 无风险利率为 7%。

使用期权定价模型估算作为期权的股权价值。

5. 我们打算评估某公司的股权，其债务（面值）为 8 亿美元，平均持续期为 6 年，资产的估算值为 4 亿美元，资产价值标准差为 30%。根据这些数据（以及等于 6% 的无风险利率），我们得到 d_1 和 d_2 的价值如下：

$$d_1 = -0.15 \quad d_2 = -0.90$$

估算应该针对该公司债务所要求的（相对于无风险利率的）违约息差。

第31章

价值增进： 贴现现金流的估价框架

在本书前面章节中,我们都是从被动投资者的角度评估作为持续经营实体的公司。在本章中,我们转换角色,从可以改变公司经营方式进而公司价值的投资者角度考察估价问题。因此,关注点在于管理者和所有者可以采取哪些方法改变公司的价值。

运用前面章节所构建的贴现现金流框架,我们将考察可以创造价值的行动标准,然后探讨公司可以创造价值的不同途径。与此同时,我们还将考察营销决策、生产决策和战略决策在价值创造中的作用。

31.1　价值创造措施和价值中性措施

公司的价值等于现有资产和未来增长潜力所产生的预期现金流现值,根据资本成本贴现而得出。创造价值的措施必须满足下列一个或几个标准:

- 增加出自现有投资项目的现金流。
- 增加盈利的预期增长率,并且产生超额报酬。
- 拓展高增长期的长度。
- 降低运用于贴现现金流的资本成本。

与此相反,无法影响上述各点的措施也就无法影响价值。

虽然这一点或许看似相当明确,一些管理者和分析者们所热衷的措施实质上属于价值中性的。不妨考虑下列一些例子:

1. 股息和拆股。它们可以改变公司的股份数目,但是不会影响现金流、增长率或公司价值。然而,这些措施会对股价造成影响,因为它们可能会改变投资者关于公司前景的看法。

2. 局限于财务报告而不会影响税款计算的存货估价、折旧方法的会计变化。它们不会影响现金流、增长率或公司价值。近年来,一些公司在管理和熨平盈利方面花费的时间越发增多,他们认为这样做可以得到回报。

3. 在实施收购时,一些公司在交易方式制定方面,通常总是极力降低对于未来盈利的负面影响。在禁止此类做法的会计标准出现之前,美国许多公司都对收购采取混合型

(pooling)的会计法。据此,收购方公司可将各种资产混合在一起,无须显示被作为"商誉"而支付的溢价。如果采纳这种混合法,一些公司通常会支付溢价,并且重新设计交易,即便它们对于现金流并无影响。

4. 多年以来,一些公司试图通过更换公司名称和标志以迎合时尚和博取顾客青睐。在 20 世纪 90 年代后期,时值高科技繁荣达到鼎盛之际,许多公司纷纷在自己的名称后面添加上".com"。

某些人可能会对上述关于价值创造措施的见解持不同看法。他们认为,在拆股或者公司本身改名之际,其股价时常会大幅度上扬。[①] 这种说法虽然可能成立,我们在此所要强调的关键在于,不会受到这些措施影响的是价值而不是价格。

支付股息、拆股以及在公司名称上添加".com"之类的做法虽然属于价值中性措施,但在公司刻意诱导市场认为自己被低估方面,它们无疑属于有用的工具。这些措施可以改变市场对于公司增长或现金流的看法,可以向金融市场发出某些信号。通过增加交易量和流动性,它们可以为投资者带来某些附带效益以及影响股价。最后,这些装点门面的措施有时确实能够使得公司经营发生变化,最终影响其现金流和价值。

31.2 增进价值的各种途径

通过增加出自现有资产的现金流、预期增长率(并且保持超额报酬)以及增长期的长度,我们可以增加公司的价值。然而,在现实中,这些措施大多难以一蹴而就,而且可能会体现出那些据信金融分析者们时常会忽略的定性因素。本节将考虑公司的营销、战略和财务方面的措施将会如何影响公司价值。

31.2.1 增加现有投资项目的现金流

考察价值的首要关注点是公司现有资产。它们体现了公司已经作出的投资,目前可以为公司产生经营性收入。如果这些投资的报酬低于成本,或者盈利低于最佳管理水平,那就存在着增进价值的潜机。

不良投资项目：维持、剥离和清算

很多公司都有一些项目的盈利低于它们的成本,有时甚至亏损。最初看来,应该剥离或者清算那些无法收回资本成本的投资项目。事实上,如果公司能够通过清算而收回最初的资本,这种说法无疑可以成立。然而,就大多数情形而言,在作出这种判断前,我们需要考虑关于现有投资价值的三种尺度。

第一种尺度是继续经营的价值,它体现了继续进行投资直到最终为止而能产生的预期现金流现值。第二种尺度是清算价值或账面残值(salvage value),它是公司立刻终止项

---

① 这种看法确实具备现实根据。一般来说,公司在实施拆股时,其股价通常会上涨。

目所能获得的净现金流。最后一种则是剥离价值（divestiture value），即由最高出价者对于项目所支付的价格。

公司究竟是应该继续经营现有项目、清算项目或者将它卖给他人，这一抉择取决于在这三种价值之间哪种最大。倘若继续经营的价值最大，公司就应一以贯之地经营项目，即便其盈利可能低于成本；倘若清算或者剥离价值高于继续经营的价值，实施清算或剥离就有可能增加价值。因此，我们可对公司价值作如下估算：

若清算为最佳措施：

$$预期价值增量＝出自清算的价值－出自继续经营的价值$$

若资产剥离为最佳措施：

$$预期价值增量＝出自剥离的价值－出自继续经营的价值$$

资产剥离将会如何影响公司价值呢？为了回答这一问题，我们需要比较被剥离资产的价格与公司可从被剥离资产获得的预期现金流现值，故而会有下列三种情形：

1. 若剥离价值等于预期现金流现值，剥离对实施剥离公司的价值没有影响。

2. 若剥离价值大于预期现金流现值，剥离可以增加公司的价值。

3. 若剥离价值小于预期现金流现值，剥离将会减少公司的价值。

实施剥离的公司可用资产换取现金，并且可将现金投资于有价证券、其他资产或者新的项目，或者将现金以股息、股票回购的形式归还股东或实施股票回购。这些措施又会对公司价值产生第二层级的影响。

案例 31.1 实施资产剥离的增值潜机：1998 年的波音公司

虽然不易判断公司的单项投资及其持续生成现金流的能力，通过考察公司不同部门的资本成本和报酬方面的差异，我们能够了解剥离和清算举措营造价值的潜机。例如，在1998 年，波音公司的资本报酬率为 5.82%，资本成本是 9.18%。对波音公司根据部门报酬率进行划分，可得到下表：

百万美元

	商用飞机	信息、太空和国防产品	公　　司
经营性收入	75	1 576	1 651
投入资本	18 673	9 721	28 394
税后资本报酬率	0.40%	16.21%	5.82%

在波音公司的 1999 年度会议上，首席执行官 Phil Condit 坦陈，公司共有 35% 的资本的盈利低于成本。然而，对于是否清算或者剥离这些投资，[①]以及此类措施能否营造出高于继续经营的价值，他并未作出说明。

假设波音公司有意出售信息、太空和国防系统制造部门，而且遇到一位潜在买主愿意

---

① 在 1999 年，作为波音公司在业内的主要竞争者，洛克希德（Lockheed）公司宣布了打算剥离大约 15% 的资产计划，以应对其股价运势不佳的状况。

为之支付 11 000 百万美元。在最近年间,据该部门报告,在扣除再投资和税收之后而在扣除债务偿付之前,现金流为 339 百万美元,预计现金流的长期年增长率为 5%。该部门的资本成本为 9%,略低于整个公司的资本成本。作为波音公司继续经营的一部分,对于该部门可作如下估价:

部门价值＝393(1.05)/(0.09－0.05)＝10 316 百万美元

如果因为资产剥离可得价值等于 11 000 百万美元,其净效应就是波音的公司价值增加 684 百万美元。

波音价值的净效应＝出自剥离价值－出自继续经营的价值
＝11 000 百万美元－10 316 百万美元
＝684 百万美元

提高经营效率

公司的经营效率决定了经营利润率,进而决定了经营性收入。假设其他不变,与业内其他公司相比,公司的效率越高,经营利润率也就越高。若能凭借现有资产提高经营利润率,公司就可增值。诸多指标可以体现提高利润率的潜机,但相对重要的指标之一则是,公司从其业务中可以实现的利润率水平。如果经营利润率大大低于业内平均值,公司就具有(但却未必一定)提高利润率的潜机。

对于大多数公司而言,增进价值的首要步骤是以削减成本和裁员为形式。但是,只有在所节减的资源难以为当期经营性收入或未来增长作出贡献时,这些举措才能营造价值。通过削减诸如研发和培训支出,公司很容易显示出当期经营性收入的增加,但这样做却是以牺牲未来的增长为代价。

实施资产剥离的几个缘由

公司为何会出售某些资产或者某一部门呢?关于这一点,至少存在着三个理由。第一,被剥离资产对于买方而言价值更大。果真如此,它们就应为买方产生更大的现金流或者降低风险(造成贴现率的降低)。更大现金流的成因在于这些资产可以得到更有效的运用,或是买主可从中取得与现有业务的协同性。较低的贴现率还有可能体现的是,买方股东能够比卖方股东取得更为恰当的分散化。在这两种情形中,买卖双方都可从资产剥离中获益,分享所增加的价值。

第二,剥离方公司营造价值的动因较弱,但却亟需现金。如果无法满足目前的经营或财务支出的需要,公司可能只有出售资产,而将这种剥离所筹得的现金用于偿债。

资产剥离的第三种理由与公司没有出售的资产而非剥离的资产相关。有时,公司的现金流和核心业务会受到经营分散到无关业务的影响。出售那些不属于公司主营业务的资产或业务可以纠正无的放矢的经营状况。

案例 31.2　经营性利润率的比较

在 2000 年，英国零售商 Marks and Spencer 出现了一些重大的经营问题，严重压低了利润率和价值。对它在 2000 年的税后经营利润率与公司在前五年平均税后利润率、业内其他公司在 2000 年的平均税后利润率，图 31.1 进行了比较。

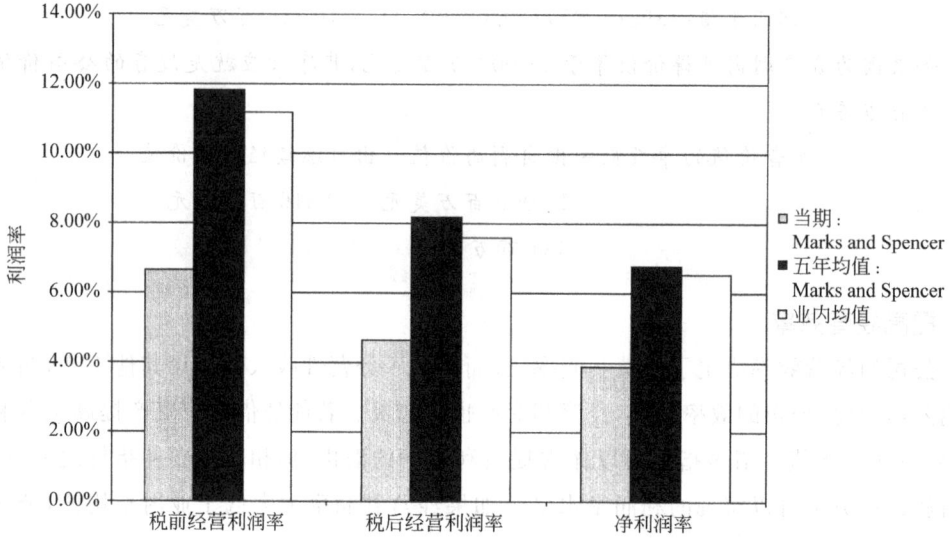

图 31.1　Marks and Spencer：利润率比较

Marks and Spencer 公司在 2000 年的利润率低于自身历史水平和业内均值。我们估算了 Marks and Spencer 经营利润率从当期水平的提高对于每股价值造成的影响，图 31.2 概述了这些变化的影响。

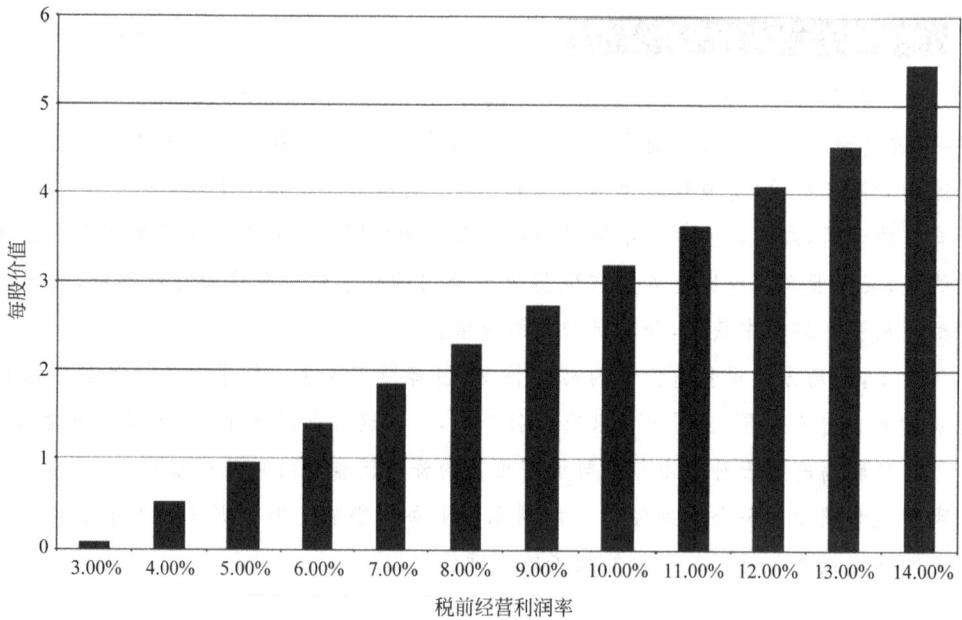

图 31.2　Marks and Spencer：经营利润率和每股价值

每股价值通常对于经营利润率的变化相当的敏感。可以看出,经营利润率从历史水平下跌到当期水平对于价值影响极大。因此,公司制订的任何增值计划都必须致力于提高利润率。

关于成本削减的几点考虑

不少公司时常会宣称要削减成本,尤其是在实施收购或者新的管理者到任之后,但却鲜有兑现者。关于成本削减问题,存在着一些普遍结论:

- 所宣称的成本削减幅度越大,获得兑现的可能性就越低。
- 成本削减必须付出一定的代价,不仅是与解聘相关的经济成本(遣散费)很大,相关的道德代价同样也不可小觑。
- 成本削减在初期要比后期更为容易,部分原因在于,通常首先被削减的成本是容易实施的部分,然后才是那些不易削减的成本。
- 更加不易做到的是,尤其考虑到长期效益,区别那些确实无法为公司产生效益的成本以及那些最初看起来能够产生效益的成本。
- 相对于那些详尽的成本削减方案而言,泛泛而谈的允诺更加难以获得兑现。这方面一个例子是银行兼并,相比打算关闭一些分支机构的详细方案而言,仅仅谈及规模经济能够降低成本的说辞就属于后一类型。

从估价角度看,我们首先应该考察那些打算削减成本的管理者的可信度。即便我们信任他们,也仍应允许他们逐渐分步地实现这一目标。公司的规模越大,所需削减的幅度越大,所需要的时间也就越长。

减少税款负担

因为公司的价值等于其税后现金流的现值,针对既定水平的经营性收入,任何可以减少税款的措施都可以增进公司的价值。虽然税法的某些内容限制了公司在这方面的操作空间,采用下列任何一种举措仍然有助于降低税率:

- 由于是在不同的市场上获得盈利,跨国公司可以将收入从高税收地区转移到低税收乃至无税收地区。例如,这些公司各部门间的内部销售价格(转移价格)就可将部分利润在它们之间实施转移。[①]
- 通过获得净经营性亏损额,公司能够保护未来的收入。事实上,这或许是盈利公司收购亏损公司的原因所在。
- 通过实施风险管理,公司可以逐步降低所需缴纳的平均所得税率。根据大多数税收制度,边际所得税率会随着收入的增加而提高。若能凭借风险管理熨平各个时

[①]　税款只不过是实施转移定价的动因之一。Brick, Smith and Zimmerman(1995)考察了如何最佳地设定转移价格这一更具普遍意义的问题。

期的收入,公司就能使得收入更趋稳定,进而降低暴露于最高边际税率的程度。[①]

案例 31.3 税率和价值

在案例 15.1 中,我们评估了巴西的电信公司 Telesp。它的价值是 25 902 百万巴西里亚尔,而估价所用税率为 30%。在计算税后债务成本时,这一税率被用作有效所得税率和边际税率。

如果 Telesp 公司可以降低税率,就能增加经营性资产的价值。在图 31.3 中,针对两种情形,我们计算了 Telesp 的经营性资产价值。在第一种情形中,我们改变了有效税率(用于计算税后经营性收入)和边际税率(计算税后债务成本)。在第二种情形中,我们仅只改变了有效税率而把边际税率保持在 30% 不变。

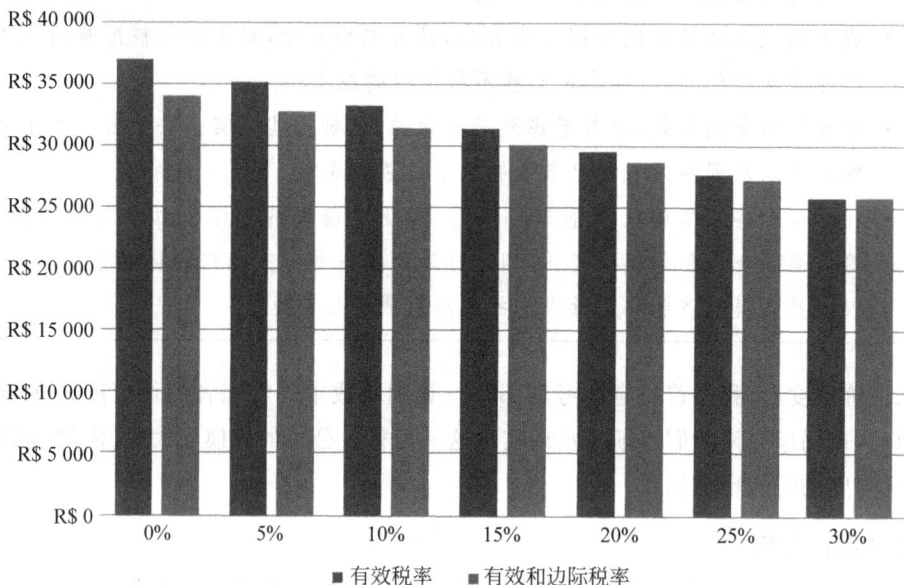

图 31.3 Telesp:税率和经营性资产价值

在这两种情形中,Telesp 公司的价值都会随着税率的下降而增加。但是,如果公司能够降低有效税率而不改变边际税率,其价值增幅将会更大。这就使得 Telesp 公司能够增加税后现金流,而又不至于改变其债务的缴税优惠待遇。

削减现有项目的净资本支出

净资本支出等于资本支出与折旧之间的差额;作为现金流出,它会减少公司的自由现金流。净资本支出的一部分旨在营造未来的增长,但其余部分则是为了维持现有资产。若能减少针对现有资产的净资本支出,公司就可增进价值。在短期内,资本支出甚至能够低于那些资产的折旧,进而可在净资本支出方面产生现金流入。

---

① Stulz(1996)针对风险管理提出了这一论点。他还提出了风险管理能够增进价值的其他一些途径。

通常,在资本保全性支出与现有资产寿命之间存在着某种取舍关系。如果不对现有资产作出某些支出,公司虽可借助这些资产获得高出许多的税后现金流,但是会大大缩短资产的寿命。作为另一种极端情形,若将出自折旧的所有现金流都用于资本保全,公司就能够大大地延长现有资产的寿命。在实施成本削减与减少或者取消资本保全支出时,公司时常会忘却这种取舍。虽然这些举措可以增加现有资产的现金流,但是公司实质上是在以更快的速度消耗这些资产,最终导致价值损失。

减少非现金流动资本

公司的非现金流动资本等于非现金性流动资产(通常是存货和应收账目)与流动负债的非债务部分(通常是应付账目)之间的差额。投资于非现金流动资本的资金通常都已经被锁定而无法挪作他用。因此,非现金流动资本的增加属于现金流出,而它的减少则属于现金流入。对于零售业和服务业公司来说,非现金流动资本所消耗的现金流要大大超过常规的资本性支出。

在此,创造价值的路径似乎相当地简单明了。降低非现金流动资本所占销售额的比重就应该能够增加现金流,进而增进公司价值。然而,这就等于假设削减流动性资本投资不会造成负面影响。为了促进销售,各公司通常会保持一定的存货并且提供卖方信贷。如果削减其中之一甚至两者而造成销售量下降,就会对价值产生负面影响。

高科技有助于公司控制非现金流动资本,帮助它们跟踪存货、消费者购买量和购买行为。运用价值链管理,诸如沃尔玛等公司已经发现了许多新颖的方式,可以减少对于非现金流动资本的投资,以及加速现金在整个经营过程中的周转。

案例 31.4　非现金流动资本和经营性资产价值

Angelos Stores 是一家处在稳定增长期的上市零售商。在最近年间,该公司报告的销售额为 2 亿美元,税后经营性收入为 1 000 万美元,资本支出为 500 万美元,折旧为 300 万美元,非现金流动资本总额为 4 000 万美元。假设公司的年增长率为 3%,资本成本为 10%,而上述所有数据均以相同比率增长。因此,

下一年的非现金流动资本预计变化量

= (非现金流动资本所占销售额的比重)(销售额的变化量)

= (400/200)(200 × 0.03) = 120 万美元

下一年的预期 FCFF = EBIT(1 − t)(资本支出 − 折旧) − 非现金流动资本变化量

$$= 10(1.03) - (5 - 3)(1.03) - 1.2 = 704 \text{ 万美元}$$

$$\text{公司价值} = \frac{\text{下一年度预期 FCFF}}{\text{资本成本} - \text{预期增长率}} = \frac{7.04}{0.10 - 0.03} = 100.57 \text{ 百万美元}$$

请注意,它的很大部分再投资出自于占销售额达 20% 的非现金流动资本。

现在假设,该公司能把非现金流动资本从销售额的 20% 削减到 10%。即刻产生的影响就是使得作为流动资本的正现金流从 4 000 万美元(销售额的 20%)减少到 2 000 万美元(销售额的 10%);第二种影响则带有某种持续性,即每年的预期 FCFF 可以由此而

提高：

$$下一年的预期 FCFF = EBIT(1-t)(资本支出-折旧)-非现金流动资本变化量$$
$$= 10(1.03)-(5-3)(1.03)-20(0.03) = 764(万美元)$$

$$公司价值 = \frac{下一年度预期 FCFF}{资本成本-预期增长率} + 即刻现金增量$$

$$= \frac{7.64}{0.10-0.03} + 20 = 129.14(百万美元)$$

图 31.4 概述了非现金流动资本所占销售额的比重变化对于价值的影响,（并且不切实地）假设它对销售额或增长率没有影响。

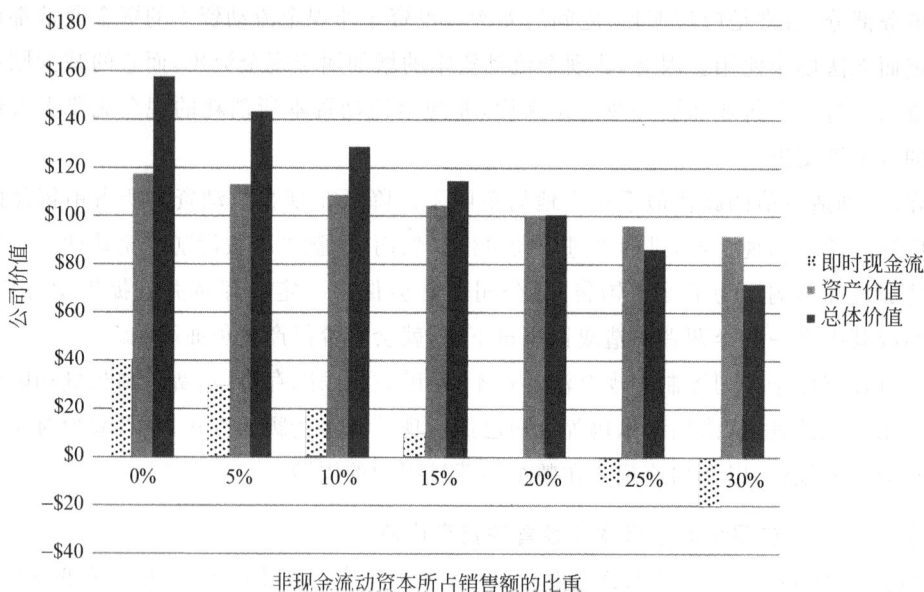

图 31.4　非现金流动资本和价值

🌐 *cfbasics.xls*：这一网上的数据集概述了美国各行业组的经营利润率、税率和非现金流动资本所占销售额的比重。

31.2.2　提高预期增长率

如果能够快速增长而盈利超过资本成本,目前现金流较低的公司就仍可具有很高的价值。对于能够盈利的公司来说,增长率将根据盈利获得定义;但对亏损者来说,就需要考虑销售增长和更高利润率之间的关系。

能够盈利的公司

较高的增长率产生于再投资的增加或者资本报酬率的提高。然而,这一点并非总能使得公司增值,因为较高的增长率或许会被其他方面的变化所抵消。较高的再投资率通常会导致较高的预期增长率,但却需要以现金流的减少为代价,因为再投资减少了自由现金流。更高的资本报酬率也能够提高预期增长率,但是,如果新投资针对的是风险更大的业务,或者资本成本的增加不成比例,公司的价值就仍然可能会降低。

表 31.1 列出的是事关提高再投资率的取舍;即,我们需要对增加再投资的正面影响与它会减少现金流这种负面影响进行比较。

表 31.1 关于再投资率的取舍

负 面 影 响	正 面 影 响
减少公司自由现金流: FCFF＝EBIT(1－税率)(1－再投资率)	提高预期增长率: 预期增长率＝再投资率×资本报酬率

我们可以纵观整个估价过程,考察出自更高增长率的附加现金流现值是否大于以现金方式作出的实际所需再投资现值。为了确定这种价值效应,存在着一种非常简便的检验方式。需要指出的是,项目净现值衡量的是项目对于公司价值的贡献,而净现值只有在项目内在报酬率(internal rate of return,IRR)超过资本成本时才会为正。如果将项目的会计资本报酬率视为 IRR,那就只有在资本报酬率大于资本成本时,再投资率的提高才能够增进公司的价值。倘若资本报酬率低于资本成本,增长的正面影响就会小于再投资率提高所造成的负面影响。

需要注意的是,这里所讨论的"资本报酬率"是边际资本报酬率(即实际再投资获得的报酬率)而不是平均资本报酬率。鉴于公司通常会首先采纳最具吸引力的项目,然后才是较次者,平均资本报酬率通常会超过边际资本报酬率。因此,如果资本报酬率为 18％,资本成本为 12％,公司在边际项目上的盈利或许就只有 11％。再者,如果再投资的增量很大,边际资本报酬率就会低得多。因此,在作出再投资率大幅度提高而当期资本报酬率保持不变这种假设时,我们必须小心从事。

若能提高资本报酬率而保持资本成本不变,公司就能够增进价值。增长率的提高同样也能够增加价值,而且通常并不存在相予抵消的效应。但是,如果资本报酬率的增加是因为公司进入了某个新的行业,而它所面临的风险就会大大高于现有业务,因而有可能出现将会抵消增长率提高的资本成本增加。然而,创造价值的一般法则依然十分简单;即,无论风险程度如何,只要项目的边际资本报酬率大于资本成本,它们就能够增进价值。

我们还可比较资本的报酬率和成本。若前者低于后者,公司就可通过采纳报酬较高的项目而增进价值。然而,有时候,公司根本就不作投资而是将现金归还股东,由此产生的价值增量或许会更大。对于那些深陷无法收回资本成本之业务的公司来说,实施部分的或者完全的清算或许是一项最能增进价值的举措。

案例 31.5 再投资率、资本报酬率和价值:比较 1998 年的波音和家得宝公司

在 1998 年,波音公司的资本报酬率为 6.59％,再投资率为 65.98％。如果假设该公司的资本成本为 9.17％,可以估算得出其每股价值为 13.14 美元。在同一年间,家得宝公司的资本报酬率为 16.38％,再投资率为 88.62％,资本成本为 9.51％,由此估算得出其每股价值为 42.55 美元。

	波 音	家 得 宝		波 音	家 得 宝
资本成本	9.17%	9.51%	预期增长率	4.35%	14.51%
资本报酬率	6.59%	16.38%	每股价值	13.14 美元	42.55 美元
再投资率	65.98%	88.62%			

如果家得宝可以提高再投资率而不至于影响资本报酬率，对于价值的影响就为正，因为它可以赢得超额报酬。对于波音公司来说，根据当期资本报酬率而提高再投资率所产生的影响将为负，因为它的资本报酬率低于资本成本。假设资本成本保持不变，图 31.5 概述了改变再投资率对于两家公司价值的影响。

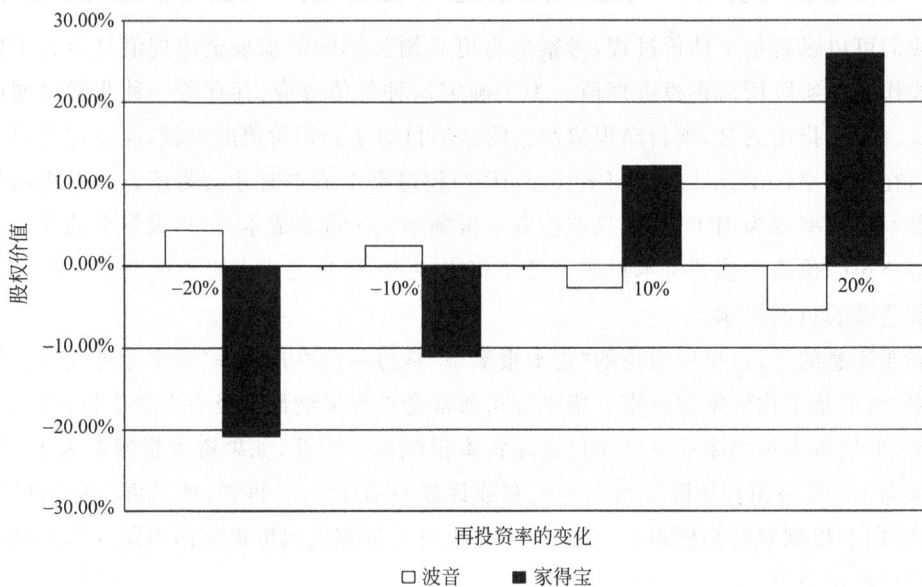

图 31.5　再投资率变化对于股权价值的影响

例如，不妨把波音公司的再投资率从 65.98% 降低到 45.98%，然后考察一下对于股权价值的影响幅度；其变化幅度为 +4.49%。对于家得宝来说，相似变动产生的影响则将为负，其再投资率变化所产生的影响将会很大，因为它的高增长期为 10 年。

🌐 *fundgrEB.xls*：这一网上的数据集概述了美国各行业组的资本报酬率和再投资率。

盈利为负的公司

对于那些盈利为负的年轻公司来说，期望未来现金流产生于针对三个变量所作的假设，即销售额的预期增长率、目标经营利润率和"销售额-资本"比率。前两个变量决定了未来各年的经营性盈利，最后一个变量则将决定所需要的再投资。图 31.6 概述了它们各自对于现金流的影响。

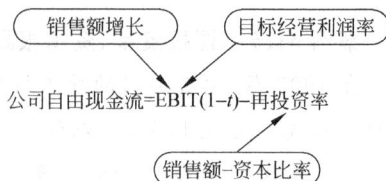

公司自由现金流=EBIT(1-t)-再投资率

图 31.6　决定增长率的因素

假设其他不变,如果三个变量中的任何一个(销售额增长率、目标利润率和"销售额-资本"比率)能够提高,未来各年的预期现金流就能够增加。销售额增长率和目标利润率的提高可以增加经营性盈利,而"销售额-资本"比率的提高则会减少所需要的再投资。

然而,在现实中,公司必须在更快的销售额增长和更高的利润率之间作出取舍。如果提高产品价格,公司能够提高利润率,但是会降低销售额的增速。作为公司战略的主要研究者之一,迈克尔·波特(Michael Porter)指出,就定价策略而言,公司具有两条基本路径。它可以选择成为销量领导者,降低价格以增加销售额,并且足以补偿较低的利润率。若要使得这种策略奏效,公司需要拥有相对于竞争者的成本优势,能够防止导致业内所有公司受损的价格战。另一方面,它可以尝试成为价格领导者,提高价格,期望此举对于销量的影响小于利润率的提高。销售额降低的幅度取决于产品需求弹性和整个产品市场的竞争状况。最终的净效应则将决定价值(Porter 1980)。

虽然"销售额-资本"比率的提高可以减少所需再投资和增加现金流,针对这一过程却存在着内外两种约束条件。随着这一比率的提高,公司在未来年间的资本报酬率也会提高。如果资本报酬率大大超出资本成本,新的竞争者就会涌入市场,公司就将难以维持预期经营利润率和销售额的增长。

以退为进：通过降低增长率而创造价值

有时,营造价值的最佳途径在于降低而不是加速增长。为了说明个中缘由,不妨考虑这样一种说法,即,只有在新项目的资本报酬率超过其资本成本时,增长才能够创造价值。再考虑一下这样一个事实,在 2011 年间,全球大约有 35% 的公司所获得的综合资本报酬率要低于资本成本。虽然这种弱势经营可以归因于各种宏观经济因素或者某些公司的暂时性问题,它同时也体现了许多公司产生超额报酬能力的减弱甚至消失这一点。

这些公司仍然还在不良项目中增加投资,从而延续着损耗价值的路径。关于这种现象,存在着诸多原因。有些公司以为,无论代价如何,增长总归是一件好事;这种看法还得到了那些具有同感的股票分析者们的帮腔和怂恿。另一些公司则是出于惰性而沿袭以往所采纳的投资方式,在当时,投资机会诱人而且充裕。还有一些公司则是因为管理者的过度自信,以为自己可以扭转局面。

无论何种原因,对于这些采取了不当措施的公司来说,增进价值并非难事。停止新的投资虽然会使得增长率下降,但却能够增进公司价值。例如,假设某公司的资本成本为 10%,可以产生 1 000 万美元的税后经营性收入。再假设它将 50% 的收入重新投入到资本报酬率为 6% 的项目中。运用由此产生的 3% 的增长率,可以估算公司的价值如下：

公司价值(现状)＝10(1.03)(1－0.50)/(0.10－0.03)＝7 357(万美元)

如果该公司停止再投资,它的增长率和再投资率将下降到零,其价值却会增加到 1 亿美元：

公司价值（重组）＝10/0.10＝1（亿美元）

虽然这些公司的现行管理者或许并不乐意放弃增长,但是它们却会成为主动型投资者所关注的目标。

31.2.3 延长高增长期

每一家公司在未来某个时间都会变成稳定增长公司,以等于或者低于所处经济体增长率的比率增长。此外,公司只有在投资项目上获得超额报酬,增长才能创造价值。假设其他不变,如果能够获得超额报酬,高增长期持续得越久,公司的价值也就越大。在竞争性产品市场上,应该说没有哪家公司能够赢得超额报酬,因为它会导致竞争者涌入该行业。因此,有关高增长源于超额报酬这种假设的含义在于,仍然存在一些行业进入壁垒可以阻止竞争性公司的进入而消除所存在的超额报酬。

公司能够增进价值的一条途径是,提高现有进入壁垒或者设置新的壁垒。换句话说,能够获得超额报酬的公司具有极大的竞争优势,而保持这些优势却能够增进价值。

品牌优势

如前所述,传统贴现现金流估价法使用的数据已经结合了品牌效应。尤其重要的是,具备有价值品牌的公司能够针对相同的产品索取高出竞争者的价格(形成更高的利润率),或者根据相同的价格而售出比竞争者更多的数量(形成更高的周转率)。相对于业内竞争者而言,它们通常具有更高的资本报酬率和更大的价值。

营造品牌的过程艰难而又代价高昂,或许需要历经多年。但是,公司通常也能够立足于现有品牌而努力使其增值。品牌管理和广告能够为价值创造作出贡献。不妨考虑一下可口可乐公司长期以来在增加、保持市场价值方面的成功。有些人将它的成功归因于高股权或者资本报酬率,然而这些报酬并不是成功的原因而只是结果。该公司的高额报酬可以归因于它极度重视在全球范围内促进其品牌的增值。[①] 相反,如果公司管理者建立了宝贵的品牌却令其价值随意消耗,那就会极大地削减公司的价值。苹果（Apple Computer）公司在1996—1997年间几近消亡的经历,Quaker Oats公司在收购Snapple公司之后的困境,这些都说明,管理者完全可能在很短的时间内就导致宝贵品牌的优势付诸东流。

专利、许可证和其他法律保护

公司可以形成的第二种竞争优势是法律优势。如果拥有产品专利,公司就可拥有生产、销售某种产品的排他性权利,正如在医药行业时常发生的情形。另一方面,公司还可以具有排他性的许可证发放权或者某个市场的垄断服务权。

---

① 可口可乐等公司充分利用了全世界对于它们代表美国文化这样一种看法,由此得以在其他市场上取得强势的增长。

　　增进价值的关键不在于保持而在于强化公司所拥有的竞争优势。如果这些优势出自于现有专利，公司就必须继续开发可以使它保持这种优势的新型专利。增加研发(R&D)性支出无疑是一条途径，然而提高再投资的效率同样也是。能够最大限度增进价值的公司未必就是在 R&D 方面花费最多者，而是其 R&D 部门的产出效率最高者，既包括形成专利方面，又包括把专利转化为商业产品方面。

　　出自排他性许可证发放权或者法定垄断的竞争优势事关天时、地利与人和各方面因素，而且未必一定能够增进价值。如果公司的这些权利是由另一家实体所授予，例如政府，后者大多会通过持续的监管而保留控制公司定价和利润率的权利。例如，在美国，对于电力和电话公司的许多监管规则都旨在确保它们无法获得超额利润。面对这种情形，如果能够换得定价的自由，公司或许能够因为放弃法定垄断权而获益。事实上，这种情形已经出现，目前主要还是在电信行业，而在未来，同样也会出现在受到政府监管的其他行业。摆脱监管之后，能够保持竞争优势的公司将可以业内其他公司的利益为代价而增加价值。

转换成本

　　在某些行业中，没有品牌或者专利能够提供针对竞争的保护。它们的产品生命周期很短，竞争异常激烈，而且客户对于公司或者产品也缺乏忠诚度。这正是 20 世纪 80 年代在计算机软件行业出现的情形，在今天依然适用于该行业的许多公司。那么，在确立市场地位方面，微软公司为何能够如此成功呢？许多人把这一点完全归因于它对于软件操作系统的所有权，但是还有另一个原因，那就是，微软公司要比其他公司更早地认识到，身处计算机软件行业，可以设置的最大进入障碍就在于提高终端用户从其产品转换到竞争者产品所需成本。其实，在早期阶段，微软公司也必须克服大多数用户都在使用 Lotus 产品而不愿承担转换成本这一障碍。微软极力使得终端用户能够更便利地转换到它的产品上（例如，使得 Excel 软件能够兼容 Lotus 的电子数据表），并通过打造 Microsoft Office Suite 软件而提高终端用户转向其他竞争者的成本。因此，如果用户在计算机上安装了 Microsoft Office 软件，但是现在却想改用 WordPerfect，他就必须克服几个问题：这种转换对于现存的数百个 Word 文件是否有效呢？是否能将 Microsoft Excel 或者 PowerPoint 文件转贴到 WordPerfect 文件上呢？当然，最终的结果是，在这一领域，那些实力不如微软的公司绝难与它相匹敌。

　　在另外一些行业中，也可运用"转换成本"这一理念支持或者反驳价值增进的观点。例如，许多人认为，对于 Twitter 和 Facebook 之类大众传媒公司的估价体现了先行者优势；即，它们是互联网行业的先导者。但是，大众传媒行业的转换成本看起来微乎其微，若想在未来能够维持高额报酬，这些公司还需要考虑如何提高转换成本。

成本优势

　　为了营造相对于竞争者的成本优势而将它用作行业壁垒，公司有下列几种途径：

- 在那些可以通过经营规模降低成本的行业中，规模经济可以赋予较大公司相对于较小公司的优势。例如，这正是沃尔玛公司以那些较小且多为地方性竞争公司为代价而掠取市场份额的优势所在。

- 拥有或者具备对于分销系统的排他性权利，可为公司提供相对于竞争者的优势。例如，美国航空（American Airline）公司对于 Sabre 在线预订机票系统的所有权，使它早期在招徕客户方面得享优势。
- 获得低成本的劳动或资源也可营造成本优势。因此，相对于那些组织了工会的竞争者而言，不存在工会而劳动力成本较低的公司就享有某种优势，那些开采成本较低的采掘业公司也是如此。

这些成本优势将通过两条途径影响公司的价值。如果具有成本优势，公司就能够索取与竞争者相同的价格但却获得更高的利润率；或者，公司可以索取低于竞争者的价格，但是具有高得多的资本周转率。事实上，提高利润率或周转率（或者两者兼具）的净效应都会提高资本报酬率，进而提高预期增长率。

出自竞争优势的领先时间

在考察竞争优势对于价值的影响时，我们面临的一个关键问题是，竞争优势能够持续多久呢？这是一个不易回答的问题，因为它事关公司的某些特定因素。然而，一些有关公司战略的研究已经试图阐明这一问题。例如，根据 Levin，Klevorick，Nelson and Winter（1987）的估算，复制专利性产品或工艺需要 3～5 年时间，复制那些非专利性的产品或工艺则只需 1～3 年时间。这项研究还发现，在防止仿造方面，注册专利的功效远远不如快速降低学习曲线、营造销售和服务网络。例如，即便其计算机芯片为 Advanced Micro Devices（AMD）公司所复制，凭借着在领先期内迅速转入下一代芯片，Intel 公司仍然得以保持竞争优势。

构建规模经济型成本优势需要极高的投资额，因而能够阻滞新公司的进入。在太空产品和汽车制造等行业，竞争几乎都是在现存的对手之间展开。因为没有新的竞争者，这些公司能够维持高于正常水平的报酬率，而它们之间的竞争又会限制这些报酬的高低。

31.2.4　降低融资成本

公司的资本成本是债务与股本两种融资方式共同作用的结果，而逐渐形成的现金流则需要根据这种成本贴现。给定现金流不变，降低资本成本就能够增进公司的价值。本节将考察公司得以削减资本成本的各种途径，或者更为宽泛地，通过改变融资结构和工具以增进公司的价值。

改变经营风险

公司的经营风险直接取决于它所提供的产品、服务种类及其消费者随意性（discretionary to the customer）。产品和服务的消费者随意性越大，公司面临的经营风险也越大。股权成本和债务成本都受制于公司所从事的业务。就股权角度而言,只有那些无法分散的经营风险才会影响其价值。

通过降低其产品和服务的消费者随意性,公司可以减少经营风险。广告无疑可以起到某种作用,为产品和服务找到新的用户同样也不失为一条途径。降低经营风险可以减少非杠杆性 β 值(股权成本),以及减少债务的违约风险成本(债务成本)。

降低经营性杠杆系数

公司经营杠杆系数所衡量的是固定成本的比重。假设其他不变,公司盈利的波动性越大,资本成本也就越高。减少固定成本的比重可以降低公司风险和资本成本。通过把某些服务转交给外包商,公司就能够降低固定成本;假如生意不尽如人意,公司也就无须继续承担提供此类服务的成本。公司还可将各类支出与销售额挂钩,例如,将所付工资与销售额挂钩的做法也有助于减少固定成本的比重。

这种把支出与销售额挂钩的基本理念通常被描述为营造更加灵活的成本结构。它将影响实施估价所需要的三种数据。它可以降低非杠杆性 β 值(由于经营性杠杆系数的降低)减少债务成本(由于违约风险的降低)以及提高最优债务率。所有这些都可以减少资本成本,从而增进公司价值。

改变融资结构

削减资本成本的第三条途径是,改变公司融资结构,即债务与股权的比重。正如第15章所提出的,债务成本通常低于股权成本,部分是因为放贷者承担的风险较低,部分则因为与债务相关的缴税优惠。但是,我们需要将这种效益与借款所增加的破产风险加以权衡,这种加大的风险会提高股权的 β 值和借款成本,而最终的净效应将决定资本成本在公司借款更多时是上升还是下降。

然而,需要注意的是,只有在经营性现金流不会受到债务率提高的影响时,公司的价值才会因为成本的降低而增加。随着债务率的提高,如果公司风险加大,进而影响到公司的经营和现金流,即便资本成本有所下降,公司价值就会减少。如果出现这种情形,在设计公司融资结构时,目标函数的确定就必须根据“公司价值的最大化”而不是“资本成本的最小化”来进行。

🌐 *wacc.xls*:这一网上的数据集概述了美国各行业组的债务率和资本成本。

MM(Miller-Modigliani)定理是什么?

在公司金融理论中,作为最为著名和坚实的命题之一,MM 定理指出,公司的价值与其资本结构没有关系。换言之,改变融资结构不会影响公司的价值。那么,如何将本节所述内容与 MM 定理相互协调呢?需要注意的是,这一定理初始形式的推导针对的是不存在税收和违约的情形。根据这些假设条件,债务不会带来缴税优惠和破产成本,故而也就不会影响价值。如果考虑到税收和违约风险,我们就很有可能需要作出权衡。根据这种权衡,债务可能会增加价值、减少价值或者不改变价值。

改变融资工具

公司金融学的一条基本原则是，在规划公司融资时，我们必须尽量确保债务的现金流接近于资产的现金流。通过将债务现金流与相关资产的现金流相匹配，公司可以降低违约风险，提高运用债务的能力，进而降低资本成本和增进价值。

如果债务和资产在现金流方面匹配不当（即，使用短期债务为长期资产融资，以一种货币为产生另一种货币现金流的资产融资，或者以浮动利率债务为那些现金流会受高度通货膨胀不利影响的资产融资），公司的违约风险就会加大，资本成本就会提高，而公司的价值也就会降低。公司可以运用金融衍生品和掉期工具（swaps）缓解这种不匹配问题，同时增加公司的价值。另一方面，它们还可用与那些资产更相匹配的债务替换现有债务。最后，通过各种创新型有价证券，它们可以按照投资项目的现金流筹划债务现金流。在这方面，保险公司使用的巨灾性债券以及采掘业公司使用的产品债券都是很好的例子。

31.3　增进价值的关系链

针对公司能够用于增进价值的各种措施，我们可根据不同方式予以分类。一种方式是，根据它们是否会影响现有资产的现金流、增长率、资本成本和增长期长度。其他两种有助于甄别营造价值之措施的方式是：

1. 这种措施是导致价值取舍还是能够创造价值？没有哪种措施无需先决条件就能够增进价值；例如，剥离那些价值超过继续经营价值的资产，消除那些无助于公司盈利和未来增长的无谓成本（deadweight cost），这些措施大多都对价值具有正负两方面的影响，决定它们能否增进价值的是两者的净影响。有时，这种取舍主要发生在公司内部，营造价值的几率要大得多；例如，为了降低资本成本，公司改变其债务/股权结构。然而，有时，对于价值的净影响取决于竞争者对公司的举措作何反应。例如，如果竞争者将会针锋相对地作出反应，为了增加销售量而降低价格的做法或许就无法增进价值。

2. 这种措施需要多久才能获得回报？某些措施立刻就能增进价值，包括资产剥离和成本削减在内。但是，不少措施却是着眼于长期的价值创造。因此，知名品牌的营造无疑可以在长期创造价值，但却难以立刻产生价值效应。

表31.2概述了增进价值的关系链；其中，对于创造价值的各种措施，我们根据其创造价值的速度以及公司对于价值创造的掌控能力进行了分类。第一列"快速见效者"包括了公司对于其结果具有很大的控制能力的措施，它们创造价值的效益立刻就可以显现。第二列"把握较大者"包括那些在近期或中期有望创造价值的措施，公司对其结果仍然能够具备相当大的掌控力。第三列包括了旨在长期创造价值的各种措施，体现了公司的重大战略意图。

表 31.2　增进价值的关系链

	快速见效者	把握较大者	长　期
现有项目	• 资产/项目的剥离价值大于继续经营的价值。 • 放弃那些清算价值大于继续经营价值的项目。 • 消除那些无助于销售和增长的支出。 • 利用税则优势减少税款。	• 减少所需净流动资本,通过降低存货和应收账目或者增加应付账目 • 减少现有资产的资本保全性支出。	• 改变定价策略以求得资本报酬率和价值的最大化。 • 采用更有效的经营手段以减少支出和提高利润率。
预期增长	• 消除期望报酬低于资本成本的新资本支出。	• 提高现有项目的再投资率或边际资本报酬率。	• 提高新项目的再投资率和边际资本报酬率。
增长期长度	• 若公司产品或服务可获得专利,那就如此行事。	• 利用规模经济或成本优势提高资本报酬率。	• 构建品牌。 • 提高客户放弃产品的转换成本,降低其采用产品的转换成本。
融资成本	• 使用掉期工具和衍生品使得债务与公司资本更加匹配。 • 实施再融资而使公司接近于最优债务率。	• 改变融资工具和使用新颖有价证券以便体现所资助资产的类型。 • 使用最优融资结构资助新的项目。 • 构建灵活的融资结构以减少经营性杠杆系数。	• 通过减少消费者的产品随意性而降低经营风险。

较易控制　快速回报　→　较难控制　长期回报

案例 31.6　SAP 公司的价值增进关系链：2005 年 5 月

SAP 是一家总部设在德国的商用软件制作商,因管理良好而驰名,尤其是体现在作出新的投资方面。在 2004 年,公司将 57.42% 的税后经营性收入用作再投资,获得的资本报酬率为 19.93%。从这两个方面看,其经营状况大大优于同业公司。但是,公司管理者在债务运用方面却极其保守,其债务率只有 1.4%,相应的资本成本是 8.68%。在图 31.7 中,我们对该公司进行了估价。假设它继续采用目前的投资政策(即,在未来五年间,保持 2004 年的再投资率和资本报酬率不变)和保守的融资政策,所得到每股价值为 106.12 欧元。

SAP 能够承担多少债务呢?为了获得答案,在下表中,针对从 0 到 90% 的各种债务率,我们估算了 SAP 的资本成本。①

---

① 在《实用公司金融》(*Applied Corporate Finance*, *John Wiley & Sons*, 3rd ed., 2010)一书中,我详细论述了针对不同的债务率计算股权成本和债务成本的过程。

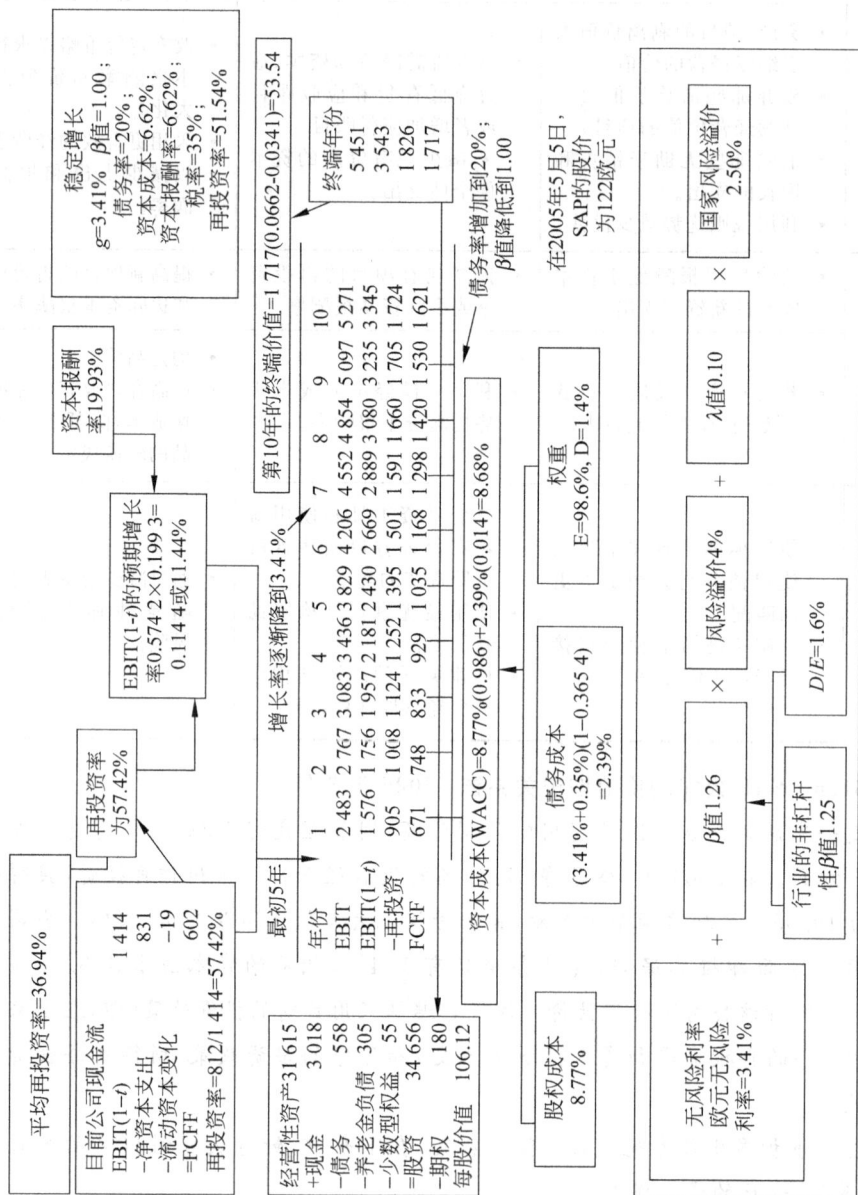

图 31.7　SAP：目前状况

资本成本和债务率：SAP

债务率	β值	股权成本	债券评级	债务利率	税率	债务成本（税后）	WACC
0%	1.25	8.72%	AAA	3.76%	36.54%	2.39%	8.72%
10%	1.34	9.09%	AAA	3.76%	36.54%	2.39%	8.42%
20%	1.45	9.56%	A	4.26%	36.54%	2.70%	8.19%
30%	1.59	10.16%	A-	4.41%	36.54%	2.80%	7.95%
40%	1.78	10.96%	CCC	11.41%	36.54%	7.24%	9.47%
50%	2.22	12.85%	C	15.41%	22.08%	12.01%	12.43%
60%	2.78	15.21%	C	15.41%	18.40%	12.58%	13.63%
70%	3.70	19.15%	C	15.41%	15.77%	12.98%	14.83%
80%	5.55	27.01%	C	15.41%	13.80%	13.28%	16.03%
90%	11.11	50.62%	C	15.41%	12.26%	13.52%	17.23%

如果债务率为 30%，资本成本的最低水平为 7.95%，它要比目前资本成本大约低出 0.73%。

假如只是改变 SAP 的融资结构，而将公司债务率改变为 30% 这一最优水平（资本成本将会降低），公司的价值就可增加。在图 31.8 中，针对 SAP 公司根据这种变化而进行的重组，我们进行了估价，得出的结论是，它的每股价值将等于 118.50 欧元。在 SAP 公司的情形中，控制权价值只有 12.4 欧元，其重要性较低，约占股权价值的 12%。

案例 31.7 出自管理层变更的价值：2005 年 5 月的 Blockbuster 公司

在 2000 年 5 月，Carl Icahn 竞争董事席位之举震惊了录影带出租商 Blockbuster 公司的管理层。他提出挑战的理由在于，Blockbuster 的管理和经营状况都很糟糕，因而可能需要对管理层实施重大调整。虽然在位管理者们在这一点上意见相左，Icahn 却因为获得了股东们的大力支持而当选为董事。

通过考察 Blockbuster 在 2004 年的财务报表，显然可以看出股东们对公司不满意的理由，它的销售额裹足不前。在 2002 年的销售额为 5 566 百万美元，在 2003 年为 5 912 百万美元，到了 2004 年也只有 6 054 百万美元。更为糟糕的是，由于来自于网上零售商（Netflix 公司）和折扣零售商（Walmart 公司）的竞争，Blockbuster 的经营性收入从 2002 年的 468.20 百万美元下跌到了 2004 年的 251.20 百万美元。在 2004 年，该公司现有资产的资本报酬率为 4.06%，而资本成本则是 6.17%。即便假设未来五年间的新投资资本报酬率可以逐渐提高到资本成本的水平，公司的股权估算价值也只有 955 百万美元，每股价值仅为 5.13 美元（如图 31.9 所示）。

那么，应该如何重组 Blockbuster 公司呢？当务之急在于提高现有资产的报酬率，至少应该达到 6.17% 的资本成本水平。这就要求公司能够产生更多的经营性收入（税前经营性收入必须增加到 381.76 百万美元），或者清算某些与报酬率最低资产相关的现有资本（需要实施超过 10 亿美元的资产剥离）。如果假设公司能够立刻将新项目的资本报酬率提高到资本成本的水平，股权价值就会跃升到 23.23 亿美元，使得每股价值增加到 12.47 美元（如图 31.10 所示）。

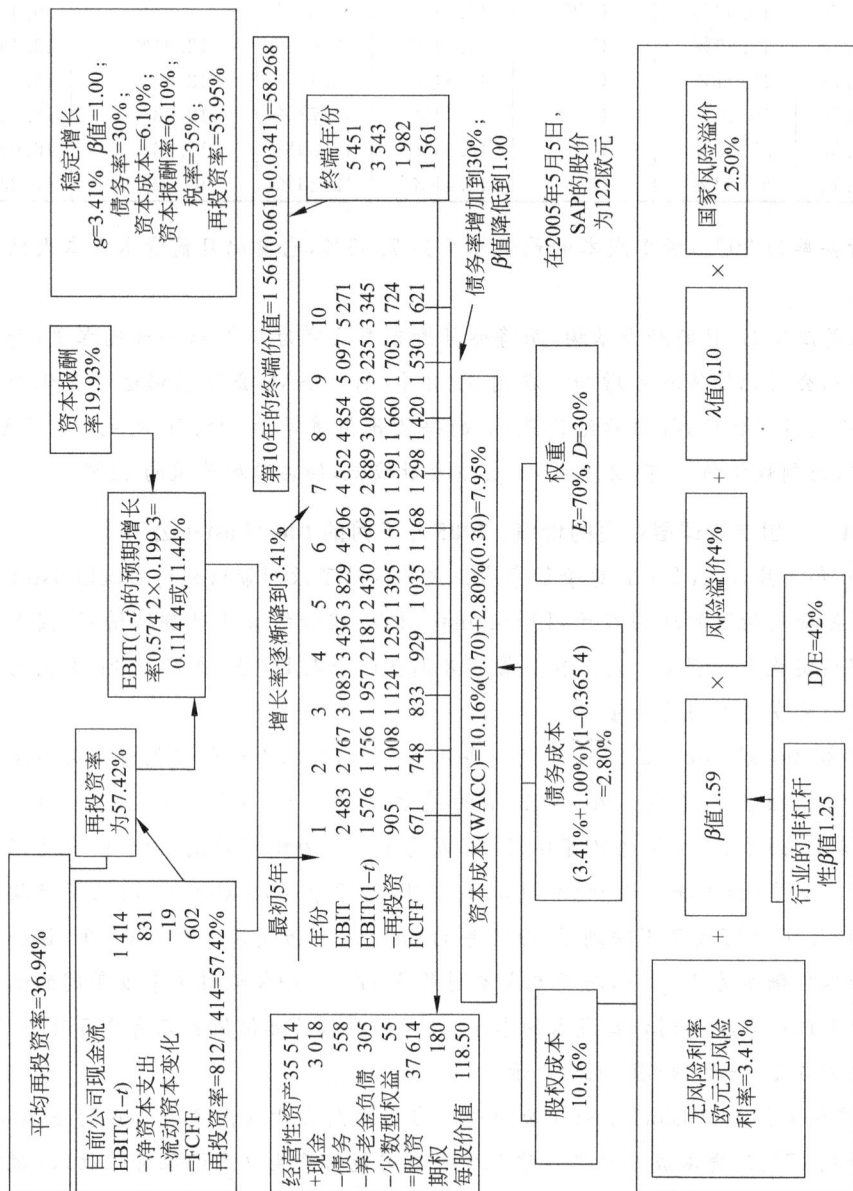

图 31.8 SAP：改变融资方式后的公司价值

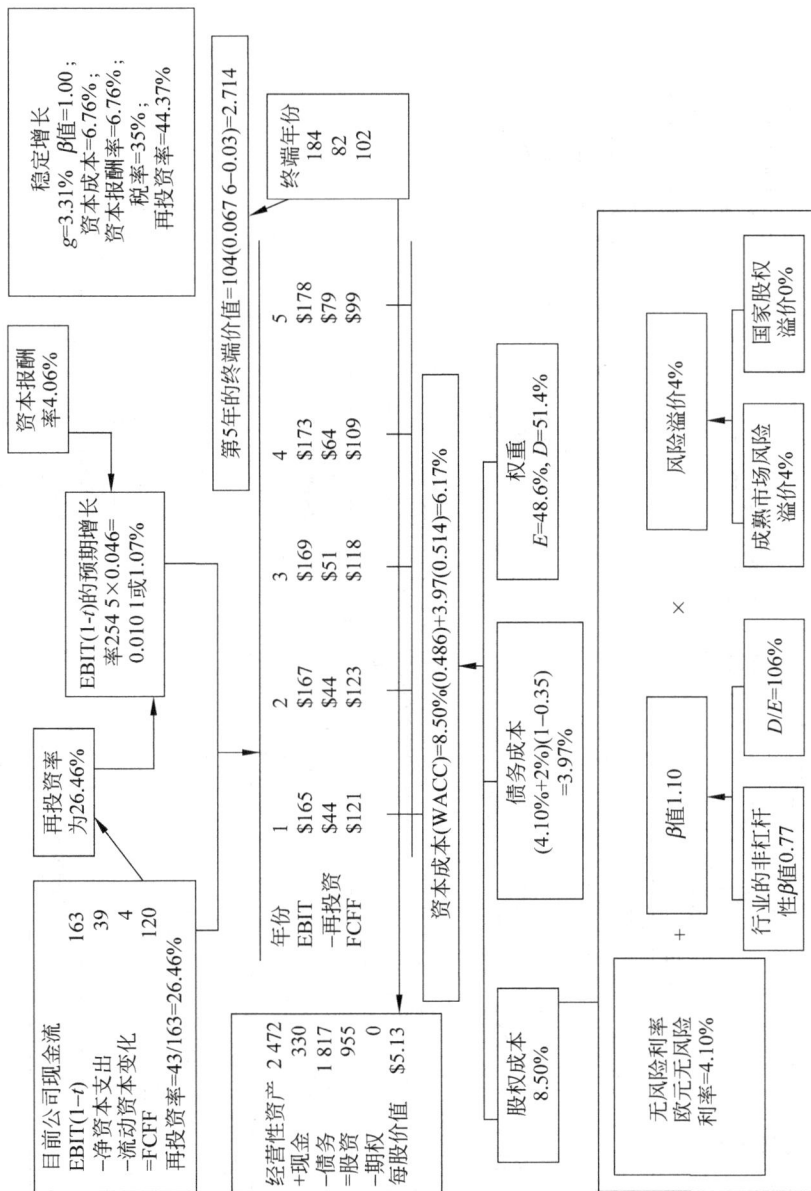

图 31.9　Blockbuster：目前状况

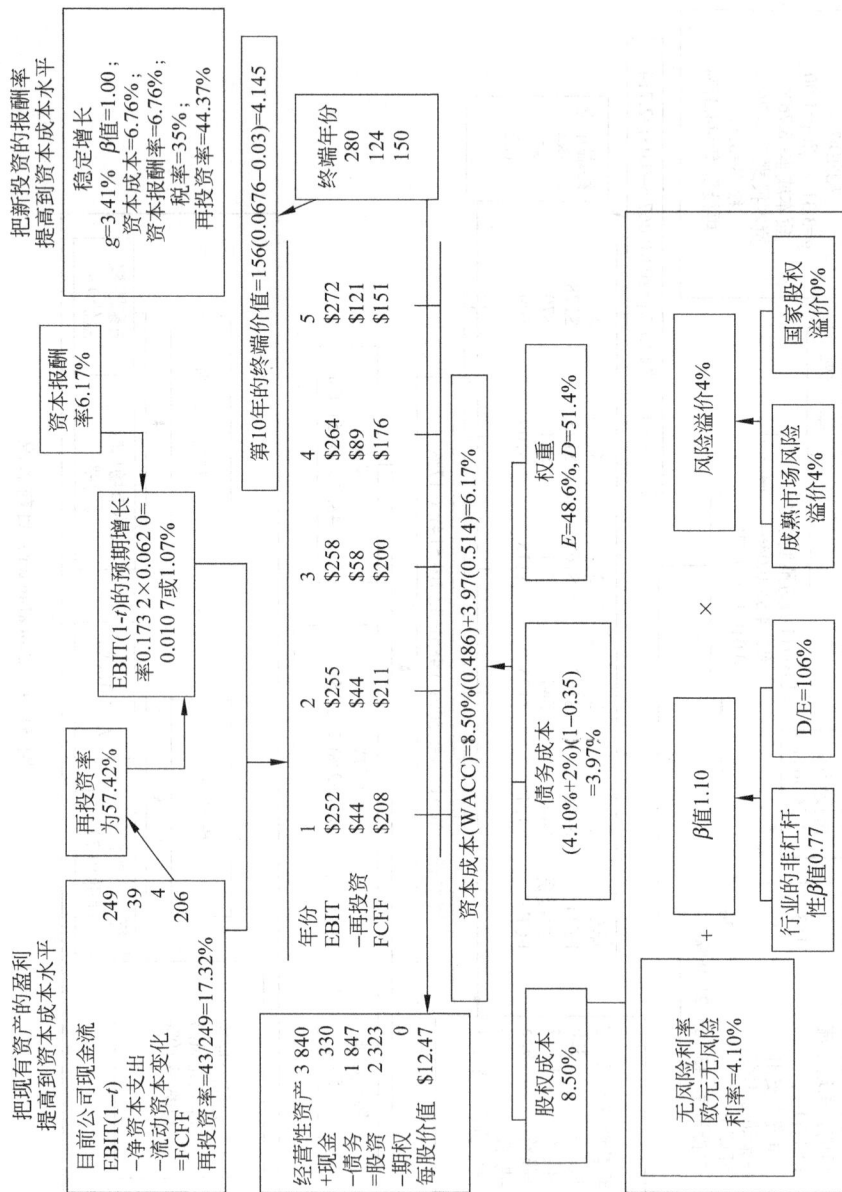

图 31.10 Blockbuster：重组之后

值得注意的是，Blockbuster 公司发行了两个等级的股票，即 1.18 亿份带有一种选举权的 A 类股票以及 6 300 万份带有两种选举权的 B 类股票。在我们进行这项分析时，这两种股票的股价大致都是 9.50 美元。

⁌ *valenh.xls*：这一电子表格使我们可以估算公司经营方式的变动对其价值的影响。

31.4　关于价值增进的总体思路

几乎所有的公司都声称有意实施价值增进，但却很少能够持之以恒的。如果价值增进就像本章所讨论的那样简单，或许有人会对个中原因感到困惑不解。关于价值增进的总体框架，我们需要考虑四条基本准则：

1. 价值增进是一项长期而艰巨的工作，或许会令现有的管理者们倍感压力。为了增进价值，从来就没有无关痛痒的灵丹妙药。为了增加现金流，管理层必须作出有关裁减冗员和削减成本的艰难决策；为了提高再投资率，管理层必须对新的项目及其相关基本建设投资进行更加严谨的分析；而提高债务率，同样会给管理层带来更大的利息支付压力，并且必须同评级机构和银行进行磋商。

2. 若想增进价值，公司必须实施统筹而全面的安排。公司不可能仅仅凭借着行政指令或者关在办公室里（或者财务部门）来实现价值的增进。我们或许已经注意到，在本章所论述的各项价值增进举措中，公司的每一个部门都能够有所作为。表 31.3 概括了本章所述公司各个部门在价值增进措施中的作用。为了实现价值增进，它们必须密切合作。

表 31.3　价值增进举措：谁应承担责任？

价值增进措施	主要担责者
提高经营效率	业务经理和部门，从店面员工到生产经理
削减所需流动资本	仓储部门和信贷部门
提高销售额增长率	营销部门
提高资本/再投资报酬率	公司战略小组，借助财务分析者的帮助
营造品牌	广告部门
其他竞争优势	战略分析者
削减融资成本	财务部门

3. 增进价值的计划必须针对的是公司特定情形。没有两家公司的问题会一模一样，那些使用所谓现成配方的做法大多难以奏效。首先，我们需要对相关公司存在的特定问题作出诊断，然后制定相应的对策。因此，相对于那些产品无法适应市场需要的年轻公司，针对那些成本高昂的成熟公司的价值增进计划将会大相径庭。

4. 价值增进未必就会导致股价的上涨。这或许是价值增进最令人失望的一个方面。即便所有的举措都正确无误，公司未必就能即刻得到金融市场的回报。有时，由于这些举措对于盈利报告所产生的影响，市场的回应甚至可能是负面的。随着时间的推移，市场完全有可能理解公司的价值增进举措而给予相应的回报；但是，管理者采取这些举措的宗旨应该不仅仅只是为了能够分享这种回报。

31.5　总结

时下，价值增进问题已经萦绕于许多管理者的心际。根据前面一章所制定的贴现现金流原则，若能改变事关价值的四个变量，公司就能够增进价值；即，出自现有资产的现金流、高增长期间的预期增长率、高增长期的长度以及资本成本；与此相反，无法改变这些变量的行为也就难以提升公司的价值。削减成本、提高经营效率，降低需要面对的所得税率和投资需要（针对资本保全和非现金流动资本的投资），公司就能够增加现有资产的现金流。提高再投资率或者资本报酬率，公司就能够提高预期增长率；但是，只有在资本报酬率超出资本成本之时，提高再投资率之举才能创造价值。营造新的竞争优势或者增强现有优势可以使得（至少是创造价值的）高增长的持续时间更长。最后，转向最优债务率之举可以降低资本成本，因为公司可以采用最切合资产情形的债务进行融资，并且降低市场风险。

31.6　问题和简答题

在下列问题中，若无特别说明，假设股权风险溢价为 5.5％。

1. Marion Manufacturing 是一家钢铁公司。它宣布将在本年度发生一笔将使得盈利减少 5 亿美元的重大重组性支出。假设这笔支出无法获得税收豁免，并且对经营没有影响。

a. 这笔支出对公司的价值将有何影响？

b. 在公司宣布这笔支出时，预计它对公司股价有何影响？我们的回答能否与前一问题的回答保持一致？

2. Universal Health Care(UHC)是一家股价在去年下跌了 40％的公司。在今年，凭借 100 亿美元的销售额，UHC 获得了 3 亿美元的税前经营性收入。它的新任首席执行官提出了多项削减成本的措施，预计可为公司节省 1 亿美元的支出而不会影响销售额。假设公司正以每年 5％的比率而稳定增长，资本成本为 10％；预计这两个数字都不会受成本削减的影响。该公司的税率为 40％。（不妨假设它在每年的再投资额为 1 亿美元，而且不会因为成本削减而变化。）

a. 成本削减对价值有何影响？

b. 如果预期增长率因此而下降到 4％，成本削减对于价值有何影响？（某些成本削减旨在营造未来的增长。）

3. Atlantic Cruise Lines 公司从事于渡轮业务，总部设在美国佛罗里达州。该公司在今年的税前经营性收入为1亿美元，其中2500万美元被用于再投资。公司预计经营性收入的永久性年增长率为4％，并且可以一直保持目前的再投资率。Atlantic的资本结构为60％的股权和40％的债务。其股权成本为12％，税前借款成本为8％。公司目前所面临的税率为40％。

a. 估算公司的价值。

b. 现在假设 Atlantic Cruise Lines 将把总部搬迁到开曼群岛（Cayman Islands）。如果税率由此而减少到0％，估算这一搬迁对于价值的影响。

4. Furniture Depot 是一家家具和家居用品的连锁零售商。它在今年凭借50亿美元的销售额获得的税后经营性收入为2.5亿美元。公司还拥有10亿美元的非现金流动资本，预计销售额、经营性收入和净资本支出一直将以每年5％的比率而增长。公司的资本成本为9％。

a. 假设非现金流动资本所占销售额的比重保持在现行水平，估算公司的价值。

b. 假设公司能够将非现金流动资本需要额减少50％。估算这种变化对于价值的影响。

c. 由于非现金流动资本的变化，如果盈利增长率下降到4.75％，非现金流动资本的下降对于价值有何影响？

5. General Systems 是一家个人计算机制造商。作为公司的顶层管理者，我们打算改变公司的经营方式。目前，公司的税后经营性收入为5000万美元，（年初）投入资本为2.5亿美元。公司还在净资本支出和流动资本上作出了2500万美元的再投资。

a. 给定公司现行的资本报酬率和再投资率，估算预期盈利增长率。

b. 保持资本报酬率不变，如果公司把再投资率提高到80％，这对预期增长率将有何影响？

c. 如果把再投资率提高到80％，而资本报酬率减少5％，它们对于价值有何影响？（例如，如果现行资本报酬率为18％，它将下降到13％。）

6. 康柏（Compaq Computer）公司的股价从45美元下跌到了24美元。预计公司将把20亿美元的预期税后经营性收入的50％投资于新的项目，期望资本报酬率等于10.69％。该公司将全部采用股权融资，股权成本为11.5％。

a. 假设保持现行的再投资率和资本报酬率不变，公司的预期增长率是多少？

b. 假设这种增长率是永久性的，公司的价值是多少？

c. 公司的新项目将会创造或者消耗多少价值？

7. 延续上一问题，假设康柏的最优债务率为20％，它的股权成本将增加到12.5％。处在最优债务水平上，其税后债务成本将是4.5％。

a. 假设公司可以保持现行的再投资率和资本报酬率不变，它的预期增长率是多少？

b. 假设这一增长率是永久性的，公司价值是多少？

c. 公司新投资所创造或者消耗的价值是多少？

8. 可口可乐公司被认为拥有了全球最具价值的品牌。根据 250 亿美元的销售额,该公司已经获得了 20％ 的税后经营利润率。投资于该公司的资本为 100 亿美元。此外,可口可乐公司将其 50％ 的税后经营性盈利作了再投资。

a. 假设可口可乐公司能够在今后一些年间保持这些数值不变,估算它的预期经营性收入增长率。

b. 假设普通软性饮料制造商的税后经营利润率只有 7.5％。如果可口可乐公司能够保持现行再投资率,但却会损失品牌价值,估算它的预期经营性盈利增长率。(不妨假设,由于品牌价值受损,可口可乐公司的经营利润率也会下降到 7.5％。)

9. BioMask Genetics 是一家在其名下只有一种专利的生物技术公司。它在今年的税后经营性盈利为 1 000 万美元,公司无须进行再投资。这项专利将在三年后到期,在此期间的公司盈利增长率为 15％。第 3 年之后,预计经营性盈利将一直保持不变。公司管理者打算实施一项广告计划,旨在为其专利产品营造品牌。这项广告活动在未来三年间每年将耗费(税前)5 000 万美元;公司的税率为 40％。公司相信,这项活动可令在它未来十年内保持 15％ 的年增长率。在第 10 年后,预计经营性盈利将一直保持不变。公司的资本成本为 10％。

a. 假设它不开展这项广告活动,估算公司的价值。

b. 估算开展广告活动的公司价值。

c. 假设,由于这项活动,公司无法确保增长率可以持续 10 年之久。为了使得这项活动具备财务上的可行性,成功的概率必须是多少?

10. Sunmask 是一家化妆品公司。它的股价和盈利在去年都有所下跌。公司新聘的首席执行官对于 Sunmask 现行财务状况作了详尽的分析,结果如下:

- 公司目前的销售额为 100 亿美元,由此产生的税后经营性盈利为 3 亿美元,资本周转率(销售额÷资本账面价值)为 2.5。
- 预计公司将把 60％ 的税后经营性收入用于再投资。
- 公司全部采用股权融资,资本成本为 10％。

a. 假设它将一直保持现行政策不变(资本报酬率和再投资率也将保持不变),估算公司的价值。

b. 假设公司把经营利润率从 3％ 提高到 5％ 而不至于影响资本周转率,并且通过调整到最优债务率而把再投资率减少到 40％,资本成本变为 9％。若能完成这些改变,公司的价值将增加多少?

第32章

价值增进：经济增加值、投资的现金流报酬和其他工具

关于公司能够增进价值的所有方法，贴现现金流模型可以作出丰富而透彻的分析，但是会随着所需数据的增加而变得复杂。再者，难以在管理层的报偿方案与贴现现金流模型之间建立起联系，因为需要估算很多数值，并且很容易受到操纵以便给出管理层所需要的结论。

如果假设市场是有效的，我们就可采用所观察的股价和以股价运势为依据的管理层赏罚方案取代贴现现金流模型所给出的那些难以观察到的变量。因此，我们可以认为那些股价上涨的公司正在创造价值，而股价下跌的公司则在损耗价值。以股价为依据的赏罚制度，包括股票馈赠和认股权证在内，已经成为大多数管理层报偿方案的标准部分。

虽然股价具有及时和可观察的优点，但却包含了噪声。即便市场是有效的，股价通常也会围绕真实价值而波动，况且市场同样也会出错。因此，即使公司正在损耗价值，其股价可能还是会上涨而管理层则可获得相应的报偿；相反，即便管理者采取了能够增进公司价值的措施，但也仍有可能因为股价的下跌而受罚。把股价作为报偿方案依据的其他问题在于，它们只适用于公司层面，无法用于分析部门层级管理者的业绩或者他们之间的相对业绩。

在过去十年间，虽然不少公司已经越发关注价值创造，但对金融市场却仍然心存疑虑。它们可能理解"贴现现金流价值"这一理念，但却不愿意把管理层的报偿方案与根据数十个数据计算得出的某种价值挂钩。因此，人们需要某种新的衡量尺度，它们应该简单易行而又不至于过分依赖于市场的变化，并且无须进行大量的估算。这些新的尺度为数很多而无法一一罗列于此，我们在本章着重考察两个能够涵盖其他方法的尺度。

1. 经济增加值（economic value added，EVA）。它衡量的是公司根据现有投资所创造的超额价值。

2. 投资的现金流报酬（cash flow return on investment，CFROI）。它衡量的是公司根据现有投资所营造的报酬率。

本章考察它们各自与贴现现金流估价法的关系；它还将考察公司在何种条件下可用这些方法判断经营状况，以及评估管理者的决策是在损耗还是在创造价值。

32.1 经济增加值

经济增加值(EVA)衡量的是一项或者一组投资所创造的超额价值金额。计算方式是，将投资的超额报酬率乘以所投入的资本额，即

$$EVA = (投入资本报酬率 - 资本成本) \times (投入资本)$$
$$= 税后经营性收入 - (资本成本 \times 投入资本)$$

本节首先考察如何衡量 EVA 的问题，然后考虑它同贴现现金流估价法之间的关系，最后讨论它作为价值增进手段的局限性。

32.1.1 EVA 的计算法

关于 EVA 的定义列出了计算它所需要的三种基本数据，即投入资本报酬率、投入资本成本以及投入资本金额。在衡量它们的过程中，我们将作出一些在贴现现金流估价法框架内所进行的相同调整。

关于对于现有资产的投资额问题，一个显然的回答是采用公司的市值，但是市值不仅包括了对于现有资产的投资，而且包括了针对未来预期增长的投资。[①] 鉴于我们想要评估的是现有资产的质量，故而需要某种仅仅只是衡量这些资产的尺度。因为不易估算现有资产的价值，我们可用资本账面价值代替投入到现有资产中的资本。然而，账面价值数据不仅体现了当期作出的会计决策，而且体现了长期以来针对资产折旧、存货估价和处理收购所作出的诸多会计抉择。因此，为了计算 EVA，我们至少需要作出曾经针对贴现现金流估价法所实施的三种调整，即把经营性租赁转换为债务，对研发性支出实施资本化，以及消除一次性或者装饰性支出。为了合理地估算现有资产的资本市值，对公司来说，其历史越长，所需作出的资本账面价值调整的代价也越大。鉴于需要我们了解和兼顾公司长期以来所作出的每一项会计决策，有时会遇到资本账面价值问题过多而难以纠正的情形。此时，最好是重新估算投入资本，从公司拥有的各项资产入手，估算这些资产的市值（或许是对于最好的潜在买主而言）然后再予以加总。

EVA 的实际计算方法

20 世纪 90 年代期间，EVA 获得了总部在纽约的咨询公司 Stern Stewart 的大力推崇。公司创建者 Joel Stern 和 Bennett Stewart 最先极力倡导这种衡量尺度。他们的成功带动了其他咨询公司的大量追随者，由此而产生的其他尺度都是这种超额报酬尺度的某种变形。

---

① 例如，为了计算谷歌或者苹果在 2011 年的资本报酬率，我们使用公司的市值而非账面价值，这将导致较低的资本报酬率。我们不应该把这一点归因于公司管理层的投资决策不当。

在把这一尺度运用于公司现实的过程中，Stern Stewart 发现，为了更加确切地估算超额价值，必须调整关于盈利和资本的会计尺度。在其《价值的探寻》(*The Quest for Value*)一书中，Bennett Stewart 也提出了应该对投入资本作出的某些调整，包括商誉(无论有无记录)在内。他还认为，需要对经营性收入进行调整，包括把经营性租赁转换为经营性融资。

在那个时候，许多公司还以 EVA 为基础构建了对于管理层的报偿方案。因此，如何定义和衡量 EVA 构成了各个层级管理者尤其关注的问题。

为了估算投入资本的报酬，我们需要估算公司根据这些再投资所获得的税后经营性收入；而为了估算资本报酬率，必须针对经营性租赁、研发性支出和一次性费用调整经营性收入的会计尺度。

估算经济增加值所需要的第三个也是最后一个数值是资本成本。在此，与前面关于投资分析和贴现现金流的各章节的观点一样，估算资本成本的依据必须是公司的债务和股权的市值而不是账面价值。因此，我们在估算投入资本时采用账面价值，但在估算资本成本时则采用市值。两者之间并不矛盾，因为公司只有获得高出资本成本市值的盈利才能创造价值。就实际操作而言，采用资本的账面成本通常会低估大多数公司的资本成本，从而高估经济增加值。

32.1.2　经济增加值、净现值和贴现现金流估价法

根据传统的公司金融理论，进行投资分析的基础之一是"净现值法则"。项目的净现值(NPV)体现的是扣除任何投资需要之后的预期现金流现值，故而能够衡量项目的超额价值。因此，投资于净现值为正的项目可以增进公司价值，而投资于净现值为负的项目则会损耗其价值。经济增加值是对净现值法则的某种直接的推广，因为项目的净现值也就是它在期内的经济增加值现值：[①]

$$NPV = \sum_{t=1}^{t=n} \frac{EVA_t}{(1+k_c)^t}$$

其中，假设项目的期限为 n 年，EVA_t 为项目在第 t 年的经济增加值。

EVA 与 NPV 之间的这种关系使得我们可将公司价值与公司经济增加值相联系。为了把握这一点，首先直接根据现有资产价值和预期未来增长值表示公司的价值：

公司价值 ＝ 现有资产价值 ＋ 预期未来增长值

请注意，根据贴现现金流模型，可将现有资产价值和预期未来增长值表示成每个因素所创

---

① 然而，这一点得以成立的前提是，需要假设出自折旧的预期现金流现值等于投入项目的资本剩余值现值。在《当代公司金融文摘》(*Contemporary Finance Digest*，1999)一篇关于价值增进的论文中，可以找到我对这个等式的证明。

造的净现值：

$$公司价值 = 投入资本_{现有资产} + NPV_{现有资产} + \sum_{t=1}^{t=\infty} NPV_{未来项目,t}$$

再将前面根据 EVA 所表述的净现值代入上式,就可得到

$$公司价值 = 投入资本_{现有资产} + \sum_{t=1}^{t=\infty} \frac{EVA_{t,现有资产}}{(1+k_c)^t} + \sum_{t=1}^{t=n} \frac{EVA_{t,未来项目}}{(1+k_c)^t}$$

因此,我们可以把公司价值表示为三个因素之和,即对于现有资产的投资额、由这些资产所带来的 EVA 现值,以及未来投资的 EVA 现值。

案例 32.1 DCF 值和 EVA

考虑一家在现有资产上已经投入 1 亿美元的公司,假设它具有下列特征:

- 现有资产的税后收入为 1 500 万美元;资本报酬率为 15%,并且预计可以一直延续,资本成本为 10%。
- 在今后五年的每年年初,预计公司均会作出 1 000 万美元的新投资,它们也可获得 15% 的资本报酬率,而资本成本将一直保持在 10%。
- 第 5 年之后,公司仍会继续进行投资,盈利的年增长率为 5%,但新投资的资本报酬率只有 10%,它也就是资本成本。
- 预计所有资产和投资都具有无限期限。[①] 因此,现有资产和在前五年所作投资在每年将获得 15% 的盈利而不会增长。

使用 EVA 法可对公司作下列估价:

现有资产的投资 =	100
＋出自在位资产的 EVA = (0.15－0.10)(100)/0.10	50
＋出自第 1 年新投资的 EVA 现值 = [(0.15－0.10)(10)/0.10]	5
＋出自第 2 年新投资的 EVA 现值 = [(0.15－0.10)(10)/0.10] /1.1	4.55
＋出自第 3 年新投资的 EVA 现值 = [(0.15－0.10)(10)/0.10] /1.1²	4.13
＋出自第 4 年新投资的 EVA 现值 = [(0.15－0.10)(10)/0.10] /1.1³	3.76
＋出自第 5 年新投资的 EVA 现值 = [(0.15－0.10)(10)/0.10] /1.1⁴	3.42
公司价值	170.85

需要注意的是,在计算上述现值时,我们假设投资现金流具备永久性,而投资均发生在各年年初。再者,我们运用了资本成本而将未来年份所作投资的经济增加值贴现到当期。例如,对于在第 2 年年初所作投资的经济增加值现值再实施一年的逆向贴现。针对等于 170.85 百万美元的公司价值,我们可用前述公式作如下表述:

$$公司价值 = 投入资本_{现有资产} + \sum_{t=1}^{t=\infty} \frac{EVA_{t,现有资产}}{(1+k_c)^t} + \sum_{t=1}^{t=\infty} \frac{EVA_{t,未来项目}}{(1+k_c)^t}$$

---

① 请注意,作出这种假设纯粹是出于简便考虑,因为它可以简化现值的计算,而且使我们能够假设折旧恰好为资本保全支出所抵消。

$$170.85\ 百万美元 = 100\ 百万美元 + 50\ 百万美元 + 20.85\ 百万美元$$

因此，现有资产价值为 150 百万美元，未来增长机会的价值是 20.85 百万美元。

阐述这些结果的另一种方式是使用"市场增加值"(MVA)。在本案例中，MVA 是公司价值(170.85 百万美元)减去投入资本(100 百万美元)得到的差额，即 70.85 百万美元。这一价值只有在资本报酬率大于资本成本时才会为正，并将随着它们之间差额的加大而增加；若是资本报酬率低于资本成本，该数字就将为负。

需要指出的是，该公司还在继续增长，而且在第 5 年之后仍将作出投资。由于这些边际投资已经只能赢得资本成本，它们无法增添价值。这就确凿无误地表明，创造价值的并不是增长本身，而是与超额报酬相关的增长。这一点为我们注重增长的质量提供了新的启示，虽然或许有些陌生。公司若是以某种稳妥的比率提高经营性收入，但其途径却是以等于甚至低于资本成本的方式作出大量投资，那就无法创造价值，甚而可能会损耗价值。

我们还可运用贴现现金流估价法对该公司进行估价，即使用资本成本对公司自由现金流进行贴现。运用等于 10% 的资本成本，下表显示了预期自由现金流和公司价值：

百万美元

	0	1	2	3	4	5	终端年份
出自现有资产的 EBIT(1−t)	0.00	15.00	15.00	15.00	15.00	15.00	
出自第 1 年投资的 EBIT(1−t)		1.50	1.50	1.50	1.50	1.50	
出自第 2 年投资的 EBIT(1−t)			1.50	1.50	1.50	1.50	
出自第 3 年投资的 EBIT(1−t)				1.50	1.50	1.50	
出自第 4 年投资的 EBIT(1−t)					1.50	1.50	
出自第 5 年投资的 EBIT(1−t)						1.50	
EBIT(1−t)总值		16.50	18.00	19.50	21.00	22.50	23.63
−净资本支出	10.00	10.00	10.00	10.00	10.00	10.00	10.00
FCFF		6.50	8.00	9.50	11.00	11.25	11.81
FCFF 现值	−10	5.91	6.61	7.14	7.51	6.99	
终端价值						236.25	
终端价值现值						146.69	
公司价值	170.85						
资本报酬率	15%	15%	15%	15%	15%	15%	15%
资本成本	10%	10%	10%	10%	10%	10%	10%

考察上述估价过程便可看出：

- 各项资本支出均发生在每年的年初，故而将体现在前一年。第 1 年的 10 百万美元投资额体现在第 0 年，第 2 年的投资则体现在第 1 年，等等。
- 在第 5 年，为了计算维持增长所需要的净投资额，我们运用了两个假设条件，即第 5 年之后的经营性盈利年增长率为 5%；从第 6 年开始，各项新投资的资本报酬率均等于 10%(显示在第 5 年)。

$$净投资 = [EBIT_6(1−t) − EBIT_5(1−t)]/ROC_6 = (23.625 − 22.50)/0.10$$

$$=11.25 \text{ 百万美元}$$

用资本成本对公司自由现金流进行贴现,得出的公司价值为170.85百万美元,它也就是使用EVA方法所得出的价值。

案例32.2　对于2011年的Lululemon公司的EVA估价法

Lululemon是加拿大的一家服饰公司,专事运动和休闲服装制作。为了说明FCFF和EVA两种估价法之间的等同性,运用下列数据,我们首先对公司运用贴现现金流估价法:

长　度	公司高增长阶段数据概述: 10年(5年固定增长期,5年转换期)	第10年后的 永久性稳定增长期
增长数据		
再投资率	50.00%	30.00%
资本报酬率	35.00%	10.00%
预期增长率	17.50%	3.00%
资本成本数据		
β值	1.40	1.10
债务成本	NA	5.00%
债务率	0.00%	20.00%
资本成本	10.50%	7.80%
一般信息		
税率	40%	40%

无风险利率为3.5%,估算得出的股权风险溢价为5%。针对转换期,我们采用线性增量方式将增长率、再投资率和资本成本从高增长水平逐步调整到稳定增长水平。运用这些数据,可以估算该公司的自由现金流如下:

预期公司自由现金流(以千美元为单位)

年份	EBIT(1－t)	预期增长率	再投资率	FCFF	资本成本	累计资本成本	现值
基年	106 756		50.00%	53 378			
1	125 438	17.50%	50.00%	62 719	10.50%	1.105 0	56 759.20
2	147 389	17.50%	50.00%	73 695	10.50%	1.221 0	60 354.80
3	173 183	17.50%	50.00%	86 591	10.50%	1.349 2	64 178.19
4	203 490	17.50%	50.00%	101 745	10.50%	1.490 9	68 243.77
5	239 100	17.50%	50.00%	119 550	10.50%	1.647 4	72 566.91
6	274 009	14.60%	46.00%	147 965	9.98%	1.811 8	81 665.09
7	306 068	11.70%	42.00%	177 519	9.45%	1.983 0	89 518.51
8	333 002	8.80%	38.00%	206 461	8.91%	2.159 7	95 596.60
9	352 649	5.90%	34.00%	232 748	8.36%	2.340 2	99 454.60
10	363 228	3.00%	30.00%	254 260	7.80%	2.522 8	100 785.36
总和							789 123.02

高增长期的现金流现值之和等于789.123百万美元。根据终端年份的现金流以及等

于 7.80% 的资本成本,可以估算终端价值如下(以美元为单位):

$$终端价值(以美元计) = \frac{EBIT(1-t)(1+g)(1-再投资率)}{资本成本-g}$$

$$= \frac{363\,228(1.03)(1-0.30)}{0.078-0.03} = 5\,455\,994 \text{ 美元}$$

下面是针对 Lululemon 的经营性资产贴现现金流的估算值:

$$经营性资产价值(以千美元计) = 789\,123 + \frac{5\,455\,994}{2.522\,8} = 2\,951\,809(千美元)$$

下表估算了该公司在未来十年各年间的 EVA 及其现值。为了进行这些估算,我们从公司的当期投资 353 394 千美元入手,加上每年的再投资额,由此就可得出下一年度的投资。

高增长期的 EVA 现值(以千美元计)

年份	年初投资	再投资	资本报酬率	资本成本	EVA	累积资本	现值
1	358 394	62 719	35.00%	10.50%	87 806	1.105 0	79 463
2	421 113	73 695	35.00%	10.50%	103 173	1.221 0	84 497
3	494 807	86 591	35.00%	10.50%	121 228	1.349 2	89 849
4	581 399	101 745	35.00%	10.50%	142 443	1.490 9	95 541
5	683 144	119 550	35.00%	10.50%	167 370	1.647 4	101 594
6	802 694	126 044	34.14%	9.98%	193 906	1.811 8	107 021
7	928 738	128 549	32.96%	9.45%	218 313	1.983 0	110 090
8	1 057 286	126 541	31.50%	8.91%	238 810	2.159 7	110 575
9	1 183 821	119 901	29.79%	8.36%	253 691	2.340 2	108 403
10	1 303 718	108 969	27.86%	7.80%	261 538	2.522 8	103 670
总和							990 704

高增长期的 EVA 之和为 990 704 千美元。从第 10 年年末起,公司仍然能够赢得超额报酬(虽然速度有所下降),永久性资本报酬率为 10%,资本成本为 7.8%。现可计算第 10 年后的 EVA 现值如下:

$$第 10 年后的 EVA 现值 = \frac{EBIT(1-t)_{10}(1+g) - (投入资本_{11})(资本成本)}{(资本成本_{11} - g)}$$

$$= \frac{363\,228(1.03) - (3\,741\,253)(0.078)}{0.078 - 0.03} = 1\,714\,741 \text{ 千美元}$$

EVA 总额是通过把终端 EVA 的现值加到未来十年的 EVA 现值而得出

$$EVA 的现值 = 990\,704 + \frac{1\,714\,741}{2.522\,8} = 1\,670\,405 \text{ 千美元}$$

请注意,计算终端 EVA 现值所根据的是,出自预期终端年份税后经营性收入的所投资本以及假设等于 10% 的资本成本:

$$相应的投资 = \frac{EBIT(1-t)_{10}(1+g)}{稳定期的资本成本} = \frac{363\,228(1.03)}{0.10} = 3\,741\,253 \text{ 千美元}$$

倘若不作这种调整,第 11 年年初的投资将只有 1 412 696 千美元:

$$投资的贴现现金流 = 投资_{10} + 再投资_{10} = 1\,303\,728 + 108\,969$$
$$= 1\,412\,696\ 千美元$$

上述价值的最后一部分把握了这种投资变化的现值：

$$第\,10\,年年末投资变化量 = 相应的投资 - 投资的贴现现金流$$
$$= 3\,741\,253 - 1\,412\,696 = 2\,328\,557\ 千美元$$

$$投资变化量的现值 = \frac{2\,328\,557}{2.522\,8} = 923\,010\ 千美元$$

由此可计算得出公司总值（以千美元计）如下：

现有资产的投资额	358 394
出自现有资产的 EVA 现值	1 670 405
投资变化量现值	923 010
经营性资产价值	2 951 809

它与根据贴现现金流模型得出的价值相同。

🌐 *fcffeva.xls*：这一电子表格使我们可以将贴现现金流估价法转换为 EVA 估价法，以及相反的操作。

32.1.3　经济增加值和公司价值

假设某公司决定采用 EVA 作为衡量价值的尺度，用于判断管理者们营造超出预期 EVA 的能力。这种尺度是否有可能被滥用呢？在营造超乎预期 EVA 的同时，管理者是否实际上在损耗价值呢？倘若如此，如何使得股东们能够避免此类行为呢？

为了回答这些问题，首先折回到前面那个公式，也就是把公司价值分解为投入资本、现有资产的 EVA 现值，以及未来增长的 EVA 现值。

$$公司价值 = 投资_{现有资产} + \sum_{t=1}^{t=\infty} \frac{EVA_{t,现有资产}}{(1+k_c)^t} + \sum_{t=1}^{t=\infty} \frac{EVA_{t,未来项目}}{(1+k_c)^t}$$

EVA 估价法与 DCF 估价法的对照：它们何时有别？

若想根据 DCF 法和 EVA 法得到相同的价值，我们必须满足下列条件：

- 在估算公司自由现金流时，我们使用的税后经营性收入应该与估算 EVA 时所用的相同。因此，若在使用贴现现金流估价法时针对经营性租赁和研发性支出调整经营性收入，则在计算 EVA 时也需要作出这种调整。

- 在使用 DCF 法时，应该能够根据各种基本因素估算得出未来时期税后经营性收入的增长率。换言之，对于它的设定应该是

$$增长率 = 再投资率 \times 资本报酬率$$

如果增长率对于 DCF 模型来说属于外部给定的数据，增长率、再投资率和资本报酬率之间的这种关系就难以成立，而 DCF 和 EVA 这两种估价法就会得

> 出不同的价值。
>
> - 为了估算用于计算未来时期 EVA 的投入资本，我们应该把每一时期的再投资额加到期初的投入资产上。关于每一时期的 EVA 的估算应该是
>
> $$EVA = 税后经营性收入_t - 资本成本 \times 投入资本_{t-1}$$
>
> - 采用 DCF 和 EVA 两种估价法时，需要针对终端价值作出具备一致性的假设。在终端年份之后所有投资的资本报酬率（包括现有的和未来的在内）都等于资本成本这种特殊情形中，完成这一步并不困难，而终端价值就将等于终端年初的投资。在更为常见的情形中，我们必须确保终端年初的投资与我们有关永久性资本报酬率的假设保持一致；换言之，如果终端年份的税后经营性收入等于 12 亿美元，并且假设永久性资本报酬率为 10%，那就需要把终端年初的投资设定为 120 亿美元。

投资博弈

　　上式中的前面两项，投资额及其所添加的 EVA 现值，对于有关投资的衡量尺度均很敏感。如果投入资本减少，保持经营性收入不变，等式中的第一项就会下跌而 EVA 现值则会相应地增加。不妨考虑一下案例 32.1 中的公司价值。假设所估算的投入资本是 5 000 万美元而非 1 亿美元，这些投资的经营性收入依然保持在 1 500 万美元。这就会把现有资产报酬率提高到 30%。保持有关未来投资的各种假设不变，公司价值可由表 32.1 予以说明。

表 32.1　公司的 EVA 估价法：EVA 和现有资产 　　　　　　　　　　　　　百万美元

对于现有资产的投资	50.00
＋出自现有资产的 EVA＝(0.30－0.10)(50)/0.10	100.00
＋出自第 1 年投资的 EVA 现值＝[(0.15－0.10)(10)/0.10]	5.00
＋出自第 2 年投资的 EVA 现值＝[(0.15－0.10)(10)/0.10]/1.1	4.55
＋出自第 3 年投资的 EVA 现值＝[(0.15－0.10)(10)/0.10]/1.1²	4.13
＋出自第 4 年投资的 EVA 现值＝[(0.15－0.10)(10)/0.10]/1.1³	3.76
＋出自第 5 年投资的 EVA 现值＝[(0.15－0.10)(10)/0.10]/1.1⁴ $	3.42
公司价值	170.85

　　公司的价值并没有发生变化，但是需要重新分摊于 EVA 因素。如果公司是根据 EVA 来评判管理者，后者就会产生减少投入资本的强烈动因，至少是在计算 EVA 时将会如此。

　　管理者某些减少投资的举措确实能够创造价值。在目前的例子中，如果投入资本的减少是因为关闭了某家工厂，而它未能（而且预计也不会）产生经营性收入，通过清算它所产生的现金流就能够增进价值。然而，某些措施，就其对投入资本的影响而言，则纯属表面文章，它们不但无法创造价值，甚至可能损耗价值。例如，公司或许发生将会减少资本

的一次性重组支出，或者租用而不是购买资产，因为租赁对于资本的影响相对较小一些。

为了说明这些措施可能造成的损耗，假设案例 32.1 中的公司管理者能够以租赁的方式取代一半的资产；假设投资于这些租赁资产的资本只有大约 4 000 万美元，低于重置资产投资额 5 000 万美元。此外，假设这一措施实际上将把出自这些资产的调整性年度经营性收入由 1 500 万美元减少到 1 480 万美元。由此，可将公司价值表述在表 32.2 中。值得注意的是，现在，公司价值减少了 200 万美元，但是经济增加值却增加了 800 万美元。

表 32.2 公司的 EVA 估价法：EVA 和现有资产 百万美元

对于现有资产的投资	90.00
＋出自现有资产的 EVA＝(0.1644−0.10)(90)/0.10	58.00
＋出自第 1 年投资的 EVA 现值＝[(0.15−0.10)(10)/0.10]	5.00
＋出自第 2 年投资的 EVA 现值＝[(0.15−0.10)(10)/0.10]/1.1	4.55
＋出自第 3 年投资的 EVA 现值＝[(0.15−0.10)(10)/0.10]/1.1^2	4.13
＋出自第 4 年投资的 EVA 现值＝[(0.15−0.10)(10)/0.10]/1.1^3	3.76
＋出自第 5 年投资的 EVA 现值＝[(0.15−0.10)(10)/0.10]/1.1^4	3.42
公司价值	168.85

如果想要计算各个部门的 EVA，这一层次的投入资本取决于公司根据预设标准而实施（诸如销售额或者员工数目）的分派决策。无疑，这些规则最好是客观且无偏，但事实上时常带有主观性，导致对于某些部门分派过多而另一些部门则显得不足。如果这种错误的分派纯属随机的，则可将它视为误差而使用 EVA 的变化状况衡量各部门的成就。然而，由于公司内部各部门之间自然而然存在着对于追加投资额的竞争，这些分派可能体现的是各部门对于这一过程的影响力。因此，对于那些资本分派不足部门的 EVA 估算会过高，而对分派过度部门的估算则会过低。

未来增长的博弈

公司的价值由其现有资产价值和未来增长前景的价值所构成。如果根据现行年度的 EVA 评判管理者，或者根据年度变化状况而进行，我们所衡量的 EVA 就只是出自于现有资产。由此，管理者有可能为了求得当前现有资产的更高 EVA 而牺牲未来增长的 EVA。

这一点同样可用案例 32.1 中的公司加以说明。根据现有资产和未来增长，该公司的资本报酬率为 15%。假设它可以采取某些措施而将现有资产的资本报酬率提高到 16%，但却会把未来投资的资本报酬率减少到 12%。我们使用表 32.3 估算了该公司的价值。请注意，此时，公司的价值会有所下降，但是第 1 年的 EVA 现在却高于从前。针对公司原来的情形和目前的情形，图 32.1 描绘了公司在未来五年间每一年的经济增加值。放弃增长将会导致公司价值的下降，虽然可以使得前三年间每一年的经济增加值高于没有这种取舍时的水平。

表 32.3 以未来增长换取 EVA 的提高 百万美元

对于现有资产的投资	100.00
＋出自现有资产的 EVA＝(0.16－0.10)(90)/0.10	60.00
＋出自第 1 年投资的 EVA 现值＝[(0.12－0.10)(10)/0.10]	2.00
＋出自第 2 年投资的 EVA 现值＝[(0.12－0.10)(10)/0.10]/1.1	1.82
＋出自第 3 年投资的 EVA 现值＝[(0.12－0.10)(10)/0.10]/1.1^2	1.65
＋出自第 4 年投资的 EVA 现值＝[(0.12－0.10)(10)/0.10]/1.1^3	1.50
＋出自第 5 年投资的 EVA 现值＝[(0.12－0.10)(10)/0.10]/1.1^4	1.37
公司价值	168.34

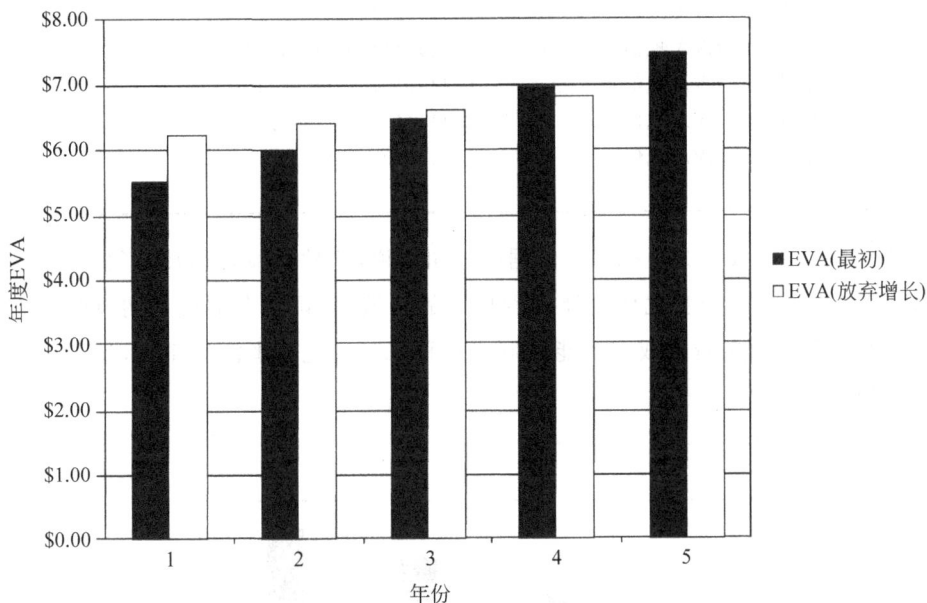

图 32.1 年度 EVA：放弃和不放弃增长率

有时,根据 EVA 所制定的报偿机制是为了惩罚那些只顾及当期 EVA 而放弃未来增长的管理者。根据此类方法,管理者可以凭借以往的 EVA 获得部分报偿,但其他部分则为公司报偿基金所持有,只有在一定时期过后(如三到四年)方可获得。然而,这类机制存在着很大的局限性。第一,由于管理者在公司的任期有限,这就造成它最多只能考察今后三四年的经济增加值,而管理者放弃增长的实际成本通常需要更长的时间才会显现。第二,这些方法的初衷在于惩罚那些能够在当期增加 EVA,但却减少了未来 EVA 的管理者。在很多更复杂的情形中,EVA 完全能够继续增加,但其比率却可能会低得多,要想设计出针对那些放弃未来增长的管理者的惩罚机制实属不易。在前例中,以增长率为代价的 EVA 会随着时间的推移而增加,但是其幅度却总是小于没有这种取舍时的情形。

风险转移博弈

公司的价值等于投入资本和 EVA 现值之和。后一项不仅取决于 EVA 金额,而且取决于资本成本。公司完全可能投资于那些可以增加 EVA 的项目,如果这些投资加大了经营风险和资本成本，公司的价值却会有所下降。

再次使用案例 32.1 中的公司。假设它在第 5 年后可将现有资产、未来投资的资本报酬率分别从 15％提高到 16.5％，从 10％提高到 11％。与此同时，假设资本成本也增加到 11％。在未来五年间的每一年，EVA 将由于所采取的高风险战略而有所提高，公司的价值如表 32.4 所示。请注意，风险效应主导了较高的预期报酬金额，公司价值由此而减少。

表 32.4　针对高风险策略的 EVA　　　　　　　　　　　百万美元

对于现有资产的投资	100.00
＋出自现有资产的 EVA＝(0.162 5－0.11)(100)/0.11	47.73
＋出自第 1 年投资的 EVA 现值＝[(0.162 5－0.11)(10)/0.11]	4.77
＋出自第 2 年投资的 EVA 现值＝[(0.162 5－0.11)(11)/0.11]/1.11	4.30
＋出自第 3 年投资的 EVA 现值＝[(0.162 5－0.11)(10)/0.11]/1.1^2	3.87
＋出自第 4 年投资的 EVA 现值＝[(0.162 5－0.11)(10)/0.11]/1.1^3	3.49
＋出自第 5 年投资的 EVA 现值＝[(0.162 5－0.11)(10)/0.11]/1.1^4	3.14
公司价值	167.31

对于那些以 EVA 作为目标函数依据的公司来说，这种风险转移具有很大的危险性。如果以 EVA 在各年间的变化作为评判管理者的依据，公司就会形成采纳风险较高项目的倾向。如果所估算的资本成本不能体现出这种风险变化或者滞后于它，这种倾向就会进一步加剧。[①]

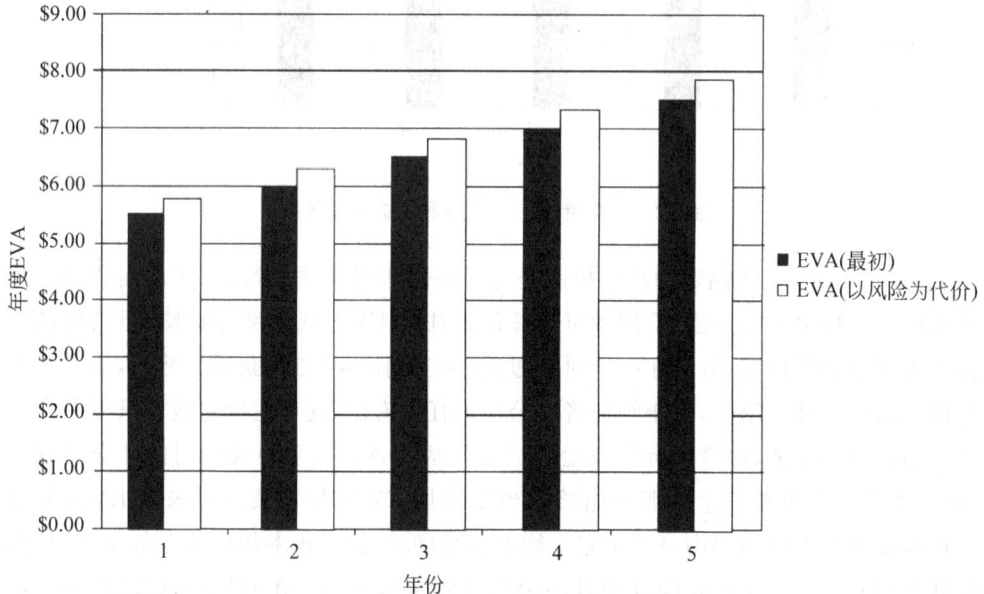

图 32.2　年度 EVA：加大的风险和报酬

① 实际上，以历史数据为依据的 β 值将滞后于风险的变化。例如，以五年作为报酬估算期，滞后期可能为三年，风险变化的影响即使在五年之后也未必能够完全显现。

总而言之,EVA 是一种更加看重现有资产而相对轻视未来增长的方法。因此,毋庸惊讶的是,在计算公司各部门层次的 EVA 时,增长较快的部门最终获得的 EVA 会比较低,有时甚至为负。同样,虽然对于这些部门管理者的评判依然是以 EVA 在各年间的变化为依据,公司层次减少或者停止对这些部门进行投资的动因则会增强,因为这样做能够使公司的总体 EVA 大为改观。

32.1.4 经济增加值和市场价值

EVA 的增加是否能够增加公司的市场价值呢?虽然 EVA 的增加通常会增进公司的价值,考虑到前述有关增长和风险的博弈,它未必一定能够提高股票价格。

高增长公司的 EVA

公司价值取决于对于现有资产的投资额、那些资产所添加的 EVA 现值以及未来投资所添加的 EVA 现值。这一事实表明了将它用于评判高增长,尤其是高增长科技公司之成败的危险。尤其值得注意的问题有三个:

1. 我们已经指出了与会计师们衡量高科技公司投资方法相关的诸多问题。鉴于投入资本对于经济增加值的核心意义,这些问题对于那些使用 EVA 的公司产生的影响远远大于贴现现金流估价法。

2. 如果公司价值的 80%～90% 出自未来增长潜力,管理者以未来增长为代价追求 EVA 的风险就会加剧。在年轻公司,尤其不易监控这类问题。

3. 这些公司持续发生的变化也会使得它们更加容易实施风险转移。如果是这样,(贴现率提高的)负面效应就会压倒 EVA 提高所产生的正面效应。

🌐 *eva.xls*：这一网上的数据集概述了美国各行业组的经济增加值。

这是因为公司市值已经包含了市场对其未来 EVA 的预期。因此,对于苹果这样的公司,其股价形成的前提是,它的盈利很大,而且能够不断提高 EVA。公司市值是否会因为 EVA 增加的信息而增加或者减少,这在很大程度取决于过去所预期的 EVA 是多少。对于成熟公司,市场或许不会指望其 EVA 有所增加,甚至会预计它的减少。因此,EVA 增加的信息将是利好信息,能够使得其市值上扬。对于那些被认为具有很好的增长机会而预计 EVA 能够增加的公司,如果 EVA 增加的信息不如预期,公司市值就会下降。这些对于投资者来说并不奇怪,他们了解这些与每股盈利相关的现象已有数十年的时间;对于公司盈利公告的评判是针对预期而进行的,只有那些出乎预期的盈利变化才会使得股价发生变化。

因此,我们并不指望在 EVA 幅度与股价之间存在着何种相关性,甚至对于 EVA 和股票报酬率也是如此。那些报告 EVA 增幅最大的公司,其股票未必就能为股东们带来高报酬。[①] 美林(Merrill Lynch)公司的 Richard Bernstein 所作的研究验证了这些见解。在考察了 EVA 和股票报酬率之间关系后,他得出的结论是

- 在 1987 年 2 月到 1997 年 2 月期间,50 家具有最高 EVA 绝对值的公司股票组合获得的年度报酬率为 12.9%,[②] 而 S&P 指数在同期内的年度报酬率为 13.1%。
- 在同期内,50 家在上一年度 EVA 增长率最高的公司股票组合获得的年度报酬率为 12.8%,[③] 同样也不及 S&P 500 指数。

32.1.5 股权的经济增加值

虽然计算 EVA 时使用的是总资本,但很容易调整成为针对股权的尺度:

$$股权 EVA =(股权报酬率 - 股权成本)(投入项目或公司的股权)$$
$$=净收入 - 股权成本 \times 投入股权$$

同样,股权 EVA 为正的公司可以为股东创造价值,股权 EVA 为负的公司则在损耗股东的价值。

公司为何使用这种尺度而不是常规的 EAV 尺度呢?在考察金融服务公司时,第 21 章曾指出,对于债务(进而资本)的定义会带来某些衡量尺度方面的问题,因为此类公司很大部分的价值可以被列为债务。因此,有人认为,对于金融服务公司的估价,应该使用股权估价法和股权乘数。把这种观点推广到 EVA 也同样成立;即,对于金融服务公司来说,股权 EVA 是比常规 EVA 更为合适的衡量手段。

还需补充说明的是,在常规 EVA 框架中出现的问题同样也会影响股权 EVA 尺度。就像那些使用常规 EVA 的公司一样,为了增加股权 EVA,银行和保险公司也能够进行投入资本、增长率和风险等方面的博弈。

32.2 投资的现金流报酬

公司的投资现金流报酬(CFROI)就是现有投资的内部报酬率(IRR),根据真实(而非名义)现金流计算得出。一般而论,应该把它与真实资本成本进行比较,以此判断投资的质量。

32.2.1 CFROI 的计算

计算公司的投资现金流报酬需要四种数据。第一种是公司在现有资产上的投资总额,可以通过把累积折旧额和通货膨胀调整项加回到账面价值而得出;第二种数据是资产

---

① Kramer and Pushner 在 1997 年所作的一项研究发现,相对于 EVA 差异而言,净经营性税款(NOPAT)差异能够更好地解释市值差异。然而,OByrne (1996)却发现,EVA 的变化在各个五年期内可以解释 55% 的市值变化。

② 参见 Quantitative Viewpoint,Merrill Lynch,December 19,1977.

③ 参见 Quantitative Viewpoint,Merrill Lynch,February 3,1977.

在现行年度赢得的现金流总额(GCF)，它通常被定义为公司税后经营性现金流与针对盈利的非现金性支出之和，后者包括折旧和分摊；第三种数据是在最初进行投资时的资产期望寿命(n 年)，它因行业而异，但却体现了相关投资的盈利期；在此期末的资产预期账面残值(SV)，根据当期美元计算，则是最后一种数据。通常假设它占据对土地和建筑物等初始投资额的某一比重，由于无法对它们实施折旧，故需根据当期美元作出调整。CFROI是这些现金流的 IRR(即，可使现金流总额和账面残值的净现值等于投资总额的贴现率)，因此可以看作是当期投资额的综合性 IRR。

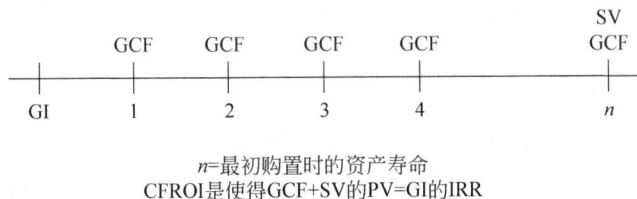

n=最初购置时的资产寿命
CFROI是使得GCF+SV的PV=GI的IRR

有关 CFROI 的另一个公式使得我们可单列出一笔年金，以便弥补项目期末的预期重置成本。这笔年金称为"经济折旧额"(economic depreciation)，其计算公式是

$$经济折旧额 = \frac{根据当期美元计算的重置成本(k_c)}{(1+k_c)^n - 1}$$

其中，n 为资产寿命，k_c 为资本成本；资产的预期重置成本则需根据当期美元而定义，等于投资总额和账面残值的差额。公司或者部门的 CFROI 可以表述为

$$CFROI = \frac{现金流总额 - 经济折旧额}{投资总额}$$

例如，假设我们拥有总投资为 2 431 百万美元的现有资产，现金流总额为 390 百万美元，预期账面残值(根据当期美元计算)为 607.8 百万美元，资产寿命为 10 年。

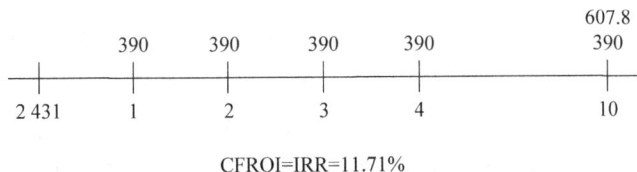

CFROI=IRR=11.71%

常规的 CFROI 为 11.71%，真实资本成本为 8%。使用这种可选方法估算得出的结果是

$$经济折旧额 = \frac{(24.31 亿美元 - 6.078 亿美元)(0.08)}{1.08^{10} - 1} = 125.86 \text{ 百万美元}$$

$$CFROI = (390.00 - 125.86)/2\,431 = 10.87\%$$

两种方法在再投资假设方面的差异导致了不同的 CFROI 估算值。根据第一种方法，分析期内的现金流将根据 IRR 而用作再投资；根据第二种方法，至少有部分现金为了重置而被拨出，以便根据资本成本进行再投资。事实上，如果使用 IRR 估算得出经济折旧率为

11.71％,两种方法就会得到相同的结论。①

32.2.2　CFROI、IRR 和贴现现金流价值

如果说净现值为增进价值的 EVA 方法提供了起因,IRR 则构成了 CFROI 方法的基础。在实施投资分析时,为了计算项目的 IRR,我们使用的是项目初始投资额以及在其寿命期内的所有现金流:

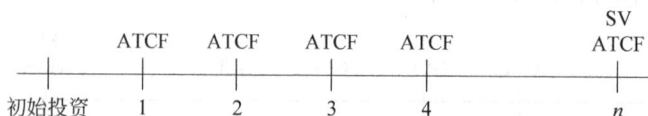

其中,ATCF 是项目的税后现金流,SV 是项目的预期账面残值。我们同样能够根据名义条件完成这种分析,其中的 IRR 是名义 IRR,并且与名义资本成本进行比较;再者,也可根据真实条件进行这种分析,在此则使用真实的 IRR,并且与真实资本成本进行比较。

初一看来,CFROI 方法似乎并无新鲜之处。它把项目(以当期美元计算的)投资总额作为初始投资,假设当期现金流总额可以在项目寿命期内保持不变,并且计算真实报酬率。然而,它确实具备某些重要的特征。

第一个差异在于,IRR 并不要求税后现金流在项目寿命期内保持不变,即便是以真实条件衡量也是如此。CFROI 方法的假设条件则是,由资产所生成的真实现金流不会随着时间而变化。对于那些成熟行业来说,这或许是一个合理的假设;如果存在着真实增长,它就会低估项目报酬。此时,我们必须调整 CFROI 方法以兼顾增长。

第二个差异是,项目或资产的 IRR 是以未来所出现的现金流为基础。它们不考虑已经形成的现金流,因为后者被视为已然"沉没"。另一方面,CFROI 方法则试图重组项目或资产,使用已经出现的现金流和将会出现的现金流。为说明起见,不妨考虑前一小节所述项目。在最初作出投资时,如果初始投资、税后现金流和账面残值都保持不变,该项目的 IRR 和 CFROI 就应该等于 11.71％。我们针对项目寿命期计算了三年的 CFROI,它将一直等于 11.71％,因为所用最初数据都未改变。但是,项目的 IRR 却会发生变化。它的计算现在需要根据资产的当期市值、资产剩余时间的预期现金流以及七年期限而进行。因此,如果资产市值增加到 25 亿美元,那么计算得出的该项目 IRR 将只有 6.80％。

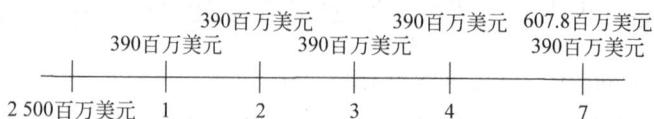

如果真实资本成本等于 8％,那就意味着 CFROI 要大于资本成本,而 IRR 则低于资本成本。两种尺度为何会有所不同呢?原因在于,IRR 完全是以预期未来现金流为依据,

---

①　根据 11.71％的比率,经济折旧额等于 105.37 百万美元,而 CFROI 则等于 11.71％。

而 CFROI 则并非如此。超出资本成本的 CFROI 被视为公司对于资产分派得当的标志。如果 IRR 小于资本成本，这种解释就是错误的，因为公司所有者的处境可通过出售资产获得市场价值而得到改善，而不是继续经营。

为了将投资的现金流报酬与公司价值相联系，我们从处在稳定增长期公司的贴现现金流模型入手：

$$\text{公司价值} = \frac{\text{FCFF}_1}{k_c - g_n}$$

其中，FCFF 是预期公司自由现金流，k_c 是资本成本，而 g_n 是稳定增长率。需要注意的是，也可根据 CFROI 大致重新表述上式：

$$\text{公司价值} = \frac{(\text{CFROI} \times \text{GI} - \text{DA})(1 - t) - (\text{CX} - \text{DA}) - \Delta\text{WC}}{k_c - g_n}$$

其中，CFROI 是投资的现金流报酬，GI 是投资总额，DA 是折旧和分摊，CX 是资本支出，而 ΔWC 是流动资本变化量。为说明起见，考虑某个 CFROI 等于 30% 的公司，其投资总额为 1 亿美元，资本支出为 1 500 万美元，折旧为 1 000 万美元，没有流动资本需要。如果假设资本成本为 10%，税率为 40%，稳定增长率为 5%，则可得到下列结果：

$$\text{公司价值} = \frac{(0.30 \times 100 - 10)(1 - 0.4) - (15 - 10) - 0}{0.10 - 0.5} = 140 \text{ 百万美元}$$

然而，比上述机制更加重要的是这样一个事实，公司价值虽然取决于 CFROI，但同样还取决于上式中的其他变量，即投资总额、税率、增长率、资本成本以及公司所需再投资额。

同样，那些熟悉 CFROI 的实际工作者很有可能会发现，出自 CFROI 的价值不仅包括现有资产，而且还包括未来的投资。事实上，CFROI 的主要倡导者之一 Holt Associates 协会已经考虑了 CFROI 所包含的消减因素（fade factor）；即，当期的 CFROI 会随着时间的推移而消减到资本成本的水平。在实际操作时，通过考察不同的 CFROI 级别及其变化路径，可以估算出这种消减因素。因此，如果当期 CFROI 为 20%，真实资本成本为 8%，就可以预计公司的 CFROI 将会逐步减少。在这种更复杂的框架内，可将公司的价值表述为下列各项的总和：

- 现有资产在其剩余期限内所生成的现金流现值，它可表示为

$$\sum_{t=1}^{t=n} \frac{\text{CFROI}_{\text{现有资产}} \times \text{GI}_{\text{现有资产}}}{(1 + k_c)^t}$$

其中，$\text{CFROI}_{\text{现有资产}}$ 是现有资产生成的 CFROI，$\text{GI}_{\text{现有资产}}$ 是对于现有资产的投资额，而 k_c 是真实资本成本。

- 未来投资生成的现金流现值，可根据真实条件将其表述为

$$\sum_{t=1}^{t=\infty} \frac{\text{CFROI}_{t,\text{新投资}} \times \Delta\text{GI}_{\text{现有资产}}}{(1 + k_c)^t} - \Delta\text{GI}_t$$

其中，$\text{CFROI}_{t,\text{新投资}}$ 是在 t 年所作新投资的 CFROI，$\Delta\text{GI}_{\text{现有资产}}$ 是在 t 年的新投资。请注意，如果 $\text{CFROI}_{t,\text{新投资}} = k_c$，上式所表示的现值就等于零。

总之，公司价值取决于现有资产的 CFROI，以及它消减到资本成本水平的突然性和

速度。由此，公司可通过下列举措之一增进其价值：

- 保持既定的投资总额，努力提高现有资产的 CFROI。
- 延缓 CFROI 消减到真实资本成本的速度。

请注意，它与第 31 章对公司价值所作分析并无二致，同样也是从现行投资的现金流（增加当期 CFROI）、高增长期长度（减少消减速度）和高增长期内的增长率（避免超额报酬急剧下降）角度作出分析。

☺ *cfroi.xls*：这一电子表格使我们可以估算项目或投资的现金流报酬。

32.2.3 CFROI 和公司价值：潜在的冲突

相对于 EVA 与公司价值之间的关系而言，CFROI 与公司价值的关系并不那么明显。虽然存在着这种基本意义上的不足，管理者力图增加 CFROI 的某些措施却有可能使公司的价值减少。

- 减少投资总额。如果减少对于目前资产的总投资，CFROI 有可能增加。鉴于决定公司价值的是 CFROI 与投资总额的乘积，公司完全可能在增加 CFROI 的同时减少价值。
- 牺牲未来的增长。与 EVA 相比，CFROI 甚至更加看重现有资产而不考虑未来的增长。如果管理者以未来增长为代价而追求 CFROI，公司价值就会在 CFROI 增加的同时而减少。
- 风险取舍。在判断公司是在创造还是在损耗价值时，我们虽然曾经将 CFROI 与真实资本成本进行了比较，但是这种做法并未能够对风险作全面考虑。鉴于公司价值等于预期未来现金流现值这一基本点依然未变，如果资本成本增加对于现值的影响大于 CFROI 提高的影响，公司完全能够扩大 CFROI 与资本成本之间的差额，但最终仍然在损耗价值。

总之，单就其本身而言，CFROI 的增加并不意味着公司价值的增加，因为它或许是以降低增长率和加大风险作为代价。

CFROI 的创新性：消减因素和暗含的资本成本

CFROI 的实际运用者作出的最大贡献在于，围绕资本报酬率如何朝着资本成本消减所做的工作。Madden(1998)认为，这种现象不仅相当普遍，而且能够预测。他列出了由 CFROI 的主要倡导者 Holt Associates 所提供的证据。它根据 CFROI 对 1 000 家最大的公司从高到低进行归类，持续跟踪它们而力图找到针对某一均值的收敛性。应该注意的是，本书在有关贴现现金流估价法的章节中并未使用消减因素，而且也未曾予以提及。朝着较低资本报酬率的消减有可能突然间在终端年间或者转型时期发生。

为了计算资本成本，CFROI 的使用者考察的是整个市场，而不是用于计算 DCF 值的"风险-报酬"模型。运用股票的当期市值和预期现金流总额估算值，他们计算用作资本成本的内部报酬率。第 7 章使用了一种非常相似的方法估算暗含风险溢价，不过这种溢价是被运用于传统的"风险-报酬"模型。

32.2.4　CFROI 和市场价值

CFROI 和市场价值之间存在着一定的关联。CFROI 较高的公司通常也拥有较高的市值。这一点并不奇怪，因为它折射出了前面有关 EVA 的内容。然而，创造价值的是市值的变化而不是市值本身。当市值变化时，CFROI 和超额报酬之间的关系通常会大大减弱。因为市值已经体现了预期，没有理由认为具有高度 CFROI 的公司将会获得超额报酬。

CFROI 的变化与超额报酬之间的关系则比较复杂。如果 CFROI 的增加被视为积极的意外事件，CFROI 增量最大的公司应该能够获得超额报酬。然而，在现实中，我们必须相对于市场预期来衡量 CFROI 的实际变化情形；如果 CFROI 的增幅低于预期，市值应该下降；如果 CFROI 减幅低于预期，市值就应该上涨。

32.3　关于增值策略的补充说明

公司的价值蕴含三方面的因素。第一个因素是它凭借现有资产生成现金流的能力，较大的现金流将创造较高的价值。第二个因素是它为了营造未来增长而进行再投资的意愿，以及这些再投资的质量。假设其他不变，如果再投资效果很好且能获得很大的超额报酬，公司的价值就会增加。最后一个因素是资本成本，它的提高会减少公司价值。因此，为了创造价值，公司必须能够做到：

- 凭借现有资产产生更大的现金流，同时不至于影响其增长前景和风险状况。
- 增加再投资而赢得更高的超额报酬，同时不会加剧资产的风险。
- 减少现有资产或者未来增长的融资成本，同时不会降低这些投资的报酬。

所有的增值措施无非都是对于这些基本方法的某种具体运用。这些方法，无论衡量的是 EVA 之类的超额报酬量，还是衡量 CFROI 那样的超额报酬率，都具有一定的用武之地，因为它们要比贴现现金流估价法更加简单和客观。但是，这种简便性需要付出一定的代价，因为这些方法对于其他价值因素作出了微妙的假设，而这一点通常不易被使用者们所认识。那些注重 EVA 并以此奖励管理者的方法通常假设 EVA 的增加不会牺牲未来增长或加剧风险，而根据 CFROI 判断经营业务的操作者也作出了类似的假设。

这些新颖的价值增进尺度是否具有某些价值呢？绝对如此，但是只有在某种更加全面的估价框架中方能见效。运用传统 DCF 估价法所需要的数据之一是资本报酬率（以此获得预期增长率）。EVA 运用者们则认为,需要调整经营性收入而加上 CFROI。这种做法有助于我们更好地估算资本报酬率。如果我们从投资的超额报酬而不仅是增长率和贴现率角度考虑问题,那就相当容易把握各种传统估价模型对于终端价值的计算方式,而它们的假设条件的微小变化都会使得价值发生很大的变化。最后,CFROI 运用者有关消减因素的实际证据对于传统估价模型来说极具价值,因为那些模型使用者有时会错误地以为当期报酬将会永远持续下去。

32.4　总结

本章考察了两种运用甚广的价值增进尺度。经济增加值衡量的是出自现有资产的超额报酬额。投资的现金流报酬则是现有资产的内部报酬率,其估算依据是这些资产的最初投资额和预期未来现金流。这两种方法能够产生与传统的贴现现金流估价法相互一致的结论,但是它们所具备的简捷性却需我们付出一定的代价。鉴于这两种方法具有某些不足,管理者可以采用其中任何一种刻意营造公司的良好形象,而在实际上却是在损耗公司的价值。尤其重要的一点是,他们可能会以未来增长为代价而追求眼前更高的 EVA,或者采纳风险更大的投资项目。

在考察各种增进价值的方法时,应该注意到几个事实。第一,除非管理层坚持把公司价值最大化作为首要目标,没有哪种价值增进措施能够创造价值。若将其他目标作为优先选项,价值增进机制就难以奏效。相反,如果管理层确实注重价值最大化问题,那就能够使得几乎所有的机制为其所用。第二,把某种既定的价值增进尺度与管理层报偿方案相互挂钩,这种做法虽然具有合理性,但也存在一些弊端。其原因在于,随着时间的推移,管理层通常会变得刻意地去迎合那种尺度,甚至不惜以公司价值为代价。最后,对于价值创造来说,没有所谓的万能灵药。在竞争剧烈的市场上,营造价值是一项艰巨的工作,需要作出成本和效益的取舍。每个人在这方面都能够发挥出一定的作用,它无疑不是金融分析者们的专有领域。事实上,与良好的战略、营销、生产或人事决策相比,金融工程师们所能创造的价值分量只占次要地位。

32.5　问题和简答题

在下列问题中,若无特别说明,假设股权风险溢价为 5.5%。

1. Everlast Batteries Inc. 公司聘请我们担任咨询专家。1998 年,该公司的税后经营性盈利为 1.8 亿美元,净收入为 1 亿美元,所付股息为 5 000 万美元。1998 年末的股权账面价值为 12.5 亿美元,债务账面价值为 3.5 亿美元。公司在同期发行了 5 000 万美元的新债。当时的股权市值是股权账面价值的两倍,债务市值与其账面价值相同。资本成本为 12%,税后债务成本为 5%。

　　a. 估算 Everlast Batteries 的资本报酬率。

　　b. 估算 Everlast Batteries 的资本成本。

　　c. 估算 Everlast Batteries 的经济增加值。

　　2. 延续上一问题,假设 Everlast Batteries 公司已处在稳定增长期,预计它的 EVA 将以每年 5% 的比率永久地增长。

　　a. 估算该公司的价值。

　　b. 公司价值有多少可归因于超额报酬?

　　c. 公司的市场增加值(MVA)是多少?

　　d. 如果我们得知在第 51 年之后将没有 EVA,对于上面三个问题的解答将有何变化?

　　3. Stereo City 是一家音像设备和电视机的零售商。扣除 5 000 万美元的租赁性支出后,其经营性收入为 1.5 亿美元。该公司在未来五年及其之后的经营性租约为

年份	经营性租约	年份	经营性租约
1	55	4	55
2	60	5	50
3	60	第 6~15 年	每年 40

　　公司的股权账面价值为 10 亿美元,没有未偿债务,股权成本为 11%,税前借款成本为 6%,税率为 40%。

　　a. 估算针对租约进行调整之前和之后投入公司的资本。

　　b. 估算针对租约进行调整之前和之后的资本报酬率。

　　c. 估算针对租约进行调整之前和之后的 EVA(股权市值为 20 亿美元)。

　　4. Sevila Chemicals 公司在去年凭借 5 亿美元的投资获得了 10 亿美元的税后经营性收入。公司股权成本为 12%,"债务/资本"比率为 25%,税后债务成本为 4.5%。

　　a. 估算 Sevila Chemicals 公司在去年的 EVA。

　　b. 假设整个化工行业的总投资为 1 800 亿美元,税前盈利为 400 亿美元,行业资本成本为 10%。估算整个行业的 EVA。

　　c. 以 EVA 为标准进行衡量,Sevilla 相对于行业的状况如何?

　　5. Jeeves Software 是一家处在高增长期的小型软件公司。它全部采用股权融资。在现行年间,公司凭借 6 000 万美元的投资获得了 2 000 万美元的税后经营性收入,其股权成本为 15%。

　　a. 假设公司在未来五年的每一年能够获得等于 15% 的 EVA,在第 5 年之后再无超额报酬,估算公司的价值。这一价值有多少出自 EVA,又有多少出自投入资本?

　　b. 假设公司在今年通过出售资产和重新租赁而可将投入资本减少 2 000 万美元。假设经营性收入和资本成本不会因为这种出售-租赁事件而有所变化,估算公司在目前的价值。公司价值有多少出自 EVA,又有多少出自投入资本?

　　5. Healthy Foods 公司专事生产不含添加剂的罐装食品。它拥有账面价值等于 1 亿

美元的资产。资产年龄已有五年，在此期间已获得 5 000 万美元的折旧额。此外，这五年间的年均通货膨胀率为 2%。目前，这些资产获得的税后经营性收入为 1 500 万美元，并且还有 10 年的寿命，预计每年的折旧额为 500 万美元。在未来的第 10 年末，根据当期美元计算，预计这些资产具有 500 万美元的账面残值。

    a. 使用常规的 CFROI 方法，估算 Healthy Foods 的 CFROI。

    b. 使用经济折旧法，估算 Healthy Foods 的 CFROI。

    c. 如果 Healthy Foods 的名义资本成本为 10%，预期通货膨胀率为 2%，评估一下 Healthy Foods 的现有投资是在创造还是在损耗公司价值。

第33章

估价的概率方法：情景分析法、决策树法和模拟法

在本书的大量篇幅中，我们一直专注于贴现现金流估价法和相对估价法。除了它们的普遍性之外，这些方法还具有一条共同的原理——使用某个数字涵盖资产的风险程度，包括较高的贴现率、较低的现金流或者价值折扣额。为了计算它，我们需要针对风险的性质作出某些（通常是不现实的）假设。

在本章，我们考虑一种用于评估投资项目价值的不同或者更有教益的方法。不是计算资产的期望价值，它试图以一个数字把握所有潜在的结果，我们能够获得有关资产在出现每一种结果或至少一些结果时所含价值方面的信息。在第一节，首先考察最为简单的形式，即对资产在三种情景时的价值分析，包括最佳情形、最常见情形以及最差情形，继之进一步论述更加普遍的情景分析法；随后，我们将考察决策树方法，它是一种可以处理风险序列的更复杂工具；末了，我们对蒙特卡罗（Monte Carlo）模拟法进行评估，它属于一种最全面的风险评估方法。

33.1 情景分析法

我们可以根据两种方法估算用于评估风险性资产的预期现金流。它们等于所有可能情景下的现金流的概率加权均值，也可以是在最常见情景下出现的现金流。虽然前者是更加准确的尺度，但却很少获得使用，这显然是因为它需要处理的信息量太大。使用这两种方法，我们都会遇到一些出乎预料的现金流，超出预期的现金流或者不如预期的。根据情景分析法，我们估算处在不同情景下的预期现金流和资产价值，旨在能够更好地把握风险对于价值的影响。在本节，我们首先考虑情景分析法的极端形式，即资产在最佳和最差两种情景下的价值，然后再考虑这种分析法的一种更普遍形式。

33.1.1 最佳/最差情景分析

就风险性资产而言，它们的实际现金流可能会与预期水平相去甚远。我们可以针对

两种极端状态估算现金流，即一切都很理想（最佳）情景以及一切都不如意（最差）情景。在实际操作时，可以通过两种方法进行这种分析。根据第一种方法，我们把用于资产估价的所有数据都设作可能出现的最佳（或最差）结果，再用它们估算现金流。因此，在评估公司时，我们可以将销售额增长率和经营利润率设为可能达到的最高水平，而将贴现率设为最低水平，以此估算最佳情景。这种方法的问题在于它或许行不通。毕竟，要想获得很高的销售额，公司就必须降低价格而接受较低的利润率。根据第二种方法，我们采用能够兼顾这些数据相互关系的可行选项对"最佳可能情景"作出定义。因此，不是假设销售额和利润率都可达到最高水平，我们将采纳两者之间某种可行而且能够产生最大价值的组合。这种方法更加符合现实情形，但在运用时需要花费更大的工作量。

最佳/最差情景分析法有多大用处呢？它的结果可通过两条途径为决策者所用。第一，可以把最佳情景和最差情景之间的差异作为衡量资产风险的尺度；对于风险较大的项目而言，价值的变化范围（根据规模表示）应该更大。第二，如果担心某项不良投资可能对资产组合产生外溢效应，投资者能够通过考察最差的投资结果把握这些效应。

一般而论，最佳/最差情景分析法并不能提供很多信息。毕竟，知道资产在最佳情景中价值很高而在最差情景中价值很低这一点实属正常。因此，如果使用这种方法评估某只股价为 50 美元的股票，股权分析者可能会认为，它在最佳情景时会达到 80 美元，而在最差情景时只有 10 美元。如果价格变化范围如此之大，无疑就难以判断这只股票是否值得投资。

33.1.2　多重情景分析

情景分析不必局限于最佳和最差两种情景。根据其更加一般的形式，可以针对一些不同的情景计算风险性资产的价值，从宏观经济变量到资产特定变量，等等。

33.1.3　情景分析的步骤

情景分析法的理念并不复杂，它具有下列四个基本因素：

1. 第一个是确定针对哪些变量建立不同情景。这些因素可以是与考虑开设一家新工厂的汽车制造商相关的宏观经济状况，也可以是与一家打算提供某种新产品或服务的公用事业公司相关的市场反应。一般而论，我们应该专注于两到三个决定资产价值的关键因素，并且围绕着它们构建不同的情景。

2. 第二个因素是确定需要针对每个因素所分析的情景数目。虽然增加情景的数目可以更加逼近现实，但是会加大信息收集和区分不同现金流情景的难度。例如，相对于列出 15 种情景而言，若只列出 5 种情景，那就比较容易估算每种情景的现金流。需要考虑的情景数目取决于它们之间的差异有多大，以及我们能否很好地预测每种情景的现金流。

3. 第三个因素是估算每种情景的资产现金流。如果只专注于两到三个关键因素，并且针对每个因素只构建相对较少的情景，这一步的估算工作就不会太难。

4. 第四个因素是给每种情景指定概率。就某些情景而言，它涉及诸如汇率、利率和总体经济增长，我们可以依靠预测这些变量的专业服务机构确定概率。对于其他情景来说，涉及行业或者竞争因素，我们就需要利用自己的行业知识完成此事。然而，请注意，这一点只有在这些情景涵盖了所有的可能性之时才有意义。如果所确定的情景只占投资成果的一部分，那么所加总的概率就不会等于 1。

情景分析的结果可以表现为每种情景下的价值，或者是针对各种情景的期望值（如果能够在第 4 步估算得出概率的话）；倘若情景不够齐全，那就无法计算期望值。

关于情景分析的这种定量观点遭到了公司战略分析者们的挑战，他们一直把情景分析视为定性分析，其主要优点在于拓宽决策者的思路。一位战略分析者指出，情景分析所考虑的是如何设计"有关未来的合理描绘"而不是各种可以计算概率的结果。换言之，即使考虑那些发生概率很低的情景，同样也会有所收获，因为它可以促使我们考虑那些能够发掘与官方意见不同之内容的观点。

33.1.4 在估价和决策中的运用

在价值评估和决策过程中，情景分析法究竟有多大用处呢？就像其他工具一样，答案取决于我们如何使用它。情景分析所能提供的最宝贵信息是，价值在各种情景下的变化范围，从而体现出资产的风险程度。风险较高的资产之价值会涉及更多的情景，而比较安全的资产则会显示出更强的稳定性。此外，可以使用情景分析法确定那些对价值影响最大的因素。实施情景分析的另一个好处是，如果价值在某些情景中大大低于其他情景，投资者就能设法找出针对前一类情景的发生实施对冲的方法。

即便没有上述几点，单纯考虑一下各种情景也将有助于我们了解竞争状况在不同的宏观经济环境下将如何变化，以及为尽量降低风险和实现风险性资产的增值潜力所需采取的举措。

33.1.5 相关的问题

与最佳/最差情景分析法相比，多重情景分析法能够估算处在多种特定情景下的资产价值，因而可以提供更多的信息。不过，它本身也存在着一些问题：

- 无用的数据输入必定产生无用的分析结论（garbage in，garbage out）。为了作出合理的情景分析，关键在于确定各种情景，以及估算每一情景下的现金流。对于情景的确定不但要切合实际，还需尽量涵盖所有的可能性。一旦列出了各种情景，就需要针对每一种情景估算现金流；在确定需要考虑多少种情景时，我们必须考虑到在这两方面的取舍。
- 连续的风险。情景分析法最适合处理离散形式的风险。如果各种结果的可能取值数目庞大或者风险是连续的，那就难以设定不同的情景。
- 双重计算。正如最佳/最差情景分析法那样，决策者在实施多重情景分析时面临着双重计算的危险。因此,分析者可能会拒绝某项投资,即使它看起来被低估了,原因只在于它在至少一种情景下看似被过分高估。鉴于期望值已经针对风险作出了调整,这种做法就意味着可能重复计算了同样一种风险,而它在先前作出决策时就不应该列入考虑范围(因为它是可以分散得掉的)。

案例 33.1　评估面临国有化威胁的公司

过去数十年来,全球性的国有化威胁虽然有所缓解,但在一些国家和地区,投资者们依然担忧其公司会被充公或者国有化。有些分析者试图将国有化风险结合到预期现金流和贴现率之中,但是很快就感到无从下手。尤为突出的是,贴现率属于一种比较呆板的工具,难以体现离散型的风险因素(诸如公司的国有化、财务困境或监管规则的变更等)。

作为另一种选择,可以考虑一种简单的情景分析;其中,我们评估处在两种情景下的公司:公司业主可以继续经营而持有现金流,以及公司国有化所付金额低于公允价值;而公司的期望价值是这两个估算值的加权均值。

为了进一步充实这种观点,假设我们打算评估委内瑞拉的一家公司。预计它在明年的税后经营性收入为 1 000 万美元,它以美元计算的永久性年增长率为 3%。再假设公司的资本报酬率为 20%(投资的账面价值为 5 000 万美元),资本成本为 12%;后者包含了宏观经济风险的国家风险因素(但未考虑国有化问题)。为了将公司作为持续经营实体进行估价,使用预期现金流和资本成本,我们得出公司的经营性资产为 9 444 万美元:

$$再投资率 = g/ROC = 3\%/20\% = 15\%$$

$$经营性资产价值_{持续经营} = \frac{\text{EBIT}(1-t)\left(1-\dfrac{g}{\text{ROC}}\right)}{资本成本-g} = \frac{10(1-0.15)}{0.12-0.03} = 9\,444\ 万美元$$

现在假设公司有可能被国有化,政府对其业主只会支付部分经营性资产账面价值。可以估算出自国有化的成果如下:

$$经营性资产价值_{国有化} = 账面价值 = 5\,000\ 万美元$$

结合国有化的概率(25%),就可估算经营性资产的期望价值如下:

$$期望价值 = 经营性资产价值_{持续经营}(1 - 国有化的概率)$$
$$+ 经营性资产价值_{国有化}(国有化的概率)$$
$$= 99.44(0.75) + 50(0.25) = 83.33\ 百万美元$$
$$= 8\,333\ 万美元$$

请注意,随着国有化概率的加大以及出自国有化的收益减少,公司的期望价值将会下降。

案例 33.2　评估面临监管规则变化风险的受监管公司

随着我们考虑的情景数目增加以及不确定性的加剧,情景分析也会逐渐趋于复杂。例如,假设我们打算评估美国富国(Wells Fargo)银行,它在 2009 年上半年仍然是美国最大的商业银行之一。然而,2008 年的金融危机不仅损害了它的现有盈利能力,而且加大了当局进一步强化资本监管规则的可能性,即要求银行拨出更多的资本以弥补经营性亏损。

为了把握那次危机的影响，下表列出了富国银行在2001—2008年间的主要财务数据：

百万美元

年份	2008	2007	2006	2005	2004	2003	2002	2001	2001—2007年间均值
股息	5 751	3 955	3 641	3 375	3 150	2 527	1 873	1 710	
净收入	2 842	8 057	8 482	7 671	7 014	6 202	5 434	3 423	
账面股权	47 628	45 876	40 660	37 866	34 469	30 319	27 214	26 488	
增长率	−64.73%	−5.01%	10.57%	9.37%	13.09%	14.13%	58.75%	−14.98%	12.28%
股息支付率	202.36%	49.09%	42.93%	44.00%	44.91%	40.74%	34.47%	49.96%	43.73%
股权报酬率	5.97%	17.56%	20.86%	20.26%	20.35%	20.46%	19.97%	12.92%	18.91%

请注意，虽然股息在2008年有所增加，公司的净收入和股权报酬率却急剧下跌。在2009年上半年，对于想要评估富国银行的分析者来说，下面是一些必须正视的关键问题：

- 对于盈利、股息和投资报酬率（ROE），应该采用哪一年作为基础时期？换言之，是否可以认为2008年的金融危机纯属短暂的插曲，上述各项数据都会回复到2001—2007年间的标准化水平呢？

- 回顾以往，各银行的 β 值都接近于1。据此可以得出，在2009年2月，富国银行的资本成本约为9%（长期国债利率为3%，股权风险溢价为6%）。鉴于那场危机彰显了银行界所暗含的各种风险，在进行估价时能否继续使用这种 β 值呢？

在此，我们无意求取能够涵盖富国银行所有可能情景的某个综合价值，而只是勾画下面三种情景：

1. 快速回复到常态（概率为10%），这是最为乐观的情景；即，假设金融危机将迅速消退，政府的资本监管规定不会改变，股权报酬率和 β 值很快回复到危机之前的水平（β 值＝1，股权风险溢价＝18.91%）。

2. 缓慢回复到常态（概率为60%），这是相对悲观的（但比较现实的）情景；即，危机将逐渐消退，但是监管资本规定会有所提高（它将使股权报酬率减少到15%），而银行的波动率也会加剧（它将把股权成本提高到10%）。

3. 新的格局（概率为30%），这是最为悲观的情景；即危机将会延续，对于资本的监管变得更加严格，导致股权报酬率下跌到12%，而股权成本上升到11%。

将股权报酬率和股权成本运用于股息贴现模型，可以推算得出股权价值：

$$股权价值 = \frac{预期股息_{明年}}{股权成本 - 预期增长率} = \frac{股权账面价值_{基期} \times ROE \times \left(1 - \dfrac{g}{ROE}\right)}{股权成本 - 预期增长率}$$

假设富国银行已经处在稳定增长期而增长率为3%，我们可将股权价值作为期望ROE和股权成本的函数予以估算。下表概述了有关富国银行分别处在三种情景下的股权总值估算结果（以47 628百万美元作为基数）：

	概率	期望净收入/ 百万美元	ROE	股权成本	股权价值/ 百万美元
快速回复到常态	10%	9 006.45	18.91%	9%	126 294
缓慢回复到常态	60%	7 144.20	15.00%	10%	81 648
新的格局	30%	5 715.36	12.00%	11%	53 582
期望价值	0.10×(126 294)+0.60(81 648)+0.30(53 582)				77 693

　　根据它在2009年上半年等于666.43亿美元的市值,富国银行看来被低估了,但是这种估价对于赋予三种情景的概率十分的敏感。

33.2　决策树法

　　有时,风险并不是离散的而是带有序贯性。换言之,就所需评估的资产来说,它必须接受一系列检验,在任何时点上的失败都有可能导致价值的完全丧失。例如,正在接受商业化检验的药品就属此列。针对那些想要在市场上销售的药品,美国食品和医药监管局(FDA)的三阶段审批程序规定了它们必须满足的各种标准。如果无法通过其中任何一个阶段,药品就告失败。在评估那些具有许多药品的大型医药公司时,需要将这类检验失败的风险分摊在处于研制之中的所有药品上,这使我们能够运用常规的贴现现金流模型。相反,如果评估的是那些只有一种药品需要呈交检验的小型生物技术公司,其价值就完全取决于序贯性风险。决策树能使我们不仅可以考虑到处在各个阶段上的风险,而且可以针对每一阶段的结果做出恰当的反应。

33.2.1　决策树分析的步骤

　　理解决策树法的第一步是区分树根结、决策结、事件结和终端结。

- 树根结是决策树的起始点;在此,决策者面临着某种决策抉择或不确定的结果。此时的行为目标在于评估是否值得作出风险性投资。
- 事件结代表了风险性博弈的各种可能结果;药品能否通过FDA审批过程的第一阶段就是一个很好的例子。根据此时得到的信息,必须列出所有可能的结果及其发生概率。
- 决策结代表了决策者可以作出的各种选择;例如,在获得市场检验结果后,是否从市场试点拓展到全国市场。
- 终端结通常表示先前各风险性结果及其相应决策的最终结果。

　　现在考虑一个很简单的例子。我们面临着一种选择:要么必定可以获得一笔钞票(29美元),要么参与一个赌博。在后者中,我们有50%的机会赢得50美元,另有50%的机会赢得10美元。图33.1说明了有关这一赌博提议的决策树。

　　需要注意的是决策树具有几个关键特征。第一,只有事件结才能表示各种不确定的

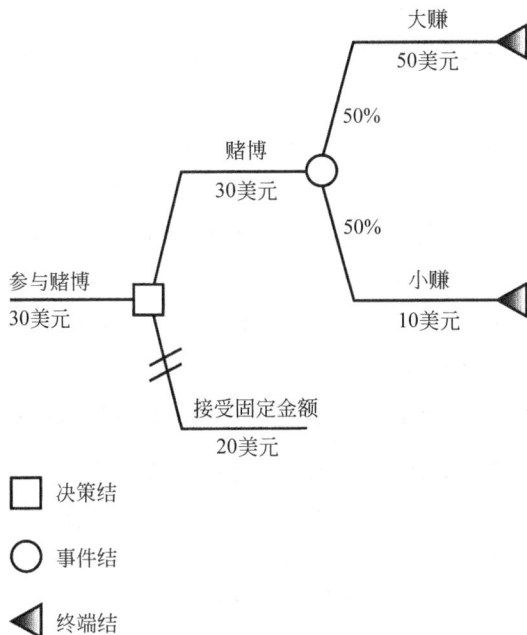

图 33.1 简单的决策树

结果，并且获得指定的概率。第二，决策结代表着一项选择。纯粹根据期望值判断，这项赌博优于（期望值为 30 美元）获得保障的 20 美元；在后一分支上的双重斜线表示它不会被选中。这个例子异常简单，但已涵盖了构建决策树的所有要素。

步骤 1：把整个分析过程划分为不同的风险阶段。构建决策树的关键在于，列出我们在未来所面临的风险。在某些情形中，诸如 FDA 的审批过程，实现这一步并不难，因为只存在两种结果，即药品通过审批而进入下一阶段，或者未能通过。在其他场合，则不易做到这一点。例如，针对某种新型消费品的市场检验可能会产生数百种结果；因此，我们必须针对检验的成败列出所有类型的结果。

步骤 2：在每个阶段，估算各种结果的概率。一旦完成了勾勒风险的阶段并且确定了每一阶段的各种结果，就需计算每种结果的概率。除了"各种结果的概率之和必须等于 1"这一明确的要求，还需考虑在第 1 阶段的各种结果概率是否会受到较早阶段之结果的影响。例如，假如市场检验的结果平平，把药品从市场试点推广到全国市场的成功概率有多大？

步骤 3. 确定各个决策点。决策树包含了各个决策点；其含义是，根据可观察到先前各阶段的结果，我们需要确定最佳的行动路径，形成有关未来事件的预期。仍以市场检验为例，在此需要确定的是，当市场检验结束之际，是否需要再度进行市场检验，或者是完全舍弃产品，或者是直接进入面向全国市场的生产。

步骤 4. 计算各个终端结的现金流。这一步骤是估算处在每一终端结的最终现金流和价值结果。在某些情形中，诸如放弃那些完成了市场检验的产品，实施这一步并不困难，它只是在市场检验上花费的支出。在其他情形中，诸如在全国范围内营销产品，这一步就相对不易，因为需要估算产品在整个生命周期的现金流，并对它们进行贴现以求出公司价值。

步骤 5. 回顾决策树。这是决策树分析的最后一步，就是对整个决策树实施逆向操作，沿着决策树对各种期望价值作反向计算。如果结点属于事件结，* 则可根据所有结果的概率加权计算得出期望价值；若结点是决策结，则可针对每一分支计算期望价值，并且选择最高者（作为最佳决策）。这一过程将汇总而得出资产或者投资在今天的价值。①

决策树可以产生两个关键结果。第一个结果是在今天纵观整个决策树所能获得的期望价值。它结合了由风险所导致的潜在上涨和下跌，以及我们针对这种风险所作出的一系列应对方式。实质上，它类似于我们在前面一章所论述的根据风险对价值进行的调整。第二个结果是处在各终端结的价值，它们应该包括投资的潜在风险。

案例 33.3　运用决策树的估价：对年轻医药公司的估价

为了说明构建决策树的各个步骤，现在对一家小型生物技术公司进行估价。它只有一种产品，即某种治疗 1 型糖尿病的药品，并已通过了临床前检验，即将进入 FDA 审批过程的第 1 阶段。② 假设我们拥有关于这三个阶段的下列信息：

1. 预计第 1 阶段所耗成本为 5 000 万美元，有 100 名志愿者帮助确定药品的安全性和剂量；预计该阶段将持续 1 年。药品有 70% 的机会可以成功完成第 1 阶段。

2. 在第 2 阶段，该药品将试用于 250 名志愿者，以便确定它在两年期内对于糖尿病的疗效。该阶段将耗费成本 100 百万美元。为了进行下一阶段，药品的疗效必须具备统计意义。证明它可治愈 1 型糖尿病的机会为 30%，证明它可治疗 1 型和 2 型糖尿病的机会为 10%，而证明它只能治愈 2 型糖尿病的机会为 10%。

3. 在第 3 阶段，检验将拓展到 4 000 名志愿者，以便确定服用该药品的长期疗效。若将它试用于 1 型或 2 型糖尿病患者，该阶段将持续四年，所耗成本为 250 百万美元，成功机会为 30%。若将它同时试用于两种糖尿病患者，该阶段也将延续四年，所耗成本为 300 百万美元，成功机会为 75%。

假设该药品通过了所有三个阶段，开发这种药品的成本和年度现金流如下所示：

所治疾病	开发成本	年度现金流
1 型糖尿病	500 百万美元	15 年内每年为 300 百万美元
2 型糖尿病	500 百万美元	15 年内每年为 125 百万美元
1 和 2 型糖尿病	600 百万美元	15 年内每年为 400 百万美元

---

*　原文此处为"a chance node"。为了保持一致，我们采用目前的译法。

①　关于为使得这种逆向回顾过程能够产生一致性价值而所需设立的假设条件，已有大量文献。尤其重要的一点是，如果采用决策树描绘同时出现的各种风险，它们之间必须相互独立。参见 Sarin and Wakker(1994)。

②　针对 1 型糖尿病，胰腺不会产生胰岛素。患者包括儿童在内，这种疾病与饮食和生活习惯无关，他们必须获得胰岛素才能存活。针对 2 型糖尿病，胰腺会产生少量胰岛素。老年人患这种疾病的数量会剧增，但有时可通过控制生活习惯和饮食加以抑制。

假设公司的资本成本为 10%。

我们现在具备了针对这种药品构建决策树所需要的信息。首先,在图 33.2 中描绘决策树,它显示了所有的阶段、处在每个阶段上的现金流和概率。

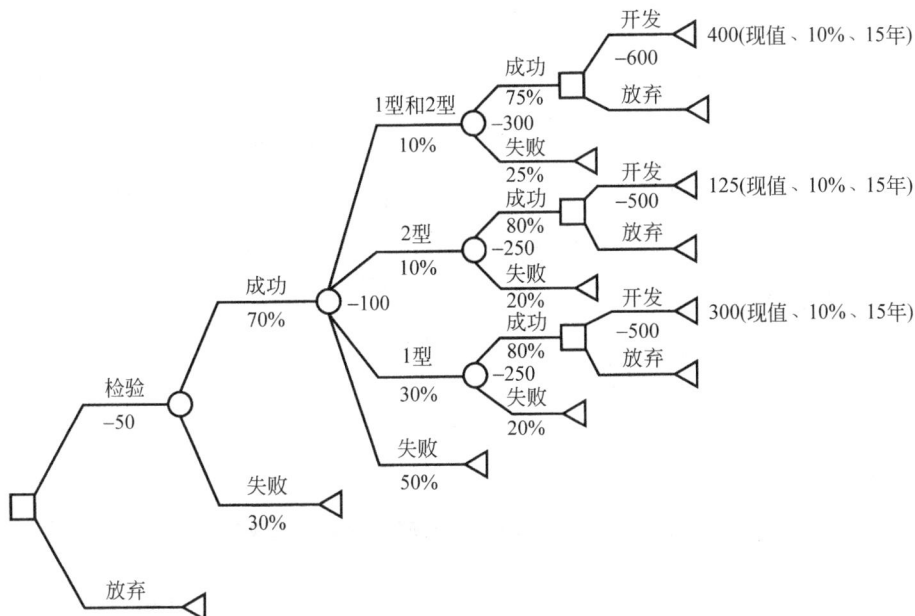

图 33.2　关于药品开发的决策树

这一决策树说明了在每个阶段的成功概率,以及与每个步骤相关的追加现金流或边际现金流。因为完成每一阶段都需要时间,我们必须在每条路径的预期现金流中结合时间价值。在图 33.3 中,借助于把 10% 的资本成本作为贴现率,可以引入时间价值,从而计算每条路径累积的现金流(在今天的)现值。

请注意,在第 3 阶段过后,我们对出自药品开发的现金流现值再添加七年的逆向贴现期(以便体现它完成三个阶段所需要的时间)。在整个过程的最后一步,通过对决策树实施逆向操作,我们可以计算期望价值和估算每一决策阶段的最佳举措。

给定有关这种药品的不确定性,它在今天的期望价值为 50.36 百万美元。鉴于它是这家生物技术公司的唯一产品,这也就是公司在不具备开发其他新产品能力时的价值。这一价值体现了随着时间的推移所出现的所有可能性,显示了在每一决策分支上各种次佳的而需要拒绝的抉择。这一决策树还提供了各种结果,从造成 366.30 百万当期美元亏损的最差结果(药品在第 3 阶段治疗 1 型和 2 型糖尿病失败)直到产生 887.85 百万美元盈利的最佳结果(药品通过审批和开发,能够用于治疗两类糖尿病)。

最后一组分支包含了一个看似有些费解的因素。我们注意到,仅仅为了治疗 2 型糖尿病而开发该药品的现值为负数(−97.43 百万美元)。那么,公司为何还要开发它呢?因为,此时已处在整个过程的较晚阶段,放弃它的选项会导致绝对值更大的负净现值(−328.74 百万美元)。关于此点的另一种思路是,考虑开发仅只治疗 2 型糖尿病之药品

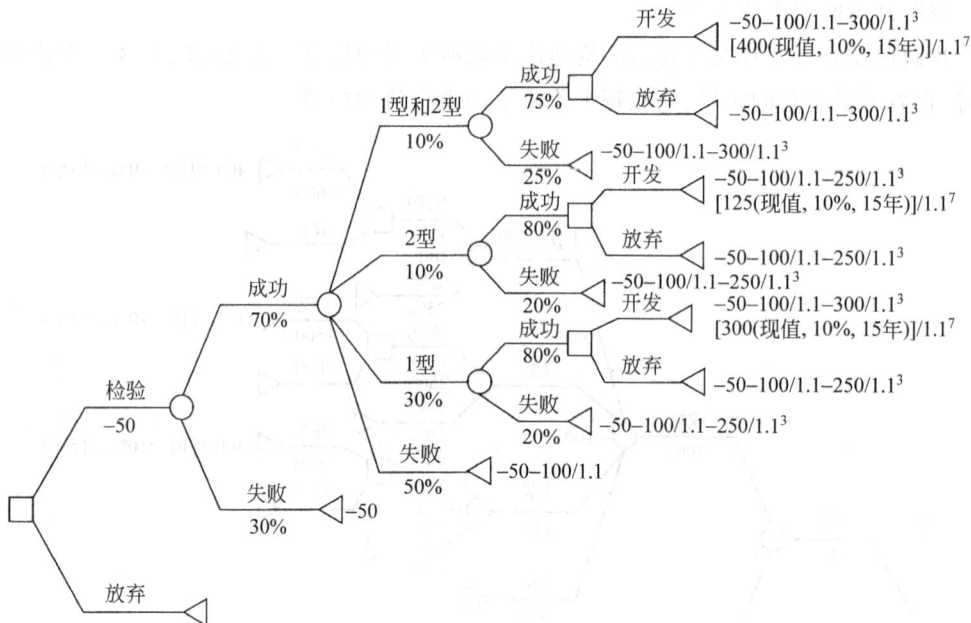

图 33.3　各终端结上的现金流现值：药品开发决策树

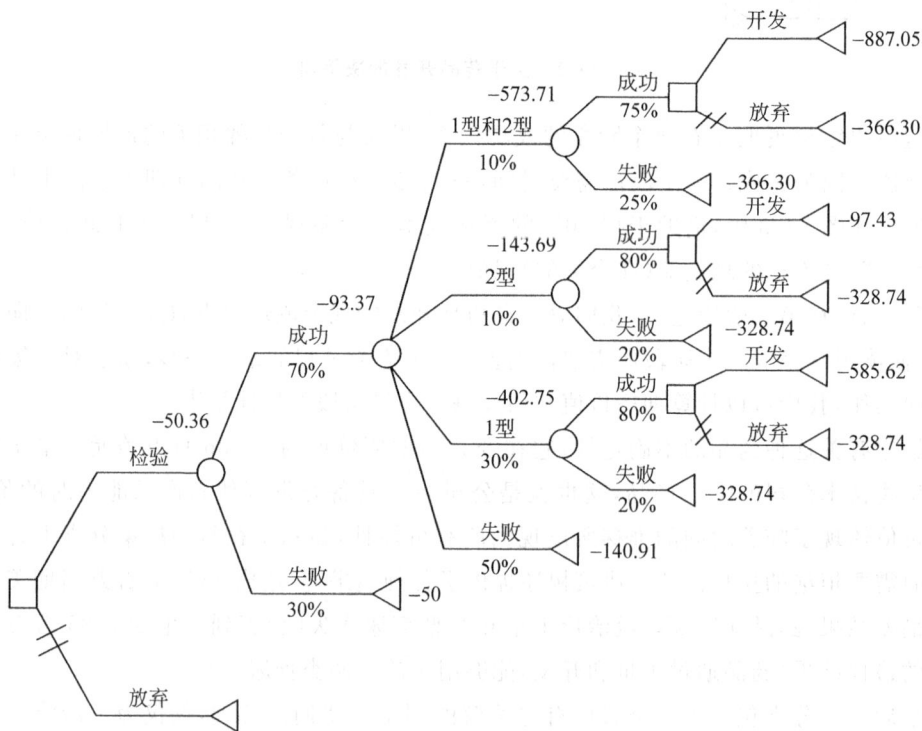

图 33.4　药品开发决策树的逆向操作

的边际效应。一旦公司加大资源投入而得以通过三个检验阶段，检验成本就将变为沉没成本，而不应再作为决策者所考虑的因素。[1] 在第三阶段之后开发该药品，其边际现金流将产生为正的净现值 451 百万美元（第 7 年的现金流）：

开发治疗 2 型糖尿病的药物在第 7 年的现值 $= -500 + 125$（年金现值，10％，15 年）

$$= 451 百万美元$$

沿着决策树实施逆向操作，我们就可把握药品或者公司在整个过程每一阶段上的价值。

33.2.2　决策树的运用

使用决策树法具有几方面的效益，令人奇怪的是在分析中并未经常看到它们。

- 针对风险的动态反应。通过把行动和选项与不确定事件的结果相联系，决策树可以促使我们考虑在不同情景下如何行事。我们需要准备应对可能出现的各种结果，以免措手不及。例如，在前一小节描述的情形中，无论第三阶段的结果是什么，我们都需要制订一个行动计划。

- 信息的价值。有关信息在决策过程中的价值，决策树为我们提供了一种很有意义的视角。虽然此点在药品开发的例子中尚不明显，但在考虑是否先于商业性开发而进行市场检验方面则是显而易见的。通过产品的市场检验，可以得到关于最终成功机会的更多信息。采用决策树法，我们可以衡量这些更充分信息的期望值，并将它与市场检验所耗成本加以比较。

- 风险管理。决策树描述了有关现金流如何随着时间而变化的过程，有助于我们确定需要防范哪些风险以及应该如此行事。不妨考虑一下针对资产在美元相对欧元趋于疲软这种最差情景时的决策树。因为可以对冲这种风险，我们可将对冲成本与最差情景下的现金流损失进行比较。

总之，决策树为我们处理分阶段出现的风险提供了一种灵活而有效的方法，其中每一阶段的风险皆取决于前一阶段的结果。除了能够提供有关风险暴露程度的尺度，它还促使我们全面考虑在每一阶段如何应对正面和负面两类结果。

33.2.3　相关问题

决策树法虽然能够处理某些风险，但对某些风险却力所不逮。需要指出的是，决策树法最适合用于处理具有序贯特征的风险，FDA 的分阶段审批过程就是一个很好的例子。它不易处理那些同时出现的风险。[2]

与情景分析法相同，决策树法也是针对各种离散的结果考察风险。这对 FDA 审批过

---

[1]　更加准确的思路是，只将前面两个阶段的成本视为沉没成本，因为到第 2 阶段末尾，公司已经知道药品只对 2 型糖尿病具有疗效。因此，即使只把第一阶段的成本视为沉没成本，公司仍然能够合理地根据期望价值而继续进入第三阶段。

[2]　如果采用决策树为这些风险构筑模型，它们之间必须相互独立。因此，此时是否存在着序贯性已不重要。

程来说同样不构成问题，因为它只有两种结果，成功或者失败。然而，由于大多数风险所导致的结果都是种类繁多，我们需要在决策树框架内针对这些结果构建各种离散的类别。例如，在考察某项市场检验时，我们的结论或许是，在市场试点中，若卖出10万单位的产品就可视为取得了极大的成功，若在6万到10万单位则被视为结果平平，而低于6万单位则被视为产品失败。

假设风险是序贯的并且可以划分为各个离散的部分，我们就需解决一些看来比较困难的问题。尤其突出的是，必须估算每种结果所产生的现金流及其相关概率。就药品开发的例子来说，必须估算每一阶段的成本和概率。在此过程中，我们具有的优势是，可以根据实际数据推测药品经由每个阶段而进入下一阶段的频率，以及与药品检验相关的过往成本。鉴于不同药品在第1阶段的成功概率差别很大，有的需要很长的时间，决策树仍然有可能包含着错误。

决策树法的期望价值极度依赖于我们在各个决策点上的行为标准。例如，不妨假设市场检验遭遇失败后的最佳决策就是完全放弃产品，而且我们根据这种假设计算得到了期望价值。此时，如果忽略市场检验的失败而全力推销这种产品，这种过程的完整性立刻就会与期望价值相背离。

33.2.4 风险调整型价值和决策树法

相对于贴现现金流估价法而言，决策树方法所具备的究竟是替代作用还是补充作用呢？这是一个值得考虑的问题。某些分析者认为，由于考虑到各种好坏结果出现的可能性，决策树法已经完成了风险调整；他们还认为，为了估算决策树中的现值，正确贴现率应该是无风险利率；使用风险调整型贴现率将会造成对于风险的重复计算。但是，我们认为，除了一些特殊情形，这些看法并不正确。

- 期望价值并没有针对风险进行调整。运用决策树法，我们通过考察所有可能的结果及其发生概率而估算预期现金流。由此得到的概率加权期望值并没有针对风险作出调整。它能够作为无风险利率而被采用的唯一理由是，因为各种不确定结果所包含的风险都是可以被分散得掉的资产特定风险，风险调整型贴现率可以作为无风险利率。例如，在FDA药品开发情形中，它可以作为使用无风险利率对前面7年的现金流进行贴现的理由，因为此时所面临的风险只有药品审批风险。然而，在第7年之后，风险就有可能包含市场风险成分，而风险调整型贴现率将会高于无风险利率。

- 对于风险的重复计算。如果针对决策树运用风险调整型贴现率，我们就必须确保未曾对风险实施重复计算。这种贴现率之所以被设得较高，只是为了体现在早期阶段遭遇失败的可能性。关于这一点的一个普遍例子是关于风险资本的估价。我们在第23章已经指出，在评估年轻初创公司时，风险资本家通常会估算"退出价值"，根据所预测的未来盈利及其某个乘数，再采用目标报酬率对退出价值进行贴现。例如,使用这种方法,可对以某家目前亏损,但预期在 5 年后可盈利 1 000 万美元的公司(估算得出它在上市时的盈利乘数为 40)作下列估价(假设目标利率为 35％)：

第 5 年后的公司价值 ＝ 第 5 年的盈利 × 市盈率 ＝ 10 × 40 ＝ 400 百万美元

公司目前的价值 ＝ 400/1.35^5 ＝ 89.20 百万美元

然而,需要注意的是,目标报酬率被定得很高(35％)是因为这家年轻公司破产的概率所致。我们其实可将这一问题构建成图 33.5 所示的决策树。

根据风险资本家在这个项目上所面临的风险,假设 r 是正确的贴现率。再回到上述数字例子,假设这一贴现率原本应该是 15％。我们就可求解隐含的失败概率,而它蕴含于风险资本家的估算值 89.20 百万美元之中：

$$估算价值 ＝ 89.20 ＝ \frac{400}{1.15^5}(p)$$

求解上式中的 p,便可得出项目成功的概率为 44.85％。把这一估算值代入决策树,若

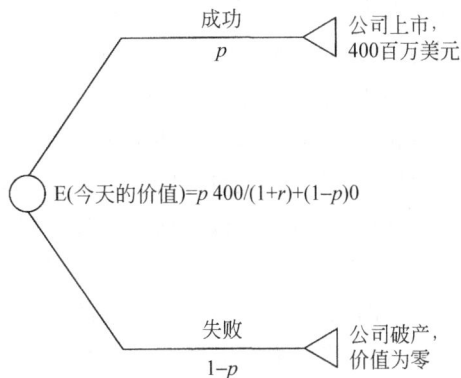

图 33.5 关于初创公司的决策树

是使用前述正确的贴现率,我们就能得出与风险资本家相同的价值。如果在决策树中使用 35％的目标报酬率,价值将会由于风险的重复计算而锐减。根据这一思路,可以看出,在生物技术公司决策树估价中,使用很高的贴现率将会低估药品的价值,尤其是在贴现率已经体现了药品无法获得商业性生产之概率的情况下。如果审批风险针对的只是这一种药品,因而可以被分散掉,决策树中的贴现率就应该适度,即便是对于那些在早期阶段失败概率很高的产品也同样如此。

- 正确的贴现率。如果要求运用于决策树的正确贴现率应该体现出未来的经营风险,在其不同结点上的贴现率就很有可能各不相同。例如,相比平庸结果而言,市场检验阶段的异常成功可以产生更稳定的现金流。这就使得我们可以采用较低的贴现率估算后者,而用较高的贴现率估算前者。再考虑一下药品开发的例子,如果药品对于两类糖尿病均有疗效,预期现金流与它只有一种疗效的情况就会不同。因此,针对第一种情形的正确贴现率可以是 8％,针对第二种情形或许应该是 12％。

总之,决策树并不是可以取代风险调整型估价法的另一种方法,而是可以看作针对离散型风险而调整预期现金流或者风险调整型贴现率的另一种途径。

33.3 模拟法

如果说情景分析法和决策树法是可以运用于评估离散型风险结果的技术,模拟法则为我们提供了考察连续型风险效应的方法。因为我们在现实中所面临的大多数风险有都

可能产生数百种后果，模拟法能够更加全面地描绘资产或者投资项目的风险。

33.3.1 模拟法的步骤

相比考察离散情形的情景分析法，模拟法使得我们能够更灵活地处理不确定性问题。如果采用其一般形式，需要估算整个估价过程的每个参数值的分布（包括增长率、市场份额、经营利润率和 β 系数）。在每一次模拟中，从每一种分布中提取一个结果，由此得到一组独特的现金流和价值。通过多次模拟，便可推导出资产或投资项目的价值分布，它体现了制约估算估价过程所需各项数据的不确定性。下面是与模拟法相关的一些操作步骤：

1. 确定每一个可以计算概率的变量。在任何一种分析中，都存在着数十种数据，其中一些属于可预测的，另一些则难以预测。情景分析法和决策树法的变量数目会发生变化，而且可能的结果数目有限。与此不同，模拟法对于变量的变化方式没有限制。因此，至少在理论上，我们可以对估价过程中每一种数据的概率分布作出定义。然而，现实情形是，此举需要耗费大量时间而且无法提供多少回报，尤其是针对那些对于价值只有边际意义之影响的数据。因此，比较合理的做法是，专注于那些对于价值具有重大影响的数据。

2. 对这些变量作出概率分布的定义。这是分析过程中最关键也是最困难的一步。通常，针对概率分布有三种作出定义的方式：

- 以往的数据。对于那些在过去具有大量记录和可靠数据的变量，可以使用以往的数据构建分布。例如，如果想要建立关于长期国债利率的预期变化分布状况（作为投资分析的数据），则可使用图 33.6 中的柱状图作为未来变化的分布图，它以

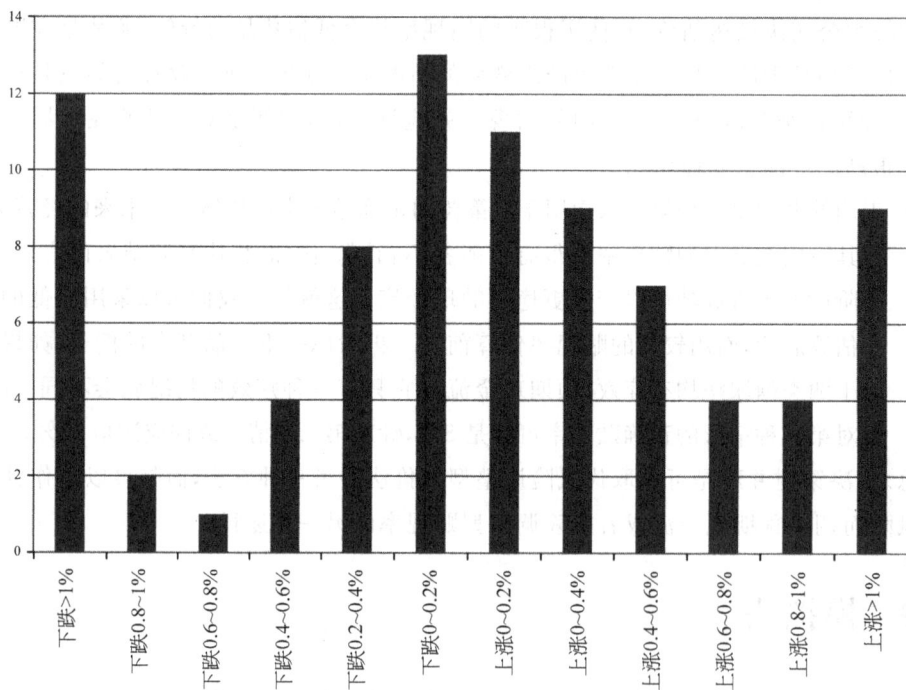

图 33.6 美国 10 年期国债利率在一年内的变化状况

长期国债利率在 1928—2010 年期间的历年变化为基础。这种方法所蕴含的假设条件是,市场上未曾发生导致这些历史数据失效的结构性变化。

- 截面数据。在某些情况下,我们可以改用与分析对象相似的各现有项目某个特定变量的差异性数据。假如打算评估某家软件公司,但却对其经营利润率的波动性有所顾虑,图 33.7 则可提供各个软件公司在 2011 年的税前经营利润率的分布图。

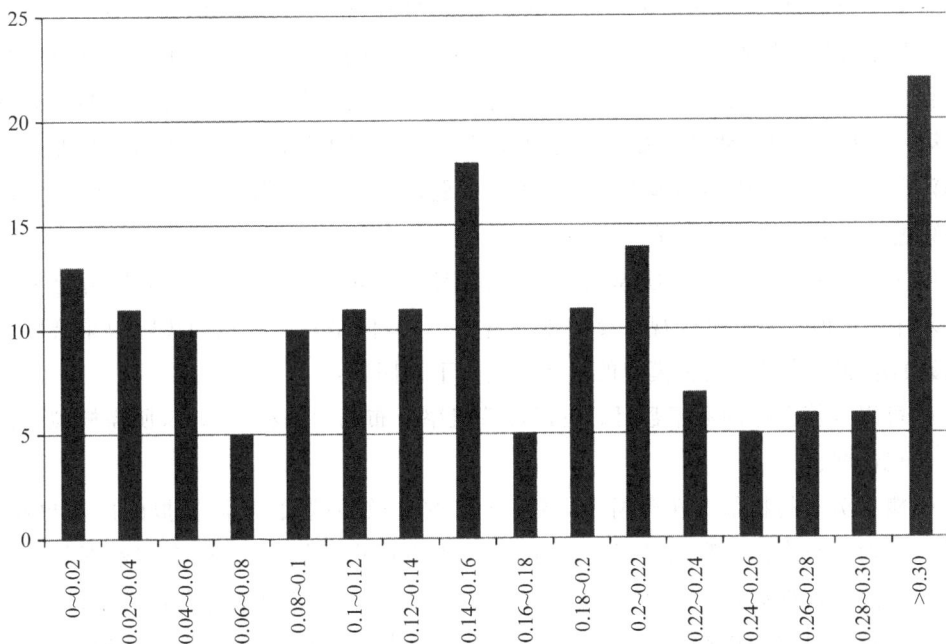

图 33.7 美国各软件公司在 2011 年的税前经营利润率

在模拟中,可以直接使用这种分布,或者使用某种具有相似特征的标准化统计分布。然而,需要注意的是,如果使用这种分布,我们实质上假设利润率的分布状况在各个软件公司都是相同的。

- 统计分布和参数。就我们试图预测的大多数变量而言,历史数据和截面数据都不甚充分或可靠。因此,必须选择某种能够最好地把握数据变化状况的统计分布,并且估算其参数。因此,可以认为,软件公司的经营利润率将呈现均匀的分布,从最小值 0 到最大值 35%;而销售额增长率则呈现正态分布,期望值为 15%,标准差为 10%。现在,许多能够在个人电脑上实施模拟的软件包都提供了种类繁多的分布。但是,出于两个原因,选择恰当的分布函数和参数仍非一桩易事。

第一,现实中的数据大多无法满足统计分布所提出的严格要求;例如,销售额增长率的变化其实并不会呈正态分布,因为后者采纳的最小数值为 -100%。因此,我们对于统计分布的设定必须足够接近于实际分布情形,使得所出现的误差不至于颠覆我们的结论。第二,一旦选择了分布函数,就需要估算各种参数。关于这一点,可以利用历史的或者截面的数据。关于销售额增长率的数据，可以考察它在前几年的增长状况或者业内各公司在这方面的差异。在此，有关结构变化会造成历史数据不可靠以及同业公司并不具备可比性的观点依然成立。

总之，某些数据的概率分布将是离散的，而另外一些则是连续的；有些数据可以通过历史数据得出，另外一些则可以截面数据为依据。

3. 检查各个变量的相关性。确定分布函数后，或许有人认为就应该开始实施模拟，但是非常重要的是，我们还需再检查一下各变量之间的相关性。例如，假设我们分别构建了关于利率和通货膨胀率两者的概率分布，它们很有可能相互关联；高通胀率通常会伴随着高利率。如果不同数据之间呈现强烈的相关性，无论正负如何，我们具有两种处理方法。第一，仅只采用一种将会发生变化的数据，而选择对于价值影响较大者无疑是合理之举；第二，在模拟过程中明确地考虑到相关性问题；这就要求我们采用比较高级的软件包，在估算过程中兼顾更多的细节。

4. 实施模拟。对于第一次模拟，我们从每种分布函数中提取一个结果，并且根据这些结果计算价值。然后可以视需要而重复这一过程，但是各次模拟的边际效果会随着模拟次数的增加而降低。实施模拟的次数取决于下列因素：

- 可以计算概率的数据数目。可以计算概率分布的数据种类越多，所需模拟的次数也越多。
- 概率分布的特征。在分析中，概率分布的离散性越大，所需模拟的次数也越多。相对于只有部分数据呈现正态分布，或者以历史数据为依据，有些数据具有离散性这些情形而言，如果所有的数据均呈正态分布，所需模拟的次数可以减少。
- 模拟结果的变化范围。就每种数据而言，如果所得结果的变化范围越大，所需模拟的次数也就越多。

大多数模拟软件包都可运行数千次模拟，而且增加模拟次数并不会添加多少成本。因此，我们宁可增加而不是减少模拟次数。

针对合格的模拟，通常存在着两个制约因素。第一个属于信息方面的。估算那些为估价所需的每种数据价值分布非常不易。换言之，相比确定期望销售额增长率的分布状况来说，估算得出未来五年的期望销售额增长率等于8%这一点要容易许多。因为，前者涉及分布的类型及其各种参数。第二个则是计算问题。在个人计算机出现之前，模拟通常需要分析者们投入大量的时间和资源。然而，这两种制约因素都已经减弱，而模拟方法也已经变得更加可行。

案例33.4 对埃克森-美孚公司的估价：蒙特卡罗模拟法的运用

在第22章中，我们已对埃克森-美孚联合石油公司在2009年的情形进行了估价。在图33.8中，我们再度将该公司在1985—2008年间的经营性收入描绘为平均油价的函数。

在第22章中，我们还将埃克森-美孚的经营性收入针对每桶油价实施了回归，并且得到了下列结果：

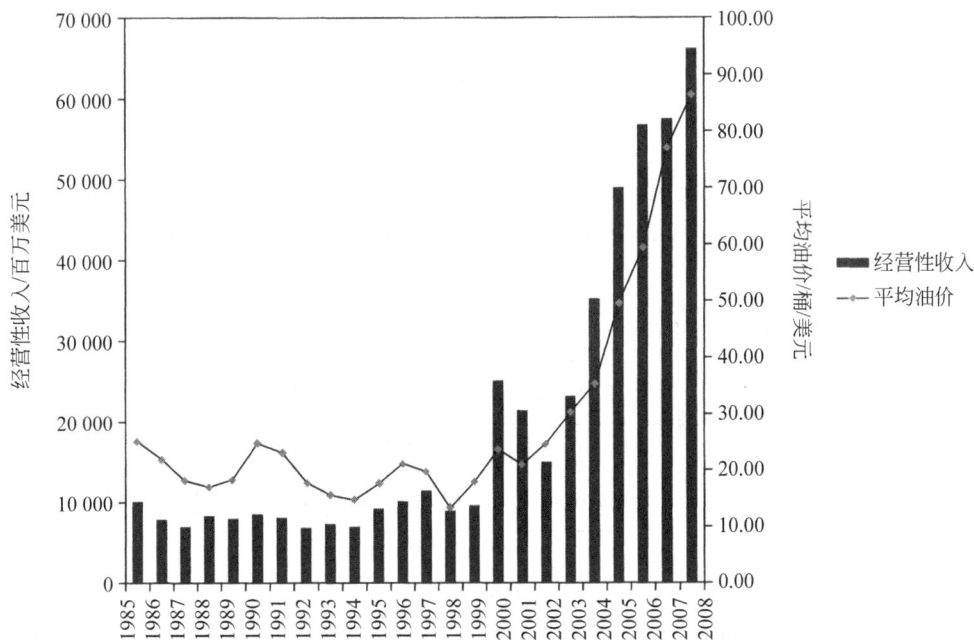

图 33.8　埃克森-美孚的经营性收入与油价：1985—2008 年

$$经营性收入 = -6\,395 + 911.32(平均油价) \quad R^2 = 90.2\%$$
$$[(2.950)]\,[(14.59)]$$

如果每桶油价上涨 10 美元,埃克森-美孚的经营性收入就可增加大约 91.1 亿美元;而公司盈利变化的 90% 出自于油价的波动。[①]

在第 22 章中,为了估算埃克森-美孚在 2009 年的股权价值,我们作出了下列假设:

- 估算得出埃克森-美孚的业务性 β 值等于 0.90 之后,再运用等于 2.5% 的长期国债利率和等于 6.5% 的股权风险溢价,估算得出下列股权成本:

$$股权成本 = 2.5\% + 0.90(6.5\%) = 8.35\%$$

埃克森-美孚持有 94 亿美元的未偿债务而公司市值为 3 204 亿美元(股票数目为 4 941.63 百万,当时的股价为 64.83 美元),由此得出其债务率等于 2.85%。作为一家 AA 级公司,它的预期资本成本为 3.75%;这意味着高出无风险利率的违约息差等于 1.25%。运用等于 38% 的边际税率(而不是有效税率)以及等于 2.85% 的债务率,可以估算得出公司的资本成本等于 8.18%:

$$资本成本 = 8.35\%(0.971\,5) + 3.75\%(1 - 0.38)(0.028\,5) = 8.18\%$$

- 埃克森-美孚目前处在稳定增长期,经营性收入的永久性年增长率为 2%。预计新的投资可以产生体现标准化经营性收入和当期投入资本的资本报酬率。我们可

[①]　这种关系对于埃克森公司表现得非常明显,因为它作为大型和稳定公司已有数十年。对于那些较小的处在变化中的石油公司来说,盈利和油价之间的关系可能较弱一些。

用这一报酬率计算再投资率。

虽然埃克森-美孚在 2009 年所报经营性收入超过了 600 亿美元，油价到 2009 年 3 月时分却下跌到了 45 美元。因此，可以估算得出该公司的标准化经营性收入等于 34 614 百万美元：

$$标准化经营性收入 = -6\ 395 + 911.32(45) = 34\ 614\ 百万美元$$

根据 2% 的增长率，这一经营性收入意味着，资本报酬率大约等于 21%，再投资率为 9.52%。[①]

$$再投资率 = g/ROC = 2/21\% = 9.52\%$$

$$
\begin{aligned}
经营性资产价值 &= \frac{经营性收入(1+g)(1-税率)\left(1-\dfrac{g}{ROC}\right)}{(资本成本-g)} \\[2mm]
&= \frac{34\ 614(1.02)(1-0.38)\left(1-\dfrac{2\%}{21\%}\right)}{(0.081\ 8-0.02)} \\[2mm]
&= 320\ 472\ 百万美元
\end{aligned}
$$

针对它再加上当期现金余额（32 007 百万美元）和减去债务（9 400 百万美元），然后除以股票数目（4941.63 百万），就可得到每股价值：

$$
\begin{aligned}
每股价值 &= \frac{经营性资产+现金-债务}{股票数目} = \frac{320\ 472 + 32\ 007 - 9\ 400}{4\ 941.63} \\[2mm]
&= 69.43\ 美元
\end{aligned}
$$

相比它的当期股价 64.83 美元，该公司的股票看似被略微低估了。然而，它却体现了当期油价（每桶 45 美元）属于标准化价格这一假设条件。

鉴于每股价值还取决于油价，更加合理的做法是兼顾油价的变化，而把公司看作油价的函数。模拟法无疑有助于我们获得这些数据：

步骤 1：确定油价的概率分布。我们使用针对油价的历史数据并且针对通货膨胀实施调整，以此对分布作出定义以及对各参数实施估算。图 33.9 概述了这种分布。

请注意，油价可以从每桶 8 美元的最低价格变动到每桶超过 120 美元。虽然我们使用每桶 45 美元的当期油价作为分布的均值，但是也可以借助于选择更高或更低的均值来体现我们对于油价的看法。[②]

步骤 2：把经营成果与商品价格相联系。为了将经营性收入与商品价格挂钩，我们使用由前一案例得出的回归结果：

---

① 为了计算资本报酬率，我们加总公司在 2007 年末的股权账面价值（126 044 百万美元）和债务账面价值（9 566 百万美元），再减去现金（33 981 百万美元）。由此得到投入资本额等于 101 629 百万美元。因此，可以计算资本报酬率如下：

$$资本报酬率 = 经营性收入(1-税率)/投入资本 = 34\ 614(1-0.38)/10\ 1629 = 21.1\%$$

② 我们使用了过去 30 年的油价数据，针对通货膨胀作出调整，从而得出了实际分布状况。然后，我们选择看似能够拟合得最好的分布函数（对数正态），选择最为接近历史数据的各种参数值。

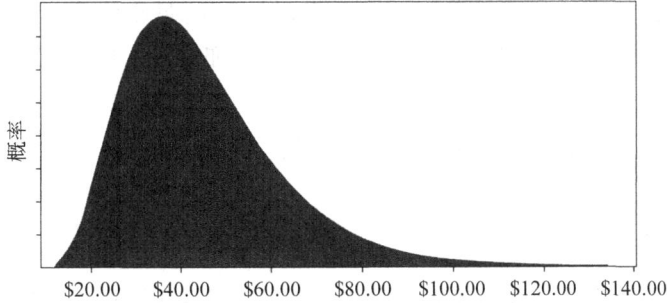

图 33.9　油价的分布状况：历史数据

$$经营性收入 = -6\,395 + 911.32(平均油价)\quad R^2 = 90.2\%$$
$$[2.95]\qquad [14.59]$$

如同前述,回归法对于埃克森-美孚公司的功效很好,但对那些波动比较剧烈的较小公司却未必如此。

步骤 3：估算作为经营性结果之函数的公司价值。随着经营性收入发生变化,公司价值会受到两个层次的影响。第一,假设其他不变,经营性收入的下降会减少现金流,进而减少公司的价值。第二,假设其他不变,随着经营性收入发生变化,我们需要重新估算资本报酬率。如果经营性收入下降,资本报酬率也会如此,而公司则必须加大再投资以便维持 2% 的稳定增长率。虽然我们可以调整资本成本和增长率,但是更加妥当的做法是保持这两个数字不变。

步骤 4：构建公司价值的分布函数。我们实施了 10 000 次模拟,逐步改变油价,以此评估每次模拟中的公司和股权价值。图 33.10 概述了模拟的结果。

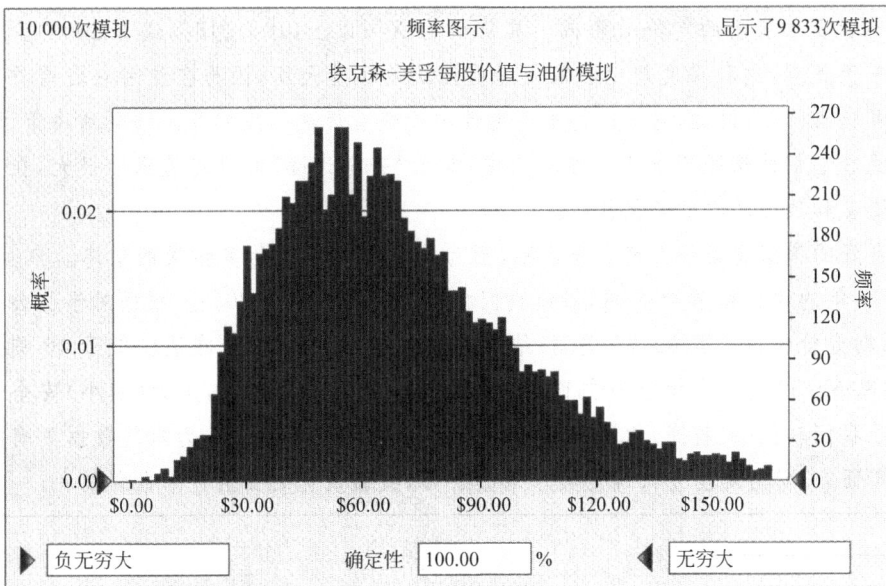

图 33.10　油价的分布状况：历史数据

通过各次模拟所得到的平均每股价值为 69.59 美元；最小值是 2.25 美元，最大值则是 324.42 美元。此外，每股价值具有超过 50% 的概率低于 64.83 美元（当期股价）。换言之，运用这种方法不仅可以得到该公司的每股价值，而且能够把握公司实际上被低估的可能性（小于 50%）。这种信息无疑有助于投资决策。

33.3.2　在决策中的运用

获得良好实施的模拟可以为我们提供的信息不仅只在于资产或者投资项目期望值。

- 提高数据估算的质量。为了确定应该使用的分布函数及其相关参数，根据理想的模拟方案，分析者应该考察每个变量的历史数据和截面数据。凭借这一过程，他们可以避免出现因为使用某些具体的估计值所导致的疏漏。[*] 许多贴现现金流估价法都是以管理者和分析者所形成的预期增长率为基础，因而不会造成偏差。
- 形成预期价值的分布函数而不是某个具体估计值。考虑一下前面案例所完成的有关埃克森-美孚公司的估价。除了得出等于每股 69.59 美元的期望价值之外，我们还估算了这种价值的标准差，并且采用百分位数对它的各种取值进行了划分。这种分布状况凸显了明确而重要的一点，即各种估价模型对于风险性资产的估价并不准确；它还说明了各位分析者在评估相同的资产时为何会得出不同的估算结果。

安全边际和模拟法

所谓"安全边际"概念（the margin of safety，MOS）是一种被价值型投资者广泛用来控制投资风险的尺度。在此大致描述一下其原理。在买入某只股票前，保守的价值型投资者要求股票的定价必须低于其价值的 X% 以上（10%、15% 或者 20%）。虽然看起来很直观，这种尺度却无法取代那些传统的风险尺度，因为在使用它之前首先需要估算股票价值；但是，它可以将不确定性和投资者规避风险的意向结合到决策过程，并且随着它们的增强而加大。在现实中，对于"安全边际"的设定随意性很大，在不同的投资者和项目之间也变化甚广。

良好的模拟有助于设定安全边际，因为能够提供有关估算错误的信息。例如，针对 2009 年的埃克森-美孚公司，假设我们将安全边际设定为 20%。根据对于该公司的模拟，期望价值为每股 69.59 美元；结合安全边际因素，则只有在股价低于 45 美元的时候（从 69.59 美元中扣除 20% 而得出），我们才会买入。显然，加大（缩小）安全边际会赋予我们较低（或较高）的股价筛选标准。再者，相对于我们认为对其数据更有把握的公司而言，针对那些无法确定其未来的公司，我们设定的安全边际也会更大。

---

[*] 此处原文为"point estimates"，直译为"各点状估计值"。为通俗起见，我们采用目前这种译法，后文同样如此。——译者注

值得注意的是，关于模拟法，还存在着两种我们难以认同的说法。第一，与常规的风险调整型价值模型相比，模拟法可以得出针对预期价值的更好估算值。事实上，模拟得出的期望价值应该相当接近于我们使用各种数据期望值（而不是整个分布函数）所得出的期望价值。第二，由于能够估算价值的期望值和分布函数，模拟法有助于形成更好的决策。其实，情况并非总是这样，更加全面把握风险性资产价值不确定性所得到的效益，或许会被决策者错误地使用那种风险尺度所抵消。正如在本章稍后所言，经常会发生的情形是，在模拟过程中对于风险的重复计算，以及决策是根据错误的风险类型而制定。

33.3.3 兼顾约束条件的模拟

模拟法还有第二种用途，如果违背某种约束条件，就会给公司造成巨大的损失甚至破产。给定公司目前的各种特征，我们可以考察违背约束条件的可能性及其价值含义。在这一小节，我们将考察其中的一些约束条件。

账面价值约束

股权的账面价值是一种会计概念，本身并无多少意义。诸如谷歌和苹果这些公司的市值均为账面价值的好几倍；另一种极端情形则是，有些公司的市值大大低于账面价值。实际上，在美国的数百家公司中，某些虽然具有巨大的市值，但是股权的账面价值却是负数。就股权的账面价值而言，存在着两种类型的约束，它们都会影响公司的价值。

1. 监管性资本约束。根据监管当局所规定的最低比率，银行和保险公司等金融服务公司必须保持占贷款或其他资产某个比例的账面股权。若是违反这种约束，公司会被当局所接管而停止营业。自然而然地，各金融服务公司不仅需要密切关注股权的账面价值（及其各种相关的比率），而且需要警惕投资风险或头寸风险的加剧而造成账面股权下降的可能性。实际上，"在险值"（value at risk，VaR）这种风险尺度，目前已为许多金融服务公司所采用，就体现了它们在把握潜在投资风险以及应对可能出现的灾变性后果这些方面的努力，虽然后者的发生概率或许很小。通过模拟处在各种情形中的投资价值，投资者不但能够确定银行低于各种监管比率的可能性，而且可以把握各种估价后果，从损失全部股权价值这种最差的情形一直到发行新股实施稀释这种最理想的情形。

2. 为负的股权账面价值。如前所述，在美国，有数百家股权账面价值为负的公司并未破产，相反却具备很高的股权市值。在其他一些国家，负的股权价值会给公司和投资者造成高昂的成本。例如，在某些欧洲国家，股权账面价值为负的公司必须筹措新股，以便使得其账面价值大于零；而在某些亚洲国家，此类公司不能支付股息。即便在美国，针对公司的放贷者也可以设定一些贷款条款，确保他们在公司账面价值变为负数时至少能够获得部分控制权。就监管性资本约束条件而言，投资者可以使用模拟法评估股权账面价值为负的概率，以便把握对于公司价值造成的各种后果。

债务约束

根据贴现现金流估价法，公司的价值是它被作为持续经营实体而计算得出，并且采用风险调整型贴现率对它的预期现金流进行贴现。从这一估算值中减去债务，就可得出股权价值。在贴现率中，无法履行债务偿付的可能性及其潜在成本并不是重点。在现实中，无法满足签约债务偿付的代价可能十分高昂。这些成本实际上被列为间接破产成本，或许包括客户的丧失、供应商信贷的收紧以及人员流失率的提高。有关公司遇到麻烦的看法则会带来更多的麻烦。由于模拟法可以使得投资者将公司价值与它在各种情形中（不仅仅是最有可能出现者）的未清索取权加以比较，这种方法不仅能够对陷入困境的可能性进行量化，而且能够把间接破产成本结合到估价过程中。因此，我们可以明确地为各种困境对于预期现金流和贴现率的影响构筑模型。

33.3.4 各种相关问题

在《哈佛商业周刊》（*Harvard Business Review*）的一篇论文中，David Hertz 最先提议在投资分析中使用模拟法。[①] 他指出，使用有关投入数据的概率分布，而不是单一的最优估计值，可以获得信息量更大的结果。在考察文章给出的例子时，他运用模拟法对两个项目的报酬率分布进行了比较；具有较高预期报酬率的项目（作为风险的指标）出现亏损的可能性也相对较大。随后，又有几位分析者更是直接涉身于模拟的潮流，所得结论各不相同。近年来，人们对于把模拟法运用于风险评估尤其是衍生品的兴趣再一次增强。但是，在使用模拟法进行风险评估时，我们必须解决下面几个关键问题：

- 无用的数据输入必定产生无用的分析结论。若要使得模拟有用，我们选择的数据分布函数应该是以分析和数据为依据，而不是凭空臆测。值得注意的是，模拟法完全能够产生看似很美妙的结果，即便输入的数据是随机的。因此，草率的决策者所得到的或许是没有意义的投资风险描述。同样值得注意的是，为了实施模拟，我们不仅需要有关统计分布及其各种特征的充分的知识，同样还需要了解正态分布与均匀分布之间的差异，否则就不应该实施模拟。

- 实际数据可能与分布函数无法拟合。现实中存在的一个问题是，各种数据很少能够切合统计分布函数的各种严格要求。如果运用与输入变量的真实分布相去甚远的概率分布函数，由此而得出的结果无疑就会具备误导性。

- 数据分布状况的变化。[*] 即便数据符合某种统计分布函数或者我们能够得到历史数据，市场结构的变迁也会使得数据分布状况发生变化。这一点有时会改变分布函数的形式，有时则会改变分布函数的参数。因此，根据某种呈正态分布的数据估算得出的均值和方差在下一时期完全可能会有所变化。在模拟过程中，我们真正想要运用但却很少获得评估的是前瞻性的概率分布状况。

- 各数据之间相关性的变化。本章已经指出，我们可以将各种数据之间的相关性结

[①] Hertz（1964）的这篇经典论文论述了在决策过程中使用各种概率方法的问题。

[*] 此处原文为"nonstationary"，可直译为"非驻态"。为通俗起见，我们采用了目前这种译法。——译者注

合到模拟过程中。但是,只有在相关性保持稳定而且可以预测时,我们才能实现这一步。如果相关性随着时间的推移而变化,那就非常不易为它们构筑模型。

33.3.5　风险调整型价值和模拟

在论述决策树时,我们提及了一种相当普遍的谬见,即决策树法已经针对风险进行了调整,因为它考虑到了发生各种不利事件的可能性。这种错误观点同样也盛行于模拟领域;据它认为,因为使用的是概率分布,出自模拟过程的现金流多少都已经针对风险作出了调整,所以在对这些现金流进行贴现时应该采用无风险利率。然而,除了一种例外,这种看法并不成立。通过考察各次模拟,我们得到的现金流只是属于预期现金流,它们未曾针对风险作出调整。因此,在对这些现金流进行贴现时应该采用经过风险调整的比率。

上述所谓的例外情形是,我们把某次模拟的价值标准差作为衡量投资或评估风险的尺度,并且以此制定决策。此时,如果再使用风险调整型贴现率才会导致对风险的重复计算。不妨假设我们需要在两种资产之间作出抉择,而且对它们都使用模拟法和风险调整型贴现率进行估价。下表概述了得到的结果。

资产	风险调整型贴现率	模拟：期望价值/美元	模拟：标准差
A	12%	100	15%
B	15%	100	21%

需要注意的是,因为我们觉得资产 B 的风险更大,所以在计算其价值时使用了更高的贴现率。如果再因为它的模拟值标准差更大而依然拒绝采纳资产 B,那就意味着对它作了两次惩罚。如果针对这两种资产都使用无风险利率作为贴现率,我们同样也可以实施模拟,但是需要更加谨慎小心。若是根据模拟值的标准差在两种资产之间进行抉择,我们其实就等于假设所有的风险对于投资抉择都很重要,而不只是那些无法分散的风险。换言之,我们最终将会拒绝某种模拟值标准差较大的资产,虽然把它加入到资产组合之中并不会增加多少风险(因为它的风险可以被分散掉)。

当然,这些并不意味着模拟无法帮助我们理解风险。考察一下各种模拟值关于期望值的方差可以直接提醒我们:我们是在一个不确定的环境中估算价值。同样可以认为,在选择两种被低估程度相同而具有不同价值分布的股票时,我们能够把模拟法用作资产组合管理的决策工具。相对于价值分布波动剧烈的股票,我们应该把价值分布波动较小的股票视为更好的投资对象。

33.4　对于风险评估概率方法的总体评价

考察了情景分析法、决策树法和模拟法之后,我们现在不仅能够考虑每种方法在何时更加适用的问题,而且还能考察这些方法如何能够补充或者取代风险调整型估价方法。

33.4.1　各种方法的比较

假设我们打算使用概率方法评估风险,并且能够在情景分析法、决策树法和模拟法之间进行选择,应该选择哪一种方法呢? 答案取决于我们打算如何使用估算结果以及所面临的风险类型:

- 特定的与全面的风险分析。采用"最佳/最差情景"分析法,我们仅只考虑三种情景(最佳情景、最常见情景和最差情景)而忽略其他情景。即便考虑更多的情景,我们依然无法对风险性投资或资产的所有结果作出完全的评估。运用决策树法和模拟法,我们可以尽量兼顾所有的结果。采用决策树法,可以通过把连续型风险转化为可以掌控的所有可能结果而实现这一步。采用概率论的术语而言,我们在情景分析中所考察的各种情景结果的概率之和可以小于1,而采用决策树法和模拟法所得各种结果的概率之和却必须等于1。因此,我们可以计算各种结果以概率作为权重的期望值,而将这些期望值与我们在前一章所述经过风险调整的单一估算值进行比较。
- 离散型与连续型风险。如前所述,情景分析法和决策树通常都是针对风险性事件的离散结果而构建,而模拟法则更加适用于连续型风险。如果只是论及情景分析法和决策树法,则后者更加适用于各种序贯性风险,因为它所包含的各个阶段都结合了风险,而前者则是在风险同时出现时更加便于使用。
- 各种风险的相关性。如果投资所面临的各种风险之间具有相关性,模拟法能够明确地为这些相关性构筑模型(假设我们能够估算和预测它们)。采用情景分析法,我们能够通过构设兼顾到相关性的各种情景而对它们作出主观调整。关于较高(较低)利率的情景还将考虑到较慢(较快)的经济增长因素。如果采用决策树法,我们就难以为各种相互关联的风险构筑模型。

表33.1概述了风险类型与所使用的概率方法之间的关系。

表 33.1　风险种类和相关概率方法

离散的/连续的	相关的/独立的	序贯的/同时的	风险方法
离散的	独立的	序贯的	决策树法
离散的	相关的	同时的	情景分析法
连续的	两者	两者	模拟法

最后,在选择采用哪一种方法时,我们还必须考虑到信息的质量问题。模拟法在很大程度上取决于能否估算概率分布及其各种参数。因此,如果能够获得大量历史数据和截面数据实施这种评估,模拟法的功效最佳。如果采用决策树法,我们需要估算处在每个分支上的各种结果所具备的概率,这就意味着这种方法最为适用于那些能够用以往的数据或群体特征(population characterisitics)实施评估的风险,并且使用以往的数据或者样本众数的各种特征。因此,毫不奇怪的是,如果面临新型而难以预测的风险,分析者将会继

续采用情景分析法,虽然它们对于风险的处理比较粗糙而且具有很大的主观性。

33.4.2　充实或者取代经过风险调整的价值

正如前面在论述决策树法和模拟法时所言,这些方法可以充实或者替代经过风险调整的价值;另一方面,情景分析法却总是作为经过风险调整的价值的一个补充,因为它无法兼顾到所有可能出现的结果。

前述任何一种方法作为经过风险调整的价值的补充时,本章前面提出的推论依然适用,故而在此值得重申一下。鉴于这些方法使用的都是期望价值而不是风险调整型价值,我们所采纳的贴现率应该是风险调整型贴现率,而不能使用无风险利率对预期现金流进行贴现。然而,根据所有这三种方法,我们仍然可以针对不同的结果灵活地改变风险调整型贴现率。鉴于这些方法都能够提供一些估算值以及衡量价值变动的某种尺度(决策树方法采用的是处在终端结的价值,而模拟法采用的则是价值的标准差),重要的在于必须注意避免重复计算风险。换言之,针对风险性项目的现金流,如果(在模拟过程和决策树中)再度使用风险调整型贴现率进行贴现,然后因为其价值波动性较大而拒绝这些项目,这样的做法显然有失公允。

模拟法和决策树法均可作为风险调整型估价法的替代方案,但是需要满足某些限制条件。第一,为了得出价值,必须使用无风险利率对现金流进行贴现。第二,使用通过两种方法所得出的价值波动率衡量投资风险。如果对模拟得出的两个(以无风险利率作为贴现率的)期望价值相同的资产进行比较,我们将把模拟值波动率较低的资产视为更好的投资项目。这就意味着,我们认为模拟过程所包含的所有风险都与投资决策相关联,从而在实质上忽略了作为当代金融理论基础的有关资产组合中可分散的风险与资产特定风险之间的区别。对于那些打算把所有财富都投入到某一种资产的投资者而言,这种做法无疑是合理的;但是,对于那些打算扩充资产组合而对两只风险性股票进行比较的基金经理而言,这种做法会产生误导性结果。因为模拟值波动率较大而被拒绝的股票或许与组合中的其他资产并没有相关性,故而不会添加很大的边际风险。

随着各种数据的大量涌现以及计算机运行能力的增强,对于各种概率方法的使用已经愈发普遍。今天,我们时常可以看到一项资本预算分析在进行股权估价时会考虑 20～30 种情景,或者采用蒙特卡罗模拟法。

33.5　总结

估算风险性资产或者项目的风险调整型价值或许看似一项意义不大的工作,然而,价值却是取决于我们针对风险在未来如何得以展现的假设条件。通过将各种概率方法运用于估价,我们不仅可以估算期望价值,而且还能了解价值的潜在变化范围,包括各种有利和不利的情景在内。

- 根据情景分析法的极端形式,我们仅只考察最好和最差情景下的价值,再把它们与期望价值进行比较。根据其更加一般的形式，我们估算少数可能出现的情景，包括乐观的和悲观的在内。

- 决策树法意在分析序贯的以及离散的风险。根据这种方法，我们分阶段地考虑投资风险，并且借助于所有潜在结果及其发生概率去把握每个阶段的风险。决策树法能够对风险实施全面的评估，可以帮助我们确定每个阶段的最佳行动路径以及资产在今天的期望价值。
- 模拟法可以对风险作出最全面的评估，因为它们是以每种投入数据的概率分布为依据（而不仅仅是各种离散的结果）。这种方法的结果则体现为各次模拟的期望值以及模拟价值的分布。

就这三种方法而言，关键在于避免对风险进行重复计算（即，在使用风险调整型贴现率的同时，又采用估算值的波动性去衡量风险）或者根据错误的风险类型作出决策。

33.6 问题和简答题

在下列问题中，若无特别说明，假设股权风险溢价为 5.5%。

1. 我们已对 Littlefield Inc. 运输公司的每股价值实施了估价。其每股价值具有三种情景；即，在最差时等于 5 美元，在最佳时等于 30 美元，而最有可能的是 18 美元。如果目前股价为 15 美元，我们是否应该买入这只股票？缘由何在？

2. 我们打算分析一下小型上市公司 Delta Enterprises。其未偿债务为 5 000 万美元，流通股数目为 2 500 万，当期股价为 10 美元。该公司在去年获得了 4 000 万美元的税后现金流，预计这些现金流的永久性年增长率为 2%，公司资本成本为 12%。

a. 估算公司的每股价值，假设它没有现金余额。

b. 假设我们发现公司很大一部分的销售额来自于一位客户，而与它之间的合同在明年有 20% 的可能将会中止。假设这一合同损失将导致公司的税后现金流减少 50%，估算目前的每股价值。（不妨假设增长率和资本成本不会受到影响）。

3. 我们想要评估 Signet 银行，它目前正面临着未来监管规则会发生变化的极度不确定性。在去年，它凭借着 10 亿美元的股权账面价值产生了 1 亿美元的净收入，支付了 7 000 万美元的股息。虽然预计 Signet 银行即将进入稳定增长期，我们所预见未来的监管情景如下所述：

- 保持现状——监管规则不变（40% 的概率）：Signet 将一直保持当期的股权报酬率和股息支付率。
- 监管放宽——监管性资本比率降低（25% 的概率）：Signet 在未来投资方面可以产生 12% 的股权报酬率，同时保持稳定增长率（等于现行水平）。
- 监管增强——监管性资本比率提高（35% 的概率）：Signet 的股权报酬率将下降到 9%，同时保持稳定增长率（等于现行水平）。

　　a. 估算 Signet 银行处在每种情景下的股权价值。（不妨假设现行净收入在各种情景下都不会改变。）

　　b. 给定每种情景的发生概率，估算 Signet 银行在今天的股权价值。

　　4. Sigma Energy 是一家替代能源制造商，从事于太阳能电池极的生产。预计该公司在明年可以产生 5 000 万美元的税后经营性收入，但是未来增长前景则取决于油价水平和低成本（或者补贴性）政府资助。我们勾画了下列情景［运用增长率（g）、投入资本报酬率（ROC）和资本成本（r）得出的结果］：

	政府继续补贴	政府停止补贴
每桶油价>100 美元(30% 的概率)	$g=4\%$,ROC$=12\%$,$r=8\%$	$g=4\%$,ROC$=12\%$,$r=10\%$
每桶油价在 60～100 美元(50% 的概率)	$g=3\%$,ROC$=10\%$,$r=8\%$	$g=3\%$,ROC$=10\%$,$r=10\%$
每桶油价<60 美元(20% 的概率)	$g=2\%$,ROC$=8\%$,$r=8\%$	$g=2\%$,ROC$=8\%$,$r=10\%$

　　a. 估算公司处在每种情景下的价值。（在所有情景下，明年的税后经营性收入都保持在 5 000 万美元不变。）

　　b. 如果政府中止补贴的概率为 40%，估算公司在各种情景下的价值。

　　5. Chavez Enterprises 是委内瑞拉的一家小公司。它目前处在盈利状态，预计在明年可以产生 1.2 亿委内瑞拉银币（bolivar）的税后净收入，投入资本（账面价值）为 6 亿委内瑞拉银币。我们估算得出公司的资本成本为 12%，预计它的永久性年增长率为 4%。

　　a. 估算公司在目前的价值。

　　b. 现在假设该公司有可能被国有化。倘若如此，我们需要支付其资产的账面价值。假设国有化的概率为 30%，估算公司在目前的价值。

　　6. Loral Drugs 是一家生物技术公司，正致力于开发一种治疗失眠症的新药品。这种药品已经在 FDA 的审批过程中。根据预计，一旦通过审批，它在未来 15 年内每年可以产生 1.5 亿美元的税后现金流。然而，在此之前，这种药品还需要通过另外两个步骤的检验：

- 针对实验室的动物实施小样本检验。这一步骤需耗时一年，预计耗资 1 亿美元（并且需要立刻支付），而获得成功的概率为 80%。
- 如果实验室动物实验获得成功，接着就需进行针对人体的研究。这一步骤另需耗时两年，成本为 2.5 亿美元（在第 1 年年末支付）；这项研究产生有利结果的概率为 60%。

各生物技术公司的资本成本为 10%。

　　a. 描绘一下关于这种治疗失眠症新药的决策树。

　　b. 估算这种药品在今天对于公司的期望价值。

　　7. 我们是风险资本家，有意对大众传媒公司 Friends Online 投资 5 000 万美元。这家公司在三年后将开始经营（在三年之内无法产生为正的现金流），将产生 2 700 万美元的税后现金流，并且每年以 3% 的永久性比率增长。就那些成熟的大众传媒公司而言，资本成本为 12％,破产概率为 40％(并且无法获得资产的清算价值)。

　　a. 估算 Friends Online 开始经营时的价值。

　　b. 给定破产概率,如果现在对它作出 5 000 万美元的投资,估算我们应该索取的 Friends Online 股权比例。

　　c. 估算我们未来三年所要求的目标报酬率,必须将破产风险结合到报酬率中。

　　为了求解后面两个问题,我们需要运用诸如"Crystal Ball"或者"@Risk"之类的模拟程序。

　　8. 我们打算评估处在稳定增长期的 Stedman Inc. 化工公司(年增长率为 3％)。预计它在明年将产生 1 亿美元的税后经营性收入。我们已经估算得出下列数据:

　　• 新项目的投入资本报酬率呈正态分布,期望值为 15％,标准差为 3％。

　　• 该公司的资本成本等于 10％而且呈现均匀分布,最小值为 8％,而最大值为 12％。该公司具有 5 亿美元的未偿债务,现金余额为 2 亿美元。构建 Stedman Inc. 模拟价值的分布。

　　9. Simon Gold 是一家成熟的黄金开采公司,拥有多座金矿。预计它在未来 25 年间每年可生产 10 万盎司黄金;到那个时期末,金矿将开采完毕而不会再有价值。公司的固定成本为 1 亿美元,预计它在未来 25 年间保持不变,没有可变成本。各家黄金开采公司的资本成本为 8％。

　　a. 假设目前金价为每盎司 1 500 美元,预计它在未来 25 年间保持不变,估算 Simon Gold 公司的价值。

　　b. 假设金价呈现正态分布,期望价值为每盎司 1 500 美元,标准差为每盎司 200 美元。构建针对 Simon Gold 公司的模拟价值分布。

　　10. 作为资产组合经理,我们所聘分析者使用蒙特卡罗模拟法找出了下列 10 家被低估的公司:

美元

公司	股价	期望价值	标准差	被低估概率	最低值	最高值
A	8.00	10.00	1.00	80％	7.00	13.00
B	12.00	13.50	0.50	75％	10.00	16.00
C	15.00	20.00	5	50％	4.00	50.00
D	9.00	10.00	0.20	85％	8.50	13.00
E	50.00	80.00	10.00	80％	40.00	150.00
F	22.00	25.00	1	88％	18.00	28.00
G	3.00	5.00	0.50	70％	2.50	6.00
H	150.00	200.00	30.00	60％	40.00	500.00
I	35.00	70.00	20.00	65％	0.00	200.00
J	80.00	100.00	5.0	90％	70.00	115.00

a. 完全根据期望价值对这些公司进行排位（从最优项目到最差项目）。

b. 如果结合估算值的不确定性，公司排位将有何变化？

c. 如果考虑到行情下跌风险（因为公司举债过大），应该如何将这种风险结合到公司排名中？

d. 在哪种条件下，我们可以将最高价值结合到排位过程中？

第34章

概览和总结

在实施估价时,我们所面临的问题不在于缺乏足够的资产评估模型,而在于它们似乎太多。因此,选择恰当的模型是获得合理价值的关键所在,就像如何使用模型一样。本章旨在概述全书所介绍的各种估价模型,为针对特定的估价工作选择恰当模型提供某种具有普遍意义的指南。

34.1 估价模型的选择

从最宽泛的角度看,我们可用四种方法对公司或者资产进行估价,即估算公司资产当期价值的以资产为基础的估价法、对现金流进行贴现而得出股权或公司价值的贴现现金流估价法、以可比资产定价方式为依据的相对估价法,以及运用相机索取权估价原理的期权定价法。就其中每一种方法而言,还存在着几种进一步的选择,它们都有助于确定最终价值。

如果采用以资产为基础的技术评估公司,我们至少可以有两条思路。一条是"清算价值";它所估算的是,如果资产在今天被清算,市场对它所愿支付的价格。另一条则是"重置成本";它所评估的是,若在今天复制或者替换某项现有资产,我们所需耗费的成本。

采用贴现现金流估价法理论框架,我们可以用股权成本对股权现金流进行贴现而得出股权价值;或者,采用资本成本对公司现金流进行贴现而得出公司价值。对于股权现金流本身则可最为严格地定义为股息,或者相对宽泛地定义为股权自由现金流。根据有关增长率的稳定增长、两阶段、三阶段以及 n 阶段的假设条件,还可对这些模型作进一步分类。最后,可以针对公司或者资产的不同特征,对盈利和现金流尺度进行调整;针对盈利状况正常的公司采用当期盈利,对于那些当期盈利被暂时性或周期性因素所扭曲的公司则采用标准化盈利。

在采用乘数框架时,我们可以采用股权价值或者公司价值作为衡量尺度,并且把它与某些公司的特定变量相联系,包括盈利、账面价值和销售额。就这些乘数本身而言,则可通过业内可比公司或者更加广泛的截面回归法估算得出。对于其他资产,诸如房地产,也可以类似地将其价格表示为总收入或者每平方英尺空间的函数。此时的可比对象则是处在相同区位内而特征相近的其他财产。

相机索取权模型适用于诸多场合。如果考虑到公司具有推迟投资决策的选项,则可将某项专利或者未开采的自然资源矿藏视为一项期权。扩张期权可以使得那些具有很大潜在市场的年轻公司的股价高出其贴现现金流价值。最后,股权投资者可以通过清算那些债台高筑的困窘公司而获得价值(参见图34.1)。

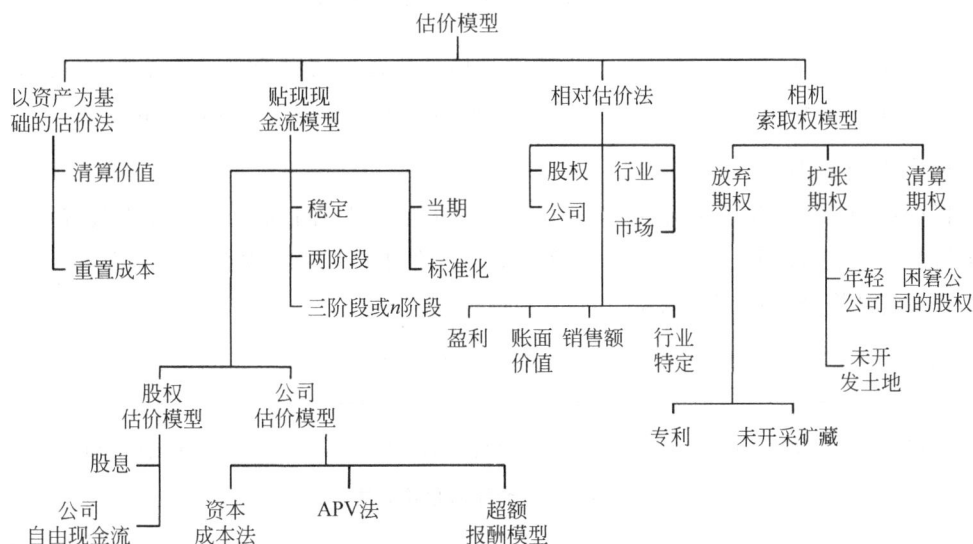

图 34.1　估价模型的选择

34.2　应该采用哪种方法？

鉴于上述四种方法得出的价值结果可能相去甚远,决定采用哪种方法构成了一个关键的步骤。然而,这种判断取决于几方面因素,其中一些与所评估的公司相关,而许多因素则与分析者自身相关。

34.2.1　资产或者公司的特征

我们用于公司估价的方法取决于其资产的可交易程度如何,能否产生现金流,以及它的经营功能是否具有独特性。

可交易性

对于那些所持资产可以相互分离和进行交易的公司来说,更加便于运用清算估价法和重置成本估价法(参见图34.2)。例如,我们可以估算某家房地产公司的清算价值,因为它的各项财产可以单独出售,很容易估算出每项财产的价值。对于封闭式共同基金来说,这一点同样成立。针对另一种极端情形,不妨考虑诸如宝洁公司的知名消费品。它的资产不仅是无形的,而且难以相互区别。例如,我们很容易区分剃须刀业务和剃须泡沫业务,但是公司的品牌价值却是蕴含在这两种业务之中。

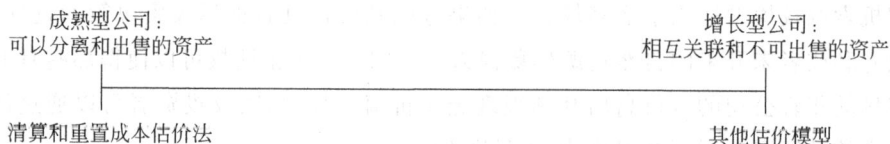

成熟型公司: 增长型公司:
可以分离和出售的资产   相互关联和不可出售的资产

清算和重置成本估价法   其他估价模型

图 34.2　资产的可交易性和估价方法

同样凭借这种分析法,我们还可以了解高增长公司的清算价值或重置成本价值为何与其真实价值并无多少关联。与现有资产不同,各种增长型资产不易确定和出售。

现金生成能力

根据各种资产产生现金流的能力,可将它们分为三组,即目前或者预计不久就可产生现金流的资产、目前还没有但在未来某种相机性条件下可以产生现金流的资产,以及无法产生现金流的资产(参见图 34.3)。

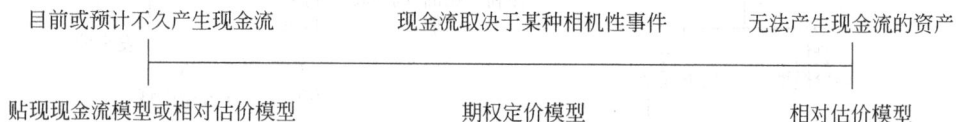

目前或预计不久产生现金流   现金流取决于某种相机性事件   无法产生现金流的资产

贴现现金流模型或相对估价模型   期权定价模型   相对估价模型

图 34.3　现金流和估价方法

1. 第一组包括了大多数上市公司,可以使用贴现现金流模型对它们进行估价。需要注意的是,问题并不在于现金流的正负如何。我们同样能够使用贴现现金流模型对那些现金流为负的初创或年轻公司进行估价。

2. 第二组包括的是药品专利、具有前景的(但尚不可行的)技术、未开采油田或矿藏,以及未开发土地。这些资产或许尚未产生现金流,而在未来也只有在某些条件下才能产生大量现金流;例如 FDA 批准了药品专利,技术具有商业开发意义,油价和商用房地产价值上升等。通过对这些事件设定概率,我们虽然能够使用贴现现金流模型估算期望价值,但是有可能低估这些资产的价值。针对这些资产的估价,我们应该使用期权定价模型。

3. 预计无法产生现金流的财产,包括我们的住宅、所收藏的棒球纪念卡和工艺品在内。对于这些资产,我们只能运用相对估价法。

独特性(或,存在可比对象)

鉴于市场上每天都在发生数千种股票的交易和数万种资产买卖,我们或许无法找出哪一种没有可比对象的独特资产或公司。从某种连续的角度考察,某些资产和公司属于一个很大的相似资产组,相互之间并无多大的差别。它们适用于相对估价法,因为很容易设定可比资产(公司)和调整个中差异(参见图 34.4)。但是,随着我们偏离这种理想状态,相对估价法的可靠性就会降低。对于那些确实属于独一无二的公司来说,采用贴现现金流估价法可以更为合理地估算价值。

独特的资产或公司模型　　　　　　　　　　　　　　存在获得定价的大量相似资产

贴现现金流模型或相对估价模型　　　　　　　　　　　　　　相对估价模型

图 34.4　资产的独特性和估价方法

34.2.2　分析者的特征和信念

我们选择使用的估价方法首先取决于投资者的时间跨度、实施估价的动因以及我们对于市场的看法;即它们是否有效? 倘若无效,其表现形式又是什么?

投资者时间跨度

在一个极端上,根据贴现现金流估价法,我们把公司视为可以一直存在的持续经营实体;而在另一个极端上,根据清算价值,我们需要根据公司立刻就会停止经营的假设去估算价值。运用相对估价法和相机索取权估价法,我们采取的是某种调和的立场。因此,相当自然地,如果时间跨度很大,我们应该使用贴现现金流估价法;如果跨度很小,则应使用相对估价法(参见图 34.5)。这一点可以解释贴现现金流估价法为何在收购评估时更加盛行,而相对估价法则在股票分析和资产组合管理方面更加普遍。

很短的时间跨度　　　　　　　　　　　　　　　　　　　　很长的时间跨度

清算价值　　　　相对估价法　　　　期权定价模型　　　　贴现现金流模型

图 34.5　投资者时间跨度和估价方法

实施估价的原因

分析者们出于多种原因而对公司进行估价,所使用的估价方法则会随之而变化(参见图 34.6)。如果我们是一直跟踪各家钢铁公司的股票分析者,工作内容就会变得十分简单,因为只需找出业内被高估和低估最严重的公司,而无须考虑整个行业是否被高估或者被低估。我们可以发现许多乘数在公司估价方面都有用处。如果我们自己也同样是在相对的基础上获得评判或者回报(即我们的建议需要同其他钢铁公司分析者作出的建议进行比较),这种效果就有可能进一步加剧。但是,如果是属于打算为了退休而存钱的个体投资者,或者是为了实施收购而评估某个企业的私营商人,我们就需要估算它的内在价值。因此,贴现现金流估价法或许更加切合我们的需要。

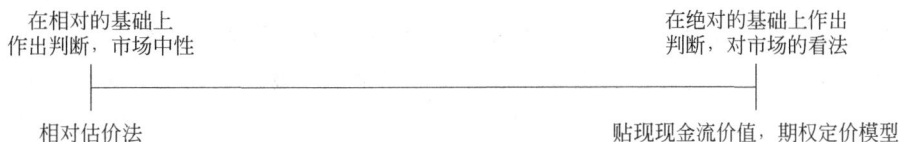

在相对的基础上　　　　　　　　　　　　　　　在绝对的基础上作出
作出判断,市场中性　　　　　　　　　　　　　判断,对市场的看法

相对估价法　　　　　　　　　　　　　　贴现现金流价值,期权定价模型

图 34.6　与市场的关系和估价方法

对于市场的看法

每一种估价方法都蕴含了针对市场本身及其如何或者无法运作的各种假设（参见图 34.7）。采用贴现现金流估价法，我们需要假设市场价格偏离了内在价值，但是它们随着时间的推移能够纠正这些偏差。采用相对估价法，我们需要假设市场在总体上是正确的，虽然对于个别公司或许定价不当，但是针对整个行业和总体市场的定价是公允的。采用以资产为基础的估价模型，我们需要假设实物资产和金融资产两个市场会出现偏离，但是可以利用这种偏离。最后，采用期权定价模型，我们则需要假设市场在评估公司具备的各种灵活性方面并不很有效，期权定价模型则能够为我们提供这方面的优势。然而，针对上述所有情形，我们都需要假设，各个市场最终都会察觉它们自己的错误并且予以纠正。

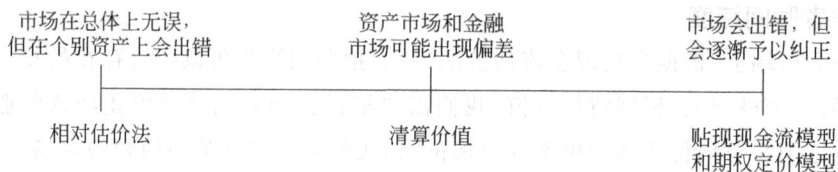

市场在总体上无误，　　　　　资产市场和金融　　　　　市场会出错，但
但在个别资产上会出错　　　　市场可能出现偏差　　　　会逐渐予以纠正

相对估价法　　　　　　　　　清算价值　　　　　　　贴现现金流模型
　　　　　　　　　　　　　　　　　　　　　　　　和期权定价模型

图 34.7　对于市场的看法和估价方法

34.3　选择恰当的贴现现金流模型

针对所要评估的资产之特征，我们应该调整所使用的估价模型。然而，一个严酷的现实情形是，相反的情形也同样成立。已经有很多时间和资源被浪费在试图使得资产符合预设的估价模型方面，要么是因为它被视为最佳模型，或者因为在选择模型时考虑不周。从来就没有一个最佳模型。针对特定情形所运用的恰当模型取决于所要估价的资产或者公司的诸多特征。

不同估价理念的沟通

在理念层面上，贴现现金流估价法与相对估价法之间差异甚大。根据贴现现金流估价法，它着眼于长期，我们需要认真评估公司的各种基本因素，尽力估算公司的内在价值；采用相对估价法，我们则需假设市场在总体上是正确的，然后通过考察相似公司的定价方法来估算公司的价值。这两种方法各具特色，但是若能在实施贴现现金流估价时借鉴相对估价法的最优特征，抑或相反，两种方法无疑可以相得益彰。

假设我们作为分析者而本能地采用了贴现现金流估价法，但是希望不受股市的左右。在为了进行估价而估算股权成本时，若能针对市场使用隐含的风险溢价（第 7 章作了论述），那就能够使得贴现现金流估价工作独立于市场。在评估公司的各种基本因素时，我们也可以借鉴一些有关可比公司利润率的信息。如此行事的话，我们对于内在价值的估算就能够独立于市场，同时涵盖关于可比公司的信息。

> 另一方面,假如我们更加偏好于相对估价法,若是能在公司比较中结合各种基本因素的细节,我们的分析就能具备贴现现金流估价法的严密性。通过描述各个乘数与基本因素之间的关系,以及考察在进行分析时如何最恰当地调整个中差异,本书关于相对估价法的各个章节所要达到的目的也正在于此。

34.3.1　选择需要贴现的现金流

如果能够针对增长率和杠杆系数作出相互一致的假设,无论使用的是公司方法(首先评估公司再扣除未偿债务)还是股权方法(直接评估股权),我们都应该得出相同的股权价值。既然如此,或许有人会疑虑两种方法究竟有何不同。答案完全取决于实际效果。就那些具有稳定杠杆系数(即,预计债务率在估价期内不会有变)的公司而言,根据估价所需要的数据,我们对于模型没有多少选择。运用债务率,我们根据股权估价模型估算股权自由现金流,而根据公司估价模型估算资本成本。在这种情况下,我们应该采用自己觉得更加满意的模型。

对于那些杠杆系数不太稳定的公司(即,在估价期内,债务率过高或过低并且打算调整到最佳或目标债务率),使用公司估价法则更加便利,因为它不要求我们根据所偿付利息和本金去预测现金流,而且对于杠杆系数变化的估算误差也不敏感。为了计算资本成本,我们需要估算债务率。与股权现金流不同的是,资本成本自身不会因为杠杆系数的改变而发生很大的变化。如果我们更加乐于使用有关债务金额而不是债务率的假设,那就可以改用经过调整的现值方法。

在评估股权时,可以对股息或者股权自由现金流进行贴现。在下列情形中,我们应该考虑使用股息贴现模型:

- 无法准确地估算现金流,因为关于债务偿付和再投资的信息不全,或者相互矛盾,或者因为不易确定债务范围。这也正是我们使用股息贴现模型评估金融服务公司的原因所在。
- 对于股票回购和其他形式的现金归返股东存在着严格的限制,或者难以把握公司管理层如何使用现金。此时,预计能够从股权投资获得的唯一现金流就是由管理层决定支付的股息。

在所有其他情形中,运用可以大于或小于股息的股权自由现金流方法,可以更为合理地估算公司价值。

34.3.2　应该使用当期的还是标准化的盈利?

大多数估价过程是从公司的财务报表入手,把它所报告的盈利作为预测的根据。然而，我们对于某些公司却难以如此行事，因为它们的盈利为负，或者奇高或者奇低（若是盈利状况与公司自身的记录不符，就可认为盈利异常）。

如果盈利为负或者异常，有时可以采用经过标准化的当期盈利取而代之，它是通过考察公司历史或行业均值估算得出。如果导致盈利为负或者异常的原因是暂时的或者过渡性的，这是一种最为简便的方式，正如下列情形中那样：

- 周期性公司通常在经济衰退时会报告盈利下降，而在经济繁荣时报告盈利高涨，而两者都无法体现公司真正的盈利潜力。
- 如果公司具有某些超常支出，就会报告奇低的盈利。
- 处在重组过程中的公司可能会报告很低的盈利，因为需要花费各种支出以便改善公司经营。

这里的一个前提是，盈利能够迅速回复到正常水平。如果这种情况即刻发生，公司就不会有太大的损失。

然而，就某些公司而言，极低的或者为负的盈利可能体现的是一些难以迅速消失的因素。至少就三类公司而言，它们的盈利将长期为负甚至危及公司本身：

1. 如果在经营、战略或财务方面存在着长期性的问题，公司盈利在很长的时间内将会很低或者为负。如果使用标准化盈利取代当期盈利，我们就会高估这些公司。

- 如果（财务杠杆系数很高的）公司看起来处在即将违约的险情中，或许能够合理衡量价值的模型只有期权定价模型，或者是以清算价值为基础的模型。
- 如果公司已身陷困境但还不至于破产，那就需要把它的财务状况调整到健康水平。从实际操作角度而言，我们需要将经营利润率逐步调整到比较正常的水平，然后再根据预期现金流对公司进行估价。

2. 正在从事基本建设的公司在增长初期的盈利可能为负，这不是出于财务问题，而是因为投资需要一定时间才能获得回报。公司现金流和股权现金流通常也是负数，因为这类公司的资本支出需要额很大，通常与折旧额不成比例。这些公司若要具备价值，在基本建设投资完成之后就必须减少资本支出，并且提高经营利润率使得未来的现金流为正，进而使得公司在今天就能具有价值。

3. 年轻或初创公司在生命周期早期阶段的盈利通常为负数，因为它们正在全力将饶有意义的理念转化为商业化产品。为了评估此类公司，必须假设公司将会逐渐实现销售额的高度增长，进而提高经营利润率。

34.3.3　增长模式

一般而论，在对某一公司进行估价时，可以假设它已经进入稳定增长期；或者假设一个固定的高增长期，随后的增长率下降到稳定水平（两阶段模型）；或者在稳定增长之前再引入一个转型期（三阶段或 n 阶段模型）。在进行这种判断时，需要考虑下列几个问题。

增长的势头

我们对于增长模式的选择受制于盈利和销售额的现行增长水平。根据最近一些时期的增长状况，可将各公司分为三组：

1. 稳定增长型公司的盈利、销售额增长率将等于或者低于所处经济体的正常增长率。需要指出的是，这种增长率甚至可能为负。

2. 适度增长型公司的盈利、销售额增长率将会略高于所处经济体的正常增长率；作为一条经验法则，一个经济体的正常增长率通常在 8% ～ 10% 之间。

3. 高增长型公司的盈利、销售额增长率将会大大超出所处经济体的正常增长率。

针对稳定增长型公司，采用那些预设某种不变增长率的稳定状态模型就能够很好地估算价值；针对适度增长型公司，采用两阶段贴现现金流模型应该能够灵活地把握公司各种基本特征的变化；为了把握高增长公司所特有的转换到稳定增长期的转型期，我们或许需要使用三阶段或者 n 阶段模型。

增长的源泉（行业进入障碍）

公司较高的预期增长率可以来自逐渐形成的竞争优势，诸如品牌或者生产成本的降低（由于规模经济效应），或者是针对行业准入的法律壁垒（许可证或产品专利）。前者有可能随着新的竞争者进入市场而逐渐消失，后者则有可能在法定准入壁垒撤销后突然消失。如果只是具有特定的增长源泉，公司的预期增长率有可能更加切合两阶段过程；其中，某个特定时期的增长率很高（如在专利有效期内），然后骤然下降到稳定增长率。如果只是具有普通的增长源泉，公司的预期增长率就更有可能随着新的竞争者进入而逐渐下降。竞争优势的预期消失速度主要取决于下列几个因素：

- 竞争优势的性质。某些竞争优势看似难以被打败，诸如消费品品牌，因而可能在更长的时期增长。其他竞争优势则会迅速消失，诸如先行者优势。
- 公司管理层的能力。虽然无法阻止竞争优势的逐步丧失，通过开拓新市场战略，或者找到新的竞争优势源泉，更加能干的管理层能够延缓这一过程。
- 进入行业的便利程度。公司业务所属行业的进入壁垒越大，因为资本要求或者技术因素，竞争优势的流失就越是缓慢。

图 34.8 概述了这些因素，并且针对每一种因素组合列出了恰当的贴现现金流模型。

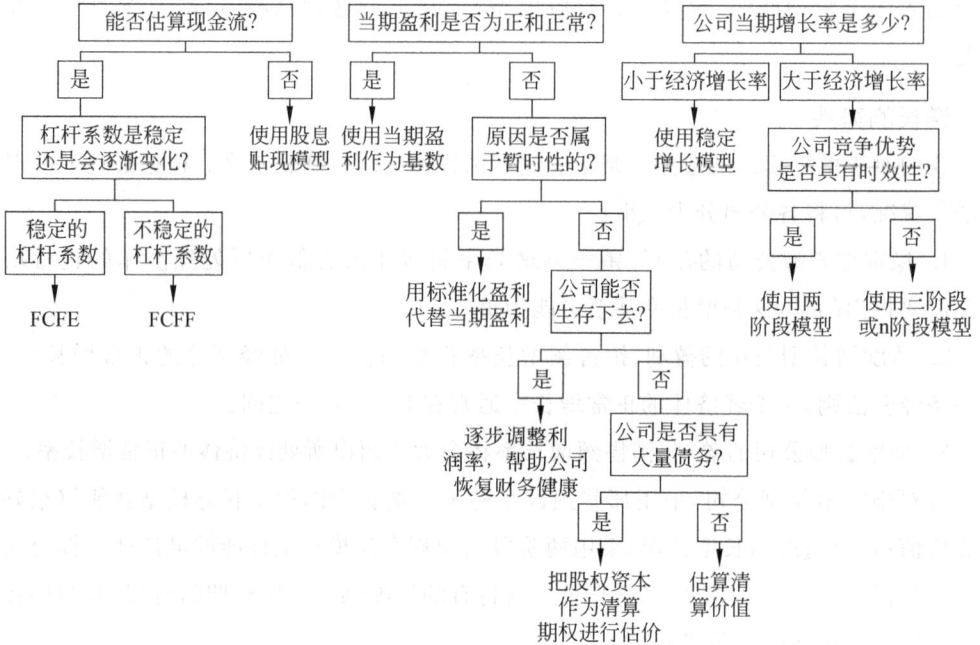

图 34.8　各种贴现现金流模型

34.4　选择恰当的相对估价模型

许多分析者选择使用各种相对估价模型对资产进行估价。在作出这种抉择时，首先需要解决两个问题：在估价中应该使用哪个乘数？能否得到针对行业或者整个市场的相关乘数？

34.4.1　应该使用哪一个乘数？

本书在相关章节中已经阐述了各种乘数；其中一些是以盈利为基础，一些是以账面价值为基础，另一些则是以销售额为基础。对于某些乘数所使用的是当期价值，而对其他乘数则使用前瞻的或者预测的价值。鉴于使用不同的乘数所得出的价值可能并不相同，决定使用哪个乘数对于价值估算也会造成很大的差异。解决这一问题的方式有三种。一种是"各取所需"法，使用那些能够体现出我们各种偏见的乘数；第二种是"烦琐论证"法，采用各种乘数评估公司，并且运用得到的所有价值；第三种是选择最佳乘数，并且用它进行估价。

> ### 现行管理与最优管理
>
> 　有关评估收购和困窘公司的问题，本书的相关章节已经指出，公司若能获得最优的而非现行管理层的经营，其价值可以大大提升。实施此类估价时，时常遇到的一个

> 问题是,究竟是应该针对最佳的还是现行的管理状态评估公司? 答案有时很简单,有时又很复杂。
>
> - 如果我们有意收购某家公司并且更换其管理层,就应根据最佳的管理条件对公司进行估价。在收购时,是否需对这一点支付某种溢价呢? 这取决于我们的议价能力,以及预计改变公司经营方式所需花费的时间。
> - 如果我们只是打算购买公司股票的小额投资者,那就无力改变现有管理层;但是如果相信存在着这种可能性,那就仍然可以支付一定的溢价。如果公司治理机制相当强势(在敌意收购案例中,非常普遍的是,不良管理层会被迅速更替),就可假设公司价值将迅速趋向于最优价值。但是,如果难以遣散现行管理层,那就应该根据他们仍将继续管理公司的假设对公司进行估价。
> - 如果属于机构投资者,我们就处在上述两个极端情形之间。虽然无意并购公司和改变其经营方式,我们却能够促成这种变化。

各取所需法

我们总是可以采用那些最能迎合自己观点的乘数。因此,如果打算出售一家公司,我们就会使用那些可以为公司提供最高价值的乘数;如果打算购买这家公司,又会选择可以那些将会产生最低价值的乘数。显然,这种做法已经逾越了分析的界限而变成了数据操纵,但是它的普遍性却超乎了我们的想象。即使无意采用这种做法,我们仍然需要注意避免它所造成的危害。首先,必须认识到,如果将决定乘数以及选择可比对象的这类工作完全托付给分析者,那就等于让他们来制定游戏规则。在决定用于评估公司的乘数和确定可比公司方面,我们应该发挥主动积极的作用。其次,针对以某个乘数为根据而得出的价值,我们总应该考虑一下如果使用其他乘数所能得出的价值是多少。

烦琐论证法

评估某一公司时,我们总能使用十几种甚至更多的乘数,再在最终投资建议中使用所有的数值,虽然它们各不相同。在此,为了获得最终价值的估算,通常有三种方法。第一种是采用价值的变化范围,将出自于某一乘数值的最低值作为这一范围的下限,而把最高值设为上限。这种方法存在的问题是,取值范围时常会显得过大,从而无助于任何决策制定。第二种方法是采用出自于各个乘数之不同价值的简单均值。这种方法具有简便易行的优点,但是却赋予了出自各个乘数的价值以相同的权重,即使某些乘数所给出的答案要比其他乘数更加准确。第三种方法是采用加权均值,每个价值的权重体现了估算的准确程度。权重的确定可以是主观的,也可采用某种统计尺度;例如,可以使用回归法预测值的标准差。

最优乘数法

虽然我们并不乐意放弃任何信息,但是最优的价值估算通常是借助于使用最适合我们公司的某个乘数而得出。找到这个乘数的方法有三种：

1. 基本因素法。应该考虑使用某个与公司价值相关性最大的变量。例如，与年轻的高科技公司相比，消费品公司的当期盈利和价值之间的相关性要大得多；故而对于后一类公司使用市盈率的意义要大于前一类公司。

2. 统计方法。我们可以针对每个乘数实施回归法，针对在前一章所确定的那些影响乘数值的各个基本因素，再使用回归结果的 R^2 系数值衡量乘数在相关行业的功效。R^2 系数值最大的乘数就是可以根据基本因素作出最好解释的乘数，而且应当就是可以用作评估业内各家公司的乘数。

3. 常规乘数法。就某个具体行业来说，随着时间的推移，我们将会发现某个特定乘数成为了使用最为普遍的。例如，市账率就是在分析金融服务公司时使用最多的乘数。

表 34.1 概述了各个行业使用最广的乘数。最为理想的情形是，我们可以看到三种方法趋于一致；即，能够最好地解释价值的基本因素同时具有最高的 R^2 系数值，而且属于行业内所使用的常规乘数。事实上，如果通常使用的乘数无法体现基本因素，当行业处在转型或者发展中时就会如此，我们对于价值的估算就会有误。

表 34.1　各行业使用最多的乘数

行　　业	所用乘数	理由/评论
周期性制造业	PE、相对 PE	通常针对标准化盈利。
高科技、高增长	PEG	公司间增长差异很大而难以比较 PE。
高增长/负盈利	PS、VS	假设未来的利润率为正。
基础设施	EV/BITDA	业内公司在早期亏损，所报盈利取决于折旧法。
REIT	P/CF	对于投资政策的限制以及大量折旧费用，使得现金流成为优于股权盈利的尺度。
金融服务	PBV	账面价值通常根据市场行情被记录。
零售业	PS	如果各公司的杠杆系数相似。
	VS	如果各公司杠杆系数不同。

34.4.2　市场或行业估价法

采用相对估价法，我们通常相对于业内其他公司对某家公司进行估价，旨在回答一个简单的问题：相对于市场针对从事相同业务（同业）其他公司的定价，对于这家公司的估价是否过高或者过低？根据这种方法，我们可以狭隘地定义"可比公司"，即不仅从事相同业务而且在规模或目标市场方面与我们的公司相似的公司；或者广泛地予以定义，从而可得到更多可比公司。如果想要在主观上调整各公司之间的差异，我们就应该坚持采用定义狭隘的公司组；如果打算采用统计方法调整这些差异（如采用回归法），我们就应该采用更加广泛的定义。

本书有关相对估价法的各个章节提出了针对相对估价法的另一种可选方法,即,将公司相对于市场进行估价。这么做的话,我们需要考虑的问题不仅更加广泛,而且还需要回答这样一个问题,即,相对于市场对于其他公司的定价,这家公司是否被低估或者高估了?如果对于整个行业的定价不当,一家公司相对于所属行业完全可能被低估,但是相对于整个市场则被高估。

如果实施相对估价,我们采用的方法同样取决于估价任务的内容。如果只是狭隘地专注于所在行业以便判断哪些股票被低估或者高估,那就应该采用以行业为基础的相对估价法;如果更加随意地只想找出在整个市场上被低估或者高估的股票,我们就应该考虑第二种方法,或者再结合第一种方法。

34.5　何时应该使用期权定价模型?

关于把期权定价模型运用于估价的问题,本书相关章节已阐述了一些情景;其中,期权定价法可以产生相对于传统贴现现金流估价法而言的溢价。在使用期权定价模型时,我们需要把握下列几个一般性命题:

- 偶尔使用期权方法。把它的运用局限在将会产生极大差异的估价问题上。通常,对于那些从类似于期权的资产中获得大部分价值的较小公司来说,期权对于其价值的影响最大。因此,相对于诸如默克之类巨型医药制造商而言,把专利作为期权进行估价,进而估算公司的价值,这种做法对于小型生物技术公司更加合理。默克公司虽然可能持有数十项专利,但是它的大部分价值却是出自于已经成型的药品组合及其所产生的现金流。

公司是否可能在同时既被低估又被高估?

如果同时使用贴现现金流估价法和相对估价法,就有可能得到不同的答案:使用相对估价法时,公司可能被低估,但在使用贴现现金流估价法时则被高估。为何会出现这种差异,我们又当如何处理它呢?如果情况如此,通常表明它所属行业相对于基本因素而言被估价过高。例如,在 2000 年 3 月间,我们曾用贴现现金流估价法估算得出亚马逊(Amazon)公司的每股价格为 30 美元,而它在当时的股价则是 70 美元;这就清晰地表明它被估价过高。与此同时,将亚马逊与其他电子商务公司进行的比较则表明,它相对于那些公司而言又被估价过低。

另一方面,如果公司在使用贴现现金流估价法时被低估,而在使用相对估价法时被高估,就表明整个行业被估价过低。到了 2001 年 2 月底,亚马逊的股价下跌到了 15 美元,但是其他所有互联网公司的股价均下跌了几乎 90%。在 2001 年 3 月,贴现现金流估价法表明亚马逊被估价过低;而相对估价法则表明,它相对于整个行业来说被估价过高。

> 作为投资者,在评估某一公司时,我们可以同时使用贴现现金流估价法和相对估价法。最为理想的情形是,我们能够买入根据两种方法都被低估的公司股票。由此,我们就能获益于市场在各个时期(它是我们根据贴现现金流估价法的生财之道)和各个公司之间作出的调整。

- 机会未必就构成期权。应该注意的是,不要误以为投资机会就是期权。分析者们时常会考察那些具有增长潜力的公司,并且认为它们必定蕴含着某些具有价值的期权。机会若要成为有价值的期权,相关公司就必须拥有某种程度的排他性;这一点可以出自于针对竞争者的法律限制或者巨大的竞争优势。
- 切莫对期权作重复计算。一种时常出现的情形是,在考虑了期权对于各基本因素和公司价值的影响之后,同样是为了体现这项期权,分析者们又再度添加上溢价。不妨考虑一下为某公司所拥有的被低估油田。把这些油田作为期权而估价的做法并无不当,但是,如果已经基于公司的未开采油田而将预期增长率设得较高,那就不应将这种期权价值再度添加到贴现现金流估价过程中。

34.6　总结

面对评估公司/资产或者股权的任务,分析者必须在三种不同的方法(贴现现金流估价法、相对估价法和期权定价法)以及每种方法所包含的不同模型之间作出选择。这种选择在很大程度上取决于所需估价的公司/资产的各种特征(盈利水平、增长潜力和股息政策)。与了解模型和拥有恰当的输入数据一样重要的是,我们能够使得估价模型与所评估的公司/资产相互匹配。

一旦决定了使用其中的这种或那种方法,我们就需要作出进一步的抉择;即,是否需要在贴现现金流估价框架内使用股权或者公司估价法,在评估公司或者股权时应该使用哪个乘数,以及公司包含了哪种类型的期权。

参 考 文 献

第18章 盈利的各种乘数

Cragg, J. G., and B. G. Malkiel. 1968. The consensus and accuracy of predictions of the growth of corporate earnings. *Journal of Finance* 23:67–84.

Goodman, D. A., and J. W. Peavy, III. 1983. Industry relative price-earnings ratios as indicators of investment returns. *Financial Analysts Journal* 39:60–66.

Kisor, M., Jr., and V. S. Whitbeck. 1963. A new tool in investment decision-making. *Financial Analysts Journal* 19:55–62.

Leibowitz, M. L., and S. Kogelman. 1992. Franchise value and the growth process. *Financial Analysts Journal* 48:53–62.

Levy, H., and Z. Lerman. 1985. Testing P/E ratio filters with stochastic dominance. *Journal of Portfolio Management* 11:31–40.

Peters, D. J. 1991. Valuing a growth stock. *Journal of Portfolio Management* 17:49–51.

第19章 账面价值的各种乘数

Capaul, C., I. Rowley, and W. F. Sharpe. 1993. International value and growth stock returns. *Financial Analysts Journal* 49:27–36.

Chan, L. K., Y. Hamao, and J. Lakonishok. 1991. Fundamentals and stock returns in Japan. *Journal of Finance* 46:1739–1789.

Fama, E. F., and K. R. French. 1992. The cross-section of expected returns. *Journal of Finance* 47:427–466.

Graham, B.

Jacobs, B. I., and K. N. Levy. 1988. On the value of "value." *Financial Analysts Journal* 44:47–62.

Lang, L. H. P., R. M. Stulz, and R. A. Walkling. 1991. A test of the free cash flow hypothesis: The case of bidder returns. *Journal of Financial Economics* 29:315–335.

Porter, M. E. 1980. *Competitive strategy: Techniques for analyzing industries and competitors*. New York: Free Press.

Rosenberg, B., K. Reid, and R. Lanstein. 1985. Persuasive evidence of market inefficiency. *Journal of Portfolio Management* 11:9–17.

Wilcox, J. W. 1984. The P/B-ROE valuation model. *Financial Analysts Journal* 40:58–66.

第20章 销售额乘数和行业特定乘数

Itami, H. 1987. *Mobilizing invisible assets*. Cambridge, MA: Harvard University Press.

Jacobs, B. I., and K. N. Levy. 1988. Disentangling equity return irregularities: New insights and investment opportunities. *Financial Analysts Journal* 44:18–44.

Senchack, A. J., Jr., and J. D. Martin. 1987. The relative performance of the PSR and PER investment strategies. *Financial Analysts Journal* 43:46–56.

第21章 对金融服务公司的估价

Copeland, T. E., T. Koller, and J. Murrin. 1999. *Valuation: Measuring and managing the value of companies*. New York: John Wiley & Sons.

第22章 对盈利为负或极低公司的估价

Altman, R.I. (2010).

Damodaran, A. 2001. *Dealing with negative earnings*. Working paper. www.stern.nyu.edu/~adamodar/New_Home_Page/papers.html.

第23章 对年轻或初创公司的估价

Damodaran, A. 2001. *The dark side of valuation.* Upper Saddle River, NJ: Prentice Hall.

Knaup, A. E. 2005. Survival and longevity in the business employment dynamics data. *Monthly Labor Review* (May): 50–56.

Knaup, A. E., and M. C. Piazza. 2007. Business employment dynamics data: Survival and longevity. *Monthly Labor Review* (September): 3–10.

第24章 对私营企业的估价

Beaver, W. H., P. Kettler, and M. Scholes. 1970. The association between market determined and accounting determined risk measures. *Accounting Review* 45(4):654–682.

Kim, S. H., T. Crick, and S. H. Kim. 1986. Do executives practice what academics preach? *Management Accounting* 68:49–52.

Maher, J. M. 1976. Discounts for lack of marketability for closely held business interests. *Tax Magazine* 1:562–571.

Moroney, R. E. 1973. Most courts overvalue closely held stocks. *Tax Magazine* 1:144–155.

Pratt, S., R. F. Reilly, and R. P. Schweihs. 2000. *Valuing a business: The analysis and appraisal of closely held companies.* New York: McGraw-Hill.

Rosenberg, B., and J. Guy. 1976. Beta and investment fundamentals; Beta and investment fundamentals—II. *Financial Analysts Journal* 32(3):60–72; 32(4):62–70.

Rosenberg, B., and J. Guy. 1995. Prediction of beta from investment fundamentals. *Financial Analysts Journal* 51(1):101–112.

Silber, W. L. 1991. Discounts on restricted stock: The impact of illiquidity on stock prices. *Financial Analysts Journal* 47:60–64.

第25章 收购和并购

Bhide, A. 1989. The causes and consequences of hostile takeovers. *Journal of Applied Corporate Finance* 2:36–59.

Bhide, A. 1993. Reversing corporate diversification. In *The new corporate finance—Where theory meets practice*, ed. D. H. Chew Jr. New York: McGraw-Hill.

Bradley, M., A. Desai, and E. H. Kim. 1983. The rationale behind interfirm tender offers. *Journal of Financial Economics* 11:183–206.

Bradley, M., A. Desai, and E. H. Kim. 1988. Synergistic gains from corporate acquisitions and their division between the stockholders of target and acquiring firms. *Journal of Financial Economics* 21:3–40.

Dann, L. Y., and H. DeAngelo. 1983. Standstill agreements, privately negotiated stock repurchases, and the market for corporate control. *Journal of Financial Economics* 11:275–300.

Dann, L. Y., and H. DeAngelo. 1988. Corporate financial policy and corporate control: A study of defensive adjustments in asset and ownership structure. *Journal of Financial Economics* 20:87–128.

DeAngelo, H., L. DeAngelo, and E. M. Rice. 1984. Going private: The effects of a change in corporate ownership structure. *Midland Corporate Finance Journal* 35–43.

DeAngelo, H., and E. M. Rice. 1983. Antitakeover charter amendments and stock-holder wealth. *Journal of Financial Economics* 11:329–360.

Deng, Z., and B. Lev. 1998. *The valuation of acquired R&D*. Working paper. New York University.

Dubofsky, P., and P. R. Varadarajan. 1987. Diversification and measures of performance: Additional empirical evidence. *Academy of Management Journal* 597–608.

Fruhan, W. E., W. C. Kester, S. P. Mason, T. R. Piper, and R. S. Ruback. 1992. *Congoleum: Case problems in finance*. Homestead, IL: Irwin.

Gaughan, P. A. 1999. *Mergers, acquisitions and corporate restructurings*. New York: John Wiley & Sons.

Healy, P. M., K. G. Palepu, and R. S. Ruback. 1992. Does corporate performance improve after mergers? *Journal of Financial Economics* 31:135–176.

Hong, H., R. S. Kaplan, and G. Mandelkar. 1978. Pooling vs. purchase: The effects of accounting for mergers on stock prices. *Accounting Review* 53(1):31–47.

Jarrell, G. A., J. A. Brickley, and J. M. Netter. 1988. The market for corporate control: The empirical evidence since 1980. *Journal of Economic Perspectives* 2:49–68.

Jensen, M. C. 1986. Agency costs of free cashflow, corporate finance and takeovers. *American Economic Review* 76:323–329.

Jensen, M. C., and R. S. Ruback. 1983. The market for corporate control. *Journal of Financial Economics* 11:5–50.

Kaplan, S., and M. S. Weisbach. 1992. The success of acquisitions: The evidence from divestitures. *Journal of Finance* 47:107–138.

Karpoff, J. M., and P. H. Malatesta. 1990. The wealth effects of second-generation state takeover legislation. *Journal of Financial Economics* 25:291–322.

KPMG. 1999. *Unlocking shareholder value: The keys to success*. New York: KPMG Global Research Report.

Krallinger, J. C. 1997. *Mergers and acquisitions: Managing the transaction*. New York: McGraw-Hill.

Lewellen, W. G. 1971. A pure financial rationale for the conglomerate merger. *Journal of Finance* 26:521–537.

Lindenberg, E., and M. P. Ross. 1999. To purchase or to pool: Does it matter? *Journal of Applied Corporate Finance* 12:32–47.

Linn, S., and J. J. McConnell. 1983. An empirical investigation of the impact of anti-takeover amendments on common stock prices. *Journal of Financial Economics* 11:361–399.

Michel, A., and I. Shaked. 1984. Does business diversification affect performance? *Financial Management* 13:5–14.

Mitchell, M. L., and K. Lehn. 1990. Do bad bidders make good targets? *Journal of Applied Corporate Finance* 3:60–69.

Myers, S. C., and N. S. Majluf. 1984. Corporate financing and investment decisions when firms have information that investors do not have. *Journal of Financial Economics* 13:187–221.

Nail, L. A., W. L. Megginson, and C. Maquieira. 1998. Wealth creation versus wealth redistributions in pure stock-for-stock mergers. *Journal of Financial Economics* 48:3–33.

Parrino, J. D., and R. S. Harris. Takeovers, management replacement and post-acquisition operating performance: Some evidence from the 1980s. *Journal of Applied Corporate Finance* 11:88–97.

Roll, R. 1986. The hubris hypothesis of corporate takeovers. *Journal of Business* 59:197–216.

Sirower, M. L. 1996. *The synergy trap*. New York: Simon & Schuster.

Stapleton, R. C. 1985. A note on default risk, leverage and the MM theorem. *Journal of Financial Economics* 2:377–381.

Varadarajan, P. R., and V. Ramanujam. 1987. Diversification and performance: A reexamination using a new two-dimensional conceptualization of diversity in firms. *Academy of Management Journal* 30:369–380.

Weston, J. F., K. S. Chung, and J. A. Siu. 1998. *Takeovers, restructuring and corporate governance*. New York: Simon & Schuster.

第26章 对房地产的估价

Fama, E. F., and G. W. Schwert. 1977. Asset returns and inflation. *Journal of Financial Economics* 5:115–146.

Ibbotson, R. G., and G. P. Brinson. 1996. *Global investing*. New York: McGraw-Hill.

第27章 对其他资产的估价

Mei, J., and M. Moses. 2001. *Art as an investment and the underperformance of masterpieces: Evidence from 1875–2000*. Working paper. Stern School of Business, New York University.

第28章 推迟期权：估价的含义

Avellaneda, M., and P. Lawrence. 2000. *Quantitative modeling of derivative securities*. New York: Chapman & Hall.

Brennan, M. J., and E. S. Schwartz. 1985. Evaluating natural resource investments. *Journal of Business* 58:135–158.

Siegel, D., J. Smith, and J. Paddock. 1993. Valuing offshore oil properties with option pricing models. In *The new corporate finance*, ed. D. H. Chew Jr. New York: McGraw-Hill.

第29章 扩张期权和放弃期权：估价的含义

Amram, M., and N. Kulantilaka. 1998. *Real options: Managing strategic investments in an uncertain world*. New York: Oxford University Press.

Copeland, T. E., and V. Antikarov. 2001. *Real options: A practitioners guide*. New York: Texere.

Mauboussin, M. 1998. *Get real*. Credit Suisse First Boston.

第30章 关于困窘公司股权的估价

Copeland, T. E., and V. Antikarov. 2001. *Real options: A practitioners guide*. New York: Texere.

第31章 价值增进：贴现现金流的估价框架

Brickley, J., C. Smith, and J. Zimmerman. 1995. The economics of organizational architecture. *Journal of Applied Corporate Finance* 8:19–31.

Copeland, T. E., T. Koller, and J. Murrin. 1999. *Valuation: Measuring and managing the value of companies*. New York: John Wiley & Sons.

Damodaran, A. 1999. Value enhancement: Back to the future. *Contemporary Finance Digest* 3:2–47.

Fruhan, W. E. 1979. *Financial strategy: Studies in the creation, transfer and destruction of shareholder value*. Homewood, IL: Irwin.

Grant, R. M. 1998. *Contemporary strategy analysis*. Malden, MA: Blackwell.

Levin, R. C., A. K. Klevorick, R. R. Nelson, and S. G. Winter. 1987. Appropriating the returns from industrial research and development. Brookings Paper on Economic Activity.

McConnell, J. J., and C. J. Muscarella. 1985. Corporate capital expenditure decisions and the market value of the firm. *Journal of Financial Economics* 14:399–422.

Porter, M. E. 1980. *Competitive strategy: Techniques for analyzing industries and competitors*. New York: Free Press.

Rappaport, A. 1998. *Creating shareholder value*. New York: Free Press.

Schipper, K., and A. Smith. 1983. Effects of recontracting on shareholder wealth: The case of voluntary spin-offs. *Journal of Financial Economics* 12:437–468.

Schipper, K., and A. Smith. 1986. A comparison of equity carve-outs and seasoned equity offerings: Share price effects and corporate restructuring. *Journal of Financial Economics* 15:153–186.

Shapiro, A. 1985. Corporate strategy and the capital budgeting decision. *Midland Corporate Finance Journal* 3:22–36.

Shapiro, A. 1989. *Modern corporate finance*. New York: Macmillan.

Stulz, R. 1996. Does the cost of capital differ across countries? An agency perspective. *European Financial Management* 2:11–22.

Weston, J. F., and T. E. Copeland. 1992. *Managerial finance*, 9th ed. Orlando, FL: Harcourt Brace Jovanovich.

Woolridge, R. 1993. Competitive decline and corporate restructuring. In *The new corporate finance*, ed. D. H. Chew Jr. New York: McGraw-Hill.

第32章 价值增进：经济增加值、投资的现金流报酬和其他工具

Bernstein, R. 1997. *EVA and market returns*. Quantitative Viewpoint, Merrill Lynch, December 19.

Bernstein, R. 1997. *EVA and market returns*. Quantitative Viewpoint, Merrill Lynch, February 3.

Brickley, J., C. Smith, and J. Zimmerman. 1995. Transfer pricing and the control of internal corporate transactions. *Journal of Applied Corporate Finance* 8(2):60–67.

Damodaran, A. 1999. Value enhancement: Back to the future. *Contemporary Finance Digest* 3:2–47.

Ehrbar, A. 1998. *EVA: The real key to creating wealth*. New York: John Wiley & Sons.

Kramer, J. R., and G. Pushner. 1997. An empirical analysis of economic value added as a proxy for market value added. *Financial Practice and Education* 7:41–49.

Madden, B. L. 1998. *CFROI cash flow return on investment valuation: A total system approach to valuing a firm*. Woburn, MA: Butterworth-Heinemann.

O'Byrne, S. F. 1996. EVA and market value. *Journal of Applied Corporate Finance* 9(1):116–125.

O'Byrne, S. F., and S. D. Young. 2000. *EVA and value-based management.* New York: McGraw-Hill.

Stewart, G. B. 1991. *The quest for value.* New York: HarperBusiness.

Stulz, R. 1996. Rethinking risk management. *Journal of Applied Corporate Finance* 9(3):8–24.

第33章 估价的概率方法：情景分析法、决策树法和模拟法

Clemons, E. K., S. Barnett, and J. Lanier. 2005. Fortune favors the forward-thinking. *Financial Times Special Reports/Mastering Risk*, September 22, 2005.

Hertz, D. 1964. Risk analysis in capital investment. *Harvard Business Review.*

Randall, D., and C. Ertel. 2005. Moving beyond the official future. *Financial Times Special Reports/Mastering Risk.* September 15, 2005.

Sarin, R., and P. Wakker, 1994. Folding back in decision tree analysis. *Management Science* 40:625–628.

第34章 概览和总结

Damodaran, A. 2001. *Choosing the right valuation model.* Working paper. www.stern.nyu.edu/~adamodar/New_Home_Page/papers.html.